U0526959

2024年版全国一级建造师执业资格考试用书

铁路工程管理与实务

全国一级建造师执业资格考试用书编写委员会 编写

中国建筑工业出版社

图书在版编目（CIP）数据

铁路工程管理与实务/全国一级建造师执业资格考试用书编写委员会编写．—北京：中国建筑工业出版社，2024.1

2024年版全国一级建造师执业资格考试用书

ISBN 978-7-112-29537-1

Ⅰ.①铁… Ⅱ.①全… Ⅲ.①铁路工程—工程管理—资格考试—自学参考资料 Ⅳ.①U2

中国国家版本馆CIP数据核字（2023）第249780号

责任编辑：李笑然
责任校对：赵 力

2024年版全国一级建造师执业资格考试用书
铁路工程管理与实务
全国一级建造师执业资格考试用书编写委员会　编写

*

中国建筑工业出版社出版、发行（北京海淀三里河路9号）
各地新华书店、建筑书店经销
建工社（河北）印刷有限公司印刷

*

开本：787毫米×1092毫米　1/16　印张：$34\frac{1}{2}$　字数：839千字
2024年1月第一版　2024年1月第一次印刷
定价：98.00元（含增值服务）
ISBN 978-7-112-29537-1
（42051）

如有内容及印装质量问题，请联系本社读者服务中心退换
电话：（010）58337283　QQ：2885381756
（地址：北京海淀三里河路9号中国建筑工业出版社604室　邮政编码：100037）

版权所有　翻印必究

请读者识别、监督：
　　本书封面印有网上增值服务码，环衬为有中国建筑工业出版社水印的专用防伪纸，封底印有专用溯源码，扫描该码可验真伪。
　　举报电话：（010）58337026；举报QQ：3050159269
　　本社法律顾问：上海博和律师事务所许爱东律师

序

为了加强建设工程项目管理，提高工程项目总承包及施工管理专业技术人员素质，规范施工管理行为，保证工程质量和施工安全，根据《中华人民共和国建筑法》《建设工程质量管理条例》《建设工程安全生产管理条例》和国家有关执业资格考试制度的规定，2002年，人事部和建设部联合颁布了《建造师执业资格制度暂行规定》（人发〔2002〕111号），对从事建设工程项目总承包及施工管理的专业技术人员实行建造师执业资格制度。

注册建造师是以专业工程技术为依托、以工程项目管理为主的注册执业人士。注册建造师可以担任建设工程总承包或施工管理的项目负责人，从事法律、行政法规或标准规范规定的相关业务。实行建造师执业资格制度后，我国大中型工程施工项目负责人由取得注册建造师资格的人士担任。建造师执业资格制度的建立，将为我国拓展国际建筑市场开辟广阔的道路。

按照《建造师执业资格制度暂行规定》（人发〔2002〕111号）、《建造师执业资格考试实施办法》（国人部发〔2004〕16号）和《关于建造师资格考试相关科目专业类别调整有关问题的通知》（国人厅发〔2006〕213号）的规定，本编委会组织全国具有较高理论水平和丰富实践经验的专家、学者，依据"一级建造师执业资格考试大纲（2024年版）"，编写了"2024年版全国一级建造师执业资格考试用书"（以下简称"考试用书"）。在编撰过程中，遵循"以素质测试为基础、以工程实践内容为主导"的指导思想，坚持"模块化与系统性相结合，理论性与实操性相结合，指导性与实用性相结合，一致性与特色化相结合"的修订原则，旨在引导执业人员提升理论水平和施工现场实际管理能力，切实达到加强工程项目管理、提高工程项目总承包及施工管理专业技术人员素质、规范施工管理行为、保证工程质量和施工安全的目的。

本套考试用书共14册，书名分别为《建设工程经济》《建设工程项目管理》《建设工程法规及相关知识》《建筑工程管理与实务》《公路工程管理与实务》《铁路工程管理与实务》《民航机场工程管理与实务》《港口与航道工程管理与实务》《水利水电工程管理与实务》《矿业工程管理与实务》《机电工程管理与实务》《市政公用工程管理与实务》《通信与广电工程管理与实务》《建设工程法律法规选编》。本套考试用书既可作为全国一级建造师执业资格考试学习用书，也可供从事工程管理的其他人员学习使用和高等学校相关专业师生教学参考。

考试用书编撰者为高等学校、行业协会和施工企业等方面的专家和学者。在此，谨向他们表示衷心感谢。

在考试用书编写过程中，虽经反复推敲核证，仍难免有不妥甚至疏漏之处，恳请广大读者提出宝贵意见。

全国一级建造师执业资格考试用书编写委员会

前　言

本书根据《一级建造师执业资格考试大纲（铁路工程）》（2024年版）（以下简称《考试大纲》）编写，主要阐述了《考试大纲》的核心内容，按照篇章节排序，不考虑前后内容上的逻辑关系。

本书与全国一级建造师执业资格考试科目《建设工程经济》《建设工程项目管理》《建设工程法规及相关知识》考试用书相配合，构成一级建造师执业资格考试铁路工程专业知识体系。本书由铁路工程技术、铁路工程相关法规与标准、铁路工程项目管理实务三部分组成，突出了铁路工程项目建设与管理的专业特点。

本书自2004年出版以来，历经多轮修订，此次修订我们根据最新法规与标准对书中内容进行了更新。由于原铁道部改制为中国国家铁路集团有限公司、铁路局改制为铁路局集团有限公司，成立了新的国家铁路局，但截至考试用书修订时部分法规、标准仍在沿用，仅对新的法规、标准进行了更新，沿用的法规、标准原内容暂时保留。

本书为全国一级建造师执业资格考试《专业工程管理与实务》科目"铁路工程专业"的考试用书，也可作为高等学校相关专业的教学参考用书和从事铁路工程项目建设管理、勘察设计、施工、监理、咨询、质量监督、安全监督及行政管理等工作人员的参考用书。

在本书的编写过程中，虽经反复推敲、讨论，仍难免有不妥之处，恳请广大读者提出宝贵意见。

网上免费增值服务说明

为了给一级建造师考试人员提供更优质、持续的服务，我社为购买正版考试图书的读者免费提供网上增值服务，增值服务分为文档增值服务和全程精讲课程，具体内容如下：

☞ **文档增值服务：** 主要包括各科目的备考指导、学习规划、考试复习方法、重点难点内容解析、应试技巧、在线答疑，每本图书都会提供相应内容的增值服务。

☞ **全程精讲课程：** 由权威老师进行网络在线授课，对考试用书重点难点内容进行全面讲解，旨在帮助考生掌握重点内容，提高应试水平。精讲课程涵盖全部考试科目。

更多免费增值服务内容敬请关注"建工社微课程"微信服务号，网上免费增值服务使用方法如下：

1. 计算机用户

访问 wkc.cabplink.com → 注册用户并登录 → 进入会员中心点击"兑换增值服务" → 输入封面增值服务码涂层下的卡号（ID）和密码（SN），激活 → 在会员中心点击"我的增值服务"，享受增值服务

2. 移动端用户

微信扫描封面二维码 → 关注"建工社微课程"服务号 → 刮开封面增值服务码涂层，扫描涂层下条形码，验证 → 通过验证，享受增值服务

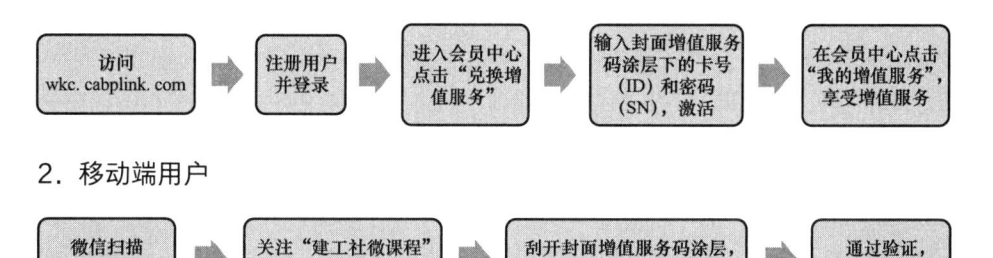

注：增值服务从本书发行之日起开始提供，至次年新版图书上市时结束，提供形式为在线阅读、观看。如果输入卡号和密码或扫码后无法通过验证，请及时与我社联系。

客服电话：010-68865457，4008-188-688（周一至周五 9：00—17：00）

Email：jzs@cabp.com.cn

防盗版举报电话：010-58337026，举报查实重奖。

网上增值服务如有不完善之处，敬请广大读者谅解。欢迎提出宝贵意见和建议，谢谢！

读者如果对图书中的内容有疑问或问题，可关注微信公众号【建造师应试与执业】，与图书编辑团队直接交流。

建造师应试与执业

目 录

第 1 篇　铁路工程技术

第 1 章　铁路工程施工测量 1
1.1　铁路工程测量 1
1.2　控制测量 8
1.3　施工测量方法 12
1.4　构筑物变形测量 24

第 2 章　铁路工程材料 28
2.1　混凝土原材料 28
2.2　钢筋与钢绞线 31
2.3　混凝土配合比确定 33
2.4　结构混凝土强度检测 35
2.5　混凝土质量评定 36
2.6　路基填料 40

第 3 章　铁路路基工程 43
3.1　路基施工 43
3.2　过渡段及特殊路基施工 76
3.3　营业线路基施工 78

第 4 章　铁路桥涵工程 80
4.1　桥梁下部施工 80
4.2　桥梁梁部施工 90
4.3　涵洞施工 120
4.4　营业线桥涵施工 122

第 5 章　铁路隧道工程 129
5.1　隧道围岩分级与施工方法 129
5.2　隧道超前地质预报与监控量测 132

	5.3	隧道钻爆法施工	140
	5.4	明挖隧道施工	154
	5.5	隧道辅助坑道施工	158
	5.6	特殊岩土及不良地质隧道施工	160
	5.7	隧道盾构法施工	167
	5.8	隧道掘进机法施工	170
	5.9	隧道防排水施工	174
	5.10	隧道施工辅助作业	178

第6章　铁路轨道工程

6.1	轨道类型及构造	183
6.2	有砟轨道工程施工	186
6.3	无砟轨道工程施工	196
6.4	轨道精调整理及预打磨	219
6.5	营业线轨道工程施工	226

第7章　铁路"四电"工程

7.1	电力工程施工	230
7.2	电力牵引供电工程施工	241
7.3	通信工程施工	259
7.4	信号工程施工	294

第2篇　铁路工程相关法规与标准

第8章　相关法规 318

8.1	相关法律法规规章	318
8.2	相关规范性文件	335

第9章　相关标准 360

9.1	技术标准	360
9.2	造价标准	369

第3篇　铁路工程项目管理实务

第10章　铁路工程企业资质与施工组织 391

10.1	铁路工程企业资质	391
10.2	施工区段划分与项目组织机构设置	397
10.3	施工组织设计	401

10.4　施工现场平面布置 ··· 417

第 11 章　工程招标投标与合同管理 ·· 424
11.1　工程招标投标 ··· 424
11.2　工程合同管理 ··· 427

第 12 章　施工进度管理 ··· 438
12.1　施工组织进度计划的编制 ·· 438
12.2　施工进度管理方法及控制措施 ·· 444

第 13 章　施工质量管理 ··· 453
13.1　工程质量控制方法及措施 ·· 453
13.2　工程质量通病及事故处理 ·· 457
13.3　工程质量检验与验收 ·· 466
13.4　竣工验收 ··· 470
13.5　工程保修期及缺陷责任期管理 ·· 475

第 14 章　施工成本管理 ··· 477
14.1　工程成本管理要求 ··· 477
14.2　工程项目成本管理方法 ··· 478

第 15 章　施工安全管理 ··· 485
15.1　施工生产安全管理 ··· 485
15.2　施工安全事故应急预案和调查处理 ·· 523

第 16 章　绿色建造及施工现场环境管理 ·· 528
16.1　绿色建造管理 ··· 528
16.2　施工现场环境保护 ··· 529
16.3　施工现场文明施工 ··· 531

第 17 章　技术管理与技术创新 ··· 533
17.1　施工技术管理 ··· 533
17.2　科技创新与智能建造 ·· 539
17.3　信息化管理 ·· 541

第1篇 铁路工程技术

第1章 铁路工程施工测量

1.1 铁路工程测量

1.1.1 施工测量组织

1. 施工测量内容

铁路工程建设施工阶段进行的测量工作即施工测量，包括线路施工、桥梁施工、隧道施工、轨道施工、"四电"施工中的测量工作和竣工测量。其主要任务是把图纸上设计好的铁路工程建（构）筑物平面和高程位置在实地标定出来，即按设计的要求将建（构）筑物各轴线的交点、中线、桥墩、隧道等点位标定在地面上。施工测量的主要内容有控制网复测、施工控制网加密、中线复测、路基、桥梁、隧道等施工放样、变形测量、轨道安装定位、精调测量、竣工测量等。

其中施工控制网是为铁路工程施工提供控制基准的各级平面、高程控制网。它除了包括 CPⅠ、CPⅡ、线路水准基点控制网，还包括在此基础上加密的施工平面、高程控制点和为轨道铺设而建立的轨道控制网 CPⅢ。

2. 施工测量依据

铁路工程施工测量的依据有：《工程测量标准》GB 50026—2020、测绘行业标准《测绘产品检查验收规定》CH 1002—1995、《测绘产品质量评定标准》CH 1003—1995、铁路行业标准《高速铁路工程测量规范》TB 10601—2009、《改建铁路工程测量规范》TB 10105—2009、《铁路工程测量规范》TB 10101—2018 等。

3. 施工测量原则

施工测量中应遵循"等级、整体、控制、检查"的基本原则。遵循"等级原则"复测设计院提供的平面控制测量成果和高程控制测量成果的精度是否满足工程施工测量的等级要求。遵循"整体原则"兼顾工程的全局性和技术要求的完整性，进行平面、高程控制网加密，满足施工过程中放样和检查的需要。遵循"控制原则"，在具体施工过程中，先进行工程主轴线定位，再进行局部放样的原则。遵循"检查原则"，对每道工序进行放样和竣工验收，避免施工误差的积累。

4. 施工测量组织工作

施工测量组织工作由项目经理部技术部门专业测量人员成立测量小组，根据设计单位提供给定的坐标点和高程控制点进行工程定位、建立轴线控制网。按规定程序检查验收，对测量小组全体人员进行详细的图纸交底及方案交底，明确分工，所有施工测量的工作进度及逐日安排，由测量组长根据项目的总体进度计划进行安排。

1）人员组织

从事铁路施工测量的技术人员，应经过专业的培训，获得技术培训和上岗证书，方可上岗，从而建立起一支技术过硬、责任心强、能吃苦耐劳的从事铁路施工测量的专职队伍。同时因为现场的独特性，要求测量人员具有登高和攀爬能力。

2）仪器设备组织

（1）仪器检校完善，专人维护保养

测量仪器设备及工具必须定期（一般为1年）到国家计量部门进行检定，取得合格证书后方可使用。

考虑到仪器的有些轴线有可能因受振动等原因致使相互间的几何位置发生变化，故在仪器使用过程中，应经常对其进行检验校正，使其满足应有的几何条件。

为防止仪器因管理不善而出现损坏现象，测量人员所用的仪器必须由专人妥善保管，平时不用时仪器箱要上锁。对于常用的测量仪器，使用过程中还应注意维护。

（2）仪器选用正确，标准选用得当

鉴于不同的工程对象，有不同的精度要求，精度标准不能低于规范要求，但也不宜过严。因此，这就要求选用仪器正确，标准选用得当。

尽管仪器使用前进行过认真的检验和校正，为减小或尽量消除某些误差，测量时还应采取一定的措施。如使用水准仪进行水准测量时，应尽量使前、后视距离大致相等；使用经纬仪在测角时，用正、倒镜观测取均值等。

3）施工过程组织

铁路施工测量时，应根据单位工程、分部工程和分项工程直至具体施工工序，对测量工作周密规划、分清主次、精心安排，认真组织好每一个施工测量的中心环节，使测量环节与施工工序密切衔接。

（1）做到反复放样，注重步步校核

由于不可预见的因素，在实际工作中，尽管十分谨慎和仔细地做了测量工作，但在大量的工作中难免有遗漏和疏忽之处，为此，放样后的点位应至少校验1~2次，必要时进行换手测量，才能做到万无一失。

对工程项目的关键测量科目必须实行彻底换手测量，一般测量科目应实行同级换手测量。彻底换手测量，须更换全部测量人员、仪器及计算资料；同级换手测量，须更换观测和计算人员。

（2）记录清楚完整，计算复核检算

测量记录、计算成果和图表，应记录清楚，签署完善，并应复核和检算，未经复核和检算的资料严禁使用。

所有测量成果必须认真做好记录。人工记录时，为防止因潮湿或雨淋造成数据污染，按规定都要用铅笔填写在规定的表格内。错误之处不能用橡皮涂擦，而要将其划掉，在旁边重写即可，以分清责任。当用全站仪等自带电子记录簿或存储卡的仪器记录测量数据时，最好应配用便携式计算机现场传输并贮存数据。无论人工还是电子记录都应有备份。

4）测量资料整理

各阶段测量成果整理，必须做到真实、明确、整洁、清楚，格式统一并装订成册。

各平面控制点、高程控制点、线路中心点等的名称必须记载正确，同一点名称在各种资料中必须一致。

测量成果资料对日后使用、总结经验和提高技术水平都十分宝贵，必须妥善保管。

5. 施工测量检查、验收

施工测量实行二级检查一级验收制。

施工单位对施工测量质量实行过程检查和最终检查，其中过程检查由测量队（或班）检查人员承担，最终检查由施工单位的质量管理机构负责实施。

验收工作一般由监理单位组织实施。

各级检查、验收工作必须独立进行，不能省略或代替。施工测量实施过程中，测量人员必须切实做到自检互查，把各类缺陷消灭在作业过程中。

1.1.2 施工测量准备

施工测量准备工作包括：测量工作策划的编制，开工前的交接桩，控制网的复测、加密等。

1. 测量工作策划的编制

测量工作策划主要包括以下内容：

（1）测量工作的依据。包括规范、图纸、验收标准、招标投标文件等。

（2）测量工作的内容和检查频率。按照实施工程的内容并根据有关规范、验收标准对测量检查要求进行确定。可按照单位工程、分部工程、分项工程的划分来确定测量检查的内容和频率，同时按照该分项工程的施工规范要求来确定各工序中需测量检查的内容和频率。

（3）测量的工作程序和工作制度。

2. 开工前的交接桩

1）交接桩程序

线下工程施工前，由建设单位组织，设计单位向施工单位提交控制测量成果资料，监理单位参加交接工作。现场交接CP0、CPⅠ、CPⅡ控制桩和线路水准基点桩，并履行交桩手续。

2）控制网交桩成果资料内容

（1）CP0、CPⅠ、CPⅡ控制点成果及点之记。

（2）CPⅠ、CPⅡ测量平差计算书。

（3）线路水准基点成果及点之记。

（4）水准测量平差计算书。

（5）测量技术报告（含平面、高程控制网联测示意图）。

3. 控制网的复测

（1）铁路工程建设期间应加强控制网复测维护工作。控制网复测维护分为定期复测维护和不定期复测维护，定期复测维护由建设单位组织实施，不定期复测维护由施工单位实施。

（2）定期复测维护是对铁路平面高程控制网的全面复测，复测内容包括CPⅠ、CPⅡ及线路水准基点。复测频次为：

① 施工单位接桩后，应对CPⅠ、CPⅡ和线路水准基点进行复测。

② CPⅢ建网前，CPⅠ、CPⅡ和线路水准基点应复测一次。

③ 长钢轨精调前，CPⅠ、洞内CPⅡ、线上加密CPⅡ、CPⅢ、线路水准基点及线上加密水准点应复测一次。

（3）施工单位应根据施工需要开展不定期复测维护，复测时间间隔新建250~350km/h高速铁路不应大于6个月，新建200km/h及以下铁路不应大于12个月。

（4）不定期复测维护内容包括CPⅠ、CPⅡ、线路水准基点及施工加密控制点复测，检查控制点间的相对位置是否发生位移，点位的相对精度是否满足要求。特殊地区、地面沉降地区或施工期间出现异常的地段，适当增加复测次数。

（5）复测成果与原测成果较差超限时，应进行二次复测，查明原因。控制网成果的采用应遵循以下原则：

① 施工单位接桩后复测及施工期间不定期复测：当CPⅠ、CPⅡ和线路水准基点较差满足规范规定时，采用原测成果。当确认原测与复测较差超限时，采用同精度内插方法更新成果。

② CPⅢ建网前复测：当CPⅠ和线路水准基点较差满足规范规定时，采用原测成果；当确认原测与复测较差超限时，采用同精度内插方法更新成果。CPⅡ控制点应全部采用复测成果。

4.控制网的加密

（1）施工控制网加密测量可根据施工要求采用同精度内插的方法。施工控制网加密前，应根据现场情况制定施工控制网加密测量技术方案。

（2）加密控制点应布设在坚固稳定、便于施工放线且不易破坏的范围内，并按规范规定埋石。

（3）施工平面控制网加密测量可采用导线或GNSS测量方法施测。导线加密测量应按规范中相应等级导线的精度要求施测；GNSS加密测量应按规范中相应等级GNSS的精度要求施测。

（4）施工高程控制网加密测量应起闭于线路水准基点，采用同精度内插的方法按相应测量等级要求施测。

（5）施工控制网加密完成后，应提交以下成果资料：

① 技术方案。

② 加密测量成果。

③ 外业测量观测数据资料。

④ 平差计算书。

⑤ 加密测量技术总结。

1.1.3 测量仪器的管理及应用

1.常用测量仪器的分类

铁路工程施工常用的测量仪器有水准仪、经纬仪、全站仪等。

1）水准仪

水准测量所使用的仪器称为水准仪，通过调整水准管使管内水准气泡居中来获得水平视线的水准仪称为"微倾式水准仪";通过补偿器来获得水平视线的水准仪称为"自动安平水准仪";配合条纹编码尺,利用数字化图像处理的方法,能够自动显示高程和距离,实现水准测量自动化的水准仪称为"电子水准仪"。另外水准测量的工具还有水准尺和尺垫。

我国的水准仪按精度分为 $DS_{0.5}$、DS_1、DS_3 和 DS_{10} 等几种型号。D、S 分别是"大地测量""水准仪"汉语拼音的首字母。角码的数字表示仪器的精度。其中 $DS_{0.5}$ 和 DS_1 用于精密水准测量,DS_3 和 DS_{10} 则用于普通水准测量。

2)经纬仪

经纬仪根据度盘刻度和读数方式的不同,分为游标经纬仪、电子经纬仪和光学经纬仪。目前,我国主要使用光学经纬仪和电子经纬仪,游标经纬仪早已淘汰。

光学经纬仪的水平度盘和竖直度盘用玻璃制成,在度盘平面的周围边缘刻有等间隔的分划线,两相邻分划线间距所对的圆心角称为度盘的格值,又称度盘的最小分格值。一般以格值的大小确定精度,分为:DJ_6 度盘格值为 $1°$,DJ_2 度盘格值为 $20'$,DJ_1(T_3)度盘格值为 $4'$。

按精度从高精度到低精度分:$DJ_{0.7}$、DJ_1、DJ_2、DJ_6、DJ_{30} 等(D、J 分别为大地和经纬仪的汉语拼音首字母)。

经纬仪是测量任务中用于测量角度的精密测量仪器,可以用于测量角度、工程放样以及粗略的距离测取。整套仪器由仪器、脚架两部分组成。

3)全站仪

全站仪,即全站型电子测距仪(Electronic Total Station),是一种集光、机、电为一体的高技术测量仪器,是集水平角、垂直角、距离(斜距、平距)、高差测量功能于一体的测绘仪器系统。因其一次安置仪器就可完成该测站上全部测量工作,所以称之为全站仪。广泛用于地上大型建筑和地下隧道施工等精密工程测量或变形监测领域。根据测角精度可分为 $0.5''$、$1''$、$2''$、$3''$、$5''$、$7''$ 等几个等级。

2. 测量仪器的管理

1)测量仪器保养和使用

(1)测量仪器实行专人负责制,建立测量仪器管理台账,由专人保管、填写。

(2)仪器必须置于专业仪器柜内,仪器柜必须干燥、无尘土。

(3)仪器使用完毕后,必须进行擦拭,并填写使用情况表格。

(4)仪器在现场使用时,测量人员不得离开仪器。

2)测量仪器、量具的检验校正与维护

(1)为保证测量成果准确可靠,测量仪器、量具应按国家计量部门或工程建设主管部门的有关规定进行检定,经检定合格后方可使用。

(2)测量仪器和量具除按规定周期检定外,对经常使用的全站仪、水准仪的主要轴系关系应在每项工程施工测量前进行检验校正,施工中还应每隔 1~3 个月进行定期检验校正。

(3)测量仪器和量具的使用应按有关操作规程进行作业,并应精心保管,加强维护保养,使其保持良好状态。

(4)所有测量仪器必须按照仪器的检测周期进行检测,在仪器上粘贴校准状态标识，具备合格的计量检定证书，并由项目经理部测量负责人每月进行一次常项检查。

3. 测量仪器的应用

1）水准仪的使用

水准仪的使用包括：水准仪的安置、粗平、瞄准、精平、读数五个步骤。

（1）安置

安置是将仪器安装在可以伸缩的三脚架上并置于两观测点之间。首先打开三脚架并使高度适中，用目估法使架头大致水平并检查脚架是否牢固，然后打开仪器箱，用连接螺旋将水准仪器连接在三脚架上。

（2）粗平

粗平是使仪器的视线粗略水平，利用脚螺旋置圆水准气泡居于圆指标圈之中。具体方法用仪器练习。在整平过程中，气泡移动的方向与大拇指运动的方向一致。

（3）瞄准

瞄准是用望远镜准确地瞄准目标。首先是把望远镜对向远处明亮的背景，转动目镜调焦螺旋，使十字丝最清晰。再松开固定螺旋，旋转望远镜，使照门和准星的连接对准水准尺，拧紧固定螺旋。最后转动物镜对光螺旋，使水准尺清晰地落在十字丝平面上，再转动微动螺旋，使水准尺的像靠于十字竖丝的一侧。

（4）精平

精平是使望远镜的视线精确水平。微倾水准仪，在水准管上部装有一组棱镜，可将水准管气泡两端，折射到镜管旁的符合水准观察窗内，若气泡居中时，气泡两端的像将符合成一抛物线形，说明视线水平。若气泡两端的像不相符合，说明视线不水平。这时可用右手转动微倾螺旋使气泡两端的像完全符合，仪器便可提供一条水平视线，以满足水准测量基本原理的要求。

（5）读数

用十字丝，截读水准尺上的读数。现在的水准仪多是倒像望远镜，读数时应由上而下进行。先估读毫米级读数，后报出全部读数。

注意，水准仪使用步骤一定要按上面顺序进行，不能颠倒，特别是读数前的符合水泡调整，一定要在读数前进行。

2）经纬仪的使用

经纬仪的使用包括架设仪器、对中、整平、瞄准与读数四个操作步骤。

（1）架设仪器：将经纬仪放置在架头上，使架头大致水平，旋紧连接螺旋。

（2）对中：目的是使仪器中心与测站点位于同一铅垂线上。采用光学对中器对中时，整平和对中是相互影响的。首先将仪器大略整平，光学对中器大致在测站点铅垂线上。然后旋转对中器目镜，使十字分划板清晰，再调焦。将仪器在脚架顶上平移，使分划板中心与测站标志中心重合，这时整平必定被破坏，需要再一次整平。注意，这一次不要用脚螺旋整平，而是伸缩三脚架的架腿，这样整平时，基本不会破坏对中（这一点非常重要）。如此反复2~3次，最后旋紧中心螺旋。

（3）整平：目的是使仪器竖轴铅垂，水平度盘水平。转动照准部，使水准管平行任意一对脚螺旋，同时相对旋转这对脚螺旋，使水准管气泡居中；将照准部绕轴旋转90°，旋转第三只脚螺旋，使气泡居中；再旋转90°，检查气泡误差，直到小于分划丝一格为止。

（4）瞄准与读数：① 目镜对光：目镜调焦使十字丝清晰。② 瞄准和物镜对光：粗瞄目标，物镜调焦使目标清晰，注意消除视差。精瞄目标，转动望远镜和照准部的微动螺旋，使目标被单根竖丝平分，或将目标夹在两根竖丝中央。③ 读数：调整照明反光镜，使读数窗亮度适中，旋转读数显微镜的目镜使刻划线清晰，然后读数。

3）全站仪的使用

不同型号的全站仪，其具体操作方法会有较大的差异。下面简要介绍全站仪的基本操作与使用方法。

（1）水平角测量

① 按角度测量键，使全站仪处于角度测量模式，照准第一个目标 A。

② 设置 A 方向的水平度盘读数为 0°00′00″。

③ 照准第二个目标 B，此时显示的水平度盘读数即为两方向间的水平夹角。

（2）距离测量

① 设置棱镜常数：

测距前须将棱镜常数输入仪器中，仪器会自动对所测距离进行改正。

② 设置大气改正值或气温、气压值：

光在大气中的传播速度会随大气的温度和气压的变化而变化，15℃和760mmHg是仪器设置的一个标准值，此时的大气改正值为0ppm。实测时，可输入温度和气压值，全站仪会自动计算大气改正值（也可直接输入大气改正值），并对测距结果进行改正。

③ 测量仪器高、棱镜高并输入全站仪。

④ 距离测量：

照准目标棱镜中心，按测距键，距离测量开始，测距完成时显示斜距、平距、高差。全站仪的测距模式有精测模式、跟踪模式、粗测模式三种。精测模式是最常用的测距模式，测量时间约为 2.5s，最小显示单位为 1mm；跟踪模式，常用于跟踪移动目标或放样时连续测距，最小显示单位一般为 1cm，每次测距时间约为 0.3s；粗测模式，测量时间约为 0.7s，最小显示单位是 1cm 或 1mm。在距离测量或坐标测量时，可按测距模式（MODE）键选择不同的测距模式。

应注意，有些型号的全站仪在距离测量时不能设定仪器高和棱镜高，显示的高差值是全站仪横轴中心与棱镜中心的高差。

（3）坐标测量

① 设定测站点的三维坐标。

② 设定后视点的坐标或设定后视方向的水平度盘读数为其方位角。当设定后视点的坐标时，全站仪会自动计算后视方向的方位角，并设定后视方向的水平度盘读数为其方位角。

③ 设置棱镜常数。

④ 设置大气改正值或气温、气压值。

⑤ 测量仪器高、棱镜高并输入全站仪。

⑥ 照准目标棱镜，按坐标测量键，全站仪开始测距并计算显示测点的三维坐标。

1.2 控制测量

1.2.1 平面控制测量

铁路工程平面控制网包括线路工程控制网、桥梁和隧道等工程的施工控制网，可采用卫星定位测量、导线测量和三角形网测量等方法进行施测。

平面控制网精度等级：卫星定位测量依次为特等、一等、二等、三等、四等、五等；导线测量依次为二等、隧道二等、三等、四等和一级、二级；三角形网测量依次为二等、三等、四等。

1. 平面控制网的布设要求

平面控制网布设应遵循因地制宜、技术经济合理、确保质量的原则，并应符合以下规定：

（1）控制网等级应根据新建铁路轨道结构类型、列车设计行车速度、控制网的用途和精度要求合理确定。

（2）与国家或地方坐标系统联测时应进行联测方案设计。

（3）增设或补设控制点可同精度内插。

（4）铁路线路工程平面控制测量应按分级布设的原则建网。第一级为基础平面控制网（CPⅠ），第二级为线路平面控制网（CPⅡ），第三级为轨道控制网（CPⅢ）。

2. 基础平面控制网（CPⅠ）测量

（1）CPⅠ控制网宜在初测阶段建立，困难时应在定测前完成，全线（段）应一次布网，统一测量，整体平差。

（2）CPⅠ控制网应按要求沿线路走向布设，并附合于CP0控制网上。控制点宜设在距线路中心50～1000m范围内不易被施工破坏、稳定可靠、便于测量的地方。点位布设宜兼顾桥梁、隧道及其他大型建（构）筑物布设施工控制网的要求，并按规定埋石。标石埋设完成后，应现场填写点位说明，丈量标石至明显地物的距离，绘制点位示意图，按要求做好点标记。

（3）CPⅠ应采用边联结方式构网，形成由三角形或大地四边形组成的带状网。在线路勘测设计起点、终点或与其他铁路平面控制网衔接地段，必须有2个及以上的CPⅠ控制点相重合，并在测量成果中反映出相互关系。CPⅠ控制网宜与附近的已知水准点联测。

（4）CPⅠ控制网应与沿线的国家或城市三等及以上平面控制点联测，一般每50km宜联测一个平面控制点，全线（段）联测平面控制点的总数不宜少于3个，特殊情况下不得少于2个。当联测点数为2个时，应尽量分布在网的两端；当联测点数为3个及其以上时，宜在网中均匀分布。

（5）CPⅠ控制网应按二等GPS测量要求施测。

3. 线路平面控制网（CPⅡ）测量

（1）CPⅡ控制网宜在定测阶段完成，采用GPS测量或导线测量方法施测，主要技术指标应符合要求。

（2）CPⅡ控制网应按要求沿线路布设，并附合于CPⅠ控制网上。CPⅡ控制点宜选在距线路中线50～200m范围内、稳定可靠、便于测量的地方,并按规定埋石。标石埋设完成后,应现场填写点位说明,丈量标石至明显地物的距离,绘制点位示意图,按要求做好点标记。

(3)在线路勘测设计起、终点及不同测量单位衔接地段,应联测2个及以上CPⅡ控制点作为共用点,并在测量成果中反映出相互关系。

4. 轨道控制网（CPⅢ）平面测量

CPⅢ控制网测量应在线下工程竣工后施测。对于无砟轨道及速度200km/h有砟铁路,CPⅢ施测前应通过沉降变形评估。CPⅢ测量前应对全线的CPⅠ、CPⅡ控制网进行复测,并采用复测后合格的CPⅠ、CPⅡ成果进行CPⅢ控制网测设。

1.2.2 高程控制测量

1. 基本要求

1）等级划分

高程控制测量等级划分为：一等、二等、精密水准、三等、四等、五等。

2）基本要求

(1)各等级高程控制测量宜采用水准测量,三等及以下高程控制测量可采用光电测距三角高程测量。在困难地区,精密水准和二等高程控制测量可采用精密光电测距三角高程测量。

(2)高程控制网应布设成附合路线或环形网,加密网宜布设成附合路线或结点网。大型桥梁和隧道可根据工程规模和精度要求建立独立高程控制网。

(3)铁路工程高程控制测量应按分级布设的原则建网。第一级为线路水准基点控制网,是铁路工程勘测设计、施工和运营维护的高程基准；第二级为CPⅢ高程网,是轨道施工和维护的高程基准。

(4)当同一铁路需建立不同等级高程控制网时,可分段分等级建立高程控制网,不同等级的高程控制网的分段搭接处理应符合以下规定：

① 不同等级线路水准基点控制网的分段搭接宜以国家高等级水准点为搭接分界点。低等级线路水准基点控制网宜以搭接处的高等级线路水准基点作为约束点参与平差。当搭接分界处附近无国家高等级水准点时,可采用加大高等级测段高差值权的方法进行水准网整体平差。

② 不同等级CPⅢ高程网测量搭接平差时,低等级的CPⅢ控制网应以搭接处的高等级CPⅢ控制点作为约束点参与平差。

2. 高程控制测量方法

1）水准测量

(1)水准测量宜采用相应等级的数字水准仪及其自动记录功能采集数据。

(2)水准测量所使用的水准仪及水准尺,应在每个项目作业前按规范规定进行检验。

(3)部分等级水准测量的观测方法应按表1.2-1的规定执行。

表 1.2-1 水准测量的观测方法

等级	观测方式		观测顺序
	与已知点联测	附合或环线	
一等	往返	往返	奇数站：后—前—前—后
			偶数站：前—后—后—前
二等	往返	往返	奇数站：后—前—前—后
			偶数站：前—后—后—前
精密水准	往返	往返／单程闭合环	奇数站：后—前—前—后
			偶数站：前—后—后—前

2）光电测距三角高程测量

（1）光电测距三角高程测量宜布设成三角高程网或高程导线，视线高度和离开障碍物的距离不得小于 1.2m。高程导线的闭合长度不应超过相应等级水准线路的最大长度。

（2）三等光电测距三角高程测量应按双程对向方法进行两组对向观测；四等光电测距三角高程测量可按双程对向方法或单程双对向方法进行两组对向观测。

（3）所使用的仪器在作业前应按规范规定进行检校，仪器作业的各项要求应符合规范规定。

（4）光电测距三角高程测量应满足以下要求：

① 光电测距三角高程测量可结合平面导线测量同时进行。

② 仪器高和反射镜高量测，应在测前、测后各测一次，两次互差不得超过 2mm。三、四等测量时，宜采用专用测尺或测杆量测。

③ 垂直角采用中丝法测量。

④ 距离观测时，应测定气温和气压。气温读至 0.5℃，气压读至 1.0hPa，并加入气象改正。

⑤ 光电测距三角高程测量应选择成像稳定清晰时观测。在日出、日落时，大气垂直折光系数变化较大，不宜进行长边观测。

3）精密光电测距三角高程测量

（1）精密光电测距三角高程测量主要用于困难地区代替精密水准和二等水准测量，所采用的全站仪应具有自动目标搜索、自动照准、自动观测功能，仪器标称精度应不低于 $0.5''$、$1mm + 1 \times 10^{-6}D$。

（2）精密光电测距三角高程测量应采用两台全站仪同时对向观测，不量取仪器高和觇标高，观测距离一般不大于 500m，最长不应超过 1000m。

4）跨河水准测量

（1）水准路线跨越江河、湖海及深沟时，应采用跨河水准方法测量。各等级跨河水准测量应按以下规定执行：

① 当一、二等水准视线长度不超过 100m，精密水准视线长度超过 120m，三、四、五等水准视线长度不超过 200m 时，跨河水准测量可采用一般方法进行观测，在测站上应变换仪器高度观测两次。

② 当一、二等水准视线长度超过100m，精密水准视线长度超过120m，三、四、五等水准视线长度超过200m时，跨河水准测量应根据视线长度和仪器设备等情况，按表1.2-2的规定选用适当方法进行观测。一等、二等、精密水准、三等跨河水准测量应采用双线过河，并按同等精度在两岸联测，组成四边形闭合环。

表1.2-2　跨河水准测量方法及其适用等级、最大视线长度

观测方法	适用等级	最大视线长度（m）	观测方法	适用等级	最大视线长度（m）
直接读尺法	二等、精密水准	200	倾斜螺旋法	三等及以上	1500
	三等及以下	300			
光学测微法	三等及以上	500		四、五等	2000
	四、五等	1000	三角高程法	各等级	3500
经纬仪倾角法	各等级	3500	GNSS测量法	各等级	3500

（2）采用直接读尺法、光学测微法、倾斜螺旋法和经纬仪倾角法进行跨河水准测量时，仪器的选用与检校、场地的选定与布设、觇板（或标灯）设计与制作、观测程序与方法、记录与计算等技术要求应符合《国家一、二等水准测量规范》GB/T 12897—2006和《国家三、四等水准测量规范》GB/T 12898—2009中的有关规定。

5）卫星定位（GNSS）高程测量

（1）GNSS高程测量宜与GNSS平面控制测量一起进行，适用于高程异常变化平缓地区的五等及以下高程测量。

（2）GNSS高程转换可采用几何拟合法、基于似大地水准面模型精化的高程异常拟合法和高程异常差拟合法等。

（3）当采用拟合方法求解高程值时，应在测区周围和测区内联测四等及以上水准点。联测点数应大于选用计算模型中未知参数的个数。

（4）根据路线大致走向、水准点的分布划分拟合区域，分段求取高程拟合参数。每个拟合区的路线长度宜控制在50km以内。

（5）应选择多种拟合模型进行高程拟合，并用未参与建模的水准点检验拟合的效果，选择最佳拟合结果作为最终成果。

6）线路水准基点测量

（1）线路水准基点控制网宜在定测前施测，应沿线路布设成附合路线或闭合环，每2km布设一个水准基点，重点工程（大桥、长隧及特殊路基结构）地段应根据实际情况增设水准基点。点位距线路中线50~300m为宜。

（2）对于无砟轨道铁路，在地表沉降不均匀及地质不良地区，宜按每10km设置一个深埋水准点，每50km设置一个基岩水准点。深埋水准点和基岩水准点应尽量利用国家或其他测绘单位埋设的稳定深埋水准点和基岩水准点。

（3）线路水准基点控制网宜全线（段）一次布网，统一测量，整体平差。

7）轨道控制网（CPⅢ）高程测量

（1）CPⅢ控制网高程测量前，应进行线上水准基点加密。隧道内加密水准基点间距为1km，其余段落加密水准基点间距为2km，测量等级应符合规范的要求。

（2）桥面线上水准基点与线下水准基点联测可采用不量仪器高和棱镜高的中间设站光电测距三角高程测量法，并符合中间设站光电测距三角高程测量外业观测规范规定。仪器与棱镜的距离一般不大于100m，最大不得超过150m，前、后视距差不应超过5m。

（3）CPⅢ控制网高程测量可采用水准测量或三角高程测量方法施测，并应附合于线上水准基点上，附合路线长度不应大于3km。

（4）CPⅢ控制网高程测量可根据施工需要分段施测，区段划分宜与CPⅢ平面控制网区段划分一致。前后区段衔接应满足以下规定：

① CPⅢ水准测量前后区段之间重叠点不应少于2对（点对布设形式）或2个（单点布设形式）。

② CPⅢ自由测站三角高程测量前后区段之间重叠点不应少于4对（点对布设形式）或4个（单点布设形式）。

③ CPⅢ导线点高程测量前后区段间重叠点不应少于2个。

3. 内业计算及成果资料整理

1）内业计算

（1）高程控制测量外业工作结束后，应进行观测数据质量检核。检核的内容包括：测站数据、测段高差数据，附合路线和环线的高差闭合差。数据质量合格后，方可进行平差计算。

（2）高程测量结束后，应以测段往返测（左、右路线）高差不符值，按规范格式计算每千米水准测量偶然中误差 M_Δ。当高程控制网的附合路线或环线≥20个时，还应以附合或环线闭合差，按规范格式计算每千米水准测量全中误差 M_w。

2）提交的成果资料

高程控制测量完成后，应提交以下成果资料：

（1）技术设计书。

（2）平差计算书。

（3）高程成果表。

（4）水准点之记。

（5）水准路线联测示意图。

（6）技术总结。

1.3 施工测量方法

1.3.1 线路、桥涵、隧道工程施工测量

1. 线路施工测量

1）中线测量

线路中线测量前，应检查测区平面控制点和水准点分布情况。当控制点精度和密度不能满足中线测量需要时，平面应按五等GNSS或一级导线测量精度要求加密，高程按五等水准测量精度要求加密。

2）路基测量

路基测量包括路基横断面测量、路基改河改沟测量、路基施工放样、地基加固工程施工放样等内容。

（1）路基横断面测量：

① 路基横断面施测宽度和密度，应根据地形、地质情况并结合线路平、纵面图现场布置，满足路基设计方案的需求。

② 路基横断面间距一般为20m。在公里桩、百米桩和线路纵、横向地形明显变化、路堤、路堑的最低点和最高点以及大中桥头、隧道洞口、路基支挡及承载结构物起讫点等处，应测设横断面。

（2）路基改河改沟测量应根据纸上定线，现场核对两端接坡高程。对于长大、复杂和对农业水利有较大影响的河沟应根据改沟方案实地放线，实测纵横断面，测绘范围要延伸至原河沟床上下游各30～50m，以便接坡。

（3）路基施工放样的边桩可采用全站仪坐标法或GNSS RTK法测设，测设边桩的限差不应大于10cm。挡土墙、护坡等工程施工放样的结构尺寸误差、基底及顶部高程限差均不应大于5cm。

（4）路基加固工程施工放样可采用全站仪坐标法、GNSS RTK法施测或在恢复中线的基础上采用横断面法。放样点位限差为5cm。

3）线下工程竣工测量

（1）在线下工程竣工后、轨道施工前，应进行线下工程竣工测量，评估线下工程施工是否满足轨道铺设条件的要求。测量内容包括线路中线贯通测量和横断面竣工测量。

（2）线路中线贯通测量应以线路中线（双线时以左线）为基准进行测量。线路中线桩高程应利用线路水准基点或CPⅢ控制点进行测量。

（3）线路横断面竣工测量：

① 路基竣工横断面可采用全站仪或GNSS RTK测量。

② 桥面竣工横断面可采用全站仪或水准仪测量。

③ 隧道竣工横断面应采用全站仪或断面仪测量。

（4）线下工程竣工测量完成后，线下工程施工单位应向轨道施工单位提交测量控制网及线下工程竣工测量资料，并移交平面、高程控制点以及线路中线桩等桩橛。

2. 桥梁施工测量

桥梁施工测量的内容和方法，随桥长及其类型、施工方法、地形复杂情况等因素的不同而有所差别。概括起来主要有：桥梁控制测量、墩台定位及其轴线测设、桥梁结构细部放样、变形观测和竣工测量等。对于小型桥一般不进行控制测量。

1）建立或复测平面和高程控制网

桥梁施工测量是复杂的，必须在全桥统一的平面和高程控制的基础上进行。作为放样依据的控制网、点，在施工测量期间应定期检测，经常检查。

桥梁平面控制测量的目的是测定桥轴线方向、长度，并为施工时墩、台定位提供测量的基本控制点；同时，也可用于施工过程中的水平位移监测。

桥梁高程控制网，作为高程放样的依据，同时，也可作为施工过程中的沉降观测的高程基准。

2）墩、台定位及轴线测设

在桥梁施工过程中，最主要的工作是测设出墩、台的中心位置和它的纵横轴线，其测设数据由控制点坐标和墩、台中心的设计位置计算确定，若是曲线桥还需桥梁偏角、偏距及墩距等原始资料；放样方法则视河宽、水深及墩位的情况，可采用直接测设或角度交会的方法。

墩、台中心位置定出以后，还要测出墩、台的纵横轴线，以固定墩、台方向，同时它也是墩、台施工中细部放样的依据。

3）桥梁结构的细部放样

在桥梁的施工过程中，随着工程的进展，随时都要对桩、承台、墩（台）身进行放样工作，细部放样的项目繁多，桥梁的结构及施工方法也千差万别，所以放样的内容及方法也各不相同。总的说来，主要包括：基础施工放样、墩台身的施工放样、顶帽及支承垫石的施工放样及架梁时的落梁测设工作，其主要任务是确定结构的周边位置线和高程。

4）桥梁竣工测量

（1）桥梁竣工测量

桥梁竣工测量分两阶段进行，第一阶段是在桥梁墩台施工完毕、梁部架设以前，对全线桥梁墩台的纵、横向中心线、支承垫石顶高程、跨度进行贯通测量，并标出各墩台纵、横中心线、支座中心线、梁端线及锚栓孔十字线，其位置偏差应满足规范要求。第二阶段是在梁部架设完成后，对全桥中线贯通测量并在梁面标出桥梁工作线位置。其位置偏差应满足规范要求。

（2）桥梁总体竣工测量

桥梁总体竣工测量内容应包括桥面中线偏位、桥宽、桥长及桥面纵横断面测量、桥头高程衔接测量、引桥中线与主桥中线衔接测量等。测量方法及要求如下：

① 桥面中线偏位测量宜采用全站仪坐标法，每隔 20m 测量 1 点。

② 桥宽宜采用钢尺丈量，桥长应沿桥梁中心线测量。

③ 桥面横断面应在桥头、桥中和桥尾处各测量 1 个，对于长桥应每隔 100m 增测 1 个。

④ 桥头高程衔接测量宜采用几何水准测量法，在桥头搭板范围内沿桥面纵坡每 1m 测量 1 点。

3. 涵洞施工测量

涵洞施工测量较桥梁简单，其内容有涵洞定位及轴线测设、施工放样等。

1）涵洞定位及轴线测设

涵洞定位在线路复测后进行。涵洞定位即定出在线路方向上的中心里程点。定位方法同普通测量一样，可用直线延伸法、偏角法或极坐标法。

涵洞纵轴线即为涵洞出入口的中心线。涵洞分正交涵和斜交涵两种。正交涵的纵轴线与所在线路中线（或切线）垂直，斜交涵的纵轴线与线路中线（或切线）有一个交角。与纵轴线成 90° 的方向为横向轴线方向。

2）施工放样

涵洞的基础放样是依据纵、横轴线测设的。基坑开挖后，在基坑内恢复纵、横轴方向线，涵洞基础和其他各部分的砌筑或支立模板均依据此方向线测定。

4. 隧道施工测量

铁路隧道施工测量的任务，是保证隧道开挖时，能按规定的精度正确贯通，并使各建筑部位的位置和尺寸符合设计规定，不侵入建筑限界，以确保运营安全。

由于各项测量工作中都存在误差，导致相向开挖中具有相同贯通里程的中线点在空间不相重合，此两点在空间的连接误差（即闭合差）称为贯通误差。在水平面内垂直于中线方向的分量称为横向贯通误差（简称"横向误差"），在高程方向的分量称为高程贯通误差（简称"高程误差"）。

高程误差对坡度有影响；而横向误差对隧道质量有影响。不同的隧道工程对贯通误差的容许值有各自具体的规定。如何保证隧道在贯通时，两相向开挖的施工中线的闭合差（特别是横向贯通误差）不超过规定的限值，成为隧道施工测量的关键问题。

隧道工程施工需要进行的主要测量工作包括以下几部分内容：

1）洞外控制测量

隧道施工测量首先要建立洞外平面和高程控制网，每一开挖口附近都应设立平面控制点和高程控制点，这样将各开挖面联系起来，作为施工放样的依据。

2）洞外、洞内的联系测量

在隧道开挖之前，必须根据洞外控制测量的结果，测算洞口控制点的坐标和高程，同时按设计要求计算洞内待定点的设计坐标和高程，并放样出洞门内的待定点点位，这就是洞外和洞内的联系测量（也称进洞测量）。进洞测量将洞外的坐标、方向和高程引测到隧道内，使洞内和洞外建立了统一坐标和高程系统。

3）洞内控制测量

在隧道施工中，随着开挖的延伸，需要不断给出隧道的掘进方向。为了正确完成施工放样，防止误差积累，保证最后的准确贯通，应进行洞内控制测量。此项工作是在洞外控制测量和洞、内外联系测量的基础上展开的，包括洞内平面控制测量和洞内高程控制测量。

4）隧道洞内的施工测量

包括：洞门的施工放样、洞内中线测量、腰线的测设、掘进方向的测设、开挖断面及结构物的施工放样。

5）竣工测量

（1）隧道竣工测量内容包括洞内CPⅡ控制网测量、水准贯通测量、中线贯通测量和横断面测量。隧道长度大于800m的隧道竣工后，应按规范要求进行洞内CPⅡ控制网测量。

（2）提交的测量成果包含的内容有：① 技术设计书；② 平差计算书；③ 点之记；④ 控制点成果表；⑤ 控制网示意图；⑥ 实际贯通误差及其调整成果；⑦ 技术总结。

1.3.2 轨道工程施工测量

1. 一般规定

（1）轨道工程施工前应按规范要求建立轨道控制网CPⅢ，并经评估或验收合格。

（2）轨道施工前应对线下工程竣工测量成果进行评估，检查线路平、纵断面是否满足轨道铺设条件。必要时应对线路平、纵断面进行调整，满足铺轨要求。

（3）轨道施工应以轨道控制网为依据，轨道铺设精度应满足《铁路轨道工程施工质量验收标准》TB 10413—2018 的要求。

2. 无砟轨道施工测量

（1）无砟轨道混凝土底座或支承层施工放样应以 CPⅢ轨道控制网为依据。平面放样采用全站仪自由设站坐标法测设，高程放样可采用全站仪自由设站三角高程或几何水准施测。

（2）轨道板或道床板施工测量应以 CPⅢ控制网为依据，并采用全站仪自由设站施测。全站仪自由设站应满足以下要求：

① 全站仪应具备自动目标搜索、自动照准、自动观测功能，标称精度不低于 1″、$1mm + 2×10^{-6}D$。

② 自由设站观测的 CPⅢ控制点不宜少于 4 对，测站宜设在线路中线附近且位于前后 2 对 CPⅢ控制点之间。更换测站后，相邻测站重叠观测的 CPⅢ控制点不应少于 2 对。

3. 无砟轨道道岔安装测量

（1）道岔宜一次测设完成，并复核相邻道岔间相互位置。站线无砟轨道的测量宜与道岔同时进行。

（2）无砟道岔两端应预留不小于 200m 的长度作为道岔与区间无砟轨道衔接测量的调整距离。

（3）道岔铺设应以 CPⅢ控制网为依据，在混凝土底座或支承层上，于岔心、岔前、岔后、岔前 100m 和岔后 100m 处分别测设道岔控制基标。

（4）道岔控制基标和加密基标可采用全站仪自由设站坐标法测设，也可采用光学准直法测设。

（5）道岔精调应按"保直股、兼曲股"的原则进行调整。

4. 无砟轨道精调测量

（1）长钢轨精调应在应力放散并锁定后，采用轨道几何状态测量仪进行。

（2）精调测量前应对 CPⅢ控制网进行复测，并采用复测成果进行长钢轨精调。

（3）轨道精调测量前，应做好以下准备工作：

① 将线路平面、纵断面设计参数和曲线超高等数据录入轨道几何状态测量仪，并复核无误。

② 对使用的全站仪和轨道几何状态测量仪进行检校。全站仪应满足规范要求；轨道几何状态测量仪应满足《铁路轨道检查仪》TB/T 3147—2020 的要求。

（4）首次轨道精调测量宜对轨道进行逐轨枕测量，采用单向后退测量方式，每一测站最大测量距离不宜超过 70m。换站后，应对 6~10 根轨枕进行搭接测量，两次测量的同一轨枕横向和竖向相对偏差均不应超过 ±2mm。后续轨道精调测量亦可采用相对（惯导）轨道检查仪。

（5）轨道精调测量应包括线路中线位置、轨面高程、测点里程、轨距、轨距变化率、水平、轨向、高低、扭曲等内容。

（6）轨道精调前应进行模拟调整。模拟调整应遵循"先整体、后局部""先轨向、后轨距""先高低、后水平"的原则，并根据模拟调整结果实施轨道精调。

（7）精调完成后，轨道静态平顺度应符合《铁路轨道工程施工质量验收标准》TB 10413—2018的规定。

5. 有砟轨道铺设施工测量

（1）轨道铺设施工前，应按规范规定进行线下工程竣工测量，核实线路中线和高程贯通情况，评估轨道铺设条件。

（2）轨道铺设施工测量宜以CPⅢ控制网为依据。当CPⅢ控制网未建立时，可采用CPⅡ、线路水准点为依据进行轨道初铺。

（3）轨道铺设作业前，应测设铺轨基桩。铺轨基桩测设应符合以下规定：

① 铺轨基桩宜设置在线路中线或线路两侧。基桩间距直线上不宜大于50m，曲线上宜为20m，缓和曲线上宜为10m。在曲线五大桩、变坡点、竖曲线起终点等处应加设基桩。

② 结合线路设计资料与基桩实测资料，计算铺轨基桩对应的线路里程、相对于基准轨的横向距离和高差。

（4）铺轨基桩宜采用全站仪坐标法测设，并符合以下规定：

① 采用的全站仪标称精度不低于2″、$2mm + 2 \times 10^{-6}D$。

② 基桩测设的平面坐标中误差不应大于5mm，高程中误差不应大于5mm。

（5）对于设计行车速度$V \leqslant 120km/h$的客货共线有砟轨道铁路，可采用GNSS RTK法测设铺轨基桩，铺轨基桩平面位置偏差$\leqslant 10mm$，高程偏差$\leqslant 15mm$。

（6）经分层上砟整道后，线路应达到初期稳定状态，并符合《铁路轨道工程施工质量验收标准》TB 10413—2018的规定。

6. 有砟轨道道岔安装测量

（1）道岔宜一次测设完成，道岔两端应预留不小于200m的长度作为道岔与区间有砟轨道衔接的调整距离。

（2）有砟轨道道岔安装测量应以轨道控制网CPⅢ为依据，采用全站仪自由设站测量，并符合以下规定：

① 全站仪标称精度不低于1″、$1mm + 2 \times 10^{-6}D$。

② 当CPⅢ控制网为自由设站边角交会网时，全站仪自由设站观测的CPⅢ控制点不应少于4个。更换测站后，相邻测站重叠观测的CPⅢ控制点不应少于2个。

（3）采用全站仪坐标法在道岔的岔前、岔心、岔后及岔前200m和岔后200m处测设道岔控制基标。道岔控制基标放样的横向允许偏差为5mm，高程测量误差为±5mm。

（4）道岔安装完成后，应采用轨道几何状态测量仪对道岔区长钢轨平顺度进行检测。

7. 有砟轨道精调测量

（1）轨道精调测量应在线路达到初期稳定状态，采用轨道几何状态测量仪或相对（惯导）轨道检查仪等设备进行有砟轨道精调测量。

（2）轨道精调测量应以CPⅢ控制网为依据，采用全站仪自由设站法测量。

（3）轨道测量步长不宜大于5m，宜采用单向后退测量方式，每一测站测量距离不宜超过150m。

（4）全站仪换站后应进行搭接测量，搭接长度不应小于20m。搭接点间横向、竖向搭接允许偏差均不超过±5mm。当搭接区段搭接误差满足允许偏差后，应对搭接区段进行平滑处理。

（5）轨道测量后，应根据大机整道的需要提供起、拨道量数据。

（6）轨道精调完成后，应采用轨道几何状态测量仪对长钢轨平顺度进行检测。

1.3.3 "四电"工程施工测量

1. 电力线路施工测量方法

1) 电力线路测量流程

施工准备→线路、杆位定测→测量资料整理。

（1）测量准备

检查清点线路测量所用的仪器和工具应齐全，仪器状态应良好。用于测量的仪器必须按计量法规的要求进行定期检验，检定合格后方可使用，未经检定合格的仪器不得用于测量生产，用于工程项目的测量设备应建立台账，仪器的型号、精度指标、使用状态、检校情况应做好记录，确保测量仪器处于受控状态。

参与施工测量的人员全部经过培训及技术交底。

根据设计提供的线路图和实际情况，确定线路实际走向，应符合《铁路技术管理规程》及《高速铁路电力工程施工技术规程》Q/CR 9608—2015 的规定。

（2）线路、杆位定测

在设计提出的线路控制点（线路起点、终点、转角点及设备安装点）的桩位上，钉上测量标桩或做好测量标记，当附近有永久性建筑时，需测出二者之间的距离；若没有永久性建筑时，要做好辅助标记。

确定直线段线路中心线。在线路控制点的标桩上，安放稳固经纬仪，将其对中、调平，使水平度盘中心位于标桩的铅垂线上；然后瞄准直线另一端控制点上设置的标杆，读取水平度盘的读数，并做好记录。

线路转角测定。将经纬仪平稳安放于线路转角点，并对中、调平；然后分别测定线路的中心线和记录水平度盘的读数。两读数之差，即为线路的水平转角的度数。

（3）定杆位

具体步骤如下：

档距测量，用测量绳顺确定的线路中心线，量出每根电杆之间的设计档距；将数根标杆连续立在中心线上。

用经纬仪（或目测）指挥各标杆成一直线，然后在标杆处钉上杆位标桩。

在杆位标桩顶部用红漆做上标记，其侧面注明杆号，并做好记录；然后在线路中心线上距标桩 3m 处钉上辅助标桩。

向前延伸时，将第一根标杆移到最前面，与原来的标杆成一直线，中间依次插入标杆，轮流移杆逐步向前延伸。

确定杆高。根据电力线路的实际情况，确定电杆的规格和型号；当线路必须跨越其他架空线路时，应用视距测高仪测量交叉点的高度；依据交叉点高度及交叉跨越的距离，选定杆型。

（4）测量资料整理

将线路测量采集的数据，进行整理，建立详细的线路定测台账；作为施工指导、物资采购、预算编制的基础资料。

（5）线路复测

线路开始施工前，必须根据线路定测台账对线路进行复测，防止桩位移位或缺失。

2）线路测量要求

电力线路应尽量避免与铁路、道路、其他线路、河流及各种建筑物交叉跨越。有条件时要使线路平直，不应出现不必要的转弯。路径选择时，营业线施工应提前联系电务、工务及供电等产权管理单位，确认既有光、电缆路径，并签署施工配合、施工安全协议，要求产权管理单位监护避免事故发生。新建线施工应与站前、通信及信号专业联系，明确场地施工情况及其他专业线缆走径，避免因施工交叉及路径交叉而产生的返工、误工或成品损坏，还应与站场规划相协调，尽量与站场美观相适应。

3）测量仪器的选择

在测量视线开阔的平原地区，可以采用经纬仪与测量绳配合测量或全站仪与反射棱镜配合测量。在山区、丘陵或树木较多的地区，最好采用GPS测量，但需选择合适测量精度的GPS，防止测量误差较大。

2. 电力牵引供电施工测量方法

1）牵引变电所施工测量

牵引变电所施工测量内容包括：施工准备→高程引入→设置水准点→测定基准线→测量定位→复核数据→基坑放线→整理记录。

2）接触网施工测量

接触网工程施工测量分为既有营业线测量、新线测量、隧道测量和桥钢柱测量。接触网施工测量主要是对接触网支柱位置在线路上进行布置。

（1）营业线施工测量

营业线施工测量的起测点，一般选择在车站正线道岔或大型建筑物如桥、隧道口等处。测量时，由起测点开始，根据接触网平面布置图上的支柱跨距，沿正线钢轨丈量。第一遍先做临时标记，待整个区间或两个固定建筑物之间的区段测完后，与图纸核对，如有误差应在整个区段进行调整。第二遍按调整后的跨距进行校核，并做正式标记。

直线区段可以沿任意一根钢轨测量。曲线区段应沿曲线外轨测量，对于曲线内侧的支柱，应根据曲线钢轨外侧的标记，用丁字尺反映到曲线内侧的钢轨上进行支柱位置标记。

若支柱位置与信号机、桥涵、管道等建筑物发生位置冲突时，应尽量避免，如果无法避免，应提请设计解决。

测量工具采用30～50m的钢卷尺，禁止使用皮尺；测量过程中要及时将接触网平面图与线路上的信号机、桥隧固定建筑物、曲线标记进行核对。

测量过程中，注意钢卷尺不要将信号轨道电路短接。

车站的测量，也应沿正线钢轨测量。

（2）新线测量

新线由于线路没有铺轨或者线路没有到位，需要线路施工单位交桩，接触网专业根据交桩和线路资料进行现场复测。

线路施工单位交桩：线路施工单位提供整个管段内的桩位，包括直线中线桩，缓和曲线始、终点中线桩，圆曲线起、终点中线桩，曲线中心中线桩，直线中线加密桩，缓和曲线中线加密桩，圆曲线中线加密桩，永久性水准点桩，临时水准点桩。

交桩资料包括：中桩里程表，统一里程与施工里程对照表，左、右线曲线表，坡度表，水准点表，竖曲线表和线路高程资料（纵断面资料）。

交桩要根据交桩资料，现场交接桩位。

接触网施工单位根据交桩情况，结合接触网平面布置图，先进行内业计算，然后进行现场接触网支柱定位。

线路中线复测采用经纬仪或全站仪进行测量。每一个接触网支柱的位置都要钉上施工木桩，木桩顶面要用水准仪根据现场水准点桩和水准点表测量出高程。由该施工木桩确定接触网支柱的位置、限界、基坑深度。

（3）隧道测量

隧道内测量，除了要确定接触悬挂点在线路上的纵向位置外，还要确定出悬挂点的横向位置，在隧道壁上标记出来。

根据纵向测量的位置和图纸上要求的悬挂点横线路方向的距离尺寸，在钢轨上或地面上采用激光标线仪和油漆笔，在隧道壁上做好标记。

（4）桥钢柱测量

桥钢柱在桥墩、台上的测量分为桥墩、台顶面钢柱和桥墩、台侧面托架测量。

根据桥钢柱型号，桥栏杆与线路中心的距离，按照桥钢柱与桥栏杆的间距100mm进行内业计算，确定桥钢柱底座法兰的中心位置。

桥墩、台顶面钢柱测量方法：根据内业计算中桥钢柱底座法兰的中心位置到桥栏杆的距离，用线坠将桥栏杆从桥上垂直投影到桥墩、台顶面，用钢卷尺确定底座法兰的中心位置，并做标记。

桥墩、台侧面托架测量：设置测量作业平台在桥墩、台侧面，量取墩、台中心，测量人员利用梯子下到作业平台，利用托架模板进行桥墩、台侧面托架定位。

1.3.4 竣工测量

1. 一般规定

（1）竣工测量包括控制网竣工复测、线路竣工测量、竣工地形图测量和铁路用地界测量。

（2）竣工测量采用的坐标系统、高程系统、图式等应与施工图设计一致。

（3）竣工测量内容及成果资料的编制应满足铁路工程竣工验收的要求。

2. 线路竣工测量

（1）控制网竣工复测应包括CPⅠ控制网、线上加密CPⅡ控制点、隧道洞内CPⅡ控制点、CPⅢ控制网、线路水准基点和线上加密水准基点复测，宜与长钢轨精调前控制网复测一并进行。

（2）线路竣工测量包括线路里程贯通测量、线路平面和纵断面竣工测量、线路横断面竣工测量、线下工程建筑及线路设备竣工测量。

（3）线路里程贯通测量应满足以下规定：

① 根据轨道施工的线路设计参数，贯通全线里程。线路里程应采用线路中心坐标进行里程贯通计算，左右线并行地段以左线贯通里程，绕行地段分别计算里程。

② 根据贯通里程计算曲线五大桩、变坡点及竖曲线起终点里程，测设公里标和半公里标并标注，测量立交道中心、涵洞中心、桥梁台前、台尾及桥梁中心、隧道进出口、隧道内断面变化处、车站中心、支挡工程的起终点里程。

③ 里程测量宜采用线路中心坐标进行里程贯通计算。

（4）线路平面和纵断面竣工测量宜采用轨道几何状态测量仪测量线路中线位置、轨面高程等数据，并与线路平、纵面设计数据进行比较。

（5）线路横断面竣工测量包括路基、桥梁、隧道等线下工程的横断面测量；还应测量线路两侧的砟肩／轨道板顶、砟脚／轨道板底等标高变化点。

（6）线下工程建筑及线路设备竣工测量应包括以下内容：

① 隧道、桥涵、路基工程，车站及其附属建筑物竣工测量。

② 线路沿线设备接触网、行车信号与线路标志等主要设备的竣工测量。

（7）隧道、桥涵、路基工程，车站及其附属建筑物竣工测量应满足竣工图编制和竣工验收的要求，测量方法和精度与施工测量相同。

（8）线路沿线设备接触网、行车信号与线路标志等设备的竣工测量应按站后相关专业验收标准进行测量。

3. 竣工地形图及铁路用地界测量

（1）铁路用地界桩测量应根据铁路用地图，利用CPⅠ、CPⅡ、CPⅢ控制网采用全站仪极坐标法、全站仪自由设站法或GNSS RTK进行测设。

（2）沿线路两侧每隔300～500m及地界宽度变化处均应埋设地界桩，地界桩的点位测量中误差不应大于5cm。

（3）线路竣工地形图测量范围应满足用图单位的需要，一般为铁路两侧各100m（站场最外股道起算），特殊情况至少包括铁路用地界外50m。线路竣工地形图比例尺为1∶2000；站场竣工地形图比例尺为1∶1000。

（4）线路竣工地形图宜采用航测方法测绘，也可利用线路施工平面图进行修测。

4. 竣工测量资料整理及交验

（1）竣工测量完成后，由竣工测量单位按照新建铁路竣工验收的要求编制竣工测量文件。

（2）竣工测量文件应包括下列资料：

① CPⅠ、线上加密CPⅡ、隧道洞内CPⅡ、CPⅢ控制点、线路水准基点、线上加密水准基点、铁路用地界桩坐标成果及点之记。

② 轨道几何状态竣工测量成果，包括：线路中线位置、轨面高程、轨距、水平、高低、扭曲等。

③ 线路竣工平面图，纵、横断面图。

④ 构筑物的竣工图。

⑤ 线路沿线设备竣工测量成果，包括接触网、行车信号与线路标志等主要设备的竣工测量成果。

⑥ 构筑物变形测量成果，包括变形监测基准点、工作基点、变形监测点以及构筑

物变形监测成果。

⑦ 竣工测量报告。

（3）竣工测量文件应由建设单位组织统一归档，并移交给运营管理部门。

1.3.5 营业线工程施工测量

1. 施工复测

（1）施工前应对线路控制网（CPⅠ）或外移桩，站场基线大型枢纽、桥隧的中线或轴线，水准点高程等进行复测。

根据施工需要，可增测横断面、辅助基线和临时水准点。

对可能被施工毁坏的控制桩橛和水准点应移设。

（2）绕行线地段特大桥（特长隧道）施工控制测量按《铁路工程测量规范》TB 10101—2018 的有关规定执行。

2. 施工放样

（1）与既有线并行的改建或增建二线的中线放样，应符合以下规定：

① 一般路基地段可按线间距放样。

② 陡坡地段可先根据路基横断面资料进行路基放样，待陡坡开挖放缓后，再进行中线放样或现场钉桩。

③ 有桥梁、隧道和挡土墙等建筑物的曲线地段，应现场钉桩并与平面计算资料核对。

（2）绕行线的中线放样应根据行车速度按《铁路工程测量规范》TB 10101—2018 的相关规定执行。

（3）路基边桩可采用测量横断面的方法测设，并根据地形起伏和桩橛稳固情况，在施工范围以外设置 1~2 个方向控制桩。

（4）站场股道中线应以基线为依据，与正线的线间距用直角坐标法测定。股道连接曲线的偏角应与连接道岔的辙叉角相等。平行正线的股道，其曲线偏角应与正线的曲线偏角相等，其不符值均不应大于 30″。

（5）桥梁、隧道应根据工程具体情况和施工的需要，布设施工控制网，或沿第二线中线作精密导线测量。控制网或精密导线的布设、测量及桥、隧工程的细部放样，均应符合《铁路工程测量规范》TB 10101—2018 的规定。

3. 铺轨测量

（1）铺轨前应进行线下工程竣工测量，由线下工程施工单位进行线路中线测量、构筑物测量（隧道限界、桥梁墩台高程等）和路基横断面测量。

（2）线下工程竣工测量完成后，建设单位应组织运营管理、施工、设计、监理单位进行验收、交接，并办理交验报告。

（3）铺轨前，应根据 CPⅢ 控制点进行线路中线、道岔定位测量，并应符合以下要求：

① 中线桩位限差应满足纵向 $S/10000 + 0.005$（S 为转点至桩位的距离，以 m 计）、横向 ±10mm 的要求。

② 道岔测设值与设计值较差应满足：距离的限差 ±4mm，高差的限差 ±4mm。

（4）铺轨平面测量应满足以下要求：

① 直线上应利用 CPⅢ控制点进行轨道铺设控制测量。对于设计行车速度 200km/h 铁路的点位横向误差的限差每 150m 不应超过 10mm，设计行车速度 160km/h 及以下铁路的点位横向误差的限差每 100m 不应超过 10mm。线路静态平顺度应符合相关标准的规定。

② 曲线上应按 CPⅢ精度要求，在 CPⅢ点间每隔 60m 左右设置加密基桩，曲线控制点、变坡点以及竖曲线起终点处应设加密基桩，并利用 CPⅢ控制点和加密基桩进行轨道铺设控制测量。曲线静态圆顺度应符合相关标准的规定。

（5）铺轨的轨面高程测量应满足以下要求：

① 直线上以左轨、曲线上以内轨为基准面。

② 计算每个里程点的设计高程，曲线外轨应加上设计超高值。

③ 用中平法测量每个里程点的高程，应在一个测站上完成整个竖曲线的测量。

④ 施工高程与设计值之差不应大于 ±4mm，竖曲线范围内施工高程与设计值之差不应大于 ±3mm。

4. 改建铁路竣工测量

（1）竣工测量应进行中线测量、高程测量和横断面测量，并贯通全线的里程和高程。

（2）线路中线贯通测量的加桩设置，应满足编制竣工文件需要。曲线起终点，道岔中心，变坡点，竖曲线起终点，平、立交中心，桥涵中心，大中桥台前及台尾，隧道进出口，隧道内断面变化处，车站中心，支挡工程的起终点和中间变化点，道砟厚度变化点，跨越线路的电力线、通信线和地下管线中心等处均应设置加桩。

（3）高程竣工测量时，应将水准基点（含施工增设的水准点）按原测设精度移设于接近线路的稳固建筑物或岩石上，如无上述条件时可结合轨道控制基桩埋设永久性混凝土水准点，其设置应符合《铁路工程测量规范》TB 10101—2018 的规定。水准基点应每隔 1~2km 设置一个，并应绘制水准点布设平面草图及其位置描述。

（4）横断面竣工测量时，路基宽度不得小于设计宽度，侧沟、天沟的深度、宽度与设计值之差不得大于 5cm；路堤护道宽度与设计值之差不得大于 10cm。对不符合要求且误差超限者应进行修整或重测。

（5）全线竣工后，建设单位应组织施工与运营管理单位对竣工资料进行验收复测，验收合格后办理交接验收报告。

（6）线路竣工地形图测量范围为铁路用地界外 50m，地形图比例尺为 1∶2000，宜采用线路施工平面图进行修测。

（7）全线竣工后，施工单位应向运营管理单位交接以下资料：

① 线路竣工平、纵、横断面图。

② 构筑物的竣工图。

③ 轨道静态几何状态竣工测量表。

④ 路基表、桥涵表、隧道表、车站表等各种测量资料、桩橛。

a. 测量资料主要包括：CPⅠ点、CPⅡ点、水准点、CPⅢ点测量成果表及点之记，测量技术报告等。

b. 桩橛应包括：CPⅠ点、CPⅡ点、水准点、CPⅢ点等。

1.4 构筑物变形测量

1.4.1 变形测量要求及方法

新建250~350km/h高速铁路构筑物变形测量执行《高速铁路工程测量规范》TB 10601—2009，新建200km/h及以下铁路工程测量执行《铁路工程测量规范》TB 10101—2018。

1. 一般要求

（1）铁路工程变形测量应根据工程建（构）筑物的重要性、施工工艺要求、周边地质环境情况及工程施工的需要，按照设计文件对变形监测的内容和范围要求开展建（构）筑物变形测量。铁路工程变形测量包括的内容有：

① 为保证施工质量和施工安全，施工期间对构筑物支护结构、构筑物自身以及变形区内的地表、建筑物、管线等周边环境的变形监测。

② 为满足线下工程构筑物变形评估的需要，在线下工程施工期间和竣工后对桥梁、路基、隧道等构筑物的变形监测。

（2）变形监测工作应按线下工程施工的开工时间、工程进度以及工程的需要适时开展。变形监测工作实施前，应由监测单位制定详细的监测方案。首次观测，宜获取监测体初始状态的观测数据。

（3）变形监测可采用几何测量、物理传感器测量、卫星定位测量、遥感测量和三维激光扫描等方法。

（4）变形监测网（水平位移监测网、垂直位移监测网）应尽量利用施工控制网。当施工控制网不能满足要求时，应建立独立的监测网，并与施工控制网联测。

2. 构筑物变形监测的主要方法

变形监测的方法应根据监测项目的特点、精度要求、变形速率以及监测体的安全性等指标，按表1.4-1选用，也可同时采用多种方法进行监测。

表1.4-1 变形监测方法的选择

类别	监测方法
水平位移监测	三角形网、导线、极坐标法、交会法、GNSS测量、正倒垂线法、视准线法、激光准直法、精密测（量）距、伸缩仪法、多点位移计、倾斜仪等
垂直位移监测	水准测量、液体静力水准测量、光电测距三角高程测量、单点沉降计等
三维位移监测	全站仪自动跟踪测量法、GNSS测量法、三维激光扫描测量法、摄影测量法等
主体倾斜	经纬仪投点法、差异沉降法、激光准直法、垂线法、倾斜仪等
监测体裂缝	精密测（量）距、伸缩仪、裂缝计、位移计、三维激光扫描测量法、摄影测量法等

1.4.2 变形观测与评估

1. 线路沉降观测

铁路工程建设期间沉降变形观测适用于新建无砟轨道和设计时速200km及以上有

砟轨道铁路的路基、桥涵、隧道工程沉降变形观测与评估，设计时速 200km 以下有砟轨道软土、松软土等特殊地段路基可参照执行。

轨道工程施工前，应对铁路工程沉降变形进行系统的评估，确认工后沉降和变形符合轨道铺设条件。

建设各方应加强对沉降观测的管理工作，配备充足的资源，确保沉降观测数据的真实性和准确性。

1）一般要求

（1）铁路工程建设应根据项目特点和具体情况，选择合适的沉降变形观测标志、元器件、仪器设备、方法、数据管理方式。有条件时，可采用自动化数据采集、无线传输等新技术、新工艺和新设备。

（2）铁路工程沉降变形观测与评估工作应由建设单位组织，施工单位、评估单位实施，勘察设计单位、监理单位配合。冻胀变形观测应由建设单位组织，冻胀变形观测单位实施，其他参建单位配合。

（3）原始观测记录资料应真实、可靠，具有可追溯性，严格执行责任人签字制度。

（4）铁路工程施工前应根据铁路等级、轨道类型、结构形式、地质条件等制定沉降变形观测与评估细则，编制沉降变形观测实施方案及平行观测实施方案。

2）路基工程沉降观测

（1）无砟轨道路基，设计时速 250km 及以上有砟轨道路基，设计时速 200km 有砟轨道软土、松软土等特殊路基应进行沉降观测与评估。

（2）路基变形观测应以路基面沉降、地基沉降为主。

（3）路基填筑完成或施加预压荷载后沉降变形观测期不应少于 6 个月，并宜经过一个雨季。个别情况采取可靠工程措施并经论证可确保路基工后沉降满足轨道铺设要求时，路基放置条件可适当调整。

（4）填筑期间路堤中心地面沉降速率不应大于 10mm/d，坡脚水平位移速率不应大于 5mm/d。

（5）断面观测点的布置如图 1.4-1 所示，断面观测点的布设应符合以下规定：

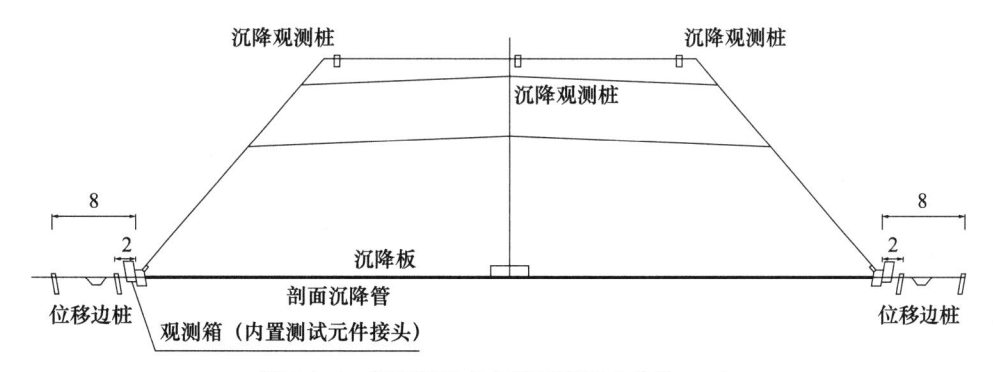

图 1.4-1 断面观测点布置示意图（单位：m）

① 各部位观测点宜设在同一横断面上，每断面设置 3 个沉降观测桩，布置于双线路基中心及左右两侧路肩处。

② 一般路堤地段每 5 个观测断面应设置 1 个沉降板或单点沉降计，布置于双线路

基中心。每段路堤宜设置1个沉降板或单点沉降计。

③ 软土、松软土路堤地段每2个观测断面应设置1个沉降板或单点沉降计，布置于双线路基中心；当设置剖面沉降仪时设置于基底；必要时两侧坡脚外2m、8m处设置位移观测边桩。

3）桥梁工程沉降观测

（1）无砟轨道桥涵、设计时速250km及以上有砟轨道桥涵应进行沉降观测与评估。

（2）无砟轨道桥梁梁体应进行徐变变形观测与评估。

（3）桥梁变形观测应以墩台基础的沉降和预应力混凝土梁的徐变变形为主，涵洞变形观测应以自身沉降观测为主。

（4）桥涵主体工程完工后，沉降变形观测期不应少于6个月；岩石地基等良好地质区段的桥梁，沉降观测期不应少于2个月。观测数据不足或工后沉降评估不能满足设计要求时，应适当延长观测期。

（5）大跨度桥梁等特殊桥梁的沉降变形和梁体徐变变形应按设计方案进行观测。

（6）水中墩（台）和地形复杂的特殊桥梁，可根据工程实际情况制定沉降变形观测方案。

（7）桥涵沉降变形应逐个墩台、涵洞进行观测，岩石地基、嵌岩桩基础的桥涵沉降变形可选择典型墩台、涵洞进行观测。岩溶地区桥涵沉降变形应逐个墩台、涵洞进行观测。

（8）徐变观测梁体选择应符合以下规定：

① 对原材料变化不大、预制工艺稳定、批量生产的预应力混凝土预制梁，每个梁场前3片梁进行徐变观测，以后每100片梁选测1片。

② 移动模架施工的简支梁，对前孔梁进行重点观测，以验证支架预设拱度的精度，验证达到设计要求后，可每10孔梁选择1孔梁设置观测标。

③ 其余现浇梁应逐跨观测。

4）隧道工程沉降观测

（1）围岩级别为Ⅱ、Ⅲ、Ⅳ、Ⅴ级且铺设无砟轨道的隧道以及围岩级别为Ⅵ级的隧道应进行沉降变形观测与评估。其他特殊条件有砟轨道隧道根据设计需要进行沉降变形观测与评估。

（2）Ⅵ级围岩沉降变形观测应根据设计方案进行观测。

（3）隧道沉降变形观测应以仰拱（底板）沉降为主。

（4）沉降变形观测期不应少于3个月。观测数据不足或工后沉降评估不能满足设计要求时，应延长沉降变形观测期。

（5）单座隧道沉降变形观测断面总数不应少于3个。

（6）隧道内沉降变形观测断面的布设应根据地质围岩级别确定，并符合以下规定：

① Ⅱ级围岩断面间距不大于600m。

② Ⅲ级围岩断面间距不大于400m。

③ Ⅳ级围岩断面间距不大于300m。

④ Ⅴ级围岩断面间距不大于200m。

⑤ 明暗洞分界里程在两侧各设置1个观测断面。

⑥ 地应力较大、断层破碎带、膨胀土、湿陷性黄土等不良和复杂地质区段应加密布设。

⑦ 隧道断面突变段落内观测断面不应少于1个。

（7）隧道洞口至隧路、桥隧分界里程范围内观测断面不应少于1个。

2. 线路沉降变形评估

1）沉降变形评估工作内容

观测点沉降变形预测分析完成后，应进行区段或全线的沉降变形评估。区段或全线沉降变形评估工作应包括以下内容：

（1）根据观测数据、观测点预测分析成果，对过渡段工后差异沉降和纵向折角、相邻桥墩（台）或同一桥墩（台）的工后沉降差等线下工程各结构物间的沉降变形进行评估，分析其是否满足铁路工程沉降变形观测与评估技术规程的判定标准。

（2）绘制反映线下工程各结构物沉降评估结果的沉降变形评估图，内容包括：结构物标识、实测累计沉降量、预测工后沉降量、预测总沉降量、工后沉降限值。

（3）结合观测点沉降变形预测分析成果、各构筑物间沉降变形评估成果、沉降变形评估图、工程地质条件、基础类型、结构类型等，综合分析判断线下工程结构物沉降是否满足轨道铺设条件，提出评估意见。

（4）评估意见为不通过时，施工单位应根据评估意见补充相关工作。评估意见为通过时，评估单位编写沉降变形评估报告，建设单位组织专家审查沉降变形评估报告。

2）评估报告

评估报告包括的内容有：

（1）观测点的沉降预测分析。

（2）桥梁徐变分析。

（3）沉降变形评估。

（4）评估结论及建议。

（5）铺轨后至交验期间沉降变形情况分析。

第 2 章 铁路工程材料

2.1 混凝土原材料

2.1.1 水泥

1. 水泥的分类

按用途及性能可分为：

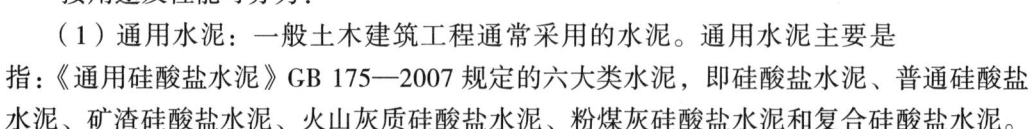

（1）通用水泥：一般土木建筑工程通常采用的水泥。通用水泥主要是指：《通用硅酸盐水泥》GB 175—2007 规定的六大类水泥，即硅酸盐水泥、普通硅酸盐水泥、矿渣硅酸盐水泥、火山灰质硅酸盐水泥、粉煤灰硅酸盐水泥和复合硅酸盐水泥。

（2）专用水泥：专门用途的水泥。例如：G 级油井水泥、道路硅酸盐水泥。

（3）特性水泥：某种性能比较突出的水泥。例如：快硬硅酸盐水泥、低热矿渣硅酸盐水泥、膨胀硫铝酸盐水泥、磷铝酸盐水泥和磷酸盐水泥。

2. 选用水泥基本原则

（1）按水泥性能特点选用。

（2）按构筑物功能选用。

（3）按构筑物所处的环境条件选用。

（4）按构筑物施工工艺需要选用。

3. 通用硅酸盐水泥的性能特点及使用范围

1）硅酸盐水泥

硅酸盐水泥具有凝结时间短、快硬早强高强、抗冻、耐磨、耐热、水化放热集中、水化热较大、抗硫酸盐侵蚀能力较差的性能特点。

硅酸盐水泥用于配制高强度混凝土、先张预应力制品、道路、低温下施工的工程和一般受热（＜250℃）的工程。

一般不适用于大体积混凝土和地下工程，特别是有化学侵蚀的工程。

2）普通硅酸盐水泥

普通硅酸盐水泥与硅酸盐水泥性能相近，也具有凝结时间短、快硬早强高强、抗冻、耐磨、耐热、水化放热集中、水化热较大、抗硫酸盐侵蚀能力较差的性能特点；相比硅酸盐水泥，早期强度增进率稍有降低，抗冻性和耐磨性有所下降，抗硫酸盐侵蚀能力有所增强。

普通硅酸盐水泥可用于任何无特殊要求的工程。

一般不适用于受热工程、道路、低温下施工工程、大体积混凝土工程和地下工程，特别是有化学侵蚀的工程。

3）矿渣硅酸盐水泥

矿渣硅酸盐水泥具有需水性小、早强低后期增长大、水化热低、抗硫酸盐侵蚀能力强、受热性好的优点，但同时具有保水性和抗冻性差的缺点。

矿渣硅酸盐水泥可用于无特殊要求的一般结构工程，适用于地下、水利和大体积等混凝土工程，在一般受热工程（＜250℃）和蒸汽养护构件中可优先采用矿渣硅酸盐水泥。

不宜用于需要早强和受冻融循环、干湿交替的工程中。

4）火山灰质硅酸盐水泥和粉煤灰硅酸盐水泥

火山灰质硅酸盐水泥具有较强的抗硫酸盐侵蚀能力、保水性好和水化热低的优点，也具有需水量大、低温凝结慢、干缩性大、抗冻性差的缺点。粉煤灰硅酸盐水泥具有与火山灰质硅酸盐水泥相近的性能，相比火山灰质硅酸盐水泥，其具有需水量小、干缩性小的特点。

火山灰质硅酸盐水泥和粉煤灰硅酸盐水泥可用于一般无特殊要求的结构工程，适用于地下、水利和大体积等混凝土工程。不宜用于冻融循环、干湿交替的工程。

5）复合硅酸盐水泥

复合硅酸盐水泥除了具有矿渣硅酸盐水泥、火山灰质硅酸盐水泥、粉煤灰硅酸盐水泥所具有的水化热低、耐蚀性好、韧性好的优点外，能通过混合材料的复掺优化水泥的性能，如改善保水性、降低需水性、减少干燥收缩、适宜的早期和后期强度发展。

复合硅酸盐水泥可用于无特殊要求的一般结构工程，适用于地下、水利和大体积等混凝土工程，特别是有化学侵蚀的工程。不宜用于需要早强和受冻融循环、干湿交替的工程中。

4. 水泥质量检验评定方法

1）水泥进场检验规定

（1）运抵工地（场）的水泥，应按批（散装水泥每 500t 为一批，袋装水泥每 200t 为一批，当不足 500t 或 200t 时，也按一批计）对同厂家、同批号、同品种、同强度等级、同出厂日期的水泥进行强度、细度、安定性和凝结时间等项目的检验。

（2）使用过程中，当对水泥质量有怀疑或水泥出厂日期超过 3 个月（快硬硅酸盐水泥超过 1 个月）时，应按上述规定进行复验。

2）水泥试验项目

细度、标准稠度用水量、凝结时间、安定性、胶砂强度。

3）水泥试验结果评定方法

水泥分为合格水泥、不合格水泥和废品。

（1）合格水泥：水泥各项技术指标均达到标准要求。

（2）不合格水泥：凡细度、终凝时间任一项不符合标准规定，或混合材料掺加量超过最大限量和强度低于商品强度等级规定指标时为不合格水泥；水泥包装标志中水泥品种、强度等级、生产者名称和出厂编号不全者为不合格水泥。

（3）废品：凡氧化镁（MgO）含量、三氧化硫（SO_3）含量、初凝时间、安定性任何一项不符合标准的水泥为废品。

2.1.2 粗细骨料

1. 细骨料

细骨料应选用级配合理、质地坚固、吸水率低、空隙率小的洁净天然河砂或母材检验合格、经专门机组生产的机制砂，不应使用海砂。

2. 粗骨料

粗骨料应选用粒形良好、级配合理、质地坚固、吸水率低、线胀系数小的洁净碎石，无抗拉、抗疲劳要求的 C40 以下混凝土也可采用卵石。当一种级配的骨料无法满足使用要求时，可将两种或两种以上级配的粗骨料混合使用。

2.1.3 混凝土外加剂及矿物掺合料

1. 外加剂的分类及作用

1）外加剂的分类

混凝土外加剂是为改善和调节混凝土的性能、节约水泥而掺加的有机、无机或复合的化合物，其掺量一般不大于水泥重量的 5%。混凝土外加剂品种繁多，按其主要功能分为以下 6 类：

（1）改善拌和物和易性的外加剂：减水剂（塑化剂）、引气剂、保水剂等。

（2）调节凝结或硬化速度的外加剂：速凝剂、早强剂、缓凝剂等。

（3）调节空气含量的外加剂：引气剂、加气剂、发泡剂、消泡剂等。

（4）改善物理和力学性能的外加剂：防冻剂、引气剂、防水剂、粘结剂等。

（5）提高耐久性的外加剂：引气剂、防水剂、防锈剂等。

（6）改善某些特殊性能的外加剂：发泡剂、着色剂、防霉剂、杀虫剂等。

常用的外加剂有引气剂、减水剂、早强剂、速凝剂、缓凝剂等。

2）外加剂的作用

混凝土外加剂的作用可概括为：

（1）改善混凝土或砂浆拌和物施工时的和易性。

（2）提高混凝土或砂浆的强度及其他物理力学性能。

（3）节约水泥或代替特种水泥。

（4）加速混凝土或砂浆的早期强度发展。

（5）调节混凝土或砂浆的凝结硬化速度。

（6）调节混凝土或砂浆的含气量。

（7）降低水泥水化初期水化热或延缓水化放热。

（8）改善拌和物的泌水性。

（9）提高混凝土或砂浆耐各种侵蚀性盐类的腐蚀性。

（10）减弱碱－骨料反应。

（11）改善混凝土或砂浆的毛细孔结构。

（12）改善混凝土的泵送性。

（13）提高钢筋的抗锈蚀能力。

（14）提高骨料与砂浆界面的粘结力，提高钢筋与混凝土的握裹力。

（15）提高新老混凝土界面的粘结力。

（16）改变砂浆及混凝土的颜色。

2. 矿物掺合料的分类及作用

高强高性能混凝土用矿物外加剂（掺合料）是在混凝土搅拌过程中加入的、具有一定细度和活性的用于改善新拌混凝土和硬化混凝土性能（特别是混凝土耐久性）的某些矿物类的产品。

一般使用的矿物外加剂（掺合料）有以下种类：

（1）磨细矿渣。
（2）硅灰。
（3）粉煤灰。
（4）磨细天然沸石。
（5）偏高岭土。

矿物掺合料的使用，可有效改善混凝土的工作性和耐久性，可改善混凝土的抗裂性、护筋性、耐蚀性、抗冻性、耐磨性及抗碱-骨料反应性等耐久性指标。混凝土的耐久性指标应根据结构设计的使用年限、所处的环境类别及作用等级确定。

2.2 钢筋与钢绞线

2.2.1 钢筋

1. 钢筋使用范围

常用的钢筋混凝土用钢筋主要有：

（1）热轧光圆钢筋：钢筋的屈服强度特征值为300级，钢筋牌号为HPB300。

（2）热轧带肋钢筋：分为普通热轧带肋钢筋和细晶粒热轧带肋钢筋；钢筋的屈服强度特征值为400级、500级、600级。普通热轧带肋钢筋牌号主要有HRB400、HRB500、HRB600、HRB400E、HRB500E五种，细晶粒热轧带肋钢筋牌号主要有HRBF400、HRBF500、HRBF400E、HRBF500E四种。

（3）冷轧带肋钢筋：按延性高低分为冷轧带肋钢筋和高延性冷轧带肋钢筋两类。钢筋分为CRB550、CRB650、CRB800、CRB600H、CRB680H、CRB800H六个牌号。

CRB550、CRB600H为普通钢筋混凝土用钢筋，CRB650、CRB800、CRB800H为预应力混凝土用钢筋，CRB680H既可作为普通钢筋混凝土用钢筋，也可作为预应力混凝土用钢筋使用。

热轧光圆钢筋、热轧带肋钢筋一般用于普通钢筋混凝土结构和预应力混凝土结构；钢筋混凝土工程中，预制构件的吊环必须采用未经冷拉的热轧光圆钢筋制作，不得以其他钢筋替代；余热处理钢筋严禁用于铁路桥梁内；热处理钢筋不得用作焊接和点焊钢筋。

2. 钢筋质量检验评定方法

1）进场钢筋原材料质量验收及检验标准应符合的规定

（1）热轧光圆钢筋：应符合《钢筋混凝土用钢 第1部分：热轧光圆钢筋》GB/T 1499.1—2017的规定。

（2）热轧带肋钢筋：应符合《钢筋混凝土用钢 第2部分：热轧带肋钢筋》GB/T 1499.2—2018的规定。

（3）冷轧带肋钢筋：应符合《冷轧带肋钢筋》GB/T 13788—2017的规定。

2）钢筋原材料进场验收

（1）进场所有钢筋必须具有质量证明书或试验报告单。

（2）验收批：钢筋应按批进行检查和验收，每批由同一牌号、同一炉罐号、同一尺寸的钢筋组成。每批重量通常不大于60t。超过60t的部分，每增加40t（或不足40t

的余数），增加一个拉伸试验试样和一个弯曲试验试样。

允许由同一牌号、同一冶炼方法、同一浇注方法的不同炉罐号组成混合批。各炉罐号含碳量之差不大于0.02%，含锰量之差不大于0.15%。混合批的重量不大于60t。

（3）检验项目：包括外观检查、抗拉强度、屈服点、伸长率、冷弯试验。

3）外观检验

（1）外观质量：钢筋表面不得有裂纹、折叠、结疤、油污及其他影响使用的缺陷。钢筋表面可有浮锈，但不得有锈皮及目视可见的麻坑等腐蚀现象。表面的凸块和其他缺陷的深度和高度不得大于所在部位尺寸的允许偏差（带肋钢筋为横肋的高度）。

（2）直筋每1m弯曲度≤4mm（用"凹"形尺测量）。

4）力学性能试验

（1）从每批钢筋中任选两根钢筋，每根取两个试样分别进行拉伸试验（包括屈服点、抗拉强度和伸长率）和冷弯试验。如有一项试验结果不符合要求，则从同一批中另取双倍数量的试样重做各项试验。如仍有一个试样不合格，则该批钢筋为不合格品。

（2）原材料复试应符合有关规范要求，且见证取样数必须≥总试验数的30%。

2.2.2 钢绞线

1. 分类与代号

钢绞线按结构分为以下8类，结构代号为：

（1）用两根钢丝捻制的钢绞线　　　　　　　　　　　　1×2
（2）用三根钢丝捻制的钢绞线　　　　　　　　　　　　1×3
（3）用三根刻痕钢丝捻制的钢绞线　　　　　　　　　　1×3I
（4）用七根钢丝捻制的标准型钢绞线　　　　　　　　　1×7
（5）用六根刻痕钢丝和一根光圆中心钢丝捻制的钢绞线　1×7I
（6）用七根钢丝捻制又经模拔的钢绞线　　　　　　　　（1×7）C
（7）用十九根钢丝捻制的1+9+9西鲁式钢绞线　　　　　1×19S
（8）用十九根钢丝捻制的1+6+6/6瓦林吞式钢绞线　　　1×19W

2. 进场检验验收批

钢绞线应成批检查和验收，每批钢绞线由同一牌号、同一规格、同一生产工艺捻制的钢绞线组成，每批重量不大于100t。

3. 进场检查和验收

产品的工厂检查由供方质量检验部门按表2.2-1进行，需方进行检查验收。

表2.2-1　出厂常规检验项目和取样数量

序号	检验项目	取样数量	取样部位
1	表面	逐盘卷	—
2	外形尺寸	逐盘卷	—
3	钢绞线伸直性	3根/每批	在每（任）盘卷中任意一端截取
4	整根钢绞线最大力	3根/每批	
5	0.2%屈服力	3根/每批	

续表

序号	检验项目	取样数量	取样部位
6	最大力总伸长率	3根/每批	在每(任)盘卷中任意一端截取
7	弹性模量	3根/每批	
8	应力松弛性能	不小于1根/每合同批	

4. 质量评定方法

1)表面质量

(1)除非用户有特殊要求,钢绞线表面不得有油、润滑脂等物质。

(2)钢绞线表面不得有影响使用性能的有害缺陷。允许存在轴向表面缺陷,但其深度应小于单根钢丝直径的4%。

(3)允许钢绞线表面有轻微浮锈。表面不能有目视可见的锈蚀凹坑。

(4)钢绞线表面允许存在回火颜色。

2)复验与判定规则

当某一项检验结果不符合相应规定时,则该盘卷不得交货。并从同一批未经试验的钢绞线盘卷中取双倍数量的试样进行该不合格项目的复验,复验结果即使有一个试样不合格,则整批钢绞线不得交货,或进行逐盘检验合格者交货。

2.3 混凝土配合比确定

2.3.1 混凝土配制强度的确定

1. 混凝土配制强度的确定

(1)当混凝土的设计强度等级小于C60时,配制强度应按下列公式确定:

$$f_{cu,0} \geqslant f_{cu,k} + 1.645\sigma \tag{2.3-1}$$

式中 $f_{cu,0}$——混凝土配制强度(MPa);

$f_{cu,k}$——混凝土立方体抗压强度标准值,这里取混凝土的设计强度等级值(MPa);

σ——混凝土强度标准差(MPa)。

(2)当设计强度等级不小于C60时,配制强度应按下列公式确定:

$$f_{cu,0} \geqslant 1.15 f_{cu,k} \tag{2.3-2}$$

2. 混凝土强度标准差的确定

(1)当具有近1~3个月的同一品种、同一强度等级混凝土的强度资料,且试件组数不小于30时,其混凝土强度标准差σ应按下列公式计算:

$$\sigma = \sqrt{\frac{\sum_{i=1}^{n} f_{cu,i}^2 - nm_{f_{cu}}^2}{n-1}} \tag{2.3-3}$$

式中 σ——混凝土强度标准差;

$f_{cu,i}$——第i组的试件强度(MPa);

$m_{f_{cu}}$——n组试件的强度平均值(MPa);

n——试件组数,n值应大于或者等于30。

对于强度等级不大于C30的混凝土，当混凝土强度标准差计算值不小于3.0MPa时，应按表2.3-1计算结果取值；当混凝土强度标准差计算值小于3.0MPa时，应取3.0MPa。

表2.3-1 标准差 σ 值（MPa）

混凝土强度标准值	≤C20	C25~C45	C50~C55
σ	4.0	5.0	6.0

对于强度等级大于C30且小于C60的混凝土，当混凝土强度标准差计算值不小于4.0MPa时，应按表2.3-1计算结果取值；当混凝土强度标准差计算值小于4.0MPa时，应取4.0MPa。

（2）当没有近期的同一品种、同一强度等级混凝土强度资料时，其强度标准差 σ 可按表2.3-1取值。

2.3.2 混凝土配合比的试配、调整与确定

1. 混凝土配合比选定步骤

混凝土的配合比应根据设计使用年限、环境条件和施工工艺等，通过试配、调整、试件检测和试浇筑等步骤选定，并应充分考虑原材料、施工工艺、环境条件可能出现的变化，选定备用配合比。混凝土的耐久性指标和长期性能要求应按《铁路混凝土工程施工质量验收标准》TB 10424—2018确定。当设计有更高要求时，其配合比应按设计要求执行。

2. 选定混凝土配合比相关规定

（1）为提高混凝土的耐久性，改善混凝土的施工性能和抗裂性能，混凝土中应适量掺加粉煤灰、矿渣粉或硅灰等矿物掺合料。

（2）混凝土的胶凝材料最大用量宜满足规范要求。

（3）不同环境条件下，混凝土的最大水胶比和最小胶凝材料用量应符合设计要求。当为硫酸盐化学侵蚀环境时，胶凝材料的抗蚀系数不得小于0.80。

（4）混凝土中的碱含量应符合设计要求。

（5）钢筋混凝土的混凝土氯离子含量不应超过胶凝材料总量的0.10%，预应力混凝土的混凝土氯离子含量不应超过胶凝材料总量的0.06%。

（6）混凝土中三氧化硫含量不应超过胶凝材料总量的4.0%。

（7）在满足施工工艺条件的情况下，宜尽量选用低流动性的混凝土。

3. 混凝土配合比的计算、试配和调整

1）混凝土配合比的计算

（1）根据混凝土工作性、设计强度和耐久性指标要求，结合工程上所选水泥的性能、外加剂的性能，初步确定胶凝材料总用量、矿物掺合料的种类及掺量、外加剂的掺量、水胶比和砂率，并计算出单位体积混凝土的水泥用量、矿物掺合料用量、用水量以及外加剂的用量。

（2）分别采用体积法、质量法计算粗、细骨料用量。

（3）核算单方混凝土的碱含量、氯离子含量和三氧化硫含量是否满足规程要求，核算浆体体积是否满足规程要求。否则应重新选择原材料或单方混凝土原材料用量，直至

满足要求为止。

2）混凝土配合比的试配

（1）根据初步确定的单方混凝土原材料用量拌和混凝土，测试混凝土的坍落度（维勃稠度或增实因数）、泌水率、凝结时间和含气量等性能。若试验值与要求值存在差别，可适当调整胶凝材料用量、砂率和外加剂用量，直至调配出拌和物性能、碱含量、氯离子含量和三氧化硫含量满足设计或规程要求的混凝土配合比，即基准配合比。试拌时，每盘混凝土的最小搅拌量应在20L以上，且不少于搅拌机额定容量的1/3。

（2）将混凝土基准配合比的胶凝材料用量、矿物掺合料掺量、砂率和水胶比略做调整，重新按上述步骤计算并调整出3个满足设计要求或规程要求的混凝土配合比。按规范规定的项目对这些混凝土的力学性能、耐久性能和长期性能进行检验。

（3）按照工作性能优良、强度和耐久性满足要求、经济合理的原则，从上述试验结果满足要求的配合比中选择合适的配合比作为试验室理论配合比。

（4）采用工程实际使用的原材料和搅拌方式搅拌混凝土，并测定混凝土的表观密度。根据实测混凝土拌和物的表观密度，求出校正系数，对试验室理论配合比进行校正（即以理论配合比中每项材料用量乘以校正系数），即得到混凝土的实际理论配合比。校正系数按下式计算：

$$校正系数＝实测拌和物表观密度／试验室理论配合比拌和物表观密度 \quad (2.3-4)$$

3）混凝土的配合比的调整

（1）施工前应对砂、石含水率进行测定，根据测定结果对实际理论配合比进行调整，确定施工配合比。

（2）混凝土的原材料品质、施工工艺发生较大变化时，应重新进行配合比选定试验。

（3）当施工工艺及环境条件未发生明显变化，原材料的品质在合格的基础上发生波动时，可对混凝土外加剂用量、粗骨料分级比例、砂率进行适当调整，调整后混凝土的拌和物性能应与理论配合比一致。

2.4 结构混凝土强度检测

2.4.1 强度检测基本要求

1. 强度检测前应收集的资料

（1）结构类型、尺寸、部位及所处环境。

（2）设计要求的混凝土强度等级。

（3）骨料品种、最大粒径及混凝土配合比。

（4）混凝土浇筑、养护情况及龄期。

2. 强度检测相关要求

（1）结构混凝土强度检测所用仪器设备应符合相关标准的规定，且状态良好，并应按规定进行检定或校准。

（2）结构混凝土强度检测部位及所取试件应具有代表性。在实体结构检测时，应考虑钢筋、预埋件、管线等因素的影响。

（3）用钻芯法与其他非破损方法综合测定结构混凝土强度时，钻芯部位应在所用非破损检测方法的测区内或测区附近。

（4）因检测结构混凝土强度而破损的部位，在检测工作结束后应根据工程实际需要采取措施进行修补，修补材料应比原混凝土结构提高一个强度等级。

2.4.2 强度检测方法

1. 回弹法

（1）适用范围：适用于表面质量无明显缺陷的结构或构件混凝土强度检测。

（2）特点：简单方便，但离散性较大。

2. 超声回弹综合法

（1）适用范围：适用于表面质量无明显缺陷的结构或构件混凝土强度检测。

（2）特点：可以减少各种因素对结果的影响，可弥补超声法、回弹法两种方法各自不足，测试精度较高。

3. 钻芯法

（1）适用范围：适用于非预应力混凝土结构和经设计单位允许的预应力混凝土结构的强度检测。

（2）特点：检测结果直观准确，可检测强度及厚度，但操作复杂，对混凝土有轻微破坏。

4. 拔出法

（1）适用范围：适用于抗压强度在 10~80MPa 之间，表面与内部质量无明显差异的工程结构混凝土强度的检测。

（2）特点：检测结果直观准确，但操作复杂，对混凝土有轻微破坏，结果离散性较大。

5. 低应变反射波法

（1）适用范围：适用于检测的基桩桩径小于 2.0m、桩长不大于 40m 的基桩检测。

（2）特点是操作简便，检测快速，结果较为精确。

6. 声波透射法

（1）适用范围：适用于检测的基桩桩径大于等于 2.0m、桩长大于 40m 或特殊结构物或复杂地质条件下的基桩检测。

（2）特点是操作简便，检测快速，结果较为精确。

2.5 混凝土质量评定

2.5.1 混凝土质量的影响因素

影响新拌混凝土质量的因素主要包括：混凝土的凝结时间和混凝土的和易性。

1. 混凝土凝结时间

主要影响因素是：

（1）气温：气温越高，凝结时间越快。

（2）水泥品种：掺有混合料的水泥凝结时间较长，例如矿渣水泥较同强度等级普通水泥凝结时间长，低强度等级水泥较高强度等级水泥凝结时间长。

（3）混凝土强度等级：其他条件相同时，混凝土凝结时间随着强度等级的提高而缩短。

（4）水灰比：随着水灰比增高，凝结时间延长。

（5）坍落度：一般坍落度增加，凝结时间可以延长。

（6）外加剂：掺入少量缓凝剂可以延长混凝土初凝时间和终凝时间。

（7）养护环境：水中混凝土比空气中的混凝土凝结时间长。

2. 混凝土和易性

混凝土的和易性主要包括流动性、黏聚性、保水性。

（1）影响混凝土流动性的主要因素是：混凝土单方用水量。

（2）影响混凝土黏聚性的主要因素是：混凝土含砂率（灰砂比）。

（3）影响混凝土保水性的主要因素是：水泥品种、用量与细度。

（4）影响混凝土离析的主要因素是：粗骨料及细骨料的级配。

2.5.2 混凝土强度等级评定

1. 基本规定

（1）混凝土的强度等级应按立方体抗压强度标准值划分。混凝土强度等级应采用符号 C 与混凝土立方体抗压强度标准值（以 MPa 计）表示。

（2）混凝土立方体抗压强度标准值应为按标准方法制作、养护的边长为 150mm 的立方体试件，在规定龄期试验测得的混凝土抗压强度总体分布中，具有不低于 95% 保证率的强度值。

（3）预应力混凝土、蒸汽养护混凝土的强度评定龄期可采用 28d，钢筋混凝土、素混凝土的强度评定龄期宜采用 56d 或更长龄期。当设计文件对混凝土强度评定龄期有具体要求时，应按设计文件执行。

（4）混凝土的强度应分批次进行检验评定。一个检验批次的混凝土应由强度等级相同、试验龄期相同、生产工艺条件和配合比基本相同的混凝土组成。

（5）对大批量、连续施工的混凝土，其强度应按标准差已知或标准差未知的方法进行检验评定。对用量较小的混凝土，其强度可按小样本方法进行检验评定。

2. 混凝土强度的试验

1）取样

混凝土强度试样应在混凝土的浇筑地点随机抽取，取样频率和数量应符合下列规定：

（1）每一工作班浇筑 100m³ 同配合比的混凝土，取样不应少于 1 组。

（2）每一工作班浇筑的同配合比混凝土不足 100m³ 时，取样不应少于 1 组。

（3）当一次连续浇筑同配合比混凝土超过 1000m³ 时，1000m³ 以内每 100m³ 混凝土取样 1 组，超过部分每 200m³ 混凝土取样不应少于 1 组。

2）试件制作

（1）每次取样应至少制作一组标准养护的混凝土试件。

（2）每组三个混凝土试件应由同一车的混凝土中取样制作。

（3）用于强度检验评定的混凝土试件，其成型方法和养护条件应符合《混凝土物理力学性能试验方法标准》GB/T 50081—2019 的规定。用于结构或构件施工过程控制的混凝土试件，其养护条件可根据混凝土结构或构件所处环境条件确定。

（4）对于采用蒸汽养护的构件，宜先将其混凝土试件随构件进行蒸汽养护；蒸汽养护结束后拆模，再将混凝土试件置入标准养护条件下继续养护。混凝土试件的养护龄期为两段养护时间之和。

（5）当对结构或构件在拆模、出池、预应力筋张拉或放张、出厂、吊装以及施工期间需承受短暂负荷时的混凝土强度进行检验时，其混凝土试件应采用与结构或构件相同的成型方法和养护条件制作。

3）强度试验

（1）混凝土的立方体抗压强度试验应根据《混凝土物理力学性能试验方法标准》GB/T 50081—2019 的规定执行。每组混凝土试件强度代表值的确定，应符合以下规定：

① 取三个试件强度的算术平均值作为该组试件的强度代表值。

② 当一组试件中强度的最大值或最小值与中间值之差超过中间值的 15% 时，取中间值作为该组试件的强度代表值。

③ 当一组试件中强度的最大值和最小值与中间值之差均超过中间值的 15% 时，该组试件的强度不应作为评定的依据。

（2）混凝土强度评定，应采用 150mm×150mm×150mm 的标准尺寸试件。

3. 混凝土强度等级评定方法

1）标准差已知方法评定

当混凝土的原材料、生产工艺及施工管理水平在较长时间内保持一致，且同一配合比混凝土的强度变异性能保持稳定时，宜采用标准差已知方法进行混凝土强度评定。此时，一个检验批次的样本容量应取连续的 4 组试件。

2）标准差未知方法评定

当混凝土的原材料、生产工艺及施工管理水平在较长时间内不能保持一致，且同一配合比混凝土的强度变异性又不能保持稳定时，或在前一检验期内同一配合比混凝土没有足够的数据能确定检验批次混凝土的抗压强度标准差时，应采用标准差未知方法进行混凝土强度评定。此时，一个检验批次应由 10 组或 10 组以上混凝土试件组成。

3）小样本方法评定

当用于评定的样本容量小于 10 组时，可采用小样本方法评定混凝土强度。

2.5.3 混凝土耐久性

混凝土耐久性是指结构在规定的使用年限内，在各种环境条件作用下，不需要额外的费用加固处理而保持其安全性、正常使用和可接受的外观能力。

1. 混凝土材料的耐久性指标

（1）抗渗性。

（2）抗冻性。

（3）抗侵蚀性。

（4）混凝土的碳化（中性化）。
（5）碱－骨料反应。

2. 耐久性检测项目

（1）电通量：用通过混凝土的电通量来反映混凝土抗氯离子渗透性能。

（2）混凝土抗冻标号：用慢冻法测得的最大冻融循环次数来划分的混凝土抗冻性能等级。

（3）混凝土抗冻等级：用快冻法测得的最大冻融循环次数来划分的混凝土抗冻性能等级。

（4）抗硫酸盐等级：用抗硫酸盐侵蚀试验方法测得的最大干湿循环次数来划分的混凝土抗硫酸盐侵蚀性能等级。

（5）快速氯离子迁移系数法：通过测定混凝土中氯离子渗透深度，计算得到氯离子迁移系数来反映混凝土抗氯离子渗透性。

（6）早期抗裂试验：用于测试混凝土试件在约束条件下的早期抗裂性能。

（7）抗水渗透试验：

① 渗水高度法：用于以测定混凝土在恒定水压力下的平均渗水高度来表示的混凝土抗水渗透性能。

② 逐级加压法：用于通过逐级施加水压力来测定以抗渗等级来表示的混凝土的抗水渗透性能。

（8）耐磨性（常见的方法有圆环法、风沙法）。

（9）护筋性。

（10）碱－骨料反应。

3. 铁路工程混凝土施工质量控制措施

1）配合比设计

按耐久性要求进行配合比设计应根据结构类型、设计使用年限、环境类别及其作用等级、强度要求进行。在使用环境无法改变的前提下，优化混凝土自身微结构，是提高混凝土结构耐久性的唯一途径。行之有效的办法是：最大限度地减少混凝土用水量、最大限度地减少混凝土水泥用量、最大限度地使用辅助胶凝材料。在配合比设计环节提高混凝土耐久性的措施有：

（1）掺入高效减水剂。在保证混凝土拌和物所需流动性的同时，尽可能降低用水量，减少水灰比，使混凝土的总孔隙，特别是毛细管孔隙率大幅度降低。

（2）掺入高效活性矿物掺料。普通混凝土的水泥水化物稳定性的不足，是混凝土不能超耐久的另一主要因素。在普通混凝土中掺入活性矿物的目的，在于改善混凝土中水泥的胶凝物质的组成，让其在水化过程中生成强度更高、稳定性更好的生成物，以增进混凝土的耐久性。

2）入模含气量控制

提高含气量是保证混凝土抗冻性的关键措施。同时，也可以显著提高混凝土抗硫酸盐腐蚀的性能，减少由碱－骨料反应引起的膨胀，还可改善混凝土拌和物的工作性能，降低混凝土的用水量和混凝土的热扩散性，减少泌水，从而提高混凝土的匀质性和稳定性。所以《铁路混凝土工程施工质量验收标准》TB 10424—2018规定，混凝土入模时含气量的最低限值应满足表 2.5-1 的要求，同时规定施工单位每施工 50m³ 混凝土或每工作班测试不应少于一次；监理单位全部检查测试结果。

表 2.5-1　混凝土入模时含气量的最低限值

环境条件	冻融破坏环境				盐类结晶破坏环境	其他环境
	D1	D2	D3	D4	Y1、Y2、Y3、Y4	
含气量（入模时）	4.5%	5.0%	5.5%	6.0%	4.0%	2.0%

3）入模温度控制

降低混凝土的入模温度对控制裂缝非常重要。实践表明，由于水泥强度和细度的提高以及混凝土水胶比的降低，混凝土结构会因混凝土的内部温升引起严重开裂。为此《铁路混凝土工程施工质量验收标准》TB 10424—2018 规定：

（1）混凝土的入模温度不宜高于 30℃。冬季施工时，入模温度不应低于 5℃。检验数量：施工单位每施工 50m³ 或每工作班至少测温 3 次并填写测温记录；监理单位至少测温 1 次。

（2）新浇筑混凝土入模温度与邻接的已硬化混凝土或岩土介质表面温度的温差不应大于 15℃。与新浇筑混凝土接触的已硬化混凝土、岩土介质、钢筋和模板的温度不应低于 2℃。检验数量：施工单位每部位测温 1 次并填写测温记录；监理单位每部位测温 1 次。

4）拆模及养护温度控制

混凝土的拆模及养护应注意控制混凝土的温度变化。如果混凝土表面温度与内部温度、表面温度和环境温度出现过大的差异，升降温速度过大，容易出现裂缝。为此，《铁路混凝土工程施工质量验收标准》TB 10424—2018 规定如下：

（1）拆模时混凝土芯部与表面、表面与环境之间的温差不应大于 20℃（轨道板、轨枕块、梁体均不应大于 15℃）。混凝土芯部温度开始降温前不应拆模，大风及气温急剧变化时不应拆模。

（2）养护期间，混凝土芯部温度不宜超过 60℃，最高不应大于 65℃（轨枕和轨道板的芯部温度不宜大于 55℃），混凝土芯部温度与表面温度之差、表面温度与环境温度之差不宜大于 20℃（梁体、轨道板和轨枕混凝土不宜大于 15℃），养护用水和混凝土表面温度之差不应大于 15℃。自然养护期间，应在混凝土浇筑完毕后 1h 内对混凝土进行保温保湿养护。当环境温度低于 5℃时禁止洒水。

2.6　路基填料

2.6.1　一般规定

1. 路基填料的选定

（1）路基工程采用的填料等，应根据其类型、特征、性能、适应范围和应用结构形式、应用环境等确定。

（2）路基工程材料的物理力学性能应根据相应的试验标准确定，当利用标准试件的试验结果确定材料的实际性能时，尚应考虑实际结构与标准试件、实际工作条件与标准试验条件等的差别。

（3）路基填料应通过地质调绘和勘探、试验工作，查明料源岩土性质、分布和储量，确定填料来源、分类、分组名称、调配方案、改良措施等。

2.路基填料的分类

路基填料根据对原土料的使用方法或加工工艺，可分为普通填料、物理改良土、化学改良土和级配碎石。

3.路基普通填料

1）普通填料的分类

按工程性能及级配特征可分为 A、B、C、D 组填料。母岩饱和单轴抗压强度小于 20MPa 的粗粒和巨粒土填料组别划分应结合试验和地区经验确定；有机土（有机质含量大于 5%）严禁作为路基填料使用；膨胀土、盐渍土作为路基填料使用应符合《铁路特殊路基设计规范》TB 10035—2018 相关规定。

2）普通填料的分类相关规定

（1）A 组填料为良好级配、细粒含量小于 15% 的碎石土和砾石土，分为 A1、A2 组。

（2）B 组填料分为 B1、B2、B3 组。

（3）C 组填料分为 C1、C2、C3 组。

（4）D 组填料分为 D1、D2 组。

2.6.2 质量要求

1.路基填料物理改良要求

路基填料的粒径或可压实性不满足相应部位要求的巨粒土、粗粒土，可采用破碎、筛分或掺入不同粒径材料等措施进行物理改良，改善颗粒级配、粒径和细粒含量等指标。

2.路基填料化学改良要求

路基填料不能满足相应部位要求的细粒土，宜根据土的性质，采用掺入适宜的外掺料进行化学改良，改变土的物理、力学性质。化学改良土应符合以下要求：

（1）化学改良土应采用成熟的、可靠的技术。常用外掺料有水泥、石灰、粉煤灰等无机料，其中粉煤灰不宜单独作为外掺料用于土的改良。

（2）填料改良应通过试验提出最适宜掺合料、最佳配比及改良后的强度等指标。

3.路基渗水土填料要求

渗水土填料压实后应符合细粒土含量小于 10%、渗透系数大于 1×10^{-5} m/s 的巨粒土或粗粒土（细砂除外）的规定。

4.路基填料冻胀性要求

填料的冻胀敏感性可分为不敏感、弱敏感、敏感和强敏感。严寒地区在路基冻结影响范围内，宜选用不敏感填料。

5.路基基床级配碎石要求

1）路基基床表层

路基基床表层级配碎石分 I 型级配碎石和 II 型级配碎石，应符合以下要求：

(1) Ⅰ型级配碎石的粒径级配应符合规范规定，0.02mm 以下粒径质量百分率不应大于 3%；在压实系数为 0.97 情况下，其渗透系数应小于 1×10^{-6}m/s。

(2) Ⅱ型级配碎石的粒径级配应符合规范规定，0.075mm 以下粒径质量百分率不得大于 3%，压实后 0.075mm 颗粒含量不得大于 5%，细颗粒含量需采用洗筛的方法测试；持水率不应大于 5%，渗透系数应大于 5×10^{-5}m/s。

(3) 粒径大于 1.7mm 骨料的洛杉矶磨耗率不应大于 30%。

(4) 粒径大于 1.7mm 骨料的硫酸钠溶液浸泡损失率不应大于 6%。

(5) 级配曲线应接近圆滑，某种尺寸的颗粒不应过多或过少。

(6) 颗粒中细长及扁平颗粒含量不应超过 20%，压碎指标应小于 16。

(7) 粒径小于 0.5mm 细粒料的液限不应大于 25%，塑性指数不应大于 6。

(8) 黏土团及有机物含量不应超过 2%。

2）路基基床表层以下过渡段采用级配碎石

路基基床表层以下过渡段采用级配碎石时，颗粒中针状、片状碎石含量不应超过 20%；质软、易破碎的碎石含量不应超过 10%；黏土团及有机物含量不应超过 2%。

第3章 铁路路基工程

3.1 路基施工

3.1.1 地基处理施工

地基处理施工前应核查地质资料,并进行地基处理各项工艺性试验。工艺性试验应对单桩承载力或复合地基承载力进行验证。

地基处理施工前应做好临时排水,清除场内杂物、杂草、腐殖土,并平整场地。

地基处理施工前应对地下管线构造物等制定专项保护措施,并妥善保护以免损坏。

地基处理完毕应按设计要求及时埋设变形观测设备,检验合格后方可进入下道工序施工。

1. 原地面处理

施工前应清除基底表层植被,挖除树根,做好临时排水设施,排干原地面积水。地基范围内地下水出露处应按设计要求处理,并应做好地下水出露位置和处理前、后出水情况记录。

原地面坡度陡于1:5时,应顺原地面挖台阶,并碾压密实,沿线路横向挖台阶的宽度、高度应符合设计要求,沿线路纵向挖台阶宽度不应小于2m。当基岩面上覆盖层较薄时,宜先清除覆盖层再挖台阶。

原地面为浅层淤泥土或腐殖土时,应清除并运至指定位置。

原地面表层为松散土层时,应将松土翻挖并整平碾压密实,质量应符合设计要求。

设计要求原地面进行冲击碾压时,其工艺应通过试验确定,质量应满足设计要求。

2. 换填

(1)施工中应核实需换填土层范围、深度及地质条件,换填范围及深度应符合设计要求。

(2)换填施工应做好排水设施,施工前应疏干地表积水,换填中基坑内渗水应及时排除。

(3)换填施工主要工艺应符合以下规定:

① 换填土层挖除后,坑底应按设计要求整平并碾压密实。底部起伏较大时宜设置台阶或缓坡,并按先深后浅的顺序进行换填施工。

② 换填土层采用机械挖除时,应预留保护层由人工清理,其厚度宜为30~50cm。

③ 换填部位开挖完成后应及时分层填筑碾压,达到相应压实标准。

(4)换填完成后,应尽快进行下道工序施工,并采取措施防止地基积水下渗。

3. 砂(碎石)垫层

(1)碎石垫层应采用级配良好且不易风化的砾石或碎石,其最大粒径不应大于50mm,细粒含量不应大于10%,且不含草根、垃圾等杂质。

(2)砂垫层应采用中、粗砂或砾砂,不含草根、垃圾等杂质,含泥量不应大于5%;用作排水固结时,含泥量不应大于3%。

（3）砂（碎石）垫层施工前应进行工艺性试验，确定工艺参数。
（4）砂（碎石）垫层施工前应将基底清理、整平并完成排水系统。
（5）砂（碎石）垫层施工主要工艺应符合以下规定：
① 根据地基处理方式需要填筑土拱，土拱应设置横向排水坡，坡度不宜小于4%。
② 砂（碎石）垫层施工应分层摊铺、分层压实，填筑质量应符合设计要求。
③ 砂（碎石）垫层分段施工时接头处应做成台阶，上下层接头应错开2.0m，并应碾压密实。
（6）砂（碎石）垫层填筑厚度应符合设计要求。
（7）复合地基桩顶设置砂垫层、碎石垫层、土工合成材料加筋垫层时，垫层应与桩头完整密贴。

4. 冲击（振动）碾压

（1）冲击（振动）碾压施工前应选取代表性场地进行工艺性试验，确定碾压走行路线、走行速度和碾压遍数等工艺参数。
（2）冲击（振动）碾压施工应考虑对居民、构造物等周边环境可能带来影响，距既有建筑物较近时应预留安全距离或采取减振措施。
（3）冲击（振动）碾压施工主要工艺应符合以下规定：
① 平整场地，清除表层土，修筑施工区周边排水沟，确保场地排水通畅。
② 振动碾压按静压、弱振、强振、弱振、静压顺序进行，碾压遍数按工艺试验确定遍数控制。
③ 冲击碾压10遍左右后，平地机大致整平，再冲击碾压。
④ 冲压完成后，用平地机平整，用光轮压路机最后碾压。
（4）冲击碾压施工应自边坡坡脚一侧开始，顺（逆）时针行驶，以冲压面中心线为轴转圈，而后按纵向错轮冲压，全路幅排压后，再自行向内冲压，压实机械走行速度宜控制在10~12km/h。
（5）冲击碾压应通过改变转弯半径调整冲压地点，使其均匀冲压。
（6）振动碾压应控制碾压速度，施工应由地基处理两侧向中心碾压。
（7）相邻两段冲击碾压搭接长度不宜小于15m，振动碾压搭接长度不宜小于5m。
（8）冲击（振动）碾压压实系数和承载力应符合设计要求。

5. 强夯及强夯置换

（1）强夯及强夯置换施工前，应按设计初步确定的夯实参数，在有代表性场地上进行试夯。通过夯实前后测试数据对比，检验夯实效果，确定强夯单击夯击能、单点夯击次数、夯击遍数、夯击时间间隔、夯击点布置以及强夯置换单击夯击能、单点夯击次数等工艺参数。
（2）强夯置换墩体材料宜采用级配良好的块石、碎石、矿渣等坚硬粗颗粒材料，粒径大于300mm颗粒含量不宜超过总量的30%，并应满足设计要求。
（3）强夯施工主要工艺应符合以下规定：
① 夯实设备按测量放样位置就位，使夯锤对准夯点位置。
② 测量夯前锤顶高程。
③ 夯锤起吊到预定高度，夯锤脱钩自由下落，完成一次夯击。

④按试夯确定夯击次数及控制标准,完成一个夯点夯击。

⑤换夯点夯击,完成第一遍全部夯点夯击后,应平整夯坑,测量场地高程。

⑥在规定间隔时间后,按上述步骤逐次完成全部夯击遍数,最后用低能量满夯将表层松土夯实达到设计要求。

(4)强夯置换施工主要工艺应符合以下规定:

①强夯设备按测量放样位置就位,使夯锤对准夯点位置。测量夯前锤顶高程。

②夯击并逐击记录夯坑深度。夯坑过深而发生起锤困难时停夯,向坑内回填材料直至与坑顶平齐,记录填料数量,如此重复直至满足规定夯击次数及控制标准,完成一个墩体夯击。

③平整场地,用低能量满夯,将场地表层松土夯实,并测量夯后场地高程。

④铺设垫层,并分层碾压密实。

(5)夯锤重量应按欲加固土层深度、土的性质及夯锤落距选定,夯锤底面宜采用圆形,直径应符合设计要求。

(6)开夯前应检查夯锤质量和落距,确保单击夯击能量符合设计要求。

(7)夯击施工中,因坑底倾斜而造成夯锤歪斜时,应及时平整坑底。

(8)强夯第一遍完成后应在规定间隔时间后进行下一遍夯点夯击。

(9)地基表面需要满夯加固时,夯点布置应满足搭接面积不小于1/4。

(10)强夯置换夯点周围软土挤出影响施工时,应随时清理并在夯点周围铺垫碎石,继续施工。

(11)强夯置换施打顺序宜由内向外,隔孔分序跳打,逐一完成全部夯点施工。

(12)强夯置换时应逐击记录夯坑深度,测量夯前锤顶高程以及场地高程等。

(13)强夯、强夯置换施工应针对振动、噪声制定相应安全环保措施,按照设计要求采取隔振降噪措施。

(14)强夯加固地基承载力和加固有效深度应满足设计要求,强夯置换墩长、墩身密实度、单墩承载力及墩间土的强度应满足设计要求。

6. 袋装砂井

(1)砂袋技术指标应符合设计要求,砂袋进场后应进行验收并妥善存放,禁止长时间在阳光下暴晒。砂料应采用天然级配并风干的中、粗砂,不应含草根、垃圾等杂物,含泥量不应大于3%。

(2)袋装砂井施工前应在路基范围内填筑土拱,并按设计要求铺设砂垫层,铺设厚度应符合设计要求。

(3)袋装砂井施工主要工艺应符合以下规定:

①袋装砂井打设机具按设计桩位就位。

②用振动贯入法、锤击打入法或静力压入法将成孔套管沉入土中,直至设计深度。

③将砂袋下端放入套管口,徐徐下放至设计深度。

④连续缓慢提升套管,直至拔离地面。

(4)打设机具成孔套管内径宜略大于砂井直径,以减少施工过程中对地基土的扰动。

(5)成孔套管上应划出控制标高刻划线,控制砂井打入长度符合设计要求。

(6)砂袋应防止扭结、缩颈、断裂和磨损,砂袋灌制应饱满密实。

（7）施工中应检查袋装砂井袋头，若砂袋不满，应及时向袋内补砂。

（8）袋装砂井孔口带出的泥土应及时清除，并用砂回填密实。

（9）砂袋顶部应埋入砂垫层中，埋入长度应大于 0.5m 或符合设计要求。

（10）拔成孔套管将砂袋带出长度大于 0.5m 时，必须重新补打。连续两次将砂袋带出时，应停止施工，查明原因。

7. 塑料排水板

（1）塑料排水板技术指标应符合设计要求，滤膜应紧裹芯板不松皱。塑料排水盘带进场后应进行验收并妥善存放，禁止长时间在阳光下暴晒。

（2）塑料排水板施工前应在路基范围内填筑土拱，并按设计铺设砂垫层，铺设厚度应符合设计要求。

（3）塑料排水板施工主要工艺应符合下列规定：

① 塑料排水板插设机具按设计桩位就位。

② 塑料排水板经导管从管靴穿出底部，与桩尖连接、拉紧，并对准桩位。

③ 沉入导管将塑料排水板插入至设计深度。

④ 拔出导管，切断塑料排水板。

（4）塑料排水板与桩尖应连接牢固，桩尖平端与导管靴配合要适当，避免错缝。

（5）塑料排水板在安装及打设过程中不应扭曲，透水膜不应破损，防止泥土等杂物进入排水板滤膜内。

（6）塑料排水板不应接长使用。

（7）塑料排水板打入深度应符合设计要求，拔导管时将塑料排水板带出长度大于 0.5m 时，必须重新补打。

（8）拔导管带出的淤泥应及时清除，并用砂回填密实，避免污染外露塑料排水板。

（9）塑料排水板顶部应及时埋入砂垫层中，埋入长度应大于 0.5m 或符合设计要求。

8. 真空预压

（1）真空预压用密封膜、排水滤管种类、规格、性能及连接方式应符合设计要求。

（2）真空预压施工场地应合理布置，加固区域应根据填土高度、施工设备配套情况进行划分。

（3）真空预压施工前应核查地基处理范围内的地质条件，检查是否有透气层。

（4）真空预压施工主要工艺应符合以下规定：

① 铺设砂垫层、打设竖向排水体。

② 砂垫层中布设真空管。

③ 开挖密封沟，铺设密封膜。

④ 安装抽真空装置，连接各系统进行抽真空试验，检查密封性。

⑤ 在加固范围内按设计要求设置变形观测点，开始抽真空。

⑥ 真空预压效果达到设计要求后停止抽真空。

（5）真空管路连接应密封，在真空管路中应设置止回阀和阀门。

（6）滤水管应选用合适滤水材料包裹严密，避免抽气后杂物进入抽真空装置。

（7）密封膜铺设时要适当放松，表面不应损坏。膜与膜之间应采用热粘法粘接，热合加工搭接长度不应小于 15mm。

（8）密封沟开挖深度应符合设计要求，密封膜顺密封沟铺设，且四周用黏土压实密封。

（9）抽真空作业前应进行抽真空试验，检查真空预压装置的布设及密封程度。

（10）密封膜上放置沉降板时，应在其上垫一层土工布，防止戳破密封膜。

（11）抽真空过程中应观测泵、真空管、膜内的真空度及地表总沉降、侧向位移等。

（12）开挖密封沟的弃土应运至指定地点，抽出来的地下水应统一排放。

（13）真空预压卸载时间应根据观测资料和工后沉降推算结果，由建设单位组织，设计、施工、监理单位参加，评估单位进行卸载评估，评估通过后方能卸载。

9. 堆载预压

（1）堆载预压材料应符合设计要求，不应使用淤泥土或含垃圾杂物的填料。

（2）预压土的重度和堆载宽度、高度、坡度应符合设计要求，预压荷载不应小于设计荷载。

（3）堆载预压施工主要工艺应符合以下规定：

① 堆载要严格控制加载速率，分层荷载应符合设计要求，保证在各级荷载下路基的稳定性。

② 堆载时应边堆土边摊平，顶面应平整。

③ 堆载过程应采取有效措施防止预压土污染已填筑的路基。

（4）堆载预压应制定变形观测设施保护措施，堆载时应派专人指挥卸料，观测设施如有损坏应及时恢复。

（5）堆载过程中应按规定进行变形观测并做好观测记录。

（6）堆载预压卸载时间应根据观测资料和工后沉降推算结果，由建设单位组织，设计、施工、监理单位参加，评估单位进行卸载评估，评估通过后方可卸载。

（7）卸载后路基堆载面应进行清理并达到验收标准，卸载后预压材料应运至指定地点堆放。

10. 砂（碎石）桩

（1）砂（碎石）桩成桩施工宜采用振动或锤击成桩法。振动成桩法宜采用重复压拔管法，锤击成桩法宜采用双管法。

（2）砂桩桩体用砂应选用中、粗砂或砾砂，含泥量不应大于5%，用于排水的砂桩其砂中含泥量不得大于3%。

（3）碎石桩桩体应选用不易风化的碎石或砾石，粒径宜为20~50mm，含泥量不应大于5%。

（4）砂（碎石）桩施工前应根据设计、地质及机械等情况，选择有代表性地段进行成桩工艺性试验，确定拔管高度、振密电流、留振时间、锤击贯入度、分段填砂（碎石）量、充盈率等工艺参数，检验成桩效果。

（5）振动重复压拔管法施工主要工艺应符合以下规定：

① 桩机按设计桩位就位，桩管垂直，桩尖对准桩位，桩靴闭合。

② 启动振动器，将桩管振动压入土中。

③ 桩管压到设计深度后，向桩管内投入规定数量的砂（碎石）料。

④ 边振动边拔管，拔至工艺试验确定的高度。

⑤ 边振动边下压沉管至工艺试验确定的高度,将砂(碎石)料挤压密实。
⑥ 再一次向桩管内投入规定数量的砂(碎石)料,重复循环施工至桩顶。
(6) 锤击双管法施工主要工艺应符合以下规定:
① 桩机按设计桩位就位,桩管垂直,桩尖对准桩位,桩靴闭合。
② 锤击桩管,内外桩管同时沉入至设计深度。
③ 提升内管,投料至外管内。
④ 放下内管至外管内的砂(碎石)料面上,提升外管与内管平齐。
⑤ 锤击内外管,压实砂(碎石)料。
⑥ 重复循环施工至桩顶。
(7) 振冲碎石桩施工主要工艺应符合以下规定:
① 清理平整施工现场,测设桩位。
② 施工机具就位,使振冲器对准桩位。
③ 启动供水泵和振冲器,将振冲器徐徐沉入土中,直至达到设计深度。记录振冲器经各深度的水压、电流和留振时间。
④ 造孔后边提升振冲器边冲水直至孔口,再放置孔底,重复2~3次扩大孔径并使孔内泥浆变稀,开始填料制桩。
⑤ 将振冲器沉入填料中进行振冲制桩,当电流达到规定密实电流值和规定留振时间后,将振冲器提升30~50cm。
⑥ 重复以上步骤,自下而上逐段制作桩体直至孔口,记录各段深度填料量、最终电流值和留振时间,并均应符合设计规定。
⑦ 关闭振冲器和水泵。
(8) 砂(碎石)桩施工应选用适宜的桩尖结构。选用活瓣桩靴时,砂性土地基宜采用尖锥型,黏性土地基宜采用平底型。
(9) 振动法施工应严格控制拔管高度、拔管速度、压管次数、振密电流、留振时间、填砂(碎石)量,保证桩体连续、均匀、密实。
(10) 锤击法施工应根据冲击锤的能量,控制拔管高度、分段填砂(碎石)量、贯入度,保证桩体质量。
(11) 振冲碎石桩应严格控制加密段长度、振密电流、留振时间、加密水压、填碎石量,保证桩体连续、均匀、密实。
(12) 砂(碎石)桩施工时,砂性土地基应从外围或两侧向中间进行,以挤密为主的桩宜隔排施工;软弱黏性土地基宜从中间向外围或隔排施工。
(13) 砂(碎石)桩施工结束后,应间隔一定时间后方可进行质量检验。
(14) 砂(碎石)桩施工完成后应进行桩身质量、桩间土加固效果、复合地基承载力检验。

11. 灰土(水泥土)挤密桩

(1) 挤密桩成孔应根据设计要求、成孔设备、现场土质和周围环境等情况,选用沉管、冲击或夯扩等方法机械成孔。
(2) 挤密桩使用材料应符合设计要求,并按相关规定进行进场检验。桩体使用的石灰中有效氧化钙+氧化镁($CaO + MgO$)含量不应低于50%、粒径应小于5mm,水泥不应受潮、结块，粉煤灰应晾干。

（3）挤密桩所用土质量应符合设计要求，且有机质含量不应大于5%，土块粒径不应大于15mm，不应含有杂土、冻土或膨胀土及砖、瓦和石块等。

（4）灰土（水泥土）施工前应进行室内配合比试验，确定施工配合比。

（5）灰土（水泥土）应采用机械拌和，且随拌随用，并拌和均匀、色泽一致，无灰团、灰条和花面现象。

（6）挤密桩施工前应进行成桩工艺性试验。灰土（水泥土）桩应确定最优含水率、分层厚度、夯击遍数等参数。

（7）挤密桩施工主要工艺应符合以下规定：

① 成孔机械按设计桩位就位。

② 成孔至设计深度。

③ 进行孔底夯击密实。

④ 填料分层回填，夯击密实。

（8）挤密桩整片处理施工时，成桩施工宜从中间向外，同排应间隔1~2孔进行；局部处理时，宜由外向内，同排应间隔1~2孔进行。

（9）灰土（水泥土）挤密桩成孔时，地基土含水率宜接近最优含水率或塑限，土的含水率低于12%，特别是在整个处理深度范围内的含水量普遍很低时，宜对处理范围内土层进行增湿。增湿处理应在地基处理前4~6d完成，需增湿水应通过一定数量和一定深度渗水孔均匀地渗入处理范围土层中。

（10）成孔后应及时回填，发生桩孔严重缩颈或回淤时，应填入干砂或粗骨料等后重新成孔。

（11）回填填料应分层夯击密实，回填过程中不宜间隔停顿或隔日施工。

（12）挤密桩成桩处理深度内桩间土处理效果及单桩或复合地基承载力应符合设计要求，对于湿陷性黄土地基，其桩间土湿陷系数还应符合设计要求。

12. 柱锤冲扩桩

（1）柱锤冲扩桩成孔应根据土质条件选择成孔机械，宜采用机械钻孔、强力冲孔等方法。

（2）柱锤冲扩桩孔内填料应符合设计要求，并按相关规定进行进场检验。

（3）柱锤冲扩桩施工前应进行成桩工艺性试验，确定锤的质量、锤长、落距、分层填料量、分层夯填度、夯击次数、总填料量等参数，检验成桩效果。

（4）柱锤冲扩桩施工主要工艺应符合以下规定：

① 柱锤冲扩机就位，使柱锤对准桩位，并保持垂直稳定。

② 成孔至设计深度。将柱锤提升一定高度，自动脱勾下落冲击土层，如此反复冲击，接近设计成孔深度时，可在孔内填少量粗骨料继续冲击，直至孔底被冲击密实。

③ 向孔内分层填入拌和好的填料，每填一层用柱锤夯实一层，直至桩顶设计标高以上至少0.5m，其上部桩孔宜用原土夯封。

（5）成孔和填料夯实的施工顺序宜间隔跳打。

（6）柱锤冲扩桩加固较深、柱锤长度不够时可先挖部分土，然后进行冲扩。

（7）柱锤冲扩桩冲击难以成孔时，可采用填料冲击成孔、二次复打成孔或套管成孔、钻孔等方法。

（8）成孔深度应满足设计要求，孔底应夯击密实。根据土质情况可在孔底预留一定厚度的原土层，以柱锤夯冲至地基处理设计深度为准。

（9）孔内填料夯填前应检查成孔直径、孔深、垂直度和孔内的虚土、积水情况等。

（10）柱锤冲扩桩、挤密桩成桩处理深度内桩间土的处理效果及单桩或复合地基承载力应符合设计要求，对于湿陷性黄土地基，其桩间土湿陷系数还应符合设计要求。

13. 搅拌桩

（1）搅拌桩施工包括粉体喷射搅拌桩和浆体喷射搅拌桩（水泥浆搅拌桩、水泥砂浆搅拌桩）。施工时应配置灰（浆）量自动记录仪、桩头切除机械设备。

（2）搅拌桩加固料种类、规格及质量应符合设计要求，进场时应验证产品质量证明文件，并现场抽样检验，合格后方可使用。严禁使用受潮、结块、变质的加固材料。

（3）搅拌桩加固材料运输时应封闭覆盖，存放应遮盖、防潮。

（4）施工前应现场取代表性试样，按设计参数进行室内配比试验，确定试桩配合比。选择代表性地段进行成桩工艺性试验，确定加固材料掺入量、钻进速度、提升速度、喷气压力、单位桩长喷入量及喷搅次数等施工参数，检验成桩效果。

（5）搅拌桩施工主要工艺应符合以下规定：

① 钻机按设计桩位就位，把钻头对准桩位，调整钻杆垂直地面。

② 启动钻机，待搅拌钻头接近地面时，启动自动记录仪，空压机送气，预搅钻进。钻至接近设计深度时，宜用低速慢钻。

③ 钻进至设计深度时，关闭送气阀门，打开送料阀门，喷粉（浆）。

④ 确认粉（浆）已喷至孔底时，均匀搅拌提升钻头，同时喷粉（浆）。提升到桩顶标高后，停止喷送。

⑤ 重复搅拌至设计复搅深度后再喷送粉（浆）并搅拌提升至桩顶。

（6）搅拌桩施工过程中应经常检查钻头直径，搅拌钻头直径磨耗量不应大于10mm。

（7）搅拌桩施工应根据成桩工艺试验确定的技术参数进行，操作人员随时记录空气压力、喷粉（浆）量、钻进速度、提升速度等有关参数的变化。

（8）加固料浆液应按试验确定的配合比采用机械拌制，浆液应随拌随用，配置好的浆液不得离析，供浆应连续。

（9）钻进过程中，应严格控制钻杆垂直度。

（10）钻头钻到设计深度后应确保粉（浆）到达桩底，严禁在没有喷粉（浆）的情况下进行钻杆提升作业，桩底应原位喷搅一定时间。

（11）钻头提升至桩顶以上0.2~0.5m时方可停止喷粉（浆），保证桩头质量。

（12）粉体喷射搅拌桩成桩过程中，应保证边喷粉、边提升连续作业。因故缺粉或停工时，第二次喷粉应重叠接桩，接桩重叠长度不应小于1m。

（13）浆体喷射搅拌桩施工应确保喷浆连续均匀。因故停浆继续施工时必须重叠接桩，接桩长度不应小于0.5m。

（14）搅拌桩因故停喷间歇时间过长，无法接续时，应在原桩位旁边进行补桩处理。

（15）钻机成孔和喷粉（浆）过程中产生的废弃物应回收集中处理，防止污染环境。

（16）搅拌桩完成28d后，在每根检测桩桩径方向1/4处、桩长范围内垂直钻孔取芯，观察其完整性、均匀性，拍摄取出芯样照片，在桩身上、中、下取不同深度的3个试样做抗压强度试验。钻芯后孔洞应采用水泥砂浆灌注封闭。单桩承载力或复合地基承载力应满足设计要求。

14. 旋喷桩

（1）旋喷桩施工时应配置喷浆量自动记录仪、桩头切除机械设备。

（2）加固料、外加剂应符合设计要求，材料进场应验证产品质量证明文件，并现场抽样检验，合格后方可使用。严禁使用受潮、结块、变质的加固料、外加剂。

（3）施工前应现场取代表性试样在室内做配合比试验，确定浆液配比。

（4）施工前应进行成桩工艺性试验，确定加固料掺入比、注浆量、压力、旋转提升速度等工艺参数，检验成桩效果。对深层长桩宜根据地质条件分层选择喷射参数，保证成桩均匀一致。

（5）旋喷桩施工主要工艺应符合下列规定：

① 桩机按设计桩位就位，调整钻杆垂直度。
② 启动钻机成孔钻进至设计深度。
③ 将注浆管插入孔底。
④ 注浆管浆液流出喷头后开始提升注浆管，自下而上旋转喷射注浆。
⑤ 喷射施工至桩顶，拔出注浆管。

（6）喷射注浆前应检查高压设备与管路系统，管路应畅通并密封良好。

（7）旋喷桩施工应根据不同地质条件选择合适方法成孔，插管时应防止泥沙堵塞喷嘴。

（8）旋喷管分段提升作业时宜搭接处理，搭接长度不应小于0.1m。

（9）旋喷管提升接近桩顶时，应从桩顶以下1m开始，慢速提升旋喷，旋喷一定时间，再向上慢速提升0.5m，直至停喷面。桩顶和桩底宜复喷。

（10）喷射注浆过程中，应检查注浆流量、空气压力、注浆泵压力等参数是否符合设计要求，并做好记录。

（11）配置的浆液应严格过滤，防止喷射过程中堵塞喷嘴；浆液宜随制随用，旋喷过程应有防止浆液沉淀的措施。

（12）钻机钻杆应匀速旋转、提升，确保桩体连续、均匀；因故停喷后续喷时，喷射搭接长度不应小于0.5m。

（13）注浆量不足影响成桩质量时，应采取复喷措施。

（14）桩顶凹坑应及时以浆液补灌。

（15）钻机成孔和喷浆过程中，应将废弃加固料及冒浆回收集中处理，防止污染环境。

（16）旋喷桩成桩28d后，在每根检测桩桩径方向1/4处、桩长范围内垂直钻孔取芯，观察其完整性、均匀性，拍摄取出芯样照片，在桩身上、中、下取不同深度的3个试样做抗压强度试验。钻芯后孔洞应采用水泥砂浆灌注封闭。单桩承载力或复合地基承载力应满足设计要求。

15. 水泥粉煤灰碎石（CFG）桩

（1）水泥粉煤灰碎石（CFG）桩施工可根据设计结合现场地质情况选用长螺旋钻机

或振动沉管桩机成孔，应配置桩头切除机械设备。

（2）水泥、粉煤灰、碎石及外加剂等原材料应符合设计要求，材料进场应验证产品质量证明文件，并进行抽样检验，合格后方可使用。严禁使用受潮、结块、变质的水泥和外加剂。

（3）施工前应按设计参数进行室内配合比试验，选定混合料配合比。

（4）施工前应选择具有代表性地段进行成桩工艺性试验，确定混合料施工配合比和坍落度、搅拌时间、拔管速度、振动沉管桩机的终孔电流等工艺参数。

（5）长螺旋钻管内泵压混合料灌注施工主要工艺应符合以下规定：

① 钻机按设计桩位就位，调整钻杆垂直地面并对准桩位中心。

② 关闭钻头阀门，向下移动钻头至地面开始钻进，先慢后快，钻至设计深度并停钻。

③ 向管内泵送混合料，钻杆芯管充满混合料后开始拔管。

④ 边泵送混合料边匀速拔管至桩顶。

（6）振动沉管灌注施工主要工艺应符合下列规定：

① 桩机按设计桩位就位，调整沉管与地面垂直。

② 振动沉管至设计深度。

③ 向管内一次投放混合料。

④ 投料后留振 5~10s，开始拔管，直至桩顶。

（7）CFG桩在钻进过程中，应严格控制钻机钻杆（或沉管）垂直度，其偏差不应大于1%。

（8）水泥、粉煤灰、碎石混合料应用搅拌机拌和。坍落度、拌和时间应按工艺性试验确定的参数进行控制，且拌和时间不应少于60s。

（9）振动沉管灌注施工时沉管至设计深度后应向管内一次投放混合料，投料后留振5~10s方可提升沉管。拔管速率应按试桩确定参数控制，拔管过程中不允许反插。如上料不足，在拔管过程中加料。

（10）长螺旋钻管内泵压混合料灌注施工时，混合料的泵送量、拔管速率按试桩确定的参数进行控制，泵料应连续，不应停泵待料。

（11）长螺旋钻管内泵压混合料灌注施工时，应在混合料充满泵送管路后方可提钻。施工过程中应经常检查泵送压力、弯头和钻杆状态，防止导管堵塞。

（12）CFG桩施工过程中导管应始终埋入混凝土内1m左右，以防断桩。每根桩投料量不应少于设计灌注量。

（13）振动沉管及长螺旋钻机钻进过程中，每沉1m或电流表突变时应记录电流表一次，核对地基土层沿桩长变化情况。

（14）CFG桩施工应合理安排打桩顺序，避免后序桩施工对已施工桩的损坏。

（15）清理桩间土应采用小型机具配合人工进行，截除桩头应采用切割机械，不应损坏桩体，影响桩的完整性。

（16）CFG桩施工中每工班应制作试件，进行28d抗压强度试验。成桩7d后低应变检测成桩完整性，有疑问时采取钻芯取样观察其完整性、均匀性，拍摄取出芯样照片。CFG桩处理后单桩或复合地基承载力应满足设计要求。

16. 岩溶（洞穴）处理

（1）岩溶（洞穴）处理应根据地质情况确定处理方法，可采用注浆或清除回填、封闭处理的方法。

（2）岩溶（洞穴）处理所用材料应满足设计要求，进场时应验证产品质量证明文件，并现场抽样检验。

（3）注浆处理施工前应按设计要求并根据现场试验进行配合比设计，浆液固结度、结石强度和粘度应符合设计要求。

（4）注浆处理施工前应进行钻孔、充填及注浆试验，确定钻孔机具和钻进方法、不同深度的注浆压力、注浆量、注浆速度、水灰比、扩散半径等参数。通过实施过程进一步检验施工方案的可行性，并及时动态调整施工参数指导后续施工。

（5）注浆施工主要工艺应符合以下规定：

① 钻机按设计注浆孔位就位，调整钻杆角度。
② 钻机钻进成孔。
③ 终孔后，下塑料管或钢花管，浇筑护孔。
④ 钻机转移至下一孔位施钻。
⑤ 注浆设备就位，下注浆管至孔底标高。
⑥ 自下而上注浆，注浆应连续进行。
⑦ 注浆结束后用水泥浆对孔口进行补灌，直至浆液面不再下降，制作止浆盘。

（6）清除回填施工主要工艺应符合以下规定：

① 洞穴揭露表盖层后应清除洞内沉积物，并铲除洞穴表面溶蚀部分，将洞壁倾斜部分做成台阶。
② 土质洞穴宜采用水泥土或石灰土回填夯实；石质洞穴宜采用混凝土或片石混凝土回填。
③ 洞穴回填应分层夯实、填充紧密。

（7）路基面上的溶洞应按设计要求处理，宜采用片石混凝土或钢筋混凝土封闭，封闭厚度不小于0.5m，顶部与路基面齐平，搭盖洞口不宜小于0.2m。

（8）边坡及坡顶上的溶洞，应清除其充填物，按设计要求封闭；对于泉水发育部位，应预留泄水孔。

（9）岩溶、洞穴处理施工中不应任意引排地下水，严禁堵塞泉水出逸点，应按设计要求做好排水设施。

（10）注浆施工应采取"探灌结合、分序施工"方法。根据注浆孔揭示岩溶发育情况，动态调整处理范围、加固深度和注浆工艺。

（11）注浆孔宜采用地质钻探方法成孔。钻孔通过土层和岩溶发育破碎带时，为防止孔口坍塌或缩孔，可下孔口套管或采用跟管钻进。

（12）钻孔过程中填写钻进记录，记录应详细反映该孔在钻进过程中涌水、漏水、土层分界等情况。

（13）浆液应用机械搅拌均匀，在使用前应过筛，并随拌随用。日平均温度低于5℃或最低温度低于-3℃的条件下注浆时，应采取保温措施，保证浆液不冻结。

（14）注浆宜采取孔底循环全段加压注浆或套管跟进分段注浆，注浆压力应根据注浆情况由小到大。若需间歇反复注浆时，注浆压力应适当降低。

（15）注浆管路承压能力不应小于设计值；注浆泵和孔口处均应安设压力表，压力表与管路之间应加设隔浆装置。

（16）空洞、裂隙贯通、耗浆量特别大的注浆孔，可采用间歇注浆或双液注浆。对于有空洞的注浆孔宜采取间或灌砂、灌碎石注浆。

（17）注浆孔应跳孔施钻，同步注浆，注浆应从路基坡脚向线路中心的顺序进行，先两侧后中间；在地下水有水头压力时，应先注下游孔，再注上游孔；单排孔应遵循逐步加密、跳孔同步注浆原则。

（18）注浆过程中应对地面水平位移、地面沉陷、冒浆点位置进行监测，并做好注浆孔深、注浆压力、注浆数量等记录。

（19）注浆结束28d后应按设计要求采用综合物探方法，辅以钻孔取芯、注水或灌浆试验，检查是否有充填结实体，检测充填率、结实体强度。

3.1.2 路堑及路堤施工

1. 路堑施工

1）一般规定

（1）路堑施工应根据地形地质、气象、水文实际情况合理安排施工，膨胀土、黄土路堑不宜在雨季施工。

（2）路堑开挖应根据地形情况、岩层产状、断面形状、路堑长度、施工季节和环境保护要求，结合土石方调配选择开挖方式，并符合下列规定：

① 平缓地面上短而浅的路堑宜采用全断面开挖。

② 平缓横坡上的一般路堑宜采用横向台阶开挖；较深路堑应分层开挖。

③ 土质路堑宜逐层顺坡开挖。

④ 傍山路堑宜采用纵向台阶开挖，边坡较高时宜分级开挖；路堑较长时，可适当开设马口。

⑤ 边坡较高的软弱、松散岩质路堑，应分级开挖、分级支挡和分级防护。设计有预加固措施的应先加固后开挖。

（3）路堑排水系统施工应符合下列规定：

① 路堑施工前应先做好堑顶截、排水，堑顶为土质或软弱夹层岩石时，天沟应及时铺砌或采取其他防渗措施。

② 开挖区应保持排水系统通畅，临时排水设施宜与永久性排水设施相结合，并与原有排水系统相适应。

③ 排水不应损害路基及附近建筑物地基、道路和农田，并不应引起淤积和冲刷。

④ 开挖的路基面不应积水。地下水发育路堑施工过程中，开挖表面应设排水坡，支撑渗沟、盲沟等应根据地下水出露情况及时施工。

⑤ 石质路堑开挖严禁使用峒室药包爆破。石质路堑边坡开挖应采用光面爆破、预裂爆破。

2）路堑开挖

（1）路堑开挖前应先检查坡顶、坡面，并对危石、裂缝或其他不稳定体妥善处理。

（2）路堑开挖施工应自上而下进行，边开挖边整形，严禁掏底开挖。

（3）位于岩石走向、倾斜不利于边坡稳定及施工安全地段，开挖应采取减弱施工振动措施；在设有支挡结构地段，应采取短开挖或马口开挖，并设临时支护措施。

（4）路堑开挖爆破应按岩性、产状、边坡高度选择适当方法。爆破后边坡和堑顶山体应稳定，基床及边坡应平顺、不破碎、不松动。

（5）路堑开挖除不易风化硬质岩石基床外，开挖至基床设计标高以上不小于0.5m时，应进行地基条件核查。对地质不符或有疑问地段，根据不同地质情况采用相应检测方法进行地质复核。必要时进行地质补钻，重新评价地基条件、确定路堑换填厚度和地基处理措施。

（6）路堑开挖应根据施工能力分段进行，不良地质地段应跳槽开挖，及时完成支挡工程。

（7）膨胀土路堑施工应符合以下规定：

① 膨胀土路堑不宜在雨季施工。

② 膨胀土路堑边坡宜采用跳槽开挖方法，支挡和防护结构应随挖随护。支挡和防护施工不能紧跟时，边坡应预留不小于0.5m保护层，待支挡或防护施工时开挖。

③ 施工过程中发现边坡有渗水时应及时反馈相关单位，并采取引排等处理措施。

（8）黄土路堑宜在旱季施工。当在雨季施工时，应集中力量快速施工，工作面随时保持大于4%的排水坡度。路堑边坡不应受水浸泡或冲刷。

（9）路堑开挖后应及时完成排水设施和边坡防护。

3）路堑基床施工

（1）不易风化硬质岩石基床，应将表面做成向两侧4%的排水坡，做到表面平顺，肩棱整齐，对开挖不平处宜用强度等级不低于C25的混凝土补齐。

（2）强风化硬质岩石、软质岩石及土质路堑基床换填处理应符合以下规定：

① 基床换填应根据施工能力分段开挖，并紧随开挖完成换填。

② 开挖至基床换填底面标高时，开挖表面应平顺整齐，并按设计要求做成向两侧的横向排水坡。开挖施工不应扰动换填底面以下的土层。开挖至基床换填底面标高时，应核对地质状况、检测地基强度。

③ 基床填筑完后，侧沟及时跟进，并保持排水系统畅通。

4）半填半挖路基施工

（1）填挖结合部基底地质为土质或风化岩，应按设计要求开挖台阶，台阶宽度不小于2m；基底为岩石，先将覆盖层表土清除，将基岩表面爆破开挖成不小于2m宽的台阶，再进行填筑。

（2）挖方部位应先按设计要求进行侧沟施工并做防渗处理，填筑部位按设计要求及时进行坡脚防护。

5）爆破作业

（1）石质路堑宜采用光面爆破、预裂爆破与深孔爆破相结合的施工方法。爆破施工应符合以下规定：

① 路堑石质完好，宜采用台阶法爆破开挖。土夹石路堑，宜分层先挖土，再采用浅孔或孤石爆破法爆破开挖。

②光面爆破和预裂爆破应选用低威力、低爆速、低密度的炸药，并应采用导爆索导爆。

③预裂炮孔和光面炮孔的倾斜度应与设计边坡坡度一致，每层炮孔底应设在同一平面上。

④预裂炮孔和主炮孔在同一网路中起爆时，预裂炮孔超前主炮孔起爆时间宜为：坚硬岩石50～80ms；中等坚硬岩石80～120ms；软岩150～200ms。

⑤光面爆破可采用预留光爆层办法实施。光面炮孔与主炮孔在同一网路中起爆时，主炮孔应先于光面炮孔起爆。

（2）路堑爆破应确保基床、边坡和堑顶山体稳定，不应对路堑各部和相邻建筑物造成损伤和产生隐患。爆出的坡面应平顺、底板平整、无根坎。

2. 路堤施工

1）一般要求

（1）路堤施工前，应编制土石方调配方案，进行填料复查试验，合理布置填料生产场地。

（2）原地面和地基应按设计要求进行处理，施工工艺应符合技术规程相关规定。

（3）基床表层以下路基施工应配置平地机、重型振动压路机等设备；基床表层级配碎石施工宜配置拌和站、摊铺设备、重型振动压路机等设备。

（4）路堤各部分及护道应一体施工、分层填筑，并碾压至规定压实标准。填筑前应进行工艺性试验，确定施工工艺参数。

（5）填料含水率控制范围应由室内试验和现场工艺试验段综合确定。含水率过高时，应采取疏干、松土、晾晒或其他措施；含水率过低时，应加水润湿。

（6）路堤填筑施工应符合以下规定：

①地基复查、核对时，发现地基范围内有局部松软、坑穴、泉眼等，应慎重处理，不应随意填塞。

②不同类别的填料应分别填筑，每一水平层的全宽应采用同一种填料。非渗水土上填筑渗水土时，非渗水土顶层面应设向两侧4%的横向排水坡。

③上下相接填筑层使用不同种类及颗粒填料时，其粒径，应符合$D_{15} < 4d_{85}$要求。下部填料为化学改良土时，可不受此项规定限制。

④路堤填筑不宜在雨季、低温条件下施工。

（7）改良土施工拌和方法应根据设计要求确定，可采用场拌法或集中路拌法，条件具备时宜选择场拌法施工。

2）填料

（1）路基填料复查试验与填料生产场设置应符合下列规定：

①路堤填筑前应对设计取土场填料进行取样复查试验，符合设计要求。普通填料不足时，应根据当地资源情况设置填料生产场。

②设计料场质量或数量不能完全满足要求时，应重新选择路基填料料场。

③填料生产场应根据需要配备相应的筛分、破碎、拌和等设备。

（2）基床以下路堤填料要求：

①重载铁路和设计速度200km/h及以下有砟轨道铁路可采用A、B、C组填料或化

学改良土。

② 无砟轨道铁路和设计速度200km/h以上有砟轨道铁路宜选用A、B、C1、C2组填料或化学改良土。

③ 设计速度200km/h以下有砟轨道铁路采用D组填料时应进行改良或采取加固措施。

（3）路堤浸水部位应结合铁路等级、轨道类型等采用水稳性好的填料或采取封闭、隔水措施，长期浸水部分应采用渗水土填料。

（4）寒冷地区有害冻胀深度范围内路基，宜采用冻胀不敏感填料。

（5）路堤基床以下部位填料的最大粒径应符合以下规定：

① 重载铁路、设计速度200km/h以下有砟轨道铁路填料最大粒径不应大于摊铺厚度的2/3且不应大于300mm。

② 设计速度200km/h有砟轨道铁路填料的最大粒径不应大于150mm。

③ 无砟轨道铁路、设计速度200km/h以上有砟轨道铁路填料的最大粒径不应大于75mm。

（6）基床表层填料应根据铁路等级、设计速度、轨道类型等确定，见表3.1-1。

表3.1-1 基床表层填料选择标准

铁路等级及设计速度		粒径限值	可选填料类别
客货共线铁路及城际铁路	200km/h	≤60mm	级配碎石
	160km/h	≤100mm	宜选用砾石类、碎石类中的A1、A2组填料；当缺乏A1、A2组填料时，经济比选后可采用级配碎石
	≤120km/h	≤100mm	优先选用砾石类、碎石类中的A1、A2组填料；其次为砾石类、碎石类及砂类土中的B1、B2组填料，有经验时可采用化学改良土
	无砟轨道	≤60mm	级配碎石
高速铁路		≤60mm	级配碎石
重载铁路		≤60mm	应采用级配碎石及A1、A2组填料

注：1. 有砟轨道及非冻土地区无砟轨道基床表层采用Ⅰ型级配碎石。
2. 冻结深度大于0.5m的冻土地区以及多雨地区无砟轨道基床表层采用Ⅱ型级配碎石。

（7）基床底层填料应根据铁路等级、设计速度、轨道类型等确定，见表3.1-2。

表3.1-2 基床底层填料选择标准

铁路等级及设计速度		粒径限值	可选填料类别
客货共线铁路及城际铁路	200km/h	≤100mm	砾石类、碎石类及砂类土中的A、B组填料或化学改良土
	160km/h	≤200mm	砾石类、碎石类及砂类土中的A、B组填料或化学改良土
	≤120km/h	≤200mm	砾石类、碎石类及砂类土中的A、B、C1、C2组填料或化学改良土
	无砟轨道	≤60mm	砾石类、砂类土中的A、B组填料或化学改良土

续表

铁路等级及设计速度	粒径限值	可选填料类别
高速铁路	≤60mm	砾石类、砂类土中的A、B组填料或化学改良土
重载铁路	≤100mm	砾石类、碎石类及砂类土中的A、B组填料或化学改良土

注：1. 无砟轨道及严寒寒冷地区有砟轨道冻结深度影响范围内基床底层填料的细粒含量不应大于5%，渗透系数应大于$5×10^{-5}$m/s。
2. 在有可靠资料和工程经验的情况下，采取加固或封闭措施，设计速度160km/h铁路基床底层可采用C组填料。

3）工艺试验

（1）路基填筑前各种填料均应进行现场填筑工艺试验，试验路段位置应选择在断面及结构形式均具有代表性地段或部位，以确定不同压实机械、不同填料的施工方法及工艺参数。

（2）路基填筑工艺性试验应符合以下规定：

① 试验段长度不宜小于100m，各种形式的过渡段应分别进行填筑工艺试验。

② 普通填料碎石类、砾石类土每层的最大压实厚度不宜大于40cm（基床以下）或35cm（基床底层），砂类土和改良细粒土填料每层的最大压实厚度不宜大于30cm，分层填筑最小分层厚度不应小于10cm；级配碎石每层的最大填筑压实厚度不宜大于30cm，最小填筑压实厚度不应小于15cm；过渡段采用小型机械压实部位填料和级配碎石每层的最大压实厚度不宜大于15cm。

③ 普通填料填筑工艺试验宜选用重型压路机，通过试验确定不同功能压实机械条件下不同填料施工含水率控制范围、松铺厚度和相应碾压遍数、机械配套方案和施工组织方式。

④ 改良土填筑工艺试验宜选用重型振动压路机，改良土含水率应控制在最优含水率±2%范围内，通过试验得出不同功能压实机械条件下不同改良土填料松铺厚度、相应碾压遍数及填筑施工延迟时间、机械配套方案和施工组织方式。

⑤ 级配碎石填筑工艺试验宜选用重型振动压路机，过渡段距离结构物2m以内的部位应采用小型压实机械压实，通过试验确定生产配合比、松铺厚度和相应碾压遍数、机械配套方案和施工组织方式，过渡段掺水泥级配碎石应得出合理的填筑施工延迟时间。

（3）路基填筑工艺性试验成果整理应符合下列规定：

① 绘制不同松铺厚度的压实系数K、地基系数K_{30}或变形模量E_{v2}（E_{v2}/E_{v1}比值）、动态变形模量E_{vd}随碾压遍数变化关系曲线，并根据相应试验结果，确定适宜碾压遍数和松铺厚度。

② 绘制某一适宜填筑厚度条件下压实系数K、地基系数K_{30}或变形模量E_{v2}（E_{v2}/E_{v1}比值）、动态变形模量E_{vd}随含水率变化关系曲线，并根据相应试验结果，确定施工控制含水率范围。

③ 绘制掺水泥化学改良土、掺水泥级配碎石在某一适宜填筑厚度条件下压实系数K随延迟时间变化关系曲线，并根据相应试验结果，确定适宜延迟时间范围。

④ 整理分析化学改良土无侧限抗压强度试验验证数据，确定化学改良土适宜的外

掺料掺入比。

⑤ 软土地基地段，应根据变形观测，确定合适的填筑速率和填层厚度。

（4）路基填筑工艺性试验段完成后，应及时编制试验段总结报告并报监理单位确认，试验成果应包括下列主要内容：

① 机械设备组合。

② 压路机碾压行走速度、碾压方式、碾压遍数。

③ 填料的施工含水率控制范围。

④ 适宜的松铺厚度。

⑤ 改良土外掺料掺入比。

4）基床以下路基填筑

基床以下路基填筑前，应核对填料工艺试验和实际使用情况，当实际使用填料发生变化时，应另取土样重新做工艺试验。

基床以下路基填筑前应对地基和原地面处理进行验收，其质量应达到设计要求。

（1）基床以下路堤填筑流程：

基床以下路堤填筑应按"三阶段、四区段、八流程"施工工艺组织施工，每个区段长度应根据使用机械能力、数量确定，宜取200m以上或以构造物为界。各区段内严禁几种作业交叉进行，并设置明显标识。

（2）"三阶段、四区段、八流程"为：

① 三阶段即准备阶段、施工阶段和整修验收阶段。

② 四区段即填土区段、平整区段、碾压区段和检测区段。

③ 八流程即施工准备、基底处理、分层填筑、摊铺平整、洒水晾晒、碾压夯实、检测签证和路基整修。

（3）基床以下路堤填筑应符合下列规定：

① 路堤应沿横断面全宽、纵向分层填筑。原地面高低不平时，应先从最低处开始分层填筑并由两边向中部填筑。路基横断面宽度每侧宜超填50cm。

② 分层填筑厚度应根据压实机械压实能力、填料种类和要求的压实质量，通过工艺性试验段确定。

③ 不同性质填料应分层填筑，每一水平层的全宽应用同一种填料填筑。

④ 填料摊铺应使用推土机进行初平，再用平地机进行平整，填层面应无显著局部凹凸。

⑤ 每一层填筑过程中，应确认填料含水率、松铺厚度符合工艺试验确定的标准后，再进行碾压。碾压顺序应按先两侧后中间，先静压、后弱振、再强振的操作程序进行碾压。各种压路机的最大碾压行驶速度不宜超过4km/h。各区段交接处，应互相重叠压实，纵向搭接长度不应小于2.0m，沿线路纵向行与行之间压实重叠不应小于40cm，上下两层填筑接头应错开不小于3.0m。

（4）路堤各段不能同步填筑时，纵向接头处应在已填筑路堤端挖出硬质台阶，台阶宽度不宜小于2m，高度同填筑层厚度。

（5）基床以下路堤压实标准应符合表3.1-3的规定。用化学改良土填筑时，采用7d饱和无侧限抗压强度q_u和压实系数K作为控制指标；用砂类及细砾土或碎石类及粗砾土填筑时，采用压实系数 K 和地基系数 K_{30} 或变形模量 E_{v2} 作为控制指标。

表 3.1-3　基床以下路堤压实标准

指标	压实标准		
	化学改良土	砂类土及细砾土	砂类土及粗砾土
压实系数 K	≥0.92	≥0.92	≥0.92
地基系数 K_{30}（MPa/m）	—	≥110	≥130
7d 饱和无侧限抗压强度 q_u（kPa）	≥250	—	—

注：无砟轨道可采用 K_{30} 或 E_{v2}。当采用 E_{v2} 时，其控制标准为 $E_{v2} \geqslant 45\text{MPa}$，且 $E_{v2}/E_{v1} \leqslant 2.6$。

5）基床底层填筑

基床底层填筑前，应核对填料工艺试验和实际使用情况，当实际使用填料发生变化时，应另取土样重新做工艺试验。

基床底层应分层填筑。基床底层填筑压实标准应符合表 3.1-4 要求。用化学改良土填筑时，采用压实系数 K 和 7d 饱和无侧限抗压强度 q_u 作为控制指标；用砂类土及细砾土或碎石类及粗砾土填筑时，采用压实系数 K、地基系数 K_{30} 或变形模量 E_{v2}、动态变形模量 E_{vd} 作为控制指标。

表 3.1-4　基床底层填筑压实标准

指标	压实标准		
	化学改良土	砂类土及细砾土	砂类土及粗砾土
压实系数 K	≥0.95	≥0.95	≥0.95
地基系数 K_{30}（MPa/m）	—	≥130	≥150
动态变形模量 E_{vd}（MPa）	—	≥40	≥40
7d 饱和无侧限抗压强度 q_u（kPa）	≥350（550）	—	—

注：1. 无砟轨道可采用 K_{30} 或 E_{v2}。当采用 E_{v2} 时，其控制标准为 $E_{v2} \geqslant 80\text{MPa}$，且 $E_{v2}/E_{v1} \leqslant 2.5$。
　　2. 括号内数字为寒冷地区化学改良土考虑冻融循环作用所需强度值。

6）基床表层填筑

基床表层级配碎石填料应符合设计和规范要求。

基床表层级配碎石与下部填土之间应符合 $D_{15} < 4d_{85}$ 的要求。不符合要求时，基床表层应采用粒径级配不同的双层结构，或在基床底层表面铺设土工合成材料。下部路堤填料为化学改良土时，可不受此条规定限制。

基床表层填筑前应对基床底层进行验收，其质量应达到设计要求。

（1）基床表层填筑流程：

基床表层施工按"三阶段、四区段、六流程"组织作业，各区段内严禁几种作业交叉进行，并设置明显标识。

（2）"三阶段、四区段、六流程"为：

① 三阶段即准备阶段、施工阶段和整修验收阶段。

② 四区段即摊铺区段、平整区段、碾压区段和检测区段。

③ 六流程即填料拌和运输、分层摊铺、填料平整、碾压夯实、检测签证和整修养护。

（3）基床表层级配碎石填筑施工应符合下列规定：

① 基床表层级配碎石应分层填筑、分层压实。

② 基床表层摊铺碾压区段长度应根据施工机械能力、数量确定。区段的长度不宜小于100m。

③ 级配碎石摊铺可采用摊铺机或平地机进行，摊铺厚度应按工艺试验确定的参数控制。用平地机摊铺时，布料采用方格网控制填料数量。级配碎石摊铺严禁采用薄层贴补法找平。

④ 级配碎石摊铺完成后，应由人工及时消除粗细骨料离析现象。

⑤ 碾压前应检查级配碎石含水率。必要时应补充洒水，使其含水率达到或略大于施工最优含水率。

⑥ 碾压时应采用先静压、后弱振、再强振方式，最后静压收光。直线地段，应由两侧路肩开始向线路中心碾压；曲线地段，应由内侧路肩向外侧路肩进行碾压。沿线路纵向行与行之间重叠压实宽度不应小于40cm，各区段交接处，纵向搭接压实长度不应小于2.0m，上下两层填筑接头应错开不小于3.0m。碾压后的基床表层表面，不应出现局部表面不平整、粗细骨料窝和骨料带现象。

⑦ 横向结构物顶部填土厚度小于1m范围内应用小型压实机械压实。

⑧ 横向接缝处填料应翻挖并与新铺填料拌和均匀后再进行碾压，纵向应避免施工缝。

（4）基床表层级配碎石填筑完成后，应采取措施控制车辆通行，保护基床表层不受破坏。严禁机械设备在已完成的或正在碾压的路段上调头或急刹车。

（5）基床表层级配碎石填筑压实标准应符合表3.1-5的规定。级配碎石采用压实系数K、地基系数K_{30}或变形模量E_{v2}、动态变形模量E_{vd}作为控制指标。

表3.1-5 基床表层级配碎石填筑压实标准

填料	压实标准		
	压实系数K	地基系数K_{30}（MPa/m）	动态变形模量E_{vd}（MPa）
级配碎石	≥0.97	≥190	≥55

注：无砟轨道可采用K_{30}或E_{v2}。采用E_{v2}时，其控制标准为E_{v2}≥120MPa，且E_{v2}/E_{v1}≤2.5。

7）路堤边坡整形

路堤边坡应采用加宽超填或专用边坡压实机械施工。采用加宽超填方法时，应按设计坡率刷除坡面松土。

路基施工时应根据现场情况设置挡水埝、引水槽等截、排水设施，防止雨水冲刷边坡。

路基刷坡宜用机械进行刷坡。机械刷坡时应用坡度尺控制坡度。人工刷坡时应采取挂方格网控制边坡平整度和坡度，方格网桩距不宜大于10m。

路堤边坡应密实、稳固、平顺，坡率应符合设计要求。

3.1.3 路基支挡结构及边坡防护施工

1. 路基支挡结构

1）一般规定

（1）支挡结构所使用的钢筋、混凝土、砂浆、石料等原材料质量应符合设计和规范要求，并按规定进行进场检验。

（2）在岩体破碎或土质松软、地下水丰富地段修建支挡结构，宜选择在旱季施工，并按结构要求进行分段或跳槽实施。

（3）支挡结构施工前，应做好截、排水及防渗设施。

（4）挡土墙应随开挖、随下基、随砌筑或安装墙身（板），并做好墙后排水设施，及时回填或填筑路堤。设计无特殊要求时，基础及墙身应一次浇筑。

（5）支挡结构明挖基坑应符合以下规定：

① 基坑开挖尺寸应满足基础施工要求，基坑底面风化、松软土石及浮渣应清理干净。地基承载力应符合设计要求。

② 有地面水淹没的基坑，应采取修筑围堰、改河、改沟、筑坝等措施，排干地面水后开挖。

③ 基坑开挖较深且边坡稳定性较差时，应采取临时支护措施。

④ 基坑开挖过程中应避免对墙趾处基底持力层的扰动，坑内积水应随时排干。

⑤ 基础位于稳定斜坡地面时，墙趾埋入深度和至地面水平距离均应符合设计要求。

⑥ 基础位于倾斜基底时，应按设计要求的坡率准确开挖，不应用贴补方法筑成基础支承面。

⑦ 基底纵坡大于5%时，应开挖台阶，台阶的尺寸应符合设计要求，台面与阶壁应平顺。

（6）支挡结构基础基坑开挖至设计高程后，应核对地质资料及时进行基底承载力检测，经验收合格后方可进行基础施工。地质情况与设计不符或基底承载力不足时，应按规定变更设计，进行地基处理。

（7）支挡结构基坑应及时回填封闭，避免雨水浸泡基坑。

（8）支挡结构端部伸入路基或嵌入地层部分应结合墙体一起施工。路堑支挡结构顶面应设置4%的排水坡与坡面相接，其间隙应填实并封闭。

（9）路肩挡墙帽石分段应与墙身一致，墙面板应嵌入帽石内构成整体。

（10）锚索、锚杆安装后应及时进行注浆。

（11）桩前岩体爆破开挖时，应采取措施，减弱爆破振动和爆破飞石，避免损坏桩体。

（12）墙背反滤层和排水层材料、隔水层的混凝土强度等级应符合设计要求。墙背反滤层厚度不应小于设计厚度，采用渗水袋装砂夹砾石时，应装填饱满密实。反滤层最低处隔水层应与围岩和墙背密贴。浇筑混凝土时应采取有效措施，防止污染堵塞反滤层。

（13）泄水孔设置应符合设计要求，按上下左右每隔2~3m交错布置，墙背易积水处应设置泄水孔，最低一排泄水孔应设于反滤层底部。泄水孔应在浇筑墙身时预留，泄水孔可用PVC管材预埋，其向外排水坡不应小于4%，进水口应用透水土工布包裹。支挡结构混凝土施工时应采取有效措施，防止堵塞泄水孔。

（14）沉降缝（伸缩缝）设置位置应符合设计要求，并在地基条件变化处、结构物相接处设置沉降缝。沉降缝宽2～3cm，缝内沿墙的内、外、顶三边应填塞沥青麻筋或沥青木板，塞入深度不应小于0.2m。

（15）挡墙墙背填料种类、质量应符合设计要求，挡墙完成后，墙背应及时分层填筑，分层厚度应按相关规定，压实质量应符合路基相应部位的设计要求。

2）重力式挡土墙

（1）重力式挡土墙适用于一般地区、浸水地区和地震地区。重力式挡土墙可设置于路肩、路堤和路堑等部位。

（2）重力式挡土墙墙高应符合以下规定：

① 路肩墙、路堤墙，墙高不宜大于10m。

② 土质路堑地段，墙高不宜大于6m；石质路堑地段，墙高不宜大于10m。

③ 膨胀岩土路堑地段，墙高不宜大于4m。

④ 墙身采用浆砌片石时，墙高不宜大于5m。

（3）墙身材料宜采用混凝土、片石混凝土等，单位体积的片石混凝土中片石含量不应超过20%。

（4）路肩地段可选择衡重式挡土墙或墙背为折线形的重力式挡土墙；路堤和路堑地段可选择墙背为直线的重力式挡土墙。

（5）采用明挖基础时，基础除按设计要求施工外，应符合下列规定：

① 坚硬岩石基坑中的基础，宜满坑施筑。

② 雨季在土质或易风化软石基坑中施工基础时，应在基坑挖好后及时封闭坑底。

③ 基坑应随基础施工分层回填夯实，顶面做成向外不小于4%的排水坡。

④ 两沉降缝（伸缩缝）间的桩基础承台（托梁）混凝土应连续浇筑一次成型。

（6）墙身施工应符合以下规定：

① 墙身混凝土宜一次立模浇筑。浇筑时模板临时支撑应牢固，保证模板不跑模、变形。

② 墙面应平顺，防渗设施及墙顶排水应及时施工。

③ 沉降缝（伸缩缝）内两侧壁应竖直、平齐无搭接，缝中防水材料应按设计要求深度填塞紧密。

④ 路堤衡重式挡土墙的下墙与上墙结合部应预留接槎钢筋连接。

⑤ 路堤衡重式挡土墙的衡重台顶面应按设计要求预留泄水孔，墙背填筑、泄水孔及反滤层应符合设计和规范要求。

⑥ 施工期间宜在墙背侧设置临时支撑，防止倾覆。

3）短卸荷板式挡土墙

（1）短卸荷板式挡土墙适用于一般地区地基承载力较高的路肩地段，墙高宜为6～12m。

（2）短卸荷板式挡土墙由上墙、下墙和短卸荷板组成，上墙与下墙高度比宜为4：6。墙身可采用混凝土或钢筋混凝土，短卸荷板应采用钢筋混凝土，其受力钢筋直径不应小于12mm。

（3）短卸荷板式挡墙墙身施工应按上墙和下墙两个部分进行施工，下墙与上墙结合部应有接搓钢筋，严禁形成水平通缝。短卸荷板顶面处墙体应设置泄水孔。

（4）短卸荷板与上墙墙体接触面间应按设计要求插入短钢筋，并应按设计要求垫以混凝土垫板。

（5）短卸荷板宜采用现浇法施工。采用预制吊装施工时，短卸荷板及垫板表面应有粗糙度，并在板上设置竖直短钢筋插入孔。预制板应达到设计强度的75%后方可吊运安装，铺设时应铺垫水泥砂浆，使其与墙体连接牢固。

（6）墙背填土至短卸荷板底面后，应整平至与下墙顶面齐平。安装短卸荷板时，应在板底先铺垫一层水泥砂浆，整平后方可安装短卸荷板。短卸荷板与上墙体接触面间应按设计要求插入短钢筋。

4）悬臂式和扶壁式挡土墙

（1）悬臂式和扶壁式挡土墙适用于一般地区、浸水地区和地震地区。悬臂式墙高不宜大于6m，扶壁式墙高不宜大于10m。

（2）悬臂式挡土墙和扶壁式挡土墙应采用钢筋混凝土结构。

（3）挡土墙凸榫应按照设计尺寸开挖，其混凝土应与墙底板（墙趾板、墙踵板）同时浇筑，并在底板宽度方向上一次浇筑完成。

（4）每段挡土墙的墙趾板、墙踵板、悬臂板或立壁板和扶壁的钢筋应一次绑扎、安装成型，不应设水平施工缝。

（5）每段挡土墙的墙趾板、墙踵板、悬臂板或立壁板和扶壁的混凝土宜一次浇筑完成。悬臂式挡土墙悬臂板在高度方向上不宜间断，否则接缝处应按施工缝处理，新浇筑混凝土与已浇筑混凝土应粘结牢固。

（6）混凝土浇筑后，应及时养护。悬臂板或立壁板混凝土强度达到设计强度的70%后，方可进行墙背填筑，墙背反滤层应跟随填土同步施工。墙趾板和墙踵板钢筋混凝土保护层厚度不应小于设计要求。

（7）墙背应及时分层填筑，填料应符合设计要求，分层厚度应按路基填筑工艺性试验确定。距墙身2m范围以内的部位，应采用小型振动压实设备压实。

5）锚杆挡土墙

（1）锚杆挡土墙适用于一般地区和地震地区的岩质和土质边坡。锚杆挡土墙的结构形式可分为肋板式、板壁式、格构式、柱板式等。

（2）锚杆挡土墙宜设置成单级或两级。在岩层中每级墙高度不宜大于10m；在土层中或拼装预制的柱板式锚杆挡土墙，每级墙高度不宜大于8m，总高度不宜大于16m。上、下两级墙之间应设置平台，宽度不宜小于2m。

（3）锚杆挡土墙应自上往下进行施工。施工前，应清除岩面松动石块，整平墙背坡面。

（4）锚杆施工前应选择相同的地层进行拉拔工艺性试验，试验根数为工作锚杆数量的3%，且不少于3根，以验证锚固段的抗拔力设计指标，确定钻孔、注浆施工工艺参数。

（5）钻孔施工应符合下列规定：

① 根据设计孔径及岩土性质合理选择钻孔机具，并应采用干钻。

② 孔径、孔位、深度和钻孔倾角应符合设计要求，孔轴应保持与墙面垂直，钻孔完整。

③ 钻孔后应用高压风、水清孔，清除孔内粉尘、石渣。用水清孔影响锚杆的抗拔力时，应用高压风清孔。

④ 在岩层破碎或松软饱水等地层中应采用套管跟进钻孔。钻进到设计孔深后应用高压风清孔，及时在套管内放入保护钢管。

⑤ 钻进过程中对每个孔的地层变化、钻进状态（钻压、钻速）、地下水及一些特殊情况应做好现场施工记录，并核对地质。位于破碎带或渗水量较大的岩层时，应对锚孔进行固结灌浆处理，然后进行扫孔。

⑥ 钻孔孔径、孔深不应小于设计值，钻孔深度宜大于设计深度 0.5m。

（6）锚杆安装应符合下列规定：

① 安装锚杆前应检查杆体质量，杆体组装应满足设计要求。

② 锚杆应安装在钻孔中心，安装前应在锚杆上设置定位支架。

③ 锚杆未插入岩层部分应按设计要求进行防锈处理。在腐蚀环境中，钢筋表面宜采用环氧涂层等进行处理。

④ 在有水地段安装锚杆，应排净孔内积水或采用早强速凝药包式锚杆。

⑤ 砂浆应按设计配合比拌制，随拌随用。

⑥ 锚孔注浆应采用孔底注浆法，注浆管宜随锚杆一同放入钻孔内，注浆管应插至距孔底 5~10cm 处，并随浆液注入逐渐拔出。注浆应自孔底一次性有压注浆，中途不应停浆，注浆压力应达到设计或试验时确定的压力，不宜小于 0.2MPa。孔内注浆时应一直到孔口流出新鲜浆液后方可停止注浆，确保注浆饱满密实，并在浆液初凝前进行二次补浆。

⑦ 砂浆锚杆安装后，普通砂浆锚杆在 3d 内，早强砂浆锚杆在 12h 内，不应敲击、摇动和在杆体上悬挂重物；肋柱或墙面板应在砂浆达到设计强度的 70% 以上方可进行安装。

（7）安装墙板时应随装板、随做墙背回填。

（8）锚杆头应按设计进行防锈处理和防水封闭。

（9）分级平台应按设计采用混凝土进行封闭，并设 2% 的向外横向排水坡。

6）锚定板挡土墙

（1）锚定板挡土墙可用于一般地区的路肩或路堤地段，单级墙高度不宜大于 6m，双级墙总高度不宜大于 10m。

（2）锚定板挡土墙根据墙面结构形式可分为肋柱式和无肋柱式。

（3）双级锚定板挡土墙上、下两级之间宜设置平台，平台宽度不宜小于 2.0m。肋柱式锚定板挡土墙其上、下级墙肋柱应沿线路方向相互错开，肋柱间距一般宜为 2.0~2.5m。每级肋柱上拉杆层数可设计为双层或多层，必要时也可设计为单层。肋柱可为整柱，也可分段拼接，拼接时肋柱接头宜为榫接。

（4）拉杆钢材及固件品种规格和性能应符合设计要求，进场应按有关规定抽样检验。拉杆埋入土中部分，应按设计要求进行防锈处理。

(5）肋柱严禁前倾，而应适当向填土一侧倾斜，其倾斜度应符合设计要求。肋柱吊装时，应在肋柱基础杯槽内铺垫 2cm 厚度的沥青砂浆。

（6）肋柱与锚定板均应预留拉杆孔洞。锚定板、肋柱与螺丝端杆连接处，在填土前宜用沥青砂浆充填，并用沥青麻筋塞缝，外露端杆和部件应在填土下沉基本稳定后，再用水泥砂浆封填。

（7）墙背宜采用袋装砂石或土工织物作为反滤层并应符合设计要求，应随填土随施工反滤层。土工织物反滤层应按设计要求铺设，幅与幅之间搭接方法和搭接宽度应符合设计要求。墙后填料为细粒土时，顶面应采取防、排水措施，设置柔性封闭层。

（8）拉杆及锚定板埋设时，应在填土碾压至拉杆高度以上 20cm 后再挖槽就位，槽位宜比定板设计位置高 3～5cm。锚定板前方超挖部分应用混凝土或灰土回填夯实。

（9）埋于土中部分的锚定板拉杆以及锚定板、肋柱与螺丝端杆连接处、肋柱外露锚头，应按设计做好除锈、防锈处理。

（10）预制挡土板进场应进行检验，其结构尺寸和混凝土强度等级应符合设计要求，且外观光洁、无裂纹、露筋、掉角等缺陷。预制挡土板应待其混凝土强度达到设计强度的 75% 以上方可进行吊装和运输。

（11）锚定板挡土墙应随安装挡土板随填土，墙后填土时严禁直接碾压拉杆和锚定板，且碾压方向应垂直于拉杆，距挡土板 2m 范围内应采用小型压实机具施工。

（12）分级平台应按设计采用混凝土进行封闭，并应设 2% 的向外横向排水坡。

7）加筋土挡土墙

（1）加筋土挡土墙适用于一般地区和地震地区，可设置于路肩或路堤边坡，单级墙高不宜大于 10m。

（2）加筋土挡土墙拉筋品种、规格、尺寸、性能应符合设计和规范要求，并进行进场检验。土工合成材料拉筋应妥善保管，严禁暴晒。

（3）墙面板尺寸和预埋件、预留孔位置应符合设计要求。表面光洁、无裂纹、企口分明，线条顺直，不应露筋、掉角。预制墙面板、整体式墙板应待其混凝土强度达到设计强度的 75% 以上方可进行吊装和运输。

（4）挡墙混凝土条形基础埋置深度应符合设计要求，墙前应设置 4% 的横向排水坡。

（5）安装组合式墙面板或现浇整体式护墙应根据不同填料和拉筋预设仰斜坡，墙面板或墙面适当后仰，不应前倾，倾斜度应符合设计要求。

（6）整体式护墙施工宜在包裹式加筋体完工后，现场立模浇筑。

（7）筋材之间连接或筋材与墙面板之间连接强度不应低于设计强度，连接施工应符合下列规定：

① 墙面板的预埋连接件与钢筋混凝土板条拉筋之间应采用焊接。

② 墙面板与土工格栅或复合土工带拉筋之间应采用金属连接件连接。

③ 钢塑复合带与墙面板连接，应穿过穿筋孔后进行绑扎。

④ 钢筋与钢筋、钢筋与锚杆之间连接，应采用双面焊接，焊接长度不小于 4 倍主筋直径。

（8）包裹式加筋挡土墙加筋土体内锚杆预埋位置和长度应符合设计要求。

（9）墙面板上的金属连接件及金属拉筋应按设计要求进行防锈处理，钢筋混凝土板条拉筋所有连接部分应采用沥青砂浆封闭。

（10）拉筋长度、位置、间距、层数、铺设形式及包裹式挡土墙压载体后拉筋回折宽度应符合设计要求。拉筋的铺设应符合以下规定：

① 拉筋在平面上布置，应垂直于墙面板，土工格栅拉筋筋材强度大的方向应垂直于墙面。

② 拉筋应水平铺设在有 1%～3% 仰坡填层上，底部应与填土密贴。

③ 连续铺设的拉筋接头应置于其尾部。土工合成材料拉筋应完整连续，无破损和接头。

④ 条带式拉筋尾部宜用拉紧器拉紧，各拉筋的拉力应大体均匀。

⑤ 铺设满铺拉筋时，应绷紧、铺平，中间每隔 1～2m 梅花形布置 U 形卡或卡钉固定，不应褶皱或损坏，可以在中部重叠但不能连接，应用厚度不小于 5cm 的填料隔开；下层拉筋应错缝铺设。

（11）填料应分层填筑、碾压，压实质量应符合设计要求。填料碾压顺序应从拉筋中部开始并垂直于拉筋碾压，先由拉筋中部逐步碾压至拉筋尾部，再由拉筋中部逐步碾压至面板，严禁平行于拉筋方向碾压。先静压后再振动碾压。填料未压实前碾压机械不应做小半径转向操作。距面板小于 1m 范围内应采用小型夯实机械或人工夯实。严禁使用羊足碾碾压。

（12）反滤层及排水层施工应随安装墙面板进行，并随后施工墙后填土。反滤层及排水层设置位置、构造尺寸及厚度应符合设计要求。

（13）加筋土体内的泄水管孔径、设置位置、管身钻孔形式应符合设计要求，其向外排水坡不应小于 4%，管身和进水口应用透水土工布包裹，并应与护墙身泄水孔连通，确保排水通畅。

（14）加筋挡土墙宜每 20m 或在基底地层变化处设置沉降缝（伸缩缝），并在面板内侧沿墙高铺设透水土工布以防止填料渗漏。土工布铺设应随填筑反滤层进行。

（15）台阶式加筋土挡土墙上墙墙面板基础不应直接放在下墙拉筋上，中间应用厚度不小于 0.5m 的垫层隔开。

（16）分级平台应按设计采用混凝土进行封闭，并应设 2% 的向外横向排水坡。

（17）墙体、墙面分期施工时，宜待墙体变形及地基沉降稳定后再开始墙面结构的施工。

（18）帽石应采用混凝土现场浇筑，分段不应大于 4.0m。设计有栏杆时，应在帽石内预埋 U 形螺栓。

（19）组合式墙面板、整体式护墙的钢筋混凝土保护层厚度不应小于设计要求。

8）土钉墙

（1）土钉墙适用于一般地区和地震地区土质及破碎软弱岩质路堑地段，在腐蚀性地层、膨胀土地段、松散的土质边坡以及地下水较发育地段，不宜采用土钉墙。

（2）土钉墙高度不宜大于 10m。边坡较高或顺层地段应与其他措施联合使用。

（3）土钉墙墙面胸坡宜为 1：0.1～1：0.4，土钉长度宜为墙高的 0.5～1.0 倍，间距宜为 0.75～2m，与水平面夹角宜为 5°～20°。

（4）土钉墙施工前应按设计要求进行注浆工艺试验、土钉拉拔试验，验证设计参数。

（5）土钉墙施工应从上至下分层开挖、分层锚固、分层喷护。分层开挖的高度，应按坡面土质允许暴露时间结合土钉排距确定。

（6）开挖应选用对坡面扰动较小的施工机具和施工方法。开挖时，应防止上部和上下层连接处局部失稳。发生局部超挖时，应采用浆砌片石或混凝土回填。

（7）土层中钻孔时应采用干钻，防止塌孔、缩孔。

（8）土钉钢材品种、规格、性能应符合设计要求；下料后应做调直、除污处理。

（9）土钉孔注浆后至少应养护7d，养护期间，严禁敲击、摇动钢筋。

（10）喷射混凝土墙面前，应按设计要求挂好钢筋网，并预留伸缩缝和泄水孔。钢筋网搭接宜采用焊接，土钉外端与钢垫板或加强钢筋应采用螺丝端杆锚具或焊接进行连接。

9）抗滑桩

（1）抗滑桩适用于一般地区、浸水地区和地震地区，可用于加固滑坡、山体及特殊路基。

（2）抗滑桩的平面布置、纵向间距、桩长和截面尺寸等应根据推力的大小、桩间距以及锚固段地基的横向容许承载力等因素综合确定。桩的横截面宜采用矩形，桩截面最小边宽度不宜小于1.25m，桩间距宜为5~8m；可采用圆形，桩直径不宜小于1m，桩间距宜为2~5m。

（3）抗滑桩施工前应整平孔口地面，设置地表截、排水及防渗设施。孔口应做好锁口，孔口地面以上加筑适当高度的围埝。雨季施工时，孔口应搭设防雨棚。

（4）孔口附近不应堆放重物，不应有重型设备、载重汽车等重活载走行。

（5）抗滑桩施工应制定挖孔作业和撤离人员专项安全技术措施，设置对滑坡变形、移动的观测标桩并制定观测方案。

（6）桩孔开挖施工中应及时记录地质剖面、滑动面位置，填绘地质柱状图。开挖及支护应符合下列规定：

① 开挖及支护应尽量避免在雨季施工，严禁在桩顶以上边坡设置施工便道。

② 开挖应分节，每节高度宜为0.6~2.0m，并及时浇筑混凝土护壁。护壁混凝土应紧贴围岩，浇筑前应清除孔壁上的松动石块、浮土。地层较松软、破碎或有水时，分节不宜过长。严禁在土石层变化处或滑动面处分节。

③ 滑动面处的护壁应加强，承受较大推力的护壁和锁口混凝土应增加钢筋。

④ 下一节桩孔开挖应在上一节护壁混凝土拆模后进行。

⑤ 围岩松软、破碎和有滑动面的节段，应在护壁内顺滑动方向用临时支撑加强支护，并经常观察其受力情况，及时进行加固。发现横撑因受力变形、破损而失效时，孔下施工人员必须立即撤离。

⑥ 开挖孔径应符合设计要求，装渣不得超出盛渣器皿上边沿，孔内垂直提升运输吊具应采用有自锁功能的绞架。孔下爆破应采取减振措施。弃渣不应堆放在滑坡范围内。

⑦ 开挖桩群应从两端向滑坡主轴方向隔桩开挖。桩体混凝土浇筑1d后，方可开挖邻桩。

⑧ 开挖时应做好有害气体检测及孔内排水和通风，确保挖孔作业安全。

（7）浇筑桩身混凝土应符合下列规定：

① 浇筑前，应检查桩孔基底及断面尺寸，凿毛混凝土护壁，清理孔底松动石块、浮土，抽干积水，并应检查净空断面尺寸，符合要求后安装钢筋笼。

② 钢筋笼宜预先绑扎成型，可在桩孔内搭接，搭接接头不应设在土石分界或滑动面处。抗滑桩钢筋骨架安装就位后，应采取固定措施避免上浮。钢筋笼绑扎时应按设计要求同时绑扎声测管，浇筑混凝土时应采取措施避免声测管堵塞。

③ 混凝土浇筑应连续进行，地下水发育时，应按水下混凝土灌注法施工。

④ 滑坡体有滑动迹象或需要加快施工进度时，宜采用速凝早强混凝土。

（8）桩间支挡结构及桩相邻的挡土、排水设施、排水纵坡应符合设计要求，并与抗滑桩配套完成。抗滑桩顶面及周围应按设计要求用混凝土或砂浆抹面封闭，封闭面应保持一定排水坡度，避免积水。

（9）抗滑桩桩身质量应按设计要求进行无损检测。

10）桩板式挡土墙

（1）桩板式挡土墙结构适用于一般地区、浸水地区和地震地区。

（2）桩身预埋铁件或翼缘的规格、尺寸、数量应符合设计要求。

（3）挡土板进场应进行检验，其结构尺寸和混凝土强度等级应符合设计要求，且外观光洁，无裂纹、露筋、掉角等缺陷。预制挡土板应待其混凝土强度达到设计强度的75%以上方可进行吊装和运输。

（4）桩身混凝土强度达到设计强度后方可开挖和安装挡土板，并进行墙背填土或开挖桩前土体。滑坡地段桩间土体应间隔开挖，并从上至下逐层开挖，随挖随安装挡土板。

（5）桩间为土钉墙或喷锚支护时，桩间土体应分层开挖、分层加固。锚固桩上部设有多排锚索（杆）时，应等上一排锚索（杆）施工完成后，方可开挖下一层的桩间土体。

（6）安装挡板时，应按设计要求同时施作排水设施及反滤层。

（7）挡土板安装缝应均匀，平顺美观。挡土板后填土应随挡土板安装随即分层填筑、压实，填料应符合设计要求。

（8）桩板式挡土墙加锚索（杆）时，墙后填土压实时不应直接碾压锚索（杆）。

（9）挡土板、桩身的钢筋混凝土保护层厚度应符合设计要求。

11）预应力锚索

（1）预应力锚索适用于一般地区和地震地区的边坡及滑坡。

（2）预应力锚索锚固段宜置于稳定岩层内，腐蚀环境中不宜采用预应力锚索，采用时应采取严格的防腐措施。

（3）锚索的选型应根据锚固段岩层的工程特性、锚索的锚固力大小、锚索长度以及施工工艺等因素综合考虑。处于极软岩、风化岩时，宜采用压力分散型锚索。

（4）预应力锚索应采用高强度、低松弛的钢绞线制作。压力分散型预应力锚索的钢材应采用无粘结钢绞线。

（5）预应力锚索使用的材料进场应进行抽样检验，严禁使用有机械损伤、电弧烧伤和严重锈蚀的钢绞线。钢绞线及锚索束、锚具严禁直接堆放在地面和露天存储，防止受潮、受腐蚀。

（6）预应力锚索施工前应选择相同地层进行拉拔锚固试验，试验根数为工作锚索数量的3%，且不少于3根，以验证锚固段的设计指标，确定施工工艺参数。

（7）钻孔应采用干钻，钻孔时记录地层变化情况，核实地层分界面、滑动面高程及锚索设计长度，置于稳定层中锚固段长度应符合设计要求。孔位、孔径、孔深、方向及倾角应符合设计要求。

（8）锚索束的制作应符合设计要求和下列规定：

① 锚索束制作宜在现场加工车间或有遮盖场地上进行。

② 钢绞线下料长度应满足锚索束结构设计及张拉需要。下料应采用机械切割，严禁使用电弧烧割。

③ 锚固段锚索束必须进行清污、除锈处理；自由段锚索束应涂防腐剂，外套塑料管；张拉段锚索束应涂防腐剂。

④ 锚索束的紧箍环、扩张环、定位支架等配件安装位置和数量应符合设计要求。

⑤ 锚具、垫板应与锚索体同轴安装。

（9）锚索束安装和锚索孔注浆应符合下列规定：

① 锚索束应顺直安放在钻孔中心并保证锚固段长度。

② 锚索孔注浆应采用孔底注浆法，一次注满锚固段和自由段，要求以浆排水，不搅动浆液。

③ 注浆材料应符合设计要求。注浆压力宜为0.6～0.8MPa。注浆应饱满密实，宜在初凝前进行二次补浆。

④ 地层具有腐蚀性或地下水具有侵蚀性时，注浆材料应采用抗侵蚀性水泥。

（10）制作承压板（桩、柱）时，垫墩顶面必须平整、坚固，且垂直于钻孔轴线，墩孔轴线应与钻孔轴线相重合。垫墩旁应预留补浆孔和排气孔。

（11）锚索张拉应按设计要求进行，并应符合下列规定：

① 张拉设备及仪表必须配套标定，配套使用，并按规定周期进行检校。使用过程中张拉设备出现异常现象或设备检修后，均应重新检定。

② 锚固段砂浆强度达到设计强度的70%后方可张拉锚索。

③ 锚具、锚塞（夹片）、垫板安装位置应符合设计要求。锚具底座顶面与锚孔轴线应互相垂直。

④ 锚索张拉前应按照设计要求埋设应力计并做好保护，应力计观测应按设计要求进行。锚索张拉应分两次逐级进行，对加力值及锚索伸长值应做好记录。第一次张拉值应为总张拉力的70%，两次张拉间隔时间不宜少于3～5d，其总拉力应符合设计要求。

⑤ 锚索张拉应采用伸长值校核应力，实际伸长值与计算伸长值之差不应大于±6%。

⑥ 锚索张拉时，滑（断）丝总数不应超过钢丝总数的5‰，且一束内滑（断）丝不超过1根。

（12）锚索张拉完成7d后，应对其张拉力和外观进行复查，复查合格后方可切除多余的锚索，并锚固锁定。

（13）封孔注浆应符合下列规定：

① 封孔注浆浆液配比应符合设计要求。采用纯水泥浆时，水灰比宜为0.3~0.4；采用水泥砂浆时，宜为0.5。

② 张拉段注浆应在补偿张拉完成后立即进行，注浆应饱满密实，锚垫板及锚头各部分空隙应采用水泥浆灌满。

③ 封孔注浆时，注浆管应插到底。

④ 封孔注浆后，锚头部分应涂防腐剂，并按设计要求进行封闭。

（14）垫墩钢筋混凝土的保护层厚度应符合设计要求。

（15）预应力锚固性能试验和观测应按设计要求进行。

2. 路基边坡防护

1）植物防护

（1）植物品种、规格、质量和栽植的行距、株距应符合设计要求，并适合当地生长条件。

（2）植物种植前应对边坡坡面进行清理整平，清除有碍植物生长的杂物、危石，坡面应平整、密实、湿润。种植土壤应满足植物生长条件，必要时进行改良或换土。

（3）植物防护工程施工应避免在暴雨季节、大风和高温条件下施工。

2）客土植生防护

（1）客土植生防护应按设计要求选用草种、灌木种，并适合当地生长条件。

（2）客土植生边坡施工应整体稳定，坡率和平整度符合设计要求，并清除作业面杂物及松动岩块；客土厚度、酸碱度、肥力等应满足植物生长的要求；客土铺填应分层压实。

（3）土工网垫客土植生防护施工。铺设前应适量洒水湿润边坡，再夯拍一层种植土，并整平、洒水；土工网垫顺坡面铺设，铺设时应与坡面密贴，并采用长度不小于15cm的L形或U形钉垂直坡面固定，固定钉间距不宜大于1.5m；土工网垫间应搭接不留空隙，搭接宽度不应小于5cm，并应在搭接处每间隔不大于1.5m设固定钉。

（4）土工网垫铺设后应及时在网穴内均匀撒播草籽，网穴内应采用松散细颗粒种植土填满，网垫上采用利于草籽发芽生长的表土覆盖，并适当拍压。

（5）采用喷播植草时，喷投物料应覆盖土工网垫。

3）喷混植生防护

（1）喷混植生应按设计要求选用草种、灌木种，并适合当地生长条件。

（2）喷混植生用土宜选用地表种植土，不应含有害物质、垃圾等。

（3）喷混植生种植基材包括底层种植基材和表层种植基材，其配合比均应符合设计要求，并应计量准确、拌和均匀，采用专用喷射机械施工。

（4）喷混植生用锚杆和镀锌钢丝网应符合设计要求，严禁采用焊接钢丝网。

（5）喷混植生施工前应清除边坡上松散、不稳定岩石并整平，超、欠挖超过30cm部位应修凿顺接或用混凝土、浆砌片石嵌补。

4）骨架防护

（1）骨架防护施工应清刷坡面浮土，填补凹坑，使坡面大致平整。

（2）骨架放样测量前应先布置骨架位置。路堤应从上到下布置，最上一级支骨架顶部距离路肩挡水缘按0.5~1.0m布置；路堑应从下到上布置，自坡脚基础顶面开始设置骨架或主、支骨架连接点,依次向上布置。

(3)骨架浇筑(或砌筑)时应先施工骨架节点处,再施工其他部位,两骨架节点应处于同一高度。

(4)骨架排水槽应延长顺接至水沟,形成完整排水系统。延长排水槽基础可采用混凝土现浇或浆砌片石,两侧设挡水缘,排水槽成型后应光面处理。

5)护墙及护坡防护

(1)边坡防护施工前应清理坡面松土,清除松动岩石,整平坡面。

(2)基础基坑开挖应结合地质情况分段进行,严禁拉槽开挖或长时间暴露。

(3)护墙应根据地质情况分段施工。护墙墙背应与路堑坡面密贴,边坡有局部超挖或凹坑时,应挖台阶后用与墙体相同的材料嵌补,不应以松散材料直接回填。同一级挡墙分层浇筑时,水平施工缝处应设置接槎钢筋或接槎石。孔窗式浆砌片石护墙应先立模浇筑孔窗上侧和左右侧混凝土拱圈,再砌筑浆砌片石。

(4)边坡护墙墙顶设置帽石时,帽石应嵌入堑顶,且不应高出地面,以防地表水灌入墙背。

6)路堑边坡喷锚网防护

(1)喷锚网防护施工前应清刷坡面浮土、浮石并用高压水冲洗,边坡地下水出露时,应用泄水孔引排。

(2)混凝土喷射前应进行试喷,确定施工水灰比。

(3)路堑边坡喷锚网防护。锚杆固定时应露出岩面,端部涂刷防锈漆并做成弯钩压住钢丝网。混凝土应分两次喷射,喷射第一次混凝土后铺挂一层镀锌钢丝网,再喷射第二次混凝土。喷射作业应自下而上分层进行,不应漏喷、脱层、网材露出、锚杆露头。喷射混凝土终凝2h后应进行养护,养护时间宜持续7~10d。

(4)喷射混凝土应表面光洁平整,骨料分布均匀,回弹量小。

7)锚杆(锚索)框架梁防护

(1)锚杆(锚索)框架梁施工前应平整坡面,坡面局部松软部位应挖除并采用混凝土或浆砌片石嵌补。

(2)锚杆(锚索)施工前应选择有代表性、地层相同、环境类似的相邻地段进行拉拔试验和开挖检验,试验孔数不小于3孔,以验证锚杆(锚索)砂浆握裹性和锚固段地层的设计指标,确定施工工艺参数。

8)支撑渗沟防护

(1)支撑渗沟排水层用卵石、碎石应按设计要求筛选洗净。

(2)支撑渗沟施工前应整平坡面,并测设支撑渗沟位置。

(3)支撑渗沟防护施工。沟槽宜采用人工配合机械开挖。土质地段机械开挖接近沟槽底部时,宜预留一定厚度采用人工开挖;石质地段开挖时,宜先爆破或机械松动后人工开挖、整修成型。沟槽开挖应两侧平顺、底面平整,不应出现反坡,沟底地基应稳固、密实。反滤层应随排水层分层同步施工,反滤层采用无纺土工布袋装砂砾石时,应采用人工分层码砌。

(4)排水层采用干砌片石或充填卵石、碎石时,应分层施工,每层厚度不宜超过30cm。

（5）渗沟出口应按设计设置挡墙或浆砌片石（混凝土）垛。设置宽度不应小于渗沟宽度，底部设坡度 4% 的向坡外排水泄水孔，内侧孔口采用无纺布包裹。

9）边坡柔性防护网防护

（1）边坡主动柔性防护网防护施工。施工前应清刷坡面浮土、浮石。钻孔时孔口设凹槽，锚杆顶端环套不应高出坡面，使支撑绳张拉后尽可能紧贴坡面不松弛。纵横向支撑绳安装应张拉紧，并用绳卡与锚杆外露环套固定连接，绳卡布置应符合设计要求。钢丝格栅铺挂应从上向下进行，格栅间重叠宽度不应小于 5cm，两张钢丝格栅间以及与支撑绳间应采用铁丝绑扎连接，绑扎间距不宜大于 1m。钢丝绳网铺设应从上向下进行，每张钢丝绳网与四周支撑绳间应采用缝合绳缝合连接并预张拉。

（2）边坡被动柔性防护网施工。施工前按设计并结合现场地形对钢柱和锚杆基础进行测量定位。钢柱基础应按设计深度开挖，开挖到设计深度或基岩后施工基础地脚螺栓锚杆。基础混凝土浇筑应填满基坑，顶面应平整。基座套入地脚螺栓并应用螺帽拧紧、连接牢固。

10）抛石垛及石笼防护

（1）抛石垛和石笼防护石料应质地坚硬、无裂纹、不易风化。

（2）土工合成材料石笼主要包括土工格栅、塑料条带或土工绳网，应按设计规格、性能选用。

（3）金属石笼主要包括网格（网片）、框架和绑扎材料，应按设计规格、性能选用。

（4）抛石垛防护施工。抛石前应做好抛投试验，确定抛投工艺参数。抛投应按先上游后下游、先深后浅、先远后近的顺序进行。抛投应均匀，不留空挡。抛石垛顶面应高出常水位 50cm。当施工水位高于常水位时，则应高出施工水位 50cm。防护标高以上的路堤填料为细粒土时，应在抛石垛顶部铺设砂砾垫层。抛石垛的位置应准确，石料方量充足，抛石均匀，坡面坡率应满足设计要求。

（5）土工合成材料石笼防护施工。平整、夯实地基，必要时应以卵、砾石或碎石填筑整平。土工合成材料石笼组装时，两片格栅间应重叠搭接，并用连接绳绑扎牢固。石料装笼应码砌、塞严，两层石笼接触面应平整，防止石料棱角砸断网格损坏石笼。贴近网孔外层应用较大尺寸的石块，仔细码砌并使石块的挂角突出网孔以外，起到保护石笼的作用。铺设或垒砌石笼时，下端应埋入开挖的脚槽中，上端设固定桩悬挂或以锚钉固定。

11）路基坡面防护施工要求

（1）路基防护应随主体工程的完成，适时组织施工并及时完成。

（2）各种防护设施应在稳定的地基和坡体上施工。在设有挡土墙或地下排水设施地段，应先做好挡土墙、排水设施，再做防护。

（3）防护坡体表面应先整平，有地下水露头时应做引排处理；防护层应与土石坡面密贴接合，背后不留空隙。

（4）护坡垫层或反滤层应严格按照设计的层数、厚度和颗粒级配要求施工，砂、砾石应筛选清洗，含泥量不得大于 5%。采用土工织物做反滤层时，施工应符合规范规定。

3.1.4 路基防排水施工

路基应有完整、通畅的排水系统。排水设施应布置合理,与桥涵、隧道、站场等排水设施衔接配合,并具有足够的过水能力。路基排水设施应与水土保持及农田水利的综合利用相结合。城市地区的路基排水应与地方排灌和排污系统密切配合。

1. 路基防排水方式

路基工程防排水包括地面水及地下水。

1)地面水

对路基有危害的地面水,应采取措施拦截引排至路基范围以外。防排水设施布置应符合下列规定:

(1)在路堤天然护道外,可设置单侧或双侧排水沟,也可利用取土坑排水。农田高产区两侧排水困难时,可在路堤坡脚设矮脚墙。

(2)路堑应于路肩两侧设置侧沟,堑顶外可设置单侧或双侧天沟。

(3)天沟、侧沟、排水沟、边坡平台截水沟等各类防排水设施的设置,应符合将水引排至路基以外的要求。

2)地下水

对路基有危害的地下水应根据地下水类型、含水层埋藏深度、地层的渗透性等条件及对环境的影响,选用适宜的排除地下水设施。

(1)当地下水埋藏浅或无固定含水层时,可采用明沟、排水槽、渗水暗沟、边坡渗沟、支撑渗沟等。

(2)当地下水埋藏较深或为固定含水层时,可采用渗水隧洞、渗井、渗管或仰斜式钻孔等。

2. 路基防排水施工要求

(1)路基工程施工前,对影响路基稳定的地下水,应予以截断、疏干、降低水位,并引排到路基范围以外,防止漫流、聚积和下渗。

(2)路基施工中应核对全线排水系统,全线的沟渠、管道、桥涵应构成完整的防排水体系。

(3)路基施工中,具备条件的地段应按设计做好防排水工程以及施工场地附近的临时防排水设施,然后再做主体工程。不具备条件的地段应先做好临时防排水设施,正式防排水工程可与路基同步施工,并随路基施工逐步成型。

(4)在路基施工期,不得任意破坏地表植被或堵塞水的通路,各类防排水设施应及时维修和清理,保持排水畅通、有效。

(5)泄水孔的位置、布置形式、孔径尺寸及泄水孔背反滤层的材料、设置应符合设计要求,且排水畅通。砌体及反滤层(或垫层)的材料、设置应符合设计要求。

3.1.5 路基附属工程施工

修筑于路基上的电缆槽、接触网支柱基础和声屏障基础等应与路基同步施工,不应因其施工而损坏危及路基的稳固与安全。

基坑施工时不应破坏路基及防护工程结构,按设计要求地质情况可选择挖孔或钻孔工艺。

路基相关工程及设施所使用钢筋、水泥、砂及碎石等原材料应符合相关要求，并按规定进行进场检验。

1. 电缆槽（井）

（1）路基上的电缆槽工程包括通信、信号、电力电缆槽和电缆井。

（2）通信、信号、电力电缆槽和电缆井施工应符合下列规定：

① 电缆槽应采用现场集中预制，电缆槽泄水孔应预制成孔，其他预留孔可现场集中机械钻孔，泄水孔孔位应对准排水槽。电缆井应采用现场浇筑。

② 电缆槽安装时应采用机械在无水条件下切除基床表层级配碎石。切除后的槽底铺设透水砾石或碎石，其上部铺设 M10 水泥砂浆找平层后安装电缆槽。

③ 盖板式电缆槽安装时，节间采用水泥砂浆勾缝，整体式电缆槽槽节对接应在接口处涂抹沥青。

④ 电缆槽安装完成后应采用 C25 混凝土回填基坑，并及时施工槽外混凝土护肩。

⑤ 电缆槽与接触网支柱、声屏障基础间缝隙采用 M10 水泥砂浆或 C25 混凝土灌注密实。

⑥ 电缆井采用人工或机械挖槽，其周边超挖部分应采用 C25 混凝土浇筑，底部设 C25 混凝土垫层，电缆井开口与电缆槽连接处内侧采用 M10 水泥砂浆抹平，连接错开处应采用 M10 水泥砂浆封堵。

⑦ 电缆槽（井）盖板安装前，应在电缆槽（井）顶面涂抹沥青后再安装盖板。

（3）电缆槽（井）施工期间，应做好泄水孔的防护，避免堵塞且与路基边坡网格骨架或边沟顺接。电缆槽（井）泄水孔内应埋设镀锌铁丝网。

（4）出水孔处应按设计要求设置过滤层，过滤层采用干净的粗颗粒碎石。

（5）电缆槽综合接地孔的堵塞和外露量应按设计要求施工。

2. 接触网基础

接触网支柱基础施工应符合下列规定：

（1）接触网支柱基础宜在基床表层完成后施工。

（2）接触网支柱基础基坑施工时不应破坏路基及防护工程结构，不应侵占电缆槽、排水沟位置。

（3）接触网支柱基础基坑应全部用混凝土浇筑，基础表面应与路基表面衔接平顺。

（4）有渗水暗沟地段，应在接触网支柱基础混凝土浇筑完成并达到一定强度后再开挖渗水暗沟。接触网支柱基础和渗水暗沟施工后，要保证基床表层底面 4% 的排水坡。

（5）接触网拉线基础与下锚支柱基础平面位置应符合设计要求，下锚拉线的下锚环方向应在支柱基础中心与拉线基础中心连线上。

3. 声屏障

（1）路基声屏障分为整体式和插板式两类，其基础均宜在路基整体成型后、轨道铺设和电缆槽施工前施工。

（2）整体式声屏障基础施工应符合下列规定：

① 声屏障基础开挖应采取有效防护措施，不应破坏基床。

② 声屏障基础宜采用切割开槽。切割开槽应在路基本体碾压完成之后、电缆槽施

工前进行。切割开槽时严禁损坏各类管线。

③ 埋设锚杆钢筋时，基底钻孔采用机械成孔，放置锚杆钢筋后孔内应采用水泥砂浆注浆。砂浆强度达到设计强度的80%后应用C15素混凝土找平基底。

④ 声屏障基础应采用混凝土浇筑。

⑤ 声屏障基础宜每20～30m设置一道沉降缝（伸缩缝）。

⑥ 声屏障基础应按设计要求预埋排水管，排水出口不应冲刷路基。

⑦ 基础施工应做好防排水，严禁浸泡路基。

（3）插板式声屏障基础采用钢筋混凝土钻孔桩，其施工应符合下列规定：

① 基础孔位测量应由桥梁、涵洞向两侧依次进行。

② 桩基础施工时应先做静载试验，试桩根数不小于总桩数的1%，试桩合格后方可进行后续施工。

③ 钻孔深度应符合设计要求，混凝土灌注应均匀、捣实，严禁出现断桩、缩颈现象，混凝土应一次浇筑成型。

④ 声屏障基础与电缆槽、接触网支柱之间及与路肩面的缝隙间等均应按设计要求施作防水层。

3.2 过渡段及特殊路基施工

3.2.1 过渡段施工

路基与桥隧等其他线下结构物、不同路基结构、不同地基处理形式连接处可能导致轨道基础沉降变形及刚度差异时，应设置过渡段。桥梁、涵洞及隧道等结构工程之间的路基，有砟轨道城际铁路、重载铁路及客货共线铁路长度小于20m，高速铁路、无砟轨道城际铁路长度小于40m时，应按过渡段进行特殊设计。

1. 一般要求

（1）过渡段采用的填料应符合设计要求，并符合技术规程规定。

（2）过渡段填筑前，应进行现场工艺性试验，确定填筑控制参数。

（3）过渡段地基加固工程宜在桥涵基础施工前完成，基底处理与桥台、相邻路基同时进行施工。软土地基地段过渡段应优先安排施工。

（4）桥台、涵洞等建筑物的基坑应按设计要求填筑，混凝土应分层浇筑、振捣密实，其他填料应分层填筑并用小型振动设备压实。

（5）过渡段与混凝土构筑物连接时，应在构筑物防水层与保护层完工、圬工强度达到设计要求并验收后方可进行施工。填筑压实过程中，应保证桥台、横向结构物稳定，无损伤。

（6）过渡段应分层填筑压实，摊铺厚度及碾压遍数应按工艺试验确定的工艺参数进行控制。

（7）过渡段每压实层均应形成路拱，路拱横向排水坡宜为2%～4%，表面无积水。

（8）过渡段宜与其相连的路堤及锥体同时施工，并将过渡段与连接路堤的碾压面按大致相同的水平分层高度同步填筑、均匀压实。

（9）过渡段与相连路堤及锥体不能同步施工时，应在填筑交界处设置台阶，台阶高度与碾压厚度一致，台阶坡度宜为1:2。

（10）掺水泥级配碎石混合料宜在4h内填筑压实完毕，若某一层不能连续填筑时，应及时对已施工完成的掺水泥级配碎石进行养护，并采取措施控制机械、车辆通行。

2. 路堤与桥台过渡段

（1）过渡段与其相连路堤及桥台锥体同时施工时，宜逐层确定填筑分界线，按分界线铺筑过渡段和其相连路堤及锥体后，同时碾压。不能同步施工时，按分层填筑高度设置台阶。分层厚度宜采用在桥台背画线标注进行控制。

（2）台后2.0m范围外大型压路机能碾压到的部位，其填筑施工应符合技术规程相关规定。台后2.0m范围内及大型压路机碾压不到的部位，应采用小型振动压实设备进行碾压，压实厚度不宜大于15cm，具体的摊铺厚度及碾压遍数应通过工艺试验确定。

3. 路堤与横向结构物过渡段

（1）横向结构物两侧的过渡段填筑应对称进行，并与相邻路堤同步施工。

（2）涵洞两端大型压路机能碾压到的部位，其填筑施工应符合技术规程相关规定；靠近横向结构物的部位，应平行于横向结构物进行横向碾压。大型压路机碾压时，不应影响结构物的稳定与安全。大型压路机碾压不到的部位应用小型振动压实设备分层进行碾压，压实厚度不宜大于15cm，具体的摊铺厚度及碾压遍数应通过工艺试验确定。

（3）横向结构物的顶部填土厚度小于1m时，不应采用大型振动压路机进行碾压。

（4）横向结构物两侧的排水设施应提前施工并保持畅通，防止水流对过渡段路基的浸泡或冲刷。

4. 路堤与路堑过渡段

（1）路堤与路堑过渡段填筑前，应平整地基表面，碾压密实；应挖除堤堑交界坡面的表层松土，按设计要求的坡率开挖台阶。

（2）过渡段的填筑施工应与相邻路堤同步进行。

3.2.2 特殊路基施工

1. 软土、松软土地基上的路堤

（1）软土和松软土地段路基施工组织设计应注意不同地基处理措施可能产生的差异沉降，并应保证必要的预压期。

（2）采用排水固结地基处理措施时，应控制填筑速率。

（3）反压护道应与路基同步填筑，其填料、填筑压实方法、压实标准应符合路堤相应部位的规定。护道顶面应平整密实并设有向路基两侧的排水坡，边坡坡面应顺直无凹陷。

2. 膨胀土地基上的路堤

（1）施工前应结合永久排水设施做好地表排水设施，排水沟应随挖随砌，铺砌应及时完成。

（2）膨胀土路基不应在雨季施工。

（3）换填厚度应根据开挖后地基检测结果确定，且不应小于设计要求。

（4）基底换填应与开挖紧密衔接。如不能及时回填，应预留厚度不小于50cm的保护层。

3. 黄土地区的路堤

（1）施工前应结合永久排水设施做好地表排水设施，排水沟应随挖随砌，铺砌应及时完成。

（2）填筑路堤前应将松散的地基表层洒水压实至规定密度，路堤两侧排水沟以内的坑洼和松散地面均应整平碾压密实，不应积水。

（3）施工中路基范围黄土地基上不应浸水。

4. 盐渍土地基上的路堤

（1）设置隔断层的路堤，应清除原地面植物根茎并碾压密实，隔断层沿地基横坡全断面填筑或铺设。

（2）盐渍土地基的含盐量大于规定时，应铲除表层盐渍土，挖除厚度应根据开挖后地基检测结果确定，且不应小于设计要求。盐渍土铲除宽度应包括护道范围，并应形成自路基中线向两侧不小于2%的横向排水坡。

（3）路堤填筑自清除基底的盐渍土开始，应工序衔接，连续施工，一次做到设计规定的路堤标高。在采用隔断层的地段，应一次做到隔断层的顶部以上，以免路基再盐渍化和形成新的盐壳。

5. 季节冻土地区路基

施工中应结合最大冻结深度、地下水位等因素，按设计要求控制路基填料细颗粒含量，加强路基防排水、防冻胀措施。

3.3 营业线路基施工

3.3.1 一般规定

（1）施工前应进行图纸会审，依据设计文件会同设备单位共同进行施工调查和现场核对，确认施工影响范围内的管线及光电缆径路、封闭栅栏、既有路基及边坡防护、排水设施、桥梁等运营设备情况。制定相应的技术措施。

（2）营业线及邻近营业线路基施工必须编制专项施工方案和应急预案。专项施工方案和应急预案报项目管理机构审查，并按相关规定审批后执行。

（3）设计、施工方案发生变更调整的，应按规定组织方案审查。

（4）邻近营业线路基施工时，施工作业区域的临时建（构）筑物、材料、设备、机具等不得侵入营业线设备安全限界。

（5）对营业线可能造成安全影响的机械设备，应采取防倾覆、防冲撞和隔离措施。

（6）营业线及邻近营业线路基施工应设置安全防护。施工防护标志、警示灯等的设置不得影响铁路行车信号。

（7）营业线及邻近营业线路基工程施工不得影响既有排水系统正常使用，并应符合下列规定：

① 施工宜避开雨季，确需雨季施工时必须保持营业线排水系统畅通。

② 需拆除原有排水系统时，应先建后断，确保排水系统完整畅通，防止渗漏。

③ 对可能影响安全度汛的施工地段应制定防洪预案。

（8）临时道口设置应符合下列规定：

① 临时道口设置应按规定办理相关审批及验收手续，电气化区段应加设限高架，严禁擅自设置。

② 设置期间必须指派专人看守。

③ 施工中必须保证临时道口设备及其安全技术条件符合相关标准的规定，并按铁路道口管理有关规定进行管理。

④ 使用完毕必须及时拆除。

3.3.2 帮宽加固施工

1. 路堤帮宽

（1）路堤帮宽填筑与既有路基接近持平或高于既有路基时应设置隔离措施，划分作业区域。

（2）采用挖台阶分层填筑方式进行路堤帮宽，挖除路肩影响道床稳定时，应采取措施防止道床边坡溜塌，拆除既有路堤防护设施除应符合《铁路工程基本作业施工安全技术规程》TB 10301—2020 相关规定外，尚应符合下列规定：

① 拆除植被防护坡面时，应随挖台阶高度挖除植被，保持边坡稳定。

② 拆除圬工防护工程时，应随填筑进度自下而上拆除。拆除原路基边坡防护应与填筑协同进行。

（3）路堤帮宽地基处理和路基填筑工程施工应分别符合"3.1.1 地基处理施工"和"3.1.2 路堑及路堤施工"相关要求。

（4）弃土不得阻塞河道和营业线路基排水设施，并应符合国家环保规定。

2. 路堑拓宽

（1）拆除既有挡护、防护设施应保证既有路堑边坡稳定，必要时设置临时支撑进行加固或防护，并随开挖进度自上而下分层、分段拆除。

（2）路堑拓宽应按照横断面自上而下进行，防止因开挖不当引起边坡不稳或坍塌。

（3）路堑拓宽时，按相关要求在营业线一侧设置防护隔离设施，严禁材料、机具侵限。

（4）路堑拓宽时应随时观测坡面稳定情况，发现异常应及时采取措施。

（5）影响营业线行车的路基爆破作业必须在线路封锁时间内进行，应采用控制爆破技术，并设防护网、排架或棚架等防护设施。爆破后应清理限界内的土、石，整修线路达到开通条件。

（6）弃土不得阻塞河道和营业线路基排水设施，不得影响既有路基安全稳定及运营安全，并应符合国家环保有关规定。

3. 路基加固

（1）营业线路基加固应在线路封锁或慢行条件下进行，并按规定做好安全防护。

（2）采用注浆、挤密桩等方法加固路基时，应随时监测影响范围内路基及行车设备、周边建（构）物的变化，发现异常立即停止施工，及时反馈研究和采取应对措施。

（3）路基加固工程施工，尚应符合下列规定：

① 采取桩体加固类型时，应根据与营业线的距离，由近及远逐排跳桩施工。

② 机械设备移位和作业过程中，应采取防倾覆安全技术措施。

第4章 铁路桥涵工程

4.1 桥梁下部施工

4.1.1 桥梁基础施工

1. 各类围堰施工

1）围堰施工一般规定

（1）围堰的顶面宜高出施工期间可能出现的最高水位0.5m。

（2）对于河流断面被围堰压缩而引起的冲刷，应有防护措施。

（3）围堰应做到防水严密，减少渗漏。

（4）围堰内面积应满足基础施工的需要。

（5）围堰应满足强度、稳定性的要求。

2）各类围堰适用条件

（1）土围堰：适用于水深在2m以内，流速小于0.3m/s，冲刷作用很小，且河床为渗水性较小的土层。

（2）土袋围堰：适用于水深不大于3m，流速小于1.5m/s，河床为渗水性较小的土层。

（3）钢板桩围堰：适用于深水基坑，河床为砂类土、黏性土、碎石土及风化岩等地层。

（4）双壁钢围堰：适用于在流速较大、水位较深、承台较浅的地层。

（5）钢吊箱围堰：适用于高桩承台。

（6）钢筋混凝土围堰：宜用在地下水较丰富的陆地或筑岛施工中，且围堰下沉深度内无较硬地层，易于围堰下沉。

3）各类围堰施工要求

（1）土围堰

施工时，应根据施工现场的实际情况，采用墩、台位置局部围堰或先开挖临时性水渠，然后在桥位处拦河筑堰。施工时，应先清理河底杂物，自上游填筑至下游合龙。

（2）土袋围堰

土袋一般采用草袋、麻袋或编织袋，装土量一般为袋容量的1/3~1/2，堆码要求上下左右互相错缝，并尽可能堆码整齐。施工期较长的临时土袋围堰，装土时掺入少量水泥，可以防止冲刷和日晒对编织袋的损坏，使土袋围堰的功能加长，但拆除困难。

（3）钢板桩围堰

钢板桩平面布置一般采用圆形、矩形和圆端形。钢板桩围堰的施工程序：钢板桩整理→围图的设置→围图安装→钢板桩的插打和合龙。钢板桩的插打方法可分为逐块（组）插打、先插合龙后打和开始的一部分逐块插打，后一部分先插合龙后再打。

（4）双壁钢围堰

双壁钢围堰施工一般采用整体浮运到位或原位拼装法两种方法。

整体浮运到位的方法，用于先下沉钢围堰后施工基础。钢围堰在岸边或附近加工场拼装完成后，用大型水上平驳运送到位。整体浮运到位法需要配备大型水上平驳、浮吊或浮箱拼装的作业船等。

原位拼装法，用于先施工基础，后施工承台。在基础位置处利用水上施工平台（固定平台或浮动平台）分块拼装钢围堰，利用施工平台上的起吊设备边拼装边下沉或整体下沉到设计位置。原位拼装法一般需要配置水上施工平台、浮吊、运输船等设备。

（5）钢吊箱围堰

钢吊箱围堰可在浮箱上组拼并利用水上打桩设备及定位技术，或在结构稳定可靠的施工平台上先将基桩作业完成后再下吊箱。施工平台可利用正式桩，也可在钢吊箱围堰范围外另打定位桩。

钢吊箱整体制造及吊运时，应满足吊箱起吊的吊点布置和整体受力及刚度要求。

钢吊箱围堰封底厚度应根据抽水时吊箱不上浮的原则计算确定，封底厚度不宜小于1.0m。封底混凝土浇筑后，进行吊箱内抽水，浇筑承台。

（6）钢筋混凝土围堰

① 钢筋混凝土围堰应进行专项设计，应具有足够的强度、刚度，结构尺寸、拼装（或现浇）方法应满足承台施工要求。无内支撑围堰内径应比承台尺寸大0.8～1.5m，有内支撑围堰内径应比承台尺寸大1.5～2.0m。

② 当围堰底为岩石时，应提前探明岩面情况，按探测资料把围堰底脚设计成吻合岩面形状。

③ 当围堰采用分段预制拼装下沉时，分段大小应以施工现场吊装机械的吊装能力确定。分段拼装时，上下层预制块拼装完成后，焊接纵横向钢筋，立模，浇筑湿接缝混凝土。

4）围堰内开挖与封底

围堰成功后才可在围堰内进行泥土开挖，开挖方式分为有水开挖和无水开挖，开挖方法有冲抓法开挖、人力开挖、冲吸法开挖。开挖至承台底一定位置后，采用导管法进行水下混凝土封底。为后续的桩头处理、钢筋绑扎和承台模筑提供作业面条件。

深水中桩基承台可根据设计要求和水文条件，采用钢板桩围堰、钢套箱围堰、钢吊箱围堰的施工方法。

2. 扩大基础施工

扩大基础施工分为开挖与模筑两大步序。基坑开挖可分为无护壁基坑开挖、有护壁基坑开挖和围堰基坑开挖三种方法。

1）无护壁基坑开挖

无护壁基坑的开挖方式可采用垂直开挖、放坡开挖；开挖作业方法有人工开挖、机械开挖、钻爆开挖。

（1）垂直开挖的坑壁条件：土质湿度正常，结构均匀。对松软土质基坑深度不超过0.75m；中等密度（锹挖）的不超过1.25m；密实（镐挖）的不超过2.0m。如为良好石质，深度可根据地层倾斜角度及稳定情况决定。

（2）放坡开挖的基坑，基坑平面尺寸应按基础大小每边加宽0.3～0.6m，基础如有凹角，基坑仍应取直。遇有地下水，应加四周排水沟及集水井的预留位置。放坡的坡度应根据基坑土质和基坑顶缘有无荷载确定。放坡可采用斜坡、阶梯形斜坡和变坡度等形式。

（3）基坑开挖施工方法：一般小桥工程量较小的基坑，可用人工开挖；大、中桥工程量较大的基坑，采用机械施工或半机械施工的方法，对于入岩部分需采用钻爆作业开挖。

（4）基坑边坡的稳定措施：当开挖的基坑地质不良，地下水较多时，基坑边坡可能会发生局部坍塌，一般要采取插打木桩、钢轨桩、型钢桩、钢筋混凝土桩等，对边坡进行稳定防护；对于地下水较多的基坑，开挖时采取降水也是常用的技术措施，降水后基坑边坡稳定性大大增强。铁路施工中常用的降水措施有大井点降水和小井点降水。一般降水措施与插打防护桩共同结合，形成综合稳定措施。

2）有护壁基坑开挖

通常，在下列情况下可采用支撑加固坑壁：由于基坑开挖而影响附近建筑物，不能放坡开挖者；基坑为不稳定的含水土质，放坡开挖无法保持边坡稳定者；较深基坑采用放坡开挖不经济者。

护壁基坑通常分为横、竖挡板支撑，钢（木）框架支撑，喷射混凝土护壁和现浇混凝土护壁。

（1）横、竖挡板支撑，钢（木）框架支撑

采用挡板支撑时，应根据土质进行验算。

横、竖挡板支撑，钢（木）框架支撑施工方法：根据坑壁的土质情况，确定采用一次开挖或分段开挖的方法，每次开挖的深度不宜超过1.5m，边开挖边支撑，直到设计标高。施工完毕拆除支撑时，应自下而上分段进行，拆除一段回填夯实一段，再拆上一段，直到地面。

坑壁支撑应选用质量良好的结实木材。施工中应随时检查，发现变形及时加固或更换。用机械提升出土时，要防止支撑被碰撞，应在升降机四侧加设垂直护板。

（2）喷射混凝土护壁

喷射混凝土护壁适用于稳定性好、渗水量少的基坑。基坑的深度应按地质条件决定，但不宜超过10m。喷射混凝土厚度根据地质和渗水情况决定。

喷射混凝土护壁的施工方法：在基坑口挖环形沟槽，浇筑混凝土坑口护筒，护筒深度一般为1.0~1.5m，护筒浇筑3~5d后，从中心向外开挖，每次挖深为0.5~1.5m，清理坑壁后，随即喷射混凝土护壁，挖一节喷一节，直至设计深度。

（3）现浇混凝土护壁

对于开挖时间长、地质不良、需要加强护壁的基坑，可采取现浇混凝土护壁。混凝土护壁除流沙及呈流塑状态的黏性土外，适用于各类土的开挖防护。混凝土护壁应自上而下，随挖随护，逐层浇筑，顶层应一次整体浇筑，顶层以下各层分段开挖浇筑。上下层混凝土纵向接缝应相互错开。分层高度以垂直开挖面不坍塌为原则，顶层高度宜为2m，以下每层高1.0~1.5m。护壁混凝土的开挖面应均匀分布、对称开挖和及时支模浇筑。

3）基坑基底的处理方法

（1）岩层基底应清除岩面松碎石块、淤泥、苔藓，凿出新鲜岩面，表面应清洗干净。倾斜岩层，应将岩面凿平或凿成台阶。易风化的岩层基底，应按基础尺寸凿除已风化的表面岩层。在砌筑基础时，应边砌边回填封闭。

（2）碎石类及砂土类土层基底承重面应修理平整。

（3）黏性土层基底修整时，应在天然状态下铲平，不得用回填土夯平。必要时，可向基底回填10cm以上厚度的碎石，碎石层顶面不得高于基底设计高程。

（4）泉眼可用堵塞或排引的方法处理。

3. 桩基础施工

桩基础是桥梁工程常见的基础形式，是在土质不良地区修建桥梁时，以下部坚实土层或岩层作为持力层的深基础方案。

按施工方法的不同，桩基础可分为预制桩和灌注桩两大类。桩的质量检验有：开挖检查、抽芯法、声波检测法、动测法和静载压桩试验等。

铁路桥梁中采用的桩基础可分为沉桩基础、钻孔桩基础、挖孔桩基础和管桩基础。

1）沉桩基础

（1）沉入桩分类

桩的下沉方法可根据地质条件、桩型、桩体承载能力、土的密实程度和现场施工条件等选用锤击法、振动法和静压法，附近有重要建筑物（如高层建筑、堤防工程、运营铁路等）时，不宜选用振动沉桩。

（2）沉入桩施工流程

沉入桩的施工流程为：施工准备→桩位放样→桩架就位或安装导向、起吊和沉桩机具→运、吊、插桩→锤击或振动沉桩→接桩→继续沉桩到位→沉桩检验。

（3）锤击沉桩施工要点

① 锤击沉桩应重锤低击，不应采用大能量锤击沉桩，防止桩头、桩身损坏。选择桩锤时应依据桩重及类型、设计荷载、地质情况、设备条件和对邻近建筑物产生的影响等因素确定。

② 锤击沉桩开始时，应用较低落距，并从纵横两方向观察、控制桩位和桩的竖直度或倾斜度，待桩入土一定深度并确认位置正确方向无误后，再按规定落距进行锤击。坠锤落距不宜大于2m，单打汽锤落距不宜大于1m，柴油锤应使锤芯冲程正常。在桩的沉入过程中，应观察并保持桩锤、桩帽和桩身在同一轴线上。锤击沉桩应连续进行，不得中途停顿。

③ 在预计或有迹象进入软土层时，应改用较低落距锤击。

④ 当落锤高度已达规定最大值和每击贯入度不大于2mm时，应立即停锤，当沉桩深度尚未达到设计高程时，应查明原因采用换锤或辅以射水等措施进行沉桩，但桩尖距设计高程不大于2m时一般不应采用射水下沉。

⑤ 锤击沉桩应考虑锤击振动对新浇混凝土的影响，当距离在30m范围内的新浇混凝土强度未达到5MPa时，不得进行锤击沉桩。

（4）振动沉桩施工要点

① 振动沉桩适用于松软的或塑态的黏性土和较松散的砂土中，在紧密黏性土和砂质土中可用射水配合施工。

② 振动锤的振动力应大于下沉桩的土的摩阻力。振动打桩机和机座（桩帽）必须

与桩顶连接紧密、牢固。

③ 采用振动为主射水配合沉桩时，桩尖沉至距设计高程 2m 时，应停止射水并将射水管提高，进行干振直至设计高程，当最后下沉贯入度小于或等于试桩最后下沉贯入度和振幅符合规定时，即可认定沉桩合格。

④ 同一基础的基桩全部沉完后，宜将全部基桩再进行一次干振，保证全部基桩达到合格标准。

（5）静力压桩施工要点

① 静力压桩适用于可塑状态黏性土，但不宜用于坚硬状态的黏土和中密以上的砂土；当有夹砂层时，应采取相应的施工措施。

② 压桩前应根据压桩地区的土层、地质情况估算压桩阻力，根据压桩阻力选择压桩设备。

③ 压桩时应避免中途停歇，如必须停歇时应减少停歇时间，防止再压时启动阻力过大。

④ 静压沉桩深度控制应按设计高程、压桩力和稳压下沉量相结合的原则，并根据地质条件和设计要求综合确定。

2）钻孔桩基础

（1）施工钻机选型

① 钻孔桩施工应根据地质情况、设计桩长、桩径以及施工条件选择钻机类型，同时应兼顾施工工期、经济成本等影响因素。

② 铁路桥梁钻孔桩施工可选用冲击钻机、旋转钻机、旋挖钻机以及套管钻机等钻孔设备。深孔、大直径钻孔桩施工时也可选用全液压动力头钻机等设备。

③ 钻孔桩桩位地层地质变化较大时可选用不同类型钻机分层施工。

④ 冲击钻机适用于黏性土、砂类土、砾石、卵石、漂石、软硬岩层及各种复杂地质的桩基施工。

⑤ 旋转钻机适用于下列土层范围：

a. 正循环旋转钻机：黏性土，砂类土，含少量砾石、卵石（含量少于 20%）的土，软岩。

b. 反循环旋转钻机：黏性土，砂类土，含少量砾石、卵石（含量少于 20%，粒径小于钻杆内径 2/3）的土，软岩，硬岩。

⑥ 旋挖钻机适用于各种土质地层，砂类土，砾石、卵石，软石~中硬基岩。

⑦ 套管钻机适用于黏性土层、砂类土，但不宜在地下水位下有厚于 5m 细砂层时使用。

（2）钻孔要点

① 钻孔前应根据设计地质水文资料确定不同地质层的钻进方案，选取适宜的钻头、钻进压力、钻进速度及泥浆性能指标。钻头直径的选择必须保证成孔直径不小于设计桩径。

② 开孔的孔位必须准确，应使初成孔壁竖直、圆顺、坚实。

③ 钻孔时，孔内水位宜高于护筒底脚 0.5m 以上或地下水位以上 1.5~2.0m，并应及时向孔内补水或泥浆，保持水头高度和泥浆比重及黏度。

④ 钻进过程中，钻头起、落速度宜均匀，不得过猛或骤然变速。孔内出土不得堆积在孔口周围。

⑤ 钻孔作业应连续进行，因故停钻时，有钻杆的钻机应将钻头提离孔底5m以上，其他钻机应将钻头提出孔外，孔口应加护盖。

⑥ 钻孔过程中应经常检查并记录地质变化情况，并与地质柱状图核对。设计单位应对进入岩层的钻孔桩的持力层进行地质确认。

⑦ 钻孔过程中应经常检查孔位孔径和倾斜度，发现偏差时应及时进行纠偏。

⑧ 钻孔过程发现异常现象时，应立即停钻，查明原因和位置，采用适宜的处理措施。处理卡钻和掉钻时，严禁人员进入没有护筒或其他防护设施的钻孔内；必须进入有防护设施的钻孔时，应探明孔内无有害气体和备齐防毒、防溺等安全设施后，方可进入。

⑨ 钻孔中发生塌孔但不严重时，可采用加大泥浆比度、加高水头等措施后继续钻进；坍孔严重时，应回填重钻。

⑩ 钻孔到达设计深度后，应及时进行成孔检查。

（3）清孔要点

① 灌注水下混凝土前应清底，桩底沉渣厚度应符合设计要求。设计无要求时，摩擦桩孔底沉渣厚度不大于200mm、柱桩不大于50mm。

② 成孔检查确认钻孔合格后，应立即进行清孔。清孔方法应根据成孔工艺、机械设备、工程地质情况确定，可选用以下方法：

a. 吸泥法清孔：适用于反循环旋转钻机和土质密实不易坍塌的冲击钻孔，在孔壁易坍塌的地层拟使用吸泥法清孔时，应注意防止塌孔。

b. 换浆法清孔：适用于正循环旋转钻机及冲击钻机。

c. 掏渣法清孔：适用于冲击钻机。

d. 高压射风（水）辅助清孔：适用于辅助泥浆正循环清孔。

③ 清孔使用的泥浆宜为经泥浆净化器处理符合要求的泥浆。清孔过程中应及时向孔内加注清水或新鲜泥浆，保持孔内水位或泥浆高程。

④ 浇筑水下混凝土前必须再次检查孔底沉渣厚度，并经监理工程师现场检查确认。当检查指标未达到要求时应进行二次清孔。

⑤ 严禁采用加大钻孔深度的方式代替清孔。

⑥ 应提前做好水下混凝土浇筑前的准备工作，清孔达标后应立即进行混凝土浇筑。

（4）水下混凝土浇筑要点

① 水下混凝土原材料选择、配合比设计、施工等应符合设计要求和铁路混凝土工程施工质量验收标准的有关规定。

② 水下混凝土应连续浇筑，中途不得停顿，混凝土供应必须满足混凝土连续浇筑的要求。

③ 干作业成孔的钻孔桩混凝土可按水下混凝土标准进行配制，严格按照导管法干孔浇筑，桩顶4m范围内的混凝土应进行振捣。浇筑完毕后对桩顶部混凝土应进行养护。

④ 水下混凝土浇筑用储料斗宜采用钢制储料斗，其容量应满足封底混凝土储存量

要求，其结构尺寸设计合理，便于吊装。

⑤ 拆除导管的间断时间应尽量缩短，每根桩的浇筑时间不应过长，宜在混凝土初凝时间内完成。

⑥ 桩顶混凝土浇筑面高程应高出设计桩顶高程 0.5～1.0m。

⑦ 首批浇筑混凝土的数量应满足导管首次埋置深度（≥1.0m）和填充导管底部的需要。首批水下混凝土浇筑完成后，导管埋置深度不得小于 1m，并不宜大于 3m。

⑧ 混凝土浇筑过程中应经常测探孔内混凝土面高程，及时调整导管埋深。导管埋深宜控制在 2～6m，最小埋深任何时候不得小于 1.0m。当浇筑速度较快、导管较坚固并有足够的起重能力时，可适当加大埋深，但不宜超过 8m。

⑨ 末批水下混凝土浇筑提拔导管时，应控制速度，缓慢拔出。当出现混凝土浇筑困难时，可采用孔内加水稀释泥浆，并掏出部分浮渣或提升浇筑料斗增加压力差等措施进行处理。

⑩ 使用全护筒浇筑水下混凝土时，当混凝土面进入护筒后，护筒底口应始终在混凝土面以下，随导管的提升，逐步上拔护筒，浇筑中应边浇筑、边排水，保持护筒内水位稳定。

4. 沉井基础施工

1）沉井施工前的准备

沉井施工前应对洪汛、凌汛、潮沙、河床冲刷、通航、漂流物和泥石流等情况作调查研究，制定相应的安全措施。

沉井下沉前应对影响范围内的堤防、建筑物等制定防护和环保措施。下沉过程中应进行监测。

就地制作沉井基础施工流程为：施工准备→筑岛→支垫木→装钢刃脚→支立底模→支立内模→绑扎钢筋→支立外模→浇筑底节混凝土→抽垫木→不排水（排水）下沉→接高下沉→清理基底→封底→填充和井盖施工。

2）沉井制作

（1）在浅水中或可能被水淹没的旱地，应筑岛制作沉井；在旱地，可在整平夯实的地面上制作沉井；当地下水位低、土壤较好时，可先开挖基坑至地下水位以上适当高程再制作沉井。制作沉井处的地面及岛面承载力应符合设计要求，当地面以下的软弱地层不能满足承载力要求时，应采取换填、打砂桩、填筑反压土体等加固措施。

（2）筑岛材料应用透水性好、易于压实的砂类土、砾石、较小的卵石，且不应含有影响岛体均匀受力及抽垫下沉的块体（包括冻块）。

（3）岛面应高出施工水位 0.5m 以上，有流冰时应适当加高。

（4）填筑土模宜采用黏性土；当地下水位低、土质较好时，可采取开挖基坑而形成土模。刃脚部分的外模应能承受井壁混凝土的重量在刃脚斜面上的水平分力。

（5）模板支垫布置应满足设计和抽垫的要求并进行分区编号；垫木下应用砂填实，其厚度不宜小于 0.3m，垫木间用砂填平；调整垫木高程时，不得在其下垫塞木块、木片或石块等物。

（6）沉井混凝土应沿井壁对称浇筑，并逐层振捣，浇筑完成 12h 后即应覆盖并洒水养护，但应防止洒水过程中发生不均匀下沉。

（7）底节沉井混凝土强度达到设计强度等级的70%以上方可拆除隔墙底面和刃脚斜面的模板和支撑，沉井的直立侧模当混凝土强度达到2.5MPa时即可拆除，但应防止沉井表面及棱角受损。

（8）沉井模板支撑拆除后，应测量沉井中线和刃脚高程，并形成记录。

3）沉井下沉及接高

（1）在渗水量小的稳定土层中下沉第一节沉井时，可采用排水开挖下沉；易涌水翻砂的地层，应采用机械抓土或吸泥等不排水下沉。当下沉困难时，在结构受力允许情况下，可采用高压射水、降低井内水位、增加压重和采取降低井壁摩擦阻力等措施下沉。

（2）沉井应连续下沉，减少中途停顿的时间，在下沉过程中应掌握土层情况，做好下沉记录，随时分析判断土层摩阻力与沉井重量的关系，选用最有利的下沉方法。

（3）沉井下沉时，应防止内隔墙受到支承。井内除土应先从中间开始，均匀、对称地逐步向刃脚处挖土。采用排水下沉的底节沉井，支承位置的土应在分层除土中最后同时挖除。

（4）沉井下沉过程特别是下沉初期，应随时调整倾斜和位移。应根据土质、沉井大小和入土深度等因素，控制井孔内除土深度和井孔间的土面高差。

（5）沉井接高前应尽量调平，接高时井顶露出水面不得小于1.5m，井顶露出地面不得小于0.5m。接高上节模板时，支撑不得直接撑在地面上，并应考虑沉井因接高加重下沉时，模板支撑不致接触地面。

（6）纠偏前应先摸清情况，分析原因，当有障碍物时，应首先排除，然后采取相应措施。纠正倾斜时，可采取偏除土、偏压重、顶部施加水平力或刃脚下支垫等方法。

4）沉井基底清理、封底及填充

（1）沉井下沉至设计高程后，基底面地质应符合设计要求，当地质不符时，应联系设计单位确定处理方案。

（2）基底面应整平，整平后的基底面距隔墙底面的高度及刃脚斜面算出的高度，应满足设计要求的最小高度。

（3）基底浮泥或岩面残留物（风化岩碎块、卵石、砂等）均应清除，保证基底与封底混凝土间不产生有害夹层，清理后的有效面积（即沉井底面积扣除在刃脚斜面下一定宽度内不能完全清除干净的面积）不得小于设计要求。

（4）在软土中沉井沉至设计高程并清基后，应进行沉降观测，待8h累计下沉量小于10mm时方可进行封底。沉井采用水下混凝土封底时，应符合技术规程有关水下混凝土灌注的相关规定。

（5）沉井应待封底混凝土强度满足受力要求后，方可抽水并按设计要求的材料进行填充和施工井盖板。

（6）封底混凝土在浇筑过程中发生故障或对封底记录有疑问时，应钻孔取样检查鉴定。

5. 基础模筑施工

模筑是最基本的建造方法，对于扩大基础及承台混凝土灌注，其主要施工方法如下：

1）模板安装

采用人工安装或吊车安装，一般采用钢模板，钢模板基本定位后人工拼装连接，采用内拉杆外支撑的措施加固钢模板，然后精确定位。

2）钢筋骨架绑扎

有些基础有钢筋骨架，采取集中加工成型单根钢筋，在基坑内绑扎成型，有起重能力的条件下，也可以在地面绑扎成骨架，整体吊装进入模板内。

3）混凝土浇筑

采取滑槽、吊斗或泵送将混凝土浇入模型内，采用振动器振捣密实。混凝土在地面拌和站集中拌和。

4）混凝土养护与拆模

采取洒水、覆盖的方法自然养护，在达到允许强度后拆模，回填基坑。

4.1.2 桥梁墩台施工

1. 一般墩台施工方法

1）一般墩台施工原理

一般墩台施工方法是模筑法，其施工原理是：安装预定的模型板，填入拌和好的混凝土，让没有凝固的混凝土产生一定的形状，在混凝土凝固硬化后达到设计的形状和强度。

需要说明的是：散状的混凝土材料在水的作用下，可以产生可塑性，在振动器的作用下达到一定的密实度，在一定的温度和湿度条件下，水和水泥中的物质发生化学反应，产生新的物质。这种新物质具有一定的强度，并且形状不可再次改变。

上述的模型板一般采用钢材或木材制作，形成钢模板或木模板，桥梁基础也可用土模或砖模，但现在土模或砖模很少使用了。

不论何种模板，都必须要有一定的强度和刚度，保证模型的形状不发生大的变化，其措施一是加强模板自身的强度和刚度，另外的重要措施是安装内拉杆和外支撑，其目的是抵抗混凝土对模型板的侧压力。

图 4.1-1 是一般墩台模筑施工示意图，可以反映模筑法的施工原理。

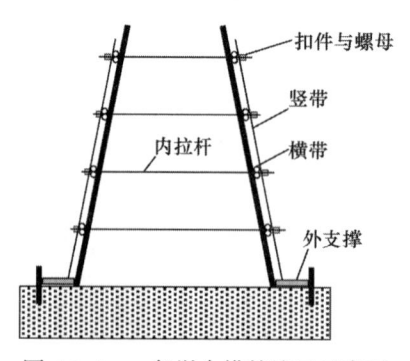

图 4.1-1　一般墩台模筑施工示意图

2）一般墩台施工方案的确定

桥梁墩台施工前，应结合工地施工条件、墩台结构形式，确定水平运输和垂直运输的施工方案。在选用机具时，应尽量减少混凝土在运输过程中的倒装次数，减少离析、漏浆，保证入模混凝土的质量。

3）墩台施工程序

墩台施工程序为：墩台底面放线→基底处理→绑扎钢筋→安装模板→浇筑混凝土→养护、拆模。

4）墩台施工要点

（1）施工前应将基础顶面冲洗干净，混凝土基础应凿除表面浮浆，整修连接钢筋。

（2）墩台模板、支架应满足强度、刚度和稳定性的要求。模板接缝应严密，不得漏浆。

（3）模板采用分段整体吊装时，应连接牢固，保证其整体性，可视吊装能力确定分段高度。

（4）浇筑墩台混凝土时，脚手架、工作平台等不得与模板支架连接。支撑应作用在可靠的地基上。

（5）浇筑混凝土时，应经常检查模板、钢筋及预埋件、预留孔位置和保护层厚度。

（6）墩台模板安装的检查内容：墩台模板安装一般需要检查前后左右距中心线尺寸、表面平整度、相邻两板面高低差、同一墩台两垫石高差、预埋件和预留孔位置。

（7）墩台混凝土宜一次连续浇筑。当间歇浇筑时，施工接缝应符合规范的规定。

2. 特殊墩台施工方法

1）爬模施工

（1）爬模适用于高桥墩的施工。主要由网架工作平台、中心塔式起重机、L形支架、内外套架、内爬支脚机构、液压顶升机构和模板体系等部分组成。

（2）爬升模板施工流程为：清理基础顶面→测量放样→绑扎第一节墩身钢筋→立模、浇筑第一节墩身混凝土→安装爬模、绑扎钢筋→浇筑混凝土、养护→爬升架爬升、就位→提升模板、就位→进行下一循环施工。

（3）爬模的结构除应满足强度、刚度及稳定性的要求外，尚应符合以下规定：

① 应由2～3组相同规格的钢模板及构、配件组合成一套爬模，每套爬模应设置脚手平台、接料平台，吊挂安全网。

② 宜采用塔式起重机或其他提升设备提升。

③ 宜采用大块模板施工，模板两侧和下部应设置板翼。

（4）每次浇筑混凝土面距模板顶面不应小于5cm。

（5）浇筑混凝土时，应使用插入式振捣器捣固，并应避免接触模板、对拉螺栓、钢筋或支撑。

（6）模板安装前均应清除表面灰浆污垢，整修变形部位并涂刷脱模剂。

（7）模板沿墩身周边方向应始终保持顺向搭接。

（8）爬模施工过程中，应经常检查中线、高程，发现问题及时纠正。

（9）墩身混凝土拆模后应及时堵塞对拉螺栓孔。

（10）爬模的接料平台、脚手平台、拆模吊篮的荷载应均匀，不得超载，严禁混凝土吊斗碰撞爬模系统。

2）翻模施工

（1）翻模适用于高墩施工，主要由起重设备和多组同样规格的模板组成，多组模板循环倒用。

（2）三节模板翻模施工流程为：清理基础顶面→测量放样→绑扎第一、二、三节钢筋→安装第一、二、三节模板→浇筑第一、二、三节混凝土、养护→绑扎第四、五节钢筋→拆除第一、二节模板安装至第四、五节墩身→浇筑第四、五节混凝土、养护→进行下一循环施工。

（3）利用吊挂垂球方法检查控制桥墩中心和方位时，应专人负责，跟踪观测，发现偏差及时纠正。

（4）每浇筑5～10节墩身混凝土，应对中心和高程核对一次。

（5）利用减少内外模板的块数和相邻模板的搭接长度，实现桥墩的收坡和曲率变化。

（6）模板搭接时，应沿桥墩周围向一个方向搭接。

（7）作业平台应铺设牢固，安全网布设严密。

4.2 桥梁梁部施工

4.2.1 简支梁施工

1. 简支T梁预制与架设

1）简支T梁预制

（1）T梁的预制程序

① 普通钢筋混凝土简支梁预制施工程序：台座整平、安装支座预埋板→安装梁体钢筋→安装侧模、内模、端头模板→安装桥面钢筋以及预埋件→浇筑混凝土→养护→移梁至存梁场。

② 后张法预应力混凝土简支梁预制施工程序：台座整平、安装支座预埋板→安装梁体钢筋→安装制孔器→安装外模、端头模板→安装桥面钢筋以及预埋件→浇筑混凝土→抽拔制孔器→清理孔道→养护→穿预应力束→张拉预应力束→孔道压浆、封锚→浇筑梁端混凝土→移梁至存梁场。

③ 先张法预应力混凝土简支梁预制施工程序：台座整平、安装支座预埋板→安装并张拉预应力束→安装梁体钢筋→安装外模、端头模板→安装桥面钢筋以及预埋件→浇筑混凝土→养护→放张预应力束→封锚、浇筑梁端混凝土→移梁至存梁场。

（2）先张法预应力混凝土T梁施工要点

① 先张法预应力混凝土简支梁应采用整拉整放或单拉整放工艺制作。

② 张拉台座应与张拉各阶段的受力状态适应，构造应满足施工要求。张拉横梁及锚板应能直接承受预应力筋施加的压力，其受力后的最大挠度不得大于2mm。锚板受力中心应与预应力筋合力中心一致。侧模和底模长度应增加预留量，其值应考虑梁体弹性模量、上拱、松弛等影响。

③ 张拉千斤顶在整拉整放工艺和单拉整放工艺中，单束初调及张拉宜采用穿心式双作用千斤顶。整体张拉和整体放张宜采用自锁式千斤顶，张拉吨位宜为张拉力的1.5倍，且不得小于1.2倍。张拉千斤顶在张拉前必须经过校正，校正系数不得大于1.05。校正

有效期为一个月且不超过 200 次张拉作业，拆除更换配件的张拉千斤顶必须重新校正。

(3) 后张法预应力混凝土 T 梁施工要点

① 采用底模联合振动时，应将两侧模板上下振动器位置交错排列。模板应设置反拱及预留压缩量。

② 当梁体混凝土强度及相应的弹性模量达到设计要求后，方可施加预应力。

③ 预应力筋的张拉应以应力控制为主，伸长值作为校核。顶塞锚固后，测量两端伸长量之和不得超过计算值 ±6%。

2) 简支 T 梁架设

铁路简支梁主要采用架桥机进行架设。

目前常用的铁路 T 梁架桥机主要有：单梁式架桥机、双梁式架桥机、铺架机、JQ600 型架桥机、下导梁式架桥机、DF450 型双臂桁架式架桥机。

(1) 单梁式架桥机架梁工序

单梁式架桥机架梁工序为：组装架桥机→编组架梁列车→主机运行到桥头对位，伸机臂，立零号柱→机动平车运行至桥头工地→机车推送梁车、桥面轨排车和换装龙门起重机至桥头工地→组立换装龙门起重机并换装梁至机动平车→机动平车运送梁与主机对位→喂梁、捆梁、吊梁、出梁→机上横移或墩顶横移梁→安装支座、落梁就位→重复架第二片梁→铺桥面、连接板焊接→重复架其余各孔梁→架梁收尾作业。

(2) 双梁式架桥机架梁工序

双梁式架桥机目前共分为长征型和红旗型两种，其架梁工序如下：宽式架桥机宜在桥头组装，用机车推送对位；窄式架桥机组装后低位简支自行或机车推送到桥头，大臂升高后悬臂对位→支机身两侧支腿→立零号柱、中柱和后龙门柱→机车推梁车或机动平车运梁至主机对位→捆梁、吊梁、出梁对位，低位横移，安装支座，落梁就位→重复架第二片梁→铺桥面、连接板焊接→重复架其余各孔梁→架梁收尾作业。

(3) 铺架机架梁工序

铺架机的架梁工序为：组装铺架机主机、机动平车和换装龙门架→编组架梁列车→铺架机主机运行至桥头对位→机动平车和梁车运行到换装龙门起重机处换装梁→机动平车或机车送梁至桥头与主机联挂→拖拉梁、捆梁、吊梁→对位、落梁、移梁就位、安装支座→重复架第二片梁→铺桥面，连接板焊接→重复架其余各孔梁→架梁收尾作业。

(4) 架梁前应落实的工作内容

① 架梁施工步骤和架梁时的劳动力组织；桥头线路、桥面、架梁岔线等的铺轨上砟办法；铺轨与架梁的衔接办法。

② 确定组装架桥机地点和换装龙门起重机的衔接办法。

③ 复查架桥机组装和吊梁通过地段的限界是否符合要求。

④ 检查桥墩中线、支座十字线等是否已画在墩台垫石顶面上，垫石顶面是否平整；锚栓孔位置、深度、孔眼大小等是否符合要求；桥台挡砟前墙和墩台顶帽有无外露钢筋；吊篮及步行板是否安装牢固。

⑤ 检查桥头填土和线路质量，确定压道加固办法和有关事项。架桥机组装后的走行地段线路必须压道检查，线路状况不合格时，应由原施工单位进行处理直至达到标准。

⑥ 确定架梁列车编组挂运办法和梁的供应办法。

⑦ 特殊条件下架梁的办法和步骤。
⑧ 确定桥头备砟、堆料、存放机具、卸存梁、组装轨排等的具体位置。
⑨ 架梁时的电源、照明、通信等实施方案。

(5) 严禁架梁的限制条件

① 架桥机卷扬和走行系统的制动设备、机身稳定设备失灵，或架桥机杆件、吊具及设备有损害未彻底修复时。
② 架梁人员未经培训，或架梁人员之间分工不明确、指挥不统一、信号不一致时。
③ 气候恶劣（大风、大雾、大雨、大雪等）妨碍瞭望操作，或夜间照明不足，影响安全作业时。
④ 桥头路基或线路未按规程进行处理时。
⑤ 架梁通过临时性桥梁未经验算又未采取措施，不能确保安全时。
⑥ 架设新型梁，或在特殊的墩台、桥梁上架梁，无明确要求，又未经验算时。
⑦ 在运输、装卸过程中，梁表面受到损伤又未整修完好时。

2. 简支箱梁预制与架设

1) 简支箱梁预制

高速铁路桥梁上部结构形式以跨度 32m、24m 双线后张法预应力混凝土简支箱梁为主，其中 32m 箱梁作为主梁型。

双线箱梁由于断面大、重量大，无法通过铁路或公路远距离运输，不能采用传统意义上的"工厂集中预制，铁路运输到桥位架设"的方法，只能采取以现场分段集中制造、短距离运输、架桥机架设为主，桥位现浇和移动模架造桥机为辅的施工方法。对于桥群密集区，根据梁型数量及分布，设置制梁场，配置重型运、架梁设备进行制架施工；对于远离桥群的个别桥梁，采用桥位现浇；对于部分特殊地段桥梁，采用移动模架造桥机施工。

(1) 制梁

① 工序

吊装钢筋笼入外模→钢筋笼定位→定位内模→合龙外模→检查各部分连接→浇筑混凝土→蒸汽养护→脱外模、拆端模、出内模→初张拉→脱侧模→箱梁出台座→整理底模，进入下一循环施工。

梁体钢筋骨架分为底腹板钢筋骨架和顶板钢筋骨架，骨架分别在相应的底腹板和顶板钢筋绑扎胎具上进行绑扎。底腹板钢筋绑扎完毕后，龙门起重机将底腹板钢筋吊入已经安装底模、外模的制梁台座上，然后将已拼装好的内模吊至底腹板钢筋骨架内，再将顶板钢筋骨架吊至底腹板钢筋骨架上组装，底腹板钢筋和顶板钢筋绑扎焊接成整体后，最后安装端模，成型。

混凝土在拌和站集中拌制，混凝土输送泵配合液压式布料机入模，插入式和附着式振动器振捣，混凝土顶面振动整平机抹面，整体一次性浇筑，蒸汽养护。在制梁台位上进行混凝土的浇筑、预张拉和初张拉，采用提梁机吊移至存梁区存梁，在存梁台位上进行终张拉、压浆和封端施工。

② 工时

一个典型的制梁工序、工时见表 4.2-1。

表 4.2-1 制梁工序、工时表

序号	施工项目	时间（h）	序号	施工项目	时间（h）
1	吊放钢筋笼	6	7	蒸汽养护	40
2	钢筋笼定位	4	8	滑出内模等	2
3	定位内模	3	9	初张拉	8
4	检查	2	10	脱侧模	2
5	浇筑混凝土	6	11	箱梁出台座	3
6	静停	4	12	整理底模	4
合计					84h

（2）制梁标志与制造证明书

① 预制梁应逐件进行检查、验收，并签发技术证明书。

② 预制梁均应设置桥牌。桥牌应标明：跨度、活载等级、设计图号、梁号、梁体重量、制造厂家、制造年月、许可证编号等。

③ 预制梁制造技术证明书应一式两份。一份随同施工原始记录归档，另一份交用户。

（3）保管及运输

① 预制梁在制梁场内运输、存梁及出场装运时的梁端容许悬臂长度应符合设计要求。

② 预制梁验收交库后方能装车发运。

③ 预制梁在制梁场内运输、起落梁和出场装运、落梁均应采用联动液压装置或三点平面支撑方式，运输和存梁时均应保证每支点实际反力与四个支点的反力平均值相差不超过 ±10% 或四个支点不平整量不大于 2mm。

2）简支箱梁架设

（1）架梁设备

高速铁路双线 32m 箱梁采用专用架桥机架设，以下简述两种架桥机的架梁方法。

① 单导梁式架桥机

单导梁式架桥机是以自走行移位过孔方式进行吊装箱梁，也称为上导梁式架桥机。

单导梁式架桥机构造主要包括：运梁车、后吊梁天车、前吊梁天车、后支架、主支架、主钢梁、前支架，如图 4.2-1 所示。

图 4.2-1 单导梁式架桥机构造

② 双导梁式架桥机

双导梁式架桥机是借助前进导梁向前推进实现移位过孔架梁，也称为下导梁式架桥机。

双导梁式架桥机构造主要包括：主支架、后吊梁天车、主钢梁、前吊梁天车、前支架、鼻梁、中间支架、前导梁后支腿、前导梁、前导梁前支腿，如图 4.2-2 所示。

图 4.2-2　双导梁式架桥机构造

（2）单导梁架设箱梁

① 运梁车载运箱梁进入待吊位置。

② 前吊梁天车吊起箱梁前端，并与运梁车上台车同步前进，至后吊梁天车的起吊位置。

③ 后吊梁天车吊起箱梁后端，脱离运梁车，同时与前吊梁天车移动箱梁至吊放位置上方，运梁车驶返预制场。

④ 箱梁吊放，由墩帽上千斤顶临时支撑。

⑤ 前后两吊梁天车移至架桥机后端，后吊梁天车钢缆与桥面锚碇，前支腿收起，并移至中支腿处。

⑥ 放下后支腿，松开后吊梁天车钢缆，架桥机沿桥面上临时铺设的钢轨，前移至下一跨待吊位置。

⑦ 再将后吊梁天车钢缆与桥面锚碇，前支腿前移并固定于下一跨墩帽上，收起后支架及松开后吊梁天车钢缆。

⑧ 重复前述的移机吊梁步骤，进行下跨吊装作业。

（3）双导梁架设箱梁

① 运梁车载运箱梁进入起吊位置。

② 前吊梁天车吊起箱梁前端，与运梁车上的台车同步前进，至后吊梁天车的起吊位置。

③ 后吊梁天车吊起箱梁后端，脱离运梁车，同时与前吊梁天车移动箱梁至吊放位置上方，运梁车驶返预制场。

④ 箱梁吊放，由墩帽上千斤顶临时支撑。

⑤ 两吊梁天车移至架桥机后端，收起中间支腿。
⑥ 架桥机沿前进导梁及桥面上临时铺设的钢轨，前移至下一跨待吊位置，放下中间支腿，并固定于墩帽上。
⑦ 拆除前进导梁前、后支腿的锚碇杆件。
⑧ 利用鼻梁吊架将前进导梁吊起，前移至下一跨墩帽上。
⑨ 安装前进导梁前、后支架的锚碇杆件。
⑩ 重复前述的移机吊梁步骤，进行下一跨吊装作业。

（4）箱梁架设基本要求

① 架桥机架梁前，应编制施工组织设计、施工工艺和安全操作细则，认真组织实施，并建立完善的检修、保养制度，定期对重要部件进行探伤检查。

② 严格控制箱梁及梁上工具等设备重量不得超过运梁设计及对其他结构物设计检算的允许值。

③ 架桥机架梁作业时，抗倾覆稳定系数不得小于1.3；过孔时，起重小车应位于对稳定有利的位置，抗倾覆稳定系数不得小于1.5。

④ 桥梁支座可在运梁前安装在梁底，随梁一同运输到位。

⑤ 预制梁架设时，首先应按设计位置准确落在两端作为临时支点的千斤顶上，同时应保证每个支点反力与四个支点反力的平均值相差不超过±5%；落梁后再进行支座灌浆。

⑥ 预制梁架设后支点处桥面标高误差应在0~-20mm，相邻梁端顶面高差不应大于10mm。

（5）箱梁运输

① 运梁车

运梁车是单导梁和双导梁架桥机架梁施工的必备设备。运梁车必须保证箱梁运输过程中的正常的支承状态，保证箱梁结构安全；满足配套架桥机的架梁方法、使用条件、技术性能、相关配合尺寸等要求；满足沿途路基、桥涵等结构物的承载要求。

② 运梁

a. 架桥机通过正线路基运梁时，要求路基达到设计标准并完成工序交接，路基断面宽度、路基护坡和路堑的挡墙护坡完成；路基表层基配碎石按设计完成，压实密度达到设计文件的要求，平整且均质性好；桥台与台后路基高差用级配碎石顺平；桥台锥体护坡完成；架运梁时，软土路基加固固结后的强度要能确保架运梁时的稳定性要求。

b. 运梁车重载在已架好的梁上通过，应通过检算确认。

c. 运梁车对线路的要求：运梁线路填筑要达到路基质量要求，其纵向坡度不大于3%，横向坡度（人字坡）不大于4%，最小曲率半径不小于运梁车允许半径；清除走行界限内障碍物，在平交道口设置专人防护。

d. 运梁车走行：运梁车装箱梁起步应缓慢平稳，严禁突然加速或急刹车。重载运行速度控制在5km/h以内，曲线、坡道地段应严格控制在3km/h以内。

3. 箱梁原位造梁方法

桥位制梁应根据桥位地形、地质、水文、气象、交通、航运等实际施工条件，结合工程结构特点编制专项施工方案。桥位制梁施工前，应测量检查桥梁中线、墩台跨距和支承垫石的位置、尺寸和顶面高程。桥位制梁应根据梁体结构特点和所处环境条件，确定混凝土养护措施，桥位制梁的模板和支撑体系应进行施工设计和检算，并应具有足够的强度、刚度、稳定性。浇筑混凝土前应按规定进行预压。

1) 支架法制梁

（1）支架法制梁可适用于地基条件较好，跨越旱地或浅水河流且桥墩高度较小的简支梁现场浇筑施工，支架形式可采用满堂支架、梁式支架或其组合结构。

（2）支架法制梁可根据现场施工条件选择原位浇筑、旁位浇筑或高位浇筑方法施工。当选择旁位或高位浇筑方法时，支架及相关施工设施应充分考虑梁体横移及落梁工况。

（3）支架应采用钢结构。支架结构形式一般应根据桥长、桥下净空、通车通航要求、桥位地质和环境条件、现有可用临时器材及其受力性能等因素，经技术经济比较选择。

（4）支架基础必须具有足够承载能力，并应做好地面防排水处理，严格控制不均匀沉降，满足设计要求。其基础类型、面积和厚度应根据支架结构形式、受力情况、地基承载力等条件确定，利用桥墩台承台作支架基础时，应按最不利荷载组合对桥墩台基础及基底进行受力检算。

（5）支架结构应具有足够的承载力和整体稳定性，其承载力和稳定性必须进行检算。支架设计检算应考虑梁体、模板、支架的重量以及施工荷载、风荷载等荷载，并应考虑梁体预应力筋张拉和移、落梁的不同工况可能出现的最不利荷载情况。冬季施工时还应考虑雪荷载和保温养护设施荷载，水中施工时还应考虑流水侧压力。

（6）支架应根据施工设计图进行制作和安装，所用钢支架或钢构件的规格、质量应符合国家相关标准的规定。使用碗扣式钢管支架拼装支架时，必须严格掌握可调底托和顶托的可调范围，留在立杆内长度应不小于30cm，防止因"过调"导致底、顶托失稳；严格控制竖杆的垂直度、剪刀撑及扫地杆的间距和数量，保证钢管及支架整体稳定性。施工用脚手架和便道（桥）不应与支架相连接。

（7）支架安装结束经检查符合要求后，方可进行模板安装。

（8）支架应进行预压，以检验结构的承载能力和稳定性、消除其非弹性变形、观测结构弹性变形及基础沉降情况。预压荷载应不小于最大施工荷载的1.1倍。预压加载可按最大施工荷载的60%、100%、110%分三次加载，每级加载完毕1h后进行支架的变形观测，加载完毕后宜每6h测量一次变形值。预压卸载时间以支架地基沉降变形稳定为原则确定，最后两次沉落量观测平均值之差不大于2mm时，即可终止预压卸载。

（9）底模应依据检算变形量并结合预压数据，预留适当的沉落量和施工预拱度，确保梁体线形符合设计要求。预拱度的最高值一般设在梁跨中，并以梁的两端支点为零按设计线形（圆曲线或二次抛物线）进行分配。

（10）梁体混凝土应在最先浇筑的混凝土初凝前一次浇筑完成，浇筑方法应符合设计要求，当设计无要求时，宜从跨中向两端按混凝土浇筑工艺设计施作。

2) 移动模架制梁

（1）预应力混凝土简支箱梁采用预制架设、支架法有困难或不经济时，可采用移动模架桥位制梁。

（2）移动模架可分为下行式和上行式，主要由主梁及导梁、墩旁托架或墩顶支腿、支承台车及纵横移动装置、制梁时的支承及顶落装置、外模系统、内模系统、液压系统及电气系统等部分组成。移动模架可沿桥梁纵向自行移动，内模宜采用能收缩后从箱室内逐节退出的形式。

（3）施工单位应将拟采用的移动模架类型及主要技术参数提交设计单位，对桥梁下部结构进行受力检算。移动模架施工需要在墩台相应部位设置预留孔及埋设预埋件时应征得设计单位同意。

（4）移动模架应具有足够的强度、刚度和稳定性。主梁挠度不应大于 $L/550$（L 为主梁支撑跨度），在各种工况下稳定系数均不得小于 1.5。

（5）移动模架每次拼装前，应对各零部件的完好情况进行检查，拼装完毕后进行全面检查和调试，符合设计要求方可投入使用。每施工完一孔梁后亦应对移动模架进行一次全面检查。

（6）移动模架首次浇筑梁体混凝土前应进行预压，以检验结构的承载能力和稳定性、消除其非弹性变形、观测结构弹性变形及各部状况。首次预压荷载应为最大施工荷载的 1.2 倍，再次安装预压荷载应为最大施工荷载的 1.1 倍。预压应采用分级加载，可按最大施工荷载的 60%、100%、120%（非首次为 110%）分为三级，每级加载持荷时间应分别不小于 2h、2h、8h。

（7）移动模架纵向前移时应对桥墩（包括临时墩架）和主梁采取稳定措施。墩旁托架及落地支架上设置的移动模架下滑道（轨道）应具有足够的强度、刚度、长度和宽度。

（8）墩旁托架及落地支架应具有足够的强度、刚度和稳定性，支承面应清理、找平，墩台两侧托架顶面的横向高差应不大于 10mm，桥跨两端托架顶面的纵向偏差应不大于 5mm。高墩可采用设置在桥墩墩身两侧的钢牛腿作托架支承，牛腿及托架结构必须经过设计计算。

（9）移动模架拼装完成，主梁应顺直无旁弯，外侧模顺桥向位置偏差应不大于 10mm，底模中线及高程偏差应小于 5mm。内模小车运输轨道应安装稳固、平顺，纵向中线偏差应不大于 10mm，两轨面高差应不大于 5mm。

（10）移动模架的底模应设置预拱度，预拱度应计入主梁荷载作用后的弹性变形影响，弹性变形应根据混凝土实际重度计算并结合有关试验数据修正后得出。

（11）移动模架制梁的活动支座安装除应根据温度变化和混凝土梁的收缩徐变调整上下座板的相对位置外，还应计入设计单位提供的梁体混凝土在预应力作用下的梁长压缩量。

（12）梁体混凝土宜在温差变化较小时段浇筑，并应在最先浇筑的混凝土初凝前一次浇筑完成。每次浇筑前应对所有生产系统进行全面检查，浇筑过程中应对移动模架各部状况及挠度变化进行观测，必要时对移动模架受力进行监测。

（13）张拉预应力筋时，梁体混凝土强度、弹性模量及龄期和预应力筋张拉顺序及张拉力值必须符合设计要求。预应力筋应左右侧对称同时进行张拉，分批张拉时应监测梁体拱度变化是否与设计要求相符合，防止由于移动模架主梁反弹使梁体上缘出现超拉应力而开裂，必要时应配合每批预应力筋张拉相应调整底模高程。

（14）移动模架横向开合、纵移应同步对称进行。

（15）风力大于6级时，不得进行移动模架施工作业，所有支腿均应处于锚固和锁定状态，外模板应闭合。

（16）采用移动模架桥位制梁，两端桥台支承垫石以上部分宜安排在首、尾孔桥梁制完，且移动模架移开后再行施工，以避免高位制、落梁。

4.2.2 连续梁、连续刚构施工

预应力混凝土连续梁、连续刚构可采用悬臂浇筑法、悬臂拼装法、顶推法、转体法、支架法施工。

1. 悬臂浇筑连续梁、连续刚构

悬臂浇筑法施工适用于预应力混凝土悬臂梁、连续梁、刚构桥、斜拉桥等结构，通常每次可浇筑3～5m长的梁段，每个工序循环需6～10d。

1) 悬臂浇筑法施工流程及设备配置

（1）悬臂浇筑法施工流程

悬臂浇筑预应力混凝土连续梁、连续刚构施工流程为：施工准备→墩顶0号块施工及挂篮安装前梁段施工→桥墩两侧悬臂梁段施工→边跨非对称梁段施工→合龙段施工→防水层、桥面工程施工。

（2）悬臂浇筑法施工的设备配置

悬臂浇筑法的设备配置为：钢筋加工设备、垂直运输设备、水平运输设备、托架（或支架）、挂篮、张拉设备、试验设备、混凝土拌和设备等。

2) 悬臂浇筑法的施工要点

（1）施工挂篮的设计要求：

① 强度、刚度及稳定性符合设计要求。

② 挂篮设计总重应控制在连续梁设计要求的限重之内，当设计无要求时，挂篮设计总重与梁段混凝土重量的比值宜控制在0.3～0.5。

③ 施工时挂篮总重量的变化，不应超过设计重量的10%，且挂篮总重不得超过设计限重。

④ 挂篮施工及走行时的抗倾覆稳定系数不得小于2。

⑤ 挂篮锚固系统、限位系统等结构的安全系数不得小于2。

（2）施工单位在挂篮加工时，必须对原材料、加工工艺等做全面质量监控和检查。挂篮出厂前应进行工厂组装、试拼，对主桁架、前后吊带、销子等关键部件进行力学性能试验，对销座等关键焊缝进行超声波探伤检验。

（3）挂篮现场组拼完成投入使用前，应全面检查安装质量，并应进行走行性能试验和静载试验，预压荷载为最大施工荷载的1.2倍。

（4）挂篮前端应设置作业平台，四周应设置围栏，作业平台下应设置安全网，人员上下应设置安全扶梯。

（5）连续刚构墩顶梁段应与墩顶混凝土一次浇筑完成，墩梁固结段与桥墩接缝位置及连接设置应符合设计要求。

（6）墩顶梁段及墩顶相邻梁段、边跨现浇梁段可采用托架或支架进行现浇施工。托架、支架必须经过设计计算，浇筑混凝土前必须进行静载试验。托架、支架预压荷载为最大施工荷载的1.1倍。

（7）连续梁、连续刚构悬臂施工时，为保证梁体稳定，设置的临时支座或临时支撑必须经过设计计算。

（8）施工单位在悬臂浇筑连续梁、连续刚构施工过程中，应对梁体进行线形控制，根据现场实际挂篮形变、临时荷载、环境温度等情况和实测已完梁段变形情况，对每节梁段的理论立模标高进行修正。设计有要求时，还应配合进行应力监测。

（9）在梁段混凝土浇筑前，必须对托架或支架、挂篮、模板、预应力管道、钢筋、预埋件、混凝土原材料、配合比、混凝土接缝处理、机械设备情况进行全面检查。

（10）桥墩两侧梁段应对称、平衡浇筑，施工不平衡偏差不得超出设计允许值。

（11）悬臂梁段混凝土应连续浇筑、一次成型。悬臂梁段应自悬臂端向锚固端分层浇筑，并在最先浇筑的混凝土初凝前完成本梁段的全部混凝土浇筑。

（12）预应力管道宜采用成品镀锌金属波纹管，并应符合《预应力混凝土用金属波纹管》JG/T 225—2020的要求。施工中应保证管道定位网的数量和精度，特别在曲线段应采取加密措施，在钢筋施工中避免对管道踩踏，混凝土振捣时应避开管道；在悬灌过程中应做好管道接头，使其顺直，减小接头处的摩阻。安装锚具时，应保证锚具承压面与管道端口轴线垂直。施加预应力前应防止预应力孔道进水、进入杂物。

（13）两端下弯的长大预应力筋孔道和直线段孔道应在适当位置设置排气孔。

（14）预应力筋张拉设备、锚具、喇叭口应采用成套产品，符合《铁路工程预应力筋用夹片式锚具、夹具和连接器》TB/T 3193—2016的要求，并采用相匹配的限位板、千斤顶等设备进行张拉。

（15）连续梁悬臂浇筑应尽量避开冬期施工。如必须进行冬期施工，除应符合《铁路混凝土工程施工技术规程》Q/CR 9207—2017的相关规定外，还应采取有效措施，保证压浆过程中及压浆后3d内，梁体温度不低于5℃。

（16）锚垫板下孔道、钢筋及预埋件等交叉密集部位，应采取有效预防措施，避免产生混凝土松散、粗骨料与砂浆分离、空洞等现象。

（17）梁端模板拆除后，需对梁端接缝面混凝土进行凿毛时，应使梁体接缝面露出不少于75%新鲜混凝土面积。凿毛时混凝土强度，人工凿毛时不小于2.5MPa，机械凿毛时应不小于10MPa。

（18）连续梁、连续刚构预应力筋张拉应符合下列规定：

① 梁段预应力筋张拉应按先纵向、再竖向、后横向的顺序进行。

② 预施应力完成后应及时压浆。

③ 预施应力应采取双控措施，预施应力值以油压表读数为主，以预应力筋伸长值进行校核。预应力筋张拉前应计算每一束（根）预应力筋的理论伸长值，作为张拉时与预应力筋实际伸长值的比对依据。实际伸长值与理论伸长值的差值，不得超出理论伸长值的±6%，超出规定范围时应停止张拉锚固，并查明原因，确保梁体预应力控制应力符合设计要求。

④ 预应力筋在使用前必须做张拉、锚固试验，并应进行管道摩阻、喇叭口摩阻等

预应力损失测试，以保证预施应力准确。

⑤ 纵向预应力筋张拉应在梁段混凝土强度达到设计值的 95%、弹性模量达到设计值的 100% 后进行，且必须保证张拉时混凝土的龄期不小于 5d。

⑥ 纵向预应力筋应两端同步且左右对称张拉，最大不平衡束不得超过 1 束。张拉顺序应为先腹板再顶板后底板，从外向内左右对称进行。预施应力过程中应保持两端的伸长量基本一致。

⑦ 竖向预应力筋应左右对称单端张拉，宜从已施工端顺序进行。为减少竖向预应力损失，竖向预应力筋应采用两次张拉方式，即在第一次张拉完成 1d 后进行第二次张拉，弥补由于操作和设备等原因造成的预应力损失，并且采取措施切实保证压浆质量。

⑧ 横向预应力筋应在梁体两侧交替单端张拉，宜从已施工端顺序进行。每一梁段伸臂端的最后 1 根横向预应力筋，应在下一梁段横向预应力筋张拉时进行张拉，防止由于梁段接缝两侧横向压缩不同引起开裂。

⑨ 竖向和横向预应力筋张拉滞后纵向预应力筋张拉不宜大于 3 个悬浇梁段。

（19）挂篮前移时，纵向预应力筋必须张拉完成。

（20）当采用夹片式锚具时，钢绞线的张拉方法为：

0→初始应力（终张拉控制应力的 10%～20%，测钢绞线伸长值并做标记，测工具锚夹片外露量）→张拉控制应力（各期规定值，测钢绞线伸长值，测工具锚夹片外露量）→静停 5min，校核到张拉控制应力→主油缸回油锚固（油压回零，测总回缩量，测工作锚夹片外露量）→副油缸供油卸千斤顶。

（21）预应力筋张拉锚固完成后，应在锚口处的钢绞线上做标记，观察是否存在断、滑丝，经复查符合相关标准规定后，应用机械切割多余钢绞线头，切断处距锚具外端不宜小于 30mm。

（22）预应力筋为螺纹钢筋时，千斤顶的张拉头拧入钢筋螺纹的长度不得小于 40mm，一次张拉至控制吨位，持续 1～2min，并实测伸长量作为校核，然后拧紧螺帽锚固。

（23）孔道压浆方法应符合设计要求。孔道压浆应在预应力筋终拉后 24h 内完成，特殊情况时必须在 48h 内完成，并应按先纵向、再竖向、后横向顺序进行施工，竖向预应力孔道应从最低点开始压浆。同一孔道压浆，应连续进行一次完成。

（24）孔道压浆顺序应自下而上。竖向孔道压浆，应由下端进浆孔压入，压力应达到 0.3～0.4 MPa，上升不宜太快，待顶部出浆槽口流出浓浆后，堵死槽口，然后关闭压浆阀。水泥浆终凝后，方可卸拔压浆及出浆阀门。

（25）梁体封锚（端）应符合下列规定：

① 封锚（端）处混凝土表面应凿毛和清理干净，并对锚具进行防锈处理。

② 应按设计要求对封锚（端）进行防水处理。

③ 锚穴内应按设计要求设置钢筋网。

④ 封锚（端）混凝土应符合设计要求。当设计无要求时，应采用不低于梁体同等级混凝土封锚（端）。

⑤ 封锚（端）混凝土应采用保湿、保温养护。

（26）连续梁、连续刚构的合龙顺序应符合设计要求，设计无要求时，一般为先边跨、后次中跨、再中跨。多跨一次合龙时，必须同步、对称进行。

（27）连续梁、连续刚构合龙施工除应符合设计要求外，还应符合以下规定：

① 合龙口宜在一天中梁体温度最低时进行临时锁定，锁定措施应可靠，应能保证合龙段混凝土强度及弹性模量达到100%设计值及混凝土龄期不小于5d，进行预应力张拉时混凝土不开裂。锁定后应尽快浇筑合龙段混凝土，并使混凝土浇筑后温度开始缓慢上升为宜。

② 合龙段混凝土应加强养护，梁体受日照部位必须加以覆盖。

③ 为防止温度降低时两端梁体对合龙段新浇筑混凝土产生拉力，需临时张拉纵向预应力筋。

（28）连续梁、连续刚构合龙时的体系转换、支座反力调整应符合设计要求。

（29）边跨现浇梁段的梁底与支架之间应设置滑动装置，使合龙后的边跨现浇梁段可随全梁在支架上纵向滑动。

2. 悬臂拼装连续梁、连续刚构

1）悬臂拼装连续梁、连续刚构的施工流程

悬臂拼装连续梁、连续刚构的施工流程为：施工准备→墩顶梁段施工→安装悬拼吊机→吊装1号梁段→湿接缝混凝土模板、钢筋、管道、撑块安装→临时预应力筋张拉→湿接缝混凝土浇筑、养护→湿接缝混凝土拆模→预应力筋张拉、压浆→对称前移悬拼吊机→对称吊装2号梁段对位试拼→穿预应力筋、涂胶、梁段就位、预应力筋压胶张拉、养护→预应力筋张拉、压浆→对称前移悬拼吊机、吊装梁段、胶拼至合龙口→合龙梁段施工、体系转换。

2）悬臂拼装连续梁、连续刚构的施工要点

（1）悬臂拼装施工使用的吊装设备相关规定：

① 吊装设备类型应根据桥位施工条件和现有吊装设备或常备定型材料等情况，遵循自重轻、结构强度高、稳定性好的原则进行选择，可采用悬臂吊机、缆索吊及浮吊等设备。吊装设备必须按最重梁段和最长梁段的施工荷载分别进行强度、刚度和稳定性计算。

② 使用梁上悬臂吊机施工时，吊机重量应符合设计要求，悬臂吊机走行及悬拼施工时的抗倾覆稳定系数不得小于1.5。

③ 吊装设备使用前，应做性能试验和吊装试验。经过调试、检测、试运转检查和按设计荷载的60%、100%及125%分别进行吊重试验，符合设计要求方可进行吊装施工。

（2）悬臂拼装梁段预制施工要求：

① 悬臂拼装梁段应提前预制，提前的时间应符合设计要求，保证预制梁段获得足够的养护时间，其强度及弹性模量达到设计要求，混凝土干缩徐变较小。

② 制梁台座必须坚固、稳定，无不均匀下沉。台座顶面或底模顶面应与桥梁梁底设计线形一致，并应在每次制作梁段前，进行全面检查，发现变化及时调整。

③ 梁段接缝面设有定位销或剪力齿时，其位置、尺寸、平整度和预埋件的规格、数量、位置必须符合设计要求。

④ 预制梁段吊运前，应将设计要求张拉的预应力筋张拉完毕，并应标明梁段编号及拼接方向、梁段中心线及两侧平行线、梁段中心线的横向垂直线等拼装施工控制标线，在梁段顶面四角设立高程控制点并测定其相对高差。

⑤ 预制梁段的吊点位置必须符合设计要求，当设计无要求时应根据计算确定吊点位置。

（3）预制梁段吊运作业施工要求：

① 梁段起吊前混凝土强度应达到设计要求，当设计无要求时，混凝土强度应达到设计强度的75%以上，方可吊出预制场地。

② 梁段起吊前，必须使梁底与台座或底模及相邻梁段相脱离。

③ 梁段起吊前应先检查吊架、吊具及起升系统等是否处于最佳状态，待检查无误后，缓缓启动卷扬机，待箱梁底面离开运梁平车顶面5～10cm时停止起吊，检查预制箱梁是否呈水平状态或吊架各部位是否正常，待检查无误后，重新启动卷扬机，正式起吊就位。

④ 梁段起吊时，吊钩和吊绳应保持垂直，不得斜吊，吊具与吊点的连接应保证4个点均匀受力，防止梁体受扭。

（4）梁段的运输要求：

① 梁段必须采取可靠措施加以支垫固定，以保证梁段安放平稳。

② 场内运输时，运输轨道纵坡一般应为平坡。当地形条件受限制时，最大纵坡不应大于1%。当采用无转向架的运梁平车时，运输轨道不宜设平曲线。

③ 梁段装船应在专用码头上进行。栈桥的长度应保证在最低施工水位时驳船能进港起运。栈桥的高度应确保在最高水位时，栈桥的主梁不被水淹。栈桥起重机的起重能力和主要尺寸（净高和跨度）应与预制场的吊机相同。

④ 浮运：为保证浮运安全，应设法降低浮运重心。

（5）预制梁段存放要求：

① 梁段存放场地应平整、坚实，排水设施完善。

② 梁段应平稳、牢固地放置在垫木上，支垫位置应与吊点位置相一致，并应按悬拼安装次序存放。

③ 雨期和融冻期应注意防止地面软化发生不均匀沉陷而造成梁体损坏。

（6）预制梁段在运输拼装前应进行全面检查，梁段的编号、外形尺寸、接缝面的平整度，预埋件、预留孔及隔离层的清理情况均应符合设计要求；梁段拼装控制中线、高程的标线、标点设置情况应符合施工工艺设计要求。

（7）悬臂拼装预制梁段前，应全面检查核实墩顶或安装吊机前梁段的施作完成情况和连续梁墩顶梁段与桥墩临时固结或支撑情况，符合设计要求才能进行悬拼施工。

（8）悬臂梁段吊装施工要求：

① 桥墩两侧应对称、平衡吊装施工，桥墩两侧施工荷载的实际不平衡重偏差不得大于设计允许数值。

② 每次起吊梁段时，都应在吊起约20cm后暂停，检查吊具、吊点、吊机情况正常后方可继续起吊。

③ 涂刷接缝材料前应进行节段试拼。

④悬拼全过程均应进行线形监控。

（9）拼装梁段的接缝面处理方式、梁段间接缝宽度、接缝方法和接缝材料种类、性能、质量必须符合设计要求。

（10）梁段湿接缝施工要求：

①梁段接缝面应提前进行凿毛、清理，并应在混凝土浇筑前充分浸湿。

②梁段吊升到设计位置初步定位后，宜将梁段重量由钢丝绳悬吊转换为型钢定位架悬吊，精确定位。

③梁段连接缝定位时应符合以下规定：

a.接缝面两侧梁段纵向中心线重合、横向垂直线平行。

b.梁段前端高程符合施工线形设计要求。

c.梁段接缝定位检查合格后，应立即在接缝段安装模板、钢筋、管道、撑块和按设计要求穿束张拉临时预应力筋，将湿接缝进行临时固定。

④接缝模板必须与两侧梁段搭接密贴，不得出现错台和漏浆现象。

⑤接缝钢筋连接方法应符合设计要求，预应力孔道连接铁皮管伸入梁段长度应不小于10cm，并应进行密封处理。

（11）梁段胶接缝施工要求：

①涂胶前应先试拼定位，检查梁段纵横位置及四角高程。

②胶粘剂配合比和胶浆强度必须符合设计要求，胶浆稠度和固化时间应满足施工操作要求，并应经过试验验证。

③涂胶前接缝面必须清洁、干燥，温度应不低于10℃；涂胶后应进行覆盖，防止雨淋、日晒和保持温度稳定。

④涂胶作业应符合工艺设计要求，梁段正式定位后，按设计张拉顺序及压力（设计无要求时按0.2~0.3MPa）对称张拉临时预应力筋施行挤压，挤压应在3h以内完成，并应及时清理接缝面周围和预应力孔道中挤出的胶浆。

⑤胶粘剂使用过程中应继续搅拌以保证均匀。

⑥涂胶人员应佩戴防护用品。

（12）悬拼梁段永久预应力筋张拉施工要求：

①湿接缝梁段必须在接缝现浇混凝土强度达到设计要求强度后才能进行预应力施工，当设计对混凝土强度无要求时，应待混凝土达到设计强度等级的75%以上时方可张拉。

②胶接缝梁段拼装完毕，应按设计要求间隔时间或胶浆强度进行预应力筋张拉，当设计无要求时需在挤胶张拉30h后进行张拉。

③预应力筋张拉顺序应符合设计要求，设计无要求时应按先长后短、先边后中、先上后下交错进行施作。

④预应力筋张拉应注意气温和气象的变化，当气温在0℃以下、风力在5级以上时，不宜进行预应力筋张拉。

（13）梁上悬臂吊装设备，必须在拼装梁段的永久预应力筋张拉完毕后方可向桥墩两侧对称移动，每次移动都应注意吊机定位准确和锚固的稳定。

（14）悬拼时应采取有效测量方法减小平面位移误差的叠加和传递。

3. 顶推法施工连续梁

1）顶推法施工预应力混凝土连续梁施工流程

顶推法施工预应力混凝土连续梁应根据场地条件、工期要求、设备情况等，选择从一端顶推、从两端顶推方式，采用单点接力顶推、多点连续顶推等方法进行施工。顶推法施工连续梁施工流程为：施工准备→台座施工→安装前导梁、浇筑第一段梁→安装墩顶滑道、顶推设备→顶推第一段梁到施工设计位置→浇筑第二段及以后的中间梁段→顶推至施工设计位置→安装后导梁、浇筑最后一段梁→将梁体顶推至设计位置→拆除前后导梁及顶推设备→预应力筋安装、张拉，孔道压浆，拆除临时预应力筋→拆除墩顶滑道、安装支座落梁就位。

2）顶推法施工预应力混凝土连续梁施工要点

（1）制梁场地应能满足导梁拼装、机械设备及制梁材料存放和施工作业需要。

（2）制梁台座应进行施工设计，具有足够的强度、刚度和稳定性，并应做好台座地基的防排水设施以防止浸水沉陷。

（3）制梁台座顶面高程、中线及纵坡应与顶推桥梁的设计高程、中线及纵坡相一致。台座上的滑道装置应按最大反力设计计算，保证满足预制梁段的顶推需要。

（4）梁段制作及梁段连接施工要求：

① 预制梁段长度除应符合设计要求外，尚应考虑预应力混凝土的弹性压缩、收缩及徐变影响适当加长，并应在制作过程中根据顶推法施工梁长变化情况及时进行调整，确保支座位置符合设计要求。

② 预制梁段的端面尺寸、垂直度和底面平整度必须严格控制，梁段接缝面的预应力孔道相错量不应大于2mm。相邻梁段应密接浇筑，后浇梁段成孔胶管伸入已成梁段内长度不应小于30cm，金属波纹管成孔时搭接长度不应小于10cm，并应采用密封措施防止漏浆堵塞孔道。

③ 顶推梁段的接缝方式应符合设计要求。

④ 顶推梁段和顶推阶段的预应力筋应按设计要求张拉、压浆，但需要拆除的临时预应力筋张拉后不应压浆。

（5）顶推法施工使用的导梁应符合以下规定：

① 导梁长度、重量、结构类型及与梁体的连接方式应符合设计要求。

② 导梁底面应平直，并与梁体底面位于同一平面内，纵向高程偏差、中线偏差及底面横向高差均不应大于1mm。

③ 导梁与梁体连接的预埋件规格、数量、位置应符合设计要求，采用预应力筋加强连接时，预应力施工应符合设计要求。

（6）桥跨间设置临时桥墩时，临时墩应经过设计检算，具有足够的强度、刚度和稳定性。临时墩上的滑道应设有高程调整设施。

（7）顶推导向及滑动设备设置应符合以下规定：

① 顶推梁体横向导向设备和梁底滑动设备设置应符合设计要求。设计无要求时，横向导向设备宜采用在每一桥墩顶面两侧设置临时导向墩（架），导向墩（架）与顶推梁体外侧面应留有适当间隙，以便在顶推过程中设专人填放四氟板控制方向。

② 梁底可采用聚四氟乙烯板作滑板，其面积应根据最大反力计算确定，长度不宜

小于40cm。

③ 墩顶滑道（临时支座）表面应平整光滑，安装牢固。

④ 滑道进出口坡度应小于2°，避免滑板产生的线状变形致使聚四氟乙烯板遭受碾压破坏。

(8) 梁段开始顶推前应具备的条件：

① 顶推阶段的预应力筋全部张拉完成。

② 对顶推设备技术状态和滑道、导向及纠偏装置、导梁设置情况进行全面检查并全部符合顶推工艺设计要求。

③ 施工人员全部就位并联络畅通。

(9) 顶推法施工要求：

① 顶推设备应经检验合格，顶推千斤顶的顶推力不小于计算顶推力的2倍。

② 顶推过程中桥墩台的纵向位移不得大于设计允许值。

③ 顶升桥梁的起顶反力值不得大于计算反力值的1.1倍，顶升高度不得大于设计要求值，设计无要求时一次最大顶升高度不应大于5mm。

④ 单点顶推的开始和最后阶段，因竖直千斤顶与梁体间摩擦力不足致使梁体不能前进时，应考虑采取助推措施。

⑤ 顶推过程应随时观测梁体中线偏移、滑道高程及位移变化，检查墩顶纵向位移和导梁与梁体连接处、梁体接缝处、未压浆的临时预应力筋锚头处等重点部位变形变位等情况，发现异常现象应立即停止顶推，分析原因并及时处理。导梁前端挠度变大可能影响上墩时，应在前方墩顶提前设置接引上墩设施。

⑥ 顶推过程每一滑道应设专人监视滑道工作状态和保持滑动面清洁，使用非连续滑板时应有人及时喂、接滑板，保证在任何情况下每条滑道上不少于两块滑板，并及时更换磨损严重的滑板。

⑦ 单点或多点顶推时，左右两条顶推线的水平千斤顶应纵向同步运行（同时、同顶力、同行程顶推）。多点连续顶推时，应在梁上适当位置设置集中控制台，控制各墩台动力装置同步纵向运行，并应根据实际偏差及时调节各千斤顶的速度和行程。

⑧ 采用牵引拉杆方式顶推时，千斤顶的反力台座、梁体上的拉锚器设置和牵引拉杆的配置应符合工艺设计要求。

⑨ 顶起梁体过程中，当千斤顶行程及油压达到预计数值而梁体未上升时，不可继续加压，应适当等待观察。起顶的反力不应大于容许反力的10%，顶起高度不宜大于5mm。

(10) 落梁施工要求：

① 桥梁顶推至设计位置后，应按设计要求的落梁程序将梁落到永久支座上。

② 拆除滑动装置时，顶梁和落梁应符合工艺设计要求。

③ 顶落梁时应有保险设施，并随千斤顶活塞起落及时加高或降低。同一梁端的两侧支点应同步起落。

④ 落梁时应以支点反力控制施工，可在不大于计算支点反力值±10%范围内调整梁底高程。

(11) 桥梁顶推法施工完毕，应将临时墩拆除。

4. 转体法施工连续梁、连续刚构

1）连续梁、连续刚构转体施工流程

预应力混凝土连续梁转体分为墩顶转体、墩底转体，连续刚构转体为墩底转体。连续梁、连续刚构采用平转法进行转体施工时，连续梁、连续刚构转体施工流程为：施工准备→设备安装、调试→试转→转体→定位、临时锁定（测量监控）→封固转盘→梁段合龙。

2）连续梁、连续刚构转体施工要点

（1）转体前梁体采用悬臂浇筑时，应采取临时固定措施，保证施工期间梁体稳定。

（2）连续梁、连续刚构施工时应严格控制节段尺寸，防止不平衡力矩超限和梁体整体超重。

（3）转体施工应进行转体结构稳定、偏心及牵引力计算。偏心值宜为 0.05~0.15m，牵引设备应按计算牵引力的 2 倍配置。

（4）转体系统主要由上转盘、下转盘、转轴、转体滑道、辅助支腿、转体牵引索及动力系统组成。制作安装时应符合以下规定：

① 上、下转盘和转轴的制作安装精度及表面摩擦系数应满足设计要求。

② 浇固于上转盘周边的辅助支腿应对称均匀布置，与下环道保持不大于 20mm 的间距。

③ 环形滑道基座应保持水平，滑道的平整度及辅助支腿与滑道的间距误差应符合设计要求。设计无要求时，滑道 3m 长度内平整度不大于 ±1mm，径向对称点高差不大于环形滑道直径的 1/5000。

（5）转体系统应设置防超转限位装置。

（6）预埋于上转盘的转体牵引索固定端应与上转盘外圆相切，预埋时应清除每根钢绞线表面的锈迹、油污后，逐根顺次沿着既定索道排列缠绕后，穿过顶推千斤顶。

（7）千斤顶必须分别水平、对称地布置于转盘两侧的同一平面内，千斤顶的中心线必须与上转盘外圆相切，中心线高度与上转盘预埋钢绞线的中心线水平，同时要求千斤顶到上转盘的距离相等。

（8）转体施工要求：

① 主梁梁体施工完成后，拆除转盘上各临时支撑点，完成从主梁施工到梁体待转的体系转换。

② 清除转体范围内各种障碍物。

③ 应进行桥体称重，根据实测不平衡力矩推算出所需配载重量，使实际重心偏移量满足设计偏心要求。

④ 对全桥各部位包括转盘、转轴、滑道、辅助支腿、牵引系统等进行测量、检查后，进行试转。

⑤ 主梁试转后，根据量测监控所提供的数据，进行二次配重。

⑥ 转动时应控制转速均匀，角速度不宜大于 0.02rad/min 且桥体悬臂端线速度不大于 1.5m/min。

⑦ 平转接近设计位置 1m 时降低平转速度，距设计位置 0.5m 时采用点动牵引法就位。

(9)转体到位后,应精确测量调整中线位置,并利用千斤顶调整梁体端部高程。调整就位后应及时浇筑转盘封固混凝土。

5. 支架法施工现浇连续梁

1)支架法现浇连续梁施工流程

支架法现浇连续梁适用于桥墩台较低且地基条件较好的旱地或浅水桥位制梁。支架法整体浇筑连续梁施工流程为:施工准备→基础施工→支架搭设→支架预压→支座、底模安装→钢筋、管道、侧模安装→混凝土浇筑、养护→拆除侧模→预应力筋安装、张拉,孔道压浆→卸落支架、拆除底模→防水层、桥面工程施工。

2)支架法现浇连续梁施工要点

(1)支架法现浇梁体混凝土宜一次连续完成。设计要求分段现浇时,分段长度、位置以及分段浇筑、张拉顺序应符合设计要求。

(2)分段浇筑时,应考虑预应力筋张拉时梁体上拱对支架受力的影响,在支架受力增大位置采取加强措施,必要时设置临时刚性支墩。

(3)梁体底模及支架应严格按照设计要求的顺序进行卸载、拆除。设计无要求时应从梁体挠度最大处支架节点开始,逐步对称卸落相邻节点。

4.2.3 钢桁梁施工

钢桁梁架设可采用悬拼、浮运、拖拉(顶推)等方法,施工前应编制专项施工方案。

1. 施工机具的配置

1)装卸用机械

装卸用机械主要用于在施工工地负责装卸或搬运杆件,有时也可参与拼装作业。主要包括各种规格、性能的汽车起重机、轮胎起重机、履带起重机、轨道起重机、龙门起重机、塔式起重机等。

2)拼装用起重机

主要用于地面或桥梁上起落、吊运杆件进行组装作业的起重机械,根据施工方法的不同而选用。

对于地面膺架拼装,可选用自行式起重机、轨道起重机、龙门起重机等。

悬臂拼装,可选用DK型双臂拼梁起重机、东风型拼梁起重机、浮船起重机或缆索起重机。

3)顶升及水平顶推机械

主要用于桥梁正位、应力调整等。常用的设备主要有各种规格的螺旋千斤顶、油压千斤顶、分离式油压千斤顶、长行程千斤顶、穿心式千斤顶及扁形千斤顶等。

4)卷扬机具

各种型号的卷扬机、滑车。

5)运输及其他机具

在工地倒运或送往梁上的简易工具,一般采用茨尼小车、专用运梁台车、铁路平车或载重汽车等。其他机具包括工地供电、供水、供风、现场栓焊、喷砂、涂装枕木刻槽等附属机械。

2. 悬臂拼装钢梁

1）钢梁悬臂拼装方案的确定

钢梁悬臂拼装方法主要有全悬臂拼装、半悬臂拼装、中间合龙悬臂拼装和平衡悬臂拼装。

（1）全悬臂拼装

组拼工作由桥孔一端悬拼到另一端，为减少悬臂长度，通常在另一侧桥墩旁边设置附着式托架。此种方法适用于河深、流急、河中不易设置临时支墩的桥梁。

（2）半悬臂拼装

在桥孔内设置一个或几个临时支墩减少拼装时悬臂长度。靠近桥台的一孔或二孔组立膺架或临时支墩比较容易，多先用膺架法组拼一段钢梁作为平衡重，再用半悬臂方式继续拼装其余节段，待拼装完成一孔钢梁后，即利用此孔钢梁作为平衡重，改用全悬臂拼装方式组拼下一孔钢梁。

（3）中间合龙悬臂拼装

中间合龙悬臂拼装方法适用于桥梁跨度较大的情况，自桥跨两端相向拼装，在跨间适当位置合龙。

（4）平衡悬臂拼装

从桥孔中的某个桥墩开始，按左右两侧重量大体平衡的原则，同时对称向左右两个方向悬臂拼装，为确保施工过程中钢梁的稳定性，通常在墩顶预埋锚杆或桥墩两侧建立临时托架，以平衡施工中的不平衡弯矩。

2）悬臂拼装钢梁施工要点

（1）平衡梁施工

在引桥或路基上拼装平衡梁，应从与主梁相连的端节点开始，自桥头向桥后拼装。当平衡梁和主梁的接头无专门传递剪力的杆件，而为框架结构时，除主梁端节点设置支点外，平衡梁端节点亦应设置临时支座，必要时可进行支点反力调整。

当用第一孔钢梁在膺架或支墩上拼装主梁作为悬拼第二孔的平衡梁时，膺架顶面高程应能使第一孔钢梁半悬臂拼装时，前端挠度不得低于前方桥墩支点顶面；在平衡梁与悬拼梁连接处的膺架上应设置临时固定支座；平衡梁拱度符合要求后方可栓（铆）合，栓（铆）合制梁符合要求后方可进行下一孔悬臂拼装；平衡梁抗倾覆稳定系数应大于 1.3，第一孔梁邻近桥台处应加压重或用预应力束连接至桥台承台上。

（2）悬臂安装跨中合龙施工

应在主跨两桥墩布置临时固定支座，其余各支点布置活动支座。

最后节间的杆件安装前，应调整钢梁平面和立面位置，达到两端主桁平面中线差小于 2mm，两悬臂端间隔距离可稍大于设计尺寸。

节点合龙时，两悬臂端的高程一致；两悬臂端间隔距离与设计尺寸相符；两悬臂端的转角一致。

（3）采用墩旁托架进行悬臂拼装施工

墩旁托架除承受由钢梁作用的垂直力乘以超载系数 1.3 外，并应考虑由钢梁传来的横向风力。托架反力对墩身产生的弯矩也应进行验算，并不得超过墩身的允许承载能力；托架顶面应设活动支座，并安放设有压力表的千斤顶，测量或调整其支点反力；托架安装完毕后，应做压重试验；托架应有防止漂流物碰撞的防护措施。

（4）悬臂安装采用水上吊船施工

① 宜用于拼装悬臂的最后一个节间。

② 应处于流速不大、风力较小、水位较稳的施工时期。当在通航航道施工时，应在施工期内改变航道。

③ 吊船应按规定进行试吊。

④ 吊船停泊位置应在桥中线下游，必须具有可靠的锚碇设备。吊船杆件拼装顺序为先上游主桁后下游主桁。当主桁拼装完毕，搭在前方桥墩时，可再利用梁上吊机拼装主桁纵横连接系和铁路桥面系。

⑤ 必须保证吊船能平稳地进行杆件拼装对位。

⑥ 应有防止漂流物碰撞吊船的防护设施。

3）悬臂拼装墩顶布置要点

（1）悬臂拼装过程中，应由节点中心永久（或临时）支座支承钢梁。在节点中心周围布置带有辊轴或四氟板和千斤顶的临时支座作为保险，当用以调整钢梁高程和纵横移梁时，应以中心支座作为保险，但不得将钢梁支撑在带千斤顶的临时支座上悬臂安装。顶落梁或纵横移梁不得与拼装同时进行。

（2）全悬臂拼装时，悬臂孔始端墩顶临时支座的高程，应根据悬臂端的最大挠度，包括工场制造拱度和锚孔梁坡度及前方墩顶设备高度等因素确定。

（3）采用跨中合龙方案时，墩顶应有良好的顶落梁及纵横移梁的设备。

（4）施工过程中，当主要受力支点如采用工字钢束、钢垫块或钢轨束等组成的临时支座时，应考虑因钢梁转角产生的偏心反力对支座和钢梁节点的影响。

（5）施工过程中，每孔或每联钢梁必须设置一处固定支座。固定支座应设在悬臂孔始端，使其摩擦力足以抵消水平外力。

3. 浮运架设钢梁

1）浮运架设钢梁的方法

（1）纵移浮运：钢梁沿着与河岸垂直的码头纵向拖拉上船，然后浮运就位。

（2）横移浮运：在岸边建两座与河道垂直并伸入河中的码头，将钢梁沿码头横移至码头端部，浮船驶入两码头间，托起钢梁，浮运就位。

（3）半浮运、半横移：钢梁一端由浮船承托，一端沿平行岸边的膺架滑道，边浮运边横移使钢梁就位，此法用于靠岸边的第一孔架梁。

（4）浮拖法：与纵移浮运法相似，钢梁由正线轨道纵向移出，浮船在桥孔中托梁，边浮边拖使梁就位。

（5）浮运钢梁宜逆水进入桥孔。

2）浮运架设钢梁施工要点

（1）浮船的隔舱应做水压试验。对船体加固部位应全面检查，确认合格后方可使用。

（2）浮船进入桥孔时，钢梁底面应高于支座顶面 20~30cm；浮船退出桥孔时，浮船上塔架顶面应低于梁底 10~30cm（加算风浪影响后）；在潮汐河流地区，应掌握涨落潮的时间。

（3）浮运前应对所经过的浮运航道全部进行探测，并清除障碍物。船体最大吃水深时，船底应高于河床600mm。

（4）浮运时，在桥址上游2km左右、下游1km左右应设置控制航道信号及监视哨，也可联系航道管理部门，派船监视巡逻和监督执行封航要求。

（5）浮运前应向当地或中心气象台、水文站联系，了解浮运期内的气象与水情预报。浮运（包括浮拖）工作，宜在风力不大于5级、流速不大于设计值和水位涨落预报不超过设计范围时进行。

（6）组织专人每天测量水位、流速、风速与风向。

4. 拖拉法架设钢梁

1）拖拉法架梁方案的选择

拖拉架梁一般用于中等跨度（40~60m）钢梁的架设，就施工方法上大体可分为纵拖和横移两类。各种拖拉方法的特征见表4.2-2。

表4.2-2 拖拉方法汇总表

类别	拖拉方法名称	特征	适用范围
纵拖：按孔内是否组立临时支墩分	全悬臂拖拉	孔内布设组立临时支墩	跨度较短桥梁或跨度较长在梁端安装长导梁时适用
	半悬臂拖拉	孔内组立一个或几个临时支墩	跨度较长桥梁适用
	移动墩梁拖拉	孔内设轨行或移动墩梁托住钢梁前端	跨公路桥梁或桥下地势平坦可铺轨道时适用
按导梁长短分	长导梁拖拉	导梁长度一般在跨长的2/3以上	跨度较长，孔内不设支墩时适用
	短导梁拖拉	导梁长度一般在跨长的1/2以下	半悬臂拖拉或多孔连接时适用
	无导梁拖拉	不设导梁，但一般设1m长度以下悬臂梁	两连以上多孔连拖或桥孔内设临时支墩时适用
按拖拉孔跨数目分	单孔拖拉	每次只拖一孔，一般前端装导梁和后端压重	只有一孔桥梁时适用
	多孔拖拉	能自行解决稳定问题，但孔与孔间须用临时杆件连接	桥梁的孔数较多时适用
按滑道类型分	纵梁上滑道拖拉	在钢梁的纵梁下设通长上滑道，在路基面和墩台面设间断下滑道	80m跨度以上桁梁适用
	下弦节点滑道拖拉	在桁梁大节点下设间断式上滑道，在路基面设通长下滑道和在墩台顶面设长度不小于节点长度1.25倍的间断下滑道	80m以上桁梁，支点反力很大时适用，一般只用在单孔全悬臂拖拉大跨度梁
按牵引方式分	通长式拖拉	用一个通长的牵引滑车组一拖到底	拖拉距离较短时适用
	接力式拖拉	拖拉全程分为几段，各用一个滑车组接力拖拉	拖拉距离较长时适用
	往复式拖拉	在桥梁两端的桥头路基上各设一个滑车组与一根贯通全桥的钢丝	往复式拖拉

2）拖拉架梁的施工工序

拼装路基支墩、墩台顶面支墩和桥孔内支墩→钢梁组拼→拼装前导梁→钢梁拖拉、纠偏→钢梁就位→顶梁→拆临时支垛→安装支座→落梁就位→安装附属设备→铺设桥面→油漆。

3）拖拉架设钢梁施工要点

（1）当上滑道设于下弦节点时，纵向拖拉钢梁所用的中间临时支架（包括墩顶加宽支架），其顺桥方向的长度不得小于钢梁节间长度的1.25倍，支架间的距离和支架数量根据计算确定。施工期间应随时测量各支架的沉陷。当沉陷量影响钢梁杆件应力时，应及时采取措施进行反力调整。

（2）拖拉一孔上墩后，应对各经过的临时支架高程进行全面检查，当发现与原有高程不符时，应调整。

（3）拖拉钢梁用的辊轴，其硬度不应低于滑道材质的硬度。辊轴直径和数量应根据承重、辊轴表面光洁度和滑道间摩擦系数等因素确定，辊轴直径宜采用70～120mm。辊轴长度应较滑道宽200～300mm，辊轴间净距不宜小于其半径。滑道可用钢轨或滑板组成。滑道前后端可做成1:5以下的坡度。

（4）上滑道布置在铁路纵梁底时，应按钢梁拱度和悬臂挠度之和设置反曲线，并应在下滑道外侧主桁下弦下，设置保险支撑垫座。

（5）上滑道布置在主桁下弦节点底时，除应按上述原则设置下滑道反曲线外，尚应按设计尺寸和间距布置上滑道与下弦间的支撑垫枕，弦杆和下滑道结构在拖拉架梁时不得遭到局部弯曲破坏。

（6）下滑道可布置为水平，也可设不大于6‰的坡度。设置两种坡度时，其变坡不宜大于2‰。设于下坡时必须有可靠的制动及防溜滑措施和相应设备。下滑道设置在膺架上或墩台枕木垛上，当下沉量对钢梁有影响时，应通过试验预留沉落量，确保结构安全。路基上的滑道按地基要求处理。

（7）纵向拖拉设置临时支墩，宜进行预压。拖拉前，应向当地或中心气象台（站）了解拖拉期间的气象预报。当风力大于5级时，不得拖拉钢梁。

4.2.4 特殊梁型施工

1. 钢-混凝土结合梁施工

1）结合梁施工流程及要求

（1）结合梁施工流程

① 钢－混凝土简支结合梁施工流程为：施工准备→钢梁制作→支座安装→钢梁吊装→桥面板底模板安装→钢筋绑扎、预埋件安装→侧、端模安装→浇筑混凝土→养护→桥面防水层、保护层及附属结构施工→钢梁及附属设施钢结构面漆涂装。

② 钢－混凝土连续结合梁施工流程为：施工准备→钢梁安装→焊接剪力连接器→安装桥面板模板→安装钢筋、预埋件→浇筑正弯矩区段混凝土→顶起中间支点钢梁→浇筑负弯矩区段混凝土→落低中间支点钢梁、安装支座→施工桥面防水层、保护层及附属设施→涂装钢梁及附属设施钢结构面漆。

（2）钢梁拼装架设前应具备的主要技术资料

① 桥梁平面、纵断面设计图及墩台结构设计图。
② 钢梁结构设计图、钢梁杆件重量表及应力表。
③ 桥址地形、地质设计图。
④ 桥址水文、气象、交通、航运等自然条件。
⑤ 钢梁制造厂应提供的资料：产品合格证、钢材及辅材质量证明书或检验报告、钢梁制造规则、钢梁焊接工艺评定材料、按杆件编号绘制的施工（制造）图、工地安装螺栓表及拼装简图、杆件发送表及包装清单、钢梁试拼记录、栓接板面抗滑移系数试验报告、成品检查记录和杆件焊缝探伤检查记录等。
⑥ 高强度螺栓连接副出厂合格证或产品质量保证书。

（3）钢梁拼装架设前应做好的准备工作

① 应测量检查桥梁中线、墩台距离及跨距，支座垫石的位置、尺寸、顶面高程及平整度和锚固螺栓预留孔的位置与尺寸，符合设计要求和中国国家铁路集团有限公司（以下简称"国铁集团"）有关规定方可进行架梁。
② 支座垫石顶面应划线标明支座下座板的纵、横中心线，桥墩顶面应划线标明其纵、横中心线。

2）钢梁安装

（1）钢板梁和钢箱梁安装前的准备工作

① 安装前应对临时支架、支承、起重机等临时结构和钢梁结构本身在不同受力状态下的强度、刚度及稳定性进行验算。
② 钢梁安装前，应按照发送清单核对进场的构件、零件，查验产品出厂合格证及材料的质量证明书，同时应准备杆件预拼和起吊单元的重量、重心位置等资料。
③ 钢梁安装前，应对支承垫石高程、桥梁中线及各孔跨径进行复测，误差在允许偏差范围内方可安装。
④ 拼装钢梁的临时支架应有足够的承载力及刚度，临时支架顶部工作面应设有起顶位置和滑移装置。

（2）钢梁吊装施工要求

① 使用两台起重机吊装钢梁时，应设专人指挥，钢梁两端应同步起落，两端高差不得大于30cm。
② 吊装钢梁应正确选择和使用吊具，钢丝绳与钢梁接触处应采取隔垫措施，保护钢梁不受损伤。
③ 移动式起重机使用前应经过调试、检测和试吊。钢梁运输和吊装过程中应严防发生碰撞、扭转、翘曲和侧倾。在墩台上就位时，钢梁两端应同步、平稳、轻放。
④ 钢梁安装应按设计要求进行。钢梁在工地安装过程中校正、制孔、组装、焊接和涂装等工序的质量应符合《铁路钢桥制造规范》Q/CR 9211—2015 的有关规定。

3）混凝土桥面板施工

（1）混凝土桥面板施工前，应将桥面板上面及剪力连接表面的铁锈、油污等彻底清理干净，剪力连接器应无变形、锈蚀等缺陷，并应采取措施防止在浇筑混凝土时污染钢梁。

（2）现浇混凝土桥面板制作要求：

① 简支结合梁桥面板混凝土浇筑应按设计要求施工，一次成型。

② 桥面板的悬臂板采用支架支立模板时，可将角钢支架连接到钢梁上，宜由钢梁制造厂在钢梁腹板（杆）上预钻孔眼。

③ 桥面板上预埋件数量、位置、结构、规格、尺寸应符合设计要求，预埋件安装时应采取可靠措施牢固定位，保证在浇筑混凝土过程中不变位，外露部分应采取措施防止锈蚀和损伤。

④ 连续结合梁桥面板的正、负弯矩区段混凝土浇筑顺序及间隔时间和分段浇筑混凝土时接缝处理方法应符合设计要求，混凝土浇筑方法应符合施工工艺设计要求。桥面板混凝土顶面应按设计坡度抹平压实以利铺设防水层。

⑤ 连续结合梁桥面板施加预应力方式应符合设计要求，顶落梁及张拉预应力筋方法应符合施工设计要求。

2. 拱桥施工

1）拱桥的分类

（1）拱桥分类按照拱上建筑的形式可以分为实腹式拱桥、空腹式拱桥和组合体系式拱桥。

实腹式拱桥：是指拱上建筑做成实体结构，拱圈和主梁之间用石料或砌块填充的拱桥形式。优点是刚度比较大，构造简单，施工方便；缺点是随着桥梁跨径的增大，拱桥的自重迅速加大，无法做成较大跨径的拱桥。一般用在跨径较小的拱桥中，常用跨径为20～30m。

空腹式拱桥：是指拱圈和主梁之间用立柱支撑。其优点是较实腹式拱桥轻巧，节省材料，外形美观，还有助于泄洪；缺点是施工比较麻烦，受力较复杂。一般用在大跨径的桥梁中。

组合体系式拱桥：由拱和梁组成主要承重结构的拱桥。通常用钢筋混凝土或钢结构建造。兼有实腹式拱桥和空腹式拱桥的优点，跨越能力较大。一般用在大、中跨度的桥梁中。

（2）按照桥面的位置可分为上承式拱桥、下承式拱桥和中承式拱桥。

上承式拱桥：桥面系设置在拱圈之上的拱桥。优点是桥面系构造简单，拱圈与墩台的宽度较小，桥上视野开阔，施工方便；缺点是桥梁的建筑高度大，纵坡大和引桥长。一般用在跨度较大的桥梁，如图4.2-3所示。

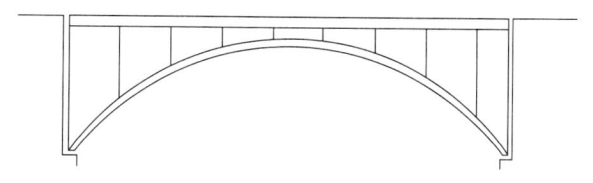

图4.2-3 上承式拱桥示意图

下承式拱桥：桥面系设置在拱圈之下的拱桥。优点是桥梁建筑高度很小，纵坡小，可节省引道长度；缺点是构造复杂，拱肋施工麻烦。一般用于地基差的桥位上，如图4.2-4所示。

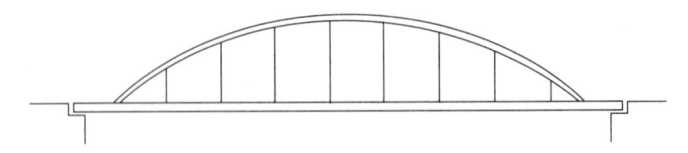

图 4.2-4　下承式拱桥示意图

中承式拱桥：桥面系设置在拱肋中部的拱桥。优点是建筑高度较小，引道较短；缺点是桥梁宽度大，构造较复杂，施工也较麻烦。如图 4.2-5 所示。

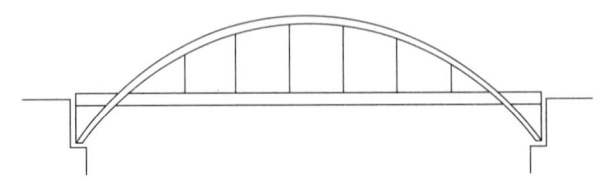

图 4.2-5　中承式拱桥示意图

（3）按照建筑材料的不同可分为石拱桥、混凝土拱桥和钢拱桥。

石拱桥：用石料建造的拱桥。其优点是外形美观、养护简便，并可以就地取材，以降低造价；缺点是自重大，跨越能力有限，石料的开采、加工和砌筑均需要较多的劳动力，且工期较长。一般用于小跨径桥梁。

混凝土拱桥：用混凝土建造的拱桥，包括素混凝土和钢筋混凝土两类。其优点是加工和制造较石拱桥方便，工期短；缺点是由于混凝土抗拉强度很低，故其跨越能力小，且混凝土耗费量大。一般用于小跨径桥梁。

钢拱桥：上部结构用钢材建造的拱桥类型。其优点是跨越能力大，且自重是三种拱桥中最轻的；缺点是结构复杂，三铰拱钢拱桥一般不用，对地基要求高，造价高，且维护费用高。一般用于大跨度桥梁。

2）下承式系杆拱桥先梁后拱法施工

钢管混凝土系杆拱桥，采用先梁后拱的施工方法是：系梁采用满布支架施工，拱肋钢管在系梁上搭设支架安装。利用汽车起重机搭设拱肋拼装支架，拱肋安装完毕后拆除拱肋支架，拱肋无收缩混凝土采用顶升法对称泵送灌注，之后安装并张拉吊杆，然后张拉系梁剩余预应力筋，拆除系梁支架，进行桥面施工。

（1）系梁（含拱脚）施工

① 系梁支架施工

系梁采用满布支架现浇施工，支架由钢管桩＋分配梁＋贝雷梁构成。系梁施工支架的支墩数量要根据现场地形条件和施工时的荷载情况设置。每个支墩沿横桥向设置一定数量的钢管桩，桩间连接系均采用槽钢进行焊接而成，桩顶托盘上分配梁采用工字钢作为横梁，钢管桩顶安装连接托盘，连接托盘采用钢结构进行焊接连接。支架上部结构采用贝雷梁桁架拼装成连续梁结构形式，贝雷梁桁架间距依据计算布置，贝雷梁桁架立面采用竖向支撑架进行连接，保证支架的整体刚度。支架搭设完毕后进行超载预压，以消除其非弹性变形，并测量其弹性变形。支架预压完毕后调整其标高，并按照要求设置预拱度。

② 系梁梁体施工

首先在已铺设的底模上用全站仪准确放出梁的边线、轴线及纵梁吊杆预埋管的中心点，确保钢筋、波纹管特别是吊杆预埋管位置的准确定位，波纹管和吊杆预埋管要固定牢固。在混凝土浇筑之前，对波纹管进行专项检查，避免在混凝土灌注过程中水泥浆流入孔道，影响今后预应力筋的张拉、压浆。系梁上预留孔及预埋件较多，位置及尺寸精度要求高，尤其是拱脚混凝土浇筑之前要详细检查，确保预留孔及预埋件的位置及尺寸正确。

系梁混凝土按底板、腹板、顶板（拱脚）分层浇筑，一次连续灌注成型，中间停顿时间不得超过 45min，由中间向两端推进，分层厚度不大于 30cm。同一断面腹板混凝土的下料和振捣须对称，同步进行振捣，以避免在混凝土振捣过程中造成内模偏位，影响结构尺寸。

系梁混凝土强度达到设计要求的强度后，首先张拉第一批纵向预应力束。张拉前，先拆除侧模，并将支座及墩顶部位的底模拆除，以减少模板与梁体之间的摩阻力，保证纵向预应力有效施加于梁体。预应力束张拉以张拉控制为主，伸长量应进行校核，确保在误差控制规范范围以内。张拉完毕后及时进行割丝、压浆、封端等工序。

（2）钢管拱施工

① 拱肋钢管加工

拱肋在工厂分段制造，采用分段吊装上桥的方法安装。节段制造好后在厂内先平面试拼，检查线形、误差不超过规定值，焊接拱肋腹板，连接临时法兰，再立体试拼，试装横撑，经检查整体预拼装合格后发往工地。

② 拱部支架施工

在系梁施工完成且第一批张拉完成后，安排汽车起重机从 0 号台行走至系梁上，利用已施工的系梁作为吊装平台。系梁上汽车起重机吊装作业时站位设置在系梁施工支架的支墩处，不允许起吊后在系梁上走行。在系梁顶面搭设支架作为拱肋拼装平台，根据每节拱肋长度在其下设 2～3 个支墩，支墩由螺旋管立柱组成，立柱之间通过工字钢作为连接系连接，以增加支墩的整体稳定性。

③ 钢管拱吊装施工

拱肋支架架设后，用汽车起重机将钢管拱吊装至拱架上焊接成拱，并按从拱脚到拱顶的顺序拼装钢管拱节段，最后进行合龙段的架设施工，每一分段按照起吊→对位→临时固结→调整线形→定位焊接→调整线形→正式焊接合龙的顺序安装。每一节段吊装准确就位后，接口临时锁固，在支墩上完成拱肋的空中焊接。合龙段焊接选择在一天中气温最低的时候进行。

④ 钢管混凝土压筑

钢管混凝土拱肋为钢管混凝土拱桥的主要承重结构，钢管内混凝土与钢管是共同受力的结构，因此泵送混凝土的技术性能要求使其具有高强、缓凝及良好的可泵性、自密实性和收缩的补偿性能（即微膨胀性）。拱肋压注 C50 无收缩混凝土，使用混凝土输送泵从两肋四拱脚同时对称顶升混凝土至拱顶。混凝土压注顺序为先拱肋上管，再拱肋下管。钢管拱泵送混凝土前要有详细的拱肋线形测量资料，并在拱脚、$1/4L$、$1/2L$ 等位置做好测量标记，以便在泵送混凝土过程中监测拱肋线形的变化，通过拱顶排浆孔排出浮浆，完成钢管混凝土压注。

（3）吊杆的安装和张拉

吊杆实际下料时，应在拱肋混凝土浇筑完成后，精确测量上锚垫板顶面标高，并由设计单位根据施工过程中实测拱肋变位情况，修正有关计算参数，计入拱肋在桥面系恒载作用下竖向变位推算值影响，并考虑制索和装索温度差对长度的影响因素后，确定实际下料长度。

吊杆安装采用人工配合汽车起重机进行安装作业。吊杆的安装应按顺序左右对称依次进行。在拱肋混凝土强度达到设计要求后，采用千斤顶在吊杆底部单端张拉，按设计图纸顺序对称的吊杆同时张拉至初始应力后锚固。

吊杆安装张拉完成后，张拉系梁第二批纵向剩余预应力索。拆除系梁支架，根据设计要求再次对吊杆预应力进行张拉调整，调整时必须按设计顺序对称进行，张拉力完毕后及时做好保护罩，保证梁拱体系在施工过程中的受力平衡及成桥时吊杆应力符合设计要求。吊杆终张拉完毕后施工台背混凝土，进行桥面系及其他桥上附属设施施工。

3. 斜拉桥施工

斜拉桥分为预应力混凝土斜拉桥、钢斜拉桥、钢－混凝土叠合梁斜拉桥、混合梁斜拉桥、吊拉组合斜拉桥等。

1）**斜拉桥的总体布置**

斜拉桥的总体布置主要有跨径布置、拉索及主梁的布置、索塔高度与布置。

（1）跨径布置的三种主要类型

① 双塔三跨式。为目前应用最广泛的跨径布置方式。

② 独塔双跨式。这也是应用较为广泛的一种跨径布置，但由于它的主孔跨径一般比双塔三跨式的小，故特别适用于跨越中小河流、谷地及作为跨线桥，或用于跨越较大河流的主航道部分，也可用主跨跨越河流、索塔及边跨布置在河流一岸的方式。

③ 多塔多跨式。多塔多跨式斜拉桥适用于需要多个大通航孔的大江大河、宽阔湖泊或海峡上，但这种结构一般采用较少，主要原因是中间塔顶没有端锚索来有效地限制它的变位，使结构柔性及变形增大，整体刚度差。

（2）拉索的布置

拉索的布置分为空间上的布置与索面内的布置。

① 拉索索面在空间可布置成单索面和双索面，而双索面又可分为竖直双索面和倾斜双索面。

② 拉索在索面内的布置形式主要有以下三种：辐射形、竖琴形及扇形。

辐射形：拉索与水平面的平均交角较大，拉索的垂直分力较大，故拉索的用量最省。由于拉索的水平分力在塔顶基本平衡，故索塔的弯矩较小，索塔高度也较小，但由于拉索都固定在塔顶，所以塔顶的结构复杂，集中应力现象突出，给施工和养护带来困难。

竖琴形：所有拉索的倾角完全相同，且拉索与索塔的锚固点分散布置，使拉索与索塔、拉索与主梁的连接构造简单，易于处理。竖琴形布置拉索加强了索塔的顺桥向刚度，对减少索塔的弯矩和提高索塔的稳定性都有利。但是其拉索的倾角与水平方向的交角较小，故所需的拉索数量大，布置密集，一般用于中小跨径的斜拉桥中。

扇形：扇形兼有辐射形和竖琴形索的特点，又可灵活布置，与索塔的各种构造形式相配合。扇形是采用最多的一种索型。

（3）索塔与主梁的布置

① 索塔的布置主要在于高度的确定，矮塔斜拉桥为桥塔高度与主跨长度的比值为1/13～1/8的斜拉桥。一般斜拉桥，双塔三跨式的比值为0.18～0.25，独塔双跨式的比值为0.3～0.45。

② 主梁的布置：

主梁为连续体系，无论是双塔三跨式还是独塔双跨式，主梁在斜拉桥全长范围内布置成连续体系，这时主梁为连续梁或连续刚构（拉索作为跨内的弹性支撑），为改善结构受力布置外边孔时，斜拉桥主梁梁体还与边跨或引桥的上部结构主梁相连续。

主梁为非连续体系，这种结构可以减少超静定次数，带有挂孔的主梁布置能较好地适应两个索塔基础的不均匀沉降，用剪力铰可以缓解温度内力的影响，但是这两个体系都破坏了桥的整体性和桥面的连续性，目前使用较少。

2）索塔施工的技术要求

（1）索塔的施工可视其结构、体形、材料、施工设备和设计要求综合考虑，选用适合的方法。索塔施工宜用爬模法，横梁较多的高塔，宜采用劲性骨架挂模提升法。

（2）斜拉桥施工时，应避免塔梁交叉施工干扰。必须交叉施工时应根据设计和施工方法，采取保证塔梁质量和施工安全的措施。

（3）斜塔柱施工时，必须对各施工阶段塔柱的强度和变形进行计算，应分高度设置横撑，使其线形、应力、倾斜度满足设计要求并保证施工安全。

（4）索塔横梁施工时应根据其结构、重量及支撑高度，设置可靠的模板和支撑系统。要考虑弹性和非弹性变形、支承下沉、温差及日照的影响，必要时，应设支承千斤顶调控。体积过大的横梁可分两次浇筑。

（5）索塔混凝土现浇，应选用输送泵施工，超过一台泵的工作高度时，允许接力泵送，但必须做好接力储料斗的设置，并尽量降低接力站台高度。

（6）必须避免上部塔体施工时对下部塔体表面的污染。

（7）索塔施工必须制定整体和局部的安全措施，如设置塔式起重机起吊重量限制器、断索防护器、钢索防扭器、风压脱离开关等，防范雷击、强风、暴雨、寒暑、飞行器对施工的影响；防范吊落和作业事故，并有应急措施；应对塔式起重机、支架安装、使用和拆除阶段的强度和稳定性等进行计算和检查。

3）斜拉桥主梁施工的技术要求

斜拉桥主梁施工方法与梁式桥基本相同，大体上可分为顶推法、平转法、支架法和悬臂法。悬臂法分悬臂浇筑法和悬臂拼装法。悬臂浇筑法，在塔柱两侧用挂篮对称逐段浇筑主梁混凝土；悬臂拼装法，是先在塔柱区浇筑（对采用钢梁的斜拉桥为安装）一段放置起吊设备的起始梁段，然后用适宜的起吊设备从塔柱两侧依次对称拼装梁体节段。由于悬臂法适用范围较广，已成为斜拉桥主梁施工最常用的方法。

（1）混凝土主梁施工

① 斜拉桥的零号段是梁的起始段，一般都在支架和托架上浇筑。支架和托架的变形将直接影响主梁的施工质量。在零号段浇筑前，应消除支架的温度变形、弹性变形、

非弹性变形和支承变形。

② 不与索塔结构固结的主梁，施工时必须使梁塔临时固结，并按要求程序解除临时固结，完成设计的支撑体系。必须加强施工期内对临时固结的观察。

③ 采用挂篮悬浇主梁时，挂篮设计和主梁浇筑应考虑抗风振的刚度要求。挂篮制成后应进行检验、试拼、整体组装检验、预压，同时测定悬臂梁及挂篮的弹性挠度、调整高程性能及其他技术性能。

④ 主梁采用悬拼法施工时，预制梁段宜选用长线台座或多段联线台座，每联宜多于5段，啮合端面要密贴，不得随意修补。

⑤ 大跨径主梁施工时，应缩短双向长悬臂持续时间，尽快使一侧固定，以减少风振时的不利影响，必要时应采取临时抗风措施。

⑥ 为防止合龙梁段施工出现的裂缝，在梁上下底板或两肋的端部预埋临时连接钢构件，或设置临时纵向预应力索，或用千斤顶调节合龙口的应力和合龙口长度，并应观测合龙前连日的昼夜温度差变化与合龙高程及合龙口长度变化的关系，确定适宜的合龙时间和合龙程序。合龙两端的高程在设计允许范围之内，可视情况进行适当压重。合龙浇筑后至预应力索张拉前应禁止施工荷载的超平衡变化。

（2）钢主梁施工

① 钢主梁应由资质合格的专业单位加工制作、试拼，经检验合格后，安全运至工地备用。堆放应无损伤、无变形和无腐蚀。

② 钢梁制作的材料应符合设计要求。焊接材料的选用、焊接要求、加工成品、涂装等项的标准和检验按有关规定执行。

③ 应进行钢梁的连日温度变形观测对照，确定适宜的合龙温度及实施程序，并应满足钢梁安装就位时高强度螺栓定位所需的时间。

4.2.5 桥面附属设施

1. 桥面附属施工要求

（1）挡砟墙、电缆槽竖墙、接触网支柱基础、遮板、栏杆（挡板）、电缆槽盖板、声（风）屏障基础、人行道、避车台、吊篮、围栏、桥面伸缩装置、防落梁挡块、桥面排水设施等桥面附属设施的材料、结构尺寸和位置应符合设计要求。

（2）桥面附属设施现浇混凝土宜采用钢模板，具有足够的强度、刚度和稳定性，能保证混凝土结构和构件各部分设计形状、尺寸和相互间位置正确，安装拆卸方便，保证接缝不漏浆、不错台。

（3）桥面排水设施应部件齐全、固定牢靠，无破损、无漏水。泄水管的接头连接方式、坡度、设置范围和位置应符合设计要求。桥面泄水孔的细部处理应严格按设计施工。

（4）接地端子的安装位置以及与钢筋的连接应符合设计要求。接地端子应安装防护盖予以保护。

（5）桥面附属设施的钢结构外露表面防锈涂装应符合设计要求。

（6）桥面附属设施钢结构焊接方法、焊缝长度及高度等应符合设计要求，焊接工艺及焊接技术条件等应符合国家、行业及国铁集团相关标准的规定。

2. 挡砟墙、竖墙、接触网支柱基础

（1）施工前应清除预埋钢筋上的铁锈、油污、水泥浆等杂物，并按设计要求调整其位置、间距、形状。

（2）混凝土浇筑前，应对桥面部分凿毛处理，杂物用水冲洗干净并充分湿润，残留在混凝土表面的积水应清理干净。

（3）过水孔和电缆预留孔位置应准确，接地端子端面应竖直并与模板顶紧。

（4）挡砟墙、竖墙应按设计要求设置断缝。

（5）拆模时混凝土强度宜达到设计值的50%，拆模后应加强成品保护，防止磕碰损伤。

（6）接触网支柱基础应表面平整，预埋螺栓的规格、长度、间距应符合设计要求，位置准确。

3. 遮板、栏杆、声屏障基础、电缆槽盖板

（1）箱梁遮板、栏杆（挡板）、声屏障基础、电缆槽盖板等预制构件应进行工厂化集中生产。

（2）预制构件在搬运过程中应轻起轻落，严禁抛掷，避免碰撞磕损，存放应堆码整齐、支垫牢靠。

（3）安装前应对预制构件进行外观检查，不得有蜂窝、孔洞、疏松、露筋、缺棱掉角、断裂等缺陷。

（4）箱梁遮板应采用吊装施工，并支撑稳固，及时与竖墙钢筋连接。

（5）栏杆内侧间距应满足设计要求。栏杆的连接、安装必须牢固顺直，高度应保持一致。

（6）盖板安装应符合设计要求，铺设应齐全、稳固、无损坏，板间空隙均匀一致。

（7）声屏障单元板存放、运输及装卸过程中，应保证单元板正立，使用临时支架应保证单元板不受损伤。装卸时各吊点或支点应受力均匀，各吊点或支点应位于同一平面内。

4. 人行道、避车台、吊篮、围栏

（1）人行道角钢支架及栏杆、避车台及角钢支架、检查梯的位置、结构、尺寸均应符合设计要求。栏杆顶面应安装平直顺畅，栏杆立柱高度应考虑梁跨中部拱度影响，保证栏杆高度符合设计要求。人行道及栏杆在梁的活动端应按设计要求断开，不得影响桥梁伸缩。

（2）人行道和避车台的角钢支架与梁体及墩台的连接、防腐处理，应符合设计要求和相关标准的规定。

（3）人行道混凝土步板的结构、尺寸、混凝土强度等级和保护层厚度应符合设计要求。预制时应标明上下面，铺设时不得倒置（翻面）安装。步板应安装平整、稳固，板间缝隙应均匀顺直。

（4）墩台吊篮、围栏等检查设施的结构、尺寸、位置、防腐处理应符合设计要求。吊篮的混凝土踏板结构、尺寸、混凝土强度等级和保护层厚度应符合设计要求，墩台施工时应按设计要求预埋好吊篮、围栏连接钢件，连接钢件防腐处理应符合设计要求。

5. 伸缩缝、防落梁挡块

（1）伸缩缝（梁端防水装置）包括型钢与防水橡胶条组合的伸缩缝及弹性体伸缩缝。

（2）伸缩缝和防落梁挡块所用原材料和部件的品种、规格、质量等应符合设计要求和行业及国铁集团相关标准的规定。

（3）伸缩缝防水橡胶条应在库房存放，环境温度应在 −15～35℃范围内，产品远离热源 1m 以上，离地面 0.3m 以上，严禁与酸、碱、有机溶剂接触。

（4）伸缩缝移运过程中，应保持清洁，防止碰撞或受力变形，注意防火。

（5）伸缩缝和防落梁挡块的安装位置和范围应符合设计要求。

（6）伸缩缝和防落梁挡块的部件应齐全完整，且连接可靠。

（7）伸缩缝安装后应能满足两侧梁体的顺桥向、横桥向和竖向位移及梁体的转动要求，并能可靠防水。

（8）伸缩缝伸缩量型号的选取可根据实际架设完毕后，两孔梁实际梁缝的宽度确定，梁缝过大或过小可采用高一级或低一级伸缩量型号的伸缩装置。

（9）伸缩缝防水橡胶条表面不应有开裂、缺胶、海绵状缺陷。

（10）伸缩缝防腐涂装前，异型型材和钢盖板的表面应清洁平整，不应有锈斑、油污、裂纹及机械损伤，型腔（凹槽）内表面应清洁、光滑、平整。上、下表面应平行，端面应平整。防腐涂装后，涂装表面应光滑，不应有涂层脱落、流痕、皱褶等现象。

（11）弹性体伸缩缝施工应符合《铁路混凝土桥梁弹性体伸缩缝暂行技术条件》TJ/GW 120—2013 等相关标准的规定。

4.3 涵洞施工

4.3.1 框架桥（涵）施工

1. 框架桥（涵）施工流程

框架桥（涵）施工流程为：施工准备→基坑开挖底板及下梗肋施工→内模安装→绑扎墙身及顶板钢筋→外侧模及顶板底模安装→浇筑墙身及顶板混凝土→端翼墙及铺砌施工→铺设防水层→缺口回填。

2. 现浇钢筋混凝土框架桥（涵）施工要求

（1）框架桥（涵）身混凝土浇筑可分为两阶段施工，先浇筑底板，待底板混凝土达到设计强度的 50% 后，再施工中墙、边墙及顶板。

（2）施工缝应符合以下规定，接缝应水平设置。

① 混凝土间施工接缝，周边应设直径不小于 16mm 的钢筋，钢筋埋入深度和露出长度均不应小于钢筋直径的 15 倍，间距不应大于 20cm（设计有连接或护面钢筋时可不另设）。

② 混凝土浇筑前，应凿除既有混凝土表面的水泥砂浆薄膜、松动石子或软弱混凝土层，并应用水冲净、湿润，但不得积水。接缝面凿毛应在距混凝土外缘 2～3cm 以内进行，并使接缝面露出 75% 以上新混凝土面。人工凿毛时，混凝土强度应不小于

2.5MPa；风动机等机械凿毛时，混凝土强度应不小于10MPa。

③ 经凿毛处理的混凝土面应用水冲洗干净，但不得存有积水。在浇筑新混凝土前，对垂直施工缝宜在旧混凝土面上刷一层水泥净浆，对水平施工缝宜在旧混凝土面上铺一层厚10~20mm、水胶比低于混凝土、胶砂比为1:2的水泥砂浆，或铺一层厚约30cm的新鲜混凝土，其粗骨料宜比新浇筑混凝土减少10%。

（3）拆除顶板模板时，混凝土强度应符合设计要求。

3. 拼装式钢筋混凝土框架涵施工要求

（1）预制涵节宜采用钢模板，内外模板间应设有控制厚度措施，保证涵节形状、尺寸准确。

（2）预制涵节拼装前，应将混凝土接合面清理干净，影响拼接质量部位应修整。

（3）预制涵节拼装时，应防止碰撞，宜从线路中心向上下游依次拼接，涵节底面应填满垫实，接缝宽度及填充应符合设计要求。

（4）预制涵节接合面水泥砂浆达到设计强度后方可进行路基填土。双孔拼装框架涵边墙间缝隙应按设计要求处理。

4.3.2 盖板涵施工

1. 盖板涵施工流程

盖板涵施工流程为：施工准备→基坑开挖→浇筑基础→模板安装→边墙混凝土施工→现浇盖板或盖板安装→防水层、沉降缝施工→端翼墙及铺砌施工→缺口回填。

2. 涵身及盖板现场浇筑施工要求

（1）盖板现场浇筑宜采用钢模板，并按设计沉降缝一次浇筑；当不能一次连续完成时，可按垂直涵身轴线方向设置施工缝，分段浇筑，施工缝设置要求同"4.3.1 框架桥（涵）施工"规定。

（2）现场浇筑涵身应同时、对称施工。

（3）混凝土（含砌体）达到设计强度的75%后可拆除支架，达到设计强度后方可进行涵顶填土。

3. 预制盖板及安装施工要求

（1）预制盖板的宽度，应按起重设备和运输能力确定；吊装孔或吊装环的位置和吊环钢筋应符合设计要求。

（2）预制盖板的混凝土强度达到设计要求后，方可吊运和安装。

（3）安装前应检验成品和涵身与安装有关部位的质量，影响安装的部位应提前整修。

（4）安装结合面应刷洗干净，安装时应浇水润湿，用设计要求强度等级的水泥砂浆将接缝填满、塞实后抹平表面。

4.3.3 圆涵施工

1. 圆形涵洞分类

铁路上常用的圆形涵洞根据基础的设计可分为有基管涵、无基管涵。

1）有基管涵

圆形管节通常在工场预制，涵洞基础处理完成后，运到施工现场吊装。基坑开挖、基底处理后,施工管涵基础,安装管节,修筑管涵出入口端墙、翼墙及涵底,铺设涵节防水层,铺设塑性黏土,填筑涵洞缺口填土以及修建加固工程。

2)无基管涵

基坑开挖,捣固夯实天然土或砂垫层,修筑圆弧管座,在圆弧管座上铺设垫层防水层,安装管节,管缝间接缝顶紧,内外侧用M10水泥砂浆填塞,将防水层包裹管节,施工管节下侧的填料,防水层外铺设黏质土,涵洞缺口填土。

2. 圆涵施工流程

圆涵施工流程为:施工准备→基坑开挖→基础施工→管节安装→管座施工→沉降缝、防水层施工→端翼墙及铺砌施工→缺口回填。

3. 钢筋混凝土圆管制作要求

(1)钢筋混凝土圆管宜在预制场集中制作。

(2)管节端面应平直并与其轴线垂直,斜交涵洞进出口管节的外端面,应按设计斜交角度进行处理。

(3)管节内外壁表面应光滑圆顺,无蜂窝麻面和露筋等缺陷,钢筋保护层厚度应符合设计要求。

(4)管节混凝土强度应符合设计要求。

4. 钢筋混凝土圆管涵施工要求

(1)当圆形涵洞设计为混凝土或砌体基础时,应设置混凝土管座,其顶部弧形面应与管身密贴。

(2)当圆形涵洞设计为无基涵时,应采取将管座土层夯压密实或回填砂垫层等措施,然后做成与管身密贴的弧形管座,并符合设计要求。

5. 安装管节要求

(1)管节应按设计坡度安装,每一沉降段内管底内壁应调整平顺,管节必须坐稳垫实;管座范围内基础顶面应清洗干净,不得有泥土等杂物。

(2)无基涵安装管节时,应保持管座形状完整;管节安装定位后,管节两侧应用与管座相同的材料填实。

(3)插口管接口应按承插口迎水安装,接口应平直,环形间隙应均匀,并按设计要求的防水材料将环形间隙填塞密实。

(4)平口管接口宽度应为1.0~2.0cm,表面应平直,采用设计要求的防水材料填塞密实。

(5)所有接口不得有间断、裂隙、空鼓、漏水等现象。

4.4 营业线桥涵施工

4.4.1 营业线桥涵施工防护

1. 营业线增建二线桥施工防护措施

营业线增建二线桥时应根据一、二线的间距情况,采取防护措施以保证既有线的行车安全,一般采用的防护措施如下:

(1)路堤在6m以上时,可在桥台后用吊轨、扣轨或工字钢等架设便桥办法,使桥台后端路堤不承受由线路传来的列车荷载。在挖第二线桥基时，此段路堤不致发生塌方，即使出现少量坍塌亦不致危及行车安装。

（2）两线间距在4.5m以上而路堤又高于6m时，开挖基坑可采用排桩防护。在桥台后沿线路方向打入防护板桩或排桩。排桩位置应在线路外侧的适当距离，以减少土压。

（3）路堤高3～6m时，可用木板桩挡土。

（4）路堤高度在3m以下，可在台尾路堤中打入圆木排桩挡土。排桩平面连线与路基中心线成45°，桩顶高出路基坡面约0.2m，桩间距0.8～1.0m，桩入土深度至少在原地面以下2～3m，开挖锥体时，在桩后逐步插板挡土。

（5）增建二线涵洞如有必要可参照小桥的防护办法对路基实施防护。

2. 既有线桥涵顶进施工的防护

既有线桥涵顶进前，应根据线路情况（如直线、曲线、无缝线路、普通线路、轨枕类型、单线、多线、高程）、运输、土质、覆土厚度、施工季节等因素，确定线路加固方案。目前，常用的方法有吊（扣）轨、吊轨纵横梁以及钢便梁三种加固方法。

1）吊轨法

吊轨法一般应用于桥涵身孔径小于3m、处于直线地段、路基土质较好的线路加固。

吊轨法加固线路施工要求：

（1）吊轨通常采用43kg/m或50kg/m旧钢轨，组合方式通常有3－5－3或3－7－3，即每组3根2组配每组5根1组，或每组3根2组配每组7根1组，对线路进行加固。

（2）吊轨轨束每隔1.5m用U形螺栓和角钢将轨束夹紧。

（3）轨束分开铺设在既有线轨道的两侧和中间，吊轨与枕木用U形螺栓和扣板连成一体。

（4）轨束两端延伸长度应大于1.5倍的涵身高度。

2）吊轨纵横梁法

吊轨纵横梁法适用于桥涵孔径较大、箱顶无覆盖土的线路加固。无论正交、斜交都可使用。

吊轨纵横梁法是在吊轨法的基础上发展而成，横梁垂直于线路置于枕木下，纵梁顺线路放置，置于横梁上。线路利用吊轨法加固后，将横梁置于枕木下，将线路抬起，横梁一端支撑在框架涵（桥）的前端，一端支撑在线路另一侧的支撑桩上，然后将纵梁和横梁固定，顶进时，框架涵（桥）相对横梁移动。

吊轨纵横梁法加固线路施工要求：

（1）铺设吊轨时，应将加固段的混凝土轨枕换成木枕，并在轨底增设木或胶垫板，防止连接零件超出轨面和漏电。

（2）加固范围应大于框架涵（桥）的斜长＋1.5×框架涵（桥）高度（m）。

（3）抬轨梁体系施工时应严格按照设计顺序抽换枕木、安装抬轨梁，每次车辆通过时应检查连接件的松紧情况，并及时调整。

（4）曲线上的框架涵（桥）施工时，抬轨梁应设置超高，以适应线路超高的需要。

（5）对既有线路设备进行拆换、加固和起拨道时，应事先和当地工务部门联系，取得同意后，方可进行。

(6)对既有线加固,应按照批准的方案进行。任何改变原定加固方案的建议,必须经上一级领导研究批准后,方可进行。

(7)施工中应采取纠偏和抬头扎头的技术措施,防止对既有线行车造成影响。

(8)控制列车运行速度在设计规定限速之内。

3)钢便梁法

钢便梁法是利用铁路抢修器材B型或D型钢便梁对线路进行加固,钢便梁顺线路方向置于线路两侧,利用钢便梁的横梁将线路抬起,框架桥(涵)顶进时,活载全部由钢便梁承担。由于受钢便梁的跨度限制,钢便梁法适用于跨度(斜跨)小于24m的桥涵顶进施工。

钢便梁法加固线路施工要求:

(1)连接件不得漏装,螺栓应经常检查,防止松动。

(2)桥上应尽量避免钢轨接头,不能避免时,钢轨接头必须调整在横梁上。

(3)桥上不宜停车。

(4)缓和曲线、竖曲线不能上桥。

(5)通车前应认真检查限界净空、线路、轨距及轨道电路绝缘。

(6)便梁使用必须严格遵守便梁的相关规定。

(7)控制列车运行速度在设计规定限速之内。

4.4.2 营业线桥涵施工方法

营业线桥涵的施工内容主要包括三部分:营业线改建桥涵施工、营业线增建桥涵施工、桥涵顶进施工。

1. 营业线改建桥涵施工

营业线桥涵工程主要内容包括:桥梁墩台加高与落低、增加桥梁孔数、填塞桥孔。

1)桥梁墩台加高与落低方法

(1)用低坍落度砂浆垫高支座法

利用行车空隙或封锁时间,将桥梁连同支座顶起至设计标高,在支座下设U形模板(一方开口),由开口一侧填塞低坍落度砂浆,充分捣实达到需要强度后恢复通车。

(2)用抬梁法加高混凝土支座

在墩顶设置临时支座,封锁线路顶起桥梁,拆除支座,穿入抬梁的轨束或工字钢,在抬梁的下面浇筑支座混凝土并应预留千斤顶位置。待混凝土达到设计强度后,封锁线路,拆除抬梁及临时支座,将梁及支座落回原位。

(3)桥台托盘的加高施工方法

加高量小于20cm时,可利用托盘加高。当加高高度较高时,需要改建托盘时,可用吊轨梁架空,凿除旧托盘,新建托盘。

2)增加桥梁孔数施工方法

增加桥孔必须将原桥台改建为桥墩,并增建新墩台,其施工工序如下:在台后一定范围内用吊轨梁开挖路堤,搭设枕木垛,至全段路堤面降至准备架设的便桥钢梁下0.2~0.3m为止;将便桥钢梁运至桥头相应位置,卸在路基一侧预搭的枕木垛上,落低至略高于设计高程处,做好桥面;封锁线路,拆除吊轨梁、线路及枕木垛,将钢梁横移就位；在便桥梁下建筑新墩台；在新台后回填并做锥体；横移出便桥钢梁，架设增建的新桥；浇筑桥台未完成的圬工。

3）填塞桥孔

控制填土速度，分期分层缓填并严密观察其变化，必要时可考虑墩台基底的先期加固。桥梁的拆除在填土达到梁底 0.2～0.3m 时进行。

2. 营业线增建桥涵施工

营业线增建桥涵的施工方法主要有：用轨束梁便桥增建小桥、用轨束梁便桥增建涵管、用钢梁便桥增建桥涵、用拆装梁增建桥梁、用沉井抬梁法修建盖板箱涵。

1）用轨束梁便桥增建小桥

（1）当桥址填土在 4m 以内，土质一般，无地下水，小桥跨度在 6m 以下时，可采用排架枕木垛轨束梁。

（2）当填土在 3m 以下，土质密实不易坍塌时可采用排架轨束梁。

（3）当填土在 3m 以内，土质较差，抬轨可用轨束、工字梁或军用梁。

（4）当填土 2～3m，正桥跨度小，允许在便桥范围内放坡开挖时采用密排枕木轨束梁。

（5）当行车密度大、正桥跨度较小时可采用吊轨梁。

2）用轨束梁便桥增建涵管

根据地质情况，决定基坑开挖是否设支撑。

其施工顺序如下：安装吊轨→吊轨梁法开挖枕木垛基坑→搭设枕木垛→开挖基坑，根据地质情况确定是否支撑→施工涵管基础→安装涵管→回填。

3）用钢梁便桥增建桥涵

钢梁便桥增建桥涵的方法适用于高路堤增建桥涵的情况，通常采用工字梁、上承板梁、拆装梁等。

钢梁便桥增建桥涵的方法程序如下：安装轨束梁→搭设枕木垛→开挖钢梁支座基坑、安装支座枕木垛→封闭线路、横移架设钢梁→开挖基坑断面、施工桥涵→封锁线路、移出钢梁→搭设枕木垛、确保车辆畅通→再次封锁线路、拆除枕木垛、填好路堤→恢复通车。

4）用拆装梁增建桥梁

用拆装梁增建桥梁的方法施工程序如下：修建临时支墩→拼装拆装梁→安装下担梁→开挖正桥基坑→施工正桥基础→封锁线路→拆除拆装梁、拆除临时基础→架梁→恢复通车。

5）用沉井抬梁法修建盖板箱涵

沉井抬梁法修建盖板箱涵施工程序如下：施工沉井和临时墩→安装纵向抬轨梁→修建箱涵入口八字墙→安装横向抬轨梁→开挖基坑→施工涵洞基础以及涵身→现浇盖板→拆除抬轨梁，恢复行车。

3. 桥涵顶进施工

铁路上营业线桥涵顶进主要有框架式桥涵顶进和圆形涵洞顶进两种类型。

1）桥涵顶进施工方法

有一次顶入法、对顶法、中继间法、对拉法、解体顶进法、开槽顶入法、斜交桥涵顶进法、多箱分次顶进法、在厚覆土内顶进法、顶拉法、牵引法等。其共同点是在桥址路基一侧或两侧设置工作坑，坑底修筑底板，在底板上预制钢筋混凝土箱身，在箱身前端两侧墙及底板安装刃脚。框架桥涵顶进施工流程为：施工准备→开挖工作坑→滑板、后背施工→框架桥涵预制→线路加固、安装顶进设备→挖土顶进→框架桥涵就位→端翼墙等附属工程施工。

2）顶进施工主要设备

顶进施工主要设备有：发电机、变压器、抽水机、射流降水设备、电焊机、拌和机、振捣器、卷扬机、千斤顶、油压设备、顶铁、顶柱、横梁、运土车、翻斗车、汽车起重机、起道机、绞车、倒链滑车、空压机等。

3）框架桥涵顶进施工

（1）工作坑滑板施工要求

① 工作坑两侧边坡应视土质情况决定，靠近铁路一侧的工作坑边坡宜缓于1:1.5，工作坑顶与铁路中心线的距离应满足铁路运营安全要求。

② 滑板应满足预制桥涵主体结构和后背梁、顶进设备、装运、起吊、空顶试验等所需要的尺寸，并应满足强度、承载力、平整度、光滑度和排水要求。

③ 滑板与原地基接触部分应设置横向锚梁，锚梁间距、深度、宽度应按设计要求施工，软弱地质应考虑加强纵横锚梁的措施，增强滑板的整体性。

④ 滑板顶面高程应考虑软弱地质条件下预留沉降量。

⑤ 桥涵顶进需要横移时，应提高滑板的整体强度。施工时严格控制滑板的平整度。

⑥ 滑板与预制桥涵底板间应铺设润滑层和防护隔离层。宜将滑板的纵向钢筋伸入后背梁内。

⑦ 斜交框架桥涵角度较小时，滑板前端锐角部分宜增设加强钢筋。

⑧ 为预防桥涵在顶进时"扎头"，宜在滑板顶面设置1‰～3‰头高尾低的坡度，但前后端高差不宜大于10cm；宜在底板前端设置长度为1～2m、高度为5～10cm的船头坡。采用中继间法施工时滑板宜设置为平坡。

⑨ 当桥涵空顶时，可在滑板两侧设方向支墩。

（2）桥涵顶进后背施工要求

① 顶进桥涵的后背包括后背梁、后背墙和后背填土，其应有足够的强度、刚度和稳定性，顶进后背应垂直于桥体顶力轴线设置。后背设计应根据桥涵最大顶力通过力学计算确定，并应预留纠偏或特殊情况下强行顶进的顶力。

② 后背墙可采用桩板式或重力式。桩板式后背桩后土的水平抗力应能承受全部千斤顶的顶力；重力式后背墙体自重与土的摩阻力及墙后填土的水平抗力应能共同承担全部千斤顶的顶力。

③ 后背梁与桩间空隙应采用干硬性砂浆填满挤实；顶进后背填土应分层填筑，夯填密实，严格控制填料质量。

（3）桥涵顶进施工要求

① 每次顶进前应检查液压系统、顶铁安装和后背变化等情况。

② 挖运土方应与顶进作业循环交替进行。每前进一顶程，即应切换油路，并将顶进千斤顶活塞拉回复原，补放小顶铁，更换长顶铁，安装横梁。

③ 顶进桥涵每前进一顶程，应测量方向和高程，发现偏差应及时纠正。

④ 为避免轨道体系顶进过程中发生横移，宜采取以下措施：

a. 顶进桥涵预制时，预埋钢拉环，并配备足够数量的倒链，顶进过程中随顶随紧倒链。

b. 在桥涵预制的线路另一侧，设置抗横移梁，加固横梁支顶于梁上。

c. 在桥面与横梁间设置滚动或滑动移动支点（顶桥小滑车）。

⑤ 桥涵顶进过程中，要随时对线路的水平方向进行调整，应配备足够的矮型千斤顶、倒链、起道机、手摇千斤顶等设备。

（4）桥涵顶进施工预防"扎头"措施

① 降低地下水至开挖面 1.0m 以下。

② 设接长滑板。

③ 预先设置地梁。

④ 加快连续顶进速度、加强监测、及时调整等。

（5）桥涵顶进施工预防方向偏位措施

① 滑板上应设置导向墩，确保桥涵入土前方向准确。

② 应根据与线路斜交角度计算不平衡力矩，采取不对称布镐或控制两侧开镐数量。

③ 顶进时桥涵两边的土体宜保持均等一致，不得超挖或欠挖。

④ 当桥涵顶进的方向发生偏移时，宜采取调整两侧顶镐数量或采取调整两侧挖土量进行纠偏。

（6）顶进作业挖土要求

① 每次挖土进尺及开挖面的坡度，应根据土质和线路加固情况以及千斤顶的顶程确定。开挖坡面应平顺整齐，不得有反坡。

② 两侧宜欠挖 5cm，钢刃脚切土顶进。当为斜交桥涵时，前端锐角一侧清底困难，应优先开挖。

③ 列车通过时严禁挖土，人员应撤离开挖面 1m 以外。

④ 挖土工作应与观测人员密切配合，随时根据桥涵顶进方向和水平偏差，采取超、欠挖纠偏措施。

4）圆形涵洞顶进的施工要点

（1）一般要求

① 涵顶进工作坑应按设计要求放坡，无放坡条件的宜采用竖井。

② 圆涵顶进宜采用原土作后背墙；当无原土作后背墙时，应根据设计文件、管径尺寸、顶进长度确定采用装配式后背墙或混凝土后背墙。

（2）顶进工作坑采用装配式后背墙时应符合的要求

① 管径大于等于 1.75m，或顶程大于 35m，或砂土、淤泥土等承载力弱的地质，严禁采用装配式后背墙。

② 装配式后背墙宜采用枕木、钢轨、型钢等组装，组装后的后背墙应有足够的强度和刚度。横向枕木应采用长度不小于 2.75m 双层或三层枕木，竖向钢轨、型钢必须密排插入工作坑底面不小于 1.5m。

③ 后背土体壁面应平整，并与管道顶进方向垂直。

④ 装配式后背墙的底端应在工作坑底以下不小于 1.5m。

⑤ 后背土体壁面应与后背墙贴紧，有空隙时应采用砂石料填塞密实。

⑥ 组装后背墙的构件在同层内的规格应一致，各层之间的接触应紧贴，并层层固定。

（3）圆涵顶进施工要求

① 顶进前全部设备经过检查并经过试运转。

② 工具管开始顶进 5～10m 的范围内，轴线位置允许偏差应为 3mm，高程允许偏差应为 0～+3mm。在软土层中顶进混凝土管时，为防止管节飘移，可将前 3～5 节管与工具管连成一体。

（4）人工掘进顶进要求

① 应将地下水位降至管底 0.5m 以下。

② 工具管接触或切入土层后，应自上而下分层开挖；工具管迎面的超挖量应根据土质条件确定。

③ 在允许超挖的稳定土层中正常顶进时，圆涵下部 135° 范围内不得超挖。

④ 顶进挖土时，管前挖土长度，在铁路道床下不宜超越管端以外 10cm，在道床以外部分不宜超过 30cm，并应随挖随顶；管节周围上部超挖不宜大于 1.5cm，下部 135° 范围内不得超挖。

（5）挤压式顶进要求

① 喇叭口的开关及其收缩量应根据土层情况确定，且应与其形心的垂线左右对称。

② 每次顶进的长度，应根据车斗的容积、起吊能力和地面运输条件综合确定。

③ 工具管开始顶进和接近顶完时，应采用人工挖土缓慢顶进。

④ 顶进时应防止工具管转动。

⑤ 临时停止顶进时应将喇叭口全部切入土层。

（6）圆涵顶进应暂停顶进并应及时处理的情形

① 工具管前方遇到障碍。

② 后背墙变形严重。

③ 顶铁发生扭曲现象。

④ 圆涵位置偏差过大且校正无效。

⑤ 顶力超过管端的允许顶力。

⑥ 油泵、油路发生异常现象。

⑦ 接缝中漏泥浆。

⑧ 单位出土量出现较大变化。

第 5 章 铁路隧道工程

5.1 隧道围岩分级与施工方法

5.1.1 隧道围岩分级

1. 铁路隧道围岩分级目的

铁路隧道围岩分级主要目的是评定围岩性质、判断围岩稳定性、选择隧道位置、选择支护和衬砌以及指导隧道施工。

2. 铁路隧道围岩分级因素及其确定方法

（1）围岩基本分级应由岩石坚硬程度和岩体完整程度两个因素确定。

（2）岩石坚硬程度和岩体完整程度应采用定性划分和定量指标两种方法综合确定。

（3）岩石坚硬程度可按表 5.1-1 确定，岩性类型可按表 5.1-2 确定，岩石风化程度可按表 5.1-3 确定。

（4）岩体完整程度可按表 5.1-4 确定，结构面结合程度可按表 5.1-5 确定，层状岩层厚度划分可按表 5.1-6 确定。

表 5.1-1 岩石坚硬程度的划分

岩石类别		单轴饱和抗压强度 R_c（MPa）	定性鉴定	代表性岩石
硬质岩	极硬岩	$R_c > 60$	锤击声清脆，有回弹，振手，难击碎；浸水后，大多无吸水反应	未风化～微风化的 A 类岩石
	硬岩	$30 < R_c \leq 60$	锤击声较清脆，有轻微回弹，稍振手，较难击碎；浸水后，有轻微吸水反应	微风化的 A 类岩石；未风化～微风化的 B、C 类岩石
软质岩	较软岩	$15 < R_c \leq 30$	锤击声不清脆，无回弹，较易击碎；浸水后，指甲可刻出印痕	强风化的 A 类岩石；弱风化的 B、C 类岩石；未风化～微风化的 D 类岩石
	软岩	$5 < R_c \leq 15$	锤击声哑，无回弹，有凹痕，易击碎；浸水后，手可掰开	强风化的 A 类岩石；弱风化～强风化的 B、C 类岩石；弱风化的 D 类岩石；未风化～微风化的 E 类岩石
	极软岩	$R_c \leq 5$	锤击声哑，无回弹，有较深凹痕，手可捏碎；浸水后，可捏成团	全风化的各类岩石和成岩作用差的岩石

表 5.1-2 岩性类型的划分

岩性类型	代表岩性
A	岩浆岩（花岗岩、闪长岩、正长岩、辉绿岩、安山岩、玄武岩、石英粗面岩、石英斑岩等）；变质岩（片麻岩、石英岩、片岩、蛇纹岩等）；沉积岩（熔结凝灰岩、硅质砾岩、硅质石灰岩等）

续表

岩性类型	代表岩性
B	沉积岩（石灰岩、白云岩等碳酸盐类）
C	变质岩（大理岩、板岩等）； 沉积岩（钙质砂岩、铁质胶结的砾岩及砂岩等）
D	第三纪沉积岩类（页岩、砂岩、砾岩、砂质泥岩、凝灰岩等）； 变质岩（云母片岩、千枚岩），且岩石单轴饱和抗压强度 $R_c > 15MPa$
E	晚第三纪～第四纪沉积岩类（泥岩、页岩、砂岩、砾岩、凝灰岩等），且岩石单轴饱和抗压强度 $R_c \leq 15MPa$

表 5.1-3 岩石风化程度的划分

名称	风化特征
未风化	岩石结构构造未变，岩质新鲜
微风化	岩石结构构造、矿物成分和色泽基本未变，部分裂隙面有铁锰质渲染或略有变色
弱风化	岩石结构构造部分破坏，矿物成分和色泽较明显变化，裂隙面风化较剧烈
强风化	岩石结构构造大部分破坏，矿物成分和色泽明显变化，长石、云母和铁镁矿物已风化蚀变
全风化	岩石结构构造完全破坏，已崩解和分解成松散土状或砂状，矿物全部变色，光泽消失，除石英颗粒外的矿物大部分风化蚀变为次生矿物

表 5.1-4 岩体完整程度的划分

完整程度	结构面发育程度 定性描述	结构面发育程度 组数	结构面发育程度 平均间距（m）	主要结构面结合程度	主要结构面类型	相应结构类型	岩体完整性指数 K_V	岩体体积节理数 J_V（条/m³）
完整	不发育	1～2	>1.0	结合好或一般	节理、裂隙、层面	整体状或巨厚层状结构	$K_V > 0.75$	$J_V < 3$
较完整	不发育	1～2	>1.0	结合差	节理、裂隙、层面	块状或厚层状结构	$0.75 \geq K_V > 0.55$	$3 \leq J_V < 10$
较完整	不发育	2～3	1.0～0.4	结合好或一般	节理、裂隙、层面	块状结构	$0.75 \geq K_V > 0.55$	$3 \leq J_V < 10$
较破碎	较发育	2～3	1.0～0.4	结合差	节理、裂隙、劈理、层面、小断层	裂隙块状或中厚层状结构	$0.55 \geq K_V > 0.35$	$10 \leq J_V < 20$
较破碎	发育	≥3	0.4～0.2	结合好	节理、裂隙、劈理、层面、小断层	镶嵌碎裂结构	$0.55 \geq K_V > 0.35$	$10 \leq J_V < 20$
较破碎	发育	≥3	0.4～0.2	结合一般	节理、裂隙、劈理、层面、小断层	薄层状结构	$0.55 \geq K_V > 0.35$	$10 \leq J_V < 20$
破碎	发育	≥3	0.4～0.2	结合差	各种类型结构面	裂隙块状结构	$0.35 \geq K_V > 0.15$	$20 \leq J_V < 35$
破碎	很发育	≥3	≤0.2	结合一般或差	各种类型结构面	碎裂结构	$0.35 \geq K_V > 0.15$	$20 \leq J_V < 35$
极破碎	无序	—	—	结合很差	各种类型结构面	散体结构	$K_V \leq 0.15$	$J_V \geq 35$

注：平均间距指主要结构面间距的平均值。

表 5.1-5 结构面结合程度的划分

结合程度	结构面特征
结合好	张开度小于 1mm，为硅质、铁质或钙质胶结，或结构面粗糙，无充填物； 张开度 1~3mm，为硅质或铁质胶结； 张开度大于 3mm，结构面粗糙，为硅质胶结
结合一般	张开度小于 1mm，结构面平直，钙泥质胶结或无充填物； 张开度 1~3mm，为钙质胶结； 张开度大于 3mm，结构面粗糙，为铁质或钙质胶结
结合差	张开度 1~3mm，结构面平直，为泥质胶结或钙泥质胶结； 张开度大于 3mm，多为泥质或岩屑充填
结合很差	泥质充填或泥夹岩屑充填，充填物厚度大于起伏差

表 5.1-6 层状岩层厚度的划分

层状岩层厚度	单层厚度
巨厚层	大于 1.0m
厚层	大于 0.5m，且小于等于 1.0m
中厚层	大于 0.1m，且小于等于 0.5m
薄层	小于等于 0.1m

3. 铁路隧道围岩分级

铁路隧道围岩分级综合考虑围岩岩体特征、本体特征和弹性纵波速度因素后，围岩基本分级可按表 5.1-7 确定。

表 5.1-7 围岩基本分级

级别	岩体特征	土体特征	围岩基本质量指标 BQ	围岩弹性纵波速度 v_p (km/s)
Ⅰ	极硬岩，岩体完整	—	>550	A: >5.3
Ⅱ	极硬岩，岩体较完整； 硬岩，岩体完整	—	550~451	A: 4.5~5.3 B: >5.3 C: >5.0
Ⅲ	极硬岩，岩体较破碎； 硬岩或软硬岩互层，岩体较完整； 较软岩，岩体完整	—	450~351	A: 4.0~4.5 B: 4.3~5.3 C: 3.5~5.0 D: >4.0
Ⅳ	极硬岩，岩体破碎； 硬岩，岩体较破碎或破碎； 较软岩或软硬岩互层，且以软岩为主，岩体较完整或较破碎； 软岩，岩体完整或较完整	具压密或成岩作用的黏性土、粉土及砂类土，一般钙质、铁质胶结的粗角砾土、粗圆砾土、碎石土、卵石土、大块石土、黄土（Q_1、Q_2）	350~251	A: 3.0~4.0 B: 3.3~4.3 C: 3.0~3.5 D: 3.0~4.0 E: 2.0~3.0

续表

级别	岩体特征	土体特征	围岩基本质量指标BQ	围岩弹性纵波速度v_p（km/s）
V	较软岩，岩体破碎；软岩，岩体较破碎至破碎；全部极软岩及全部极破碎岩（包括受构造影响严重的破碎带）	一般第四系坚硬、硬塑黏性土，稍密及以上、稍湿或潮湿的碎石土、卵石土、圆砾土、角砾土、粉土及黄土（Q_3、Q_4）	≤250	A：2.0～3.0 B：2.0～3.3 C：2.0～3.0 D：1.5～3.0 E：1.0～2.0
VI	受构造影响严重呈碎石、角砾及粉末、泥土状的富水断层带，富水破碎的绿泥石或炭质千枚岩	软塑状黏性土，饱和的粉土、砂类土等，风积沙，严重湿陷性黄土	—	<1.0（饱和状态的土<1.5）

4. 隧道围岩分级修正

（1）围岩级别应在围岩基本分级的基础上，结合隧道工程的特点，考虑地下水出水状态、初始地应力状态、主要结构面产状状态等因素进行修正。

（2）围岩级别修正宜采用定性修正与定量修正相结合的方法，综合分析确定围岩级别。

5.1.2 隧道施工方法

隧道施工方法选择应根据环境条件、地质条件、隧道长度、断面大小、设备条件、工期要求、场地条件等因素综合确定，可选择钻爆法、掘进机（TBM）法、盾构法、明挖法等。

采用钻爆法施工时，视围岩级别及断面大小等因素可选用全断面法、台阶法、中隔壁法、双侧壁导坑法等，宜优先选用全断面法或台阶法开挖。

围岩条件以岩石为主的长及特长隧道可采用掘进机（TBM）法。

越江、海底、城市浅埋及对周边环境控制要求高的隧道可采用盾构法。

5.2 隧道超前地质预报与监控量测

5.2.1 超前地质预报

超前地质预报是隧道信息化施工的重要组成部分，并作为工序纳入施工组织管理。

1. 隧道超前地质预报目的

进一步查清隧道开挖工作面前方工程地质与水文地质条件，指导工程施工顺利进行；降低地质灾害发生概率和危害程度；为优化工程设计提供地质依据；为编制竣工文件提供地质资料。

2. 超前地质预报主要内容和工作程序

1）主要内容

（1）地层岩性，重点为软弱夹层、破碎地层、煤层及特殊岩土等。

（2）地质构造，重点为断层、节理密集带、褶皱轴等影响岩体完整性的构造发育情况。

（3）不良地质，重点为溶洞、暗河、人为坑洞、有害气体、高地应力等发育情况。

（4）地下水，重点为岩溶管道水、富水断层、富水褶皱及富水地层。

2）工作程序

隧道超前地质预报工作程序如图 5.2-1 所示。

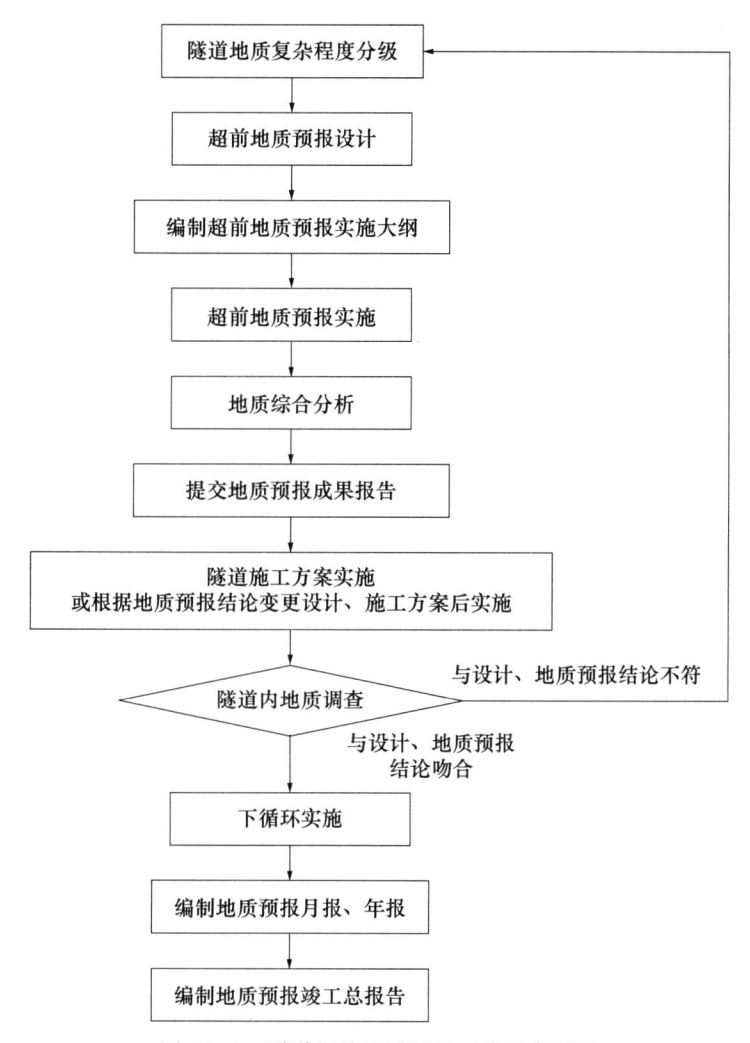

图 5.2-1　隧道超前地质预报工作程序框图

3. 地质复杂隧道超前地质预报实施细则内容

（1）编制依据。

（2）工程概况。

（3）地质条件：与地质预报有关的地形地貌、气象特征、地层岩性、地质构造、水文地质情况简述，着重说明不良地质与特殊岩土、可能存在的主要工程地质问题及地质风险。

（4）超前地质预报方案：分段预报内容及具体预报方法、技术要求、工艺流程及操作要点、预报工作量，必要时应编制气象、重要泉点和洞内主要出水点、暗河流量等观测计划和观测技术要求。

（5）超前地质预报组织机构设置及投入的人力、设备资源。

(6)质量要求和安全措施。

(7)成果资料编制的内容和要求。

(8)工作制度,包括与监理、勘察设计、建设单位联系制度,地质预报成果报告提交时限,信息传递方式等。

(9)地质预报成果验证及技术总结要求。

(10)其他需要说明的问题。

4. 参建各方在超前地质预报工作中职责与分工

(1)建设单位应负责隧道超前地质预报实施大纲审批,并对地质预报工作实施情况进行监督和检查。

(2)勘察设计单位应进行隧道地质复杂程度分级,进行超前地质预报方案设计,编制工程概算,分析和研究施工超前地质预报成果,发现地质情况不符,按程序及时变更设计。

(3)施工图阶段经评估为高风险和极高风险的软弱围岩及不良地质隧道,超前地质预报的责任主体为设计单位,其超前地质预报工作由设计单位负责组织实施。其他隧道超前地质预报的责任主体单位为施工单位,其超前地质预报工作由施工单位组织实施。

(4)工程地质、水文地质复杂的长隧道和特长隧道,可能存在诱发重大地质灾害的隧道,地下水活跃、围岩软弱、含富水断层的隧道,高瓦斯、高地应力的隧道,可能发生突水、突泥的隧道,可委托专业队伍,采用新技术、新设备、新方法,开展第三方超前地质预报工作。

(5)超前地质预报实施单位在开工前应结合风险评估编制超前地质预报实施细则,按程序审查和批准后负责组织实施;预报实施单位应及时将超前地质预报成果报施工、监理、勘察设计、建设单位,并对超前地质预报成果及数据的真实性负责。

(6)施工单位应积极组织或配合实施超前地质预报工作,并纳入实施性施工组织设计和现场施工工序管理,利用超前地质预报成果及时指导施工,减少施工的盲目性和安全风险。

(7)监理单位应对隧道超前地质预报实施过程进行监理,负责监督检查施工单位现场专业技术人员(地质、物探)数量及能力、设备类型及数量、超前地质预报的实施和数据采集以及相关协调工作等。

(8)隧道超前地质预报应进行地质复杂程度分级,确定重点预报地段,并应遵循动态设计原则,根据预报实施工作中掌握的地质情况,及时调整隧道区段的地质复杂程度分级、预报方法和技术要求。

5. 超前地质预报常用方法及内容

超前地质预报目前常用方法有地质调查法、钻探法、物探法和超前导坑预报法,应以地质调查法为基础,针对不同地段地质情况和预报目的,采用一种或几种方法相互补充和印证,进行综合超前地质预报。

(1)地质调查法。包括隧道地表补充地质调查、洞内开挖工作面地质素描和洞身地质素描、地层分界线及构造线的地下和地表相关性分析、地质作图等。

(2)钻探法。在富水软弱断层破碎带、岩溶发育区、瓦斯发育区、重大物探异常区等复杂地质地段应采用超前水平钻探为主的综合方法预报前方的地质情况,包括超前地质钻探、加深炮孔探测及孔内摄影。

(3)物探法。包括弹性波反射法(地震波反射法、水平声波剖面法、负视速度法和极小偏移距离高频反射连续剖面法等)、电磁波反射法(地质雷达探测)、高分辨直流电法等。

(4)超前导坑预报法。包括平行超前导坑法、正洞超前导坑法等。

6. 超前地质预报长度划分和预报方法选择

(1)长距离预报。预报长度100m以上。可采用地质调查法、地震波反射法及100m以上的超前钻探等。

(2)中长距离预报。预报长度30~100m。可采用地质调查法、弹性波反射法及30~100m的超前钻探等。

(3)短距离预报。预报长度30m以内。可采用地质调查法、弹性波反射法、电磁波反射法(地质雷达探测)及小于30m的超前钻探等。

5.2.2 监控量测

围岩监控量测是施工组织设计的重要内容,并纳入施工工序管理。地质复杂隧道宜由监控量测专门机构负责实施。对周边建筑物可能产生严重影响的城市铁路隧道,应实施第三方监测。

1. 围岩监控量测目的和方法

1)监控量测目的

(1)提供有关围岩稳定性信息,确保施工安全及结构的长期稳定性。

(2)验证支护结构效果,确认支护参数和施工方法合理性,为围岩级别及支护参数调整、施工方法改变提供信息和依据。

(3)确定二次衬砌施作时间。

(4)监控工程对周围环境影响。

(5)积累量测数据,为以后类似工程提供借鉴和指导。

2)监控量测方法

现场监控量测应根据已批准的监控量测实施细则进行测点埋设、日常量测和数据处理,及时反馈信息,并根据地质条件和施工异常情况,及时调整监控量测计划,应由施工单位负责组织实施。

监控量测有洞内外观察、变量监控量测、应力和应变监控量测、接触压力量测、爆破振动量测、孔隙水压和水量监控量测等方法。

隧道下穿公路、重要建(构)筑物时,建立远程自动化监控量测系统,自动采集监测信息,实现实时监测、自动报警。

2. 围岩监控量测项目

隧道监控量测项目根据地质条件、周边环境、隧道埋深、断面尺寸、开挖方法和设计要求综合选定,分为必测项目和选测项目。

(1)必测项目:洞内、外观察;拱顶下沉、拱脚下沉;净空变化;地表沉降(隧道浅埋段)。

（2）选测项目：围岩压力；钢架内力；喷混凝土内力；二次衬砌内力；初期支护与二次衬砌间接触压力；锚杆轴力；隧底隆起；围岩内部位移；爆破振动；孔隙水压力；渗漏水量。

3. 观察

施工中进行洞内外观察。洞内观察可分为开挖工作面观察和已施工地段观察两部分。洞外观察重点应在洞口段和洞身浅埋地段。

观察工作内容：

（1）开挖工作面的岩层稳定情况并进行地质素描。
（2）初期支护和二次衬砌的稳定状态。
（3）地表开裂、地表变形、边坡及仰坡稳定状态，地表水渗透情况、地面建（构）筑物沉降情况。
（4）观察应做好观察记录，并与地质勘查资料进行对比分析。

4. 量测

1）监控量测断面及测点布置原则

（1）浅埋及下穿建筑物在隧道开挖前布设地表沉降测点。地表沉降测点和隧道内测点应布置在同一里程断面。地表沉降测点纵向间距应符合表 5.2-1 的要求，地表沉降纵向测点布置如图 5.2-2 所示。

表 5.2-1 地表沉降测点纵向间距

隧道埋深与开挖宽度	纵向测点间距（m）
$2B < H_0 \leqslant 2.5B$	20～50
$B < H_0 \leqslant 2B$	10～20
$H_0 \leqslant B$	5～10

注：H_0 为隧道埋深；B 为隧道开挖宽度。

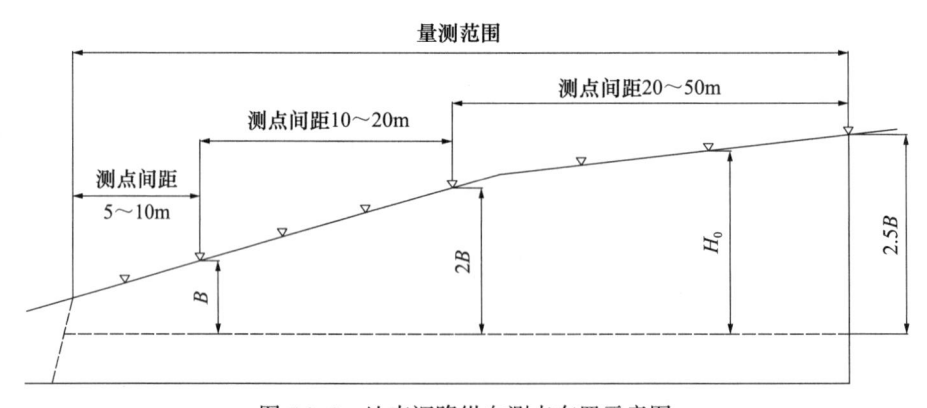

图 5.2-2 地表沉降纵向测点布置示意图

（2）地表沉降测点横向间距为 2～5m。在隧道中线附近测点应适当加密，隧道中线两侧量测范围应不小于 $H_0 + B$，地表有控制性建（构）筑物时，量测范围应适当加宽，地表沉降横向测点布置如图 5.2-3 所示。

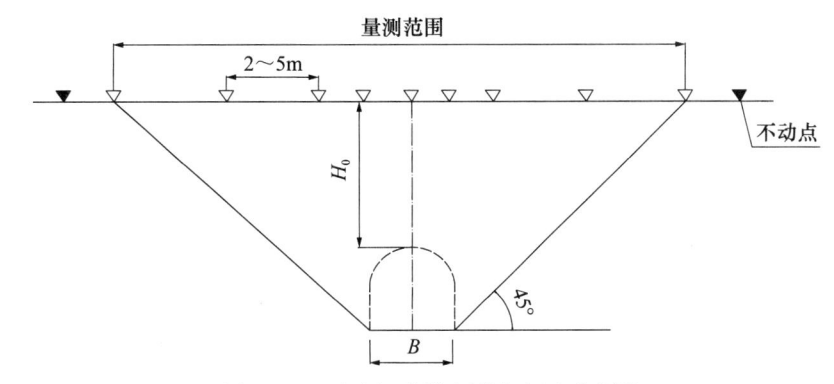

图 5.2-3 地表沉降横向测点布置示意图

（3）洞内拱顶下沉测点和净空变化测点应布置在同一断面上，并在开挖 12h 内埋设。监控量测断面间距按表 5.2-2 要求布置。拱顶下沉测点应设置在拱顶轴线附近，浅埋偏压段拱顶下沉测点应适当加密，并设置斜基线。

表 5.2-2　必测项目监控量测断面间距

围岩级别	断面间距（m）
V～IV	5～10
IV	10～30
III	30～50

注：1. II级围岩视具体情况确定间距。
　　2. 不良地质和特殊岩土地段应取小值。

（4）全断面开挖应布设一条水平测线，两条斜测线；台阶法、中隔壁法、双侧壁导坑法等分部开挖法应在每个分部布设一条水平测线、两条斜测线，必要时增加水平测线和斜测线数。

2）监控量测频率

必测项目测点初始读数应在测点埋设后 12h 内、下一循环开挖前读取，监测频率应根据测点至开挖面的距离及位移速度分别按表 5.2-3 和表 5.2-4 确定。选测项目的初始读数及量测频率应符合设计要求。

表 5.2-3　按至开挖面距离确定的监测频率

监测断面至开挖面距离（m）	监测频率
(0～1)B	2 次/d
(1～2)B	1 次/d
(2～5)B	1 次/（2～3d）
＞5B	1 次/7d

注：1. B 为隧道最大开挖宽度。
　　2. 出现异常情况或不良地质时，应增大监测频率。
　　3. 按位移速度确定的监测频率和按至开挖面的距离确定的监测频率之中，应采用较高频率值。

表 5.2-4　按位移速度确定的监测频率

位移速度（mm/d）	监控量测频率
≥5	2次/d
1~5	1次/d
0.5~1	1次/（2~3d）
<0.5	1次/（7d）

3）监控量测控制基准

（1）监控量测控制基准包括隧道内位移、地表沉降、爆破振动等，应根据地质条件、隧道施工安全性、隧道结构的长期稳定性，以及周围建（构）筑物特点和重要性等因素制定。

（2）位移控制基准应根据测点距开挖面距离，由初期支护极限相对位移按表 5.2-5 要求确定。

表 5.2-5　位移控制基准

类别	距开挖面 1B（U_{1B}）	距开挖面 2B（U_{2B}）	距开挖面较远
允许值	65%U_0	90%U_0	100%U_0

注：B 为隧道开挖宽度；U_0 为极限位移值。

（3）地表沉降控制基准应根据地层稳定性、周围建（构）筑物的安全要求分别确定，取最小值。

4）监控量测数据分析处理和信息管理

（1）监控量测数据取得后，应立即进行实时分析，包括数据校核、数据整理及数据分析。

（2）每周、月应进行阶段分析，总结数据变化规律，对施工情况进行评价，提交阶段分析报告，指导后续施工。

（3）监控量测数据分析应符合以下要求：

① 根据量测值绘制时态曲线。

② 选择回归曲线，预测最终值，并与控制基准进行比较。

③ 对支护及围岩状态、工法、工序进行评价。

④ 及时反馈评价结论，并提出相应工程对策建议。监控量测信息反馈可按图 5.2-4 的程序进行。

5）工程安全性评价

工程安全性评价根据设计位移基准分为三个等级，工程安全性评价流程如图 5.2-5 所示，工程安全性评价及工程对策应符合表 5.2-6 的规定。

6）暂停掘进情况

当拱顶下沉、水平收敛速率达 5mm/d 或位移累计达 100mm 时，应暂停掘进，并及时分析原因，采取处理措施。

第 5 章　铁路隧道工程　　139

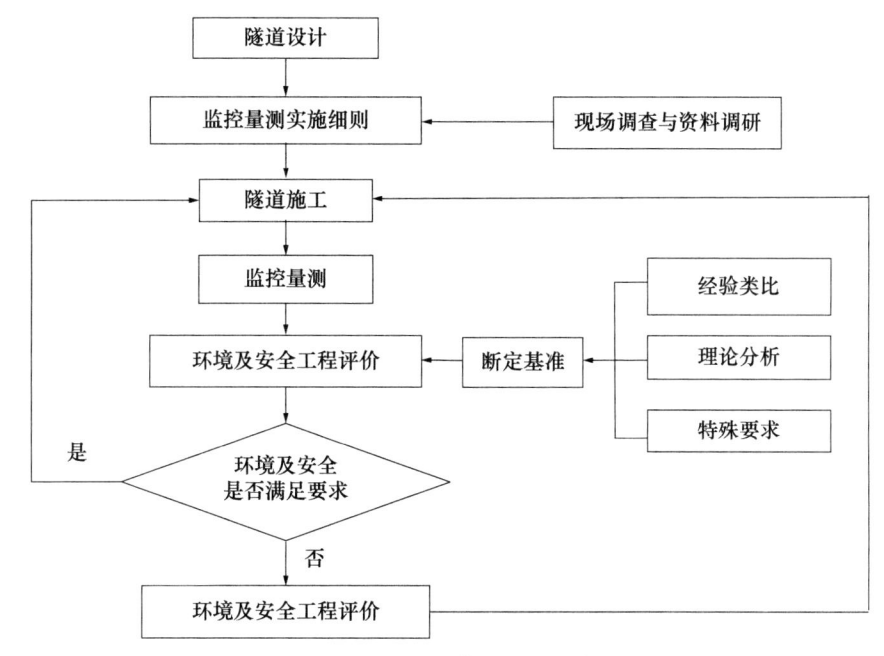

图 5.2-4　监控量测信息反馈程序框图

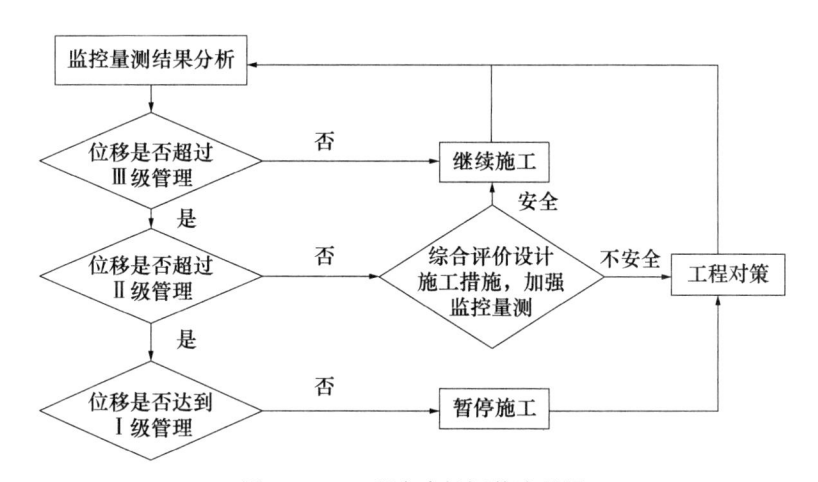

图 5.2-5　工程安全性评价流程图

表 5.2-6　工程安全性评价及工程对策

管理等级	距开挖面 1B	距开挖面 2B	工程对策
Ⅲ	$U < \frac{1}{3} U_{1B}$	$U < \frac{1}{3} U_{2B}$	量测小组负责人应向现场技术负责人汇报，并通知现场继续施工。监控量测数据分析完成后反馈有关各方
Ⅱ	$\frac{1}{3} U_{1B} \leqslant U \leqslant \frac{2}{3} U_{1B}$	$\frac{1}{3} U_{2B} \leqslant U \leqslant \frac{2}{3} U_{2B}$	量测小组负责人应向现场技术负责人汇报，现场技术负责人对分析结果进行复核，并将复核结果立即反馈到有关各方。监理单位立即召集有关各方进行综合评价，提出处理意见。现场在上报分析结果的同时，应加密监控量测频次，必要时采取适当工程措施

续表

管理等级	距开挖面1B	距开挖面2B	工程对策
Ⅰ	$U > \frac{2}{3} U_{1B}$	$U > \frac{2}{3} U_{2B}$	量测小组负责人应立即向现场技术负责人汇报，确定后采取应急措施（包括暂停施工、实施应急支护、撤离工作面作业人员和设备等），加强现场观测，防止造成危害。同时立即将信息反馈到有关各方。建设单位应召集有关各方综合评价，制定处理方案

注：B 为隧道最大开挖宽度；U 为实测位移值；U_{1B}、U_{2B} 为位移控制基准值。

7）工程措施

根据监控量测工程安全性综合评价结果，需要变更设计时，及时进行设计变更。主要的工程措施包括下列内容：

（1）一般措施：稳定开挖工作面；调整开挖方法；调整初期支护强度和刚度并及时支护；降低爆破振动影响；围岩与支护结构间回填注浆。

（2）辅助施工措施：地层预处理，包括注浆加固、降水、冻结等方法；超前支护，包括超前锚杆（管）管棚、超前插板、水平高压旋喷法、预切槽法等。

8）应急支护措施

工程安全性评价达到Ⅰ级时，为防止危害发生或扩大，在加强观察、确保人员安全的情况下，有必要采取一些应急支护措施，主要采用架设临时支撑、喷混凝土封闭掌子面、增加锚杆、增加钢筋网、喷混凝土等一种或几种施工措施。浅埋隧道还应在地表采取引排坡面来水、夯填裂隙、喷混凝土封闭坡表面等措施。

5.3 隧道钻爆法施工

5.3.1 洞口工程施工

1. 基本要求

（1）施工宜避开雨季及严寒季节。

（2）隧道与相邻路基断面的宽度和高程差应在路基范围内调整。

（3）紧邻洞口的桥涵、路基挡护等工程的施工，应结合隧道施工场地布置，及早完成。

（4）洞口施工应减少仰坡开挖高度，保护生态环境，减少植被破坏。

（5）洞口工程施工应采取微振动控制爆破，邻近建筑物时，应对建筑物下沉、倾斜、裂缝以及振动等情况做必要的监测。

（6）洞口邻近交通道路施工，应采取确保道路通行安全防护和加固措施，并应对道路沉降、边坡稳定等进行监测。

2. 洞外排水要求

（1）洞外施工期间排水应结合永久排水系统、辅助坑道设置统筹考虑，并以较短途径引排到自然沟谷中。

（2）洞外排水系统应避开不良、不稳定地质体，当无法避开时，应先采取处理措施，消除隐患。

（3）洞外排水系统应避免对相邻工程及其基础产生冲击、冲刷、淘蚀及浸泡等不利影响；当难以避免时，相邻工程应采取措施。

（4）洞外排水沟渠宜采用可防止泥沙淤积的排水坡度，但应避免流速过大导致沟渠毁损，其采用的建筑材料应具有防冲刷的能力，必要时设置消能设施。

3. 边、仰坡开挖及防护

（1）边、仰坡开挖前应完成截、排水工程，洞顶地表水处理应符合下列要求：

① 边、仰坡截、排水沟应与洞外路基排水系统良好连接；纵坡较陡时，沟身应采取设缓坡段和基座等稳定措施，沟口应采取设垂裙防冲刷措施。

② 对不利于施工及运营安全的地表径流、坑洞、漏斗、陷穴、裂缝等，应采取封闭、引排、截流等工程措施。洞口自然冲沟、水渠横跨隧道洞口时，应设渡槽排水。

（2）边坡、仰坡以上可能滑塌的表土、危石应全部清除，不留隐患。

（3）洞口边仰坡工程应自上而下逐级开挖支护，及时完成洞边仰坡加固、防护及防排水工程。

4. 明洞

（1）明洞宜采用明挖法施工。

（2）明洞位于山坡或破碎、松软地层时，宜先施作明洞衬砌轮廓外的整幅或半幅套（护）拱，必要时还应在外侧施作挡墙，然后在套拱护顶下暗挖明洞土石方，并及时支护边墙，成型后按暗挖隧道施作明洞衬砌。

（3）明洞宜及早施作，明洞仰拱应安排在明洞拱墙衬砌施工前浇筑。隧道采用爆破开挖时，宜在洞身掘进适当距离后施作明洞；非爆破开挖时，宜先施作明洞，然后开挖隧道。

（4）明洞基础应设置在稳固的地基上，两侧墙体地基松软或软硬不均时，应采取措施处理，防止地基不均匀沉降。

（5）明洞衬砌结构施工要求：

① 明洞衬砌不得侵入设计轮廓线，浇筑混凝土前应复测中线、高程和模板的外轮廓尺寸。

② 明洞混凝土的浇筑应设挡头板、外模和支架。

③ 需要及时回填的明洞，内模板支架应在回填至拱脚位置且混凝土强度达到设计强度的70%后方可拆除。

（6）明洞防排水施工要求：

① 明洞外模拆除后应及时施作防水层及排水盲管，并与隧道防水层和排水盲管顺接，排水管应排水畅通。

② 明洞防排水施工应和隧道排水侧沟、中心水沟的出水口及洞顶截、排水设施统筹安排。

③ 明洞外侧排水盲管设置完成后方可填土施工，确保出水口通畅。

（7）明洞回填施工要求：

① 明洞回填应加强对防水层及排水系统的保护，不得损坏防水层及排水系统。

② 侧墙回填应对称进行，石质地层中岩壁与墙背空隙较小时用与墙身同级的混凝土回填；空隙较大时用片石混凝土回填密实。回填至与拱顶齐平后，再分层满铺填筑至

设计高度。

③拱顶回填应采用小型机械分层进行，分层厚度不大于0.3m，两侧回填土面的高差不得大于0.5m。夯填超过拱顶1.0m以上后方可采用大型机械回填。

④表土层需作隔水层时，隔水层应与边、仰坡搭接平顺，防止地表水下渗。

5.洞口段施工

（1）道口段应根据地质条件、对地面建筑物的影响以及保障施工安全等因素选择施工方法，不宜采用全断面法开挖，采用台阶法时，严禁长台阶施工。地面预注浆、地表旋喷桩、长管棚（10～40m）等适用于洞口浅埋段、偏压段的围岩加固。

（2）洞口段施工要求：

①进洞前应按设计施作超前支护。

②洞口段应加强初期支护，及时形成封闭结构，衬砌应尽早施作。

③洞口段监控量测应适当增加量测频率。

（3）隧道洞口段处于偏压时，开挖前应按设计要求先完成洞门结构及回填施工。

（4）洞口段位于浅埋、地表坡度较平缓时，可采用地表锚杆。地表锚杆施工要求：

①施工前应清除植被，夯平表土，清除危石。

②锚杆应按设计要求布置孔位，垂直向下施钻。

③成孔后应及时灌浆，灌浆管插入孔底。

④锚杆安装前应除锈矫直，锚杆插入深度应符合设计要求。

6.洞门

隧道洞门应及早完成，施工要求：

（1）隧道洞门截、排水设施应与洞门工程同步施工，当洞门顶部水沟置于填土上时，填土应夯填密实，必要时应铺砌。

（2）隧道洞门端墙和翼墙、挡护墙的反滤层、泄水孔变形缝设置应符合设计要求，泄水孔排水应通畅。

（3）隧道洞门拱墙应与洞内相邻拱墙衬砌同时施工，连成整体。

（4）施工放样位置应准确、墙面应平顺，浇筑混凝土时应杜绝漏浆、跑模。

（5）基底不得有虚渣、杂物、积水、软层，基底承载力应符合设计要求，超挖部分应采用同级混凝土与基础同步浇筑。

（6）模板及支（拱）架应根据洞门结构形式、荷载大小、地基土类别、施工设备、施工工艺等条件设计。斜切式洞门内外模板和挡头板应专门设计和制作，配套使用。

（7）隧道洞门采用端墙式时，浇筑与回填应两侧对称进行，不得对衬砌产生偏压。斜切式洞门混凝土达到设计强度后，及时回填边、仰坡超挖部分，恢复自然地形坡面。

5.3.2 洞身工程施工

1.钻爆法适用范围和基本要求

（1）全断面法施工：一般适用于Ⅰ、Ⅱ、Ⅲ级围岩，Ⅳ、Ⅴ级围岩在采取有效的超前预加固措施稳定开挖工作面后，也可采用全断面法开挖。

（2）台阶法施工：一般适用于Ⅲ级围岩，Ⅳ、Ⅴ级围岩在采取必要的超前支护措施稳定开挖工作面后也可选用台阶法。台阶法分为二台阶法、三台阶法、三台阶预留核心土法等。

（3）中隔壁法施工：一般适用于Ⅳ、Ⅴ级围岩浅埋双线隧道，软弱围岩或三线隧道采用中隔壁法时宜增设临时仰拱。

（4）双侧壁导坑法施工：适用于浅埋双线或三线隧道Ⅴ、Ⅵ级围岩。

（5）隧道开挖应根据围岩级别及其自稳能力控制循环进尺。

（6）隧道开挖后，应及时喷射混凝土封闭围岩并及早完成初期支护。采用分部开挖，初期支护设有钢架时，下部开挖后应及时安装钢架，严禁拱脚长时间悬空。

（7）软弱围岩隧道，初期支护应选用锁脚锚管（杆）、扩大拱脚、临时仰拱等措施，以控制围岩及初期支护变形量。

（8）当围岩地质较差、开挖掌子面不稳定时，可采用喷射混凝土或锚杆等对掌子面进行加固。

（9）采用中隔壁、双侧壁导坑法施工，临时支撑拆除应在初期支护封闭成环，并通过监控量测确认稳定后进行，一次拆除长度不应超过15m。拆除过程中应加强监控量测。

2. 钻爆法施工

隧道开挖应根据地质条件、开挖断面、开挖方法、掘进循环进尺、钻眼机具、爆破器材及环境要求等进行钻爆设计。钻爆设计应根据爆破效果不断调整爆破参数。

（1）钻爆设计内容应包括炮眼（掏槽眼、辅助眼、周边眼、底板眼）的布置、深度、斜率和数量，爆破器材、装药量和装药结构，起爆方法和爆破顺序，钻眼机具和钻眼要求、主要技术指标及必要的说明等。

（2）掏槽形式应根据钻眼机具、隧道断面大小、循环进尺、围岩级别以及爆破振动等要求选择直眼掏槽或楔形掏槽。

（3）岩石隧道光面爆破一次开挖进尺不宜大于3.5m，爆破参数应通过试验确定。

（4）炮眼布置应符合以下要求：

① 光爆层周边眼应沿隧道开挖断面轮廓线布置，内圈眼布置应满足周边眼抵抗线要求。

② 其余辅助炮眼应交错均匀布置在光爆层内圈眼与掏槽眼之间，间距应满足爆破岩石块度的需要。

③ 周边眼与辅助眼的眼底应在同一垂直面上，掏槽眼应加深10~20cm。

隧道爆破应根据地质、水文条件及环境保护要求选择适当的炸药品种和型号，掏槽眼宜选用高猛度的炸药，周边眼宜选用低密度、低爆速、低猛度或高爆力的炸药。

起爆网路宜采用导爆管和非电毫秒雷管，雷管段位的选用应便于操作及满足钻爆设计所需的段位数。必要时可采用电子延时电雷管起爆。

一般四周炮眼称为周边眼，底部周边眼也可以称为底板眼，中间炮眼称为掏槽眼，其余炮眼称为辅助眼。Ⅲ级围岩台阶法光面爆破炮眼布置如图5.3-1所示。

一般来说周边眼间距要小一些，辅助眼间距要大一些。

炮眼内装药结构分间隔装药和连续装药，周边眼要采取间隔装药，辅助眼和掏槽眼要采取连续装药。一般硬岩炸药消耗量为每立方米需要炸药1kg左右。

对于光面爆破，起爆方式为自里向外起爆，为了达到较好的爆破效果，要采取微差起爆顺序，掏槽眼首先起爆，然后依次由内圈向外圈分段起爆。

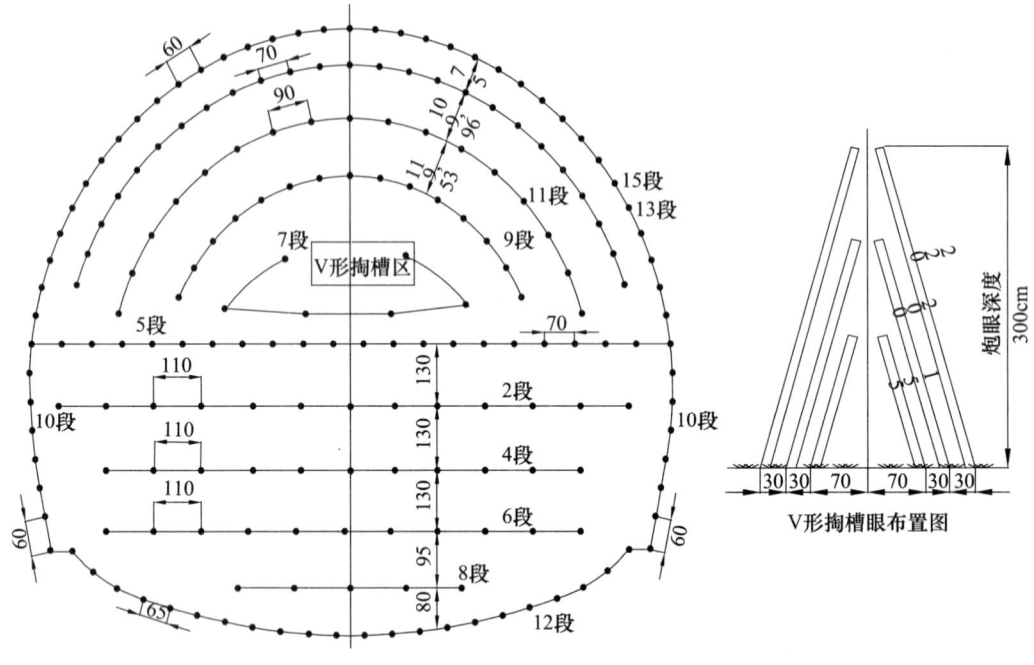

图 5.3-1　Ⅲ级围岩台阶法光面爆破炮眼布置图

目前，隧道钻爆作业主要采用光面爆破技术。开挖爆破作业不得危及支护结构及人身安全。钻眼及装药作业应分区定人。爆破后应及时清理危石，清理工作宜采用机械作业。

隧道允许超挖值应符合表 5.3-1 的要求。

表 5.3-1　隧道允许超挖值（cm）

开挖部位		围岩级别		
		Ⅰ	Ⅱ～Ⅳ	Ⅴ、Ⅵ
拱部	平均线形超挖	10	15	10
	最大超挖	20	25	15
边墙平均线形超挖		10	10	10
仰拱、隧底	平均线形超挖	10		
	最大超挖	25		

注：1. 本表适用炮眼深度不大于 3.0m。炮眼深度大于 3.0m 时，可根据实际情况另作规定。
　　2. 平均线形超挖值＝超挖横断面积／爆破设计开挖断面周长（不含隧底）。
　　3. 最大超挖值是指最大超挖处至设计开挖轮廓切线的垂直距离。

隧道应严格控制欠挖。岩石个别突出部分（每 $1m^2$ 不大于 $0.1m^2$）欠挖不应大于 5cm。

3. 开挖方法

1）全断面法

（1）全断面法施工工序如图 5.3-2 所示。

（2）全断面开挖应符合下列要求：

① 全断面法开挖时，应控制一次同时起爆炸药量，减少爆破振动对围岩的影响。

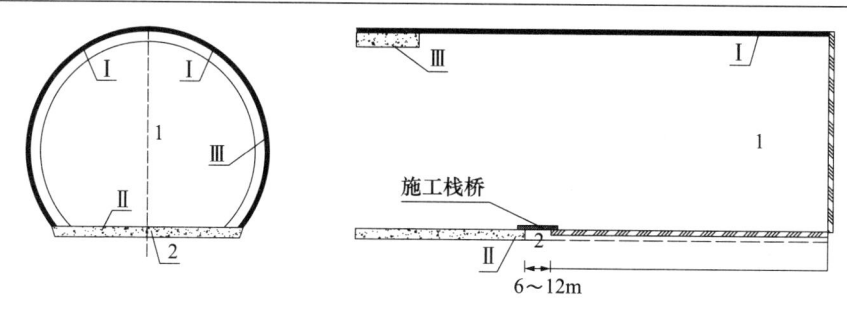

图 5.3-2 全断面法施工工序示意图
1—开挖；2—检底；Ⅰ—初期支护；Ⅱ—铺底混凝土；Ⅲ—拱墙混凝土

② Ⅰ、Ⅱ级围岩开挖循环进尺不宜大于 3.5m，Ⅲ级围岩循环进尺不宜大于 3.0m；Ⅳ、Ⅴ级围岩在采取有效超前预加固措施稳定开挖工作面后，若采用全断面法开挖，循环进尺不得大于 2m。

2）台阶法

单线隧道及围岩地质条件较好的双线隧道可采用二台阶法施工。

隧道断面较高、单层台阶断面尺寸较大时可采用三台阶法施工；当地质条件较差时，为增加掌子面自稳能力，可采用三台阶预留核心土法开挖。

（1）二台阶法施工工序如图 5.3-3 所示。

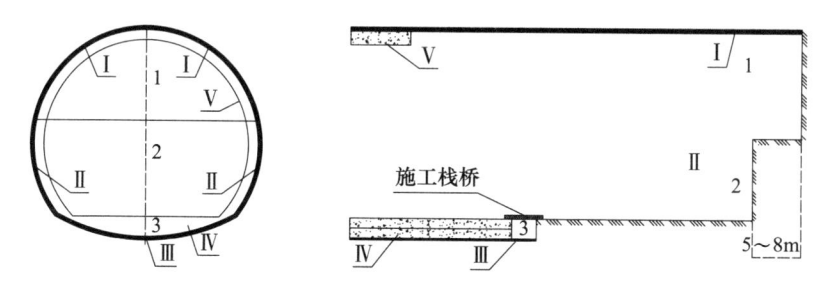

图 5.3-3 二台阶法施工工序示意图
1—上台阶开挖；2—下台阶开挖；3—仰拱开挖；Ⅰ—上台阶初期支护；Ⅱ—下台阶初期支护；
Ⅲ—仰拱喷射混凝土封闭；Ⅳ—仰拱填充混凝土施工；Ⅴ—拱墙混凝土施工

（2）三台阶法施工工序如图 5.3-4 所示。

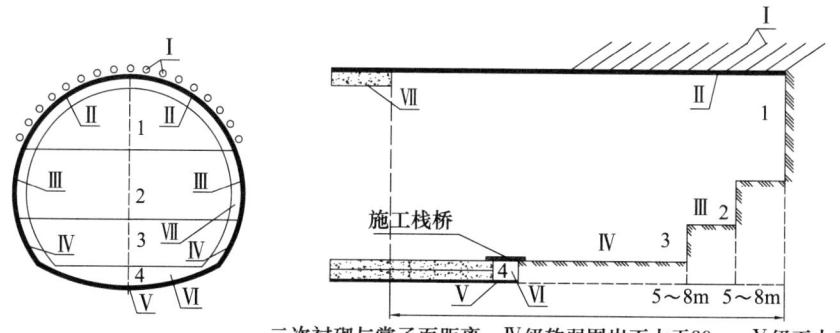

二次衬砌与掌子面距离：Ⅳ级软弱围岩不大于90m，Ⅴ级不大于70m。

图 5.3-4 三台阶法施工工序示意图
1—上台阶开挖；2—中台阶开挖；3—下台阶开挖；4—仰拱开挖；Ⅰ—超前小导管；Ⅱ—上台阶初期支护；
Ⅲ—中台阶初期支护；Ⅳ—下台阶初期支护；Ⅴ—仰拱初期支护；Ⅵ—仰拱填充混凝土；Ⅶ—拱墙混凝土

（3）三台阶预留核心土法施工工序如图5.3-5所示。

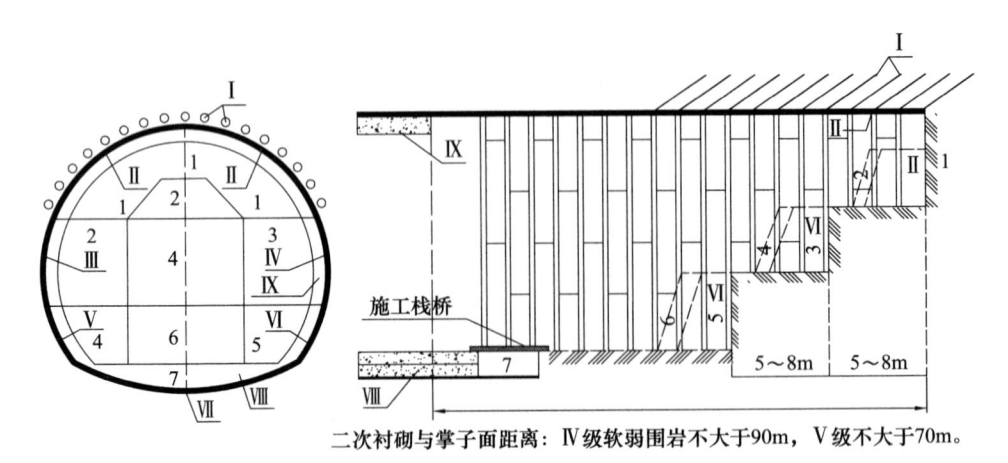

图5.3-5 三台阶预留核心土法施工工序示意图
1—上台阶开挖；2—上台阶核心土开挖、中台阶左侧开挖；3—中台阶右侧开挖；
4—中台阶核心土开挖、下台阶左侧开挖；5—下台阶右侧开挖；6—下台阶核心土开挖；7—仰拱开挖；
Ⅰ—超前小导管；Ⅱ—上台阶初期支护；Ⅲ—中台阶左侧初期支护；Ⅳ—中台阶右侧初期支护；
Ⅴ—下台阶左侧初期支护；Ⅵ—下台阶右侧初期支护；Ⅶ—仰拱初期支护；Ⅷ—仰拱填充混凝土；
Ⅸ—拱墙混凝土

（4）台阶法施工应符合下列要求：

① 采用台阶法开挖隧道时，应根据围岩条件合理确定台阶长度和高度。台阶长度不宜过大，宜控制在一倍洞径以内。

② 台阶形成后，各台阶开挖、支护宜平行作业。

③ 下台阶开挖，左、右侧宜交错进行。

循环进尺应根据围岩地质条件、自稳能力和初期支护钢架间距合理确定。Ⅲ级围岩循环进尺不宜超过3.0m；Ⅳ级软弱围岩上台阶循环进尺不宜超过2榀钢架设计间距，Ⅴ、Ⅵ级围岩上台阶循环进尺不宜超过1榀钢架设计间距；Ⅳ、Ⅴ级围岩下台阶循环进尺不宜超过2榀钢架设计间距；初期支护设计钢架未封闭成环隧道，仰拱一次开挖长度不宜大于3m。

3）中隔壁法

中隔壁法一般适用于Ⅳ、Ⅴ级围岩浅埋双线隧道，软弱围岩或三线隧道采用交叉中隔壁法，即中隔壁法增设临时仰拱。

（1）中隔壁法施工工序如图5.3-6所示。

（2）中隔壁法设临时仰拱施工工序如图5.3-7所示。

（3）中隔壁法施工应符合下列要求：

① 中隔壁法应先施工隧道一侧，施作中隔壁墙后再施工隧道另一侧。中隔壁应设置为弧形。

② 交叉中隔壁法，临时仰拱宜设为弧形，各部施工应步步成环。

③ 开挖时，同层左、右两侧沿纵向应错开10~15m，单侧开挖应采用短台阶，台阶长度为3~5m。

④ 开挖循环进尺不宜大于初期支护钢架设计间距。

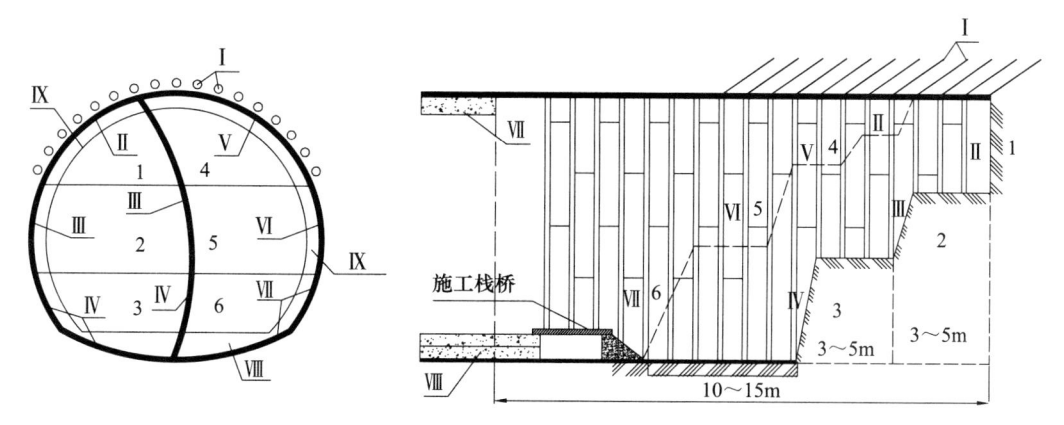

图 5.3-6 中隔壁法施工工序示意图

1—左侧上部开挖；2—左侧中部开挖；3—左侧下部开挖；4—右侧上部开挖；5—右侧中部开挖；
6—右侧下部开挖；Ⅰ—超前小导管；Ⅱ—左侧上部初期支护；Ⅲ—左侧中部初期支护；
Ⅳ—左侧下部初期支护；Ⅴ—右侧上部初期支护；Ⅵ—右侧中部初期支护；Ⅶ—右侧下部初期支护；
Ⅷ—仰拱填充混凝土；Ⅸ—拱墙混凝土

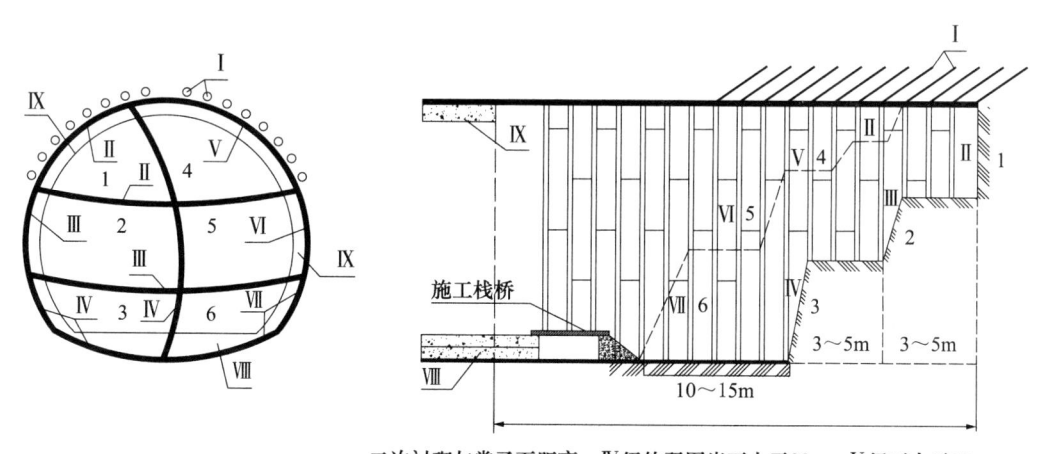

二次衬砌与掌子面距离：Ⅳ级软弱围岩不大于90m，Ⅴ级不大于70m。

图 5.3-7 中隔壁法设临时仰拱施工工序示意图

1—左侧上部开挖；2—左侧中部开挖；3—左侧下部开挖；4—右侧上部开挖；5—右侧中部开挖；
6—右侧下部开挖；Ⅰ—超前小导管；Ⅱ—左侧上部初期支护；Ⅲ—左侧中部初期支护；Ⅳ—左侧下部初期支护；
Ⅴ—右侧上部初期支护；Ⅵ—右侧中部初期支护；Ⅶ—右侧下部初期支护；Ⅷ—仰拱填充混凝土；Ⅸ—拱墙混凝土

⑤ 各分部宜采用机械开挖，周边轮廓应圆顺，避免应力集中。

4）双侧壁导坑法

双侧壁导坑法适用于浅埋双线或三线隧道Ⅴ、Ⅵ级围岩。

（1）双侧壁导坑法施工工序如图5.3-8所示。

（2）双侧壁导坑法施工应符合下列要求：

① 双侧壁导坑法开挖时，应先开挖隧道两侧导坑，再开挖中部剩余部分。

② 侧壁导坑形状应近似圆形，导坑宽度宜为1/3隧道宽度。

③ 侧壁导坑、中部开挖应采用短台阶，台阶长度3~5m，必要时预留核心土。

④ 侧壁导坑开挖应超前中部10~15m。

⑤ 开挖循环进尺不宜大于初期支护钢架设计间距，拱部与两侧壁间的钢架应定位准确、连接牢固。

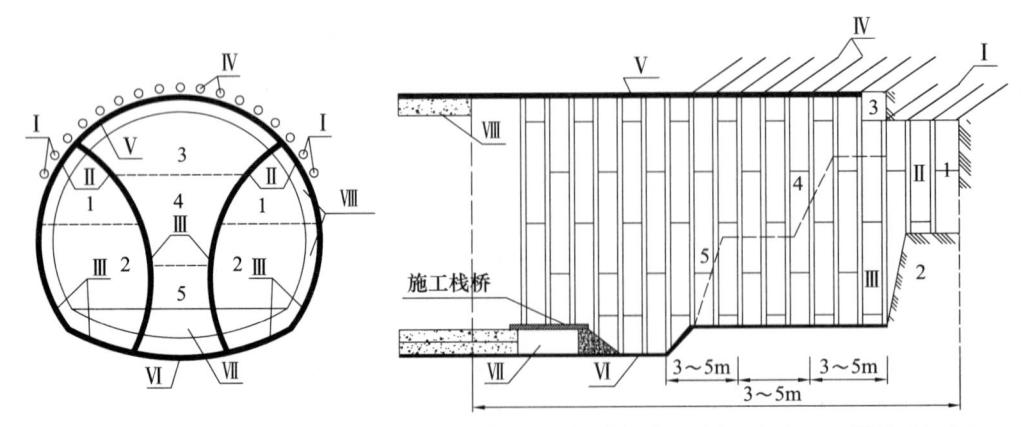

图 5.3-8 双侧壁导坑法施工工序示意图
1—两侧上部开挖；2—两侧下部开挖；3—中壁上部开挖；4—中壁中部开挖；5—中下部开挖；
Ⅰ—两侧超前小导管；Ⅱ—两侧上部初期支护；Ⅲ—两侧下部初期支护；Ⅳ—拱部超前小导管；
Ⅴ—中壁上部初期支护；Ⅵ—中壁下部初期支护；Ⅶ—仰拱混凝土施工；Ⅷ—拱墙混凝土

二次衬砌与掌子面距离：Ⅳ级软弱围岩不大于90m，Ⅴ级不大于70m。

4. 钻爆法施工需要的基本机具和材料

（1）钻爆法施工需要的基本机具包括：岩石机械（风枪、钻孔台架或岩石台车），风源压风机及风管，水源（高山水池及水管）等。

（2）钻爆作业所需要的材料主要有：炸药、雷管、导爆管及导火索等。

5. 隧道支护

1）隧道支护类型

铁路隧道支护类型包括超前支护、初期支护和二次衬砌。

初期支护在设计中承受部分围岩压力，施工中通过信息反馈及监控量测，并根据反馈信息及时修改支护参数，初期支护施作后即成为永久性承载结构一部分，它与围岩共同构成了永久的隧道结构承载体系。

铁路隧道常用的初期支护形式为锚喷支护，主要采用锚杆和喷射混凝土、钢筋网片、钢支撑等材料，共同组成支护结构，同时起控制围岩过大变形的目的。它是现代隧道工程中最常见也是最基本的支护形式和方法。

软弱及不良地质隧道开挖后，初期支护应及时施作并封闭成环，非爆破开挖和爆破开挖初期支护分别于 8h 和 12h 内完成开挖、架设钢架、喷射混凝土作业；仰拱距开挖工作面距离应尽量缩短，Ⅳ、Ⅴ、Ⅵ级围岩封闭位置距掌子面不得大于 35m。

2）超前支护

对于围岩裂隙较多、破碎、富水地质条件，如洞口地段、断层地段，不良地质隧道应按照设计或经批准方案，进行超前支护，以提高围岩强度、自稳和止水能力。超前支护主要包括预注浆、超前小导管、超前锚杆、超前管棚等方式。

（1）预注浆

根据设计和围岩情况可采用全孔一次性注浆、分段前进式注浆、分段后退式注浆三种方式。

① 孔深小于6m或地层裂隙较均匀的地层，可采取全孔一次性注浆。

② 裂隙发育或破碎难以成孔的岩层，深孔注浆可采用分段前进式注浆；围岩局部破碎，可以成孔的岩层，可采用分段后退式注浆。

③ 注浆施工应通过压水试验测定岩层的吸水性和渗透性，同时冲洗钻孔，检查止浆塞效果和注浆管路是否有跑、漏水现象。

④ 预注浆材料应根据工程地质、水文地质条件、注浆目的、注浆工艺、设备和成本等因素选择和调整。

⑤ 预注浆钻机可选用回转式、冲击式钻机等，钻孔机具应满足注浆段长的要求。

⑥ 注浆材料按照配合比准确计量，严格按顺序加料，拌和后的浆液应经筛网过滤后方可进入注浆机；注浆应设止浆墙，止浆墙施作位置及结构形式根据现场情况和堵水方式确定，止浆墙应嵌入岩体并设置适量的径向锚杆，施工时在周边预埋注浆管并注浆填充空隙。钻孔注浆施工应在止浆墙强度达到设计强度的75%以上后进行；注浆过程中应做好施工记录，包括孔位、孔径、孔深浆液配合比、注浆压力、注浆量、跑浆、串浆等内容；注浆结束后，应通过检查孔、物探等方法检查确认注浆效果。

（2）超前小导管

① 超前小导管沿隧道拱部均匀布设，环向间距应符合设计要求，宜为30~50cm，外插角宜为10°~15°；小导管应按设计长度施作，应大于2倍循环进尺，宜为3.5~5.0m，搭接长度不应小于1.0m；应与钢架构成联合支护。

② 小导管的安设应采用引孔顶入法，钻孔方向应顺直，钻孔深度和直径应与导管匹配，钻孔采用吹孔法清孔，小导管口应安装孔口阀门，外露长度不宜小于30cm。

③ 注浆应采用注浆泵注浆，为加速注浆，可安装分浆器同时多管注浆，配制好的浆液应在规定时间内注完，随配随用，注浆顺序为由下至上、浆液先稀后浓，注浆压力应符合设计要求，使浆液充满钢管及其周围的空隙。

（3）超前锚杆

超前锚杆应按设计长度加工，材质用螺纹钢筋时，应将钢筋头部加工成扁铲形或尖锥形。超前锚杆宜采用凿岩机或凿岩台车引孔，钻孔时应控制用水量，以防塌孔。钻孔的位置和外插角应符合设计要求。锚杆砂浆应采用足够全长粘结的早强水泥砂浆从孔底注入。锚杆端头应与钢架焊接牢固。

（4）超前管棚

超前管棚应按设计支护参数施作，外插角宜为1°~5°，管棚搭接长度不小于3m。

管棚钻机应根据地质条件选择，在破碎岩层或有孤石的地层中，宜选用跟管钻进的大扭矩冲击钻机。

管棚施工应符合下列要求：

① 钻进地层易于成孔时，宜用引孔顶入法。地质状况复杂不易成孔时，可采用跟管钻进工艺。

② 洞口管棚一般采用套拱内埋设导向管定位，套拱长宜为2~3m。套拱施工时，应将导向管牢固、准确固定在拱架上，再浇筑混凝土。

③ 管棚节间用丝扣连接。管棚单、双序孔的连接丝扣宜错开半个节长。

④ 管棚安装后，管口应封堵钢管与孔壁间空隙，连接压浆管。
⑤ 管棚注浆前，宜将开挖工作面用喷射混凝土封闭。
⑥ 管棚注浆应将钢管及其周围的空隙充填密实。

3）初期支护

初期支护应在开挖后及时施作，以控制围岩变形，防止坍塌。

（1）喷射混凝土

隧道喷射混凝土应采用湿喷工艺。

喷射混凝土应与岩面、钢架、钢筋网密贴，不得留有空洞和间隙，初期支护与围岩面应成为整体的支护体系。

喷射混凝土必须满足设计的初期强度、长期强度、厚度及其与围岩面粘结力要求。喷射混凝土 3h 强度应达到 1.5MPa，24h 强度应达到 10.0MPa。

喷射混凝土配合比应满足设计强度和喷射工艺要求，并通过试喷确定。

喷射混凝土施工应符合下列要求：

① 初喷混凝土应在开挖后及时进行，厚度不小于 4cm；喷射时应先填平岩面较大凹洼处。复喷混凝土应在钢筋网及钢架安装后及时进行，未设钢筋网及钢架时应及时复喷至设计厚度。

② 喷射机应具有良好的密封性能，输料连续、均匀，宜选择喷射混凝土台车。

③ 喷射作业应分段、自下而上连续进行；喷射角度应与受喷面垂直，喷嘴与受喷面距离宜为 0.6~1.8m。

④ 喷射作业应变换喷嘴喷射角度和与受喷面距离，将钢架、钢筋网背后喷填密实，必要时应在钢架和初期支护后注浆充填。

⑤ 后一层喷射应在前一层混凝土终凝后进行。若终凝 1h 后再喷射，应先用风吹、水洗基面。

⑥ 在喷射边墙下部及仰拱前，需将上部断面喷射时的回弹物清理干净，防止将回弹物卷入下部喷层中而降低支护能力。

⑦ 喷射作业紧跟开挖作业面时，下一循环爆破应在喷射混凝土终凝 3h 后进行。

⑧ 喷射钢纤维混凝土时，钢纤维在拌和物中应分散均匀，不产生结团。宜采用将钢纤维、水泥、粗细骨料先干拌后加水湿拌的方法，干拌时间不得少于 1.5min。拌和时间应通过现场和试验确定，且不宜小于 3min。喷射合成纤维混凝土时，应拌和至纤维均匀分散成单丝，时间宜为 4~5min。

⑨ 钢纤维混凝土表面宜再喷射一层厚度不小于 10mm 的同强度等级的水泥砂浆。

锚喷支护施工中，应做好锚喷支护施工记录，并检查喷射混凝土的强度、厚度、平整度及锚杆抗拔力等。

（2）锚杆

锚杆主要分为砂浆锚杆、中空注浆锚杆和自进式锚杆。

锚杆钻孔应符合下列要求：

① 钻孔机具应根据锚杆类型、规格及围岩情况选择。
② 钻孔应按设计定出孔位，其允许偏差为 ±15cm。
③ 钻杆应保持直线，宜与其所在部位的围岩主要结构面垂直。

④ 钻孔深度及直径应与杆体相匹配。

锚杆安装应符合下列要求：

① 采用引孔顶入法锚杆，安装前应清除锚杆孔中的水和渣，有水地段应先引出孔内水或在附近另行钻孔。

② 中空注浆锚杆和自进式锚杆应检查锚杆体中孔和钻头的水孔是否畅通。

③ 全长粘结型锚杆孔内灌注砂浆应饱满密实，杆体插入锚杆孔时，应保持位置居中并注意旋转，使粘结剂充分搅拌。

④ 上仰角较大的中空锚杆浆液应从孔口杆体周边注入。

⑤ 自进式锚杆杆体钻进至设计深度后，应用水或空气洗孔，并及时安装止浆塞。

⑥ 锚杆应安装垫板，在砂浆体的强度达到 10MPa 后，垫板应用螺帽上紧并与喷层面紧贴，未接触部位必须楔紧。

⑦ 砂浆应拌和均匀，随拌随用，一次拌和的砂浆应在初凝前用完。

⑧ 锚杆安设后不得随意敲击，填充砂浆终凝前其端部不得悬挂重物。

⑨ 锚杆长度、粘结材料饱满度等可采用无损检测；端锚式锚杆应做锚杆扭力矩－锚固力关系试验，并用标定的力矩拧紧螺母。

（3）钢筋网

钢筋网施工应符合以下要求：

① 钢筋网片应按设计网格尺寸在加工场集中制作，钢筋网片尺寸的大小应方便运输和安装。

② 钢筋网应在初喷混凝土后铺挂，使其与喷射混凝土形成一体。

③ 采用双层钢筋网时，第二层钢筋网应在第一层钢筋网被混凝土覆盖后铺设，其覆盖厚度不应小于 3cm。

④ 钢筋网搭接长度应为 1～2 个网格，应与其他固定装置连接牢固。

⑤ 保护层厚度不得小于 2cm。

（4）钢架

初期支护钢架应工厂化制造，出厂前应进行检验。

钢架加工应符合下列要求：

① 钢架宜按设计要求选用钢筋、型钢等制成。当采用格栅钢拱架时，应采用八字结格栅钢架。

② 型钢钢架宜采用冷弯成型；格栅钢架应采用胎膜焊接，并以 1∶1 大样控制尺寸。

③ 钢架应按设计分节，并进行试拼和编号。钢架应尽量减少接头个数。

④ 钢架加工的焊接不得有假焊，焊缝表面不得有裂纹、焊瘤等缺陷。

钢架安装应符合下列要求：

① 钢架应在初喷混凝土后及时架设。

② 钢架安装前应清除虚渣及杂物。

③ 安装时各节钢架连接板间应以螺栓连接牢固、密贴，沿钢架外缘每隔 2m 应用钢楔或混凝土预制块与初喷混凝土楔紧。

④ 钢架应与锁脚锚杆焊接牢固，钢架之间应设纵向连接。

⑤ 钢架背后的间隙应用喷射混凝土充填密实，应先喷射钢架与壁面之间的混凝土，后喷射钢架之间的混凝土。除可缩性钢架的可缩节点部位外，钢架应全部被喷射混凝土覆盖。

⑥ 采用分部开挖法施工时，钢架拱脚应施作锁脚锚杆，下部开挖后钢架应及时落底。

⑦ 仰拱底设有钢架时，应一次全幅安装并喷射混凝土覆盖，及早闭合成环。

⑧ 在软弱破碎围岩或黄土隧道分部开挖中，宜扩大钢架拱脚。

（5）临时仰拱

软弱围岩及不良地质隧道双线Ⅴ级围岩采用台阶法施工时，应设置横向临时支撑或临时仰拱。

隧道采用分部开挖需设临时仰拱时，施工应符合下列要求：

① 临时仰拱可采用型钢或格栅钢架喷射混凝土等形式。

② 需要提供水平支撑力时，临时仰拱应设置成水平直线形。特殊情况下临时仰拱作为隧道内运输通道支撑时，要设置为下拱形，并设置纵向连接。

③ 临时仰拱应及早与拱部、墙部初期支护封合成环，各分部间钢架应连接牢固。

4）二次衬砌

（1）常用的衬砌形式

在永久性隧道及地下工程中常用衬砌形式有三种：整体混凝土衬砌、复合式衬砌及锚喷衬砌。

（2）二次衬砌施作时间

二次衬砌一般在围岩变形基本稳定后施作。

在高地应力弱软围岩、膨胀岩等可能产生大变形，且变形长期不能趋于稳定的不良地质隧道，二次衬砌可提前施作，衬砌结构应有足够的强度和刚度。

（3）二次衬砌施工

二次衬砌施工采用衬砌台车作模板，拱、墙应一次整体浇筑。

混凝土应分层对称、边浇筑边振捣，最大下落高度不能超过 2m，台车前后混凝土高度差不能超过 0.6m，左右混凝土高度不能超过 0.5m。

混凝土浇筑段施工接头宜采用带有气囊的端模（堵头板），以防止漏浆。

施工缝、变形缝施工应两侧平整、顺直、清洁无渗水。

拱部封顶混凝土浇筑宜适当提高坍落度。

仰拱和底板施工应符合下列要求：

① 基底开挖应圆顺、平整，不得欠挖，超挖部分应用同强度等级的混凝土回填。

② 仰拱、底板混凝土浇筑前应将基底虚渣、杂物、积水等清除干净。

③ 仰拱宜超前拱墙模注衬砌。

④ 仰拱施作应各段一次成型，不得分部浇筑，施工时宜用栈桥，避免影响洞内交通。

⑤ 仰拱填充应在仰拱混凝土终凝后施作。

⑥ 仰拱施工缝和变形缝应做防水处理。

⑦ 底板坡面应平顺，排水畅通。

⑧ 采用板式无砟轨道隧道,底板应与无砟轨道底座统一施工。

⑨ 仰拱(含填充)或底板混凝土强度达到5MPa后,行人方可通行,达到设计强度的50%,且不破坏混凝土时,车辆方可直接通行。

拱顶回填注浆应回填密实。回填注浆应在孔口封堵材料达到一定强度后进行。注浆压力达到0.2MPa或排气孔出浆时,即可结束注浆。

二次衬砌后,应对隧道基础变形沉降进行监测,Ⅲ级围岩段每400m、Ⅳ级围岩段每300m、Ⅴ级围岩段每200m隧道左右侧布设一对沉降观测点,观测周期每周一次。

6. 隧道出渣

出渣是隧道施工基本作业之一。出渣作业能力强弱,决定了它在整个作业循环中所占时间长短,因此,出渣运输作业能力强弱在很大程度上影响施工进度。

在选择出渣方式时,应结合隧道断面大小、围岩地质条件、一次开挖量、机械配套能力、经济效益、作业环境及工期要求等因素进行综合研究,制订方案,基本要求是装渣、运输能力大于最大开挖能力;制订运输计划,统一指挥,提高运输效率。

出渣作业可分为装渣、运渣两步。

1)装渣

(1)装渣方式

装渣方式可采用人力装渣或机械装渣。人力装渣,劳动强度大,速度慢,仅在短隧道缺乏机械或断面小而无法使用机械装渣时,才考虑采用。机械装渣速度快,可缩短作业时间,目前在隧道施工中常用,但仍需配少数人工辅助。

(2)装渣机械

装渣机械类型很多,按其扒渣结构形式可为铲斗式、蟹爪式、立爪式、挖斗式。铲斗式装渣机为间歇性非连续装渣机,有翻斗后卸、前卸和侧卸式三个卸渣方式。蟹爪式、立爪式和挖斗式装渣机是连续装渣机,均配备刮板(或链板)转载后卸机构。

2)运渣

隧道运渣可以分为有轨运输和无轨运输两种方式。

(1)有轨运输

有轨运输是铺设小型轨道,用轨道式运输车出渣。有轨运输多采用电瓶车及内燃机车牵引,斗车或梭式矿车运渣,它可适应大断面开挖隧道,更适用于小断面开挖隧道,尤其适用于较长隧道运输(3km以上),是一种适应性较强和较为经济的运输方式。

① 轨道运输车辆

常用轨道式运输车辆有斗车、梭式矿车。斗车结构简单,使用方便,适应性强。梭式矿车采用整体式车体,下设两个转向架,车箱底部设有刮板式或链式转载机构,便于将整体车厢装满和转载或向后卸渣。

② 有轨运输牵引类型

常用轨道式牵引机车有电瓶车、内燃机车。电瓶车牵引无废气污染,但电瓶须充电,能量有限。必要时可增加电瓶车台数,以保证行车速度和运输能力。内燃机车牵引能力较大,但增加洞内噪声污染和废气污染。必要时,须配备废气净化装置和加强通风。

③ 轨道布置形式

有轨运输轨道布置形式有单线运输和双线运输两种。

单线运输：单线运输能力较低，常用于地质条件较差或小断面开挖隧道中。单线运输时，为调车方便和提高运输能力，应在整个路线上合理布设会让站（错车道）。会让站间距应根据装渣作业时间和行车速度计算确定，并编制和优化车辆运行图，以减少避让等待时间。会让站站线长度应能够容纳整列车，并保证会车安全。

双线运输：双线运输时，进出车分道行驶，无需避让等待，故通过能力较单线有显著提高。为了调车方便，应在两线间合理布设渡线。渡线间距应根据工序安排及运输调车需要来确定，一般间距为100～200m，或更长，并每隔2～3组渡线设置一组反向渡线。

④ 工作面轨道延伸及调车措施

工作面轨道延伸，应及时满足钻眼、装渣、运输机械走行和作业要求，并避免轨道延伸与其他工作干扰。有时需延伸至开挖面。延伸方法可以采用浮放"卧轨""爬道"及接短轨。待开挖面向前推进后，将连接短轨换成长轨。工作面附近调车措施应根据机械走行要求和转道类型来合理选择确定，并尽量离开挖面近一些，以缩短调车时间。单线运输时，首先应利用就近会让站线调车；当开挖面距离会让站较远时，则可以设置临时岔线、浮放调车盘或平移调车器来调车，并逐步前移。双线运输时，应尽量利用就近渡线来调车，当开挖面距渡线较远时，则可以设置浮放调车盘，并逐步前移。

（2）无轨运输

隧道用无轨运输车品种很多，多为燃油式动力、轮胎走行自卸卡车，载重量为2～25t。为适应在隧道内运输，有的还采用了铰接车身或双向驾驶坑道专用车辆。

无轨运输车选择应注意与装渣机匹配，尤其是能力配套，充分发挥各自工作效率，提高整体工作能力。此外，一般要求选用载重自重比大、体形小、机动灵活、能自御、配有废气净化器的运输车。

洞内转向，还可以局部扩大洞径，设置车辆转向站，或设置机械式转向盘。

无轨运输是采用各种无轨运输车出渣和进料。其特点是机动灵活，不需要铺设轨道，能适用于弃渣场离洞口较远和道路坡度较大的场合。缺点是由于多采用内燃驱动，作业时，在整个洞中排出废气，污染洞内空气，故一般适用于大断面开挖和中等长度或短隧道中，并应注意加强通风。

运输方式选择应充分考虑与装渣机的匹配和运输组织，还应考虑与开挖速度及运量匹配，以尽量缩短运输和卸渣时间。一般均应做技术经济合理性分析，以求方案最佳。

5.4 明挖隧道施工

明挖法施工是从地表面向下开挖，在预定位置修筑铁路隧道。一般在洞口修筑路堑有困难地段或浅埋隧道具备明挖条件时宜采用明挖法施工。

明挖隧道施工应根据工程规模、地质水文气象及环境条件，进行明挖基坑风险管理，制定基坑稳定、地下管线周边建筑物安全及基坑防洪等防控措施和应急预案。

明挖隧道应根据地形地质条件及围护支护结构类型确定合理的围护结构、地基加固、开挖、支护、支撑等施工步序。

城区明挖隧道施工应制定交通疏解方案,按规定设置围挡结构及安全警示标识标牌。

施工前应进行地下管线及周边建筑物调查、迁改,需要原位保护的管线应揭露并予以保护。

地下水控制应根据工程地质、水文地质和环境条件并结合围护、支护结构等确定,可选用集水明排、降水、截水和回灌等形式。

5.4.1 基坑开挖及支护

1. 基坑开挖

基坑开挖应根据地质环境条件等制定开挖方案。隧道基坑应保持地下水位在基底0.5m以下。

基坑周边地表设截、排水沟,避免渗水进入基坑;放坡开挖时,应对坡顶、坡面、坡脚采取截、排水措施。

基坑内集水明排,抽水设备能力、集水井和排水沟截面应满足排水需要。集水井宜间隔30～40m设一个,水沟底应较开挖面低40～50cm,集水井底应较开挖面低100cm以上。基坑壁分层渗水可按不同高程设置导水管、导水沟等构成明排系统;坑壁渗水量较大或不能分层明排时,宜采用导水降水方法。

基坑开挖宽度,放坡开挖基底边缘至隧道结构边缘距离不得小于0.5m,设排水沟集水井或其他设施时,可根据需要适当加宽。

基坑应按设计要求分段、自上而下分层依次开挖,严禁掏底施工。采用围护结构的基坑每段开挖中又分层、分小段,并限时完成每小段的开挖和支撑;分段长度不宜大于25m,小段长度结合支撑间距确定,宜为3～6m;分层深度宜为3～4m,小段开挖,支撑时限应控制在8～24h。

石方开挖宜采用小台阶爆破,严禁采用洞室爆破。边坡应采用光面爆破技术成型。

2. 基坑支护

基坑围护开挖应根据设计要求确定支撑方案,可采用型钢或钢筋混凝土内支撑、土层锚杆(索)等形式。放坡开挖基坑边坡应根据设计要求,采用锚杆、钢筋网、喷射混凝土等支护形式。

1)围护结构内支撑施工要求

(1)支撑结构的安装与拆除顺序,应与基坑围护结构设计计算工况一致,应先支撑后开挖。

(2)设有围檩横撑,围檩应与围护结构固定牢固。设有中间支撑柱横撑,支撑柱应与横撑连接牢固。

(3)横撑上不得堆放材料或其他重物。发现变形、楔块松动或支撑体系出现故障时,必须及时处理。

(4)混凝土支撑应在开挖至设计位置后,在同一平面上一次浇筑,支撑高程偏差不应大于50mm,水平间距偏差不应大于100mm。

（5）钢支撑应在开挖至设计位置后及时安装并按设计要求施加预应力。安装前应进行拼装，拼装后两端支点中心线偏心不应大于20mm，安装后总偏心量不应大于50mm。

（6）钢支撑安设质量应符合以下要求：轴线竖向、水平向偏差≤±30mm，支撑两端的标高差≤±20mm，水平面偏差≤支撑长度的1/600，支撑的挠曲度≤1/1000，支撑与立柱的偏差≤±50mm。

2）钢支撑端头与冠梁或围檩连接要求

（1）支撑端头应设置不小于10mm的封头钢板，端板与支撑杆件应满焊接，焊缝厚度及长度应能承受全部支撑力或与支撑等强，必要时应设加劲肋，肋板数量、尺寸应满足支撑端头局部稳定要求和传递支撑力的要求。

（2）支撑端面与支撑轴线不垂直时，可在冠梁围檩上设置预埋铁件，或采取其他构造措施以承受支撑与冠梁或围檩间剪力。

3）钢支撑预加力施加要求

（1）支撑安装后，应及时检查各节点的连接情况，符合要求后施加预压力，施加预压力应在支撑两端同步对称进行。

（2）预压力应分级施加、重复进行，加至设计值时，应再次检查各连接点情况，待额定压力稳定后锁定。

4）土层锚杆施工要求

（1）锚杆钻孔机具应根据地质条件选择，钻孔孔位高偏差不应大于50mm，水平间距偏差不应大于100mm，孔深应大于设计要求，偏差不应大于100mm。

（2）锚杆应在开挖至设计位置后及时安装。锚杆杆体应符合设计要求，可采用钢筋或钢绞线；锚杆杆体应设定位器，其间距锚固段不宜大于2m，非锚固段宜为2~3m。锚固段应置于扰动土体1m以外的稳定地层中，锚固段与非锚固段应界限分明。设有围檩的锚杆，围檩应与锚杆体水平连接牢固后，方可安装锚头。

（3）注浆浆液应按设计配制。一次注浆宜选用灰砂比1:1~1:2、水胶比0.40~0.45的水泥砂浆，或水胶比0.40~0.50的水泥净浆。二次注浆宜采用水胶比0.45~0.55的水泥净浆。

（4）锚固段注浆应饱满密实，宜采用二次注浆。一次注浆压力宜为0.4~0.6MPa，二次高压注浆压力宜为2.5~5.0MPa，注浆时间应根据注浆工艺试验确定，或在一次注浆强度达到5.0MPa后进行。接近地表或地下构筑物及管线的锚杆应适当控制注浆压力。

（5）锚杆锚固段浆体达到设计强度后，方可进行张拉并锁定，张拉值为设计荷载的75%~80%。

5）边坡锚喷支护施工规定

（1）锚喷支护施工按设计要求随开挖自上而下分段分层进行，采用机械开挖应修整坡面，喷射混凝土前应清理坡面。

（2）下层土方开挖及锚杆施工应在上层锚杆注浆体及喷射混凝土达到设计强度的70%后进行。

（3）锚杆施工应控制钻孔质量，成孔允许偏差为：孔深±5cm，孔径±5mm，孔距

±10cm，倾斜 5%。

（4）喷射混凝土应分段自下而上及时进行。钢筋网应在喷射第一层混凝土后铺设；采用双层钢筋网时，第二层钢筋网应在第一层被混凝土覆盖后铺设；钢筋网与锚杆应连接牢固。

（5）锚杆注浆材料应符合设计要求。水泥浆水灰比宜为 0.5；水泥砂浆配合比宜为 1：1～1：2，水灰比为 0.38～0.45。

5.4.2 结构施工

1. 衬砌结构

衬砌应考虑沉落量等，内轮廓应按设计要求适当放大。施工顺序应根据设计计算的基坑工况确定，应先施工仰拱（底板），后施工墙拱结构。

钢筋宜加工成型后运至现场安装。钢筋绑扎应牢固，变形缝处主筋和分布筋不得触及止水带和填缝板，预埋件应固定牢固、位置正确。

地下连续墙作为主体结构或部分作为主体结构时，在施工二次结构时，墙体应凿毛、清理干净、调直预留钢筋。连续墙接头和二次衬砌接头宜错开。

2. 结构防水

卷材防水层应在基面验收合格后铺贴，铺贴完成验收合格后，应及时施作保护层。

卷材铺贴基面应洁净平整，含水率不宜大于 9%。基面应涂刷处理剂，干燥后铺贴附加层，测放基准线后铺贴卷材。

结构底板先贴卷材防水层施工，应先铺平面，后铺立面，交接处应交叉搭接。墙拱防水卷材铺贴前，应先将搭接部位各层卷材揭开，并清理表面，卷材应采用错槎搭接。

涂膜防水层施工前，应进行涂布试验。先在基层面上涂一层与涂膜材料相溶的处理剂；涂膜应分层涂布，后一层应在前层干燥后涂布；分片涂布搭接宽度宜为 8～10cm。

涂膜防水层基面应坚实、平整、清洁，不得有渗水、起砂等现象；采用油溶性或非湿固性涂料时，基面应保持干燥。

5.4.3 基坑回填及监测

1. 基坑回填

（1）回填填料及碾压密实度应符合设计要求。填料使用前，应进行压实试验，确定填料含水量的控制范围、松铺厚度、碾压遍数等参数。

（2）基坑应在隧道和地下管线结构达到设计强度要求后，及时回填。回填前应将基坑内清理干净，虚土应压实。

（3）基坑回填应分层压实。隧道结构两侧回填应对称进行，两侧回填面高差不得大于 50cm；基坑回填高差不一致时，应从低处逐层填压；基坑分段回填连接处应设置台阶，台阶宽度不得小于 1m，高度不得大于 0.5m。

（4）基坑回填时，机械或机具不得碰撞隧道防水保护层。隧道结构两侧和顶部 100cm 范围内以及地下管线周围应采用小型机具夯填。

（5）基坑回填采用机械碾压时，搭接宽度不得小于20cm；小型机具夯填重叠处不得小于1/3底宽度。

（6）雨季回填应集中力量分段施工，取、运、摊、压各工序应连续作业，降雨前应完成填土层的压实，并形成排水坡面。

（7）基坑不宜在寒冷季节回填，必须施工时，应有可靠的防冻措施。

2. 基坑监测

（1）基坑开挖前应根据设计要求、基坑等级、开挖步序和参数等制定开挖监测方案，监测方案应包括监控目的、监测项目、监测限值、监测方法、精度要求、测点布置、监测周期及信息管理等。

（2）监测点的布置应满足监控要求，基坑围岩及桩、墙围护系统、基坑边缘外1~2倍开挖深度范围内需要保护的建（构）筑物、管线应作为监控对象。基坑监测点布置及量测频率应符合设计要求。

（3）基坑开挖监控应符合下列要求：

① 位移观测基准点数量不应少于两点，且应设在开挖影响范围以外。

② 监测项目在基坑开挖前应测取初始值，且不应少于两次。

③ 各项监测周期可根据施工进程确定。当变形超过控制基准或监测数据变化速率较大时，应加密观测次数，并报告有关各方，采取应急处理措施。

④ 监测过程中，应根据设计要求提交阶段性监测结果报告。工程结束时应提交完整监测报告，报告内容应包括：工程概况；监测项目和测点布置图；采用的仪器设备和监测的方法；监测数据处理；监测结果评价。

5.5 隧道辅助坑道施工

隧道辅助坑道包括横洞、平行导坑、斜井、竖井等。隧道辅助坑道的选择，应根据隧道长度、施工期限、地形地质、水文等条件，结合施工和运营期间通风、排水、防灾救援、疏散及弃渣等的需要通过技术经济比较确定。

隧道辅助坑道断面尺寸应满足施工工期、施工方法、施工机械设备、施工通风、施工排水等需要。隧道辅助坑道开工前，应结合隧道主体工程做好施工调查、核对设计文件、进行测量复测、编制实施性施工组织设计，做好施工准备工作。隧道辅助坑道应先于隧道正洞开工，并组织好快速施工。

隧道辅助坑道施工方法选择，应以地质条件为主，结合隧道施工条件、机械设备情况和开挖断面尺寸等综合确定。隧道辅助坑道洞口的截水排水系统和防冲刷设施，应在隧道辅助坑道施工前按设计要求尽早完成。隧道辅助坑道洞门应尽早施作。隧道辅助坑道施工，除完整稳定的围岩外应及时支护，洞口、井口、岔洞及与隧道正洞连接处应紧跟开挖面支护或先支后挖。

隧道辅助坑道洞口边、仰坡开挖及地表恢复应符合环境保护和水土保持有关规定和设计要求，开挖不得采用大爆破，开挖坡面应按设计要求及时防护和支护，山坡危石应全部清除。隧道辅助坑道开挖宜采用光面爆破或预裂爆破。隧道辅助坑道支护宜采用锚喷支护。

隧道辅助坑道中线、高程、倾角、垂直度、断面尺寸及支护材料均应符合设计要求。隧道辅助坑道施工应进行超前地质预报和现场监控量测。

隧道辅助坑道与正洞交叉口施工，先加固、后开挖。根据地质情况，隧道辅助坑道与正洞边墙相交的3～5m范围的初期支护应加强，必要时应浇筑混凝土衬砌。隧道辅助坑道进入正洞门洞应设置门架或过梁。隧道辅助坑道进入正洞后挑顶施工，应从外向内逐步扩大。

5.5.1 横洞及平行导坑施工

横洞和平行导坑应根据围岩级别、断面大小合理选用开挖方法。选择施工方法时，宜优先选用全断面法与正台阶法。

平行导坑掘进应超前于正洞，超前距离不宜小于相邻横通道间距。当横洞开挖工作面与正洞距离小于10m时应调整爆破参数、降低循环进尺，减小爆破对正洞围岩的扰动。

横洞和平行导坑排水系统应与正洞统筹考虑。横洞和平行导坑不设仰拱时，其底部应按设计要求一次挖够，水沟与边墙基础也应一次挖成并及时做好水沟。

平行导坑横通道施工，应在平行导坑和隧道正洞掘进至其位置时，将交叉口处一次挖成。如原确定横通道位置地质不良，可根据实际情况调整横通道间距。

5.5.2 斜井施工

斜井开挖钻爆作业钻眼方向宜与斜井的倾角一致，眼底应比井底高略低，避免出现台阶。每个循环进尺应检测其高程并控制井身斜度，每隔10～20m应复核其中线高程。

斜井施工前应根据设计涌水量进行排水方案设计，主要内容应包括：抽排水设备规格型号、管径大小、排水数量及集水坑的设置等。有涌、突水可能的隧道，设备配置应考虑备用，电力应设置双回路，并有备用电源。

斜井综合坡率$i \leqslant 13\%$时，宜用汽车运输方式，斜井综合坡率$13\% < i \leqslant 27\%$时，可选用轨道矿车提升或皮带运输方式；斜井综合坡率$27\% < i \leqslant 47\%$时，可采用轨道矿车提升；斜井综合坡率$47\% < i \leqslant 70\%$时，可采用大型箕斗提升。

斜井施工用汽车运输方式时，单车道斜井应根据施工组织和施工安全要求设置会车道；斜井内运输道路应硬化并防滑；斜井汽车运输车辆应限速行驶，进洞重车不得大于8km/h，轻车不得大于15km/h；出洞爬坡不得大于20km/h；斜井汽车运输，洞内、外应设各种安全设施和警示标志，并建立调度指挥系统、车辆保养制度。

斜井运输采用轨道运输时，矿车提升的斜井井底应设平坡车场，井口宜采用平坡车场或卸渣栈桥；斜身纵断面不宜变坡；井身每隔30～50m应设一个躲避洞，井底停车场应设避车洞，井底附近的固定机械与电器设备均应设置在专用洞室内；井口和井底变坡点应设竖曲线，有轨运输的竖曲线半径宜采用12～20m。

严禁人员乘坐斗车、矿车。斜井垂直深度大于50m，运送人员应使用专用人车，并且有车长跟随。运送车辆运输人员前，应检查人车的连接装置、保险链和防溜装置。

5.5.3 竖井施工

竖井井身应采用普通凿井法，特殊情况亦可采用反井法、钻井法、冻结法、沉井法等施工方法。

井口施工，表土掘完一段后要及时砌筑锁口圈及井颈；井颈施工应按设计要求预留管线口、地脚螺栓、梁窝和其他通道口；安装井盖和吊挂掘进井架；安装井口栅栏和安全门。

竖井井身施工，可采用单行作业。当井身围岩稳定且有安全措施时，亦可采用平行作业。

5.6 特殊岩土及不良地质隧道施工

施工前应研究分析工程及水文地质资料，结合现场实际情况，做出风险评估，制定完整的施工技术方案和专项应急预案，并做好各项资源储备。

施工中应加强超前地质预报和监控量测，并根据结果及时调整施工方案。

5.6.1 特殊岩土隧道施工

1. 风积沙和含水砂层

（1）隧道通过风积沙和含水砂层时，应采取超前支护措施止水和加固地层，可采用超前小导管、管棚、插板、预注浆、冻结等方法。

（2）开挖地段的排水沟应铺砌、抹墁，或用管、槽等将水引至已二次衬砌地段排出洞外。

（3）风积沙和含水砂层隧道的开挖应符合下列要求：

① 风积沙层隧道先支护、后开挖；含水砂层隧道先治水、后开挖。

② 根据隧道断面大小，宜采用中隔壁法或临时仰拱台阶法开挖。

③ 开挖过程中应根据监控量测结果及时调整预留变形量。

④ 风积沙层隧道应边挖边喷混凝土及时封闭，支护缝隙漏沙应及时封堵。

⑤ 风积沙层隧道喷射混凝土宜采用挂设钢丝网等措施增加基面可喷性。

⑥ 风积沙层隧道施工排水可采用排水沟或管槽引排，排水沟应铺砌、抹墁。

2. 黄土

黄土隧道施工方法选择应根据隧道断面大小、围岩级别、土层含水量、监控量测情况综合考虑，一般情况下可采用台阶法施工，对浅埋、偏压及地表有沉降要求地段隧道可采取中隔壁法、交叉中隔壁法或双侧壁导坑法施工。

1）黄土隧道洞口工程施工要求

（1）洞口工程施工前，应先核查边、仰坡周围山体稳定情况，清除松散体及不稳定土体；对洞口附近黄土陷穴、人为坑洞和裂缝应提前采取夯填、灌注水泥浆、施作防渗水沟引排地表水等方式进行处理。

（2）进洞前应按设计做好洞顶、洞门及洞口防排水系统，排水沟应进行防渗铺砌。洞门不宜在雨季施工。

（3）洞口段应加大监控量测频率，加强对边、仰坡及浅埋地表裂缝及变形监测。

（4）洞口段加强初期支护，仰拱紧跟，及时形成封闭结构，二次衬砌应尽早施作。

（5）当洞口受地形限制出现高陡坡、仰坡时，应尽早完成明洞工程。

2）黄土隧道开挖要求

（1）台阶法施工宜采取弧形导坑并预留核心土，核心土长度宜为3.0～5.0m，面积不宜小于开挖面的50%。

（2）上台阶长3～5m，中台阶长5～8m；上台阶开挖高度3.0～4.0m，下台阶开挖高度3.0～3.5m；仰拱距掌子面距离宜为20～30m。

（3）上台阶开挖循环进尺以一榀拱架间距为宜，小、中跨度间距为1.0～1.2m，大跨度间距为0.8～1.0m，特大跨度间距为0.5～0.8m；中、下台阶的开挖进尺、浅埋地段与上台阶进尺相同，深埋地段不大于上台阶一次进尺的2倍。

（4）开挖方式宜采用机械开挖，墙脚、拱脚等隅角处应预留60～70cm厚土体，采用小型设备或人工开挖，且不应超挖。

（5）施工中应根据设计文件预留变形量，并根据监控量测结果及时调整。

（6）施工中如发现变形异常等不安全因素时，应暂停开挖，加强支护，调整施工方案。

3）黄土隧道支护施工要求

（1）开挖后应立即喷射混凝土封闭开挖工作面，及时施作钢架、钢筋网、锚杆及复喷混凝土。

（2）钢架基脚或分部开挖基脚等处应设置锁脚锚杆（锚管），并设置垫板。每侧锁脚锚杆不少于2根，锁脚锚杆直径不小于22mm，长度不小于3.5m，外插角为35°～40°。拱脚、墙脚宜采用大拱脚。垂直节理地段，应在拱脚设置测点，监控拱脚下沉状态。

（3）黄土含水量较大，锚杆成孔可采用螺旋钻，锚杆应设置垫板。

（4）对采用中隔壁、交叉中隔壁法及双侧壁导坑施工的地段，一次拆除临时支撑长度应根据监控信息分析确定，且二次衬砌宜紧跟施作。

4）黄土隧道基底处理要求

（1）明洞工程湿陷性黄土地基可结合地基湿陷性等级、类型、湿陷层厚度及湿陷量，采用换填法、挤密桩法或混凝土灌注桩法等进行处理。

（2）当场地内有易形成集中入渗通道陷穴、坑洞等可能对隧道地基产生危害不良地质时，可综合考虑地形地貌、浸水条件等因素，根据地基湿陷性要素采取洞内换填、桩基处理等措施。

（3）新近堆积黄土及饱和黄土地基不满足承载力要求时，可采取换填、树根桩或混凝土桩等一种或多种相结合处理方法。

（4）隧道地基加固处理施工机具应小型化，以满足洞内作业空间要求。

（5）地基处理过程中，应对地基处理施工质量进行检查和评估。地基处理施工结束后，应按设计要求及有关标准进行检查和验收。

5）黄土隧道施工防排水要求

（1）完善洞内施工排水系统。可采用管槽或排水沟引排，排水沟宜设在隧道中部，并应铺砌、抹墁。地层含水量大时，开挖工作面应设横向排水沟，将水引至中部排水管、槽排出。

（2）严格控制施工用水，避免浸泡土体。喷射混凝土应采用湿喷工艺，喷射机等设备清洗在洞外进行或用高压风吹洗，混凝土养护采用喷雾。

（3）有降水施工条件时，宜先降水后开挖。

6）黄土隧道二次衬砌施工要求

（1）仰拱应超前，并应一次灌注成型，仰拱距离掌子面宜控制在30m以内。

（2）拱墙衬砌应整体灌注，并及时施作。

（3）隧道二次衬砌完成后，应对施工缝、沉降缝、洞口路基过渡段布置水准观测点定期进行监测。

3. 高原冻土

高原冻土隧道洞口应根据季节温度变化，进行保温施工。供水设施宜布置在洞内，并通过增压泵、高压风等加压措施来保证施工需求。

1）洞口施工要求

（1）边、仰坡应快开挖、快防护、缩短暴露时间，并应分段、分层进行。施工中应对坡面稳定情况加强监测和检查。

（2）开挖爆破应采取预留光爆层、间隔装药、减少同段起爆炸药量等措施，控制爆破对冻土的扰动。

（3）明洞开挖应搭设遮阳棚，厚层地下冰暴露部分应采取保温措施，边坡应喷射混凝土及时封闭，冻胀地基可采用粗颗粒土换填并封闭。

2）洞身施工要求

（1）温暖季节施工，应采取措施控制洞内环境温度，减少融化。

（2）开挖爆破后，应及时喷射混凝土封闭围岩，控制围岩表层融化。

（3）施工设备配备应符合高原冻土环境要求，洞内宜采用轨道运输方案。

（4）施工中应设专人负责环境温度检测和控制工作。

3）二次衬砌施工要求

（1）二次衬砌宜紧跟工作面，采用低温早强混凝土，应连续、对称浇筑。

（2）相邻接触面温度在-5℃以下浇筑低温早强混凝土，应采取措施加热接触面，并提高入模温度和加强覆盖保温。

（3）低温早强混凝土拌和温度不应高于30℃，加气剂宜在混凝土拌和30s后加入，抗冻剂应溶于拌和水掺入。

（4）混凝土养护应保持温度，防止冻害。

4）防排水、隔热保温层施工要求

高原冻土隧道施工中应采取有效防排水及保温措施，以防止冻胀破坏，其防排水、隔热保温层除符合设计要求外，尚应符合下列要求：

（1）衬砌全断面应铺设隔热保温板，防止热融圈反复变化导致隧道运营后冻胀破坏。

（2）隔热保温层应做防水及保护措施，以防保温层受潮及破坏。

（3）洞内可设双侧保温水沟，洞外应设深埋保温暗沟，将水排至地表沟内。

（4）衬砌应采用低温早强防水混凝土，提高混凝土自防水能力。

（5）应按设计要求处理施工缝，衬砌应不渗不漏。

5.6.2 不良地质隧道施工

1. 富水软弱破碎围岩

（1）富水软弱破碎围岩隧道开挖应符合下列要求：

① 应采取超前支护措施，保障开挖工作面稳定。

② 涌水较大宜采用注浆堵水措施，隧道埋深在20m以内，可采用地表注浆；隧道埋深超过20m，宜采用开挖工作面预注浆。

③ 单线隧道宜采用预留核心土台阶法开挖，双线和多线隧道宜采用中隔壁法或双侧壁导坑法开挖。初期支护应尽早封闭成环。

（2）衬砌背后排水管道与隧道排水沟应顺畅连接，防止地下水在衬砌背后聚集对其形成压力。

2. 岩溶

（1）岩溶隧道施工，施工前应根据设计资料、岩溶及地下水等综合超前地质预报结果，制定岩溶隧道施工技术方案、备足必要排水设备和物资等资源。防排水应以疏为主、堵排结合、因地制宜、综合治理。岩溶处理可采用疏导、堵填、注浆加固、跨越、宣泄等措施。

（2）岩溶隧道施工应建立包括声光报警、应急通信及电视监控、逃生通道及疏散标志、应急照明及供电系统、逃生装备和应急排水系统等防灾警报系统。

（3）岩溶隧道施工应符合下列要求：

① 岩溶隧道施工宜采用动态设计、动态施工，及时优化调整设计施工方案。

② 岩溶隧道施工应加强洞内外观察及围岩变形、外水压力等监测，必要时对支护结构应力、应变以及地应力进行监测，及时反馈监测信息，实施信息化施工，确保施工安全。

③ 岩溶发育隧道，地质预报应建立以长距离物探和钻探为主，其他物探方式为辅，红外线探测连续施测的综合预报体系。

④ 施工前应调查地表水出露情况，必要时可采取地表注浆等措施处理。

⑤ 岩溶地段施工应结合注浆技术，采取合理可靠的超前支护体系，降低围岩的渗水量及变形量。

⑥ 开挖宜采取台阶法，必要时采用中隔壁法。在Ⅱ、Ⅲ级围岩条件下，且溶洞仅穿过隧道底部小部分断面时，可采用全断面法。爆破开挖应密布眼、少装药，渗漏水时加强观察。

⑦ 溶洞位于隧道一侧时，应先开挖该侧，等支护完成后再开挖另一侧。

⑧ 隧道岩溶较大时，应采用泄水洞宣泄岩溶水，泄水洞应位于地下水来向一侧；涌水量大、涌水点多、分散、排泄通道不明显的岩溶发育地段，宜先汇集、再引排，采取辅助导坑、集水廊道结合泄水洞、行洪通道等措施处理。

⑨ 暗河段施工，应以排为主，不得进行封堵，造成排水受阻，增大对正洞衬砌压力。

⑩ 二次衬砌施工前，应采用物探手段检查隧道周边环形加固层及层外围岩情况，重点检查拱部、底板、边墙 5m 内是否存在有害空洞，隧道底部是否密实。

3. 瓦斯

1) 一般规定

（1）设计为瓦斯隧道或施工时预报检测存在瓦斯，应按瓦斯隧道组织施工。

（2）瓦斯隧道、瓦斯工区、含瓦斯地段分类及分级应符合《铁路瓦斯隧道技术规范》TB 10120—2019 规定。

（3）瓦斯隧道施工应编制专项施工方案及应急预案，建立专项机构进行通风、防突、防爆及瓦斯检测工作。施工前，施工单位应与就近矿山救护队建立协同救援体系，明确协同救援各方任务，开展联合救援演习及矿山救护相关知识培训。

（4）瓦斯突出隧道，应单独编制预防煤与瓦斯突出和揭煤、过煤实施性施工组织设计，并制定包括技术、组织、安全、通风、抢险、救护等技术措施。

（5）瓦斯隧道施工应构建覆盖全隧道危险部位的瓦斯实时监测网络，全面、系统、准确把握隧道内瓦斯信息，有效实施灾害预警。

（6）开工前，施工单位应对施工作业人员及管理人员进行专项安全技术培训。瓦斯检测、爆破作业、安全员、领工员等管理作业人员均应通过专项技术培训，并持证上岗。

（7）瓦斯隧道施工应采用多种超前地质预报手段，了解掌握开挖工作面前方煤层和瓦斯状况，根据不同情况采用加强通风、注浆封堵、钻孔引排等措施预防瓦斯灾害。

（8）瓦斯隧道煤系地层宜采用台阶法施工，上下断面距离应根据围岩稳定和通风需要确定。

（9）高瓦斯工区和瓦斯突出工区供电应配置两套电源和双电源线路，工区线路不得分接隧道以外任何负荷。

（10）隧道内高瓦斯工区和瓦斯突出工区必须采用安全防爆型机电设备。非瓦斯工区和低瓦斯机电设备可使用非防爆型，其行走机械严禁驶入高瓦斯工区和瓦斯突出工区。

（11）瓦斯隧道洞口设置值班房，必须 24h 值班，值班房应设洞内工序状态揭示牌，所有人员及施工机械进出洞必须登记，并详细记录。非作业人员进洞必须经过批准。

（12）瓦斯隧道严禁火源进洞。进入瓦斯突出工区作业人员应携带个人自救器。

2) 瓦斯工区钻孔作业应符合的要求

（1）必须采用湿式钻眼。

（2）炮眼深度不应小于 0.6m，炮眼应清除干净，炮眼封泥不严或不足不得进行爆破。

（3）必须采用煤矿许用炸药，瓦斯突出地段必须使用安全等级不低于三级煤矿许用含水炸药。

（4）瓦斯工区必须采用电力起爆，必须采用煤矿许用电雷管。使用毫秒延期电雷管时末段延期时间不得大于 130ms，严禁使用秒或半秒级电雷管。

（5）严禁反向装药起爆。

（6）爆破网路必须采用串联连接方式，严禁将瞬发电雷管与毫秒电雷管在同串联网路中使用。

（7）必须使用防爆型起爆作为起爆电源，一个开挖面不得同时使用两台及以上起爆器起爆。

（8）在非瓦斯突出工区进行爆破作业时，爆破15min后应巡视爆破点，检查通风、瓦斯、煤尘、瞎炮、残炮等情况，如有危险必须立即处理。

（9）在瓦斯突出工区，揭煤爆破15min后，应由救护队员佩戴防毒面具或自救器到工作面对爆破效果、瓦斯浓度等进行检查，确认安全后方可通知送电、开动局部通风机；通风30min后，由瓦斯检测人员检测工作面、回风流瓦斯浓度；在瓦斯浓度小于1%，二氧化碳浓度小于1.5%后，方可解除警戒，允许工作人员进入开挖工作面。

3）瓦斯突出隧道施工，应采用的防突技术措施

（1）接近突出煤层前，必须对设计标示的各突出煤层位置进行超前探测，标定各突出煤层准确位置，掌握其储存情况及瓦斯状况。

（2）施工时，应至少选用瓦斯压力法、综合指标法、钻屑指标法、钻孔瓦斯涌出初速度法和"R"值指标法5种方法的两种方法对突出危险性进行预测，并相互验证。

（3）防治煤与瓦斯突出宜采用钻孔排放措施。

（4）防突措施实施后，应进行效果检验。

4）瓦斯隧道施工通风应符合的要求

（1）编制隧道和各工区施工通风设计。通风设计应符合各工区贯通后的风流调整和防爆要求。

（2）施工期间，瓦斯通风监控及检测机构应测定气象、瓦斯深度、风速、风量等参数。低瓦斯工区可用便携式瓦检仪，高瓦斯工区和瓦斯突出工区除便携式瓦检仪外，尚应配置高浓度瓦检仪和瓦斯自动检测报警断电装置。

（3）瓦斯隧道各掘进工作面应独立通风，通风方式均应选择压入式，严禁任何两个工作面之间串联通风。

（4）瓦斯隧道压入式通风主风机风管末端距离开挖工作面宜为30m左右，主风机网管末端位置应设局扇，局扇工作时风管口距离开挖工作面不宜大于5m。

（5）瓦斯隧道需风量，应按爆破排烟、同时工作的最多人数、同时作业设备以及瓦斯绝对涌出量等分别计算，采用其中的最大值，并按允许风速进行检验。

（6）瓦斯易于积聚处，应实施局部通风。

（7）施工期间应连续通风。因检验、停电等原因停风时，必须撤出人员，切断电源。恢复通风前，必须检查瓦斯浓度，符合规定后方可启动机器。

（8）瓦斯工区的通风机应设两路电源，并装设风电闭锁装置。当一路电源停止供电时，另一路应在15min内接通，使风机正常运转。

（9）通风机应有一套同等性能的备用，并保持良好的状态。

（10）通风管应采用抗静电、阻燃的风管。

（11）隧道贯通后，应继续通风，防止瓦斯局部积聚。

4. 岩爆

岩爆隧道施工应根据设计资料及超前地质预报制定针对不同强度等级岩爆专项施工方案。

1）不同强度等级岩爆技术措施

（1）轻微岩爆地段开挖可正常掘进，并采用局部锚杆、应力释放等措施。

（2）中等岩爆地段，除可采用轻微岩爆地段措施外，还可采用超前注水、防岩爆锚杆等措施。

（3）强烈岩爆地段，除可采用中等岩爆地段措施外，还可采用超前应力解除爆破、小导洞超前、超前锚杆、钢架支撑等措施。

2）岩爆隧道的施工要求

（1）应做好发生岩爆时间、位置、强度、类型及数量等记录，总结岩爆规律。

（2）应采用光面爆破技术，使隧道周边圆顺，减少应力集中；严格控制装药量，减少对围岩的扰动。

（3）控制循环进尺，循环进尺不宜大于3m。

（4）中等强度等级以上岩爆地段宜采用凿岩台车及喷混凝土台车施工。台车及装渣机械、运输车辆上宜加装防护钢板，避免岩爆弹射块体伤及操作人员和砸坏施工设备。

（5）超前注水孔宜布置在隧道边墙及拱部开挖断面轮廓线外10～15cm范围内，并向孔内灌高压水，软化围岩，加快围岩内部应力释放。

（6）开挖后应及时喷射钢纤维混凝土封闭，厚度宜为5～8cm。

（7）应力释放孔直径不宜小于ϕ70mm。

（8）防岩爆锚杆可采用楔管式、缝管式、水胀式等能及时受力锚杆，以调整围岩应力分布及加固围岩。锚杆长度宜为2m左右，间距宜为0.5～1.0m。

（9）施工中发生岩爆，应停机待避，处理应利用岩爆间隙时间进行。

5. 挤压性围岩

挤压性围岩隧道开挖应根据断面大小采用微台阶法、中隔壁法、双侧壁导坑法和交叉中隔壁法等分部开挖法施工。

1）挤压性围岩隧道支护要求

（1）支护体系应采取及时支护、限制变形、及时封闭成环原则。

（2）支护可采用可缩式钢架、可压缩锚杆和多层钢纤维喷锚等。

（3）采用可缩式钢架时，应快速封闭成环。

（4）喷射钢纤维混凝土宜采用逐层加喷作业，并在隧道纵向预留间隙。

（5）支护总压缩量应与预留量一致。

2）挤压性围岩隧道二次衬砌要求

（1）二次衬砌应采用仰拱超前、墙拱一次成型的方法灌注。

（2）在稳定性很差或地应力复杂地段，应加强初期支护，初期支护可分几次施作，二次衬砌施作时间待变形趋于稳定后施作，并对二次衬砌采取增加二次衬砌厚度、采用钢纤维混凝土衬砌和采用钢筋混凝土二次衬砌等措施加强。

6.膨胀岩

膨胀岩隧道施工方法，应根据膨胀岩特性，并结合隧道断面尺寸、施工条件、围岩稳定情况、地下水活动状况等因素，综合研究决定。

膨胀岩隧道防排水，应采用以防为主，防、堵、截、排相结合原则，并结合当地气象、水文、地质条件，因地制宜地进行。

膨胀性岩隧道初期支护宜采用喷射混凝土、锚杆、钢筋网、钢架等，必要时可采用钢纤维混凝土。

膨胀岩隧道二次衬砌，应采用拱、墙同时施工，二次衬砌结构应与围岩充分密贴、及早封闭。

1）膨胀岩隧道施工时应采取的措施

（1）膨胀岩隧道浅埋地段地表低洼处必须填平，小河沟（槽）可采用浆砌片石封闭，防止地表水下渗。

（2）在断层破碎带、节理发育、地下水丰富地段应及时施作盲沟或采用弹性软式透水管，将水归入沟槽，引排至洞内水沟。

（3）膨胀岩隧道施工期间顺坡排水时，应设置专门防渗漏排水沟槽，严禁在岩体上直接挖沟排放。反坡排水时，必须有完善排水设施并保证抽、排水设备完好，严禁水渗流至开挖工作面。

（4）二次衬砌施工缝、变形缝应根据防水要求，结合地下水情况、防水材料特点等因素合理设置。

2）膨胀岩隧道施工要求

（1）采用钻爆法开挖时，应短进尺、多循环。

（2）开挖断面应圆顺，隧道周边宜采用风镐开挖，中间部分可用钻爆法开挖。

（3）膨胀岩地段开挖后，应及时封闭暴露岩体。

5.7 隧道盾构法施工

隧道盾构法施工应根据各个阶段施工特点编制包括设备进场运输、吊装、组装及调试、端头加固始发、试掘进、特殊地段到达、解体等专项施工方案。

施工前应根据隧道盾构法施工特点，完成前期调查、技术、设备和设施、盾构始发等各项准备工作。

隧道盾构法施工应对邻近建（构）筑物、地下管网等进行监测，对重要或有特殊保护要求的建（构）筑物，应根据需要采取必要的安全技术措施。

5.7.1 盾构选型及组装调试

1.盾构选型

隧道盾构法施工应根据工程地质、水文地质条件、周围环境，以及隧道功能、外径、长度、线路、埋深等设计参数，经过经济性、技术性比较后确定选型。

土压平衡盾构适用于冲积黏土、洪积黏土、砂质土、砂砾、卵石等土层及其互层。泥水平衡盾构适用于冲积洪积的砂砾、砂、粉质黏土、黏土层或多水互层的土层，有涌水工作面不稳定的土层，上部有河川、湖沼、海洋等水压高、水量大的地层。复合盾构适用于地质条件复杂、软硬不均的混合地层。

2. 组装调试

盾构设备吊装场地应满足设备构件吊装要求，大件吊装作业应由具有专业资质的队伍实施。

盾构组装应按照相关作业安全操作规程和组装方案进行，组装完成后应对各系统进行空载调试，然后再进行整机空载调试。盾构机经验收合格后，方可始发掘进。

盾构机解体应对各种部件进行检查，并应对液压系统和电气系统进行标识，对已拆卸的零部件应做好清理和维护保养工作。

5.7.2 盾构施工

1. 盾构掘进

（1）盾构机始发掘进前，应对始发端头地基进行加固处理，加固质量经检查合格后方可始发掘进。

（2）盾构始发反力装置应满足强度、刚度、安装精度以及盾构轴线控制要求。

（3）盾构机始发掘进应符合下列要求：

① 应制定洞口围护结构破除方案，并应采取适当密封措施。

② 始发时应对盾构姿态进行复核。

③ 管片定位时，管片环面应与线路轴线垂直。

④ 应严格控制盾构始发时的姿态和推力，并加强监测，根据监测结果调整掘进参数。

（4）盾构法施工应在始发后进行 50~100m 试掘进，掌握、验证盾构机适应性能，并确定盾构滚转角、俯仰角、偏角、刀盘转速、总推力、土仓压力（或送排泥水压力和流量）、排土量等初步掘进参数。

（5）盾构掘进应根据试掘进初步参数、工程地质和水文地质条件、隧道埋深、线路平面与坡度、周围环境及施工监测结果等调整盾构掘进参数。掘进中应监测和记录盾构运转情况、掘进参数变化、排土出渣状况，并及时分析反馈，调整掘进参数，控制盾构姿态。

（6）土压平衡盾构机掘进，应符合下列要求：

① 土仓应充满渣土，并保持排土量与开挖量相平衡。

② 根据工程地质和水文地质条件，注入适当的添加剂，保持土质流塑状态。

（7）泥水平衡盾构机掘进，应符合下列要求：

① 应合理确定送排泥浆压力、流量等泥浆参数，对泥浆性能进行检测，并进行动态管理。

② 应设定和保持泥浆压力与开挖面的水土压力，保持排土量与开挖量相平衡，并根据掘进状况进行调整和控制。

③ 应采用破碎机破碎掘进中遇到的大粒径石块，并宜采用隔栅沉淀箱等砾石分离装置分离大粒径砾石，防止堵塞管道。

④ 泥水分离设备应满足渣土沙粒径要求，处理能力应满足最大排送渣土量要求，

渣土存放和搬运应符合环境保护有关要求。

（8）复合盾构机应根据工程地质、水文地质条件、地表沉降控制要求等选择土压平衡、敞开式或半敞开式掘进模式。模式选择应符合下列要求：

① 当隧道围岩稳定性差和有较大涌水时，宜选用土压平衡模式。

② 当隧道围岩稳定性良好或地下水位低时，宜选用敞开模式。

③ 当隧道围岩软硬不均或具有一定自稳能力，且地下水压不高时，宜选用半敞开模式。

（9）盾构掘进应随时监测和控制盾构姿态，使隧道轴线控制在设计允许偏差范围内。实施纠偏应逐环、小量纠偏，防止过量纠偏损坏已拼管片和盾尾密封。

（10）盾构机刀具更换宜选择在工作井或土质条件较好、地层稳定的地段进行。在不稳定地层更换刀具时，应采取地层加固或压气法等稳定开挖面措施。

（11）盾构机接收应符合以下要求：

① 从到达前100m开始，对盾构机轴线应加密测量频率并及时调整。

② 从到达前10m开始，盾构机应降低掘进速度、调整整仓压力。

③ 到达前，管片拼装环缝应挤压密实，防水符合设计要求。

④ 到达后，应及时填充并密封洞口环管片背后的间隙。

2. 管片制作与拼装

（1）钢筋混凝土管片模具应具有足够的承载能力、刚度、稳定性和良好的密封性能，并符合管片精度要求，管片模具应定期进行检校。

（2）管片应先进行试生产，并随机抽取3环管片进行水平拼装检验，合格后方可正式生产。

（3）管片原材料、钢筋加工、混凝土浇筑和养护应符合相关规范和设计要求。钢筋混凝土管片不得有内外贯通裂缝和宽度大于0.2mm的裂缝及混凝土剥落现象。

（4）盾构管片拼装作业应符合下列要求：

① 应根据上一衬砌环姿态、盾构姿态、盾尾间隙等确定管片排序。

② 应严格控制盾构机千斤顶的压力和伸缩量，并保持盾构姿态稳定。

③ 应根据拼装要求逐块拼装，并及时连接成环。

④ 管片连接螺栓质量和拧紧度应符合设计要求。

⑤ 拼装管片时应防止管片及防水密封损坏。

⑥ 对已拼装成环的衬砌环应进行椭圆度检查。

⑦ 在曲线段拼装管片时，应使管片环向定位准确，隧道轴线应符合设计要求。

（5）盾构隧道防水应以管片接缝防水为重点，防水密封材料应进行质量检验。

（6）防水密封条使用应符合下列要求：

① 密封条应与管片型号匹配，不得使用尺寸不符或有质量缺陷的密封条。

② 粘贴后的防水密封条应牢固、平整、严密、位置正确，不得有起鼓、超长和缺口现象。

（7）管片嵌缝应清理槽缝，并应使用专用工具填塞平整、密实。

（8）管片连接螺栓应采用螺孔密封圈防水，密封圈的外形应与螺孔、螺栓相匹配。

（9）封堵注浆孔的防水材料应满足伸缩性、水密性和耐久性等要求。

3. 壁后注浆

（1）盾构机掘进应进行同步注浆作业。为提高背衬注浆层的防水性及密实度，还应在同步注浆结束后进行补充注浆。注浆材料性能应符合设计要求。

（2）壁后注浆应根据工程地质条件、地表沉降状况、环境要求、设计要求及设备情况等选择注浆方式和注浆参数。注浆压力应根据地质条件、注浆方式、管片强度、设备性能、浆液特性和隧道埋深等综合因素确定。

（3）同步注浆的注浆量、充填系数应根据地层条件、施工状态和环境要求确定，充填系数宜为 1.30～2.50。注浆速度应根据注浆量、注浆压力和掘进速度确定。

（4）补充注浆的注浆量应根据环境条件和沉降监测结果等确定，壁后应充填密实。

5.8 隧道掘进机法施工

岩石掘进机法隧道施工应根据工程地质、水文条件、超前地质预报及监控量测信息，设置、调整掘进参数，控制掘进姿态，优化支护参数，实施全过程的动态管理。

掘进机在特殊地段及特殊地质条件下掘进，应根据工程地质及水文条件、超前地质预报、周边环境，制定相应可靠的施工方案和技术措施，并制定应急预案。

掘进机法隧道施工前应根据掘进机法施工特点，完成前期调查、技术、设备和设施、组装、测试及始发等各项准备工作。

掘进机法隧道施工测量方案应结合掘进机及其自身配置的导向系统的特点、精度及人工测量仪器精度等制定。

组装调试场地应符合掘进机组装及调试的平整度、空间限界、承载力等的要求。组装完成后，应进行各系统的空载调试和整机空载调试。调试完成后应分系统逐项进行验收，验收合格后方可掘进。

开敞式掘进机法隧道施工，初期支护应及时施作，并按照设计要求进行监控量测。护盾式掘进机采用管片或仰拱块拼装时，应及时填充豆砾石并注入砂浆固结。

掘进机施工进料应采用轨道运输，出渣运输可根据隧道的长度、掘进能力、掘进速度选择轨道运输或皮带运输方式。

5.8.1 掘进机选型及组装调试

1. 掘进机选型

隧道掘进机（TBM）可选用开敞式、单护盾形式、双护盾形式，主要根据工程地质和水文地质条件、隧道设计要求、支护与衬砌形式等综合分析后确定。

1）开敞式 TBM

开敞式 TBM 适用于整体较完整、有较好自稳性的围岩，掘进过程中如果遇到局部不稳定的围岩，可以利用 TBM 所附带的辅助设备，通过安装锚杆、喷射混凝土、架设钢拱架、加挂钢筋网等方式予以加固；当遇到局部洞段软弱围岩及破碎带，则可由 TBM 附带的超前钻机与注浆设备预先加固前方上部周边围岩，待围岩强度达到可自稳状态后再掘进通过。掘进过程中可直接观测洞壁岩性变化，便于地质描绘。永久性衬砌待全线贯通后施作或者采用同步衬砌施工技术。

2）单护盾 TBM

单护盾 TBM 主要适用于复杂地质条件隧道，人员及设备完全在护盾的保护下工作，安全性好。当隧道以软弱围岩为主、抗压强度较低时，适合采用单护盾 TBM。如果采用双护盾 TBM，由于护盾盾体相对于单护盾 TBM 长，而且大多数情况下都采用单护盾模式工作，故无法发挥双护盾 TBM 作业优势。单护盾 TBM 盾体短，能更快速地通过挤压收敛地层段。从经济角度看，单护盾 TBM 比双护盾 TBM 造价低，可以节约施工成本。

3）双护盾 TBM

当围岩有软有硬，同时又有较多的断层破碎带时，双护盾 TBM 具有更大的优势。硬岩状态下，支撑盾上安装的撑靴撑紧洞壁，为掘进施工提供反力；软岩状态下，洞壁不足以承受撑靴压力，则利用尾盾的辅助系统，推进油缸顶推在已经拼装好的管片上，为掘进提供反力，预制钢筋混凝土管片在尾盾保护下用管片拼装器安装。

2.组装调试

1）组装

TBM 洞内组装分三个阶段进行：第一阶段，组装主机、连接桥及后配套设备台车；第二阶段，组装余下的设备台车，并开始整机调试，同时主机逐步进到始发洞；第三阶段，在后配套组装洞室安装连续皮带机，同时完成整机调试。

组装总体顺序如下：主机→连接桥→后配套及辅助设备。主机与连接桥安装按照从前至后、先内后外、先下后上的原则进行。在主机、连接桥组装过程中，选择合适的时间进行后配套的组装。如有空间，可多工作面开展后配套的组装，后配套与主机同步完成。

2）调试

TBM 整机组装完成后，需要对掘进机各个系统及整机进行调试，以确保整机在无负载情况下正常运行。调试过程中可先分系统进行，再对整机运行进行测试，测试过程中应详细记录各系统运行参数，对发现的问题及时分析和解决。

（1）电气系统设备的调试内容可分为电路检查、分项用电设备空载时的检查、分项用电设备加载时的检查、各设备急停按钮的检查、控制系统的检查等。

（2）液压系统设备的调试内容可分为空载和加载时泵和液压管路的调试及加载时的运行情况。

（3）步进系统的调试在主机安装完成后进行，主要分为液压泵站负载运行时的状态和步进机械结构运转情况。

其余各分系统调试根据组装和步进程序组织实施。各系统运转情况正常后再进行整机的空载调试。

5.8.2 掘进机施工

1.掘进

（1）开敞式掘进机施工应设置始发洞，护盾式掘进机应设置始发导台。在始发时，开敞式掘进机撑靴应撑紧始发洞壁，护盾式掘进机始发时始发台应牢固，位置正确。

（2）掘进机法施工应在始发后进行 50～100m 试掘进，掌握、验证掘进机适应性能，并确定掘进机滚转角、俯仰角、偏角、刀盘转速、总推力等初步掘进参数。试掘进应符合下列要求：

① 试掘进应以低速度、低推力进行，了解设备对岩石的适应性。

② 操作司机应逐步掌握掘进机操作的规律性，班组作业人员逐步掌握掘进机作业工序，在掌握掘进机的作业规律性后，再适当提高掘进机的掘进速度。

③ 掘进中要加强测量工作，严格控制掘进机姿态。

（3）掘进机掘进应根据试掘进的初步参数、超前地质预报结果、开挖面的岩石状况及实际机况等选择合理的掘进机参数，并应根据围岩条件调整支护参数。双护盾掘进机可根据围岩地质情况选择掘进模式。

（4）掘进机正常掘进应符合下列要求：

① 掘进速度及推力的选定应根据地质情况确定。

② 应加强设备运转状况的巡视。

③ 应检查开挖面支护、仰拱块铺设、管片安装、渣车到位、皮带机运转状况等情况。

④ 掘进中应随时检查仪表显示、风、水、电、润滑系统、液压系统、气体报警系统等工作状态。

⑤ 应定期进行人工测量，对自动导向系统进行复核。

⑥ 在破碎地段应严格控制出渣量，避免开挖面大范围坍塌。

（5）应控制掘进机掘进方向，隧道轴线应符合设计要求，掘进机姿态控制应符合下列要求：

① 掘进机的运动轨迹应满足设计轴线允许偏差要求，掘进中应及时纠偏。

② 掘进机自转量应满足设备性能要求，掘进中应随时调整。

③ 掘进机在曲线段拼装管片掘进时，应加大轴线的测量频率并及时纠偏。

（6）隧道贯通前，洞口场地、洞口加固、洞内外联络应满足掘进机出洞要求。

（7）软弱围岩掘进施工应符合下列要求：

① 掘进应减缓速度，必要时先停机加固围岩。

② 软弱破碎带掘进，根据掌子面的稳定程度，可采取超前预注浆、超前锚杆或超前管棚等超前支护措施。

③ 开敞式掘进机采用锚喷初期支护时，掘进应在初期支护按设计施作完成后进行。

④ 双护盾掘进机通过短距离软弱围岩时，应在全面检查、维护掘进机设备后，采取减少刀盘喷水、降低刀盘转速和推力、安装重型管片、及时填充豆砾石并注浆等措施连续掘进、快速通过。掘进通过后，围岩固结注浆应及时进行。

⑤ 富水软弱破碎围岩地段，应在采取超前预注浆封堵地下水及加固围岩的措施后进行掘进。

2. 施工工艺

1）开敞式 TBM 掘进施工工艺

开敞式 TBM 掘进施工工艺如图 5.8-1 所示。

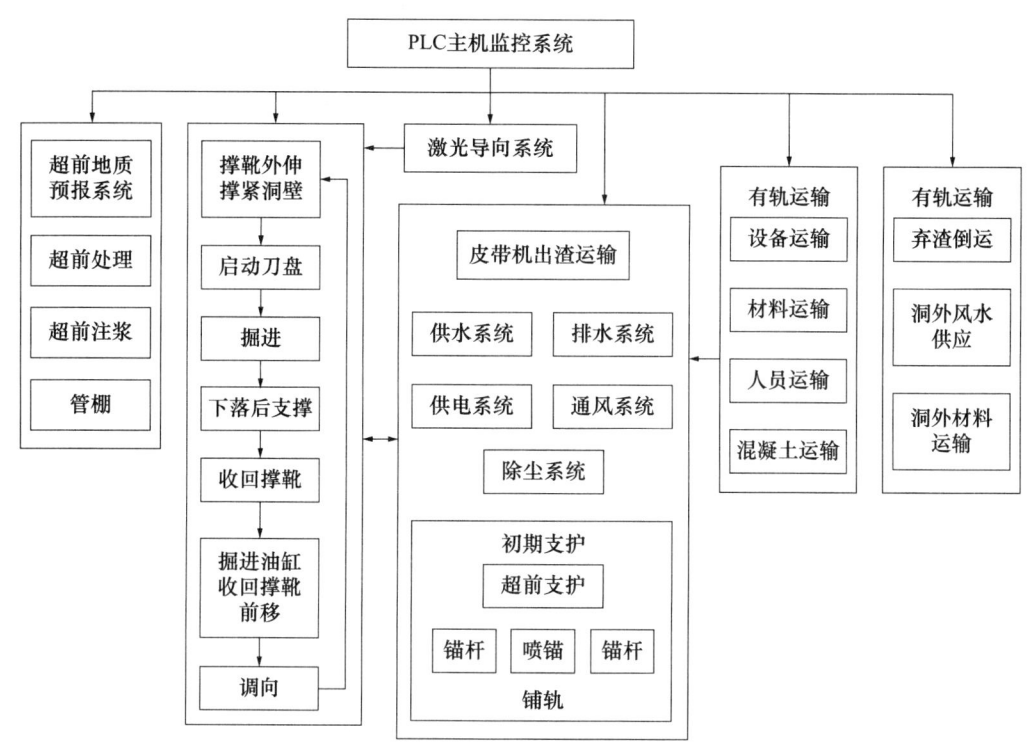

图 5.8-1 开敞式 TBM 掘进施工工艺图

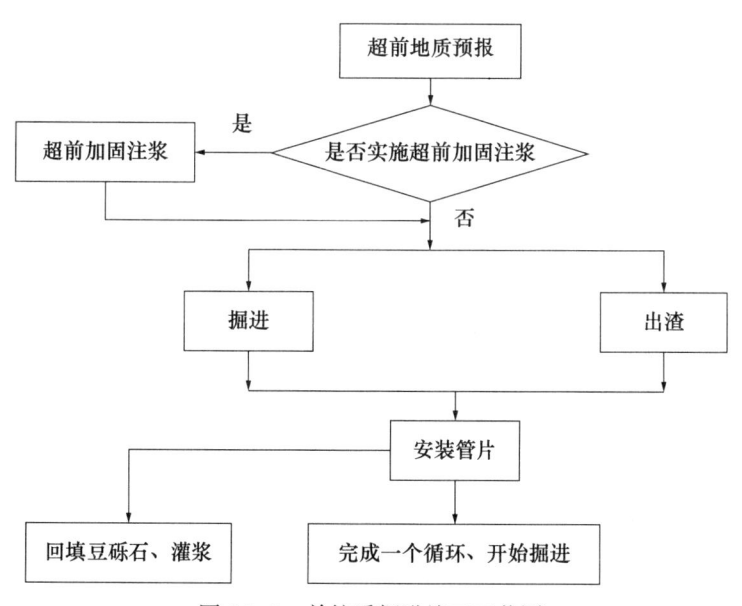

2）单护盾掘进施工工艺

单护盾掘进施工工艺如图 5.8-2 所示。

图 5.8-2 单护盾掘进施工工艺图

5.9 隧道防排水施工

5.9.1 一般规定

1. 铁路隧道防排水施工原则

（1）铁路隧道防排水施工应合理采取"防、堵、截、排"综合治理措施，并应满足环境保护和设计的要求。

（2）对水资源保护有严格要求的隧道，防排水应采用"以堵为主，限量排放"的原则。

2. 隧道防排水施工材料使用及设置要求

（1）隧道防排水施工不得使用污染环境的材料，施工排水可能造成地下水污染时应采取沉淀、过滤等措施处理。

（2）洞口段排水系统应及早与洞外排水系统协调连通，必要时设具备检修、维护功能的缓冲井（池）顺接。

（3）隧道排水系统应按设计施作，并符合设计要求的可维护性。

（4）对地表水和地下水应做妥善处理，使洞内外形成一个完整的防排水系统。

5.9.2 防水排水施工

1. 施工防排水措施

隧道防水系统由地表处理、围岩防渗处理、衬砌结构构成。隧道排水系统由侧沟、中央排水沟（管）、排水盲管、泄水孔和泄水槽组成。

（1）隧道覆盖层较薄或地表水有可能渗入隧道时，施工应对地表积水、坑、洼等进行处理，并符合以下规定：

① 洞口附近和浅埋隧道应整平洞顶地表，不得积水。

② 地表坑洼、钻孔、深坑等处应结合截、排水条件，回填不透水土，并分层夯实。

③ 洞顶有流水沟槽，宜根据沟槽状况予以引排水流，必要时可铺砌沟床。

④ 洞顶有水塘、水池、河流、水库等应予整治，必要时应对河床、池底进行防渗铺砌，溢水水池应设置疏导沟渠。

⑤ 洞顶截水沟应在仰坡开挖前修建。

（2）洞内施工排水应符合下列要求：

① 顺坡排水沟断面及坡度应能满足施工排水需要，围岩松软地段应铺砌水沟或用管槽代替，排水沟应经常清理。

② 洞内反坡排水应设集水坑接力排出洞外，配备抽水机的能力应大于排水量的20%，并应有备用设备。

③ 隧道水流应设横排水沟并汇入侧沟。

利用辅助坑道排泄下洞水流时，应根据排量要求设置排水沟。隧道通过含水地层，流量超过设计排水限量时，应采取封堵措施。水位较高、围岩软弱浅埋隧道可采取降水措施降低地下水位，提高地层稳定性。

2. 结构防排水措施

1）隧道结构防排水重点

隧道结构防水施工应以接缝施工为控制重点。防排水系统质量、混凝土自防水质量及施工缝防水质量应符合设计要求。

2）隧道结构防排水措施

（1）铺设排水管、防水板前应对初期支护表面及渗漏水情况进行检查，处理应符合下列要求：

① 初期支护表面应平整，无空鼓、裂缝、松酥，并用喷射混凝土（或砂浆）对基面进行找平处理。

② 钢筋网、注浆管头、锚杆等凸出部分应先切断、遮盖或铆平后，用砂浆或喷射混凝土找平。

③ 基面出现股状涌水时，宜采用局部注浆、围截注浆法进行封堵，封堵后的剩余水量可用排水盲管或排水板集中将水引入洞内排水沟排出。

（2）衬砌背后排水系统由排水盲管、排水板等根据需要组合形成。

（3）排水盲管施工应符合下列要求：

① 衬砌背后设置纵、横、环向排水盲管应符合设计要求，可根据渗漏水情况适当增设、调整。通向水沟的泄水管应有足够的排水坡度。

② 排水盲管应用管卡固定牢固，敷设顺直。

③ 边墙泄水管施工时应采取措施防止异物堵塞孔口。

④ 纵环向盲管、泄水管、排水管应按设计连通，管体间应采取变径三通连接，组成完整有效的排水系统。

⑤ 衬砌背后排水系统应通过通水试验检验排水效果。

（4）隧道防水板应采用分离式，先铺缓冲层，再铺防水板。防水板铺设应符合下列要求：

① 防水板铺设应超前衬砌施工，并应与开挖工作面保持一定安全距离。

② 防水板铺设前应在洞外检查防水板及缓冲层材料有无破损。

③ 缓冲层铺设时，应用射钉或膨胀螺栓将热塑性垫圈和缓冲层固定在基面上。

④ 防水板应采用防水板作业平台架铺设，应由隧道拱部向两侧进行，与热塑性垫圈连接应采用电热压焊器热熔焊接，防水板固定应松紧适度并根据基面圆顺程度留足余量。

⑤ 环向铺设时，下部防水板应压住上部防水板，防水板纵向搭接与环向搭接应采用丁字接头，除正常施工外，应再覆盖一层同类配料防水板材，用热熔焊接法焊接。

⑥ 搭接宽度不应小于15cm，分段铺设防水板边缘部位应预留至少60cm搭接余量。搭接缝应采用热熔双焊缝，单条焊缝有效焊接宽度不应小于15mm，不得焊焦焊穿。搭接缝焊接质量按充气法检查，发现漏气及时修补。防水板搭接缝与施工缝错开1.0～2.0m。

⑦ 钢筋焊接和模筑衬砌混凝土浇筑时应采取措施避免损坏防水板。

⑧ 洞身与附属洞室连接处的防水板铺设不得形成水囊、积水槽。

⑨ 明洞与隧道防水层搭接时，隧道防水层应延伸至明洞，并与明洞防水层搭接良好。

（5）防水混凝土抗渗等级应符合设计要求，防水混凝土施工配合比设计抗渗等级宜比设计要求提高 0.2MPa。

（6）施工缝通常采用背贴式止水带、遇水膨胀止水条、中埋式止水带的单一或复合防水方式。施工缝防水处理应符合下列要求：

① 环向施工缝应避开地下水和裂隙水较多地段，并宜与变形缝相结合。

② 浇筑混凝土前，纵向施工缝表面应凿毛、冲洗干净，保持湿润，然后涂刷混凝土界面剂或铺一层厚 25~30mm 的水泥砂浆，设置止水条或止水带。

③ 设止水条的环向施工缝时，在端面应预留浅槽，槽应平直，槽内混凝土界面应洁净。

④ 施工缝内采取中埋式止水带时，位置应准确。

（7）变形缝防水通常采用中埋式止水带或背贴式止水带、防水密缝材料、遇水膨胀橡胶止水条等组合形式。变形缝防水施工应符合下列要求：

① 变形缝位置、宽度、构造形式应符合设计要求。

② 缝内两侧应平整、清洁、无渗水。

③ 缝底应先设置与嵌缝材料无粘结力的背衬材料或遇水膨胀止水条。

④ 嵌缝应密实。

（8）止水带施工应符合下列要求：

① 止水带埋设位置应准确，其中间空心圆环应与变形缝或施工缝重合。

② 中埋式止水带应采取措施保障安装平展，无损坏、无扭结；背贴式止水带应采用粘结法与防水板连接，与止水带进行粘结的防水板应擦洗清洁。

③ 止水带长度应事先向生产厂家定制，尽量避免接头。如确需接头，应选在二次衬砌结构应力较小的部位，采取搭接、复合连接、对接等形式。止水带接头粘结前应做好接头表面清刷与打毛。

④ 止水带上下压槎处应排水畅通、将水引向外侧。

⑤ 浇筑振捣靠近止水带附近混凝土时，不得破坏止水带，同时还应充分振捣，混凝土应与止水带紧密结合。

（9）止水条采取预留槽嵌入法施工，施工应符合下列要求：

① 施工前，应检查止水条宽度、厚度，并符合设计及标准要求。

② 止水条应安装在已涂抹胶粘剂预留槽内，并粘结牢固，用间距不宜大于 60cm 的水泥钉固定。

③ 止水条安装时应顺槽拉紧嵌入，并应与槽底密贴。

④ 止水条定位后加涂缓膨剂，防止提前遇水膨胀。

⑤ 止水条接头处应重叠搭接后再粘结固定，搭接长度不应小于 5cm。

⑥ 振捣混凝土时，振捣棒不得接触止水条。

（10）中心排水管（沟）施工应符合下列要求：

① 管径符合设计要求，管身不得变形、不得有裂缝，管身上部透水畅通，中心排水沟盖板不得有断板现象。

② 基础总体坡度、段落坡度、单管坡度应协调一致，并符合设计要求，不得高低起伏。

③ 开挖断面应符合设计要求，宜超挖10cm，回填层用同强度等级混凝土回填，中心排水沟开挖宜与洞身开挖同步进行。

④ 有仰拱地段中心排水管直接埋设于仰拱填充混凝土中，无仰拱地段的中心排水管应安设在混凝土管座上。

⑤ 每50m及交叉、转弯、变坡处，应设置检查井，检查井底部应设沉沙池，井口应设活动盖板。

⑥ 管路安设好后，应进行通水试验，发现漏水、积水，立即处理。

（11）富水隧道宜采用分区隔离防水措施，主要包括：在二次衬砌施工缝处设环向全断面出浆的预埋注浆管及带注浆孔的遇水膨胀止水条，渗漏水时可进行注浆堵水。背贴式止水带应与防水板焊接粘结。

（12）分区隔离防水施工应符合下列要求：

① 每个防水分区内埋设注浆圆盘底座（嘴）和注浆软管。具体方法为：将专用注浆圆盘（嘴）点焊在防水板上，周边用密封膏（胶带）密封，防止二次衬砌混凝土施工时水泥浆液堵塞注浆嘴；将软管一端接在注浆嘴上，另一端引至二次衬砌内表面集中面板上，逐一编号，待二次衬砌背后某处漏水需要注浆时，根据该处编号进行注浆堵水。

② 采用分区防水区段，注浆顺序为先进行拱顶处回填注浆，再进行背贴式止水带上花软管注浆，最后进行分区注浆嘴注浆。

3. 注浆防水措施

1）注浆防水方案选择

隧道注浆防水施工应根据水文地质情况、开挖方式、相邻隧道相互影响、地表环境要求、水资源保护等制定注浆防水方案。

2）注浆防水方案

根据不同情况可选择下列方案：

（1）掌子面前方存在较高水压富水区，具有较大可能、较大规模涌水、突水且围岩结构软弱，自稳能力差，开挖后可能导致掌子面失稳而诱发突水、突泥，宜采用全断面帷幕注浆或周边注浆。

（2）掌子面前方围岩基本稳定，但局部存在一定水流，开挖后可能导致掌子面大量渗漏水而无法施作初期支护时，宜采用超前局部注浆。

（3）围岩有一定自稳能力，开挖后水压和水量较小，但出水量超过设计允许排放量时，宜采用径向注浆。

3）注浆防水措施

注浆防水宜根据工程地质和水文地质情况、注浆工艺和设备等因素，考虑浆液流动性、可注性和稳定性等，并结合经济性选择采用水泥浆液、超细水泥浆、水泥-水玻璃等材料。

4）注浆防水施工要求

（1）根据地下水情况、防水范围、设备性能、浆液扩散半径和对注浆防水效果要求等综合因素确定注浆孔数、布孔方式及钻孔角度。

（2）采用全断面帷幕注浆时，注浆初始循环应根据水压、水量、地层完整性及设计压力确定止浆墙的形式，并设置孔口管。

（3）预注浆段长度应视具体情况合理确定，掘进时应保留足够止水岩盘厚度。

（4）注浆压力应根据水文地质条件合理确定，宜比静水压力大 0.5～1.5MPa。

（5）钻孔注浆顺序应由下往上、由少水处到多水处、隔孔钻注。

（6）预注浆检查孔的渗水量应小于设计允许值，浆液固结达到设计强度后方可开挖。径向注浆结束后应达到设计规定的允许渗漏量。

5.10 隧道施工辅助作业

5.10.1 施工供水、供电

1. 施工供水

由于凿岩、防尘、浇筑衬砌及混凝土养护、洞外空压机冷却等工作都需要大量用水，施工人员生活也需要用水，因此要设置相应供水设施。施工供水主要应考虑水质要求、水量大小、水压及供水设施等几个方面问题。

1）水质要求

凡无臭味、不含有害物质的洁净天然水，都可以作为施工用水，见表5.10-1。

表 5.10-1　施工用水水质要求

用水范围	水质项目	允许最大值
混凝土作业	硫酸盐含量	不大于 1000mg/L
	pH 值	不得小于 4
	其他杂质	不含油、糖、酸等
湿式凿岩与防尘	细菌总数	在 37℃培养 24h 每毫升不超过 100 个
	大肠菌总数	每升水中不超过 3 个
	浑浊度	不大于 5mg/L，特殊情况下不大于 10mg/L

2）用水量估算

用水量估算应考虑施工用水、生活用水、消防用水三个方面。

3）供水方式及供水设备

（1）供水方式

供水方式主要根据水源情况而定。常用水源有山上泉水、河水、钻井取水。上述水源自流引导或机械提升到蓄水池存储，并通过管路送达使用地点。个别缺水地区，则用汽车运水或长距离管路供水。

（2）供水设备

贮水池一般修建在隧道附近上方，但应避免设在隧道顶上或其他可能危及隧道安全的部位，其高差应能保证最高用水点水压要求。水池构造力求简单不漏水，基础应置于坚固地层上，一般可采用石砌，根据地形条件用埋置式或半埋置式。当地形条件受限制，不能埋置时，也可采用修建水塔或用钢板焊接水箱等方式。利用高山自流水供水，水源流量大于用水高峰流量时，水池存水能得到及时补充，则水池容积一般为

20~30m³；如水源流量小于用水量，则需根据相关最大用水量并考虑必要贮备来计算水池容积。

2. 施工供电

随着隧道施工机械化程度提高，隧道施工耗电量也越来越大，且负荷集中。同时为保证施工质量和施工安全，对隧道施工供电可靠性要求也越来越高，因而施工供电显得越来越重要。

1) 施工总用电量估算

在施工现场，电力供应首先要确定总用电量，以便选择合适发电机、变压器、各类开关设备和线路导线，做到安全、可靠地供电，减少投资，节约开支。在实际生产中，并非所有设备都同时工作。另外，处于工作状态用电设备也并非均处在额定工作状态。

工地施工用电量，常采用估算公式进行计算。

（1）同时考虑施工现场动力和照明

$$S_{总}= k[\sum P_1 \cdot k_1/(\eta \cdot \cos\varphi) + \sum P_2 \cdot k_3] \qquad (5.10\text{-}1)$$

式中 $S_{总}$——施工总用电量（kVA）。

k——备用系数，一般取 1.05~1.10。

$\sum P_1$——整个工地动力设备的额定输出功率总和（kW）。

$\sum P_2$——整个工地照明用电量总和（kW）。

η——动力设备的平均效率，采用 0.83~0.88，通常取 0.85 进行计算。

$\cos\varphi$——平均功率因数，采用 0.5~0.7。

k_1——动力设备同时使用系数，通风机的同时用电系数取 0.8~0.9，施工电动机械同时用电系数取 0.65~0.75；根据同时用电机械的台数选取，一般 10 台以下取低限，10 台以上取高限。

k_3——照明设备同时使用系数，一般可取 0.6~0.9。

（2）只考虑动力负荷

当照明用电相对于动力用电而言，所占比例较少时，为简化计算，可在动力用电量之外再加 10%~20%，作为总用电量，即：

$$\left.\begin{array}{l} S_{总}=(1.1\sim 1.2)S_{动} \\ S_{动}=\dfrac{\sum P_1}{\cos\varphi}\cdot k_1 \cdot k_2 \end{array}\right\} \qquad (5.10\text{-}2)$$

式中 $S_{动}$——现场动力设备所需的用电量；

k_2——动力负荷系数，主要考虑不同类型设备带负荷工作时的情况，一般取 0.75~1.0。

其他符号同式（5.10-1），当使用大型用电设备（如掘进机）时，k_1 可取 1.0 进行计算。

2) 供电方式

隧道施工供电方式有自设发电站供电和地方电网供电两种。一般应尽量采用地方电网供电，只有在地方供电不能满足施工用电需要或距离地方电网太远时，才自设发电站。此外，自发电还可作为备用，当地方电网供电不稳定时采用。在有些重要施工场所还应设置双回路供电网，以保证供电的稳定性。

3）变压器选择

一般根据估算施工总用电量来选择变压器，其容量应等于或略大于施工总用电量，且在使用过程中，一般使变压器用电负荷达到额定容量60%左右为佳。变压器位置确定应考虑便于运输、运行和检修，同时应选择安全可靠的地方。

4）供电线路布置及导线选择

（1）线路电压等级

隧道供电电压，一般是三相五线400/230V。长大隧道可用6～10kV，动力机械电压标准是380V；成洞地段照明可采用220V，工作地段照明和手持电动工具按规定选用安全电压36V。

（2）导线选择

当供电线路中有电流时，由于导线具有阻抗，会产生电压降，使线路末端电压低于始端电压。线中始末两端电压差称为线路电压损失，俗称电压降。根据施工规则规定，选用导线断面应使末端电压降不超过额定电压的10%及国家对经济电流密度规定。

5.10.2 施工通风、防尘

1. 施工通风

隧道施工通风的目的是及时供给洞内足够新鲜空气，稀释并排除有害气体和降低粉尘浓度，以改善劳动条件，保障作业人员身体健康。

1）隧道施工作业环境要求

（1）隧道施工中，由于炸药爆炸、内燃机械使用、开挖时地层中放出有害气体，以及施工人员呼吸等因素，使洞内空气十分污浊，对人体影响严重。因此，在隧道内必须尽量降低有害气体浓度，同时对其他不利于施工因素如噪声、地热等也应进行控制。

（2）按照有关规定，隧道施工作业环境必须符合以下卫生标准：

① 氧气含量按体积计，不得低于20%。

② 粉尘允许浓度每立方米空气中含10%以上游离二氧化硅（SiO_2）的粉尘为2mg。

③ 有害气体一氧化碳（CO）浓度不大于30mg/m³，当作业时间少于30min时，一氧化碳（CO）浓度可放宽到100mg/m³。

④ 二氧化碳（CO_2）按体积计，不得超过0.5%。

⑤ 二氧化氮（NO_2）应低于5mg/m³。

⑥ 瓦斯（CH_4）浓度按体积计，不得大于0.5%，否则必须按现行的《煤矿安全规程》（2016年2月25日国家安全生产监督管理总局令第87号公布，自2016年10月1日起施行；根据2022年1月6日应急管理部令第8号修正）规定办理。

⑦ 空气温度不得超过28℃；噪声不得大于90dB。

2）通风方式

施工通风方式应根据隧道长度、掘进坑道断面大小、施工方法和设备条件等诸多因素来确定。

在施工中，有自然通风和强制机械通风两类，其中自然通风是利用洞室内外的温差或风压差来实现通风的一种方式，一般仅限于短直隧道，且受洞外气候条件的影响极大，因而完全依赖于自然通风是较少的，绝大多数隧道均应采用强制机械通风。

（1）机械通风方式分类

机械通风方式可分为管道通风和巷道通风两大类。

而管道通风根据隧道内空气流向的不同，又可分为压入式、吸出式和混合式三种。这些方式，根据通风风机（以下简称"风机"）的台数及其设置位置、风管连接方法又分为集中供风和串联（或分散）供风；还根据风管内压力分为正压型和负压型。巷道通风是利用隧道本身（包括成洞、导坑及扩大地段）和辅助坑道（如平行导坑）组成主风流和局部风流两个系统互相配合而达到通风目的的一种通风方式。

（2）通风方式选择

通风方式应针对污染源特性，尽量避免成洞地段二次污染，且应有利于快速施工。因而在选择时应注意以下几个问题：

① 自然通风因其影响因素较大，通风效果不稳定且不易控制，除个别短直隧道外，应尽量避免采用。

② 压入式通风能将新鲜空气直接输送至工作面，有利于工作面施工，但污浊空气将流经整个坑道。若采用大功率、大管径，其适用范围较广。

③ 吸出式通风风流方向与压入式相反，但其排烟速度慢，且易在工作面形成炮烟停滞区，故一般很少单独使用。

④ 混合式通风集压入式和吸出式优点于一身，但管路、风机等设施增多，在管径较小时可采用，若有大管径、大功率风机时，其经济性不如压入式。

⑤ 利用平行导坑作巷道通风，是解决长隧道施工通风方案之一，其通风效果主要取决于通风管理好坏。若无平行导坑，如断面较大，可采用风墙式通风。

⑥ 选择通风方式时，一定要选用合适的设备——通风机和风管，同时要解决好风管连接，尽量降低漏风率。

⑦ 搞好施工中通风管理，对设备要定期检查，及时维修，加强环境监测，使通风效果更加经济合理。

（3）通风计算

施工通风计算的目的是保证及时供给洞内所需新鲜空气，选择合适通风机，布置合理通风管道，从而满足施工作业环境要求。

① 风量计算

隧道施工通风计算，因施工方法、隧道断面、爆破器材、炸药种类、施工设备等不同而变化。目前所用通风计算式大多是从矿井通风及铁路运营通风计算式类比或直接引用得到。一般按几个方面计算并取其中最大数值，再考虑漏风因素进行调整，并加备用系数后，作为选择风机依据。

② 通风机的选择

通风机有轴流式和离心式两类。在隧道施工通风中主要采用轴流式通风机。

选择时，通风机供风量要略大于需风量，风压要略大于风阻，具体要求是：按 $Q_{机} \geqslant 1.1 Q_{供}$（1.1 是风量储备系数，$Q_{供}$ 则为前述计算结果）及 $h_{机} \geqslant P \sum h$（P 为漏风系数，$\sum h = \sum h_{摩} + \sum h_{局} + \sum h_{正}$），在通风机性能表中选择风机。此外，根据具体情况，还可以选用具有吸尘、防爆和低噪声等特性的风机。

③ 风机及风管布置

设置通风机时，其安装基础要能充分承受机体重量和运行时产生的振动，或者水平架设到台架上。吸入口注意不要吸入液体和固体，而且要安装喇叭以提高吸入、排出效率。放置在隧道内风管，应设在不妨碍出渣运输作业、衬砌作业空间处，同时要牢固地安装以免受到振动、冲击而发生移动、掉落。在衬砌模板台车附近，不要使风管急剧弯曲，以减少风压损失。风管一般均用夹具等安装在支撑构件上，若不使用支撑，只有喷混凝土和锚杆时，可在锚杆上装特殊夹具挂承力索，而后通过吊钩安装风管。风管的连接应密贴，以减少漏风，一般硬管用密封带或垫圈，软管则用紧固件连接。风管可挂设在隧道拱顶中央、隧道中部或靠边墙墙角等处，一般在拱顶中央处通风效果较佳。

2. 施工防尘

隧道施工中采取综合性防尘措施。主要是湿式凿岩、孔口捕尘、机械通风、喷雾洒水和个人防护相结合，综合防尘。

1) 湿式凿岩

湿式凿岩，就是在钻眼过程中利用高压水湿润粉尘，使其成为岩浆流出炮眼，防止岩粉飞扬。根据现场测定，这种方法可降低粉尘达80%。目前，我国生产并使用各类风钻都给有给水装置，使用方便。

2) 孔口捕尘

对于缺水、易冻害或岩石不适于湿式钻眼地区，可采用干式凿岩孔口捕尘，其效果也较好。

3) 机械通风

机械通风可以稀释隧道内有害气体浓度，给施工人员提供足够新鲜空气，同时也是防尘基本方法。因此，除爆破后需要通风外，还应保持通风的经常性。

4) 喷雾与洒水

喷雾一般在爆破时实施，主要是防止爆破中产生粉尘过大。喷雾器分为两大类：一种是风水混合喷雾器，另一种是单一水力作用喷雾器。前者是利用高压风将流入喷雾器中水吹散而形成雾粒，更适合于爆破作业使用。后者则无需高压风，只需一定水压即可喷雾，且这种喷雾器便于安装，使用方便，可安装于装渣机上，故适合于装渣作业时使用。

洒水是降低粉尘浓度简单而有效的措施，即使在通风较好的情况下，洒水降尘仍然需要。因为单纯加强通风，还会吹干湿润粉尘而重新飞扬。对渣堆洒水必须分层洒透，一般每吨岩石洒水耗水量为10~20L，如果岩石温度较高，水量可适当减少。

5) 个人防护

对于防尘而言，个人防护主要是指佩戴防护口罩，在凿岩、喷射混凝土等作业时还要佩戴防噪声耳塞及防护眼镜等。

第6章 铁路轨道工程

6.1 轨道类型及构造

6.1.1 轨道类型的确定

1. 轨道类型的划分

轨道是指路基面以上的线路部分，直接承受列车荷载，引导列车行走。分为有砟轨道和无砟轨道。我国标准轨距为1435mm。

2. 正线轨道类型的确定

正线应根据铁路等级、设计速度、轴重、年通过总质量、线下工程条件、环境条件及养护维修要求等经技术、经济论证选择轨道结构类型。高速铁路、城际铁路和重载铁路的轨道结构类型应符合相关设计规范的规定。客货共线铁路宜采用有砟轨道，但长度超过1km的隧道及隧道群宜采用无砟轨道。正线有砟轨道部分设计标准见表6.1-1。

表6.1-1 正线有砟轨道部分设计标准表

项目			单位	高速铁路	客货共线铁路			
					Ⅰ级铁路			Ⅱ级铁路
运营条件	年通过总质量		Mt	—	≥20			10~20
	列车轴重 P		t	≤17	≤25	≤25	≤25	≤25
	旅客列车设计速度 V_K		km/h	≥250	200	160	120	≤120
	货物列车设计速度 V_H		km/h	—	≤120	≤120	≤80	≤80
轨道结构	钢轨		kg/m	60	60	60	60	60/50
	扣件		—	弹条Ⅳ或Ⅴ型	弹条Ⅱ、Ⅲ、Ⅳ或Ⅴ型	弹条Ⅱ或Ⅲ型	弹条Ⅱ或Ⅲ型	弹条Ⅱ或Ⅰ型
	混凝土枕	型号	—	Ⅲ型	Ⅲ型	Ⅲ型	Ⅲ或新Ⅱ型	Ⅲ或新Ⅱ型
		间距	mm	600	600	600	600或570	600或570
	道床厚度及材质	土质路基（双层道床）面砟	cm	—	—	30	30	25
		土质路基（双层道床）底砟	cm	—	—	20	20	20
		土质路基（单层道床）道砟	cm	35	30	30	30	30
		硬质岩石路基、隧道 道砟	cm	35	35	35	35	30
		桥梁 道砟	cm	35	35	30	25	25
		道砟材质 面砟	—	特级	特/一级	一级	一级	一级

6.1.2 钢轨、道岔及轨枕

1. 钢轨

（1）高速、城际和客货共线Ⅰ级铁路正线应采用60kg/m钢轨，客货共线Ⅱ级铁路正线可采用60kg/m或50kg/m钢轨，重载铁路正线应采用60kg/m及以上钢轨。

（2）正线钢轨及道岔基本轨为60kg/m及以上钢轨时，宜采用60N、75N钢轨。

（3）钢轨定尺长可为100m、75m、25m、12.5m。无缝线路60kg/m钢轨宜选用100m定尺长钢轨，75kg/m钢轨宜选用75m或100m定尺长钢轨。有缝线路宜选用25m定尺长钢轨。

（4）高速铁路、城际铁路钢轨材质要求：

① 高速铁路、城际铁路应选用强度等级为880MPa的U71MnG钢轨。

② 在曲线半径小于或等于2800m的正线以及曲线半径小于或等于1200m的动车组走行线、联络线、站线区段应选用同材质的在线热处理钢轨。

（5）不同类型的钢轨连接时应采用异型钢轨连接。

（6）无缝线路钢轨绝缘接头应采用胶接绝缘接头，有缝线路钢轨绝缘接头宜采用胶接绝缘接头。

（7）工地焊接接头不应设置在不同轨道结构过渡段以及不同线下基础过渡段范围内，且距离桥台边墙和桥墩不应小于2m。

（8）站线轨道的同一股道宜铺设同类型的钢轨。困难条件下，除使用铁鞋制动的调车线外，其余站线可铺设两种不同类型的钢轨，并应采用异型钢轨连接。

（9）再用钢轨的使用要求：

① 新建铁路正线不得使用再用钢轨和再用道岔，到发线不宜采用再用钢轨和再用道岔。

② 年通过总重大于15Mt的既有线路不应使用再用钢轨。

③ 磨耗严重的曲线地段，不宜采用再用钢轨。

④ 再用钢轨应经过机械整修后使用。

2. 道岔

1）道岔的组成及分类

（1）道岔是机车车辆从一股轨道转入或越过另一股轨道时的线路设备，是铁路轨道的重要组成部分。根据用途和平面形状，道岔分为普通单开道岔、单开对称道岔、三开道岔、交叉渡线、交分道岔等。

（2）单开道岔由转辙器、辙叉及护轨和连接部分组成。

（3）单开道岔以钢轨类型及辙叉号数区分类型。

2）道岔的选型

（1）正线上的道岔，其轨型应与正线轨型一致。站线上的道岔，其轨型不应低于该线路的轨型，当其高于该线路轨型时，则应在道岔前后各铺长度不小于6.25m与道岔同类型的钢轨或异型轨，困难条件下，不应小于4.5m，并不应连续铺设。

（2）正线道岔的列车直向通过速度不应小于路段设计速度。道岔辙叉号数选择应符合相关规定。

（3）重载铁路用于侧向接发万吨及以上列车的道岔不宜小于18号，正线上的渡线道岔及用于接发其他列车的道岔不应小于12号。

（4）正线不应采用复式交分道岔，困难条件下需要采用时，不应小于12号。

（5）正线跨区间无缝线路及设计速度不小于160km/h的路段，不应采用交叉渡线。

路段设计速度小于160km/h时，不宜采用交叉渡线；困难条件下，可采用交叉渡线。

（6）旅客列车设计速度大于160km/h的路段，正线道岔应采用可动心轨辙叉。

（7）有砟轨道正线及站线均应采用混凝土岔枕道岔。

（8）道岔配列应满足道岔转换设备安装及有砟与无砟轨道、有缝与无缝线路设置过渡段的要求。

3. 轨枕与扣件

1）有砟轨道轨枕

（1）铁路正线轨道设计应根据表6.1-1的规定选用不同类型混凝土轨枕。

（2）曲线半径小于300m的地段应铺设小半径曲线用混凝土轨枕。

（3）设有护轨的地段应铺设Ⅲ型混凝土桥枕。

（4）正线道岔应采用混凝土岔枕。

（5）混凝土电容轨枕和电气绝缘节轨枕的设置应满足轨道电路要求。

（6）不同类型的轨枕不应混铺。在不同类型的轨枕分界处有普通钢轨接头时，应保持同类型轨枕延伸至钢轨接头外5根及以上。

2）有砟轨道扣件

（1）铁路轨道设计应根据表6.1-1的规定选用扣件。

（2）重载铁路的重车线应采用与设计轴重匹配的混凝土轨枕和配套扣件，其技术性能应符合相关规定。

（3）严寒地区可采用调高量较大的弹性扣件，大跨度桥梁可根据无缝线路设计要求采用小阻力扣件，沿海或酸雨腐蚀严重的地区、隧道内应采用相应防腐蚀措施的扣件。

3）无砟轨道扣件

无砟轨道扣件类型见表6.1-2。

表6.1-2 无砟轨道扣件类型表

铁路等级	无砟轨道结构类型	采用扣件类型
高速铁路	CRTS双块式	WJ-7B、WJ-8B
	CRTS Ⅰ型板式	WJ-7B
	CRTS Ⅱ型板式	WJ-8
	CRTS Ⅲ型板式	WJ-8B
城际铁路	CRTS双块式	WJ-7B、WJ-8B
	CRTS Ⅰ型板式	WJ-7B
	CRTS Ⅲ型板式	WJ-8B
	弹性支承块式	弹性扣件
客货共线铁路 重载铁路	CRTS双块式	WJ-7A、WJ-8A
	弹性支承块式	弹性Ⅳ型扣件 预埋铁座式扣件
	长轨埋入式	WJ-12型扣件（重载） WJ-13型扣件（客货共线）

注：新型及其他类型扣件应符合相关技术标准及准入规定。

6.1.3 轨道道床

1. 有砟道床

（1）正线道床采用的道砟等级应符合表 6.1-1 的要求。道砟材料应符合《铁路碎石道砟》TB/T 2140—2008 和《铁路碎石道床底碴》TB/T 2897—1998 的规定。重载铁路特级道砟级配应采用一级道砟的级配标准。

（2）无缝线路曲线半径小于 800m、有缝线路曲线半径小于 600m 的地段，曲线外侧道床顶面宽度应增加 0.10m。

（3）正线道床边坡坡度应为 1∶1.75。

（4）无缝线路道床砟肩应使用碎石道砟堆高 15cm，堆高道砟的边坡坡度应为 1∶1.75。

2. 无砟道床

1）正线无砟轨道道床结构形式

（1）CRTS 型双块式无砟轨道。

（2）CRTS Ⅰ型板式无砟轨道。

（3）CRTS Ⅱ型板式无砟轨道。

（4）CRTS Ⅲ型板式无砟轨道。

（5）正线与站线、道岔区联结处无砟道床一般采用轨枕埋入式无砟轨道。

2）无砟轨道结构选型要求

（1）高速铁路无砟轨道宜采用板式、双块式结构形式。

（2）城际铁路无砟轨道宜采用双块式、板式结构形式，隧道内可采用弹性支承块式结构形式。

（3）客货共线铁路、重载铁路隧道内无砟轨道可采用弹性支承块式、双块式、轨枕埋入式等结构形式。

（4）道岔区无砟轨道宜采用轨枕埋入式结构形式，可采用板式结构形式。

6.2 有砟轨道工程施工

6.2.1 有砟道床施工

1. 施工组织及要求

1）施工组织

（1）线路铺砟整道施工时，铺枕、铺轨作业区与铺砟整道作业区的距离不宜过长，铺轨后应及时组织上砟整道作业。施工应采用一次铺设跨区间无缝线路的"流水作业法"。

（2）有砟道床施工应配备道砟运输车、道砟摊铺机（装载机、平地机、压路机）、机车、风动卸砟车、机械化整道作业车组（简称"MDZ 车组"，由起、拨、捣固车，配砟整形车，动力稳定车等设备组成）等主要装备。

2）施工要求

（1）道砟等级应符合设计要求，道砟质量应符合《铁路碎石道砟》TB/T 2140—

2008 的规定。

（2）施工过程中，道砟应避免污染。

（3）铺轨后应紧随进行补砟和整道作业。铺砟整道作业应使用大型机械化整道作业车组，严格执行分层上砟、分层整道。

（4）上砟整道施工中应加强对钢轨、轨枕等轨道部件的保护，不得采用可能损坏轨道部件的施工方法和设备。

（5）修筑于路基上的预埋管线沟槽、综合接地体、接触网支柱基础等应与线下工程同步施工。需在轨道工程施工后进行的施工作业，相关施工单位施工前应用彩条布等覆盖措施对道床进行保护，避免对道床产生扰动和污染；对道床稳定性有影响的施工，相关施工单位应制定方案，并经轨道主体单位认可，施工完后应加强捣固使道床密实。施工产生的垃圾应在施工完成时及时清除干净。

（6）在隧道内进行的钻孔、开槽施工，施工前应采取相应的措施对道床进行保护，避免产生污染，施工过程中应采取措施降低粉尘排放，对钻孔、开槽产生的垃圾应集中回收，及时清理出隧道。

（7）线路开通前应由建设单位组织有关单位对线路污染和垃圾进行彻底清除，隧道内应进行全面清洗除尘，并检查核实。

2. 铺轨前预铺道砟

（1）铺轨前预铺道砟宜双线一次铺设完成。

（2）铺砟机械施工要求：

① 作业机械接地比压不应超过基床设计允许值，应避免对路基基床表层的扰动。

② 运砟车辆宜行走施工便道，不应直接长距离频繁行驶在基床表层上。

③ 运砟车辆在基床表层上行驶时，应做到缓行缓停，禁止突然加速或急刹车，载重运行速度宜小于 15km/h。

（3）摊铺机预铺道砟施工要求：

① 摊铺机施工前，应预先选定摊铺机械的压实振动频率、摊铺厚度、摊铺速度等各项作业参数。

② 采用摊铺机预铺道砟时，应根据道砟摊铺高程，在路肩挂拉钢弦线，长度一般为 150~200m，每 10m 设置一支点，并在两端用加紧器将钢弦拉紧。

（4）机械碾压法预铺道砟施工要求：

① 铺砟前，应精确测量线路中线控制桩，测设标准为直线上每 50m 一点，圆曲线上每 20m 一点，缓和曲线上每 10m 一点，并把中线点外移到线路的外侧。

② 完成平面测量后，测设预铺道砟面高程控制线，路基地段引测到两侧接触网杆基础或接触网杆上，桥梁地段引测到挡砟墙上，并用红油漆画水平线标识。

③ 提前计算出线路各个区段卸砟方量，采用自卸汽车将道砟按计算方量卸放至线路中心。线路为双线时，宜双线道砟一次卸完。

④ 根据砟面高程控制线初步将装载机铲斗降至低位，先从砟堆中心纵向向前匀砟，然后再将两侧堆积的道砟铲运至线路两侧均匀布砟。匀砟过程中应避免铲斗落至路基表面将泥土、粉尘铲入。

⑤ 平地机平砟时宜从线路中心往两侧进行。根据砟面高程控制线，将平地机刮平

装置降至距计划预铺砟面控制线略高位置，以高出 20mm 为宜，向前进行刮平作业。每次刮平横向接头应重叠 0.6～0.8m，前后相邻两区段间纵向重叠 1.0～1.2m。确保刮平时横向及纵向高度顺接。

⑥ 平地机平整后的道砟应目视平坦，曲线不得有反超高，虚铺砟面高程宜高出预铺道砟高程控制线 20mm。

⑦ 虚铺道砟平整完成后，采用压路机进行机械碾压。压路机作业速度以 3～4km/h 为宜，碾压时由两边向中央纵向进退式进行，往返一次为一遍，宜碾压 3 遍，采用 20t 以上的压路机碾压时可不开启振动。

⑧ 碾压时，横向接头应重叠 0.4～0.5m，前后相邻两区段间纵向重叠 0.8～1.0m。做到压实均匀，没有死角，尤其是线路两边应碾压到位，避免两侧虚砟堆高。

（5）预铺道砟（压实）厚度宜为 200～250mm，砟面平整度要求 20mm/3m，砟面中间不得凸起，可压出凹槽。

（6）预铺道砟道床密度不应低于 $1.6g/cm^3$。

3. 分层上砟整道（以高速铁路为例）

1）大型机械整道作业要求

大型机械整道应按照轨道几何状态测量仪依据的 CP Ⅲ 轨道控制网测量数据进行作业，作业前应准备的技术资料有：坡度表、起道量表、拨道量表、曲线表、竖曲线表、线路纵断面缩图、线间距表、车站平面图、长短链表、桥隧表等。

2）作业前轨道线路开展的准备工作

（1）铺轨后应及时进行初步整道，拨顺轨道方向，消除硬弯、死弯、曲线反超高和扭曲，保证行车安全。

（2）根据道床断面及每次起道量估算补砟数量，补砟应均匀充足，尤其是轨枕盒内及砟肩处道砟应充足。

（3）拆除影响作业的障碍物或设施，并妥善堆码、固定。

（4）清理道床坡脚外 100mm 范围内的其他障碍物。

（5）方正轨枕，更换失效轨枕。

（6）补齐、上紧扣件。

3）配砟整形作业要求

（1）配砟整形车在收放工作装置时，应选择在线路比较平直的地段进行，在双线地段应与防护员联系。当确认邻线无列车通过时方准收起和放下工作装置。

（2）放下侧犁时应避免侧犁后翼犁板碰撞司机室，中犁放下后距轨枕面 10～15mm，清扫装置放下后距轨枕面 10～15mm。

（3）配砟整形车工作时，应注意线路上的固定装置及障碍物。遇有妨碍作业的物体时，应及时收拢侧犁。

（4）在提速或减速时应避免冲击，作业时应及时调整各作业装置，使道砟分布均匀，避免局部堆积。

4）起道作业要求

（1）第一、第二遍起道量不宜大于 60mm，第三、第四遍起道量不宜大于 50mm。每次起道作业后轨枕头外侧应有一定数量的道砟，以保证轨道的稳定性。

（2）起道作业时，机械操作人员应准确输入标注在轨枕面上的起道量，并随时注意观察左右起道显示表及横向水平表的指针摆动状态，前后操作人员应保证对起道抄平数值的一致性。

5）拨道作业要求

（1）一次拨道量不宜大于50mm。

（2）手动控制作业时，输入曲线拨道量值、曲线超高值及曲线正矢值；作业时前后操作人员应加强联系，保证对拨道作业控制调整的一致性。

6.2.2 有砟轨道铺设

1. 施工组织及要求

（1）有缝线路轨道施工配备的主要机械设备有：钉联机、龙门起重机、机车、轨排运输车、铺轨机、风动卸砟车、铺砟整道设备。

（2）同一类型的轨枕应集中连续铺设，同类型轨枕成段铺设最小长度为：正线、到发线500m，其他站线200m。两木枕地段间的长度小于50m时，应铺设木枕。特殊情况应按设计办理。

（3）在不同类型轨枕的分界处，应保持同类型轨枕延伸至钢轨接头外不少于5根。

（4）铺轨后应及时更换电容枕、绝缘枕等特殊轨枕。

（5）铺轨后应及时组织铺砟整道作业，铺砟整道作业可采用人工辅以小型机具或大型机械化整道作业车相结合的方式。

2. 轨排组装

（1）轨排宜在铺轨基地集中组装后运往工地机械铺设。

（2）轨排生产应按轨排铺设计划表进行。计划表主要内容应包括：轨排编号及铺设里程，钢轨类型、长度和曲线内股缩短轨缩短量，相对钢轨接头相错量，轨枕种类、类型、数量和间距布置，曲线半径、转向和轨距加宽值，以及其他特殊要求的说明。轨排生产计划表应及时根据实际铺设里程进行调整。

（3）混凝土枕轨排宜采用机械钉联，螺旋道钉锚固应满足以下要求：

① 螺旋道钉用硫磺水泥砂浆锚固。

② 锚固前，轨枕预留孔内杂物和螺旋道钉上黏附物应清除干净。螺旋道钉应干燥，锚固时其温度宜保持在0℃以上。

③ 铺固方法宜采用反锚，螺旋道钉用模具定位。锚固浆从枕底注入孔内，凝固后翻正脱模。正锚时，预留孔底部应堵塞严密，严防漏浆，锚固浆从枕面注入孔内后，螺旋道钉应立即左右旋转缓慢垂直插入，用锚固架定位。

④ 硫磺水泥砂浆注入孔内时的温度不得低于130℃，并应防止离析，一孔一次灌完。反锚时灌浆深度应比螺旋道钉插入孔内的长度大20mm。锚固浆顶面应与承轨槽面平齐，溢出的残渣凝固后应铲除整平。

⑤ 螺旋道钉应与承轨槽面垂直，歪斜不得大于2°。道钉中线与承轨槽面的交点，偏离预留孔中心不得大于2mm，道钉圆台底应高出承轨槽面0～+2mm，螺旋道钉的抗拔力不得小于60kN，每公里做一组抗拔试验（每组3个螺旋道钉），如有一个不合格现象，应加试两组，仍有不合格者，应检查熬浆配比及工艺，并对该批量全面检查，剔

除不合格产品。

（4）螺旋道钉应涂刷长效油脂。

（5）轨排组装完毕，质量应经核查，并做检验标识。轨排经检查合格后，应按轨排铺设计划表用色彩醒目的油漆编号存放或直接按铺设顺序编组装车，运往工地。

（6）轨排装车不得超载超限，上下层对正，一端对齐，并捆绑加固。同组轨排两平车间车钩应安装缓冲停止器。

3. 铺轨

1）有缝线路铺设时钢轨应符合的规定

（1）各级线路均应铺设设计规定类型的钢轨。特殊情况下，需要铺设与设计不同类型的钢轨时，按变更设计办理。

（2）当铺设不同类型的钢轨时，应集中成段铺设。同类型钢轨成段铺设的长度：正线不得小于 1km，站线同一股道应铺设同一类型的钢轨，困难条件下，除使用铁鞋制动地段的调车线外可铺设不同类型的钢轨。

两连接钢轨的轨型差不得大于一个等级，并应采用异型轨连接。

（3）非标准长度钢轨应以同一长度集中成段铺设。成段长度：正线轨道不得小于 500m，站线同一股道可集中铺设两种不同长度的钢轨。

采用非标准钢轨的长度：铺设 25m 钢轨地段，不得小于 21m。

2）有缝线路铺设时钢轨接头应符合的规定

（1）轨道应采用相对式接头。直线地段同一轨排宜选用长度偏差相同的钢轨配对使用，相差量不宜大于 3mm，并应左右随时调整抵消，累计差不得大于 15mm。曲线外股用标准长度钢轨，内股接头位置超限时，用厂制缩短轨调整。

（2）在信号机处的两钢轨绝缘接头应为相对式，轨缝不得小于 6mm。

（3）线路上不得有钢轨接头的位置为：

① 明桥面小桥的全长范围内。

② 钢梁端部、拱桥温度伸缩缝和拱顶等处前后各 2m 范围内。

③ 钢梁的横梁顶上。

④ 设有温度调节器的钢梁的温度跨度范围内。

⑤ 道口范围内。

（4）需要调整钢轨接头位置或合龙口时，可插入个别短轨。调整桥上钢轨接头位置时，短轨应铺在离桥台尾 10m 外。个别插入的短轨长度，正线轨道不得小于 6m，站线轨道不得小于 4.5m。除两相邻道岔外，不得连续插入两对以上短轨。

3）机械铺轨施工应符合的规定

（1）用龙门架倒装轨排和轨排拖拉作业时，宜在直线或曲线半径较大地段进行，线路应平顺。

（2）机车推送轨排与铺轨机或倒装龙门架对位时，应在距铺轨机或龙门架 10m 处停车，待联系好后方可对位。倒装轨排时，应平稳起落，并由专人指挥，轨排就位后，应立即锁定制动。拖拉轨排时，应由专人引导滑行轨铁靴进入滚筒，应启动平稳、速度均匀。

（3）铺轨机前轮不得超越已铺轨排前端的第三根轨枕。铺轨列车在工地作业时的

（4）轨排下落应对准中线就位。与已铺轨排连接后，新铺轨排应立即对中拨正，偏离中线不宜大于 50mm。两轨排间应使用轨缝控制装置控制轨缝，经检查中线无误后继续铺设下节轨排。接头螺栓应随后及时补足，并按规定扭矩上紧。

（5）铺轨列车在仅作重点整道地段的运行速度不得大于 15km/h，已作第一次铺砟整道地段不得大于 30km/h，二次铺砟整道后，列车速度不宜大于 40km/h。

（6）实际铺设的到达里程，及时报告铺轨基地。

4. 铺砟整道（以客货共线铁路为例）

（1）铺轨后应及时安排卸砟、整道作业，确保线路稳定。工程列车速度亦可相应逐步提高。

（2）铺砟整道作业要求：

① 铺轨后应随即重点整道，保障铺轨列车能按 15km/h 的速度安全运行。作业重点为：方正轨枕，补足并紧固配件和扣件，拨顺轨道方向，串实承轨槽处的枕下道砟，消灭反超高和扭曲。

② 每次铺砟整道，应先补充枕盒内部分道砟，然后起道、方枕、串砟、捣固道床，拨正轨道方向，回填清理道砟，稳定轨道。

③ 铺轨后第一次铺砟整道与铺轨间隔不宜大于两个区间，经整道后的轨道，应保障铺轨列车能按 30km/h 速度安全运行。

④ 采用人工或小型机具进行第二次铺砟作业时，应在第一次铺砟整道并通过 5 对以上列车后进行。整道时应以高程控制桩为准。轨向：直线用 10m 弦量的最大矢度和曲线用 20m 弦量的实际正矢与计算正矢差不得大于 8mm，曲线头尾不得有反弯或"鹅头"。轨面用 10m 弦量，最大矢度不得大于 8mm。轨面水平和延长 6.25m 范围内的扭曲不得大于 8mm。轨距允许偏差为 +6～-2mm。

⑤ 轨道各主要尺寸，应在第二次铺砟整道后，逐步整正至《客货共线铁路轨道工程施工技术规程》Q/CR 9654—2017 规定的验收要求。工程列车速度可相应逐步提高。

⑥ 临时道床面高差，应以不大于 5‰ 的坡度顺接。

⑦ 混凝土枕应在钢轨两侧各 450mm 范围内均匀捣固。木枕应在钢轨两侧各 400mm 范围捣固道床，钢轨下应加强捣固。钢轨接头处和曲线外股，应在上述规定的范围加强捣固道床。

⑧ 起道应先校正一股轨面高程（曲线应先校正内股轨面），据此调整另股轨面高程，左右均匀进行。每次起道高度不宜大于 100mm。

⑨ 铺设长度大于 20m 钢轨的轨道，在高于最高允许铺轨轨温时，不宜安排影响轨道稳定的线路作业。

（3）交工前，应按验收要求进行一次全面整道工作。全面整道作业要求为：

① 在轨温 $\left(T_{\max} - \dfrac{a_g + C}{0.0118L}\right) \sim \left(T_{\max} - \dfrac{C}{0.0118L}\right)$ 范围内时，拉轨调匀轨缝，同时方正钢轨接头。

② 轨距加宽递减率，正线到发线不应大于 1‰，其他站线不得大于 2‰。

③ 接头处错牙、错台不得大于 1mm；接头相错量直线不得大于 40mm，曲线不得

大于 40mm 加缩短轨缩短量的一半。

④ 直线两股钢轨面应保持水平。

⑤ 轨面纵向坡度应与设计的线路纵坡相符。

⑥ 轨枕正位，扣件按规定上紧。捣固道床，整治空吊板，要求钢轨接头处无空吊板，其他部位无连续空吊板。空吊板率正线和到发线不得大于 8%，其他站线、次要站线不得大于 12%。

⑦ 未经大型养路机械整道作业的线路应经列车或单机压道。正线压道次数不得少于 50 次，站线压道次数不得少于 30 次。压道后的轨道应无明显变形。

⑧ 道床断面应符合设计规定。道床厚度允许偏差为 ±50mm，顶宽允许偏差为 0～+50mm。

6.2.3 有砟道岔及钢轨伸缩调节器铺设

1. 道岔铺设

1）施工组织及要求

（1）道岔铺设施工应配备的主要机械设备有：自卸车、装载机、压路机、小型液压道岔捣固机、起道机、汽车起重机等。

（2）道岔及钢轨伸缩调节器出厂时，制造厂应对产品零部件依据相关条件进行检验，并提供产品合格证、铺设图和发货明细表（应提供易损件备料）。钢轨伸缩调节器、12 号及以上可动心轨辙叉道岔应在工厂内试组装并验收。

（3）铺设前应核查托运单及装箱单所列的道岔零部件品种、规格及数量，并检查外观。

（4）道岔铺设前，道砟摊铺应平整，底砟应碾压密实。

（5）道岔位置应按设计要求铺设。困难条件下，可在不影响股道有效长度和不变更其他运营设备的条件下，将道岔位置前后移动不得大于 0.5m。

（6）道岔因钢轨焊接方式、绝缘接头位置等影响道岔内配轨长度时，采购前应予明确。

（7）与正线连接的道岔前后各 50 根、与站线连接的道岔前后各 15 根（含岔后长岔枕）轨枕的类型应与岔枕类型相同，每千米铺设根数应与连接线路标准一致。铺设无缝道岔时，道岔直股前后线路过渡枕的型号、根数及间距，应符合铺设图的规定。

（8）道岔轨面高程应与连接的主要线一致，与另一线的轨面高差，宜自道岔后普通轨枕起向站内顺接。顺接坡度不应大于该线最大设计限坡，与相邻坡段的坡度差不应大于 4‰，超过时应设竖曲线。伸入到发线有效长范围内的坡度不应大于 1.5‰。

（9）更换道岔时应同时更换前后引轨。

（10）交叉渡线铺设时，四组单开道岔与主要连接线应在一个平面上，次要连接线上的道岔与前后连接线轨面高差，按规定顺坡，并兼顾相邻道岔。

（11）可动心轨辙叉道岔起道作业时，二股道应同时起平，保证可动心轨辙叉在一个平面上，做好道岔前后顺坡。

（12）可动心轨辙叉道岔改道作业时，应采用调整不同号码轨距挡块调整轨距，调整量不足时可加垫片调整，但厚度不得超过 2mm，不得用改螺纹道钉的方法。

2）铺岔前预铺道砟

（1）预铺道砟前，应测设岔心、岔前、岔后控制桩。

（2）预铺道砟前，对路基基床表面平整度再次检查确认，对路基表面杂物、积水等彻底清除后方可开始摊铺。

（3）提前测设道床摊铺位置、长度、宽度。

（4）正线道岔预铺道砟应采用机械碾压。预铺道床厚度宜比设计小80mm。道岔前后各30m范围应做好顺坡。

（5）道砟摊铺压实后，应对其质量进行检测：

① 平整度：用3m靠尺检查砟面平整度，速度大于160km/h时为20mm，速度小于或等于160km/h时为30mm。

② 预铺道砟压实密度不小于$1.7g/cm^3$。

3）道岔铺设

（1）道岔组装应符合的规定：

① 摆放岔枕应先确定左、右开别，设置岔枕铺设控制线，然后按岔枕编号及规定间距摆放岔枕。

② 摆放岔枕时，不得用撬棍插入岔枕套管内进行作业。

③ 应按与岔枕对应的编号组装垫板，并保持岔枕位置及方向不变。

④ 垫板螺栓拧入前应涂以铁路专用防护油脂。

⑤ 铺设钢轨应先直股后曲股，先转辙后辙叉。

⑥ 道岔钢轨吊铺到位后，首先应组装调整至基本轨的位置、方向，在此基础上进行道岔其他几何尺寸的调整。

⑦ 密贴调整应在高低、方向、轨距、水平调整到位后进行。

⑧ 应按照产品出厂标记的接头顺序和设计预留轨缝值进行道岔连接。

⑨ 应使用专用工具，按照安装说明和铺设图的要求安装弹性夹。

（2）混凝土岔枕螺旋道钉锚固抗拔力不得小于60kN，其位置、高度应符合《客货共线铁路轨道工程施工技术规程》Q/CR 9654—2017的规定。

（3）道岔紧固螺栓扭矩应为100～120N·m。螺栓、丝扣均应涂长效油脂。

（4）绝缘接头轨缝不得小于6mm。

（5）无缝道岔轨枕扣件安装不良率不应大于6%，有缝道岔道钉浮离或轨枕扣件安装不良率正线、到发线不应大于8%，其他站线不应大于10%。

（6）道岔铺设后，其岔后另一股连接线未铺前，辙叉心后间隔铁处应加铺一根临时短轨，尖轨应钉固加锁。新铺道岔临时使用时，应安装转辙设备，不得用撬棍扳道或用其他方法支顶尖轨。

（7）当道岔轨型与连接线路轨型不一致时，道岔前后应各铺一节长度不小于6.25m与道岔同型的钢轨，在困难条件下，站线长度可减小到4.5m。两前后道岔间距小于9m时，道岔轨型应一致或两道岔直接用异型轨连接。设有轨道电路的道岔，两不同轨型道岔间的距离，尚应满足设置绝缘接头的要求。

4）道岔铺砟整道

（1）整道后的道岔应道床饱满，捣固密实，顶宽允许偏差为0～+50mm，厚度允

许偏差为 ±50mm。

(2) 导曲线不得有反超高。

(3) 钢轨接头、尖轨尖端、跟部、辙叉心等部位不得有空吊板；其他部位不得有连续空吊板。空吊板率不得大于 8%。

5) 道岔钢轨焊接及锁定

(1) 道岔焊头均应进行探伤检查并标记编号，填写记录。

(2) 道岔钢轨焊接要求：

① 道岔焊接应首先焊接岔内各个接头，然后再与岔外的钢轨焊接。道岔内钢轨焊接顺序应符合设计规定。

② 道岔施行锁定焊时，应使限位器子母块居中，两侧间隙允许偏差为 1mm。

③ 道岔内钢轨焊接、道岔与两端无缝线路焊接均应在道床达到初期稳定状态，轨面高程、轨向和水平已基本达到设计标准时，方可施焊。

④ 无缝道岔与相邻无缝线路的锁定焊联应在设计锁定轨温范围内进行。

(3) 焊接施工结束后，应再次检测道岔几何形位，复测线路高程、方向，对因钢轨焊接作业产生的偏移及时调整复位，再进行道岔钢轨精调整理。

(4) 无缝道岔位移观测桩应按设计要求设置，并按要求进行位移观测，做好观测记录。

2. 钢轨伸缩调节器铺设

1) 钢轨伸缩调节器的作用

钢轨伸缩调节器是在铁路的钢轨伸缩时，保持其轨缝变化不致过大，以维持线路通顺的装置。因钢轨的伸缩主要由于温度变化引起的，故又称钢轨温度调节器。它用于无缝线路和某些铁路桥上。当铁路桥上部结构因连续长度较大，而使其活动端和相邻结构（邻跨或桥台）间的相对变位较大时，为使铺设在桥面的钢轨不妨碍上部结构在温度变化、活载（含双线桥的偏载作用）等作用下所发生的相对变位，同时也不使上部结构变位影响桥面线路的通顺，应在该处设置钢轨伸缩调节器。在桥梁计算相对变位中的纵向位移时，所采取的上部结构长度称为温度跨度。其值的计算方法为：

(1) 简支梁，取其计算跨度。

(2) 连续梁，取相邻两联两个固定支座的水平距离，或一固定支座至桥台的距离。

当温度跨度大于 100m 时，一般应设置钢轨伸缩调节器。

2) 钢轨伸缩调节器的形式及用途

钢轨伸缩调节器按接缝处平面上的形式划分，现有双尖式、斜线形、折线形、曲线形四种。双尖式一般仅适用于伸缩量很小处。斜线形和折线形是基本轨不动，尖轨伸缩，其缺点是伸缩时轨距有变化，对行车及养护不利。曲线形伸缩调节器的尖轨成圆弧（或复合曲线）状，基本轨不预先顶成曲线，而是在组装时由尖轨圆弧和按圆弧布置的基本轨轨撑，把基本轨顶弯成相应的曲线；当基本轨伸缩时，尖轨固定不动，因此轨距保持不变，基本轨和尖轨始终保持密贴（在尖轨刨切范围内），平顺性好，行车平稳。我国曾使用过伸缩量达 1000mm 的这种调节器。

3) 钢轨伸缩调节器的施工要求

(1) 钢轨伸缩调节器应在工厂内试组装并验收。出厂时，制造厂应依据钢轨伸缩调节器相关技术条件进行检验,并提供出厂合格证、铺设图和发货明细表。

(2)尖轨与基本轨组装件在装卸作业时应采用起重机械或专用吊具在标明的起吊点起吊,不应产生塑性变形。不应进行任意或单点起吊及人工推撬装卸作业,不应碰、摔、掷、撞。

(3)钢轨伸缩调节器组装验收合格后应整组发运。发运前应将伸缩调节器组装件固定为一整体。产品标识和包装应符合钢轨伸缩调节器的相关技术条件要求。

(4)尖轨和基本轨组装件的运输应采用不致使其产生塑性变形的运输方式。装车时,如多层码垛,每层应采用木质垫块垫实、垫平,组装有钢垫板的轨枕,层间垫块的高度应高于钢垫板。

(5)码放尖轨与基本轨组件的场地应平整。码垛层数不应多于4层,每层用不小于60mm×60mm木质垫块垫实、垫平,垫块应按高度方向垂直设置,垫块间距不应大于4m,均匀布置。

(6)铺设位置和方向应满足设计要求。

(7)可采用钢轨临时替代钢轨伸缩调节器预铺轨排,并及时补充道砟、稳定道床,再换铺调节器。

(8)调节器铺设时,如果轨温在设计锁定轨温范围内,则基本轨处于零伸缩量位置。否则,应根据实测轨温预留伸缩量。铺设后,应立即在尖轨尖端的基本轨上做好观测标记,并记录铺设轨温。

(9)铺设钢轨伸缩调节器时,宜先铺单股并以线路上已有轨道作基准控制方向,另一股以此为基准以轨距控制。

(10)铺设后应及时进行全面整修,轨距、方向的调整宜充分利用尼龙调整片。调整后应达到基本轨伸缩无障碍,尖轨锁定不爬行。

(11)钢轨伸缩调节器铺设要求:

① 在尖轨的刨切范围内应与基本轨密贴,尖轨尖端至其后400mm处,缝隙不得大于0.2mm,其余部分不得大于0.8mm。

② 钢轨伸缩调节器零配件应安装正确。

③ 垫板、轨撑及螺栓安装齐全,螺母达到规定扭矩:尖轨轨撑扣件螺母扭矩应为120~150N·m,基本轨轨撑扣件螺母扭矩应为60~80N·m,铁垫板塑料套管连接螺栓螺母扭矩应为300~320N·m。

④ 伸缩调节器两端、尖轨尖端、尖轨轨头刨切起点处,轨距允许偏差均为±1mm。

⑤ 基本轨、尖轨轨面应无碰伤、擦伤、掉块、低陷、压溃飞边等缺陷。

(12)钢轨伸缩调节器整道要求:

① 轨向:单向调节器用12.5m弦测量、双向调节器用25m弦测量,每隔1m检查一处,尖轨尖端至尖轨顶宽5mm范围内允许有4mm的空线,其余范围内允许有2mm的空线,不允许抗线。

② 轨面前后高低:用12.5m弦测量不得大于4mm。

③ 左右股钢轨水平差不得大于4mm。

④ 在6.25m测量基线内,扭曲不得大于4mm。

(13)钢轨伸缩调节器铺设调整后,应达到基本轨伸缩无障碍,尖轨锁定不爬行。

（14）钢轨伸缩调节器铺设后应立即做好伸缩起点标志，标记应齐全、一致，大小应适当，色泽应均匀、清晰。

4）有砟轨道钢轨伸缩调节器铺设

（1）有砟轨道钢轨伸缩调节器铺设应配备道砟运输车、装载机、平地机、压路机、风动卸砟车、小型液压道岔捣固机、起道机、汽车起重机或轨道起重机、重型轨道车、道岔捣固车、检测测量仪器等主要装备。

（2）有砟轨道钢轨伸缩调节器的规格、型号、质量应符合设计要求及《客运专线钢轨伸缩调节器》TB/T 3401—2015 的规定。

（3）调节器区及前后 200m 的线下构筑物宜作为一个整体按相关标准对沉降变形观测资料进行分析评估，工后沉降符合要求后，方可进行钢轨伸缩调节器铺设。

（4）有砟轨道铺设钢轨伸缩调节器时，可先用钢轨临时代替钢轨伸缩调节器预铺轨排，并随线路一起补充道砟、大型机械捣固、稳定道床，然后换铺伸缩调节器。

（5）铺设钢轨伸缩调节器时，宜先铺单股并以线路上已有轨道作基准控制方向，另一股以此为基准通过轨距进行控制。

（6）梁缝处轨枕间距需在设计基础上结合实测梁温、年平均中间梁温综合计算确定，在伸缩调节器轨排组装时调整到位，允许偏差为 ±2mm。

（7）伸缩量预留值需在设计伸缩量基础上结合实测梁缝宽度、年平均梁缝宽度、实测轨温、设计锁定轨温等综合计算，由伸缩调节器供货厂家派人现场指导确定。在钢轨焊接前应再次确认，允许偏差为 ±5mm。

6.3 无砟轨道工程施工

6.3.1 无砟道床施工

目前，高速铁路正线无砟轨道结构形式主要为：CRTS Ⅰ型板式无砟轨道、CRTS Ⅱ型板式无砟轨道、CRTS Ⅲ型板式无砟轨道和 CRTS 型双块式无砟轨道。

1. 板式无砟轨道道床施工

以正线 CRTS Ⅲ型板式无砟轨道铺设为例，简要介绍板式无砟轨道预制、铺设施工技术。

CRTS Ⅲ型板式无砟轨道总体结构方案为带挡肩的新型单元板式无砟轨道结构，该双向先张法预应力混凝土轨道板主要由钢轨、扣件、预制轨道板、配筋的自离层（土工布）和钢筋混凝土底座等部分组成。

CRTS Ⅲ型先张法轨道板是我国完全具有自主知识产权的新型预应力单元分块式结构，在高速铁路建设中得到了大量应用。

1）CRTS Ⅲ型轨道板预制

（1）轨道板预制场总体规划

① 规划原则

预制场总体布局按照物流顺畅、工艺先进、节约成本的原则进行布置。轨道板预制应采用工厂化生产，施工工艺采用预应力先张法施工；生产厂房采用钢结构厂房，张拉台座采用整体台座。

② 平面布置

预制轨道板场按功能区划分为：轨道板生产区、轨道板存放区、混凝土拌和区、办公生活区、辅助功能区五个部分组成。其中轨道板生产台座结构形式决定了生产工艺流程的布置方式。

③ 生产台座

现阶段 CRTS Ⅲ 型轨道板预制生产目前主要有两种方式：一种是台座法（即窑池法），另一种是流水线法。CRTS Ⅲ 型轨道板预制的核心工艺是张拉，张拉台座形式的不同决定了张拉工艺的不同。台座法又分为混凝土台座、钢结构台座两种方式。

（2）轨道板预制钢筋制作主要工艺要点

① 钢筋加工

预应力钢筋、锚固板直接成套购买专业生产厂家的产品。环氧树脂涂层钢筋购买成品，其余钢筋厂内加工。

钢筋存放在封闭的钢筋区，存放场地应做硬化处理，钢筋存放的地面应垫高10cm。检验合格的钢筋按批次和不同牌号、不同规格分别存放并挂标识牌，不合格的钢筋应设有明显标志并及时清除出场。钢筋成品要分部位命名，按号牌顺序堆放，不得将用于不同部位的钢筋叠放在一起。

为保证综合接地钢筋焊接质量和钢筋笼的尺寸要求，需设置接地钢筋焊接胎具，在胎具上焊接成型。

钢筋焊接采用搭接焊工艺，按技术要求钢筋间十字交叉时应采用L形钢筋焊接，焊缝长度为单面焊接时不小于100mm，双面焊接时不小于55mm。

钢筋的绑扎胎具应能准确保证钢筋位置和间距，采用型钢平台与钢板结合制成。钢筋的绑扎胎具每月检查一次。

② 钢筋绑扎

钢筋绑扎前先熟悉施工图纸，核对钢筋配料表和料牌。核对成品钢筋的种类、直径、形状、尺寸和数量，如有错漏，应及时纠正增补。

钢筋绑扎点应满足箍筋与主筋垂直，交叉点逐点绑扎；绑扣形式以不易松脱为准，绑扎点如有松脱，应扣紧扣或重绑。绑扣的形式应成"八"字交替绑扎。绝缘绑扎线应扭向骨架内。骨架不得有油污及扭曲。

绑扎门形筋时，用木方或圆钢将门形筋相互固定，横向纵向均固定，以门形筋能保证位置和相对距离为准。

钢筋笼绑扎完后，按照设计要求对钢筋网进行绝缘检测。

穿入预应力钢筋之后将锚固板拧紧至预应力筋螺纹根部，圆弧面朝预应力钢筋内侧。

钢筋笼吊装应轻拿轻放。吊装钢筋笼存放采用专用吊装架，吊装过程中不得用吊钩直接吊装绝缘钢筋，应采用方木条、塑胶等柔性物质作为起吊介质，吊装应平稳起吊，缓慢就位。

钢筋笼存放时，应采用存放架，钢筋笼放置在存放架的横向支撑上，每层之间有20mm净空间。垫条位置和数量以保证钢筋骨架不变形为准。

（3）预制轨道板混凝土灌注及存放主要工艺要点（以机组流水法为例）

① 清模及刷脱模剂

清除残留在模型上的残渣,使用软质钢丝球将残留在模具表面的杂质擦拭干净,用抹布或毛巾将模型表面混凝土清除干净。模型清理过程中必须将模型表面任何角落清除干净,不得有遗漏位置。清理过程中注意不伤害定位销及橡胶材质锚穴。模型清理以徒手擦拭无明显污染为度。清渣完成后模型方可涂刷脱模剂,首先用喷雾器喷在模型内表面,涂刷时不得有漏涂现象出现。然后用干净抹布拭擦均匀,涂刷完成后的模型表面不得有明显的擦拭痕迹,不得漏涂。

② 套管及螺旋筋安装

安装前必须将定位销及周边表面清理干净,将套管与定位销对位,用橡胶锤敲击将套管安装到位。当预埋套管安装困难或感觉松动明显时需更换套管或定位销,不符合要求的定位销或套管需及时予以更换并追踪套管和定位销质量。安装过程中不得采用铁锤或其他硬质物质直接敲击预埋套管。安装完成后的预埋套管必须保证预埋套管的垂直且与模型面板的缝隙不得超过 0.5mm。按照大头朝下的原则,将螺旋筋拧紧至预埋套管上。

③ 钢筋骨架入模

将钢筋骨架放入组装好的模型内,安装起吊套管,固定接地端子,螺旋筋不得与其他钢筋搭接,以防止其搭接形成回路,影响轨道板绝缘性能。如有偏斜、扭曲,应进行调整。最后把张拉杆与预应力筋连接并预紧。

钢筋和预埋件安装全部完成后,按照施工图纸对所有项目进行检查,填写钢筋检查记录表和预埋件检查记录表。当钢筋与预埋件相碰时,可适当调整钢筋位置。

④ 预应力筋张拉

施加预应力采用专用张拉设备,张拉记录由系统自动生成。

预应力筋采用整体单根张拉方式,单根预应力筋加载速率不大于 4kN/s,分别张拉预应力筋至设计值,张拉完成后,持荷 1min 后插紧楔块并记录。

预应力值采用双控,以张拉力值为主,伸长值作校核。实际单根预应力筋的张拉力与设计值偏差不大于 10.0%,实测伸长量与设计值偏差不大于 10%;先张轨道板正式生产前,应根据设计预应力值做摩阻试验,确定补偿量。每生产 15000 块先张轨道板,需再次检验预应力摩阻。

⑤ 混凝土布料(灌注)

混凝土布料(灌注)时每套钢模配置 8 台高频振动器,布料(灌注)采取一端向另一端延伸的办法。混凝土布料(灌注)分三层连续进行,严禁灌注间隔超过初凝时间的混凝土。随混凝土的布料(灌注),开动振动台,以混凝土不再冒气泡、表面泛浆且无显著下沉为准。轨道板混凝土底部(生产时表面)粗糙,有适当骨料外露,不应超过 5mm。若无骨料外露,在初凝时,去除表面浮浆,并使用拉毛工具进行拉毛。拉毛深度 2~4mm。终凝前严禁踩踏。

⑥ 混凝土养护

混凝土灌注完成后在 5~30℃的环境中静置 3.5h 后方可开始送蒸汽养护。蒸汽养护升温速度不大于 10℃/h,蒸汽恒温温度不超过 40℃,混凝土芯部最高温度不超过 55℃,蒸汽养护降温速度不大于 10℃/h。养护制度为:3.5h(静停)+ 2h(升温)+ 10h(恒温)+ 2h(降温)。轨道板芯部混凝土和表面混凝土、表面混凝土与环境之间的温差均不大于15℃。

养护人员认真做好巡查工作，及时调整蒸汽量，保证养护质量。每工作班至少有一块混凝土芯部温度记录，并与养护温度、环境温度共同形成三个曲线反映在一张图上形成资料。

⑦ 封锚

封锚砂浆采用快速封锚砂浆。采用强制式搅拌机拌制，搅拌机转速不宜小于180r/min。

轨道板脱模后至入池养护前应进行洒水养护，保持轨道板表面湿润。封锚砂浆填压前，对锚穴进行清理，不得有油污、浮浆（尘）、杂物和积水。

封锚砂浆填压过程中，可对砂浆进行二次搅拌，但严禁二次加水。

封锚砂浆填压过程中，应随机取样制作1d、7d和28d的抗压强度试件，试件应采用与封锚砂浆相同的成型条件，试件脱模后应进行标准养护。

封锚砂浆填压完成至先张轨道板水养的时间间隔应根据封锚材料进行工艺性试验，一般不宜小于2h。

轨道板水养在水养池中进行，轨道板脱模后至入水时间不大于8h，并保持轨道板湿润。

轨道板水养时间不少于3d，养护的水温不应低于10℃，水温与轨道板表面温度之间的温差不应大于10℃。

轨道板在养护时，水应完全淹没轨道板。

成品轨道板水养完成后应保湿，保温保湿时间不少于10d。轨道板水养时第一块轨道板应用卡具固定在水养池边，其余轨道板用卡具将紧邻两块轨道板连接在一起。

⑧ 轨道板的储存

轨道板成品应按型号和批次分别存放，不合格的轨道板应单独存放。轨道板的存放场地采用钢筋混凝土条形基础，保证基础不出现不均匀下沉。

轨道板采用立放（长度方向着地），短期（不大于7d）平放最多可堆放4层，垫木设置在起吊套管位置，且上下处于同一位置。堆放轨道板的基础要求坚固、平整，无沉陷，严禁出现三点支撑现象。长期储存时不得平放。

轨道板采用立放时应用连接螺栓板和连接螺栓将相邻两块轨道板连接，使轨道板堆放成一整体，轨道板堆放端头应有良好的防倾倒支撑架，第一块轨道板连接在支撑架上。

轨道板在存放和运输时，在预埋套管和起吊套管等处安装防护盖。

轨道板装卸时应利用轨道板上的起吊装置水平吊起，使四角的起吊套管均匀受力，严禁碰、撞、摔。

轨道板宜采用铁路或公路运输，运输过程中保证轨道板不受过大的冲击。

2）CRTS Ⅲ型板式无砟道床施工

（1）施工流程及施工机械配置

① CRTS Ⅲ型板式无砟道床施工工艺流程如图6.3-1所示。

② CRTS Ⅲ型板式无砟道床施工应配备的机械设备有：混凝土拌和站、混凝土运输车、混凝土输送泵、钢筋加工设备、轨道板运输车、轨道板铺设吊装设备、龙门起重机、汽车起重机、轨道板精调系统、轨道板扣压装置、自密实混凝土灌注设备、检测测

量仪器等主要施工装备。

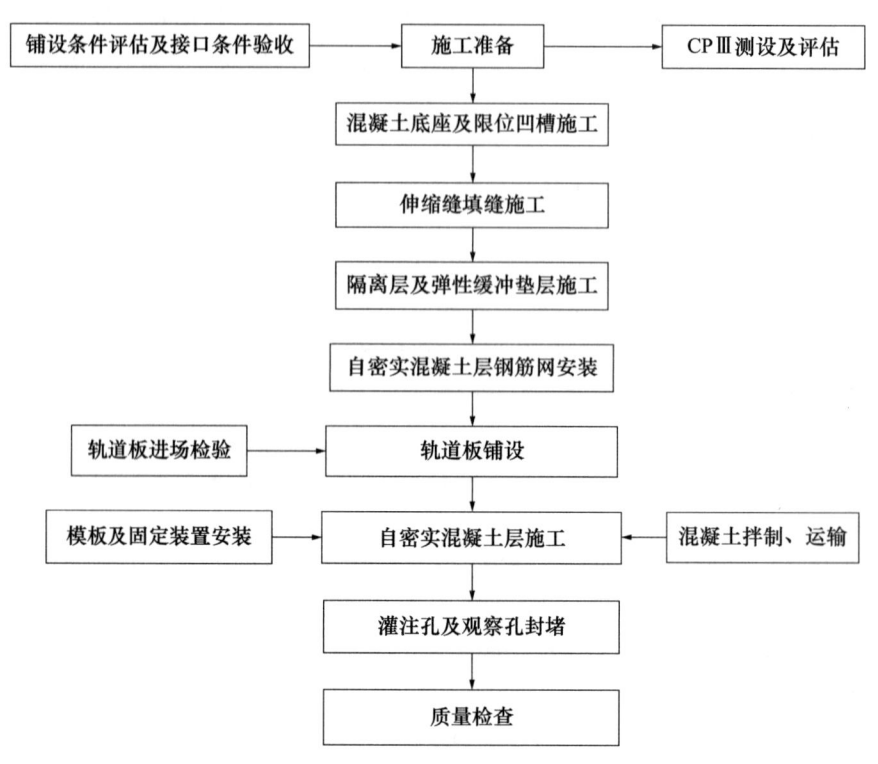

```
铺设条件评估及接口条件验收 → 施工准备 → CPⅢ测设及评估
                                ↓
                        混凝土底座及限位凹槽施工
                                ↓
                          伸缩缝填缝施工
                                ↓
                        隔离层及弹性缓冲垫层施工
                                ↓
                       自密实混凝土层钢筋网安装
                                ↓
              轨道板进场检验 → 轨道板铺设
                                ↓
          模板及固定装置安装 → 自密实混凝土层施工 ← 混凝土拌制、运输
                                ↓
                         灌注孔及观察孔封堵
                                ↓
                            质量检查
```

图 6.3-1　CRTS Ⅲ 型板式无砟道床施工工艺流程

（2）混凝土底座及限位凹槽施工

① 混凝土底座及限位凹槽施工工艺流程如图 6.3-2 所示。

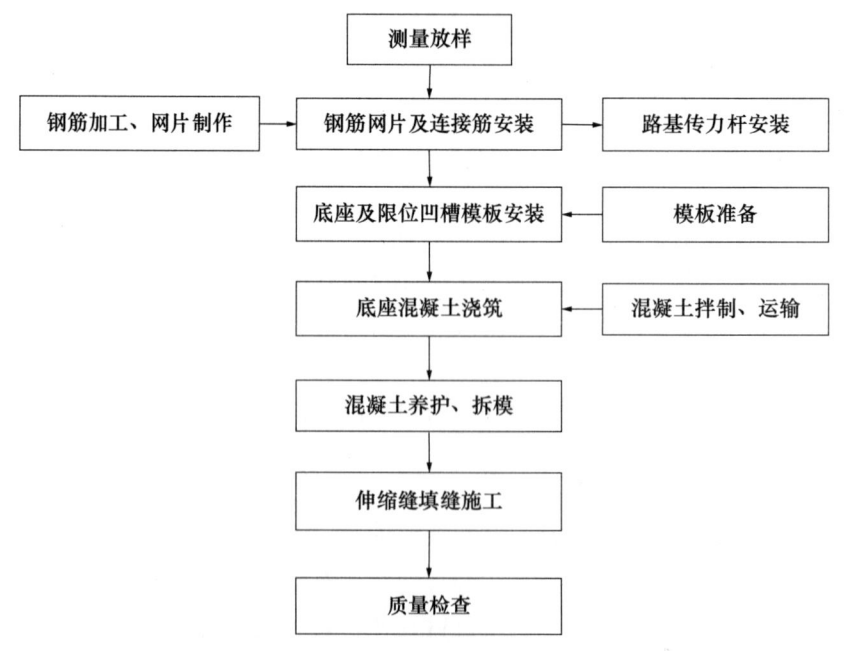

```
                          测量放样
                             ↓
     钢筋加工、网片制作 → 钢筋网片及连接筋安装 → 路基传力杆安装
                             ↓
              底座及限位凹槽模板安装 ← 模板准备
                             ↓
                   底座混凝土浇筑 ← 混凝土拌制、运输
                             ↓
                       混凝土养护、拆模
                             ↓
                        伸缩缝填缝施工
                             ↓
                          质量检查
```

图 6.3-2　混凝土底座及限位凹槽施工工艺流程

② 混凝土底座及限位凹槽施工前，应做好的准备工作有：

a. 底座施工前应清理基础面杂物，复测基础面中线、高程、平整度，确认其符合相关标准规定后，方可进行底座施工。

b. 梁面及隧底预埋件状态及拉毛质量应符合设计要求，当拉毛质量不符合要求时，应按设计要求进行现场凿毛处理。浮渣、碎片、油渍应清除干净，表面无杂物、积水。

c. 路基地段应检查过轨管线、横向排水设施等。路基表面应平整、无积水。

③ 测量放样应符合的规定有：

a. 测量放样前应按要求采用布板软件进行布板修正计算，对应确定左右线底座位置。底座端部与梁端伸缩缝的相对位置应符合设计要求。

b. 依据 CPⅢ控制网采用全站仪自由设站进行底座纵向边线、伸缩缝位置线、凹槽边缘线的放样。

c. 曲线地段除应考虑曲线超高的设计要求外，平面位置还需考虑相对轨道中心线的偏移。

④ 底座钢筋安装应符合的规定有：

a. 钢筋焊接网应按验收标准规定进行进场检验，包括外形尺寸、外观质量、重量及抗拉强度和抗剪强度，符合要求后方可用于施工。

b. 钢筋焊接网在运输和储存过程中应下垫上盖，防止锈蚀、污染和变形、开焊。运输时，应捆扎整齐、牢固，每捆重量不宜超过 2t，必要时应加刚性支撑或支架。钢筋焊接网应按施工要求堆放，并应有明显的标志。钢筋到场后应及时使用。

c. 当梁面预埋套筒时，应在梁体预埋套筒旋入连接钢筋，连接钢筋拧入预埋套筒的深度、拧紧扭矩应符合设计要求。当预埋套筒被堵塞、失效或预埋套筒位置与钢筋网片位置冲突时，需在预埋套筒周围植入连接钢筋，植筋的材料、数量、位置和深度应满足设计要求。

d. 钢筋焊接网应按设计位置安装，安装时应兼顾凹槽位置，将底座上下层钢筋网片、架立筋及预埋连接钢筋绑扎成整体，在钢筋焊接网及连接钢筋的每个交叉节点处，均应采用钢丝进行绑扎；上下两层钢筋网应绑扎定位，每 $2m^2$ 不少于一个绑扎点。若网片与连接钢筋相碰可适当调整钢筋网片的位置。

e. 钢筋焊接网之间应采用平搭法，搭接长度符合设计要求及《钢筋焊接网混凝土结构技术规程》JGJ 114—2014 的规定。

f. 曲线地段底座 U 形筋应按照编号分类分批存放，钢筋绑扎按不同超高编号，采用对应 U 形筋绑扎。

g. 钢筋焊接网安装时，下层网片应按不少于 4 个 $/m^2$ 设置保护层垫块，并均匀分布，设置牢固。保护层厚度应符合设计要求。

h. 底座凹槽四角应按设计要求设置抗裂钢筋，并绑扎牢固。

i. 钢筋安装允许偏差应符合《铁路混凝土工程施工质量验收标准》TB 10424—2018 的规定。安装完成的钢筋骨架不得踩踏。

⑤ 底座过轨管线、轨道板固定装置的锚栓孔等的安装应符合设计要求。

⑥ 路基地段底座伸缩缝传力杆安装应符合的规定有：

a. 传力杆的材质、质量应符合设计要求及相关标准的规定。传力杆直径允许偏差为

±0.4mm，长度允许偏差为±5mm。

b.路基地段底座伸缩缝传力杆安装应固定牢靠，其空间位置、数量、间距、方向等应符合设计要求。

c.传力杆总长、涂刷封层长度、不锈钢套帽安装相对位置、套筒内填充纱头或泡沫塑料的数量等应满足设计要求。

⑦底座及凹槽模板安装相关规定：

a.模板及支架应有足够的强度、刚度和稳定性，能承受底座混凝土侧压力及施工中产生的荷载，满足对底座高程的控制要求。

b.按设计位置与高程支立底座及凹槽模板。底座模板应垂直安装，模板及支架安装应稳固牢靠、接缝严密，不得漏浆。模板与混凝土的接触面应清理干净并涂刷隔离剂。

c.曲线地段模板高度应满足曲线超高的设计要求，混凝土底座中线位置应考虑向外的偏移量。凹槽模板应定位准确，安装牢固，防止施工中模板上浮。

⑧底座伸缩缝位置应符合设计要求，伸缩缝宜与底座中心线垂直、缝壁上下垂直、缝宽一致。

⑨底座混凝土施工应符合的相关规定有：

a.混凝土入模前应彻底清理模板范围内的杂物，并对基础面喷水湿润，但不得积水。

b.底座混凝土浇筑前应再次检查确认模板、钢筋、限位凹槽和伸缩缝的位置状态，满足设计要求后方可进行混凝土施工。

c.混凝土布料时宜先浇筑凹槽四角部位，防止凹槽四角混凝土开裂。混凝土浇筑应一次成型，中间不应留施工缝。混凝土入模后采用插入式捣固棒振捣，应注意避免漏捣、过振；凹槽四周应振捣密实。振捣后，用振动梁提浆整平或人工用长刮尺收浆搓平。

d.混凝土浇筑过程中应检查模板支撑的稳定性和接缝的密合情况。

e.底座混凝土浇筑后应及时抹面，并严格控制顶面高程、平整度和横向排水坡。在混凝土初凝后终凝前应进行二次抹面，二次抹面时间根据混凝土配制的终凝时间确定。

f.混凝土浇筑完成后，应及时清除限位凹槽内杂物积水，并在限位凹槽顶面进行覆盖。

g.混凝土收面完成后，应覆盖土工膜进行保湿养护。养护时间应根据不同气候条件按工艺试验要求进行。

（3）隔离层及弹性垫层施工

①隔离层及弹性垫层施工工艺流程如图6.3-3所示。

②底座混凝土达到设计强度75%以上，且底座外形尺寸等各项指标经检验符合要求后，方可施工隔离层和弹性垫层。

③隔离层和弹性垫层施工前应检查并清洁底座表面和凹槽底面。底座及凹槽表面应清洁干燥。

④隔离层宜由底座一端向另一端连续铺设，轨道板范围内不得有搭接或缝接，隔离层宜宽出轨道板边缘5cm。将隔离层平整地铺置于混凝土底座上，并采取临时固定措施，保持隔离层平整、无错位、无褶皱。隔离层平整度（起拱度）应按10mm/m进行控制。

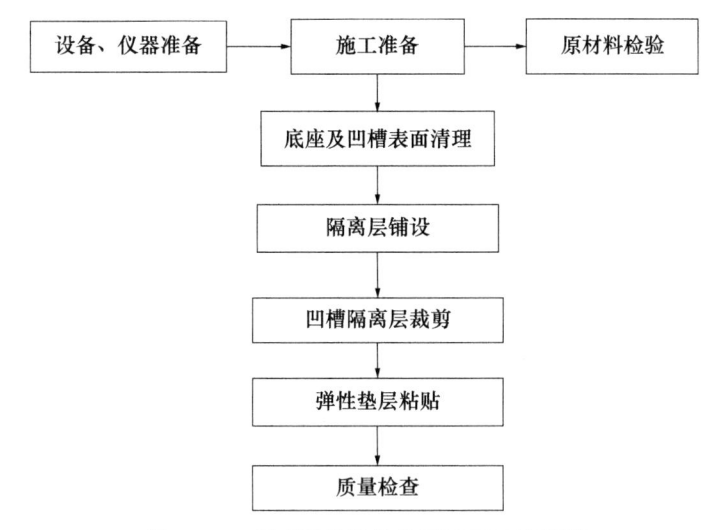

```
┌─────────────────┐      ┌─────────┐      ┌─────────┐
│ 设备、仪器准备  │─────▶│ 施工准备│─────▶│原材料检验│
└─────────────────┘      └────┬────┘      └─────────┘
                              ▼
                    ┌───────────────────┐
                    │ 底座及凹槽表面清理│
                    └─────────┬─────────┘
                              ▼
                    ┌───────────────────┐
                    │   隔离层铺设       │
                    └─────────┬─────────┘
                              ▼
                    ┌───────────────────┐
                    │  凹槽隔离层裁剪    │
                    └─────────┬─────────┘
                              ▼
                    ┌───────────────────┐
                    │   弹性垫层粘贴     │
                    └─────────┬─────────┘
                              ▼
                    ┌───────────────────┐
                    │     质量检查       │
                    └───────────────────┘
```

图 6.3-3 隔离层及弹性垫层施工工艺流程

⑤ 凹槽底面隔离层应根据凹槽位置在整块隔离层上准确裁剪，将裁剪下来的隔离层铺设于凹槽底面，并与侧面的弹性垫层牢固粘结。

⑥ 将弹性垫层粘贴于凹槽的侧面，弹性垫层应与凹槽周边混凝土及凹槽周边隔离层粘贴牢固，顶面与底座表面平齐，接缝处及周边无翘起、空鼓、褶皱、脱层或封口不严等缺陷。

⑦ 隔离层铺设进度应与轨道板铺设进度相协调，铺设后应采取适当措施避免雨淋及长时间日晒，应加强保护，防止损伤。隔离层铺设至自密实混凝土灌注时间不应超过15d。

（4）轨道板铺设

① 轨道板铺设工艺流程如图 6.3-4 所示。

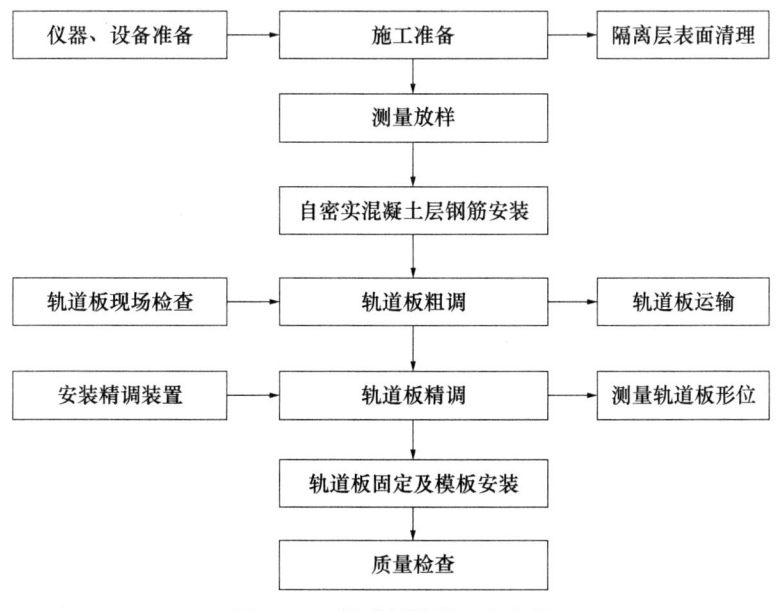

```
┌─────────────────┐      ┌─────────┐      ┌───────────────┐
│ 仪器、设备准备  │─────▶│ 施工准备│─────▶│ 隔离层表面清理│
└─────────────────┘      └────┬────┘      └───────────────┘
                              ▼
                    ┌───────────────────┐
                    │     测量放样       │
                    └─────────┬─────────┘
                              ▼
                    ┌───────────────────────┐
                    │ 自密实混凝土层钢筋安装│
                    └───────────┬───────────┘
                                ▼
┌─────────────────┐      ┌─────────────┐      ┌──────────┐
│ 轨道板现场检查  │─────▶│ 轨道板粗调  │─────▶│轨道板运输│
└─────────────────┘      └──────┬──────┘      └──────────┘
                                ▼
┌─────────────────┐      ┌─────────────┐      ┌───────────────┐
│  安装精调装置   │─────▶│ 轨道板精调  │─────▶│测量轨道板形位 │
└─────────────────┘      └──────┬──────┘      └───────────────┘
                                ▼
                    ┌───────────────────────┐
                    │ 轨道板固定及模板安装  │
                    └───────────┬───────────┘
                                ▼
                    ┌───────────────────┐
                    │     质量检查       │
                    └───────────────────┘
```

图 6.3-4 轨道板铺设工艺流程

② 轨道板铺设前应清理隔离层表面并精确放线。轨道板四角位置应根据布板软件计算的轨道板坐标进行放样,定出轨道板四条边线。轨道板与梁缝以及底座伸缩缝之间相互位置关系应满足设计要求。

③ 自密实混凝土层钢筋焊接网及凹槽钢筋应按设计位置安装,并绑扎成整体。

④ 轨道板粗铺应符合的规定有:

a. 轨道板粗铺前应复测底座高程。

b. 轨道板进入铺设现场前,应核对轨道板型号;轨道板外观应无裂纹、破损及缺棱掉角。

c. 轨道板粗铺前,在底座表面对应轨道板两侧靠近吊装孔位置放置支撑垫块,垫块应放在精调装置旁边。

d. 将纵向钢筋按设计要求绝缘绑扎在轨道板门形钢筋内。

e. 轨道板粗铺应按布板设计进行铺设。采用专用设备按放线位置将轨道板平缓地吊放在支撑块上,轨道板接地端子应位于线路外侧。

f. 粗铺过程中,不得损伤轨道板下部门形钢筋和绝缘涂层。

g. 轨道板粗铺时的平面定位允许偏差:纵向不应大于10mm,横向不应大于5mm。

h. 轨道板粗铺后,应及时遮盖灌注孔和观察孔,雨天应覆盖轨道板和底座,防止杂物和雨水进入板腔。

⑤ 轨道板精调应符合的规定有:

a. 轨道板精调前,在轨道板两侧利用起吊套管安装精调装置,每块板4个,将轨道板支撑起来后取出支撑块,并粗调轨道板。轨道板精调装置应具有横向、纵向及高低的精确调整功能。安装精调装置后,其各向调节螺杆宜处于最大调程1/2处。

b. 轨道板精调施工应以CPⅢ控制点为依据,全站仪自由设站应符合《高速铁路工程测量规范》TB 10601—2009的规定。

c. 轨道板精调应采用专用的轨道板精调测量系统,并定期对精调系统进行检校。

d. 精调前,应对测量标架进行检校。标准标架每15d检校一次,在轨道板场校验,误差应小于0.1mm。每天工作前应用检测合格的标准标架对其他测量标架进行校验,校验标架应在同一对承轨台上进行。

e. 轨道板精调前应输入轨道板精调相关参数和数据,并复核无误。

f. 轨道板精调测量采用全站仪自由设站,每站使用的CPⅢ控制点不应少于4对,每站精调工作范围宜在30m以内,全站仪宜设在线路中线附近,位于所观测的CPⅢ控制点的中间,仪器架设高度不宜大于100cm,更换测站时,相邻测站重叠观测的CPⅢ控制点不应少于2对。

g. 轨道板精调顺序宜为先平面后高程,同一横向位置的2个精调器应同步进行调整。

h. 长大连续梁、钢梁等特殊构筑物上的轨道板精调应制定专项精调方案。

⑥ 轨道板精调定位后应及时安装扣压装置,确保自密实混凝土灌注时轨道板不发生上浮或纵、横向移位;并尽早灌注自密实混凝土。

⑦ 模板及扣压装置安装应符合的规定有:

a. 模板及支架应有足够的强度、刚度和稳定性,能承受自密实混凝土侧压力及施工中产生的荷载。

b.模板应与轨道板四周形状和底座排水坡相适应,模板高度宜高于轨道板板底50mm。

c.模板安装前应清除隔离层表面及凹槽内杂物和积水。

d.应按设计位置与高程支立模板。模板安装应垂直底座、左右对称进行,防止造成轨道板偏移。模板内侧宜附一层模板布。

e.模板安装时,应在轨道板四角和中部设置排气孔,排气孔的位置及数量应通过工艺性试验确定。

f.轨道板灌注孔处应设置灌注自密实混凝土用硬质下料管,观察孔处应设置硬质防溢管。直线地段下料管露出轨道板上表面高度不宜小于70cm,防溢管露出轨道板上表面高度不宜小于30cm;曲线地段下料管露出轨道板上表面高度不宜小于100cm,防溢管露出轨道板上表面高度不宜低于超高一侧轨道板上表面最高处高度。

g.自密实混凝土灌注前,应安装轨道板扣压装置,曲线超高地段还应设置防止轨道板侧移固定装置,防止灌注自密实混凝土时轨道板出现上浮或侧移。

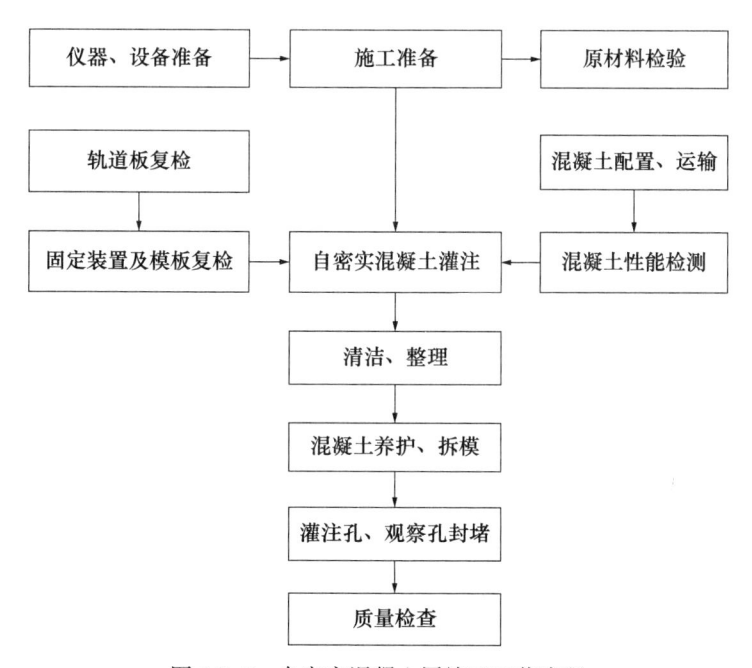

(5)自密实混凝土层施工

① 自密实混凝土层施工工艺流程如图6.3-5所示。

图6.3-5 自密实混凝土层施工工艺流程

② 自密实混凝土原材料的现场验收和储存应符合的规定有:

a.自密实混凝土施工过程中,应加强原材料的匀质性控制。原材料的料源应固定,不同批次原材料的品质应基本一致。

b.自密实混凝土原材料应实行专仓专储,储料仓应具备防雨、防水、防晒以及防污染的功能。

③ 自密实混凝土拌制应符合的规定有:

a. 自密实混凝土应采用具有电子计量的集中拌制方式。

b. 拌制自密实混凝土前，应严格测定粗、细骨料含水率，并根据含水率变化情况及时调整自密实混凝土的施工配合比。一般情况，每班抽测 2 次骨料含水率，雨天应随时抽测。

c. 拌制自密实混凝土时，应按施工配合比准确称量。原材料称量的最大允许偏差（按重量计）：胶凝材料（水泥、矿物掺合料等）±1%；外加剂 ±1%；骨料 ±2%；拌和用水 ±1%。

d. 搅拌时，宜先向搅拌机投入细骨料、粗骨料、水泥、矿物掺合料等，搅拌均匀后，再加入拌和水和外加剂，并搅拌至均匀为止，搅拌时间不得少于 3min。

e. 自密实混凝土正式生产前，应对自密实混凝土的拌和物性能进行开盘鉴定。应根据环境条件、混凝土运输距离及灌注设备等情况，合理确定混凝土拌和物的出机坍落扩展度、含气量、扩展时间 T_{500}、泌水率和温度等性能指标。拌和物性能满足要求后方可进行自密实混凝土灌注施工。

④ 自密实混凝土运输应符合的规定有：

a. 自密实混凝土应选用具有自转功能的混凝土专用运输车。应根据施工进度、运量、运距及路况，选配自密实混凝土运输用车型和数量。为保证自密实混凝土性能，宜选用小容量混凝土罐车，每罐容量以 3 块板自密实混凝土用量为宜。

b. 自密实混凝土运输过程中，应对运输车采取保温隔热措施，防止局部自密实混凝土温度过高或受冻。

c. 自密实混凝土运输过程中，应确保自密实混凝土拌和物匀质性，运到灌注地点时不发生分层、离析和泌浆等现象。运到现场后，应使运输车高速旋转 20~30s 方可卸料。

d. 用于自密实混凝土灌注的料斗应装有搅拌装置，搅拌装置的电机功率、搅拌叶片数量及安装位置等参数应根据试验确定。

⑤ 自密实混凝土灌注应符合的规定有：

a. 灌注自密实混凝土的方式宜为单孔溜槽卸料灌注法，溜槽长度不宜小于 1.5m。

b. 自密实混凝土灌注前，应对轨道板的安装质量、模板的密封情况、排浆孔的设置情况和轨道板扣压装置及防侧移固定装置进行复检，确认符合要求后，方可进行灌注施工。

c. 自密实混凝土灌注前，应检查板腔内是否积水。当土工布和凹槽中存在积水时，不得灌注自密实混凝土。雨天不应露天进行自密实混凝土灌注施工。

d. 自密实混凝土灌注前，应检测拌和物的温度、坍落扩展度、扩展时间 T_{500} 含气量和泌水率等性能指标，符合要求后方可灌注。自密实混凝土的入模温度宜控制在 5~30℃。

e. 自密实混凝土宜采用自动化程度高、施工便捷的灌注设备进行灌注，灌注设备应通过现场工艺性灌注、揭板试验验证。

f. 自密实混凝土从搅拌开始到灌注结束的持续时间不宜超过 2h。

g. 自密实混凝土灌注时，模板、钢筋及附近局部温度不应超过 40℃，模腔平均温度不得低于 5℃。

h.在相对湿度较小、风速较大的环境下灌注自密实混凝土时,应采取挡风、防风措施,防止自密实混凝土失水过快。

i.自密实混凝土灌注过程中不得踩踏轨道板。

j.每块轨道板的自密实混凝土应一次灌注完成,当所有排气孔排出的混凝土与自密实混凝土本体一致时方可停止灌注。自密实混凝土灌注结束后,3h内不宜移除轨道板上灌注孔处和观察孔处的硬质保压防溢管。

k.自密实混凝土初凝后终凝前,在灌注孔、观察孔内插入S形钢筋后封堵混凝土。

⑥ 自密实混凝土层拆模及养护应符合下列规定:

a.自密实混凝土终凝后方可拆除轨道板扣压装置和防侧移固定装置;当强度达到10MPa以上,方可拆除模板;当强度达到100%的设计强度后,轨道板方可承受全部设计荷载。

b.拆模宜按立模顺序逆向进行,不得损伤轨道板四周自密实混凝土。当模板与自密实混凝土脱离后,方可拆卸、吊运模板。

c.拆模后,自密实混凝土宜采取喷涂养护剂、贴养护膜,或覆盖土工布进行保湿养护,保湿养护时间不少于14d。在冬期和夏期拆模时,应对自密实混凝土采取适当的保温(冬期)隔热(夏期)措施。

d.用于自密实混凝土的养护水温度与自密实混凝土表面温度之差不得大于15℃。

⑦ 灌注完成的自密实混凝土层外露面不应有露筋、裂纹、空洞、蜂窝、麻面等缺陷。侧面应密实、平整,凸出或凹进轨道板边缘的自密实混凝土厚度不应大于10mm。

⑧ 自密实混凝土模板拆除后,应对隔离层土工布进行切除,使其四边与自密实混凝土侧面平齐,且不得损伤底座混凝土表面。

⑨ 自密实混凝土灌注完成后,应对灌注孔高出轨道板面的自密实混凝土进行平顺处理,与轨道板面连接密实、圆顺,处理后的自密实混凝土宜呈圆弧形状,直径比轨道板灌浆孔直径大10~20mm,高度高出轨道板面10~30mm,不得出现裂纹现象,防止雨水渗入灌注孔内。

2.双块式无砟轨道道床施工

1)双块式轨枕预制

(1)轨枕预制场场址的选择

① 尽量选在所供标段的中部,根据铺架速度、工期、运距、轨枕运输方式和当地的地质状况等进行选址。

② 所选场址附近水、电供应方便,交通便利;有高压输电干线,防止频繁停电对制枕的影响。

③ 地质状况好,尽量减少轨枕场主要结构物的地基处理费用,制枕场的位置应尽量选在地质条件好的地方,减少土石方工程和基础加固工程量,降低工程费用。

④ 征地拆迁少,复耕量少。在满足轨枕场工期和存枕的前提下,轨枕场应选在占用耕地少、拆迁量少的地方。

⑤ 考虑防洪排涝,确保雨季施工安全。

(2)双块式轨枕预制工艺

① 预埋件的安放:先清理模型,安装模型,完成后人工安装预埋件。

②钢筋加工与安装：所有轨枕钢筋先在钢筋制作车间加工成型，谐振区的桁架钢筋成型后在绝缘池里进行局部环氧树脂浸涂，桁架钢筋采用多点点焊机焊接成型。

③链轨传输并转向：止漏钢片安装完成后利用链轨传输并转向进入混凝土浇筑区。

④混凝土浇筑：严格控制混凝土配比，采用集中拌和站供应混凝土，使用吊罐料斗浇筑双块式轨枕混凝土。混凝土的振捣以浇筑平台带有的底振式振动器振捣。

⑤混凝土养护：预制轨枕浇筑完毕后，进行蒸汽供热养护，拆模后安装扣件，移出厂房，在存放区采用自然养护。

⑥翻模、拆模：当混凝土达到设计强度的80%后，进行翻模；完成后，拆除连接器和模板，安装扣件，移出厂房并存放。

⑦存放：由轨道车移到存枕区后，采用"叠放式"的存枕方法存放。

2）CRTS双块式无砟道床施工

（1）双块式无砟道床施工方法

①CRTS双块式无砟道床宜采用"轨排支撑架法"，也可采用"轨排框架法"施工。

②"轨排支撑架法"双块式无砟道床施工应配备的设备有：混凝土搅拌站、混凝土运输车、混凝土泵车、混凝土输送泵、滑模摊铺机、钢筋加工设备、线路料运输车、散枕装置、螺杆调整器、工具轨、汽车起重机、龙门起重机或其他吊装设备、检测测量仪器等主要机械设备。

③"轨排框架法"双块式无砟道床施工应配备的设备有：混凝土搅拌站、混凝土运输车、混凝土泵车或混凝土输送泵、滑模摊铺机、钢筋加工设备、轨道材料运输车、轨排框架、专用吊装设备及吊具、汽车起重机、龙门起重机或其他吊装设备、检测测量仪器等主要机械设备。

④短路基上底座施工应参照桥上混凝土底座施工。

（2）支承层摊铺方法及施工流程

①支承层施工宜采用滑模摊铺机进行，对于长度较短、外形不规则、有大量预埋件或在支承层上设置超高的地段，也可采用模筑法施工。采用滑模摊铺法施工时，支承层材料应采用水硬性混合料；采用模筑法施工时，支承层材料应采用低塑性混凝土。

②滑模摊铺法施工工艺流程如图6.3-6所示。

③模筑法施工工艺流程如图6.3-7所示。

（3）桥梁上保护层、底座混凝土浇筑方法及施工流程

①桥梁上保护层、底座混凝土铺筑采取模筑法方案，钢筋采用常规法施工，混凝土铺筑采取平板式振动，人工抹面成型。

保护层、底座混凝土在桥梁徐变基本完成后进行，一般架梁后该区段没有运梁车通过时即可施工。

②桥上混凝土底座板施工工艺流程如图6.3-8所示。

（4）轨道组装、调整及固定（以轨排支撑架法为例）

①测量放样

a.轨道中线控制点应依据CPⅢ控制点进行测放，直线地段每隔10m、曲线地段每

隔 5m 测设并标记一个轨道中线控制点。

b.轨枕控制边线和道床板的纵、横向模板边线位置应以轨道中线控制点为基准进行放样。

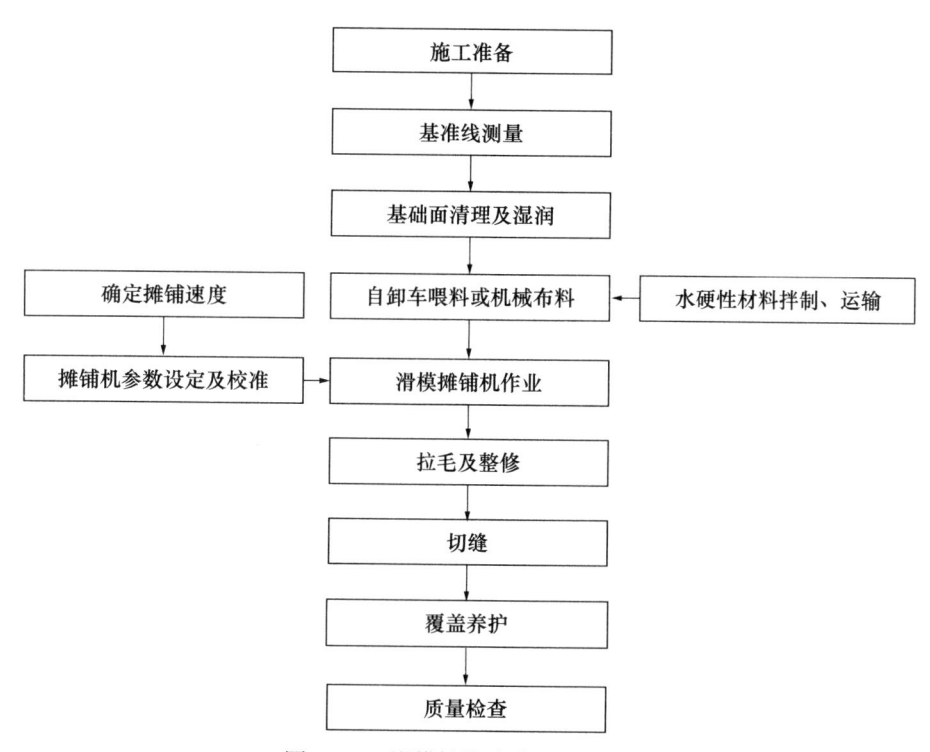

图 6.3-6 滑模摊铺法施工工艺流程

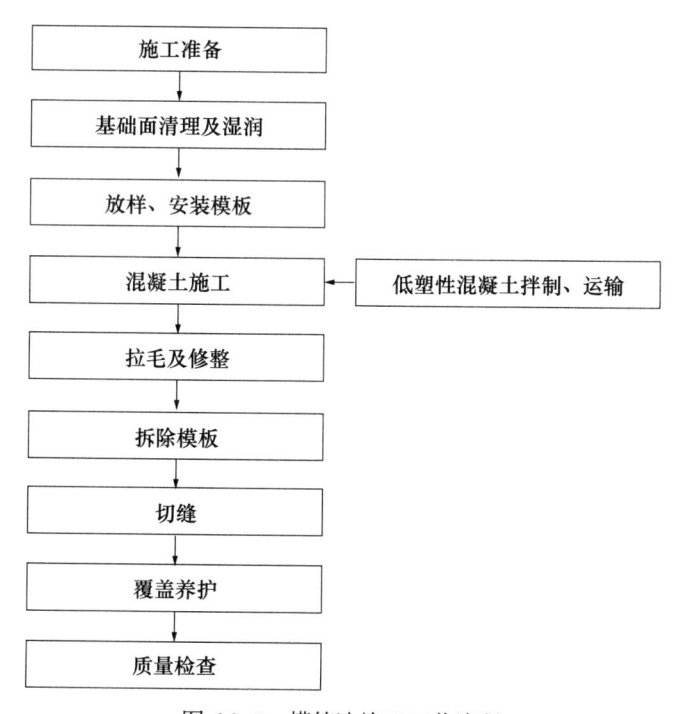

图 6.3-7 模筑法施工工艺流程

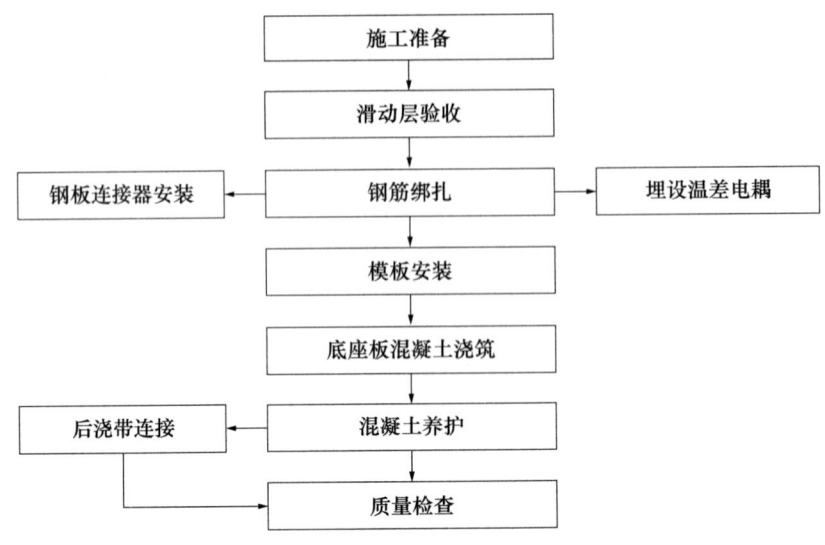

图 6.3-8 桥上混凝土底座板施工工艺流程

② 道床板底层钢筋绑扎

道床板底层钢筋位置、数量及间距应符合设计要求，钢筋交叉点应按设计要求进行绝缘绑扎。钢筋绑扎完成后，应在底层钢筋下设置混凝土保护层垫块，垫块数量不应少于 4 个 /m^2，并应均匀分布、设置牢固。钢筋搭接长度、搭接接头位置相错量、搭接率应满足设计要求，搭接处按设计要求进行绝缘固定。

③ 散枕

散枕宜根据现场情况采用龙门起重机或轮胎式挖掘机与散枕器配合施工。作业前应进行设备组装调试、整备。检查设备状况，并调整好散枕间距。散枕前应检查轨枕，轨枕桁架应无扭曲变形，承轨槽内干净无杂物。龙门起重机（挖掘机）与散枕器组合后，走行到轨枕垛处作业工位。散枕装置从轨枕垛一次抓取一组轨枕，移动至线路中心线上，调整到设计轨枕间距，将轨枕均匀散布到设计位置。轨枕应按照布枕边线，垂直于线路散布。每工具轨长度单元复核一次轨纵向位置，控制散布轨枕的累计纵向误差。

④ 轨排组装

工具轨应按长度配对使用，保证轨缝在同一断面位置。工具轨长度宜与轨枕设计间距呈整倍数关系，并采用夹板实现纵联，工具轨表面混凝土残渣应清理干净。铺设工具轨前，应再次检查确认轨枕承轨台上无异物。按工具轨轨腰上标注的轨枕位置标记吊装工具轨、方枕、安装扣件，组装成轨排。工具轨安装时应检查确保轨枕胶垫居中，扣件紧固时应保证扣压力达到设计要求，扣件各部位密贴。轨排组装后应对轨距、轨枕间距、锚固螺栓扭矩、扣件弹条与轨底之间的间隙进行检查，轨距、轨枕间距允许偏差应符合规范要求。

⑤ 螺杆调节器托盘安装

直线地段每隔 3 根轨枕、曲线地段每隔 2 根轨枕安装一对螺杆调节器托盘，同时应在轨排端头第一根轨枕后安装一对螺杆调节器托盘。螺杆调节器托盘安装前应清理干净并确保托盘伸缩灵活、居中。托盘安装时应检查插销与插孔对应位置是否正确，确保托盘与轨底密贴，各部螺栓紧固到位。

⑥ 轨排粗调

宜采用粗调机组进行，精调应采用轨道几何状态测量仪配合螺杆调节器进行。

采用轨排粗调机组进行轨排粗调应符合以下规定：

a. 轨排组装完成后，粗调机组沿轨排自行驶入，均匀分布在轨排上。

b. 粗调机组走行到位后，放下两侧辅助支撑边轮，支撑在底部结构物顶面上。放下夹轨器，夹紧钢轨。

c. 粗调机组接收调整指令，自动实现轨排提升、横移、偏转、侧倾四个自由度的调整，直到轨排方向、高低、水平满足标准要求。

轨排粗调到位后，及时安装螺杆调节器竖向支撑螺杆，确保各螺杆受力均匀无松动。调节器竖向支撑螺杆应事先安装保护套，便于混凝土浇筑后拆卸。

轨排粗调完成后，相邻轨排应用钢轨连接夹具进行连接，轨缝宜控制在10~30mm。钢轨接头处应平顺，不得有错牙及错台。

⑦ 铺设上层钢筋、绑扎道床板钢筋网

钢筋的规格、数量、位置应正确，钢筋的搭接长度、保护层厚度应满足设计要求。纵、横向钢筋及轨枕桁架交叉点均应绝缘绑扎牢固。

道床板钢筋接地焊接及绝缘性能检查应符合以下规定：

a. 接地钢筋采用单面搭接焊，焊缝长度、宽度及高度应符合设计要求。

b. 接地端子的焊接应在轨道精调完成后进行，端子表面应加保护膜，焊接时应保证其与模板密贴。

c. 绝缘钢筋的绝缘电阻实测值应大于2MΩ。

⑧ 模板安装

模板安装前应清理干净道床内杂物。检查模板状态是否良好。模板安装应顺直且与下部结构物垂直，无错台、错牙现象，并加固牢靠。模板底部应采用弹性胶垫或干硬性砂浆封堵，防止混凝土浇筑时漏浆。

⑨ 轨排精调

a. 采用轨道几何状态测量仪配合全站仪和螺杆调节器进行轨排方向、高低、水平精调。

b. 所用轨道几何状态测量仪、全站仪、棱镜等均应满足精度要求，并定期校核准确。

c. 测量前应复核所用线形设计资料、CPⅢ成果资料。

d. 使用至少4对CPⅢ控制点自由设站，设站间距不得大于70m，两次设站至少重叠观测2对CPⅢ点，设站精度应符合相关规定。

e. 调整螺杆调节器，进行轨排轨向、高低和水平的调整。

f. 每次精调时应与上次或前一站重叠至少8根轨枕，同一点位的横向和高程的相对偏差不应超过2mm。精调过程中，应先调整偏差较大处，相邻几对螺杆调节器同时调整，调整时步调应协调一致。曲线地段调整时竖直和水平方向同时调整。

g. 轨排精调到位后，应对轨排采取相应的措施进行加固，防止混凝土浇筑时轨排出现横向移位及上浮，并采集数据作为最终的精调数据。

h. 轨排精调好后，应及时浇筑混凝土。如间隔时间过长，或环境温度变化超过15℃，或受到外部条件影响应重新检查或调整轨排。

（5）道床板混凝土施工

① 道床板混凝土施工流程

道床板混凝土施工工艺流程如图 6.3-9 所示。

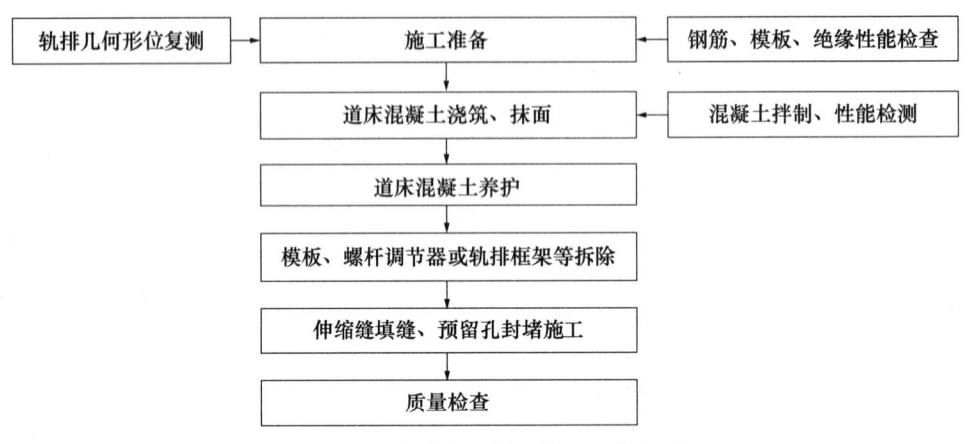

图 6.3-9　道床板混凝土施工工艺流程

② 轨道板混凝土施工技术要求

a. 支撑柱及模板安装

根据设计图纸先测量放出支撑柱位置，支撑柱位置由测量人员在轨道板两侧每隔一定距离进行标注，并在下部结构上为支撑柱和钢模板安装钻孔。每隔一定距离，在将要浇筑混凝土的底座板两侧设置支撑柱并固定好。

机械施工使用的模板为配套的定型轨道模板。隔离层土工布与侧模板的接缝处用胶带密封，防止漏浆。轨道模板侧模插板可直接放在底座板上，用胶带密封接缝，用扎丝或绑扎带将插板固定在侧模板上。

b. 铺设钢筋

先测量放出线路的中心线，根据设计图纸定出纵向钢筋在横向上的铺设位置，将纵向钢筋全部按定出的位置摆放好，纵向钢筋的搭接除接地钢筋外长度不少于 600mm。

在底层钢筋完成后，安放垫块于钢筋网下面，以满足钢筋保护层厚度要求。

c. 道床板的接地与绝缘检测

道床板结构内有 3 根纵向钢筋作为接地钢筋。纵向上每隔大约 100m 的长度设置为一个绝缘绑扎节点，纵向钢筋之间相互绝缘，搭接长度不小于 600mm。

利用摇表对纵、横向钢筋的绝缘情况及接地钢筋之间的导电性能进行检查，每两根相交的钢筋都必须进行绝缘检测，即每根横向钢筋和所有纵向钢筋之间、上下层钢筋之间，以及上下层钢筋与轨枕结构钢筋之间都必须用摇表进行测量，测量结果应不小于 2MΩ。

d. 支脚精调

双块式无砟轨道主要使用带自动锁定功能全站仪配合相应的精调软件进行支脚精确调整。

为了将支撑柱设置到设计位置上，将全站仪安装在位于固定端一侧的还未调整的支撑柱上，使用自由测站。自由测站的精确度必须在 1～2mm 范围内。

支撑柱的设置需要球形棱镜，棱镜放置在支撑柱上并调整好，通过全站仪的追踪系统，可获得球形棱镜的三维坐标，并一直显示基于轨道设计尺寸的里程偏差、侧向位置偏差和高度的偏差。全站仪与将要设置的支撑柱之间的标准距离为9.8~86m（约为一个CPⅢ区域长度加上重合区域长度）。

支撑柱将交替安置于固定端和活动端。相对于前一个支座点的剩余偏差必须小于0.5mm（横向和高度）。在活动端一侧需要精确地设置高度，两相邻点的允许偏差为0.5mm。测量剩余误差需要将实际值与设计值的差别在所有测站的剩余支撑柱上呈线性均匀分配。

③ 混凝土施工

在运输通道条件允许的情况下，混凝土搅拌车直接将混凝土运送至施工点，接滑槽将混凝土导入模板内；运输通道不具备条件的，采用混凝土巡回车或混凝土泵车，将混凝土输送至施工点模板内。

通过刮板将混凝土表面精确地、按规定地进行刮光，刮平以后安装轨枕。安装机械将一根横梁和一个轨枕框架运送到即将施工的段落内。先将横梁放置在一对支撑柱上，然后将安装好5根轨枕的框架压入混凝土中。

完成轨枕框架压入混凝土以后，立刻使用0.2mm的金属塞尺检查轨枕框架和横梁之间的接触面。必须保证所有的接触点都相互接触到，并且之间没有任何空隙。

④ 后期处理

混凝土灌注完毕后，一是将轨枕框架从已浇筑好混凝土的轨枕上拆下，二是拆掉支撑柱，三是拆掉钢模板轨道。支撑柱和钢模板轨道都是通过相应的辅助机械，从施工段末尾向头部运送，这样就形成了一个循环。当混凝土已经达到一定强度后，就可以将轨枕上的框架拆掉。

⑤ 混凝土的养护

用薄膜覆盖喷湿养护或洒水养护。在道床混凝土未达到设计强度的70%之前，严禁各种车辆在道床上通行。雨季施工时准备防雨棚罩，一旦需要，能立即对新浇筑混凝土加以保护。

6.3.2 无砟轨道铺设

1. 施工组织及要求

1）施工组织

（1）施工前应调查当地气温资料，收集不同天气轨温实测资料，掌握轨温变化规律，合理安排施工组织。

（2）无缝线路铺设施工应配备机车、长钢轨运输车、长钢轨铺设机组、移动式闪光焊接作业车、拉轨器、锯轨机、钢轨打磨机、正火机、调直机、探伤仪等主要装备。

2）施工要求

（1）无缝线路施工前，应掌握以下技术资料：轨道类型、线路平纵断面、长钢轨布置、单元轨节起讫点里程、缓冲区位置及设置标准、设计锁定轨温范围、纵向位移观测桩设置位置及标准、绝缘接头位置、桥梁墩台位置、隧道及无砟道床起讫点里程、不同路基过渡段起讫点里程、道岔区配轨设计、使用线上材料的规格及安装标准、钢轨焊接要求、钢轨伸缩调节器设置位置等。

（2）无缝线路施工设备的性能应满足施工工艺和进度要求。

（3）应力放散及锁定施工前应对有砟道床状态参数指标进行测定，满足有砟道床初期稳定状态参数指标要求。

（4）铺轨作业区与单元轨节锁定作业区之间的距离不宜太长。

（5）单元轨节锁定焊接左右股钢轨接头相错量不应大于100mm。

（6）工地焊接接头不应设置在不同轨道结构过渡段以及不同线下基础过渡段范围内，与桥台边墙和桥墩距离不应小于2m。

（7）焊接设备操作人员应经过专业培训，熟悉钢轨焊头质量标准，并应持有国家铁路主管部门认可的技术机构颁发的"钢轨焊接工操作许可证"。焊接设备操作人员应严格执行焊接设备的操作规程，并按型式检验确定的作业参数操作。

（8）探伤人员应持有铁道部门无损检测人员技术资格鉴定考核委员会颁发的Ⅱ级或以上级别的技术资格证书，并经过钢轨焊缝探伤技术培训方能独立上岗作业。

（9）批量焊接生产过程中，应按《钢轨焊接 第2部分：闪光焊接》TB/T 1632.2—2014相关规定进行生产检验，检验合格后方可继续生产。

（10）每个钢轨焊头均应进行超声波探伤和外观检查，并标记编号，填写焊接记录报告。

（11）工地钢轨焊接应采用移动式闪光焊接。道岔内及两端钢轨接头宜采用铝热焊。

（12）施工环境温度低于0℃不宜进行工地焊接。刮风、下雨天气焊接时，应采取防风、防雨措施。

（13）施工环境温度低于10℃时，焊前应用火焰预热轨端0.5m长度范围，预热温度应均匀，钢轨表面预热升温为35~50℃，焊后应采取保温措施。

（14）焊后推凸，焊渣不应划伤或挤入母材。接头各部位允许的最大推凸余量：轨头2mm，轨头下颚2.5mm，轨腰2mm，轨底1.5mm。

（15）工地钢轨焊接应符合长钢轨布置图，正线加焊轨长度不得小于20m。

2. 无砟轨道长钢轨铺设

1）无砟轨道长钢轨铺设方法

主要有拖拉法、推送法两种方法。

2）长钢轨铺设应配备的主要设备

（1）拖拉法主要铺轨设备：机车、长轨运输车、分轨推送车、顺坡小车、引导车及其他辅助部件等。

（2）纵向推送法主要铺轨设备：机车、长钢轨运输车、长钢轨推送车（含过渡车）、顺坡架等。

3）铺设长钢轨应具备的条件

（1）无砟轨道铺轨应在无砟道床施工完毕，经验收合格并达到规定强度后方可施工。

（2）铺轨前，应按"配轨表"配轨，并依次编写铺轨编号。配轨时应考虑工地焊接头与桥墩台、过渡段等位置关系。

（3）道床及承轨槽表面应清洁、无杂物。

（4）扣配件预组装到位，螺栓应涂长效防腐油脂。

4）长钢轨装车及运输

（1）铺轨应按"配轨表"铺轨编号依次铺设长钢轨。

（2）按"铺轨计划表"组织长钢轨运输车在存轨场装车线装车，每层钢轨经核对无误后，进行加固锁定，防止运输途中钢轨串动，危及行车安全。经列检作业后，采用机车将长轨车推送到位。

（3）按照装车表，将已选配并标识好的长轨按顺序装车，装车时由内向外，卸车时由外向内。

（4）长轨列车在施工地段运行限速5km/h，在接近已铺长钢轨轨头10m处应一度停车，缓慢对位。对位时，应在钢轨上划出停车标记，并派专人安放铁鞋和止轮器。

（5）长钢轨铺设前，应提前将支撑滚筒按每5～10m均匀放置在承轨槽之间的道床上，曲线地段应适当加密，并应有钢轨防翻措施。

5）"拖拉法"铺设长钢轨要求

（1）钢轨运输车组推送到位，顺坡小车前轮中心线距已铺钢轨末端约350mm，并停好就位、打铁靴。

（2）从两外侧向内松开要拖拉的一对钢轨锁定装置。先将升降滚轮架调整到合适高度。将分轨导框对准要拖拉的一对钢轨，长钢轨端头安装夹轨器，挂钢丝绳，用拖拉卷扬机从长钢轨运输车上拖拉钢轨，将钢轨拖至钢轨推送装置并夹紧钢轨，卸掉夹轨器。

（3）用推送装置将钢轨推送至引导车钢轨夹钳处，将钢轨头与引导车钢轨夹钳锁固好。

（4）引导车拖拉钢轨前行，必要时与推送装置联合推拉钢轨。

（5）钢轨末端拖出钢轨推送装置时，引导车速度降速至1～1.5km/h，钢轨末端滑下顺坡小车前端滑槽后立即停车。

（6）用拉轨器把钢轨拖拉到位，与已铺好的轨道连接，安装钢轨连接器。

6）"纵向推送法"铺设长钢轨要求

（1）距卸轨起点约9m、16m及22m处依次组装"A"形龙门顺坡架。通过三台龙门顺坡架将长钢轨由平车高度卸至承轨槽滚筒上。

（2）推送长钢轨时应设专人引导。轨头送入推送机构时，应位置准确、拖拉平稳。

（3）长钢轨终端距长轨推送机构0.3m时停止推送，松开长轨推送机构夹持油缸，完成推送阶段。

（4）长轨列车带放送车退后6m，长轨终端下落位置采用短枕木进行防护，人工配合机具推拉使长轨终端与已铺长轨端对齐就位。

7）铺设长钢轨落槽就位及铺设轨温要求

（1）长钢轨落槽就位后，直线上间隔不宜大于8根、曲线上间隔不宜大于5根枕安装一组扣件，钢轨接头前后3根枕扣件应安装齐全，并保证扣件压力符合标准规定。

（2）铺轨时，长钢轨始端、终端落槽时的轨温平均值为长钢轨铺设轨温，铺轨时应记录铺设轨温。

（3）铺轨后应检查施工质量，做好施工记录，及时向铺轨基地反馈到达里程、接头相错量等信息。

6.3.3 无砟道岔及钢轨伸缩调节器铺设

1. 无砟道岔铺设

无砟道岔按道床形式可分为：轨枕埋入式无砟道岔和板式无砟道岔。以下以轨枕埋入式无砟道岔为例介绍相关无砟道岔施工技术。

1）轨枕埋入式无砟道岔铺设方法

（1）铺设方法：原位组装铺设法和预组装、移位铺设法。

（2）道岔原位组装铺设要求：

① 原位组装法铺设道岔，应在设计道岔位置安装道岔原位组装平台，组装平台应安装有道岔限位调整机构，具备组装和调试道岔的能力。

② 道岔原位组装平台安装前，先根据道岔线路中心线在底座混凝土表面弹墨线，放样定出组装平台纵梁位置，然后安装纵梁。

③ 纵梁顶面标高值应按设计线路标高值返算确定，纵梁顶面标高调整到位后进行固定。在纵梁上按岔枕间隔做标记。

④ 道岔前后的工具轨应采用与正线轨型相同的钢轨，且无变形、损伤、毛刺、磨耗等。

⑤ 道岔组装工序为：铺设混凝土岔枕→安装道岔垫板→吊装道岔钢轨、连接钢轨→安装扣件、紧固道岔→起平、调整。

⑥ 利用组装平台调整机构进行整组道岔的总体方向、水平调整，检查轨距、支距、钢轨端头方正等主要几何尺寸指标，调整密贴、直线度，消除超限偏差。

（3）道岔预组装、移位铺设要求：

① 道岔应在道岔组装场按道岔铺设图进行预组装。

② 组装场的平面尺寸应满足道岔组装要求，明确划分岔料堆码区和道岔组装区，地面硬化找平并搭设防雨棚。

③ 组装场应配备起重和道岔专用吊具等设备，起吊能力应满足分段吊装道岔轨排的要求。

④ 组装区设组装调试平台，调试平台应安装道岔限位调整机构，具备组装和调试道岔的能力。

⑤ 道岔预组装完毕，质量检测合格后，按道岔铺设图分解为道岔轨排运至铺设现场。

⑥ 道岔轨排采用道岔轨排移动平车纵移、就位时，道岔轨排移动平车安装前，应在混凝土底座表面测放线路中线，用墨线标出道岔对位线、侧向支撑支座等预埋位置；安装道床板底层纵横向钢筋，同预埋钢筋绑扎固定，当设计有绝缘要求时应按设计采取绝缘措施；底层钢筋网绑扎完毕后，安装道岔轨排移动平车。

2）轨枕埋入式无砟道岔铺设施工技术

（1）施工准备

道岔铺设前应依据CPⅢ控制点在道岔始端、道岔中心、道岔终端直股和侧股的两侧位置及道岔直股前后100m范围内，测设道岔控制基标及加密基标。

（2）施工要点

① 混凝土底座

根据 CPⅢ（轨道控制网）与设计图纸确定道岔位置，用墨线弹出混凝土底座模板位置线，采用常规钢筋混凝土施工方法进行底座混凝土施工，当混凝土强度超过设计强度的 75% 时，根据设计图纸进行道床板底筋的铺设，安放模板，设置伸缩缝位置，并在伸缩缝处按照设计高程和地面横坡要求固定好厚 20mm 沥青板。道床板范围内底座顶面混凝土应进行拉毛处理。

② 道岔轨排组装

根据道岔开向与位置采用工字钢或方木构建道岔组装简易平台。在岔枕吊装就位前，先用墨线弹出岔枕纵向的中心线，确定 1 号岔与其他控制点处岔枕的位置和方向。以 1 号岔枕为基准确定其他枕位置，保证预留孔位置、岔枕方向、间距等满足规定要求，禁止用撬棍插入尼龙套管调整岔枕。

为调整道岔整体高程，每根岔枕上设 1 根 M27 竖向调节螺栓。横向调节装置由 3 部分组成：三角支座、丝杠和托盘。三角支座由底座板、槽钢支撑、连接部分通过焊接组成。销钉将三角支座、丝杠与托盘连接起来，形成一套横向调节装置。用红色油漆喷涂，既防锈又美观。在道岔组装过程中，隔两根枕安装一套横向调节装置，通过调整丝杠伸缩来控制道岔整体轨向。

③ 道岔轨排粗调

为保证后续精调效果，道岔方向与高程粗调应尽量调整到设计标高。以基本轨一侧为基准，调整道岔内支距、轨距及几何尺寸。按先支距再轨距进行调整，保证导曲线支距、尖轨与端支距偏差、直线尖轨与可动心轨辙叉工作边的直线度满足规定要求。可动心轨的辙叉曲股工作边、曲线尖轨应圆顺平滑无硬弯。对顶铁、心轨、尖轨进行调整，保证能密贴。

④ 道床板上层绑扎钢筋

钢筋垫块布置与钢筋铺设同时进行，钢筋垫块采取每平方米设 4 个定型混凝土垫块。除接地钢筋不绝缘外，道床板钢筋必须绝缘，钢筋绑扎采用塑料绑扎带和绝缘卡。在绝缘卡难以使用的地方采用比钢筋直径长 10mm 左右的绝缘套管。浇筑混凝土前，用摇表测电阻法对钢筋的绝缘性能进行检查，电阻值必须大于 2MΩ，并保证绝缘卡质量满足要求。

⑤ 道床板模板安装

按测好的位置放好模板，用 3 个焊接好的三角撑固定模板外侧。外侧上部加调整模板位置的丝杆支撑，并清理杂物。边板采用定型钢模板，为防止跑模，基础层预埋件应与模板固定装置固定联结。为保证混凝土施工顺利，浇筑前后均应认真检查模板加固情况，应根据基坑结构情况选取道岔转辙机基坑模板，为固定岔枕间距，应在两侧岔枕间设置临时支撑，在钢轨焊接位置设预留焊接需要的沟槽模板，在基坑模板固定完成后，认真检查基坑的深度、宽度和长度，保证其满足规定要求。

⑥ 道岔轨排精调、固定

a. 复拧道岔螺栓，保证拧扭矩满足规定要求。对道岔的轨距、水平、高低、方向等用测量小车和所需检测工具进行检查，按照检测结果确定精调数值。

b. 精调测量数据的精度，控制为水平和轨距不得超过 1mm，高程与方向的相对与绝对精度分别不得超过 0.5mm、1mm。通过竖向支撑螺杆高度调整对起平道岔进行精调，保证起平道岔水平、高低满足设计要求。滑床板应坐平坐实，台板和垫板间隙满足规定要求。

c. 道岔方向超限点通过横向调节装置的调整进行局部精调，保证曲股工作边曲线圆顺无硬弯，直股工作边直线度满足规定要求。调整轨距、支距，保证导曲线支距、尖轨检测点支距误差满足规定要求。对滑床板、可动心轨、尖轨进行调整，保证密贴和间隙等指标满足规定要求。如浇筑混凝土与精调时间超过 8h 应重新进行道岔精调。

2. 钢轨伸缩调节器铺设

1）一般规定

（1）钢轨伸缩调节器应在工厂内组装并由建设单位组织验收。出厂时，制造厂应依据钢轨伸缩调节器相关技术条件进行检验，并提供出厂合格证、铺设图和发货明细表。

（2）基本轨宜根据线路设计要求在始端处适当加长，使基本轨跨越梁缝，且加长后的基本轨始端距梁缝不应小于 2m。

（3）钢轨伸缩调节器组装验收合格后应整组发运。发运前应将伸缩调节器组装件固定为一整体。产品标识和包装应符合钢轨伸缩调节器的相关技术要求。

（4）尖轨与基本轨组装件在装卸作业时应采用起重机械或专用吊具在标明的起吊点起吊，不应产生塑性变形。不应进行任意或单点起吊及人工推撬装卸作业，不应碰、摔、掷、撞。

（5）尖轨和基本轨组装件运输时不应使其产生塑性变形。装车时，如多层码垛，每层应采用木质垫块垫实、垫平，组装有钢垫板的轨枕，层间垫块的高度应高于钢垫板。

（6）码放尖轨与基本轨组件的场地应平整。码垛层数不应多于 4 层，每层用不小于 60mm×60mm 木质垫块垫实、垫平，垫块应按高度方向垂直设置，垫块间距不应大于 4m，均匀布置。

（7）调节器应采用专用工具和机械设备在专用平台上整组组装。

（8）钢轨伸缩调节器铺设位置要求：

① 钢轨伸缩调节器的铺设位置和方向应满足设计要求。

② 钢轨伸缩调节器基本轨始端和尖轨跟端焊接接头的位置应满足设计要求。

（9）调节器铺设时，如果轨温在设计锁定轨温范围内，则基本轨处于零伸缩量位置。否则，应根据实测轨温预留伸缩量。

（10）铺设钢轨伸缩调节器时，宜先铺单股并以线路上已有轨道作基准控制方向，另一股以此为基准通过轨距进行控制。钢轨伸缩调节器轨道中线允许偏差不得大于 10mm。

（11）钢轨伸缩调节器两端设计长度范围内的扣件扣压力应用弹条扣压力测定仪测定，扣压力应满足设计要求。

（12）调节器组装后，最大伸缩量与设计伸缩量的极限偏差应为 ±10mm。

（13）调节器铺设时，应与两端线路钢轨焊联。当采用具有顶锻措施的焊接形式时，不得在基本轨、尖轨、轨撑及轨撑螺栓组装状态下进行焊接，且应在焊接完成后及时恢复基本轨预留伸缩量位置和尖轨尖位置。

2）无砟轨道钢轨伸缩调节器铺设

（1）无砟轨道钢轨伸缩调节器铺设应配备支撑调整系统、吊装设备及配套吊具、混凝土运输车、混凝土泵（车）洒水车螺栓紧固机、检测测量仪器等主要施工装备。

（2）调节器区及前后 200m 的线下构筑物宜作为一个整体按相关标准对沉降变形观测资料进行分析评估，工后沉降符合要求后，方可进行调节器区段无砟轨道的施工。

（3）钢轨伸缩调节器支撑系统应稳固，具有一定的强度、刚度和稳定性。

（4）底座及道床板实际施工中应根据梁缝处轨枕调整情况提前进行测量放样，需注意伸缩调节器跨梁缝位置调整，以及可能由此引起的道床板及底座长度调整。

（5）梁缝处轨枕间距需在设计基础上结合实测梁温、年平均中间梁温综合计算确定，在道床板混凝土浇筑前调整到位，允许偏差为 ±2mm。

（6）伸缩量预留值需在设计伸缩量基础上结合实测梁缝宽度、年平均梁缝宽度、实测轨温、设计锁定轨温等综合计算，由伸缩调节器供货厂家派人现场指导确定。在钢轨焊接前应再次确认，允许偏差为 ±5mm。

6.4 轨道精调整理及预打磨

6.4.1 轨道精调整理

1. 一般规定

（1）铺设无缝线路后应进行轨道精调整理作业，轨道精调分为静态调整和动态调整两个阶段。

（2）轨道精调整理前应对轨道控制网 CPⅢ进行复测，复测结果在限差以内时采用原测成果，超限时应检查原因，确认原测成果有错时，应采用复测成果。

（3）轨道静态调整应通过全站仪自由设站，采用轨道几何状态测量仪进行检测，确定轨道几何形位调整量。

（4）轨道精调应遵循"先高低、后水平""先轨向、后轨距"的原则。道岔及前后各 200m 线路纳入道岔精调单元。

（5）轨道静态调整符合标准要求后，线路开通前应由轨道动态综合检测车进行动态质量检测（道岔及钢轨伸缩调节器与轨道一并进行），并依据检测数据进行动态调整。

2. 无砟及有砟轨道精调整理

1）无砟轨道精调整理

（1）无砟轨道精调整理应配备的主要装备

无砟轨道精调整理应配备轨道几何状态测量仪、全站仪、气象传感器、CPⅢ棱镜组件、调整部件等主要装备。

（2）无砟轨道精调整理前应开展的工作

① 检查轨道几何状态测量仪、全站仪等测量仪器的工作状态。

② 根据轨道结构类型和设备数量，提前配备相应数量调整件。

③ 按照连续贯通里程，连续两个 CPⅢ点之间按扣件节点沿里程增加方向单独连续编号。

④ 在轨道几何状态测量仪中输入线路平、纵断面资料及 CPⅢ轨道控制网等资料。

（3）轨道静态调整要求

精调测量前轨道应具备的条件：

① 钢轨应无污染、无低塌、无掉块、无硬弯等缺陷。

② 扣件应安装正确，无缺少、无损坏、无污染。扣件弹条与轨距挡板应密贴，扣件扭矩符合设计要求。

③ 轨下垫板应安装正确，无缺少、无损坏、无偏斜、无污染、无空吊。

④ 钢轨焊接接头平直度应符合标准要求。

（4）轨道调整要求

① 精调时先确定基准轨，将基准轨轨向、高低调整到位后，再依据基准轨通过轨距、水平调整另一股钢轨。

② 现场根据调整量表，对计划调整地段进行标识，应按照确定的原则和顺序进行高低、水平、轨向、轨距的调整。

③ 轨距、轨向调整（轨道平面调整），区间轨道通过更换轨距块或移动铁垫板来实现；车站道岔通过更换偏心锥或缓冲调距块来实现。

④ 高低、水平调整（轨面高程调整），区间轨道、车站道岔均通过更换轨底调高垫板来实现。

⑤ 对调整完毕的区段，用轨道几何状态测量仪进行检核测量，并对超限尺寸进行反复调整，直到确认轨道状态符合标准要求，并按相关规定提交检测成果资料。

（5）轨道动态调整要求

① 分析动态检测数据，查找超限点。

② 采用轨道几何状态测量仪、轨距尺、塞尺等工具，对超限点进行核对检查。现场核对检查应符合下列规定：

a. 首先应对区段范围内的扣件、垫板进行全面检查，确认无异常后，再开始轨道几何尺寸检查。检测调整方法同轨道静态调整方法。

b. 局部短波不平顺应对轨道超限处前后各 50m 范围内进行全面检查，必要时扩大检查范围。

c. 长波不平顺应采用轨道几何状态测量仪在波峰或波谷里程前后各 150m 范围内进行测量。

d. 连续短波不平顺，可以采用轨道几何状态测量仪测量方法进行测量。

③ 根据现场核对检查资料计算调整量，形成调整量表。

④ 轨道动态调整方法、精度要求等与轨道静态调整相同。调整完毕后，应对轨道几何尺寸和扣件、垫板状态进行全面复检，并对超限尺寸进行反复调整，直到确认轨道状态符合标准要求后，按相关规定提交检测成果资料。

2）有砟轨道精调整理

（1）有砟轨道精调整理应配备配砟整形车，起道、拨道、捣固车，动力稳定车，小型起道机、拨道机、捣固机，风动卸砟车，电动道砟捣固棒等主要设备。

（2）铺设无缝线路之后至线路开通之前，道床应逐步进入稳定阶段。通过检测，对于不满足要求的线路，应用大型养路机械等对轨道进行精调整理作业。

（3）轨道精调整理前，应组织专业测量队伍对全线轨道控制网 CPⅢ 进行复测，并对线路进行全面检查测量，主要检查线路平纵断面、轨距、水平、高低、方向、钢轨硬弯和钢轨焊缝平直度等，并及时汇总检测资料，为制订线路精调计划提供依据。

（4）线路精调计划应根据线路的实际状态，按照测量结果确定各项目的工作量，统筹兼顾合理安排，避免互相干扰冲突、重复整治和盲目整治。

（5）轨道精调整理应开展的工作：

① 对不符合设计要求的道床断面，应进行整修，堆高砟肩，拍拢夯实。

② 缓和曲线、竖曲线区段应调整圆顺。

③ 整修打磨不平顺焊缝，提高轨面平顺性。

④ 对钢轨硬弯进行矫直。

⑤ 调整轨距，补齐扣、配件，并确认扣配件安装到位。

⑥ 测取钢轨位移量，复核锁定轨温。

（6）钢轨硬弯矫直、钢轨焊缝平直度超标打磨、轨距调整等均应在大型养路机械精细整道前完成。

（7）轨道精调整理作业要求：

① 对全线的轨距进行逐根轨枕测量，超标轨枕应逐根进行调整，调整后轨距应达到以下标准：轨距允许偏差为 ±2mm，轨距变化率不得大于 1/1500。

② 对钢轨硬弯进行矫直作业，矫直后的钢轨用 1m 的直钢尺丈量平面不平顺矢度不得大于 0.3mm。

③ 在精细整道前，利用风动卸砟车进行补砟作业。卸砟运行速度控制在 5~10km/h；风动卸砟车卸砟、补砟应由专人引导。卸砟应均匀，两侧卸砟线路外侧风门比内侧风门先打开且稍大一些。

④ 线路通常分四遍进行大机精细整道，曲线地段可适当增加机养遍数。第一、二遍采用精确法作业，第三、四遍采用近似法作业，起道量控制在 15mm 左右，宜采用双捣，夹持时间设置在 0.45s 及以上，大机起终点重合地段采用搭接法作业。捣固作业后的稳定车按重稳的要求实施，稳定速度为 1km/h，重稳频率宜按 40~45Hz 设置，加载至 80%。

（8）无缝线路的轨道整理作业要求：

① 高温时不应安排影响线路稳定性的整理作业。高温时可安排矫直钢轨、整理扣件、整理道床外观、钢轨打磨等作业。

② 进行无缝线路整理作业前应掌握轨温，观测钢轨位移，分析锁定轨温变化，按实际锁定轨温，根据作业轨温条件进行作业，严格执行"作业前、作业中、作业后测量轨温"制度，并应做好以下各项工作：

a. 在整理地段按需要备足道砟。

b. 起道前应先拨正线路方向。

c. 起、拨道机不得安放在铝热焊缝处。

d. 扒开的道床应及时回填、夯实。

③ 无缝线路整理作业应遵守以下作业轨温条件：

a. 当轨温低于实际锁定轨温 30℃ 以下时，伸缩区和缓冲区禁止进行整理作业。

b. 在跨区间无缝线路上的无缝道岔尖轨及其前方 25m 范围内综合整理，允许在实际锁定轨温 ±10℃内进行作业。

④ 无缝线路应力放散和调整后，应按实际锁定轨温及时修改相关技术资料和位移观测标记。

（9）线路锁定后的精细整道，特别是需要拆卸扣件的作业，应严格按照有关要求进行，一次拆卸扣件不宜过长。

（10）最终轨道精调整理应依据轨道控制网 CP Ⅲ，采用轨道几何状态测量仪检测，通过扣件系统进行精调整理。

3. 无砟及有砟道岔精调整理

1）无砟道岔精调整理

（1）无砟道岔精调整理施工应配备轨道几何状态测量仪、全站仪、数字水准仪、钢瓦尺、万能道尺、支距尺、弦线（带紧线器）、螺栓紧固机、钢轨打磨机等主要装备。

（2）无砟道岔精调整理应遵循"先高低、后水平；先轨向、后轨距；先直股、后曲股；先整体、后局部"和"尖轨、辙叉部位尽量少动，两端线路顺接"的原则。

（3）无砟道岔轨道几何状态检查及轨道精调整理前，应做好以下准备工作：

① 将道床板及钢轨部件表面清理干净。对粘附在道岔钢轨、扣件、轨枕或道床、道岔板上的尘土、污垢、油污等予以清除，可采用扫帚、毛刷及高压风管或水枪清理，不得使用钢丝刷，避免破坏钢轨件表面的保护层。

② 对照道岔组装图，检查并补齐钢轨零部件或更换失效零部件，复紧各部件螺栓。

③ 检查钢轨焊缝（或接头）平顺度，并打磨平顺度超标的钢轨接头或调整平顺度超标的钢轨接头。

（4）无砟道岔精调整理应遵循的基本方法：

① 采用轨道几何状态测量仪对道岔轨道几何状态、平面位置检查确认，对不符合要求的项点进行调整。

② 对无砟道岔轨向、高低的长波进行调整时，应按区间线路适应道岔轨道的原则进行调整，轨道几何状态测量仪检查长度不应小于道岔及前后各 150m 的轨道。

③ 轨向：根据轨距配置表调整，或通过更换轨距块或缓冲调距块，实现钢轨左右位置的调整，使得轨向符合要求。

④ 高低和水平：通过更换不同厚度的调高垫板，实现钢轨上下位置的调整，使得钢轨高低和道岔水平符合要求。

⑤ 轨距、支距调整：轨距和支距应根据轨距配置表调整轨距块或缓冲轨距块，确认合适后以 300~350N·m 扭矩拧紧轨下垫板螺栓，固定垫板。

⑥ 密贴和间隔调整：通过增减顶铁调整片，调整尖轨、心轨顶铁间隙，并同时调整轨距，确保尖轨与基本轨密贴；可动心轨在轨头切削范围内分别与两翼轨密贴，开通侧股时，叉跟尖轨尖端与短心轨密贴。

⑦ 结合道岔高低、水平的调整，使尖轨或可动心轨轨底与台板的间隙符合规定。

⑧ 调整限位器位置，使两侧的间隙值对称、均匀并满足技术要求。

（5）无砟道岔轨向及轨距调整要求：

① 优先调整道岔直基准轨的轨向，为道岔转辙器调整确定基本方向。

②根据轨距配置表及铺岔基桩，调整道岔直股基本轨首末端位置到设计位置，沿道岔直基本轨外侧在转辙器全长范围张拉 30m 以上的钢弦线，检查并调整道岔直股基本轨直线度不超过 1mm。

③对照道岔组装图，使用支距尺检查直基准轨与曲基准轨之间的支距，对偏差大于 1mm 的点通过更换偏心锥的方式调整曲基本轨轨向。

④利用轨距尺检查和调整直股和曲股轨距。

⑤直导轨采用 30m 弦线向岔后方向平移，两次张线时搭接区不应小于 10m，用钢板尺测量每个承轨台相应弦线距导轨外侧的距离，对偏差大于 1mm 的点予以调整。

⑥以直向轨距控制直尖轨后导轨方向，以支距控制曲向尖轨后导轨轨向的调整，以曲向轨距控制曲向基本轨后导轨轨向。

⑦辙叉区原则上不作调整。

⑧轨向和轨距调整的同时，应同时检查并调整密贴、间隙和间隔，并将轨下垫板螺栓按 300~350N·m 扭矩拧紧。

（6）无砟道岔高低及水平调整要求：

①将道岔转换到直股方向，以道岔尖轨一侧钢轨为基准轨，根据测量数据对照调高垫板配置表更换调高垫板。

②以轨距尺检查并调整轨道水平。

③直股调整完成后，将道岔转换到曲股方向。

④以道岔直股转辙器尖轨区、辙叉区为基准调整曲股轨道高低及水平。

⑤高低及水平调整的同时，应同时检查并调整密贴、间隙和间隔，并将轨下垫板螺栓按 300~350N·m 扭矩拧紧。

（7）道岔转换设备安装调试完成后道岔调试要求：

①结合转换设备调试，进行道岔调整。局部细调轨距、支距及轨向调整，重点对尖轨和可动心轨密贴段进行检查调整，使允许偏差符合设计要求。

②密贴调整与转换设备调整同步进行，确保尖轨与基本轨密贴、可动心轨分别与两翼轨密贴，开通侧股时，叉跟尖轨与短心轨密贴。

③经过道岔系统联调后，转换设备应保证可动机构在转动过程中动作平稳、灵活，无卡阻现象。锁闭装置正常锁闭、表示正确。

④道岔系统联调检测过程中，应对转换装置、锁闭装置工作性能检测值和道岔轨距、方向、密贴和间隔等几何尺寸检测值进行详细记录。

⑤道岔系统联调到位后，应做出定位标记。

（8）无砟道岔在动车试验期间的精调整理，应根据列车运行或动态检查发现的问题及处所，利用施工天窗按静态调整的方法进行超标处所的调整。

2）有砟道岔精调整理

（1）有砟道岔精调整理应配备大型道岔捣固车、风动卸砟车等主要设备。

（2）在道岔捣固车捣固前应根据 CPⅢ轨道控制网和加密基桩对道岔区及两端线路整体平顺性进行人工整治。

（3）应使用道岔捣固车对道岔进行 4~6 遍精细整道作业。

（4）道岔精调整理前，应对道岔区进行全面检查测量，主要检查轨距、水平、高低、方向、中线、高程等，并及时汇总检测资料。

（5）道岔精调计划应根据线路的实际状态，按照测量结果，确定各项目的工作量，统筹兼顾合理安排，避免互相干扰冲突、重复整治和盲目整治。

（6）道岔捣固车对道岔道床进行捣固前应拆除道岔转换设备。

（7）道岔捣固车第一遍捣固作业前，应补卸充足的道砟，补砟数量以高出轨枕顶面100mm为宜。

（8）道岔捣固车捣固时应按每5m提供起拨道量，捣固时捣固镐应对准轨枕空中间，避免捣固时引起岔枕移动、造成道岔几何尺寸发生变化。

（9）道岔精调捣固作业每次的起道量控制在15mm以下，预留起道量应分四次起道捣固，每次捣固宜双捣，夹持时间设置在0.45s及以上。

（10）道岔区捣固应一次完成，同时应在岔区前后各200m范围内进行顺坡，道岔捣固车与线路捣固车均应进行搭接法作业，保证线岔间的顺接。

（11）捣固车对道岔直股进行捣固作业时，应支护长岔枕曲股一端，并用小型捣固机配合捣固，不得伤损岔枕。

（12）道岔捣固作业时应特别加强对钢轨接头、辙叉部分及钢岔枕的捣固。

（13）道岔捣固车不能作业的部位，应使用小型捣固机配合捣固。

（14）道岔捣固车大机作业后应对道床状态进行同步全面的检查，对缺砟和道床未达到标准断面的地段及时进行补砟，在补充道心道砟时，应同步进行道床外观的整理。

（15）道岔捣固作业完毕，应再次全面检查道岔各部结构尺寸，对不合格项点应再次进行精调整理使其达到验标要求。

6.4.2 轨道预打磨

1. 一般规定

1）钢轨全线预打磨应配置的设备仪器

钢轨全线预打磨应配备打磨列车、人工操作的钢轨波纹研磨机、钢轨平直度测量仪、波纹磨耗测量仪、钢轨头部横断面绘图仪、打磨廓形模板尺、便携式钢轨廓形仪、钢轨波磨检测仪或电子平直尺、钢轨打磨深度测试仪、便携式粗糙度检测仪、便携式里氏硬度计等主要装备。

2）钢轨预打磨作业前应满足的要求

（1）线路几何尺寸、形位和轨下基础等应符合相关技术标准要求。

（2）钢轨扣件齐全并紧固。

（3）收集相关技术资料、动态检测资料等。

（4）进行现场调查，包括打磨区段线路长度、车站平面布置、曲线要素、护轮轨铺设地段，对于妨碍打磨作业的线路设备及时通知相关单位进行处理，作业后及时恢复，并根据目标廓形、技术标准和现场调查情况制定打磨车打磨技术方案。

（5）应预先进行打磨车打磨参数调整试验，确认打磨廓形达到要求后方可进行正式打磨。

（6）应对钢轨焊接接头轨头踏面平直度进行检查。当焊接接头平直度超出＋0.5mm/1m时，应采用仿形打磨机对焊接接头进行局部打磨，打磨后平直度应控制在＋0.1～

+0.3mm/1m 范围内。钢轨焊接接头不得使用手砂轮打磨。

（7）应清除作业地段线路两侧的可燃物，落实防火措施。

3）钢轨预打磨要求

（1）消除钢轨微小缺陷及锈蚀等。

（2）消除钢轨在生产、焊接、运输和施工过程中形成的轨面斑点及微小不平顺。

（3）消除轨头表面的脱碳层。

（4）钢轨的表面应光滑、平顺、无斑点，使其适应列车速度。钢轨顶面平直度1m范围内允许偏差为0～+0.2mm。

（5）轨顶中心区域（-1°～+3°）预打磨最小打磨深度不小于0.2mm，道岔打磨以保证轨头廓形为主，打磨深度可适当减小。

（6）钢轨头部工作面实际横断面与理论横断面相比允许偏差为±0.3mm。

（7）全线钢轨预打磨作业后，打磨面粗糙度不应大于10μm。

2. 线路钢轨预打磨

（1）区间线路及站内正线一般由线路打磨车按设计廓形进行打磨。

（2）当线路坡度大于30‰时，打磨需采取由坡上向坡下的方向进行。

（3）线路打磨两次作业应进行接槎覆盖，距离不小于20m，为便于控制距离，接槎位置应控制在两根电气化杆之间。

（4）在新型护轨桥梁上打磨时，内倾电机角度不应大于50°，护轨与基本轨距离小于500mm时按不大于实测通过角度进行打磨。

（5）钢轨全线预打磨要求：

① 打磨前，应调整好打磨头的偏转面和对钢轨的施压力。

② 打磨前用安装在打磨机上的测量设备对整个打磨段上的钢轨进行纵断面的零位测量。

③ 打磨车作业速度应根据打磨性质和打磨车特性确定。多遍打磨时，应逐遍降低打磨功率或提高打磨速度，确保打磨后表面粗糙度达标。

④ 打磨作业过程中应及时检查钢轨廓形、切削量、磨面宽度等技术指标，根据钢轨实测廓形与目标廓形的差异及时调整打磨程序和作业方案，确保实现目标廓形和打磨质量。

3. 道岔钢轨预打磨

（1）进行现场调查，并根据目标廓形、技术标准、道岔直股和侧股钢轨的垂磨量和现场调查情况制定打磨车打磨技术方案。

（2）道岔打磨区域应与两端线路的钢轨打磨区域相衔接，重叠打磨区域不得小于10m。

（3）道岔打磨时，前10遍主要打磨轨头两侧，打磨速度控制在4～5km/h，之后进行测量并与新设计钢轨廓形对比后，确认需打磨的切削量及范围，调整打磨程序及打磨速度继续打磨12遍后增加测量频率与标准廓形（模板）对比，最后几遍以打磨速度控制切削量和廓形符合设计要求，速度为4～10km/h。

（4）尖轨与心轨贯通打磨3～4遍，打磨范围为+3°～+40°，作业速度不应小于8km/h。轨距角处打磨0.4～0.8mm。

（5）线路与道岔接触部分，应由道岔打磨车向线路部分延伸不小于20m进行过渡打磨。

（6）岔间夹直线和道岔采用道岔打磨车进行连通打磨，遇道岔打磨受限区域时提升部分砂轮，通过后再放下提升的部分砂轮。

（7）道岔打磨时，岔前、岔后各不小于20m范围内轨道应利用道岔打磨车进行打磨过渡。

（8）道岔打磨要求：

① 打磨车砂轮起落点位置应准确，误差不得超过500mm。

② 打磨受限区域要求：

a. 尖轨区域：尖轨非工作边距基本轨工作边100mm处与尖轨尖端之间。

b. 心轨区域：长短心轨非工作边间距100mm处与可动心轨尖端前50mm处之间。

c. 上述区域的钢轨内侧可由打磨车打磨；钢轨外侧可采用小型打磨机打磨。

打磨车打磨尖轨、可动心轨顶面宽度小于20mm区域时应控制打磨角度和打磨量，以防止打伤尖轨、可动心轨。

③ 打磨车对轨距角区域应采用角度不大于45°通打2~3遍（包括尖轨、可动心轨）。

④ 当受限区域的尖轨或可动心轨出现疲劳裂纹时应采用小打磨机处理，且应沿线路纵向进行打磨，保证圆角光滑过渡。

⑤ 当受限区域因磨耗导致基本轨高于尖轨或翼轨高于可动轨，并出现光带异常时，应按目标廓形采用小型打磨机打磨。

⑥ 小型打磨机打磨时不得灼伤钢轨。

⑦ 道岔打磨作业完成后，应及时清理道岔滑床板及无砟轨道上的打磨碎屑，并进行道岔扳动试验。

6.5 营业线轨道工程施工

6.5.1 改建营业线铺轨

1. 营业线拆铺线路及道岔、轨道过渡工程以及临时道岔、便线施工作业要求

（1）营业线拆铺线路和道岔，应在封锁线路的条件下进行。

（2）施工准备时不应超范围作业。安放滑轨、预铺新设备或搭设滑移平台时，不得侵入建筑限界，并应防止滑轨、设备或平台垮塌；工机具放置有序、稳固，防止侵入建筑限界；双线区间施工应设置安全红线或隔离措施；无缝线路区段不应在超出允许轨温范围以外进行松动或拆卸扣件、扒挖道床、切割钢轨等有碍行车安全的作业。

（3）在自动闭塞区段拆铺线路和道岔，作业涉及道岔联锁、轨道电路、通信信号等设施时，施工命令下达后，由设备管理单位拆除施工区段影响作业和信联闭的轨道电路设施，施工单位不应随意剪断计划拆除设备中任何部位的轨道电路。

（4）线路或道岔开通后，施工单位在规定的时间或列车趟数内，应对新铺线路设备进行养护作业，并按规程规定，及时与设备管理单位进行交接，并符合以下要求：

① 铁路建设项目新线施工中的正、站线线路经验收交接后方可开通。正式办理验

交手续的线路及设备，应由设备管理单位负责维修养护。

② 对不能进行动态验收的线路、道岔施工，由建设、施工、监理和设备管理单位联合检查确认达到工程施工质量验收标准要求，验收合格后方可开通，开通后由运营单位接管。

2. 营业线换铺无缝线路要求

（1）无缝线路换铺作业应在封锁线路的条件下进行。

（2）待换的长钢轨应采取加固措施，防止胀轨侵限、损坏既有设备，在跨越信号机两端处防止侵线联电。

（3）无缝线路应按设计锁定轨温锁定，如不符合设计要求，应重新进行应力放散。

（4）对焊接接头应及时进行探伤检查，发现问题及时处理。

3. 线路拨移要求

（1）线路拨移前应设置拨移控制桩，标明拨移量。

（2）无缝线路区段，宜提前放散应力。未放散区段，超出锁定轨温允许作业范围严禁挖开道床。

（3）采用滑轨拨移线路作业时，未封锁线路前，严禁向线路内穿放滑轨。

（4）过渡段、新旧路基结合地段，线路应使用机械养护。

4. 轨道过渡工程要求

（1）轨道过渡应根据设计文件，对现场进行核对，严格按设计文件和批准的施工过渡方案进行施工。

（2）过渡工程的开通速度和运行速度由施工单位依据设计和施工资料提出申请，经运营单位审查后确定。验收合格的过渡工程，由运营单位（维管单位）维护，开通后24h内，施工单位协助运营单位进行维护。

（3）过渡工程应比照正式工程组织验收。过渡工程除拨接地段外，其他应提前进行验收。

（4）普通到发线临时替代旅客列车到发线时，应采取保证旅客上下车和通行的安全措施。

（5）站线或其他线临时替代正线时，应先确认线路行车条件和状况，必要时应采取改造或其他安全措施。

5. 线路整道和维修要求

1）线路整道要求

（1）经整道的线路应及时补充道砟。

（2）在已卸道砟上不应再卸其他轨料，应将轨料卸在限界以外，并堆放稳固。

（3）线路经过整道后应逐步恢复常速。

（4）线路铺砟整道地段与相邻地段衔接处，应有不大于2‰的顺坡。

2）线路维修要求

（1）起拨道地段，应有足够的道砟，一次起道量不得超过40mm。

（2）起拨道后的线路应及时找平小坑，消除三角坑以及高低超限，并及时捣固，做到一撬一清。

（3）线路维修作业时，应加强对钢轨、接头、轨枕等轨道主要部件进行失效报废检查并标识，及时更换，轨道材料失效报废标准执行铁路线路修理有关规则的规定。

6. 无缝线路区段机养作业要求

（1）安排无缝线路机养封锁施工的"天窗"，应避开高温时间。

（2）施工前，设备管理单位应将该段线路实际锁定轨温及安全起、拨道量等技术数据交机养施工单位，并备足道砟，调直钢轨，拧紧螺栓。

（3）作业时，应派专人在施工地段测量轨温，并按规定的作业轨温条件组织施工。

（4）配砟整形车、捣固车、动力稳定车应紧密配合，形成流水作业，确保作业后的线路迅速得到稳定。

（5）营业线上作业时，捣固车一次起道量不得超过50mm，起道量超过50mm时应分次起道捣固；一次拨道量不得超过50mm。

（6）作业中，机组人员应随时监测线路变化，发现胀轨迹象，应立即停止作业，迅速组织抢修队伍进行处理，并使大型养路机械安全退出胀轨现场。

（7）作业后3d内，应派有经验的巡查人员巡回检查线路状况，发现胀轨或断轨预兆及时处理。

6.5.2 增建二线铺轨

1. 施工作业前准备工作

（1）施工单位应组织相关人员进行现场调查，掌握施工地段线路设备状态以及线路坡度、曲线、道口、桥梁、隧道及信号设备位置等情况。

（2）施工单位根据现场调查情况编制施工方案，并按有关规定进行报批。对有影响施工的既有设备，根据批复的施工计划，及时与设备管理单位沟通，请求现场配合。

（3）铺架设备及施工列车需要经过营业线时，应按所在运营管理单位规定报批施工计划。

2. 铺架设备运行及作业要求

（1）铺轨机或架桥机进退机前，施工负责人、安质人员、技术人员应对走行线路质量进行检查，线路技术状况满足行车条件后，施工负责人方可下达进退机命令。铺轨机或架桥机进退机时，施工负责人应在现场监控。

（2）铺轨架桥作业遇到线间距小于4.2m时，应采用线路偏铺的方式，不应影响营业线的正常行车。

（3）在新铺线路上，铺轨机或架桥机自轮运转速度不得大于15km/h。

（4）在线路并行地段立倒装龙门架时，严禁利用列车间隔时间进行作业。

（5）在小半径曲线的内曲线和小线间距的地段，应采用拨移施工线路等措施，防止铺架设备机臂侵入营业线限界。线路不能拨移时，应利用施工"天窗"点进退机，严禁盲目运行。

3. 线路整修及起道作业要求

（1）设置施工防护后，方准进行作业。线路未达到放行铺架设备的条件，禁止撤出防护和放行铺架设备。

（2）每次起道量不得大于50mm，应在钢轨两侧450mm范围内均匀捣固密实。

（3）在普速电气化铁路线路上起道作业，遵守两股钢轨同时起道时，一次作业起道量不得超过30mm，且两股钢轨起道量相差不得超过11mm；调整曲线超高时，单股起道量不得超过11mm。起道量超出上述规定时，应事先通知供电部门调查确认接触网设备调整工作量并配合作业。起道作业时，隧道、下承式桁架桥和拱桥、斜拉桥不得超过建筑限界尺寸线。

（4）在高速电气化铁路线路上起道作业，两股钢轨同时起道时，一次作业起道量不得超过30mm，且两股钢轨起道量相差不得超过7mm；一股钢轨起道时，一次作业起道量不得超过7mm；且隧道、下承式桁架桥和拱桥、斜拉桥不得超过限界尺寸线。

（5）线路铺砟整道地段与相邻地段衔接处应以不大于2‰的坡度顺接。

（6）轨道铺设完成后应立即进行重点整修。拨顺线路方向，消除反超高和三角坑，严禁在线间距4.2m及以内地段出现负偏差。

4. 铺架设备区间停放要求

（1）区间停放铺架设备地点应选择路基较低、线间距大于4.2m的直线地段，路基坚实稳定。停放在曲线上时，应停放在曲线半径大于800m的地段，机臂应远离邻线，确保不侵入限界。

（2）司机室、操作室应收回，靠邻线一侧无悬挂物。

（3）做好防溜措施，每个车轮正反方向均应设置铁鞋，楔紧木楔，将铺架设备手制动扳到制动位置。

（4）设专人看守防护铺架设备，看守人员应配备通信和防护设备，并确保通信畅通。

5. 线路拨接要求

（1）根据设计资料，施工单位应组织相关人员对拨接现场进行复查，按规定编制、报批实施性施工组织方案。

（2）线路拨接前，待开通新建线路（除拨接地段外）应按标准进行验收。

（3）拨接准备工作不得影响行车安全，严禁超前和超范围准备。

（4）对可能影响营业线既有设备的准备作业，应在设备管理单位人员的指导和配合下进行，不应随意拆除连接线、绝缘设施等。

（5）对可能影响轨道电路的作业工机具应加装绝缘保护。

（6）在拨接施工实施前，驻站联络员应根据批准的施工计划，向车站值班员办理登记要点申请封锁施工手续。

（7）施工负责人接到封锁施工命令后，应确认施工起止时间，下达设置防护命令，确认防护措施到位后，方可下达开工命令。

（8）施工中，设计、监理、设备管理单位、施工单位应按审定的方案监督和组织施工，随时掌握进度与质量，消除不安全因素。

（9）拨接施工完毕，线路开通前，设备管理单位、施工单位应进行质量检查，确认线路设备达到列车放行条件，方可开通线路。

（10）拨接施工后24h内，施工单位应配合设备管理单位巡养线路。

第7章 铁路"四电"工程

7.1 电力工程施工

7.1.1 变（配）电所施工

铁路变、配电所一般设置在铁路枢纽、大型或特大型客运站等用电负荷集中场所。变、配电所施工包括：330kV 及以下的变电所、配电所基础及构支架、遮拦与栅栏、变压器、互感器、断路器、开关柜、隔离开关与负荷开关、综合自动化及二次配线、母线装置、电源装置等施工。

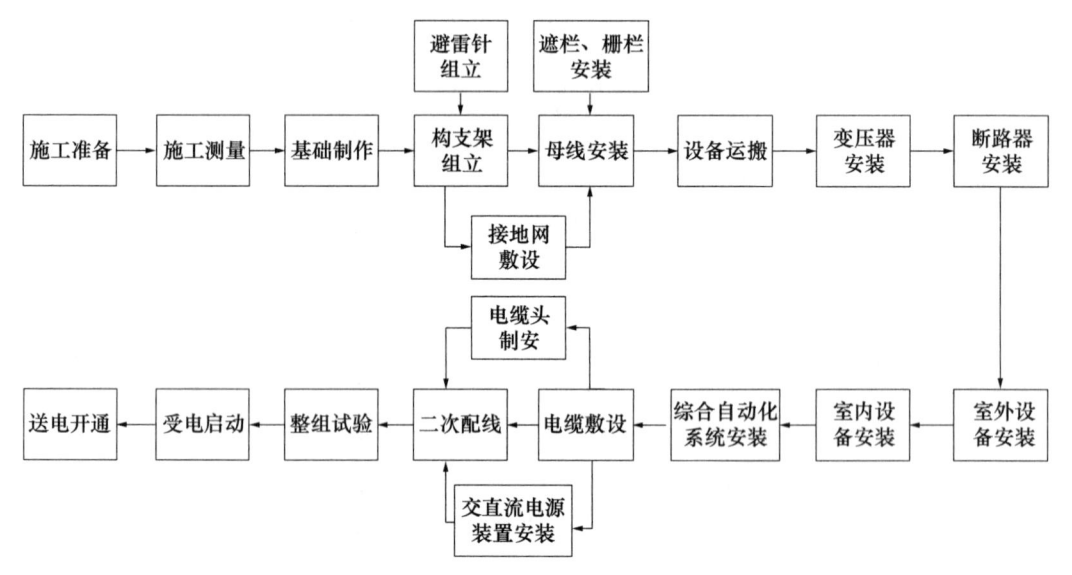

1. 变、配电所施工流程

变、配电所施工流程如图 7.1-1 所示。

图 7.1-1　变、配电所施工流程图

2. 主要施工内容及要求

1）基础及构支架施工

（1）施工内容

基础及构支架施工内容包括变配电所设备、构支架、避雷针等的基础制作及构支架组立安装。

（2）操作要点

基础的位置、高程应按照基础平面设计图和土建场地的轴线标桩及规定的水准点进行测量，并应与房建专业高程一致；基坑开挖一般采用人工开挖、机械开挖或爆破；基坑开挖完成后，应对开挖基坑底面进行地基承载力试验。

2）遮栏及栅栏施工

（1）施工内容

遮栏及栅栏施工内容包括遮栏、栅栏的安装。

（2）施工流程

施工准备→立柱定位→立柱安装→结构件调整→结构件安装→接地线安装→质量检查→防腐处理。

（3）操作要点

遮栏或栅栏的安装位置、高度符合设计要求；立柱埋设应垂直、牢固，高度一致，同一轴线上的立柱应在同一平面内。室外遮栏立柱的顶端应封堵；遮栏间隔结构防止侵入带电间隔的闭锁装置应正确、可靠；遮栏及栅栏应有良好的接地，所有能开启的门应用软铜线与立柱连接；遮栏及栅栏与带电部分的距离应符合有关规定。

3）电力变压器施工

（1）施工内容

电力变压器施工内容包括油浸变压器、干式变压器、干式调压器的运输、安装、调整。

（2）施工流程

运输道路状况调查→运输与安装准备→短运距运输→本体就位安装→绝缘介质或器件检测→附件安装→注油→电气接（配）线及接地→调整调试→清洁与防腐→填写记录。

（3）操作要点

① 变压器短距离运输、装卸应进行相关调查并编制运输装卸专项方案。

② 变压器运输、装卸应符合下列要求：运输便道应满足承载要求；在平整路面上用滚杠作短途运输时的速度不应超过 0.9km/h，牵引着力点应在设备重心以下；油浸变压器在装卸和运输过程中不应有严重冲击和振动，油浸变压器运输倾斜角度不得超过 15°。充气运输的变压器在运输途中应保持气体压力在 0.01~0.03MPa 的正压。变压器宜采用机械吊装就位，吊装机械应与变压器重量匹配。

③ 变压器附件安装：散热器及风机安装、储油柜安装，二次配线，最后注入经试验合格的绝缘油。注油完毕后，110kV 及以下变压器静置 24h，220kV、330kV 变压器静置 48h 后，将各部位的残余气体排尽。

4）互感器施工

（1）施工内容

互感器施工内容包括电压互感器、电流互感器的安装。

（2）施工流程

施工准备→设备吊装→二次配线→电气试验→填写记录。

（3）操作要点

① 互感器进场验收

规格、型号应符合设计要求，质量证明文件齐全；附件应齐全，外观应完好，无锈蚀及机械损伤；互感器的变比分接头的位置和极性应符合规定；二次接线板应完整，引线端子应连接牢固、绝缘良好、标志清晰。

② 互感器安装

整体起吊时，吊索应固定在规定的吊环上，并应设置防倾倒措施，不得利用瓷套起吊及碰伤瓷套。

③ 互感器接地

分级绝缘电压互感器的一次绕组接地引出端子、电容型绝缘电压互感器一次绕组末屏的引出端子及铁芯引出接地端子、互感器的金属底座或外壳应接地良好；电流互感器的备用二次绕组端子先短接后接地。

5）高压断路器

（1）施工内容

高压断路器施工内容包括独立安装的六氟化硫（SF_6）断路器的安装、调整。

（2）安装调整流程

施工准备→支架组立→中间检查→断路器柱安装→操动机构安装→保护管安装→断路器调整→补充SF_6气体→传动试验、接地→填写记录。

（3）操作要点

断路器安装：三相为整体式结构的断路器，其安装后底架平面的水平误差不应大于2mm；相间为独立式结构的断路器，其安装后的水平误差应符合产品技术文件要求；在进行传动调整时，断路器内应充有额定压力的SF_6气体，调整后的各项动作参数应符合产品技术文件要求。

6）隔离开关、负荷开关、高压熔断器

（1）施工内容

隔离开关、负荷开关、高压熔断器施工内容包括额定电压10~330kV的隔离开关、负荷开关及额定电压10~35kV高压熔断器安装与调整。

（2）施工流程

施工准备→开关安装→传动杆装配→传动调整→二次配线→填写记录。

（3）操作要点

① 隔离开关及负荷开关安装与调整：隔离开关的相间距离误差110kV及以下不应大于10mm，220kV及以上不应大于20mm；相间连杆应在同一水平线上。

② 隔离开关、隔离负荷开关合闸后，触头间的相对位置以及分闸后触头间的净距或拉开角度，符合产品技术文件要求。

③ 三相联动的隔离开关在分合闸时触头应同时接触，触头接触时的不同期值一般为：10~35kV小于5mm，63~110kV小于10mm，220~330kV小于20mm。

④ 隔离开关、负荷开关的闭锁装置动作灵活、正确、可靠；带有接地刀的隔离开关，主触头与接地刀间的机械或电气闭锁正确可靠；隔离开关及负荷开关的辅助开关安装牢固，动作正确，接触良好。

⑤ 高压熔断器安装：跌落式熔断器的熔管轴线与铅垂线的夹角应为15°~30°，跌落不应碰及其他物体。

7）高压开关柜

（1）施工内容

高压开关柜施工内容包括SF_6全封闭组合电器、SF_6气体绝缘高压开关柜（GIS）和空气绝缘高压开关柜（AIS）的安装及调整。

（2）SF_6气体绝缘高压开关柜（GIS）安装与调整流程

施工准备→底座安装→柜体连接→附件安装→一、二次电缆连接→SF_6检漏及充气→整体检查→电气试验→填写记录。

（3）空气绝缘高压开关柜（AIS）安装与调整流程

施工准备→开关柜组立→柜间连接→母线桥安装→一、二次电缆连接→整体检查→电气试验→填写记录。

（4）操作要点

① GIS 开关柜安装

由端柜侧开始进行安装，第一面开关柜就位固定后，调整其位置、垂直度和水平度，达到产品技术文件要求后固定牢靠；自第二面 GIS 开关柜起，在 GIS 开关柜并列安装的同时，进行柜体之间主母线的连接；并列开关柜全部就位后，将每台柜内的主接地母线连接成一个整体，并从全部并列开关柜的两端与接地网可靠连接；开关柜气室现场需要充补气时，应按照产品技术文件要求及时进行抽真空处理、充气，并进行检漏和微水测量。

② AIS 开关柜安装

由端柜侧开始进行安装，第一面开关柜就位固定后，调整其位置、垂直度和水平度，达到产品技术文件要求后固定牢靠；按图纸依次连接后续开关柜，柜体的组立应垂直牢固，符合产品技术文件要求；组装母线桥，母线桥的组装形式及母线的安装方式应符合产品技术文件要求；母线应按相序分别进行连接；并列开关柜全部就位后，将每台柜内的主接地母线连接成一个整体，并从全部并列开关柜的两端与接地网可靠连接。

③ 高压开关柜传动测试

对开关柜内的断路器、隔离开关进行手动操作传动检查，并检查电气闭锁回路及三工位隔离开关动作的可靠性；对开关柜内的断路器、隔离开关进行电动操作传动检查，开关动作及电气联锁功能应符合设计要求。

8）集中无功补偿装置

集中无功补偿装置施工包括固定无功补偿装置、动态无功补偿装置（SVC）及动态无功发生器（SVG）的安装。

（1）动态无功补偿装置（SVC）安装流程

施工准备→基础测量→框架、绝缘子安装、接地线焊接→电容器、电抗器、晶闸管阀组安装→母线安装→柜体安装、电气接线→质量检查→填写记录。

（2）固定无功补偿装置和动态无功发生器（SVG）安装流程

施工准备→基础测量→柜体安装→电气接线→质量检查→填写记录。

9）低压开关柜

低压开关柜施工主要包括抽出式或固定式开关柜的施工。低压开关柜施工流程为：施工准备→开关柜组立→柜间连接→母线桥安装→母线安装→一、二次电缆连接→整体检查→电气试验→填写记录。

10）综合自动化系统及二次配线

综合自动化系统及二次配线施工包括屏、柜、台、箱的安装及其二次回路接线施工。

（1）配电屏、控制台、端子箱的安装流程

施工准备→屏柜组立→安装固定→屏柜接地→电缆头制作→接线→电气试验→填写记录。

（2）电缆二次回路接线的安装工序流程

施工准备→绝缘检查→电缆校线→固定电缆头、挂电缆→芯线排把→接线→填写记录。

11) 母线装置

（1）施工内容

母线装置施工包括额定电压220kV及以下软母线、硬母线、管形母线装置的安装及调整，绝缘子及穿墙套管的安装与调整。

（2）软母线的安装及调整施工流程

施工准备→绝缘子组装→测量下料→金具安装→母线连接→母线悬挂→弛度调整→跳线连接→引下线制作安装→挂相序牌→填写记录。

（3）硬母线的安装及调整施工流程

施工准备→绝缘子金具安装→测量下料→接触面加工钻孔→主母线安装→分支母线安装→质量检查→涂刷相色→填写记录。

（4）管型母线的安装及调整流程

施工准备→绝缘子金具安装→测量下料→线夹加工钻孔→母线管安装→质量检查→涂刷相色→填写记录。

（5）操作要点

① 支柱绝缘子、穿墙套管及悬式绝缘子安装

当穿墙套管直接固定在钢板上时，套管周围不应成闭合磁路；支柱绝缘子底座、穿墙套管法兰及母线支架或托架等不带电的金属构件，均应接地。

② 软母线安装

a. 母线安装前表面应光洁平整，不应有裂纹、折皱、夹杂物及明显的损伤或腐蚀等缺陷；硬母线不应有变形和扭曲现象，软母线不得有扭结、松股、断股等现象。

b. 软母线导线有扭结、断股和明显松股或同一截面处损伤面积超过导电部分总截面的5%时不允许使用。

c. 软母线在档距内不得有接头，放线过程中，导线不得与地面摩擦；切断导线时，端头应绑扎，端面整齐、无毛刺。

③ 母线涂刷相色漆和设置的相色标志

三相交流母线：A相为黄色，B相为绿色，C相为红色；单相交流母线与引出相的颜色相同；交流接地母线为黑色；直流母线：正极为赭色，负极为蓝色。

12) 交直流电源装置

（1）施工内容

交流、直流电源装置施工包括免维护蓄电池及交直流电源装置的施工与安装。

（2）普通型直流电源装置的安装流程

施工准备→盘柜安装→蓄电池安装→蓄电池导线连接→充电装置空载→蓄电池充放电→蓄电池容量校验→填写记录。

（3）操作要点

充电装置与蓄电池之间的接线应在充电装置断开状态下进行，先连接充电器侧，后连接蓄电池侧。

7.1.2 架空线路及电缆线路施工

1. 架空电力线路

架空电力线路施工流程为：施工准备→线路测量→基础制作→杆塔组立→杆上铁配件、绝缘子安装→拉线、接地线制作安装→导线、地线架设→线路设备安装→导线连接→质量检查→填写施工记录→线路绝缘、耐压试验检查→提交线路开通报告及有关资料→受电开通。

1) 杆塔基础开挖及浇制

（1）施工准备

根据现场定位与设计提供的平面图进行复测。根据设计规定的强度等级进行混凝土配合比试验，并取得配合比试验报告；钢筋进场时，必须按批抽取试件做力学性能和工艺性能试验，其质量达到国家标准规定和设计要求。

（2）基坑开挖

开挖前检查各控制桩应完整无缺，如有缺失，及时补齐；在开挖过程中，如发现地质情况与设计不符，应及时向相关部门汇报，不得擅自增、减基坑的有效深度；如果地下水位高，土质松软易塌时，可用板桩支撑坑壁，防止坑壁倒塌；基坑开挖深度达到设计要求时，进行基底承载力试验。如有换填要求的，按照设计要求换填，分层夯实；有密实度要求的，取样送检。

（3）基础浇筑

按设计图纸要求加工配备基础钢筋，钢筋不得以小代大；混凝土浇筑完毕后应在12h内开始养护，但炎热有风的夏日，应在3h内开始养护。当气温高于5℃时，基础应经常淋水养护；当气温低于5℃时，不得露天浇水养护，而应采取暖棚养护方法。

2) 杆塔组立

电杆组立前检查电杆焊接质量是否合格，杆身无裂纹等缺陷，判定合格后方准组立。电力架空线路多采用钢筋混凝土电杆。常用立杆方法有多种，如利用汽车起重机立杆，用架杆组立、叉杆组立、人字形抱杆组立等。

螺栓连接的构件应符合以下工艺要求：

（1）螺杆应与构件面垂直，螺头平面与构件间不应有间隙。

（2）螺栓紧好后，螺杆丝扣露出的长度：单螺母不应少于两个螺距；双螺母可与螺母相平；当必须加垫圈时，每端垫圈不应超过2片。

（3）螺栓的穿入方向：对立体结构，水平方向由内向外，垂直方向由下向上。对平面结构，顺线路方向，双面构件由内向外，单面构件由送电侧穿入或按统一方向穿入。横线路方向，两侧由内向外，中间由左向右（面向受电侧）或是按统一方向穿入；垂直方向，由下向上穿入。

3) 横担、绝缘子安装

（1）横担安装

线路单横担安装，直线杆应装于受电侧，分支杆、90°转角杆及终端杆应装于拉线侧。

（2）拉线制作、安装

挖好拉线坑，将连接好的拉线盘下到坑底，使拉线棒沿马道方向与电杆中心对正。调整拉线棒角度（其对地夹角一般为45°），并使拉线盘垂直于拉线棒。拉线棒上部的回头应向下。拉线坑回填夯实，每500mm夯实一次。计算拉线所需镀锌钢绞线长度，其经验计算公式为：$L=1.4H+800$（式中，L 为拉线制作所需钢绞线长度，H 为拉线棒上环距拉线抱箍的垂直高度），按照计算长度预制拉线。拉线与电杆夹角不宜小于45°，受地形限制时不应小于30°，特殊情况下也可采用弓形拉线及撑杆等措施，撑杆与电杆的夹角不宜小于30°；承力拉线与线路方向的中心线对正；分角拉线与线路分角方向对正；防风拉线与线路方向垂直。

（3）绝缘子安装

绝缘子安装应牢固，连接可靠，防止积水；安装时应清除表面灰垢、附着物；耐张串上的弹簧销子、螺栓及穿钉应由上向下穿，特殊情况或穿入困难时可由内向外或由左向右穿入。

4）导线架设

（1）架设准备

对施工人员进行技术交底，并填写交底记录；对参加施工的人员进行上岗前技术培训，考核合格后持证上岗；根据架线方向，布置线盘的安放位置，一般放在各线段的耐张杆处，放线支架应装设稳固。清除放线通道上的障碍物，或采取其他保护措施，以防损伤导线。线路跨越铁路、公路、电力线路及通信线时，应搭设跨越架，或采取联系停电等安全可靠措施。

（2）放线

在每根电杆的横担上悬挂开口放线滑轮，对于铝导线，采用铝滑轮，钢导线应用钢滑轮，防止磨伤导线；放线过程中，在放线架处设专人负责检查导线质量，发现有磨伤、散股、断股等情况时发出信号，停止牵引，使用制动装置，停止线盘转动，并做出标记；放线时，布置好护线人员，以免导线损伤和发生环扣现象。导线横跨道路时，应派专人看守。

（3）导线连接

10kV及以下架空电力线路的导线连接，当采用缠绕方法连接时，连接部分的线股应缠绕良好，不应有断股、松股等缺陷；在同一档距内，同一根导线上的接头不应超过1个；导线接头位置与导线固定处的距离应大于0.5m。

（4）紧线及弛度观测

常用的紧线方法为三线法紧线，即一次同时紧三条导线。使用弛度板，利用平行四边形法观测导线弛度，通过调整导线张力达到设计弛度。

（5）导线在绝缘子上的固定

导线在绝缘子上的固定方法有多种，在直线杆针式绝缘子上的固定一般为顶绑法；在转角杆针式绝缘子上的固定为侧绑法；在终端杆绝缘子上的固定为终端绑扎法；在耐张杆和终端杆悬式绝缘子上的固定为耐张线夹固定导线法。

5）线路设备安装

（1）线路设备安装内容

线路设备安装包括杆上断路器、负荷开关、隔离开关、避雷器、防振锤、配电箱的安装。

（2）线路设备安装前检查

数量、型号、规格符合设计要求，质量证明文件齐全；外观应完好，无锈蚀或机械损伤；瓷件表面应光洁，无裂缝、破损等现象；安装前必须完成电气性能试验。

（3）线路设备安装

安装应牢固可靠，电气连接应接触紧密，不同金属连接应有过渡措施；瓷件表面应光洁，无裂缝、破损等现象。

2. 电缆线路施工

电缆线路施工包括35kV及以下电缆的施工。高速铁路一般在铁路两侧设置电缆槽道，用于敷设区间电力综合负荷及一级负荷贯通线路。综合负荷贯通线路主要为沿线铁路动力负荷供电。一级负荷贯通线路主要为沿线铁路通信信号设备供电。

1）电缆线路施工流程

施工准备→线路测量→电缆沟开挖或揭开电缆沟盖板→沟底标高测量检查→电缆管煨制安装→隐蔽工程检查→电缆敷设→电缆终端、中间接头制作→电缆沟回填或盖板恢复→质量检查→填写记录→电缆绝缘电气试验→提交送电开通报告及相关资料→送电开通。

2）操作要点

（1）电缆敷设前的检查

电缆型号、电压等级、规格应符合设计要求；电缆应绝缘测试合格（额定电压0.6/1kV电缆用1000V兆欧表，0.6/1kV以上电缆用2500V兆欧表，6kV以上电缆也可用5000V兆欧表，外护套绝缘电阻用500V兆欧表）；敷设前应先对电缆径路进行复测，建立测量台账，再根据电缆清册和测量台账进行配盘，减少电缆接头；在带电区域内敷设电缆，应有可靠的安全措施。

（2）电缆敷设前的准备工作

根据实际情况编制合理的电缆敷设清册，尽量成排敷设，减少交叉，且电力电缆、控制电缆与信号电缆应分层敷设，并按上述顺序从上至下排列，必要时需绘制断面图，安排合理的电缆敷设顺序。

（3）电缆敷设

在铁路线路附近，常用的电缆敷设方式有：电缆拖车敷设、绞磨机牵引敷设、人工敷设等方式。交流单芯电缆宜采用品字形敷设或三相全换位敷设方式。电力电缆在终端头附近根据现场条件应留有备用长度，高压电缆备用长度不宜小于5m，低压电缆备用长度不宜小于3m。

（4）电缆最小弯曲半径

根据《电气装置安装工程 电缆线路施工及验收标准》GB 50168—2018的规定，电缆最小弯曲半径见表7.1-1。

（5）电缆固定

垂直敷设或超过45°倾斜敷设的电缆在每个支架或桥架上每隔2m处应加以固定；水平敷设的电缆，在电缆首末两端及转弯、电缆接头的两端处必须加以固定；护套有绝缘要求的电缆，在固定处应加绝缘衬垫。交流单芯的电缆的固定夹具不应形成闭合磁路。

表 7.1-1　电缆最小弯曲半径表

电缆形式		弯曲半径	
		多芯	单芯
控制电缆	非铠装型、屏蔽型软电缆	6D	—
	铠装型、铜屏蔽型	12D	
	其他	10D	
橡皮绝缘电力电缆	无钢铠护套	10D	
	钢铠护套	20D	
聚氯乙烯绝缘电力电缆		10D	
交联聚氯乙烯电力电缆		15D	20D

注：表中 D 为电缆外径。

（6）电缆标志牌装设

在过道防护管的两端、电缆终端头、电缆预留处、电缆接头、转弯处、夹层内、隧道及竖井的两端、人井内等地方，电缆上应装设标志牌。

（7）电缆整理、固定

单芯 10kV 电缆敷设完后，应按品字形进行固定（按设计要求），将电缆每 5m 左右用绑扎带进行绑扎；在电缆的转弯、接头、终端处均应设置电缆标示牌，标示牌上的文字应清晰，内容应符合要求（一般按照运营管理单位的要求）。

（8）电缆护层保护器安装

电缆护层保护器接地端与接地体应可靠连接；电缆终端头与电缆护层保护器间的裸连接线需做绝缘处理。

7.1.3　监控系统施工

机电设备监控系统施工包括车站、段（厂）、大中型建筑、长大隧道内各类机电设备监控系统施工。监控对象包括：10/0.4kV 变配电所、低压供配电系统、室内外照明、给水排水、客车上水及污水处理系统、通风空调系统、自动扶梯、电梯、门禁系统、消防系统等。施工流程：施工准备→设备基础制作安装→设备安装→线槽、管安装→线缆敷设→线缆连接→单机调试→系统调试。

1. 机电设备监控安装前应具备的条件

屋顶、地板施工完毕后，不得有渗漏；结束室内地面工作，室内沟道内无积水、杂物；预埋件及预留孔符合设计要求，预埋件应牢固；门窗安装完毕，所有装饰工作完毕，清扫干净；装有空调或通风装置等特殊设施的，应安装完毕，投入运行。

2. 设备安装

设备安装包括集中监控站、现场监控设备安装施工。传感器、变送器、电动阀门及执行器、现场控制器等现场监控设备的安装位置应符合设计和产品技术文件要求，做到就近安装，隐蔽安装，安装应牢固；并列安装的同类传感器、变送器、电动阀门及执行器、现场控制器距地面高度应一致；电量传感器安装时严禁电压传感器输入端短路和电流传感器输出端开路。

3. 系统布线

线缆布放前应进行测试和外观检查，检查线缆有无断线、混线和外皮破损现象；测试电缆的绝缘电阻、耐压等电气指标并符合要求；布线应充分利用原有的桥架、地沟、槽道和管道。布设于活动地板下、顶棚上，墙上的线缆应采用阻燃材料的槽（管）布放；敷设在多尘或潮湿场所管路的管口和管子连接处均应做密封处理。敷设好的线缆两端应贴有标签，标明型号、长度及起止设备名称等必要的信息；当采用屏蔽布线时，应保持系统中屏蔽层的连续性，以满足系统接地的可靠性，电缆屏蔽层宜采用一点接地。

4. 机电监控系统调试

机电监控系统调试的前置条件是：集中监控站、现场控制设备、各被控对象安装完成，并完成子系统的调试。通信通道通畅是机电监控系统调试的必备条件。

根据设计确定的信息点表，分别对受控设备进行遥控、遥信、遥测功能试验及调度管理功能测试。

7.1.4 防雷、接地施工及电力系统调试

1. 防雷、接地施工

防雷、接地施工包括电力变电所、配电所及电力线路的防雷、接地施工。

1）变、配电所内接地网及接地母线施工流程

施工准备→接地网沟开挖→垂直接地体安装→水平接地体焊接及敷设→接地体焊接→接地母线安装→接地电阻测量→填写记录。

2）室内外设备接地线施工流程

施工准备→测量下料煨弯→接地线敷设→接地线焊接→填写记录。

2. 接地网及接地母线施工

1）施工准备

对现场技术和施工人员进行安全技术交底，并填写交底记录；根据设计图纸要求确定接地体设置的位置及走向，用白灰粉做出明显的标志。

2）地网沟开挖

人工或机械根据标线进行地网沟开挖，弃土统一堆放在土沟一侧，以便于接地体敷设。开挖深度不小于设计值深度要求。

3）接地网敷设

接地网由水平接地体和垂直接地体组成。水平接地体一般为镀锌扁钢、镀锌圆钢、铜包钢绞线或铜绞线；垂直接地体一般采用镀锌角钢、镀锌钢管、铜棒或铜管。

4）地网沟回填

施工中，接地网应分区域按照开挖、敷设、回填、焊接的程序进行，以减少沟壁坍塌和清土量；焊好的接地网在检查合格后，即可分层回填夯实。

5）接地母线安装

在敷设主地网的同时制作电缆沟接地母线，并将电缆沟接地母线与主地网在设计位置连接至少两处；将各设备的接地引下线与主地网相连接，不允许串接；最后将从室外接地网引入的接地线与室内接地母线连接起来。所有的接地母线接头在安装结束后，均应清除干净焊药、焊渣并进行除锈处理。

6）接地电阻测试

接地网及接地母线安装结束后，应使用接地电阻测试仪测试接地电阻，测试值必须符合设计规定。

3. 防雷装置

防雷装置施工包括避雷针、避雷器、浪涌保护器、避雷引下线的安装。

1）避雷针安装

基础达到安装强度、避雷针独立接地网及变、配电所内主接地网敷设完成后，方可进行避雷针组装、组立、结构调整、垂直度检查。避雷针组立后应立即用引下线与独立接地网不少于两处焊接牢固。

2）避雷器安装

避雷器安装前必须检查：瓷件应无裂缝、破损，瓷套与铁法兰间的粘合应牢固，法兰泄水孔应畅通；组合单元应经试验合格，底座绝缘应良好；金属氧化物避雷器的安全装置应完好；避雷器的接地引下线宜短捷，其工作及保护接地线应分别与地网连接牢固。

3）浪涌保护器安装

按照设计要求，根据设备类型分别安装在电源线路、配电屏以及铁路电子信息系统等相关部位，浪涌保护器的接地线设置应短捷，直接与接地网或等电位接地体连接。

4）避雷引下线的安装

避雷引下线在支柱上应固定牢靠、整齐美观，固定线夹安装位置满足设计要求；接入附近的综合贯通地线或接地极，接地电阻值应符合设计文件要求；接地位置与弱电设备的距离应满足相关规范要求。

4. 电力系统调试

1）电力系统调试内容

电力系统调试包括变、配电所受电启动、电力贯通线路受电和配合调试施工。

2）变、配电所受电启动应具备的条件

施工安装已完成，设备电气试验合格，全所整组试验已完成；受电启动专项方案已编制，并获相关单位批准；主要设备的技术文件和图纸齐全；外部电源已送电，高压进线间隔设备编号及相序核对无误；变、配电所内通信设施已投入使用，通信通道畅通、清晰；所内有可靠的操作电源；设备本体编号标识与综合自动化系统、远方电力调度台及电力系统示意图相互一致。

3）变、配电所受电启动的检查及准备工作

拆除所内各种临时设施及施工用临时电源线路，对电气设备及瓷件应进行一次清扫；临时接地线、验电工具、值班用品及抢修用工具、材料应齐全；隔离开关、断路器应在分闸位置，馈线开关柜内接地刀闸处于合闸位置；电力变压器、动力变压器、电抗器的分接开关应在规定位置；变、配电所内的控制方式选择开关应置于当地控制位置；重合闸装置应退出运行；受电前，用兆欧表测量变压器、断路器绝缘电阻应合格。

4）变、配电所受电启动程序

（1）外部电源引入所内后，在高压侧电压互感器端子箱处核对电压、相位及相序，应符合设计要求。

（2）对每台变压器应进行5次冲击合闸试验。

（3）中性点接地的电力系统，冲击试验时变压器中性点必须接地。

（4）对变压器进行第一次冲击后，持续时间10min，变压器应无异常，然后手动分闸。

（5）第二、三、四次冲击时，持续时间宜为5min，分别模拟保护动作分闸。

（6）变压器第五次冲击后手动分闸。

（7）当设有备用电源自动投入装置时，采用自投功能对变压器进行第五次冲击。

（8）低压侧母线及设备应进行全电压冲击；冲击后，核对低压侧母线电压及相位，应符合设计要求。

（9）无功补偿装置的冲击合闸试验应进行三次，每次间隔5min。

（10）第一、第二次冲击后，可模拟保护动作分闸，第三次冲击后手动分闸。变、配电所内用电系统应投入运行。

（11）在交流屏核对所用电电压及相位、相序，应符合设计要求。

5）35kV及以下变、配电所和箱式变电所、箱式电抗器受电调试

（1）35kV及以下变、配电所受电启动空载运行24h后，方可按送电方案向线路送电。

（2）投入贯通调压器及低电阻柜后，测试馈出贯通电缆每相的绝缘电阻，确认合格后，分别向各回路贯通电缆送电，检查电压应无异常，线路末端验明有电。

（3）贯通电缆受电应以每座箱式变电所为界按顺序分段测试绝缘电阻，合格后进行冲击，电缆应正常。

（4）对箱式变电所、箱式电抗器进行冲击，变压器、电抗器应无异常，并核对箱式变电所低压侧电压和相序。

（5）向低压负荷送电时，应在低压动力柜、配电箱进线端进行验电核相。

（6）变、配电所和箱式变电所受电正常稳定后，应按设计文件进行相邻配电所间的联调试验，当主供所馈线失压后，相邻所的备自投应启动，线路由相邻所供电。

7.2 电力牵引供电工程施工

7.2.1 牵引变电所施工

牵引供电系统是将电能从电力系统传送给电力机车的电力装置的总称，主要由牵引变电所和接触网两大部分组成。牵引变电所将电力系统输电线路电压从110kV、220kV或330kV降到27.5kV（或AT供电系统的电压55kV），经馈电线将电能送至接触网，电力机车通过受电弓取得电能。降低电压是由牵引变压器来实现的，将三相变为单相是通过变电所的电气接线来达到的。牵引变压器是一种特殊电压等级的电力变压器，可满足牵引负荷变化剧烈的要求，是牵引变电所的核心设备。一条电气化铁路沿线设有多个牵引变电所，相邻变电所间的距离约为40～50km。

1. 牵引变电所施工流程

牵引变电所的施工流程为：施工准备→基础、构支架安装→开关设备及互感器安装调试→变压器运输就位及附件安装→母线装置安装→电缆敷设及附件安装→盘柜安装、二次接线→防雷接地装置及回流线缆安装→综合自动化系统、辅助监控系统安装→设备试验调试→受电启动→向接触网送电。

2. 基础及构支架

1) 基础施工方法及要求

(1) 基坑开挖及防护

① 人工开挖及防护

首先应了解施工现场地下管线埋设情况，坑边不得放置重物和工具，弃土应距坑边 0.6m 以外，堆土高度不应超过 1.5m；深基坑内作业人员必须戴安全帽，同时作业的人员之间应保持不小于 2m 的距离，必要时设置坑壁防护支撑，并在基坑作业周围设置围栏、围挡等防护和警示标志，夜间设置红色警示照明标志。

② 机械开挖及防护

软石和强风化岩石宜采用机械开挖，应从上至下进行，严禁掏底开挖。

(2) 基础浇筑及养护

大型设备基础，一次连续浇筑完成，确保混凝土搅拌均匀，以不超过 300mm 分层振捣密实。

基础混凝土强度等级应符合设计文件要求，牵引变压器、组合电器、断路器基础各取一组试块；其他基础每个工作班不少于一组试块。混凝土的力学性能标准条件养护试件的试验龄期为 28d。同条件养护法试件逐日累积温度为 600℃·d，养护龄期不应小于 14d，也不宜大于 60d。

(3) 基础施工各部位要求

基础施工各部位要求见表 7.2-1。

表 7.2-1 基础施工各部位要求表

施工部位		允许偏差
基础轴线位置允许偏差	独立电气设备	±10mm
	三相联动设备	±10mm
	构支架基础	±20mm
基础顶面高程允许偏差	独立电气设备	−20～0mm
	三相联动设备	−10～0mm
	构支架基础	−10～0mm
断路器	各单元本体水平差	0～+2mm
	相间水平差	0～+5mm
	单元各组与各相关单元轴线误差	0～+5mm
预埋件、预留沟槽位置		符合施工图要求
GIS 基础整体水平误差		0～+5mm
预埋螺栓允许偏差	中心距	±2mm
	外露长度	0～+20mm
基础型钢允许偏差	不直度	1mm/m 5mm/全长
	水平度	1mm/m 5mm/全长
	位置偏差及不平行度	5mm/全长

2）构支架组立施工方法及要求

（1）混凝土构架组立

将混凝土构架吊装至杯形基础内，测量调整混凝土构架与坑口中心和底部的位置，将混凝土注入杯坑并稳固调整混凝土构架。检查确认电杆位置及垂直度符合要求后，用楔形片石将混凝土构架可靠固定后灌注回填。组立后的母线构架和设备支架应及时进行接地连接。

（2）钢构架组立

同一组构架支柱立完后要进行垂直度调整和相对位置的测量检查，如有偏差应调整至正确位置；构架横梁起拱方向和挂线环安装方向与施工图相符，挂线环应在横梁的顶面；地线架与立柱应在同一垂直中心线上。

（3）构架组立要求

所有钢构架均应与基础垂直，在调整中用经纬仪测量，如有误差，可通过调节螺母调整。钢架构安装方向正确、牢固、水平，所用紧固件符合设计要求，镀锌层完整，无锈蚀现象。横梁应平直，弯曲度不应大于其对应长度的5‰，构架与设备支架应垂直，倾斜度不应大于其高度的3‰。同一轴线上安装的构架及支架电杆的偏移不应大于20mm，同一组构架的高低差不应大于5mm。

3. 防雷、接地装置

防雷、接地施工包括牵引变电所接地网、避雷针、避雷器、各种室内外裸露分散的工作和保护接地、集中接地箱、回流线缆及与综合接地系统的连接等。

1）避雷器安装要求

避雷器外部应完整无缺损，封口处密封良好，安装应牢固；倾斜度不大于3‰。并列安装的避雷器三相中心应在同一直线上；铭牌应位于易于观察侧，且三相位于同一侧。放电记录器应密封良好，动作可靠，并应按产品的技术规定连接；安装位置应一致，且便于观察；接地应可靠。均压环应水平，不得歪斜；工作接地、保护接地应分别与地中接地装置可靠连接。

2）接地装置安装方法及要求

（1）接地装置材质

接地装置按接地材料可分为扁钢接地网和铜材质接地网两大类。

（2）接地装置施工流程

接地网沟测量布设→接地网沟开挖→水平接地体布设→垂直接地体安装→接地体连接→接地网沟回填→接地电阻值测试→隐蔽记录填写。

（3）接地装置安装要求

① 扁钢接地网及接地干线安装要求

a. 提高水平接地体"T"或十字形连接部位及水平接地体与垂直接地体连接部位的强度，各连接点应加焊"L"形连接条。

b. 室内接地母线（干线）应沿室内踢脚线上方敷设。

c. 接地母线下沿至地面间距离应符合设计图纸的要求。

d. 接地网沟深度不宜小于0.7m，人行过道处不应小于1m。

e. 地中水平接地体与建筑物的距离不宜小于1.5m。

f. 接地线应防止发生机械损伤和化学腐蚀。接地线在穿越墙壁、楼板时，应套钢管防护。

g. 电缆沟内的预埋件及沟沿上的预埋型钢均应与沟内接地母线可靠连接。

h. 高压室、控制室电缆沟上沿的型钢框架，其与沟内接地母线的连接点不应少于两处。

i. 敷设完毕的室外接地网，须在监理单位检查签认后方可回填，回填土应分层夯实。

② 铜材质接地网及接地母线安装

铜材质接地体连接工艺采用热熔焊。热熔焊接模具要与接地体材料匹配，焊接前对模具熔腔和型腔进行清理，做到无焊渣和泥土，并使用喷灯烘干。接地体材料焊接前要保证无泥土等污物，同样需要烘干。焊接模具使用产品规定次数后必须更换，或者在出现焊接工艺质量下降时要更换模具。

4. 变压器及互感器

1）变压器

变压器是利用电磁感应的原理来改变交流电压的装置，主要构件是初级线圈、次级线圈和铁芯（磁芯）。主要功能有：电压变换、电流变换、阻抗变换、隔离、稳压（磁饱和变压器）等。

（1）变压器运输与就位方法及要求

① 变压器运输与就位方法

大型变压器一般采用自锚就位方法进行就位，中、小型变压器采用起重机吊装就位。吊装时按照计算好的技术参数进行一次试吊，试吊成功后，再将变压器吊装就位。

② 变压器运输与就位要求

变压器在装卸和运输过程中的倾斜角度不得超过15°，且不应有严重冲击和振动，有加速度记录仪的应查看记录结果。充氮运输的变压器，其充氮表压力应保持在正压0.01～0.03MPa范围内。

（2）变压器安装方法及要求

① 变压器安装方法

变压器安装步骤依次为：散热器、净油器、油枕、防爆筒或压力释放阀、高压套管、气体继电器、补充注油、呼吸器、温度计、风扇及配线。

② 变压器安装要求

a. 变压器安装位置、方向符合设计要求，各部位均应无渗油现象。

b. 油漆完整，各相标志正确，接地可靠，顶盖上无杂物。

c. 油枕、散热器、净油器的油路阀门打开并准确定位。

d. 铁芯、套管和油箱接地可靠，油枕、高压套管油位正常，无假油位。

e. 调压切换装置应动作正确、接触良好，分接头与动作指示器指示位置一致。

f. 温度计指示正确，整定值符合规定。

g. 补充注油后，变压器油应试验合格。

2）互感器

互感器又称为仪用变压器，是电流互感器和电压互感器的统称。能将高电压变成低电压、大电流变成小电流，用于量测或保护系统。其功能主要是将高电压或大电流按比例变换成标准低电压或标准小电流，以便实现测量仪表、保护设备及自动控制设备的标准化、小型化。同时互感器还可用来隔开高电压系统，以保证人身和设备的安全。

（1）互感器安装方法

吊装就位：吊装机具进入吊装位置并放置稳固。将两根钢丝绳套挂在设备的专用吊钩上，并在设备的中部拴好稳固绳。在互感器与钢丝绳接触的部位加软衬垫物。核对互感器极性标志并根据施工图确定其朝向。设备吊离地面100mm时，对吊绳和稳固绳要进行检查，确认安全后再继续起吊。起吊过程中，用稳固绳加以引导，防止碰伤设备。互感器吊至设备支柱上端后，调正方向缓缓下落对位。对位后应及时用螺栓固定。

（2）互感器安装要求

互感器的安装位置、绕组个数、变比和极性方向符合设计文件要求，电流互感器备用二次绕组应经短路后接地；分级绝缘的电压互感器一次绕组的接地引出端子应接地。有均压环的互感器，均压环应安装牢固、保持水平，且方向正确。互感器安装牢固，外壳及其支架应接地。

5. 牵引供电用高压电器

高压电器是在高压线路中用来实现关合、开断、保护、控制、调节、量测的设备。一般的高压电器包括开关电器、量测电器和限流、限压电器。铁路牵引供电用高压电器主要包括高压断路器、SF_6全封闭组合电器、高压开关柜、隔离开关、负荷开关及高压熔断器。

1）高压断路器

高压断路器（或称高压开关）不仅可以切断或闭合高压电路中的空载电流和负荷电流，而且当系统发生故障时通过继电器保护装置的作用，切断过负荷电流和短路电流，它具有相当完善的灭弧结构和足够的断流能力，目前我国铁路牵引变电工程中常采用的高压断路器有：六氟化硫断路器（SF_6断路器）、真空断路器等。

（1）SF_6断路器

SF_6断路器，是以SF_6气体为绝缘介质的断路器。它与空气断路器同属于气吹断路器，不同之处在于：SF_6断路器工作气压较低；在吹弧过程中，气体不排向大气，而在封闭系统中循环使用。

（2）真空断路器

真空断路器主要包含三大部分：真空灭弧室、电磁或弹簧操动机构、支架及其他部件。

真空断路器主要特点有：机械寿命长，燃弧时间短，熄弧后触头间隙介质恢复速度快，对开断近区故障性能较好；触头电气寿命长，噪声小，适用于频繁操作；体积小、重量轻，适用于开断容性负荷电流。

2）SF_6全封闭组合电器

SF_6全封闭组合电器，国际上称为"气体绝缘开关设备"，简称GIS。

SF_6全封闭组合电器的优点包括：

（1）具有可靠性与安全性

由于带电部分全部密封于惰性 SF_6 气体中，不与外部接触，不受外部环境的影响，大大提高了可靠性。此外，由于所有元件组合成为一个整体，具有优良的抗震性能；带电部分密封于接地的金属壳体内，没有触电危险；SF_6 气体为不燃烧气体，所以无火灾危险；带电部分封闭于金属壳体内，对电磁和静电实现屏蔽，噪声小，抗无线电干扰能力强。

（2）适应环境能力强

适用于环境条件恶劣（如严重污秽、冰雹、多风雪、多水露、高海拔、多地震等）地区。

（3）安装与维护方便

安装周期短。由于实现小型化，可在工厂内进行整机装配，试验合格后，以单元或间隔的形式运达现场，既可缩短现场安装工期，又能提高可靠性。因其结构布局合理、灭弧系统先进，大大提高了产品的使用寿命，因此检修周期长，维护工作量小。

3）高压开关柜

高压开关柜是指用于铁路电力系统中输电、配电、电能转换和消耗中起通断、控制或保护等作用的设备。在铁路牵引变电所中常用的高压开关柜有 GIS 开关柜、AIS 开关柜。AIS 以投资成本低为特征，GIS 以需求空间小为特征。

4）隔离开关、负荷开关及高压熔断器

隔离开关是一种主要用于"隔离电源、倒闸操作、用以连通和切断小电流电路"，无灭弧功能的开关器件。隔离开关在分位置时，触头间有符合规定要求的绝缘距离和明显的断开标志；在合位置时，能承载正常回路条件下的电流及在规定时间内异常条件（例如短路）下的电流的开关设备。隔离开关的主要特点是无灭弧能力，只能在没有负荷电流的情况下分、合电路。

（1）负荷开关

负荷开关是介于断路器和隔离开关之间的一种开关电器，具有简单的灭弧装置，能切断额定负荷电流和一定的过载电流，但不能切断短路电流。在铁路牵引供电系统中，负荷开关主要用于所用变压器和故障判别装置系统中。

（2）高压熔断器

熔断器是最简单的保护电器，它用来保护电气设备免受过载和短路电流的损害，在牵引变电所中主要用于变电所内的所用电变压器、电压互感器等电器设备的过载和短路保护。

6. 母线及绝缘子

1）软母线安装

软母线安装主要步骤为：绝缘子串安装、测量下料、金具安装、母线悬挂、弛度调整、过桥连接、引下线制作安装和挂相序牌。

2）硬母线安装

硬母线安装主要步骤为：硬母线测量、下料及煨弯、接触面加工及钻孔、主母线安装和分支母线安装。

其中硬母线的测量、下料、煨弯等项工作，均按主母线、分支母线、设备连接线的顺序依次进行，以减少材料消耗。在主母线安装好后，各分支母线或设备连接线可依安装顺序依次完成。

母线涂漆的颜色应符合下列规定：三相交流母线 A 相为黄色，B 相为绿色，C 相为红色，单相交流母线与引出相的颜色相同。直流母线：正极为赭色，负极为蓝色。采用 AT 供电方式的电力牵引供电系统，变压器二次侧 A 相或 F 线或 M 座为黄色，B 相或 T 线或 T 座为绿色，N 线为紫色，交流接地母线为黑色。

3）管型母线安装

管型母线的安装步骤为：测量、下料、加工连接、管形硬母线的安装和管形母线的表面处理。

7. 电力电缆、回流电缆以及控制电缆

电缆施工分为电缆敷设施工及电缆头制作施工。电缆敷设分为电力电缆敷设和控制电缆敷设。铁路牵引变电所电力电缆敷设分为 27.5kV 电力电缆敷设、10kV 及以下电力电缆敷设以及控制电缆敷设。

1）27.5kV 电力电缆敷设

电缆敷设方法如下：

（1）根据电缆拉出的方向（与电缆盘标示箭头方向一致）用放线架将电缆盘升起，且电缆盘法兰边缘距地面 150~200mm。将电缆标志牌用透明胶带缠绕在电缆终端，然后将电缆从电缆盘上方缓缓拉出。

（2）敷设时应由专人检查敷设线路，在一些重要转弯处配备有经验的电缆工，电缆应平行敷设，不能绞在一起敷设，一根电缆敷设完，立即整理、绑扎、挂牌，以保证电缆敷设整齐、美观、正确。电缆敷设时应根据需要留出一定的备用长度。

（3）在敷设电缆过程中应注意转弯部分，特别是十字交叉处，要求把分向一边的电缆一次性进行敷设，另一边的再做一次敷设，使交叉处排列整齐，在转弯处每根电缆要一致地相互平行转弯。电缆的弯曲半径大于其电缆外径的 15~20 倍。

（4）敷设过程中，应随时检查电缆的外观，电缆是否被压扁、折曲、伤痕等，如有缺陷，应经处理后方可敷设，并做好带有损坏部位照片的记录。

（5）每根敷设好的电缆两端必须正确标记电缆编号，必要时还应在电缆中间位置标记。电缆裁断后用电缆封帽将两端塑封。

（6）电缆在电缆沟内敷设时，与控制电缆等应按设计要求分层敷设，并按顺序排列整齐。电缆自上而下的排列顺序为：高压电缆、低压电缆、控制电缆。

（7）电缆直埋敷设时，在穿过道路或铁路线路时，应使用内壁光滑的塑料管（PE 或 PVC）作为保护管。

（8）当电缆敷设在长距离的直线电缆沟段时，应使用地辊轴进行牵拉，牵拉力不大于 15kN。

（9）电缆敷设好后两端应及时密封。

（10）设置好电缆标桩，直埋电缆直线段每隔 50m、电缆接头处、转弯处、进入建筑物处设置明显标志。

（11）电缆敷设完成后，填写相关的施工记录。

2）电力电缆、回流电缆、控制电缆敷设及制作安装电缆保护管

（1）人力敷设

人力敷设电缆时，应统一指挥控制节奏，每隔1.5～3m有一人肩扛电缆，边放边拉，慢慢施放。

（2）机械敷设

机械敷设电缆时，一般采用专用电缆敷设机并配备必要的牵引工具，牵引力大小适当、控制均匀，以免损坏电缆。

（3）敷设检查

敷设电缆前，要检查电缆外观及封头是否完好无损，敷设时注意电缆盘的旋转方向，不要压扁或刮伤电缆外护套，在冬季低温时切勿以摔打方式来校直电缆，以免绝缘、护套开裂。敷设时电缆的弯曲半径要大于规定值。

（4）测量电缆绝缘电阻

在电缆敷设安装前、后用兆欧表测量电缆各导体之间的绝缘电阻是否正常。

（5）敷设注意事项

电缆如直埋敷设，要注意土壤条件，一般建筑物下电缆的埋设深度不小于0.3m，较松软的或周边环境较复杂的，如耕地、建筑施工工地或道路等，要有一定的埋设深度（0.7～1m），以防直埋电缆受到意外损害，必要时应设置明显的标志。

8. 交直流电源装置

交直流电源装置是为供给牵引变电所内继电保护、控制、信号、计算机监控、事故照明、交流不间断电源等设备送电。

1）交直流电源装置安装方法

（1）盘柜固定

每面盘不少于4个固定螺栓，螺栓焊接应牢固。焊接后的螺栓要垂直，每面盘逐个扣上压板紧固，采用点焊，防止损坏盘体漆面。在电池盘安装电池时，不得损坏电池，电池要安装水平并留有间隙，串接后正负极出线应便于与直流盘连接。

（2）交流盘

交流盘一般由两路外部电源供电，两路电源回路电缆一般截面较大，在制作电缆头时需适当预留，配线排列整齐，绑扎均匀。

（3）交流盘与直流盘配线

电源极性应正确，接触可靠，严禁错接与短路；电源线不得有中间接头；输入电源的相线和零线不得接错，其零线不得虚接或断开。

2）交直流系统调试

应先进行交流系统调试，再进行直流系统调试。

3）交直流电源装置安装要求

（1）设备基础槽钢应高出房屋地面10mm。

（2）盘、柜独立或成列安装时，其垂直度、水平度以及盘、柜面和盘、柜间接缝要符合要求，盘柜安装要牢固、可靠。接线要正确美观、回路编号要正确清晰、电气回路的连接要牢固可靠。盘、柜安装允许偏差见表7.2-2。

（3）交直流系统间电线、电缆的屏蔽接地要连接可靠，与接地干线就近连接；设

备接地（PE）或接零（PEN）标识要清晰。

表7.2-2 盘、柜安装允许偏差表

序号	项目		允许偏差（mm）
1	垂直度		+1.5
2	水平偏差	相邻两盘顶部	+2
		成列盘顶部	+5
3	盘面偏差	相邻两盘边	+1
		成列盘面	+5
4	盘柜间接缝		+2

9. 综合自动化系统及屏柜二次接线

综合自动化系统是将变电站的二次设备（包括仪表、信号系统、继电保护、自动装置和远动装置）经过功能的组合和优化设计，利用计算机技术、电子技术、通信设备及信号处理技术，实现对全变电站的主要设备和输配电线路的自动监视、测量、自动控制和微机保护以及与调度通信等综合性的自动化功能。

1）盘、柜及二次配线施工步骤

盘、柜及二次配线施工步骤：盘、柜安装→盘、柜接地→电缆头制作→电缆排把→电缆牌绑扎→电缆接地制作→二次接线。

2）盘、柜及二次配线施工要求

（1）要求综合自动化盘成列安装，其垂直度、水平度以及盘、柜面不平度和盘、柜间接缝要符合盘、柜安装施工规范要求。盘、柜安装及接地要牢固可靠。

（2）要求光电缆排列整齐，强弱电分层、分管敷设，绑扎要整齐美观；不与其他线路交叉，电缆在室外地下部分可以采取直埋的方式，在地面以上必须穿管敷设，管道要可靠固定。

10. 辅助监控系统

辅助监控系统由布置在牵引变电所（亭）场坪的辅助设备和系统平台构成。系统平台通过标准接口，采集所内辅助设备信息，实现信息共享与告警联动功能，并将监控和报警信息上传铁路局级、站段级辅助监控主站。

辅助监控系统包括视频监控及巡检、环境监测、安全防范、火灾报警、动力照明控制等子系统，各子系统可以根据需要灵活配置。辅助监控系统具备接入在线监测子系统、SF_6 气体监测系统、电缆温度监测系统的能力。

1）辅助监控系统的安装与调试

（1）辅助监控系统施工方法

辅助监控系统的施工步骤为：盘、柜组立，检测元件安装，线槽布设及系统布线、配线和系统调试。其中系统调试为关键工序。

（2）辅助监控系统的安装与调试要求

① 监控盘安装应与综合自动化盘成列安装，其垂直度、水平度以及盘、柜面不平度和盘、柜间接缝要符合规范要求；盘、柜安装要牢固、可靠；监控盘底座型钢或支架

应与接地网可靠连接。

② 电缆敷设排列整齐，强弱电分层、分管敷设，绑扎要整齐美观，采用屏蔽电缆时，其屏蔽层一端应接地；如不采用屏蔽电缆时，则其备用芯应有一根接地；除有特殊要求外，一般都在监控盘侧接地。

③ 监测点摄像头、红外线对射、门禁、烟感探头应根据设计图纸及产品技术文件要求布设在杆塔、墙体和建筑物等位置，安装应牢固。

④ 全景红外摄像头、红外线对射、门禁、烟感探头、水浸、碎窗等监测元件需在房屋装修完成后实施。

⑤ 功能元件摄像头的变焦、分辨率、颜色、像素质量、探头等灵敏度、探测距离和设备连接电缆等符合设计要求。

2）在线监测及环境安全系统的安装与调试

电力设备在线监测系统由温度在线监测装置、避雷器绝缘在线监测装置、断路器在线监测装置组成，系统涵盖了变电站主要电气设备绝缘状态参数的监测，监测参量多、功能齐全。系统也可以灵活配置，由其中的一套或两套装置组成，必要时也可选配变压器油色谱监测装置。

（1）在线监测及环境安全系统主要施工内容

① 在线绝缘监测盘组立。

② 室外检测单元安装及线缆敷设连接：

a. 室外检测单元分为电压互感器检测单元、电流互感器检测单元、避雷器检测单元、变压器检测单元、断路器检测单元、27.5kV电缆头检测单元。

b. 安装时，在不影响设备正常运行的前提下，将传感器安装至便于采集各项数据的位置，再将传感器数据接入监测单元。

c. 各设备与监测盘之间的线缆采用点对点敷设，避免接续；监测单元至监测盘间光缆，可直埋敷设，或敷设于电缆沟支架上，遇铁塔时应穿管防护；电源线与信号线以及室外其他低压配电线路分开敷设。

（2）系统调试

首先应将监控盘电源接入，再逐回路进行监控单元调试。

内部调试完成后进行系统联调，监控盘通过网线或光纤与远方调度后台通信，为远方监控主机提供在线数据查询和分析、故障诊断、状态评估、决策支持等服务。调试完毕后，填写相关安装记录。

（3）在线监测及环境安全系统的安装与调试要求

① 监测盘安装应符合设计要求，与综合自动化盘成列安装，其垂直度、水平度以及盘、柜面不平度和盘、柜间接缝要符合盘、柜安装施工规范要求；盘、柜安装要牢固、可靠。

② 监测盘接地要牢固可靠。

③ 光纤及电缆敷设符合设计要求及施工规范，排列整齐，强弱电分层、分管敷设，绑扎整齐美观；不与现场的其他线路交叉。电缆在电缆沟外敷设，地下部分可以采取直埋的方式，在地面以上的部分必须穿管敷设，管道要可靠固定。电缆管露在外部的管口在电缆敷设完成后要用耐火泥等材料封堵。

④ 传感器单元、LCU单元必须按照图纸标定的地点、安装尺寸安装固定，并符合设计要求；与互感器、变压器、断路器、电缆头等监测点探头连接牢固正确，连接螺丝必须拧紧、绑扎结实。

⑤ 主机性能和监测传感器的精度应符合设计要求，按照产品技术文件要求进行调试，功能符合设计要求。

7.2.2 接触网施工

1. 支柱与基础

支柱与基础用以承受接触悬挂与支持设备的全部负荷，并将接触悬挂固定在规定的位置和高度上。基础是对支柱而言的，由基础承受支柱传给的全部负荷，并保证支柱的稳定性。接触网支柱，按其使用材质分为预应力钢筋混凝土支柱和钢支柱两大类。

预应力钢筋混凝土支柱分为横腹杆式和圆形等径支柱。钢支柱分为格构式钢支柱、H形钢支柱和圆形等径钢支柱。

支柱按照在接触网中的作用可分为中间柱、转换柱、中心柱、锚柱、道岔柱、软横跨柱、硬横跨柱及桥支柱等几种。

支柱安装一般采用轨道起重机（新建线路可以根据具体情况，采用汽车起重机）吊装的方式进行安装。

支柱基础分为直埋式基础、混凝土基础和后置锚栓基础。

直埋式基础，主要用于混凝土支柱，在铁路线路一侧的路基开挖基坑，在基坑开挖达到设计深度、底板安装以后，才能进行混凝土支柱的安装。安装完成后，立即进行支柱整正，按照设计要求安装横卧板，最后进行基坑回填。

混凝土基础比较广泛，主要用于法兰盘式支柱的安装，混凝土基础分为钻孔桩基础和独立基础。钻孔桩基础常用于新建客专线路接触网基础。混凝土基础根据现场实际情况，优先使用商品混凝土，不具备条件时，可采用现场搅拌混凝土。对于新建客专线路的支柱基础，一般情况下，均由接触网设计单位提出条件，土建施工单位按照要求进行预留。法兰盘式支柱安装前，首先要确认（预留）基础螺栓的各向尺寸是否满足设计要求，在满足混凝土养护时间后，才能进行支柱安装。支柱安装当场，必须满足对角螺母安装、支柱法兰不能悬空的要求，当日安装完成后，应尽快组织人员进行支柱整正，补齐螺母。

后置锚栓基础是指在既有的混凝土结构上植入化学锚栓，对法兰底座等钢结构进行固定。一般采用电锤或水钻的方式钻孔、清孔、锚栓灌注、凝固几个步骤，之后按照设计要求进行拉拔试验，试验合格后，才能进行锚固件的安装。

接触网支柱的侧面限界是指支柱靠线路一侧至线路中心线的垂直距离。为了确保行车安全，支柱侧面限界任何时候不得小于2440mm。

2. 拉线

拉线一般设在锚柱处，如接触悬挂下锚、中心锚结下锚、附加悬挂下锚等，其作用是将线索的水平张力传给大地。根据安装位置和支柱型号的不同，所选用的拉线和零部件也就不同。拉线基础按其施工方法可分为传统锚板式基础和钢筋混凝土浇筑式基础两种。

拉线安装的前提条件是支柱整正和拉线基础完成。拉线安装一般采用预制法和现场裁线法两种。预制法适用于拉线角钢高度统一和拉线基础距离标准的情况下，现场裁线法适用于现场地势多变、拉线基础距离锚柱不标准的区段。

拉线（与水平地面）的角度一般为45°，受地形限制时，最大不超过60°。

3. 支持装置

支持装置用以支持接触悬挂，并将其负荷传递给支柱或其他建筑物，分为腕臂支持装置、软横跨支持装置、吊柱支持装置几种。

腕臂支持装置包括底座、腕臂、棒式绝缘子及其连接件。施工时必须先安装底座，之后进行腕臂测量、腕臂计算、腕臂预配，最后进行腕臂安装的工序。腕臂预配一般采用工厂化预配，提高优良率。腕臂安装分为人工作业和轨行作业车作业两种安装方式。

软横跨支持装置包括横向承力索、上部固定绳和下部固定绳以及连接零件。软横跨安装必须在软横跨钢柱安装、整正完成之后进行。主要工序分为：底座安装、软横跨测量、软横跨计算、软横跨预制、软横跨安装。软横跨安装时，要求封锁该软横跨跨越的所有股道后才可以进行施工。下部固定绳要求在承力索架设完成后，才能安装。

吊柱支持装置是在吊柱上进行腕臂固定的方式，分为硬横跨吊柱支持装置和隧道吊柱支持装置两种。硬横跨吊柱支持装置安装前必须是硬横梁架设完成。隧道吊柱支持装置安装的首要条件是固定吊柱的化学锚栓已经通过拉拔试验并达到合格。

4. 补偿装置

接触网补偿装置，又称张力自动补偿器，安装在锚段的两端，并且串接在承力索、接触线上，它的作用是温度变化时自动调整线索张力，使张力恒定不变，从而保持线索的弛度不发生变化。

接触网补偿装置分为滑轮式、棘轮式和弹簧式几类。目前国内普遍使用的是滑轮式和棘轮式。

在支柱拉线安装完成后，就可以安装补偿装置。

滑轮式补偿装置由补偿滑轮（滑轮组）、补偿绳、杵环杆、坠砣杆、坠砣、坠砣限制架和连接零件组成。其补偿滑轮按照变比分为1∶2、1∶3、1∶4三种类型。坠砣按照材质分为混凝土坠砣、铁坠砣、复合坠砣几类，单块重量25kg。

棘轮式补偿装置由棘轮连接架、棘轮本体、补偿绳、平衡轮、制动卡块、坠砣杆、坠砣、坠砣限制架和连接零件组成，其补偿变比一般为1∶3。坠砣按照材质分为混凝土坠砣、铁坠砣、复合坠砣几类，单块重量25kg。

补偿装置安装一般采用人工作业、机械辅助的方式进行。

5. 承力索架设

承力索位于接触线上方，它的作用是通过吊弦将接触线悬挂起来，要求承力索能够承受较大的张力和抗腐蚀能力，并且具备一定的导电载流能力。按照材质分为铜承力索和钢承力索。承力索一般采用合金绞线方式。国内常用的是铜合金承力索。

支持装置和补偿装置安装完成以后，就可以编制承力索架设施工方案。

承力索架设可以采用小张力架线法，也可以采用恒张力架线法。恒张力架线法必须在轨道架线车上进行。

6. 接触线架设

接触网导线也称为电车线，是接触网中重要的组成部分之一。电力机车运行中其受电弓滑板直接与接触线摩擦，并从接触线上获得电能。接触线截面积的选择应满足牵引供电计算的要求。

接触线一般制成两侧带沟槽的圆柱状，其沟槽的作用是便于安装线夹并按技术要求悬吊固定接触线位置，同时不影响受电弓滑板的滑行取流。接触线下面与受电弓滑板接触的部分呈圆弧状，称为接触线的工作面。

接触线按照材质分为铜合金接触线和钢铝接触线，钢铝接触线以铝和钢两种金属压接制成。以铝面作为导电部分，与受电弓滑板接触摩擦的是钢面，既保证了导电性能，又提高了工作面的耐磨性，由于通过电流能力较低，目前已经不再生产。铜合金接触线又分为铜银合金、铜锡合金、铜镁合金、铜铬锆合金几种。

在承力索和承力索中心锚结架设完成后才能进行接触线架设。

设计速度160km/h及以下线路的接触线可以采用小张力架线法进行施工，接触线架线张力宜选用3～4kN。设计速度200km/h及以上线路的接触线必须采用恒张力架线法进行架线，架线张力不应小于线索的绕盘张力，架线速度不大于5km/h，单个锚段架线过程中不允许停车。

7. 中心锚结安装

中心锚结设置在锚段中部，是接触线和承力索相对于支柱的硬锚装置。中心锚结为了防止线索向一端滑动和缩小断线事故范围而设置。当温度变化线索伸缩移动时，中心锚结使悬挂线索以中心锚结为界分别向两侧移动，以保证坠砣设计高度。当发生断线事故时，中心锚结将事故控制在半个锚段，便于抢修恢复。

中心锚结分为承力索中心锚结和接触线中心锚结。

线索架设完成后，即可进行中心锚结安装。

中心锚结分为防窜型和防断型两种。防窜型中心锚结只能满足温度变化时该锚段内各悬挂点的正常移动，起不到断线时防止故障范围扩大的作用。

8. 定位装置

定位装置包括定位管和定位器，通过在腕臂装置上的固定来实现对接触线相对于线路中心的横向定位，其功用是固定接触线的位置，使接触线在受电弓滑板运行轨迹范围内，保证接触线与受电弓不脱离，并将接触线的水平负荷传给支柱。

定位装置按照功能分为限位定位装置和非限位定位装置。

定位器按照结构分为限位定位器、普通定位器、软定位器和特型定位器。

接触线架设后，应在72h内完成定位器安装。

9. 吊弦和弹性吊索

接触线通过吊弦悬挂在承力索上，接触线距离轨面的工作高度可以通过调节吊弦的长度获取，均匀的吊弦布置可以使接触线具有良好的弹性，降低受电弓的离线率，提高取流质量。

吊弦分为环节吊弦和整体吊弦。

环节吊弦采用直径4.0mm的镀锌铁线，制作成环节状，每根吊弦不少于两节，目前已经不再使用。

整体吊弦由吊弦线夹、铜绞线、心形护环、压接端子和调整固定螺栓组成。

吊弦安装前必须经过测量、计算、预制，才能到现场进行安装。吊弦安装必须从中心锚结开始，向下锚侧方向连续、逐跨安装，严禁在随意地点开始安装，严禁隔跨安装。每半个锚段只允许一台梯车作业。

弹性链型悬挂中的弹性吊索是为了改善接触网悬挂点的弹性采取的措施，由弹性吊索、弹性吊索吊弦和弹性吊索线夹组成，施工中按照要求将弹性吊索固定在承力索上，弹性吊索吊弦安装在弹性吊索和接触线之间。

弹性吊索安装应遵循自中心锚结向下锚侧的顺序进行安装，即一个锚段里面只能有两个作业面；弹性吊索紧固张力时，弹性吊索张力紧线器应位于下锚侧。

10. 接触悬挂调整

接触悬挂调整主要包括接触线高度、拉出值、接触线坡度、锚段关节（接触网两个锚段重叠的部分）、空气绝缘间隙检查。

接触线高度、拉出值、接触线坡度应满足设计要求。

锚段关节是机车受电弓转线的环节，应能保证受电弓平稳、安全过渡，否则可能发生弓、网事故。锚段关节调整的内容主要是：调整工作支悬挂的设计高度和拉出值；调整非工作支悬挂与工作支悬挂的水平、垂直间隙；调整补偿装置。锚段关节分为非绝缘锚段关节和绝缘锚段关节两种。

空气绝缘间隙检查是检查接触网带电部分与周围建筑物之间的最小安全距离，确保运行安全。

11. 电连接线

电连接线常用于股道间、锚段关节处、道岔处、开关引线、避雷器引线和供电上网引线位置。电连接能够保证接触悬挂之间、接触网线索之间、接触网分段之间的电流畅通，一般在接触悬挂调整之后，进行电连接安装。电连接线一般采用软铜绞线。

12. 线岔

线岔位于铁路道岔的上方，它的作用是保证电力机车通过道岔时，电力机车的受电弓安全平滑地由一条接触线过渡到另一条接触线，达到转换线路的目的。

接触网线岔又分为交叉线岔和无交叉线岔两种方式。

接触网交叉线岔是由两根相交的接触线、一根限制管和固定限制管的定位线夹、螺栓组成。

接触网无交叉线岔是指在道岔区内，两根接触线不相交也能实现受电弓由一条接触线向另一条接触线过渡的方式，主要用于高速铁路。电力机车正线通过时，受电弓只接触正线，不接触侧线；电力机车侧线进出正线时，受电弓能够平稳地在正线和侧线的接触线上相互过渡。

13. 隔离开关

隔离开关是一种有明显可见绝缘间隙的开关设备，与绝缘设备配合实现电的连通与隔离，或作为供电设备投入与退出运行的联络开关。隔离开关一般安装在腕臂柱柱顶。

隔离开关一般由底座、开关本体、操作机构箱和机构箱托架构成。在接触悬挂调整完成后，就可以安装隔离开关。

隔离开关安装前，必须完成进场后的电气试验。

隔离开关安装完成后，要进行调试。一般先进行当地手动调试，检查开合是否到位、开合的灵活性等。之后进行电动调试、远动调试。

14. 避雷器

避雷器安装在接触网支柱上，与接触悬挂相连接，是接触网的过电压保护设备，当过电压侵害到接触网上时，避雷器对地放电，从而保护接触网设备的安全。

避雷器一般安装在绝缘锚段关节、电分相、长大隧道两端和所亭上网处，对接触网线路和供电设备进行过电压保护。

避雷器按照结构分类有管型避雷器、角隙避雷器和氧化锌避雷器。目前，氧化锌避雷器采用较为广泛。避雷器包括底座、避雷器本体、计数器、计数器底座和计数器电缆几部分。

避雷器安装前，必须完成进场后的电气试验。

15. 分段绝缘器

分段绝缘器是接触网电气分段的常用设备，它安装在各车站上下行间的渡线上、车站装卸线上、机车整备线等位置。在正常情况下，电力机车受电弓带电滑行通过。

分段绝缘器包括承力索绝缘子、分段绝缘器本体和终锚线夹。

分段绝缘器应位于受电弓中心，相对于两侧的悬挂点应有负弛度。

位于上下行之间渡线上的分段绝缘器，应和上、下行接触网有不小于1600mm的绝缘距离。

16. 电分相

在单相交流牵引供电系统中，电力机车是由单相供电的，为了平衡电力系统的A、B、C各相负荷，一般要实行A、B、C相轮流供电。所以A、B、C相要轮换给接触网供电，在接触网上改变相位的位置就是电分相。电分相装置一般设置在变电所出口和两变电所之间（供电臂末端）分区所的进出口处。

电分相装置分为器械电分相和关节电分相两种，施工中通常叫作分相绝缘器和锚段关节式电分相。

分相绝缘器由相同的三组或四组绝缘元件串接在接触线中，由相同数量的绝缘子串接在承力索中，接触线上的绝缘元件采用绝缘滑板（滑道），绝缘子中心与绝缘元件中心在同一竖直面内。

锚段关节式电分相是目前广泛采用的电分相装置，既可以实现接触网电分相，还可以实现机械分段。锚段关节式电分相克服了分相绝缘器形成的一连串的硬点，受电弓运行平稳，适应于高速列车通行。分相锚段关节根据中性区和无电区的长度又分为七跨式、八跨式、十一跨式、十三跨式等几种方式。

锚段关节式电分相的中性区长度和无电区长度，要按照设计文件要求仔细核对，避免绝缘制作错误的现象。

17. 附加悬挂

接触网的附加导线分为供电线、加强线、回流线、正馈线、保护线、避雷线、架空地线等。

附加悬挂施工包括肩架安装、导线展放、导线下锚、接头制作。

供电线，也叫作馈电线，是连接牵引变电所、分区所、开闭所与接触网的电线路，其作用是向接触网传输电能。一般采用单独立柱、单独架设的方式。

加强线也叫作补强线，是为弥补悬挂导线截面的不足，在电流较大、线路平直的线路上架设的供电线。通过在支柱田野侧增加肩架，进行悬挂，一般采用合架方式。加强线一般作为运行中接触悬挂截面补强的临时措施。

回流线是连接轨道与牵引变电所的电线路，用于BT供电和直接供电方式中，作为牵引电流的回路，用"NF"表示。回流线与接触悬挂同杆架设，回流线悬挂在支柱田野侧。

正馈线与保护线用于AT供电方式。正馈线用"AF"表示，所以也叫作AF线；保护线用"PW"表示，所以也叫作PW线。AF线是AT供电方式的组成部分，与接触悬挂构成供电回路，并起防通信干扰的作用。保护线是保护装置的电联络导线，通过一系列的接地连线与支柱上的非带电金属部分相连，再与扼流变中性点、变压器的中性点相连。当绝缘子发生闪络时，闪络电流通过接地连线经保护线流回变电所，使保护装置迅速动作，切断故障点，从而减小了事故范围，保护了供电设备的安全。正馈线和保护线与接触网同杆架设。

避雷线设置在铁路沿线成排接触网支柱的最上方，一般采用增高肩架的方式进行悬挂。避雷线可以将承力索、接触线、AF线、PW线等接触网设施覆盖在保护范围内，降低了接触网的雷击概率，提高了运营安全和舒适度。

架空地线用"GW"表示，是沿接触网架设的空中地线，用于成排钢柱、车站或行人较多的地方。架空地线将钢支柱或支持装置的金属部分通过跳线连接起来，并每隔一定距离与接地极连接。架空地线一般与接触悬挂同杆架设。

附加导线架设完成后，应满足相互之间和对地最小距离的要求。

18. 接地及回流

为了供电安全，接触网非带电金属体应接地，接触网接地根据作用分为工作接地和保护接地两种。工作接地是为满足供电系统需要而设置的设备中性点、中性线与地或轨道的连接，包括回流线通过扼流变中性点接至钢轨、变压器中性点通过扼流变中性点接至钢轨、避雷器工作接地等。保护接地是为保证人身安全和设备安全而设置的接触网及其设备非带电金属部分与地或钢轨（通过扼流变中性点）的连接，包括隔离开关接地刀接地、接触网悬挂非带电支持结构接地、支柱接地、设备金属外壳接地等。

保护接地的作用，当接触悬挂或设备绝缘子发生闪络和被破坏时，闪络电流由接地线通过钢轨或其他保护线路流回牵引变电所，使变电所保护设备动作，切断电源，从而保护人身安全和设备安全。

接地极由竖直接地体、水平接地体和连接地线构成，根据竖直接地体制造材料分为角钢接地体、钢管接地体和圆钢接地体。竖直接地体的选择根据接地土壤的电阻率确定，接触网接地极一般采用角钢竖直接地体。

竖直接地体用∟50mm×50mm×5mm的角钢制成，长度为2500mm，竖直接地体间的水平距离为5000mm，其根数根据土壤电阻率及允许接地电阻值确定。水平接地体用40mm×4mm的扁钢制成，其长度根据竖直接地体的根数确定。

接地极距离通信、信号电缆应在3m以上，在地形受限达不到3m时，应加绝缘防护，但最小距离不小于1m。接地体扁钢（引线）与通信电缆无法避免交叉时，应采取垂直交叉跨越，交叉垂直距离不得小于0.5m，并加绝缘防护。接地极距离弱电设备不小于15m。

接地电阻测试，一般用接地电阻测量仪，俗称接地摇表。

用接地电阻测量仪测量接地极接地电阻，若不符合要求应进行处理。

接触网支柱、桥栏杆、隧道埋入件及距接触网带电体5m以内的金属结构，均应接地。

接触网回流是指牵引电流由钢轨通过吸上线、回流线（保护线）、贯通地线等方式流回牵引变电所。

从变电所集中接地箱到铁路线路上的回流线（保护线）、贯通地线、扼流变中性连接点之间的电线路以及吸上线（连接钢轨与回流线的电线路），均称为接触网回流。

吸上线采用电力电缆，一端接回流线（保护线），另一端接扼流变中性点（或扼流线圈）。与扼流线圈连接时，不得破坏其他设备与扼流线圈的连接，必要时邀请电务部门配合施工。

19. 供电电缆

供电电缆是指电气化铁路专用的27.5kV单芯铜电缆，在不满足架空供电线路的情况下的一种供电方案。

供电电缆施工，包括对电缆的路径、电缆敷设、电缆头的制作安装、电缆屏蔽层和铠装层的接地安装、电缆路径的标识等内容，施工时应根据现场实际情况配盘供应，对于路径大于单盘长度时，应提前规划中间接头位置，同时也应把中间接头位置电缆屏蔽层和铠装层的接地规划好。

单芯供电电缆的保护管和固定卡具不得构成闭合磁路，电缆的固定间距和弯曲半径应符合设计要求。

单芯不同相供电电缆宜分沟敷设，困难情况下同沟敷设时应采取隔离措施。

20. 标志牌、支柱号码

标志牌和支柱号码施工包括接触网支柱杆号牌、"高压危险""预断""断""合""禁止双弓""接触网终点"等标志牌。号牌采用逆反射标志产品，逆反射材料的光度性能及字体、型号等符合设计要求。

支柱号码牌的编号方向应与线路公里标方向一致，下行支柱号码是单数，上行支柱号码是双数。

21. 静态检测

接触网的静态检测包括接触线的高度、拉出值、接触线的平顺度，可以采用无接触测量设备进行检测。

采用受电弓动态包络线检测装置对接触网设备进行检测，确保所有设备不侵入受电弓动态包络线范围。

7.2.3 供电调度系统施工

铁路供电调度系统由远动系统、安全监控系统、供电维护管理等子系统组成。新建和改建铁路设铁路供电调度系统，与铁路调度管理体制相适应，实现分层、分布控制。铁路供电调度系统控制站具有独立的网络及系统设备。铁路供电调度系统采用冗余的开放式分布应用环境，整个软硬件体系结构满足冗余性和模块化要求。

1. 远动系统配置

（1）远动系统的关键设备采用冗余配置，通信设置两路独立的主／备远动通道。

（2）远动系统由设在铁路局集团公司调度所或高速铁路调度所控制站和设置在牵引变电所、开闭所、分区所、自耦变压器所、"V停"站、电力变（配）电所、开关站等地的被控站及复示设备、传输通道构成。

（3）远动监控对象包括：遥控（调）对象、遥信对象、遥测对象三部分。

（4）新建和改建铁路设牵引供电、电力远动系统，高速铁路采用牵引供电、电力远动系统合一的方式，控制站设在高速铁路调度所内。

（5）远动系统具有安全性、可靠性、可用性、可维护性、可扩展性。

（6）控制站配置有不间断电源设备，保证外部电源停电30min系统不间断运行。

2. 远动系统施工

远动系统施工内容主要包括铁路供电调度所内牵引供电调度台及远动终端设备安装、电缆敷设、联调等工作。

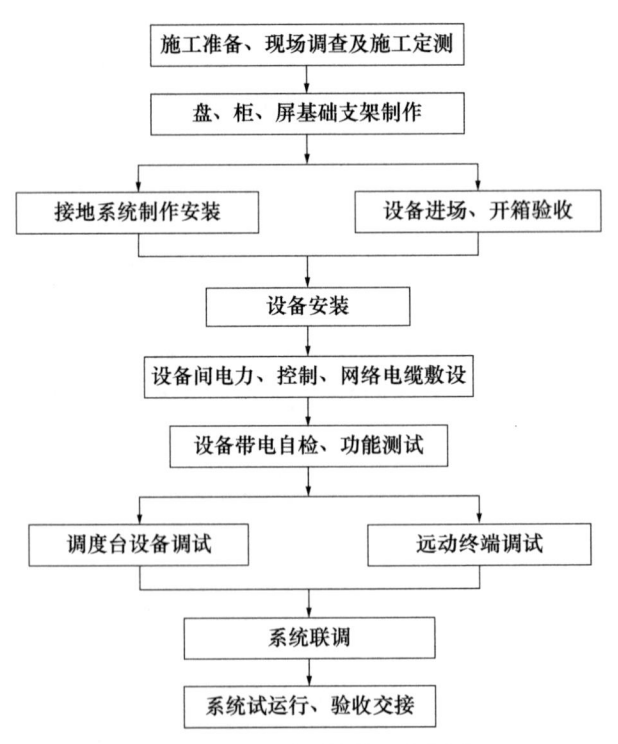

1）远动系统施工流程

远动系统施工流程如图7.2-1所示。

图7.2-1 远动系统施工流程图

2）施工准备

对施工人员进行技术交底，并填写交底记录；控制中心设备及远程终端设备的规格、型号、质量满足设计要求，产品及备品备件数量满足合同要求，产品的技术规格书、图纸、合格证等技术文件齐全完整；明确整个系统网络结构，相关接口均已具备条件。

3）远程终端设备安装

被控端设备是既有所亭时，在进行测试前必须根据现场运行情况和安全技术规范，提前向铁路局集团公司供电调度申报施工计划和施工作业票，尽量在天窗点进行测试工作，严禁在未取得供电调度允许情况下擅自操作相关设备。

4）控制设备安装

调度中心的设备主要有服务器、工作站、通信处理设备、模拟盘驱动器、复示转发设备等网络节点设备，安装符合产品技术规范和设计要求。

3. 远动系统调试

1）调试准备

根据已经编制的工程量清单以及联调联试对SCADA调试的要求，制定整体调试计划，将所有的工作量进行分解，组织相应的技术人员进行技术交底，做好交底记录。组织通信专业人员包括通信传输设备厂家，对SCADA通道进行测试。

2）控制中心单体调试

设备安装及相关接线均完成后，主站数据系统应调试完成，并对主站装置进行测试，各设备功能应满足设计要求。

3）本地调试

牵引变电所、分区所、自耦变压器所、开闭所等本地系统调试应完成，开关控制回路、状态测量回路、开关设备信号回路等功能单元满足设计要求。

4）调度中心对被控站联调

调度中心调试人员和调试小组同时展开工作，根据已经审核批准的点表进行远动调试，一般按照遥控、遥信、遥测、遥调的顺序调试，相关人员需进行验收确认。

4. 安全监控系统

安全监控系统包括信息采集、信息传输和信息处理三部分，由控制站、被控站、复示设备及传输通道组成，对牵引变电所、开闭所、分区所、自耦变压器所、电力变（配）电所及其运行环境进行监视和控制。

5. 供电维护管理系统

供电维护管理系统由设在供电段或综合维修基地内的维护管理服务器、终端和维修工区（供电车间及工区）的终端及通道组成。

7.3 通信工程施工

7.3.1 线路施工

1. 光（电）缆概述

1）光纤的结构及分类

（1）光纤的结构

光纤即光导纤维的简称，是光纤通信的传输媒介。光纤由纤芯、包层和涂覆层三部分组成。

（2）光纤通信的工作窗口

光纤损耗系数随着波长而变化。为获得低损耗特性，光纤通信选用的波长范围为 800～1800nm，并称 800～900nm 为短波长波段，主要有 850nm 一个窗口；1300～1600nm 为长波长波段，主要有 1310nm 和 1550nm 两个窗口。实用的低损耗波长是：

① 第一代系统，波长为 850nm，最低损耗为 2.5dB/km，采用石英多模光纤。

② 第二代系统，波长为 1310nm，最低损耗为 0.27dB/km，采用石英单模最低色散光纤。

③ 第三代系统，波长为 1550nm，最低损耗为 0.16dB/km，采用石英单模最低损耗与适当色散光纤。

（3）光纤的分类

光纤的分类方法很多，其中按传输模数分类可分为多模光纤、单模光纤。

① 多模光纤

多模光纤是指在所考虑的波长上能传播两个以上束缚模的光纤。多模光纤只适用于低速率、短距离的光纤通信，目前数据通信局域网大量采用多模光纤。

② 单模光纤

单模光纤是指在所考虑的波长上只能传导一个束缚模的光纤。单模光纤避免了模式色散，适用于大容量、长距离传输。

2）光缆的分类及特点

（1）光缆的种类

光缆是指用单根光纤、多根光纤或光纤束制成的满足光学特性、机械特性和环境性能指标要求的缆结构，由缆芯、护层和加强芯组成。

光缆的种类较多，分类方法也多种多样。按结构分类可分为层绞式光缆、中心束管式光缆、骨架式光缆和蝶形光缆；按敷设方式分类可分为直埋、管道、隧道、架空、水底、室内、移动式、设备内及特种光缆等。

（2）光缆的特点

光缆的特点由光缆结构决定，下面叙述几种常用结构光缆的特点。

① 层绞式结构光缆

层绞式结构光缆由包含填充油膏的光纤松套管、中心加强构件、可能有的填充绳和扎纱、包带、内衬套、护套构成。层绞式结构光缆如图 7.3-1 所示。

层绞式结构光缆中容纳的光纤数量多，光缆中光纤余长易控制；光缆的机械、环境性能好，适用于直埋、管道和架空。

层绞式结构光缆的缺点是：光缆结构、工艺设备较复杂，生产工艺环节繁琐，材料消耗多。

② 中心束管式结构光缆

中心束管式结构光缆由光纤、中心管、加强构件、阻水材料和护层构成，护层又包括护套和可能有的外护层。

中心束管式结构光缆的优点是：结构简单、制造工艺简捷；对光纤的保护优于其他结构的光缆，耐侧压，因而提高了网络传输的稳定性；光缆截面小，重量轻，特别适宜架空敷设；在束管中，光纤数量灵活。缺点是：光缆中的光纤数量不宜过多（分离光纤为12芯、光纤束为36芯、光纤带为216芯），光缆中光纤余长不易控制，成品光缆中松套管会出现后缩等。

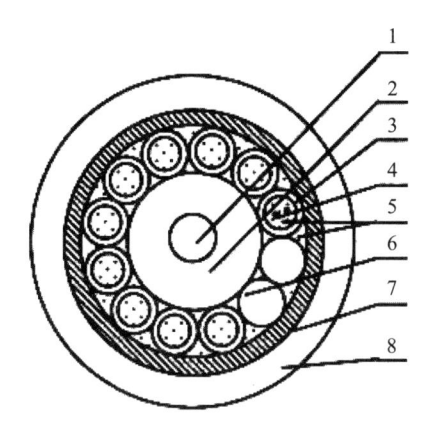

图7.3-1 层绞式结构光缆图
1—中心加强件；2—可能有的垫层；3—松套管；4—光纤；5—阻水油膏；6—可能有的填充绳；
7—钢（铝）塑复合带；8—PE外护套

③ 骨架式结构光缆

骨架式结构光缆由骨架结构的缆芯和护层两大部分构成，其中护层又包括护套和可能有的外护层。

骨架式结构光缆对光纤具有良好的保护性能，侧压强度好；结构紧凑、缆径小，适用于管道布放；光纤密度大，可容纳上千芯至数千芯；施工接续中无须清除阻水油膏，接续效率高。缺点是制造设备复杂、工艺环节多、生产技术难度大。

④ 蝶形光缆

蝶形光缆按应用场合分为室内蝶形引入光缆和室内外蝶形引入光缆，其中室内外蝶形引入光缆分为架空用和管道用；按光缆的组合形态分为并排蝶形引入光缆和非并排蝶形引入光缆。

蝶形光缆又称作皮线光缆、皮纤，光缆中的光纤数一般为1芯、2芯或4芯，也可以是用户要求的其他芯数。常用的光纤类别有以下3种：

a. B1.1——非色散位移单模光纤。

b. B1.3——波长段扩展的非色散位移单模光纤。

c. B6——弯曲损耗不敏感单模光纤。

在光缆中对称放置两根相同的加强构件作为加强芯。加强构件可以是金属材料，也可以是非金属材料。护套材料一般采用低烟无卤阻燃聚烯烃材料或聚氯乙烯材料。光缆的标准制造长度一般为500m、1000m及2000m，订货长度可协商确定。

蝶形引入光缆主要用于光缆线路的入户引入段，即光纤到户（FTTH，Fiber To The Home）、光纤到办公室（FTTO，Fiber To The Office）和光纤到楼宇（FTTB，Fiber To The Building）等。住宅用户接入蝶形引入光缆宜选用单芯缆；商务用户接入蝶形引入光缆可按2～4芯缆设计。

3）通信电缆的分类

通信电缆可按敷设和运行条件、传输的频谱、电缆芯线结构、绝缘结构以及护层类型等几个方面来分类。按敷设方式和运行条件可分为架空电缆、直埋电缆、管道电缆和水底电缆；按传输频谱可分为低频电缆、高频电缆；按电缆芯线结构可分为对称电缆和不对称电缆；按电缆的绝缘材料和绝缘结构可分为实心聚乙烯电缆、泡沫聚乙烯电缆、泡沫实心皮聚乙烯绝缘电缆、聚乙烯垫片绝缘电缆；按电缆护层的种类可分为塑套电缆、钢丝钢带铠装电缆、组合护套电缆。

2. 通信线路施工技术

通信线路施工内容主要包括径路复测、光电缆单盘检验及配盘、光电缆敷设、光缆接续及引入、电缆接续及引入、光缆检测、电缆检测、光纤监测系统安装与调试等。光（电）缆及配套器材应进行进场验收。

光（电）缆线路施工流程如图 7.3-2 所示。

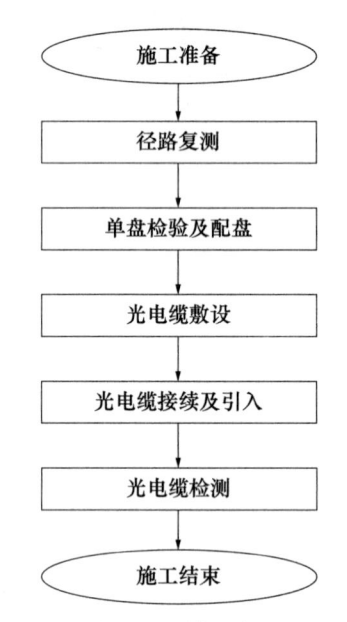

图 7.3-2　光（电）缆线路施工流程图

1）径路复测

按设计图对光电缆径路的下列内容进行复测：
（1）光电缆总长度（包括各种余留）。
（2）沿线电缆槽道贯通情况。
（3）沿线光电缆用户位置，包括无线基站、信号中继站、区间电话等。
（4）直埋线路径路情况、地下管线状况。
（5）穿越轨道、桥梁、隧道、河流及有关建筑等需要防护的处所和防护方式。

光电缆径路复测完毕，应及时形成复测报告、绘制径路复测台账，并确定单盘光电缆采购长度；如发现实际与设计不符，应按规定程序变更。

2）光电缆单盘检验及配盘

光电缆采购应按径路复测资料并考虑单盘光电缆长度数据进行订货。
（1）光缆单盘测试
① 根据出厂记录对照实物检查光缆程式、光纤、金属缆芯、绝缘介质、加强芯、

外护层、色谱标识及其他机械物理特性，并符合相关技术标准的规定。

② 开盘检验光缆端面，确定 A、B 端。

③ 用光时域反射仪（OTDR）检测单盘光缆的长度及固有衰减等指标应符合设计和订货合同要求，并做好检测记录。

（2）光缆配盘

① 同一个光中继段内宜使用相同生产厂商、相同型号和批次的光缆。

② 应根据设备房屋、区间无线基站、信号中继站等位置里程和径路长度，选择合适的光缆盘长，光缆分歧接头落在上述相关设备房屋附近。

③ 光缆配盘宜按出厂盘号顺序排列。非出厂盘号顺序排列时相邻两盘光缆的光纤模场直径之差应小于 1μm。

④ 接头位置不宜落在与河流、公路等过渡位置上。

⑤ 应根据光缆盘长和路由情况配盘，尽量减少光缆接头数量、避免短段光缆；短段光缆长度不宜小于 200m。

（3）电缆单盘测试

① 根据出厂记录并对照实物检查电缆程式、芯径、绝缘介质、外护层、色谱标识及其他机械物理特性，符合相关技术标准的规定。

② 开盘检验电缆端面，确定 A、B 端。

③ 对号检查所有芯线有无断线、混线等障碍。

④ 检测芯线的环线电阻。

⑤ 检测每一根芯线对其他所有芯线及金属护套之间的绝缘电阻。

⑥ 检测低频四线组电缆、铜芯聚烯烃绝缘铝塑综合护层市内通信电缆及其他型号电缆性能等应符合《高速铁路通信工程施工技术规程》Q/CR 9606—2015、《高速铁路通信工程施工质量验收标准》TB 10755—2018、《铁路运输通信工程施工质量验收标准》TB 10418—2018 等规范要求。

（4）电缆配盘

电缆配盘应根据通信设备位置和径路长度，选择合适的光电缆盘长。

3）光电缆敷设及防护

（1）光电缆敷设

① 光电缆敷设时应 A、B 端顺向布放。

② 平行于公路的直埋光电缆距公路面、排水沟边沿不得小于 1m。

③ 直埋光（电）缆与其他建筑设施间的最小净距应符合表 7.3-1 的规定。

表 7.3-1　直埋光（电）缆与其他建筑设施间的最小净距表（单位：m）

名称	平行时	交越时
通信管道边线［不包括人（手）孔］	0.75	0.25
非同沟的直埋通信光（电）缆	0.5	0.25
埋式电力电缆（交流 35kV 以下）	0.5	0.5
埋式电力电缆（交流 35kV 及以上）	2	0.5

续表

名称	平行时	交越时
给水管（管径小于 300mm）	0.5	0.5
给水管（管径 300～500mm）	1.0	0.5
给水管（管径大于 500mm）	1.5	0.5
高压油管、天然气管	10.0	0.5
热力、排水管	1.0	0.5
燃气管（压力小于 300kPa）	1.0	0.5
燃气管（压力 300kPa 及以上）	2.0	0.5
其他通信线路	0.5	—
排水沟	0.8	0.5
房屋建筑红线或基础	1.0	—
树木（市内、村镇大树、果树、行道树）	0.75	—
树木（市外大树）	2.0	—
水井、坟墓	3.0	—
粪坑、积肥池、沼气池、氨水池等	3.0	—
架空杆路及拉线	1.5	—

注：1. 直埋光（电）缆采用钢管保护时，与水管、燃气管、输油管交越时的净距可降低为 0.15m。
2. 对于杆路、拉线、孤立大树和高耸建筑，还应考虑防雷要求。
3. 大树指直径 300mm 及以上的树木。
4. 穿越埋深与光（电）缆相近的各种地下管线时，光（电）缆宜在管线下方通过并采取保护措施。
5. 净距达不到本表要求时，需与有关部门协商，并应采取行之有效的保护措施。

④ 光（电）缆与强电电缆间距不符合要求时，应采用防护措施。
⑤ 直埋光（电）缆最小埋深应符合表 7.3-2 的规定，直埋电缆其他情况埋深不应小于 0.8m。

表 7.3-2 直埋光（电）缆最小埋深表

敷设地区及土壤分类		最小埋深值（m）
普通土、硬土		1.2
砂砾土、半石质、风化石		1.0
全石质、流沙		0.8
市郊、村镇		1.2
市区人行道		1.0
公路边沟	石质（坚石、软石）	边沟设计深度以下 0.4
	其他土质	边沟设计深度以下 0.8

续表

敷设地区及土壤分类		最小埋深值（m）
公路路肩		0.8
穿越公路（距路面基底）、铁路（距路基面）		1.2
沟渠、水塘		1.2
河流		按水底光缆要求
铁路路肩	普通土、硬土、半石质	0.8
	全石质	0.5
		特殊困难地段采用水泥槽防护时 0.4

⑥ 直埋电缆与光缆或信号电缆同沟敷设时应符合最大埋深要求。

⑦ 光（电）缆布放如图 7.3-3 所示。敷设人员以 10～15m 的距离间隔依次抬放，光（电）缆不得在硬质地面上拖拉。

⑧ 光电缆在槽道内摆放整齐；槽内同时敷设多条光电缆时，应避免交叉；同型号同槽敷设时应加标识区分，标识间距不宜大于 50m，标识材料应阻燃、耐久。敷设完毕应及时恢复槽道盖板。

⑨ 通过坡度不小于 20°且坡长不小于 30m 的斜坡时，宜采用"∽"形敷设。

⑩ 架空线路与其他设施接近或交越时，间隔距离应符合杆路与其他设施的最小水平净距，见表 7.3-3，架空光（电）缆架设高度见表 7.3-4，架空光（电）缆交越其他电气设施的最小垂直净距见表 7.3-5。

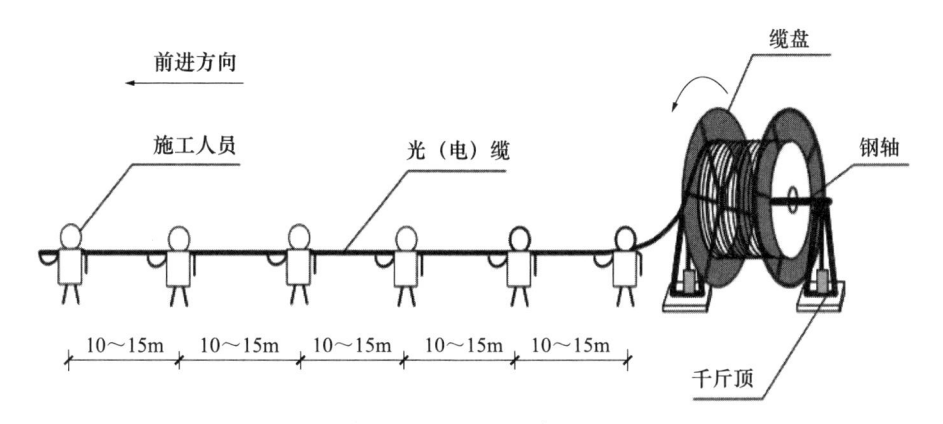

图 7.3-3 光（电）缆布放示意图

表 7.3-3 杆路与其他设施的最小水平净距表

其他设施名称	最小水平净距（m）	备注
消火栓	1.0	指消火栓与电杆距离
地下管、缆线	0.5～1.0	包括通信管、缆线与电杆间的距离
火车铁轨	地面杆高的 4/3 倍	—

续表

其他设施名称	最小水平净距（m）	备注
人行道边石	0.5	—
地面上已有其他杆路	地面杆高的4/3倍	以较长杆高为基准。其中，对500～750kV输电线路不小于10m，对750kV以上输电线路不小于13m
市区树木	0.5	缆线到树干的水平距离
郊区树木	2.0	缆线到树干的水平距离
房屋建筑	2.0	缆线到房屋建筑的水平距离

注：在地域狭窄地段，拟建架空光缆与已有架空线路平行敷设时，若间距不能满足以上要求，可以杆路共享或改用其他方式敷设光缆线路，并应满足净距要求。

表 7.3-4　架空光（电）缆架设高度表

名称	与线路方向平行时 架设高度（m）	备注	与线路方向交越时 架设高度（m）	备注
市内街道	4.5	最低缆线到地面	5.5	最低缆线到路面
市内里弄（胡同）	4.0	最低缆线到地面	5.0	最低缆线到路面
铁路	3.0	最低缆线到地面	7.5	最低缆线到路面
公路	3.0	最低缆线到地面	5.5	最低缆线到路面
土路	3.0	最低缆线到地面	5.0	最低缆线到路面
房屋建筑物	—	—	0.6	最低缆线到屋脊
			1.5	最低缆线到房屋平顶
河流	—	—	1.0	最低缆线到最高水位时的船桅顶
市区树木	—	—	1.5	最低缆线到树枝的垂直距离
郊区树木	—	—	1.5	最低缆线到树枝的垂直距离
其他通信导线	—	—	0.6	一方最低缆线到另一方最高线条

表 7.3-5　架空光（电）缆交越其他电气设施的最小垂直净距表

其他电气设备名称	最小垂直净距（m） 架空电力线路有防雷保护设备	架空电力线路无防雷保护设备	备注
10kV以下电力线	2.0	4.0	最高缆线到电力线条
35～110kV电力线（含110kV）	3.0	5.0	最高缆线到电力线条
110～220kV电力线（含220kV）	4.0	6.0	最高缆线到电力线条
220～330kV电力线（含330kV）	5.0	—	最高缆线到电力线条

续表

其他电气设备名称	最小垂直净距（m）		备注
	架空电力线路有防雷保护设备	架空电力线路无防雷保护设备	
330～500kV 电力线（含 500kV）	8.5	—	最高缆线到电力线条
500～750kV 电力线（含 750kV）	12.0	—	最高缆线到电力线条
750～1000kV 电力线（含 1000kV）	18.0	—	最高缆线到电力线条
供电线接户线（注1）	0.6		—
霓虹灯及其铁架	1.6		—
电气铁道及电车滑接线（注2）	1.25		—

注：1. 供电线为被覆线时，光（电）缆也可在供电线上方交越。
2. 光（电）缆必须在上方交越时，跨越两侧电杆及吊线安装应做加强保护装置。
3. 通信线应架设在电力线路的下方位置，应架设在电车滑接线和接触网的上方位置。

（2）光电缆余留
① 光缆余留
a. 光缆做接头后余留 2～3m，光缆接头盒内光纤余留 1.2～1.6m。
b. 光缆引入中间站设备房屋时，引入口外两方向各余留 3m。
c. 光缆引入通信站时，在房屋前人孔内或电缆引入室内两方向各余留 5m。
d. 光缆通过桥梁、隧道时，两端各余留 3～5m；通过长度为 500m 及以上长隧道时，应在避车洞内作适当余留。

② 电缆余留
a. 电缆做接头后余留 1～2m。
b. 电缆引入中间站设备房屋时，引入口外两方向各余留 2m。
c. 电缆引入通信站时，在房屋前人孔内或电缆引入室内两方向各余留 3m。
d. 电缆通过桥梁余留长度：
ⅰ 100m 以下桥梁，两侧各余留 1～2m。
ⅱ 通过长度为 100m 及以上桥梁和 250～500m 隧道时，两端各余留 2～3m。带伸缩缝的钢结构桥梁，每个伸缩缝处光电缆余留长度应大于 0.5m。
ⅲ 电缆通过长度为 500m 以上隧道时，应在避车洞内作适当余留。

③ 光电缆接头余留
a. 在手孔内接续时，光电缆应根据手孔大小，做圈形余留或"Ω"余留，并绑扎固定。
b. 在槽道内接续时，光缆宜作"∽"余留；槽道内光缆接续余留如图 7.3-4 所示。
c. 管道人井内接续光电缆时，在接头盒的两侧作直径大于 50cm 的圈形余留，并固定于人井壁。
d. 直埋光电缆接续以"Ω"方式余留。

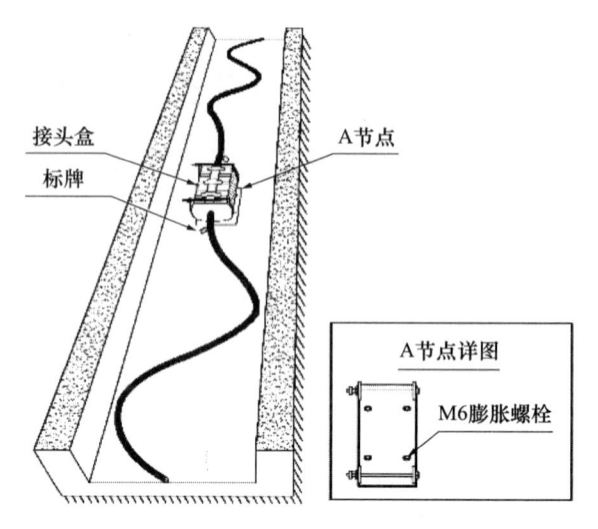

图 7.3-4　槽道内光缆接续余留示意图

e. 架空光电缆接头处两侧应做伸缩弯。

f. 在容易滑坡、塌方及穿越铁路、有展宽公路规划的地段，根据设计要求余留。

（3）光电缆防护

① 直埋光电缆应采用软土防护，厚度不小于 100mm。

② 无砟轨道路基地段防护管槽顶面低于路基保护层平面不小于 80mm，保护层按原方式（混凝土、沥青）恢复。

③ 年平均雷暴日数大于 20d 的地区及有雷击历史的地段，光（电）缆线路应采取防雷措施。

④ 在局（站）内或交接箱处线路终端时，光（电）缆内的金属构件必须做防雷接地。

4）光缆接续及引入

光缆接续施工流程包括：接续准备、光纤接续、光纤盘留、接头盒安装、密封检查；采用接头盒方式的光缆接续施工流程如图 7.3-5 所示。

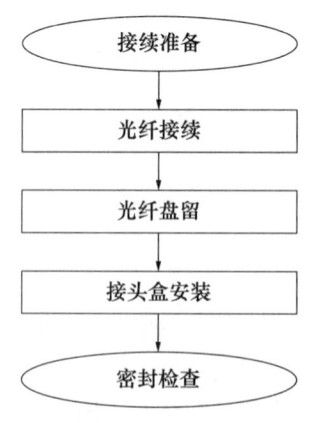

图 7.3-5　采用接头盒方式的光缆接续施工流程图

（1）接续过程包括端面制备、对准、熔接、增强。端面制备时其端面倾斜度小于 0.5°；熔接合格后的光纤接续部位应立即进行热缩加强管保护，加强管收缩应均匀、无气泡；接续时应用OTDR实时监测接续损耗。

（2）光纤盘留时盒内光纤的弯曲半径不小于40mm，接续后的光纤收容余长单端引入引出不小于0.8m，两端引入引出不小于1.2m。

（3）芯线应按光纤色谱排列顺序对应接续；光纤接续后，盒内应放入接续记录卡片；光纤盘留板覆盖后，应对所有光纤接续点进行复测。

（4）光缆的金属外护套和加强芯应紧固在接头盒内；同一侧的金属外护套与金属加强芯应电气连通；两侧的金属外护套、金属加强芯应电气绝缘断开，处于悬浮状态。

（5）光缆接续时，应用OTDR实时监测每一次接续的接续质量。

（6）光缆引入室内后应挂牌标识，标明光缆的型号、规格、进出方向等，标识齐全、清晰、耐久；光（电）缆标牌示意如图7.3-6所示。

图7.3-6 光（电）缆标牌示意图

（7）光缆引入时，室内、室外金属护套及金属加强芯应断开，并彼此绝缘。光缆引入余留及绝缘节安装如图7.3-7所示。

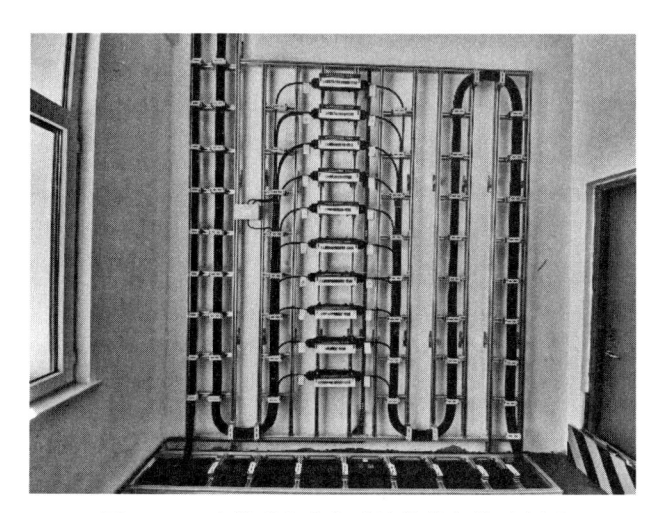

图7.3-7 光缆引入余留及绝缘节安装示意图

5）电缆接续及引入

电缆接续施工流程包括：接续准备、芯线接续、接头盒安装、密封检查；采用接头盒方式的电缆接续施工流程如图 7.3-8 所示。

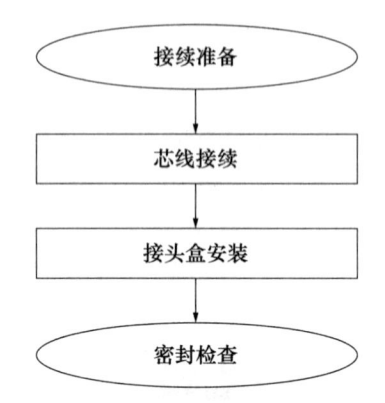

图 7.3-8　采用接头盒方式的电缆接续施工流程图

（1）电缆接续之前，应进行单条电缆检测，确认单条电缆内所有芯线无断线、混线及接地故障，绝缘良好。

（2）搭建工作平台，护层开剥，电缆芯线清洗，钢带复位，连接接头盒支架，两侧的金属护层及屏蔽钢带应有效连通。

（3）芯线接续线位准确、焊接牢固、纽绞均匀，两侧芯线线序应一一对应、无交叉及"鸳鸯对"现象。线径在 0.5mm 及以下的芯线采用接线子接续。芯线接续后，盒内应放入接续记录卡片。

（4）接头盒安装完毕，对盒体进行密封性检查，确保无漏气或漏油现象。

（5）电缆引入室内后应挂牌标识，标明电缆的型号、规格、进出方向等，标识齐全、清晰、耐久。

6）光缆检测

（1）光缆接续质量检测，宜采用"终端光纤环接，检测点随接续点移动的双向监测法"，用光时域反射仪（OTDR）实时监视接续点损耗。

（2）用光时域反射仪（OTDR）检测光缆中继段光纤线路衰耗，其实测值应小于光缆中继段光纤线路衰减计算值。

（3）用光时域反射仪（OTDR）检测一个光缆中继段，每根单模光纤接续损耗平均值不大于 0.08dB（1310nm、1550nm），每根多模光纤接续损耗平均值不大于 0.2dB。

（4）用光时域反射仪（OTDR）检测光缆中继段 S～R 点间最大离散反射系数和 S 点最小回波损耗。用偏振模色散测试仪检测光中继段偏振模色散（PMD）。

7）电缆检测

（1）低频四线组电缆音频段电性能应检测单位长度环阻最大值、环阻不平衡最大值、单位长度绝缘电阻最小值、芯线与金属外护套间电气绝缘强度最小值、芯线间电气绝缘强度最小值。

（2）用户线路电缆音频段电性能应检测单线电阻最大值、环阻不平衡最大值、绝缘电阻最小值、近端串音最小值、断线、混线。

8）光缆监测系统安装与调试

（1）光纤监测系统施工内容主要包括光纤监测设备安装和配线光纤监测设备单机调试、光纤监测系统调试、光纤监测系统网管调试。

（2）光纤监测单机检测包括设备通电检查、系统软件检查、系统功能试验、系统光器件介入检测。

（3）光纤监测系统检测包括点名检测、周期检测、障碍告警功能试验；系统能发现故障，判断故障性质和障碍等级，报出故障点位置，同时发出报警信号；系统从触发信号启动检测开始至监测中心分析结果出来的全过程应在3min（段内）或5min（跨段）内完成。

（4）光纤监测系统的网管调试包括故障管理功能、性能管理功能、配置管理功能、安全管理功能。

3. 漏泄同轴电缆施工技术

（1）漏泄同轴电缆施工前应根据设计图和铁路里程标进行复测。

（2）漏泄同轴电缆及附件应按要求进场检验。漏泄同轴电缆单盘测试包括特性阻抗、电压驻波比、耦合损耗、衰减常数等交流电气特性以及内/外导体直流电阻、绝缘介电强度、绝缘电阻等直流电气特性；单盘检测后，应对电缆头做密封处理。

（3）隧道内漏泄同轴电缆架挂在隧道侧壁，高度距离轨面4.5~4.8m，漏缆槽口应朝向线路侧。在电力牵引供电区段隧道内，当漏泄同轴电缆与接触网回流线、保护地线（PW）在同侧架设时，其距离应不小于0.6m。与吸上线交越时，漏泄同轴电缆外应加套厚0.8mm、长1~1.3m的聚乙烯塑料护套防护。

（4）隧道外漏泄同轴电缆施工吊挂方式应符合设计要求；吊挂高度宜距轨面4.5~4.8m。在电力牵引供电区段，漏泄同轴电缆与回流线或PW线的距离应不小于0.6m，在回流线或PW线加绝缘保护的区段，应不小于0.2m，与牵引供电设备带电部分的距离应不小于2m。

（5）连接器安装应包括固定连接器、阻抗转换连接器、直流隔断器、耦合器、功率分配器及终端匹配负载等。

7.3.2 设备安装及调试

1. 设备安装

1）进场验收

通信设备、光电缆及材料、附件等到达现场后应进行进场验收。

（1）数量、型号、规格符合设计和订货合同的要求，以及相关技术标准的规定。

（2）图纸、说明书等技术资料，合格证、质量检验报告等质量证明文件齐全，并符合设计和订货合同的要求，以及相关技术标准的规定。

（3）机柜（架）、设备及附件无变形，表面无损伤，镀层、漆饰完整无脱落，铭牌、标识完整清晰。

（4）机柜（架）、设备内部件完好，连接无松动；无受潮发霉、锈蚀。

（5）光电缆无压扁、护套损伤，表面无严重划伤等缺陷。

（6）预埋金属管或塑料管、过线盒、接线盒及桥架等表面涂覆或镀层应均匀、完整、光滑、无伤痕，管孔无变形、损坏。

（7）各种铁件镀层表面应光洁、均匀、完整，无脱落、气泡等缺陷。箱式机房箱体单元、构件、板材等表面，无明显变形、碰伤、划痕、裂痕等，安装零部件齐全并匹配。

2）机房设备安装

（1）室内设备安装包括通信设备房屋内的各种通信系统设备安装、配线及管槽安装等通用要求。

（2）室内设备安装施工流程包括施工准备、管线预埋、管槽安装、机架及底座固定、机架安装、缆线布放、施工结束；室内设备安装施工流程如图 7.3-9 所示。

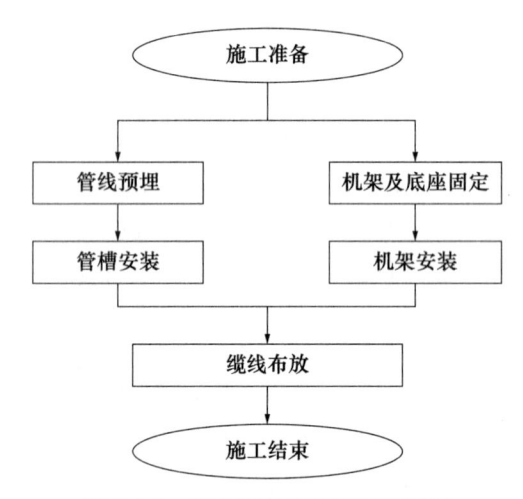

图 7.3-9　室内设备安装施工流程图

（3）设备安装包括机柜（架）、机柜（架）底座及设备安装。

（4）当地面铺设防静电地板时，底座采用膨胀螺栓直接固定在房屋地面上，并与房屋防静电地板等高。

（5）机柜（架）安装应垂直，调节其偏差不大于机柜（架）高度的 1‰；当相邻机柜（架）相互靠拢时，其间隙不大于 3mm；相邻机柜（架）正立面平齐。

（6）机柜（架）及设备地线应按设计要求连接到相应的接地端，并连接良好。

3）机房设备配线

（1）线缆布放前应检查确认线缆无断线、混线，电缆的绝缘电阻、耐压等电气指标符合要求。

（2）交流电源线、直流电源线、光纤、各种通信线等，按不同的路由分开布放。通信电缆与电源线的平行距离不小于 50mm。

（3）各种线缆应均匀绑扎固定，按顺序出线，布放应顺直、整齐，无扭绞、交叉；线槽内敷设时，不得溢出；防静电地板下敷设时，应留有净空。

（4）线缆弯曲均匀、圆滑。大对数对绞电缆的弯曲半径不小于电缆外径的 10 倍，非屏蔽对绞电缆的弯曲半径不小于电缆外径的 5 倍，同轴电缆的弯曲半径不小于电缆外径的 15 倍，室内光缆的弯曲半径不小于光缆外径的 15 倍，光纤跳线的弯曲半径不小于 50mm。

（5）室内各种配线中间无接头。

（6）敷设好的缆线两端贴有标签，标明型号、长度及起止设备名称等必要的信息；标签采用不易损坏脱落的材料。

（7）电源线颜色应按以下原则配置：

① 交流电源线：A相，黄色；B相，绿色；C相，红色；零线，天蓝色或黑色；保护地线，黄绿双色。

② 直流电源线：正极，红色；负极，蓝色。

③ 当电源线外皮无法区分时，应按上述原则进行标识。

（8）截面在 $10mm^2$ 以下的单芯或多芯电源线可与设备直接连接，在电源线端头制作接头圈，线头弯曲方向与紧固螺栓、螺母的方向一致，并在导线与螺母之间加装平垫片和弹簧垫片，拧紧螺母。截面在 $10mm^2$ 以上的多股电源线端头应加装接线端子并镀锡。接线端子尺寸与导线线径吻合，用压（焊）接工具压（焊）接牢固。接线端子与设备的接触部分应平整，在接线端子与螺母之间加装平垫片和弹簧垫片，拧紧螺母。

（9）接地线严禁使用裸导线布放，其截面积符合设计要求；室内通信设备的接地线单独与室内接地汇集排或接地排相连，不应在一条接地线上串几个需要接地的通信设备。不应通过安装加固螺栓与建筑钢筋相碰而自然形成电气接通。

（10）配线架应从室内接地汇集排或接地排上引入保护地线。配线架与机房通信设备之间不应通过走线架形成电气连通。

（11）电源地线和保护地线与交流中性线应分开敷设，不应相碰，严禁合用。

2. 无线杆塔及天馈线安装

1）GSM-R系统天线杆（塔）

（1）天线杆（塔）施工应包括铁塔基础制作、杆（塔）体安装。

（2）在天线杆（塔）定测时，应考虑天线杆（塔）选址对缆线布放的影响。

（3）铁塔安装分为：铁塔基础、铁塔塔靴安装。

（4）自立式铁塔、屋顶天线杆（塔）和单管塔安装。

（5）混凝土天线杆最小埋深见表 7.3-6。

表 7.3-6 混凝土天线杆最小埋深表

杆高（m）	土质分类		
	松土（m）	普通土（m）	硬土及土夹石（m）
7.0～7.5	1.6	1.4	1.1
8.0～8.5	1.7	1.5	1.1
9.0～10.0	1.8	1.6	1.3
11.0～12.0	2.0	1.8	1.5

（6）铁塔应使用 40mm×4mm 的热镀锌扁钢引下线接入铁塔的地网。

（7）铁塔位于建筑物屋顶时，铁塔四脚应利用建筑物柱内的钢筋作雷电引下线，或与楼（房）顶避雷带就近不少于2处焊接连通。

2）GSM-R系统天线、馈线、塔顶放大器

（1）天线安装和射频连接器安装。

（2）馈线敷设。

（3）天馈系统安装结束后应检测电压驻波比。

（4）GSM-R系统塔顶放大器安装和调试。

3. 铁路通信系统机房设备单机调试

铁路通信系统主要包括通信线路、传输、接入网、电话交换、数据通信网、有线调度通信、移动通信、会议电视、电报、综合视频监控、专用应急通信、时钟同步、时间同步、综合布线、电源设备、电源及设备房屋环境监控、综合网络管理等。

1）传输设备单机调试

传输系统施工内容主要包括传输设备安装和配线、传输设备单机调试、传输系统调试、传输系统网管调试等。传输系统施工流程如图7.3-10所示。

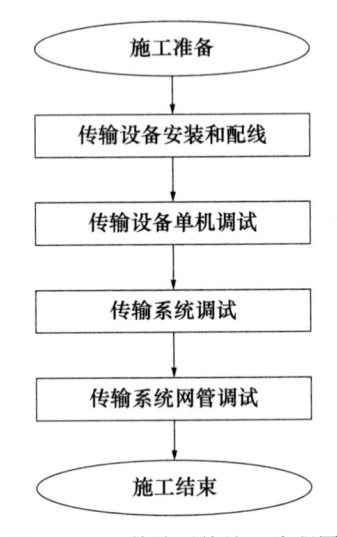

图7.3-10 传输系统施工流程图

（1）符合设计要求

对传输设备主控、交叉、时钟、电源等核心板件热备功能可靠性、2Mbit/s支路板及FE以太网支路板热备功能可靠性、设备接口卡热插拔功能可靠性进行试验，结果应符合设计要求。

（2）复核出厂质检报告

SDH设备单机调试主要包括复核出厂质量检验报告中SDH设备光接口的消光比、发送信号眼图、激光器工作波长、最大均方根谱宽、最大−20dB谱宽、最小边模抑制比、光通道代价等指标；调测光接口性能、电接口性能、误码性能、抖动性能、告警功能以及定时和同步性能。

（3）MSTP设备单机调试

①按SDH设备单机调试要求对MSTP设备的SDH功能和性能进行调试。

②复核出厂质量检验报告，MSTP设备以太网业务模块的千兆光接口、透传功能、汇聚功能、二层交换功能等指标。

③ 调测时钟功能和性能。

（4）OTN 设备单机调试

① OTN 设备的开销及维护信号、光接口、抖动性能。

② 承载 OMS 和 OTS 层的合波／分波器、光放大器的性能以及光监控通路性能。

2）接入网设备单机调试

接入网施工内容主要包括接入网设备安装和配线、接入网设备单机调试、接入网系统调试、接入网网管调试等。接入网施工流程如图 7.3-11 所示。

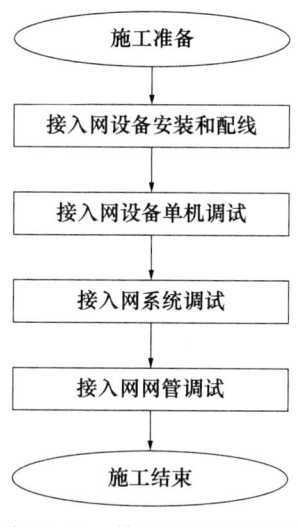

图 7.3-11　接入网施工流程图

（1）复核出厂质量检验指标

复核光线路终端（OLT）设备 V5 接口、光网络单元（ONU）设备用户网络接口（UNI）的功能和性能。

（2）调测指标

OLT、ONU 的时钟接口接收信号（V5）同步、内部时钟同步、外部时钟同步、告警和监视、光接口的发送光功率、接收灵敏度、OLT 的 V5 接口（电接口）物理层误码性能，比特率偏差，最大输出抖动、输入抖动容限。

3）数据通信设备单机调试

数据通信系统施工内容主要包括数据通信设备安装和配线、数据通信设备单机调试、数据通信系统调试、数据通信系统网管调试等。数据通信系统施工流程如图 7.3-12 所示。

（1）相关参数配置

设备单机加电后，应根据设计文件，参照设备技术文件，对数据通信设备进行 IP 地址、路由协议等相关参数配置。

（2）复核出厂质量检验参数

数据通信设备接口性能、路由协议、PPP 协议、ARP 协议、IP 协议、ICMP 协议、IGMP 协议、UDP 协议、TCP 协议、SNMP 协议、防火墙性能和功能。

（3）性能、功能调试

对路由器、以太网交换机、防火墙的单机设备进行性能功能调试。

```
        施工准备
           ↓
   数据通信设备安装和配线
           ↓
     数据通信设备单机调试
           ↓
       数据通信系统调试
           ↓
     数据通信系统网管调试
           ↓
         施工结束
```

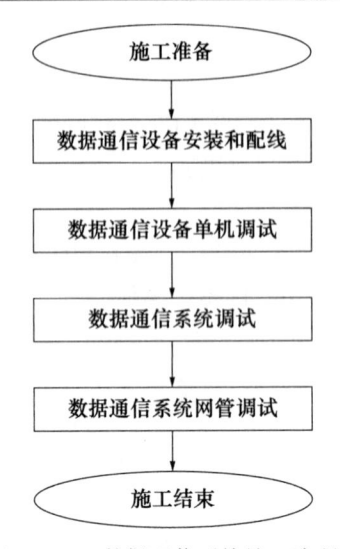

图 7.3-12　数据通信系统施工流程图

4）电话交换系统单机调试

电话交换系统施工主要内容包括电话交换设备安装和配线、电话交换系统单机调试、电话交换系统联网调试、电话交换系统网管调试等。电话交换系统施工流程如图 7.3-13 所示。

```
        施工准备
           ↓
   电话交换设备安装和配线
           ↓
     电话交换系统单机调试
           ↓
     电话交换系统联网调试
           ↓
     电话交换系统网管调试
           ↓
         施工结束
```

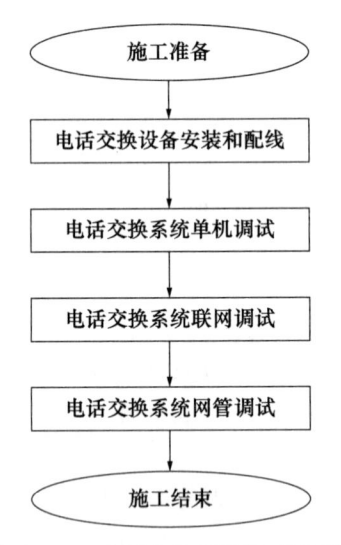

图 7.3-13　电话交换系统施工流程图

（1）交换机设备加电应逐级进行。

（2）交换机设备通电后，检查确认：所有变换器的输出电压、各种外围终端自检正常、各种告警装置工作正常、时钟装置工作正常和精度符合要求、装入测试程序工作正常。

（3）交换机系统应建立功能检验：系统初始化、系统自动/人工再装入、系统自动/人工再启动。

（4）对交换机系统复原控制方式及呼叫接续功能、用户分类功能、新业务功能、时间监控及通路强迫释放功能、系统计费功能、非电话业务功能、ISDN 业务功能、系统维护管理功能应进行检验。

（5）对录音通知音逐条进行核实，应输出正确，功能良好。

（6）交换设备与分组交换网的交换接续功能应良好。

（7）测试用户信号方式、测试铃流和信号音。

（8）测试电话所间采用 7 号公共信道信号方式以及测试与公用网市话局的信号方式时，均应符合设计要求。

（9）对交换机设备进行功能检验。

（10）检验系统的时钟及时间同步功能。

5）有线调度设备单机调试

有线调度通信系统施工主要内容包括有线调度设备安装和配线、有线调度设备单机调试、有线调度系统调试、有线调度系统网管调试等。有线调度通信系统施工流程如图 7.3-14 所示。

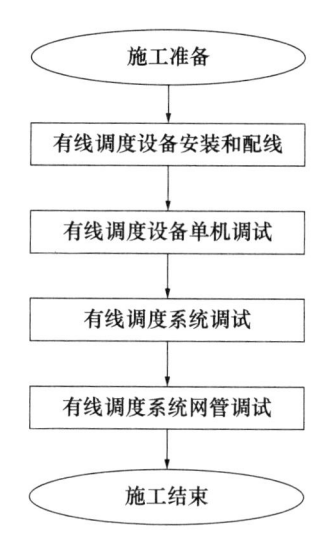

图 7.3-14　有线调度通信系统施工流程图

（1）对有线调度设备单机的电接口性能、内部呼叫接通频率、过负荷控制能力、调度台与值班台的功能性能进行试验及调测。

（2）对数字语音记录仪进行功能、性能调试。

（3）对调度交换机的单机功能进行试验：64kbit/s 电路交换功能，直接呼入和呼出功能，送出主叫号码和呼叫优先级的功能，接收、存储和向局端转发号码的功能和根据 ISDN 地址码进行寻址，完成电路接续。

6）会议电视设备单机调试

会议电视系统施工内容主要包括会议电视设备安装和配线、会议电视设备单机调试、会议电视系统调试和会议电视系统管理功能调试等。会议电视系统施工流程如图 7.3-15 所示。

（1）对摄像机项目进行调试：监控区域的覆盖范围、图像质量、PTZ 控制操作、分辨率、最低照度、输出信噪比、白噪声、白平衡和强光抑制。

```
        施工准备
           ↓
   会议电视设备安装和配线
           ↓
   会议电视设备单机调试
           ↓
     会议电视系统调试
           ↓
 会议电视系统管理功能调试
           ↓
        施工结束
```

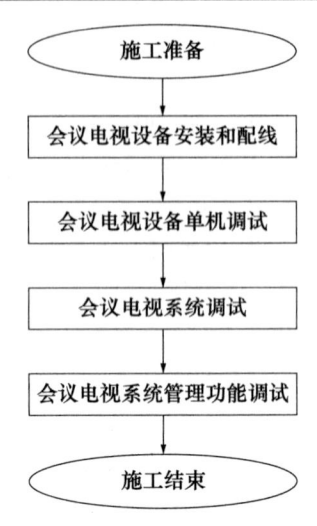

图 7.3-15　会议电视系统施工流程图

（2）对多点控制设备（MCU）、会议电视终端（CODFC）、图像显示设备、和音、视频切换矩阵设备进行调测。

7）综合视频监控设备单机调试

综合视频监控系统施工内容主要包括综合视频监控设备安装和配线、综合视频监控设备单机调试、综合视频监控系统调试、综合视频监控系统管理功能调试等。综合视频监控系统施工流程如图 7.3-16 所示。

```
          施工准备
             ↓
   综合视频监控设备安装和配线
             ↓
   综合视频监控设备单机调试
             ↓
     综合视频监控系统调试
             ↓
 综合视频监控系统管理功能调试
             ↓
          施工结束
```

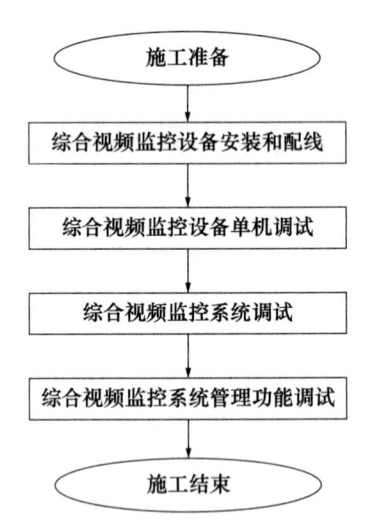

图 7.3-16　综合视频监控系统施工流程图

对综合视频监控系统的设备进行调试：前端采集设备、视频编解码设备、视频存储设备、视频控制设备、视频内容解析设备、视频分发/转发设备、接入网关设备、用户终端设备、系统管理设备、系统服务器。

8）应急通信设备单机调试

应急通信系统施工内容主要包括应急通信设备安装和配线、应急通信设备单机调试、应急通信系统调试等。应急通信系统的施工流程如图 7.3-17 所示。

```
       施工准备
          │
          ▼
  应急通信设备安装和配线
          │
          ▼
  应急通信设备单机调试
          │
          ▼
   应急通信系统调试
          │
          ▼
       施工结束
```

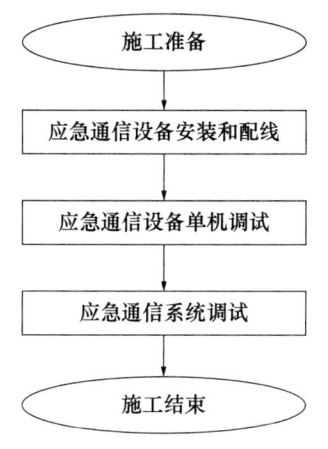

图 7.3-17　应急通信系统施工流程图

（1）参照设备技术文件配置数据：视频参数和静止图像参数。

（2）对应急通信中心设备进行调试：话音单元、视频单元、存储单元、管理单元、中心设备接口。

（3）对应急通信现场设备进行调试：应急现场接入设备和接入设备接口。

9）综合网管设备单机调试

综合网络管理（以下简称"综合网管"）系统施工内容主要包括综合网管设备安装和配线、综合网管设备单机调试、综合网管系统调试。综合网管系统施工流程如图 7.3-18 所示。

```
       施工准备
          │
          ▼
  综合网管设备安装和配线
          │
          ▼
  综合网管设备单机调试
          │
          ▼
   综合网管系统调试
          │
          ▼
       施工结束
```

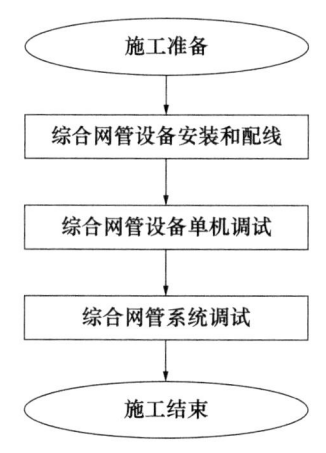

图 7.3-18　综合网管系统施工流程图

（1）对数据库服务器、应用服务器和接口服务器单机进行调试。

（2）对磁盘列阵单机进行调试：综合网管系统的数据存储、存储容量和保护功能。

10）监控设备单机调试

（1）检查监控设备电源单元的输入、输出电源的极性和电压值，前端采集设备的输出模式、量值、精度，键盘等输入设备、打印机等输出设备、显示设备、音响报警装置功能。

（2）对监控设备、前端采集单元和通信单元进行检查。

（3）对监控设备进行启动试验，应完成各设备硬件、软件初始化，使用自诊断程序对各设备的硬件、软件进行检查。

4. 铁路客服信息系统

铁路客服信息系统主要包括旅客服务信息系统、客票系统、行包信息系统、车站门禁系统、电源设备、电源及设备房屋环境监控系统。其中，旅客服务信息系统包括集成管理平台、车站客运广播系统、车站综合显示系统、车站视频监控系统、车站时钟系统、安全检查设备、车站信息查询系统、车站入侵报警系统、车站求助系统、车站客运作业管理系统、网络及安全等。

1）旅客服务信息系统

（1）集成管理平台

集成管理平台调试包括服务器功能、性能、存储设备的硬盘容量。

（2）车站客运广播系统

车站客运广播系统调试包括检验多信源、多通道、多广播分区平行自动广播功能；检验分区插播、优先级设置、应急广播、主备功率放大器自动切换、系统监控、小区广播等功能。检测系统播放声音清晰度、应备声压级和声场不均匀度。

（3）车站综合显示系统

车站综合显示系统调试包括检查系统控制器功能、性能；检查发光二极管（LED）显示屏、液晶显示屏（LCD）的亮度、视角；检测 LED 显示屏的像素失控率。

（4）车站视频监控系统

① 最低照度、彩转黑、无红暴、逆光补偿、夜视、防抖、供电方式。

② 模拟摄像机实时显示彩色电视水平分辨力、黑白电视灰度等级。

③ IP 摄像机单路画面像素质量、视频信息流量、帧率、水平和垂直分辨率、最大亮度鉴别等级。

④ 云台的负荷能力、预置位、断电恢复后自动复位、内置自动加热、自定义巡视及多种扫描模式。

⑤ 存储设备的配置和容量、硬盘在线热插拔、存储保护功能、电源模块热备功能。

⑥ 视频服务器电源模块冗余配置、单台视频分发及转发服务器处理路数、单台存储服务器同时处理存储视频路数、硬盘保护机制及硬盘容量。

⑦ 综合视频监控系统的音视频采集、处理、实时监视功能，视频存储、回放、分发、转发、系统管理功能，云台镜头控制、视频内容分析、系统联动、系统端到端时延、系统图像质量性能。

（5）车站时钟系统

车站时钟系统调试包括：

① 子钟数字时钟的时、分、秒或日期的显示方式；指针式子钟背光效果发光正常、显示清晰、运行顺畅、没有卡滞现象。

② 母钟设备输入、守时、输出功能。

③ 为车站旅客及客运服务人员提供统一标准时间。

（6）车站旅客携带物品安全检查设备

车站旅客携带物品安全检查设备调试包括：

① 安检仪物体识别、图像显示与处理功能及周围剂量当量率性能。
② 液体探测器识别危险液体功能。
③ 爆炸物探测识别爆炸物功能。
④ 手持金属探测器识别金属物品功能。

（7）车站信息查询系统

车站信息查询系统调试包括列车车次信息查询、列车到发时间信息查询、客票信息查询、公告信息查询。

（8）车站入侵报警系统

车站入侵报警系统调试包括手动和自动报警，按时间、区域、部位设防或撤防、防破坏、显示和记录报警部位及警情数据、报警复位。

（9）车站求助系统

车站求助系统调试包括求助终端与值班分机之间通话声音清晰、为旅客提供呼叫求助服务、录音记录仪具备录音功能、求助主机具备语音交换和通话统计功能，值班分机具备单呼、组呼、接听、保持及转接功能。

（10）车站客运作业管理系统

车站客运作业管理系统调试包括客运生产组织、客运作业、旅客服务信息实时发布功能。

（11）网络及安全

网络及安全调试包括设备端口数量、端口类型、端口传输速率、冗余方案、局域网网络带宽、时延、丢包率等功能，防火墙等安全防范措施，身份认证服务器的设置以及身份认证、访问控制、入侵防范、安全审计、病毒防范功能。

2）客票系统

客票系统调试包括：

（1）服务器功能及性能。

（2）窗口售/补票设备的窗口双屏信息同步显示、窗口语音对讲及音量调节、制售车票、身份信息读取、制票机单张制票速度功能。

（3）自动售票机的触摸输入、身份识读、购票信息显示、集成电路（IC）卡处理、支付、找零、制票、凭条打印、运行状态显示、维护、不间断电源（UPS）备用电源、视频监控功能。

（4）自助取票机的触摸输入、身份识读、取票信息显示、制票、维护、UPS备用电源、视频监控功能。

（5）自动售票机的单张制票速度、单纸币识别时间、纸币找零速度、硬币找零速度、视频图像数据保存时间性能。

（6）自助取票机单张制票速度、视频图像数据保存时间、身份信息读取时间、UPS满负荷工作时间性能。

（7）自动检票机的车票处理、闸门控制、通道检测、状态指示、通行处理、通行指示、备用电源功能。

（8）自动检票机的通行能力、单张车票处理时间、闸门关闭/开启时间、可检测的最小尾随距离/可报警间隔、状态指示灯可视距离性能。

（9）人工实名制验证设备的读取身份证件信息、比对身份证信息和车票信息功能。

（10）自助实名制验证设备的读取身份证件信息、采集和识别人脸图像、比对身份证信息、人脸信息、通行控制功能。

（11）交换机和路由器的端口数量、端口类型、端口传输速率、冗余。

（12）网络带宽、传输时延、丢包率。

（13）互联网售票安全设备的安全通信、流量控制、访问控制、安全审计、入侵防范功能。

（14）客票专网系统安全设备的用户身份鉴别、系统安全审计、用户信息数据保护、程序可信执行保护、安全区域边界保护功能。

（15）代售点公网安全接入设备的安全访问控制、用户认证、客票终端设备认证、安全审计功能。

3）行包信息系统

（1）行包管理信息系统的旅客行包承运制票、行包运输管理、到达交付功能。

（2）行包广播子系统的多信源、多通道、多广播分区平行自动广播功能，分区插播、优先级设置、主备功率放大器自动切换、系统监控功能。

（3）行包显示子系统功能。

① 行包视频监控子系统的音视频采集、视频处理、视频存储、视频回放、视频显示功能。

② 行包安全检查的安检仪物体识别、图像显示与处理功能，周围剂量当量率性能及称重功能。

4）车站门禁系统

车站门禁系统调试包括实时监控、记录人员进出信息、报警、门禁卡管理、与火灾报警系统联动功能。

5）电源设备

UPS电源设备调试包括：

（1）UPS的输出电压稳压精度、输出频率、输出波形失真度、输出电压不平衡度、输出电压相位偏差、市电与电池转换时间、旁路逆变转换时间、输出有功功率、输出电流峰值系数、保护与告警、绝缘电阻、双机切换、主备用模块切换功能。

（2）蓄电池的均充电压、浮充电压、端电压均衡性、内阻、容量性能。

6）电源及设备房屋环境监控系统

电源及设备房屋环境监控系统调试包括：

（1）监控中心服务器设备电源模块冗余和存储容量。

（2）监控站监控单元存储告警记录时间。

7.3.3 系统安装及调试

1. 通信系统概述

1）通信网

（1）通信网的概念及构成要素

① 通信网的概念

通信网是由一定数量的节点和连接这些节点的传输系统有机地组织在一起，按约定的信令或协议完成任意用户间信息交换的通信体系。

通信网上任意两个用户间、设备间或一个用户和一个设备间均可进行用户信息（如语音、数据、图像等）、控制信息（如信令信息、路由信息等）和网络管理信息的交换。

② 通信网的构成要素

通信网是由软件和硬件按特定方式构成的一个通信系统。硬件设施由终端节点、交换节点、业务节点和传输系统构成，它们完成通信网接入、交换和传输等基本功能。软件设施由信令、协议、控制、管理、计费等构成，它们主要完成通信网的控制、管理、运营和维护，实现通信网的智能化。

a. 终端节点

最常见的终端节点有电话机、传真机、计算机、视频终端、智能终端和用户小交换机。

b. 交换节点

交换节点是通信网的核心设备，最常见的交换节点有电路交换机、分组交换机、路由器、转发器等。

c. 业务节点

最常见的业务节点有智能网中的业务控制节点（SCP）、智能外设、语音信箱系统，以及Internet上的各种信息服务器等。它们通常由连接到通信网络边缘的计算机系统、数据库系统组成。

d. 传输系统

传输系统为信息的传输提供传输信道，并将网络节点连接在一起。其硬件组成应包括：线路接口设备、传输媒介、交叉连接设备等。

传输系统一个主要的设计目标就是提高物理线路的使用效率，因此通常都采用了多路复用技术，如频分复用、时分复用、波分复用等。

（2）通信网的功能和分类

① 通信网的功能

各种类型的通信网都实现了信息传送、信息处理、信令机制、网络管理四个主要功能。

a. 信息传送

信息传送是通信网的基本任务，传送的信息主要分为三类：用户信息、信令信息和管理信息。信息传送主要由交换节点和传输系统完成。

b. 信息处理

网络对信息的处理方式对最终用户是不可见的，主要目的是增强通信的有效性、可靠性和安全性，信息最终的语义解释一般由终端应用来完成。

c. 信令机制

信令机制是通信网上任意两个通信实体之间为实现某一通信任务，进行控制信息交换的机制，如电话网上的No.7信令、互联网上的各种路由信息协议和TCP连接建立协议等。

d. 网络管理

网络管理功能主要负责网络的运营管理、维护管理和资源管理，保证网络在正常和故障情况下的服务质量，是整个通信网中最具智能的部分。

② 通信网的分类

a. 按业务类型，可分为电话通信网（如 PSTN、移动通信网等）、数据通信网（如 X.25、Internet、帧中继网等）、广播电视网等。

b. 按空间距离和覆盖范围，可分为广域网、城域网和局域网。

c. 按信号传输方式，可分为模拟通信网和数字通信网。

d. 按运营方式，可分为公用通信网和专用通信网（如防空通信网、军事指挥网、遥感遥测网等）。

e. 按通信的终端，可分为固定通信网和移动通信网。

2）光通信系统

光通信系统通常指光纤传输通信系统，是目前通信系统中最常用的传输系统。

（1）光纤通信系统

光纤通信是以光波作为载频、以光导纤维（以下简称"光纤"）作为传输媒介、遵循相应的技术体制的一种通信方式。最基本的光纤通信系统由光发射机、光纤线路（包括光缆和光中继器）和光接收机组成。

光纤通信系统通常采用数字编码、强度调制、直接检波等技术。

（2）光传输媒介

光纤是光通信系统最普遍和最重要的传输媒介，它由单根玻璃纤芯、紧靠纤芯的包层、一次涂覆层以及套塑保护层组成。

光在光纤中传播，会产生信号的衰减和畸变，其主要原因是光纤中存在损耗和色散。损耗和色散是光纤最重要的两个传输特性，它们直接影响光传输的性能。

① 光纤传输损耗

损耗是影响系统传输距离的重要因素之一，光纤自身的损耗主要有吸收损耗和散射损耗。吸收损耗是因为光波在传输中有部分光能转化为热能；散射损耗是因为材料的折射率不均匀或有缺陷、光纤表面畸变或粗糙造成的，主要包含瑞利散射损耗、非线性散射损耗和波导效应散射损耗。当然，在光纤通信系统中还存在非光纤自身原因的一些损耗，包括连接损耗、弯曲损耗和微弯损耗等。这些损耗的大小将直接影响光纤传输距离的长短和中继距离的选择。

② 光纤传输色散

色散是光脉冲信号在光纤中传输，到达输出端时发生的时间上的展宽。产生的原因是光脉冲信号的不同频率成分、不同模式，在传输时因速度不同，到达终点所用的时间不同而引起的波形畸变。这种畸变使得通信质量下降，从而限制了通信容量和传输距离。降低光纤的色散，对增加光纤通信容量，延长通信距离，发展高速 40Gb/s 光纤通信和其他新型光纤通信技术都是至关重要的。

（3）光传输设备

光传输设备主要包括光发送机、光接收机、光中继器。

① 光发送机

光发送机的作用是将数字设备的电信号进行电/光转换，调节并处理成为满足一定条件的光信号后送入光纤中传输。

② 光接收机

光接收机的作用是把经过光纤传输后，脉冲幅度被衰减、宽度被展宽的弱光信号转变为电信号，并放大、再生恢复出原来的信号。

③ 光中继器

光中继器的作用是将通信线路中传输一定距离后衰弱、变形的光信号恢复再生，以便继续传输。

2. 铁路通信系统安装及调试

铁路通信系统安装主要指传输、接入等系统的数据配置，以及各系统与传输设备、数据通信网设备等的通道连接。系统调试主要指各系统的功能检验和试验。

1）传输系统安装及调试

（1）传输系统安装

传输系统安装是指在单机调试完成后，根据设计方案，可靠连接各设备单元，用网管设备进行数据配置。

（2）传输系统调试

① 传输系统光通道调测指标

接收光功率、S点的最小回波损耗、时间同步功能。

② SDH系统调测指标

数字段误码、抖动性能、保护倒换时间、公务通信功能、激光器保护功能、开销和维护功能定时源选择和切换功能、保护倒换功能。

③ MSTP系统调测指标

SDH业务的光接口性能、电接口输出信号比特率、误码性能、抖动性能。MSTP系统以太网透传功能、业务汇聚功能、二层交换系统项目、时钟定时功能和时钟性能。

④ OTN设备调测指标

网络性能、承载OMS、OTS层的主光通道的性能。

⑤ 网元管理级系统（EMS）调测指标

通用功能、故障管理功能、性能管理功能、配置管理功能、安全管理功能、本地维护终端功能、调试系统网管北向接口（接入综合网管）功能。

2）接入网系统安装及调试

（1）接入网系统安装

接入网系统安装是指在单机调试完成后，根据设计方案可靠连接各设备单元，用网管进行数据配置。

（2）接入网系统调试

① 启动检验：

本地交换机触发的系统启动、接入网触发的系统启动、主链路从故障中恢复、次链路从故障中恢复、V5接口从中断中恢复后的系统启动。

② 业务节点（SNI）V5接口2Mbit/s链路：

2Mbit/s电接口误码性能、比特率偏差、最大输出抖动、输入抖动容限。

③ V5 接口实时监视信令流程、记录、分析相关协议功能。

④ ONU 与 OLT 之间、ONU 直接与 ONU 之间、ONU 经过 LE 与 ONU 之间的用户网络接口（UNI）音频性能：音频二/四线的通路电平、净衰耗频率特性、增益随输入电平变化特性、空闲信道噪声、总失真、近端串音、远端串音。

⑤ 端到端数据接口误码，ISDN-BRI、ISDN-PRI 的 B 通道和 D 通道误码。

⑥ 主要功能：系统保护功能、时钟同步及时间同步功能、单呼、组呼、全呼、会议电话、强插、外线拨入、112 测量台、普通电话业务、系统接通率等。

⑦ 接入网网管：网络拓扑、业务拓扑管理功能、配置管理功能、故障管理功能、性能管理功能、安全管理功能、日志管理功能、北向接口（接入综合网管）功能。

3）电话交换系统调试

（1）验证配置

验证用户数据、局数据、局间信令协议的配置。

（2）检测差错率

检测市话和长途计费差错率。

（3）接通率检测

用模拟呼叫器进行系统接通率检测。

（4）通话检测

进行长时间通话检测。

（5）确认检测

复核出厂质量检验报告，确认交换机忙时呼叫尝试次数（BHCA）满负载检测结果，确认内部过负荷控制功能。

（6）功能检验

检验电话交换系统网管的人机命令功能、响应时间、告警管理功能、话务观察功能、例行维护功能、数据管理功能、障碍检测功能和调试系统网管北向接口（接入综合网管）功能。

4）数据通信网系统安装及调试

（1）数据通信网系统安装

数据通信系统安装是指连接数据通信设备与传输通道。

（2）数据通信网系统调试

① 系统调试前应进行相关检查：用误码测试仪检测传输通道的误码率，符合设计要求；数据通信设备与传输通道连接状态正确。

② 对系统进行性能调测：数据保存，时间设置，软件加载，IP 数据包端到包端转发丢包率、时延、吞吐量测试等网络性能和路由收敛时间。

③ 对系统可靠性进行调测：主控板冗余、路由模块热插拔能力、电源模块冗余、系统复位时间、路由软件升级能力和 VRRR 协议基本功能。

④ 对系统功能进行调测：VLAN 功能、Eth-Trunk 逻辑端口功能、MPLS VPN 功能、GRE 的基本功能、QoS 策略、安全功能、NAT 基本功能。

⑤ 对路由策略功能、网络安全措施进行检验，对系统的时间同步功能进行调测。

⑥ 对数据通信系统网管资源管理功能、拓扑管理功能、配置管理功能、故障管理

功能、性能监测与分析功能、路由管理功能、QoS管理功能、Web信息发布统计功能、报表统计功能、VPN管理功能、流量采集与分析功能和操作维护终端安全登录等安全管理功能，进行检验。

5）有线调度通信系统调试

（1）功能试验

对有线调度通信系统进行呼叫业务功能、可靠性、系统性能、与GSM-R系统联网的试验和双中心安全措施的试验。

（2）同步调测

对系统的时间同步功能进行调测。

（3）数据接入功能试验

对局数据、用户数据等数据输入和修改等配置管理功能、网管性能管理功能、网管故障管理功能和网络安全管理功能进行试验。

（4）网管调试

调试系统网管北向接口（接入综合网管）功能。

6）会议电视系统调试

（1）检测IP视频业务端的指标、会议电视系统音、视频质量和会议电视系统的控制功能。

（2）对系统的时间同步功能和冗余保护功能进行检验。

（3）检验会议电视系统用户管理功能、控制管理功能、维护管理功能、统计管理功能。

（4）调试系统网管北向接口（接入综合网管）功能。

7）综合视频监控系统调试

（1）检测综合视频监控系统的音频失步时间和时延。

（2）检测综合视频监控系统与通信电源及环境监控、牵引供电、旅客服务、自然灾害及异物侵限监测等系统进行联动的试验。

（3）试验综合视频监控系统与其他相关系统互联或联动告警功能。

（4）对图像质量、视频回放进行调试，对视频内容分析质量进行检查。

（5）对视频处理功能、存储功能、控制功能、分发/转发功能、显示功能、断网保护功能和时间同步功能进行试验。

（6）试验综合视频监控系统与既有视频系统之间的互联互通及性能。

（7）对综合视频监控系统业务管理功能和设备管理功能进行检验。

（8）调试系统网管北向接口（接入综合网管）功能。

8）专用应急通信系统调试

（1）对应急通信现场设备到达现场展开至系统开通的时间、应急现场移动终端通信距离、应急通信现场设备可连续工作时间、应急现场至应急救援指挥中心间端对端通道带宽、时延、丢包率等进行调测。

（2）对应急通信系统功能进行试验。

（3）对系统的时间同步进行调测。

（4）调试系统网管北向接口（接入综合网管）功能。

9）时钟同步系统调试

（1）节点时钟设备性能调测。

（2）复核出厂质量检验报告。时钟同步2、3级节点时钟的单机性能：2、3级节点时钟的频率准确度，牵引入和保持入范围，恒温条件下、变温条件下的节点时钟漂动产生要求，抖动产生、输入漂动容限、输入抖动容限和相位不连续性。

（3）对基准时钟、大楼综合定时供给设备（BITS）输出的2048kHz、2048kbit/s同步信号的精度和稳定度、定时链路、时钟同步系统性能、大楼综合定时供给设备（BITS）输出端口的性能进行调测。

（4）对时钟同步系统的功能进行试验：同步信号锁定跟踪功能、故障告警功能和关键部件冗余功能。

10）时间同步系统调试

（1）对卫星接收设备进行调测和对母钟设备的单机功能进行试验。

（2）复核出厂质量检验报告、母时钟设备的单机性能。

（3）对时间显示设备进行检查和试验，对时间同步系统的功能进行试验。

（4）采用网络时间协议（NTP）传送时间信号时，对其功能和性能进行调试。

（5）对系统的告警管理功能、性能管理功能、配置管理功能、数据统计分析功能、安全管理功能、NTP的性能管理功能、NTP网管服务器的配置功能、NTP网管服务器的时间源丢失、客户端长时间未同步、客户端时间偏差超门限等故障告警功能和NTP网管服务器的安全设置功能进行试验。

（6）调试系统网管北向接口（接入综合网管）功能。

11）综合布线系统调试

检测铜缆综合布线系统对绞线终接8位模块式通用插座的接线图，线位应正确，不应出现反向线对、交叉线对或串对。

调测布线链路和信道缆线长度、5e类/D级铜缆布线系统信道指标性能、6类/E级铜缆布线系统信道指标性能、5e类/D级铜缆布线系统信道指标性能、6类/E级铜缆布线系统永久链路指标性能和综合布线系统的光纤信道在规定的传输波长下最大光衰减（介入损耗）。

12）电源系统调试

（1）电源受电前应确认：

① 设备布线和接线正确，无碰地、短路、开路、假焊等情况。

② 机柜保护地线连接可靠。

③ 设备接触器与继电器的可动部分动作灵活，无松动和卡阻，其接触表面无金属碎屑或烧伤痕迹。

④ 设备开关灵活，接触可靠。熔断器容量和规格符合设计或产品技术指标要求。

⑤ 设备电压、电流表已进行校验和铅封。

⑥ 对设备、部件、布线的绝缘电阻、耐压强度进行检测，符合技术指标要求。

⑦ 检测设备内布线及设备非电子器件对地绝缘电阻符合产品技术指标规定；无规定时，应大于2MΩ/500V。

⑧ 检查交流配电设备的避雷器件。

（2）对高频开关电源设备和不间断电源（UPS）进行调试。
（3）对安装连接后的蓄电池组管理：
① 连接可靠，不得出现虚接、压降过大等问题，并检查记录开路电压。
② 初次使用前应进行均充补充电，以弥补运输和贮存周期带来的容量损失。
③ 初次容量检查应测出实际容量值，放电参数尽可能靠近10小时率，并保证结束后完全充满。
④ 容量检查时，应同时检查端子压降、单体温度，排气阀应正常可靠。
⑤ 应按产品技术要求设定好和蓄电池相关的开关电源参数，并做好记录。
（4）对阀控式密封铅酸蓄电池充电管理：
① 初充电前应检测单体蓄电池开路电压，一组蓄电池各电池间的开路电压高与低差值应不大于20mV（2V）、50mV（6V）、100mV（12V）。
② 对蓄电池进行补充充电，最大充电电流应不大于$0.25C_{10}$，最大充电电压应不大于2.40V/单体。
③ 对蓄电池进行均衡充电，均衡充电电压应为（2.30~2.40V）/单体。
④ 对蓄电池进行浮充充电，充电电压应为（2.20~2.27V）/单体。
（5）对阀控式密封铅酸蓄电池进行容量检测。
（6）馈电母线和电源线通电试验应符合：
① 馈电母线、电源线安装完毕，在相对湿度不大于80%时，其单线对地及线间绝缘电阻应大于1MΩ/500V。
② 用负载模拟满负荷条件下，检测馈电母线、电源线电压降应符合相关技术标准的规定。
③ 用模拟方法达到满负荷条件、通电1h后，测量馈电母线接头部位连接处的温度应不大于70℃，馈电母线、电源线与设备电源端子连接处的温度应不大于65℃。
（7）对UPS和-48V高频开关电源设备，进行功能试验。

13）电源及设备房屋环境监控系统调试
（1）对监控系统进行功能试验。
（2）对监控系统进行遥控、遥测、遥信功能和性能检测。
（3）当监控系统的数据传输采用专线方式时，检测从故障点到维护中心的响应时间应不大于10s；检测键盘对三遥指令操作的系统响应时间应不大于30s。
（4）当系统有备用通信路由选择时，试验路由倒换功能，应能根据命令正常倒换。
（5）检查监控系统的接入不应改变被监控设备原有的控制功能。
（6）检查监控系统与机房照明、综合视频监控系统等的联动功能。
（7）应以被监控设备自身控制功能为优先；监控系统的局部故障不应影响监控系统其他部分的正常工作。
（8）对系统的时间同步功能进行调测。
（9）调试系统网管北向接口（接入综合网管）功能。

14）综合网管系统调试
（1）对综合拓扑管理功能、综合告警管理功能、重点业务保障功能、综合性能信息管理功能、综合报表管理功能、综合资源管理功能、流程管理功能、自身管理功能、时间同步功能和综合网管各子系统性能指标管理进行试验。

（2）对系统可靠性进行性能调测和功能试验。

（3）对系统响应性能进行调测。

（4）对系统采集及处理能力进行测试。

（5）对系统存储能力进行检测。

3. 数字移动通信系统（GSM-R）

1）GSM-R 移动交换子系统（SSS）调试

（1）调试移动业务交换中心（MSC）、拜访位置寄存器（VLR）、归属位置寄存器（HLR）、鉴权中心（AuC）、设备识别寄存器（EIR）、互联功能单元、组呼寄存器（GCR）、短消息服务中心（SMSC）和确认中心（AC）的功能和性能。

（2）进行数据配置：

① BSS（BTS 与 BSC）基站系统侧无线网络参数配置、网络交换子系统（NSS）网络侧无线参数配置等。

② 局向数据配置：信令点编码、GT 编码、SSN 号、寻址方式、局向路由、BSC 数据、号码分析等。

③ 电路域业务数据配置：用户管理数据、组呼业务配置、业务优先级数据配置、功能号数据配置等。

④ 通过电路拨打方式验证对接中继电路的可用性。

（3）检查交换子系统的时钟同步性能和功能。

（4）对移动交换设备的接口和移动交换子系统软件的容错能力进行调测。

（5）对呼叫业务或功能和核心网设备冗余保护功能进行检验。

2）GSM-R 移动智能网子系统（IN）调试

（1）调试业务交换点（SSP）、业务控制点（SCP）和智能外设（IP）、业务管理点（SMP）的主要功能和性能。

（2）试验业务管理接入点（SMAP）和业务生成环境点（SCEP）的主要功能。

（3）根据设计文件，并参照相关技术标准或设备技术文件配置数据：SCP/SSP 数据、呼叫矩阵关系数据和智能业务触发数据等。

（4）对业务进行验证：功能号注册与呼叫、呼叫矩阵业务、基于位置寻址功能、调度区域呼叫限制和不唯一车次号呼叫。

3）GSM-R 通用分组无线业务子系统（GPRS）调试

（1）调试服务 GPRS 支持节点（SGSN）、网关 GPRS 支持节点（GGSN）、域名服务器（DNS）和认证服务器（RADIUS）的主要功能和性能。

（2）试验边界网关（BG）主要功能。

（3）对数据业务通过 FTP 方式进行验证：PDP 激活/去活、上下行数据传输、业务挂起与恢复、流量控制和无线接入能力等。

4）GSM-R 无线子系统（BBS）调试

（1）对无线子系统参数进行配置：接口数据配置、小区数据配置、系统消息数据配置和切换数据配置。

（2）对 BSC 和 BTS 的主要性能指标进行调测。

（3）对中继直放站设备进行衰减设置。

（4）对直放站、分组控制单元（PCU）和小区广播短消息中心（CBC）的主要功能和性能进行调试。

（5）对编译码和速率适配单元（TRAU）的主要功能进行试验。

（6）对接口的性能和功能进行调试。

（7）对无线子系统的主要功能进行试验。

（8）调试系统网管北向接口（接入综合网管）功能。

5）GSM-R运营与支撑子系统（OSS）

（1）调试网络管理系统、接口监测系统、漏缆监测系统和SIM卡管理系统的主要功能和性能。

（2）接口监测设备应高阻跨接在被监测接口上；接口监测系统、LCX监测系统的安装与维护不应影响既有设备系统的正常应用。

（3）对系统的时间同步功能进行调测。

6）GSM-R无线终端调试

GSM-R无线终端调试包括调试手持台的主要功能和无线终端的主要性能。

7）GSM-R接口调试

调测GSM-R接口性能：TRAU与MSC间的接口（A接口）、PCU与SGSN间的接口（Gb接口）、MSC与FAS间的接口（Fa接口）、MSC与PSTN间的接口、移动台与BTS间的接口（Um）、BTS与基站间的接口（Abis接口）和MSC与RBC间的接口。

8）GSM-R系统调试

（1）GSM-R系统调试包括场强及干扰调试、系统业务及功能试验、系统服务质量（QoS）调试。

（2）GSM-R系统调试方法应在静态或一定的运行速度下进行。

（3）当系统采用无线冗余覆盖技术时，应分别对不同网络进行全线覆盖测试。

（4）对室内覆盖无线场强进行调试。

（5）对于不符合要求的无线场强及网内越区干扰，应针对具体原因进行调整。

（6）系统调整后应复测。

（7）对系统语音业务和数据业务进行试验。

（8）当无线场强不符合要求时应分析具体原因，并进行相应调整。

（9）系统调整后进行语音和数据业务复测。

（10）对系统服务质量（QoS）进行调测。

（11）当系统服务质量（QoS）指标不符合要求时应分析具体原因，并应进行相应处理。

（12）系统调整后应对系统服务质量（QoS）进行复测。

4. 铁路客服信息系统

1）旅客服务信息系统

旅客服务信息系统调试包括：集成管理平台与运输调度管理系统、客票系统互联功能，车站视频监控系统与车站求助、门禁及入侵报警系统联动功能，车站客运广播系统与火灾自动报警系统联动功能。

2) 客票系统

客票系统调试包括：

（1）中心级客票系统功能。

（2）区域级客票系统的客票核心数据处理、交易、共享、管理功能，客运营销辅助决策、系统监控、自动售票、自动检票、实名制验证、电话订票功能。

（3）车站级客票系统购票、换票、改签、退票、补票、检票、实名制验证、应急售检票功能。

（4）具备从旅客服务信息系统接收客运组织计划信息功能。

（5）自动检票机接收到 FAS 指令后自动或手动控制闸门开放功能。

（6）自助实名制核验闸机接收到 FAS 指令后自动或手动控制闸门开放功能。

（7）中心级客票系统与铁路时间同步网保持时间同步，车站级客票系统与中心级或区域级客票系统保持时间同步，车站级客票系统内保持时间同步。

3) 电源及设备房屋环境监控系统

电源及设备房屋环境监控系统调试包括以下内容：

（1）监控系统的监控对象、方式及内容。

（2）监控系统对系统设备工作状态的监视功能，记录、存储告警数据、操作数据和监测数据的功能，监控站与监控中心间通信中断时保持数据连续保存、通信恢复后主动发送保存数据功能，配置管理、告警通知及管理、性能管理和安全管理功能，监控站与监控中心时间同步，监控系统故障不影响被监控对象正常工作。

（3）监控系统遥测量精度、遥信量准确率、遥控量准确率以及从告警事件发生到监控中心显示告警信息的时间。

7.3.4 防雷、接地施工

1. 光电缆雷电、强电防护及接地

1) 光电缆应采取防雷保护措施的处所

（1）年平均雷暴日大于 20d 的地区。

（2）多次遭雷击的地点。

（3）地形突变、土壤电阻率变化较大的地带。

（4）光电缆与树木、高耸建筑物、构筑物间等的最小间距符合表 7.3-7 规定。

表 7.3-7 光电缆与树木、高耸建筑物、构筑物间等的最小间距表

土壤电阻率 ρ（Ω·m）	与10m 及以上树木（m）	与 6.5m 及以上的杆塔（m）	与高耸建筑物及其保护接地装置（m）
$\rho \leqslant 100$	15	10	10
$101 \leqslant \rho \leqslant 500$	20	15	15
$\rho > 500$	25	20	20

注：在市区、山区或电力牵引供电铁路等光电缆敷设条件困难区段，采用绝缘防护措施后，光电缆与杆塔等的距离不得小于1m。

2）光缆的防雷保护应符合的规定
（1）光缆不设地线，接头两侧的金属护套及金属加强件应相互绝缘。
（2）雷害严重地段，可采用非金属加强构件的光缆。
（3）在落雷较广的地带，可设置防雷线，并符合《通信线路工程设计规范》GB 51158—2015等有关技术标准的规定。

3）电缆的防雷保护应符合的规定
（1）长途电缆金属护套、铠装应接地。
（2）其接地间距不应大于4km，雷害严重的地段间距宜适当缩短。
（3）接地电阻值不应大于4Ω，困难地点宜不大于10Ω。
（4）通信线路遭受强电线路干扰影响容许杂音值应符合表7.3-8的要求。

表7.3-8 强电线路干扰影响容许杂音值表

回线名称	杂音计电压（mV）	杂音电平（dB）
调度回线	1.25	−56
一般回线	2.0	−50

注：在通信站用杂音测试器测量时，应采用高阻，输入端并接等于回线输入阻抗 Z，其实测值应乘以 $\sqrt{600/Z}$。

4）光电缆的强电影响防护应符合的规定
（1）光电缆与电力线路交叉跨越时，宜垂直通过，在困难情况下，其交叉跨越夹角不应小于45°。
（2）光电缆与强电线路接近时，应根据影响的大小、线路的长短等因素采取迁移改线、更换屏蔽性能好的电缆以及采用降压设备等措施。
（3）电力牵引供电铁路区段，长途通信电缆应设屏蔽地线，接地间距不应大于4km。
（4）地区及站场电缆与电力牵引供电铁路区段平行接近长度超过2km时，其主干电缆或平行接近段的金属护套应屏蔽地线，且屏蔽地线的间距不宜大于2km。
（5）屏蔽地线接地电阻值不应大于4Ω，困难地区不应大于10Ω。
（6）电力牵引供电铁路区段，长途通信电缆引入室内时，电缆金属护套的室内部分与室外部分应相互绝缘。
（7）电力牵引供电铁路区段，通信电缆的防雷地线、屏蔽地线可合设。
（8）当距离综合接地系统的贯通地线20m范围以内时，通信电缆接地装置应与贯通地线进行等电位连接，并符合《铁路防雷及接地工程技术规范》TB 10180—2016的有关规定。

2. 接地线施工主要要求
（1）路径应短捷，配线时不留余长。
（2）当接地连接线穿越墙体、楼板时，应采取绝缘保护措施。
（3）采用螺栓连接时，应使用双螺母。
（4）室内设备、设施与接地汇集线的接地连接线护套应采用阻燃材料。
（5）接地线严禁设置开关、熔断器或断路器。

3. 浪涌保护器施工主要要求

（1）浪涌保护器接地线应与防雷接地汇集线就近连接。

（2）并联型浪涌保护器与被保护设备端子的连接线截面积不得小于 $1.5\mathrm{mm}^2$，长度不得大于 0.5m，受条件限制时，不得超过 1.5m，或采用凯文接法。

（3）浪涌保护器至接地汇集线的接地连接线长度应不大于 1m。

（4）各种浪涌保护器均应设置用途及去向标牌。

7.4　信号工程施工

7.4.1　光电缆线路施工

1. 一般规定

（1）信号光电缆线路施工包括径路复测、单盘测试、配盘及运输、光电缆敷设、光电缆防护、光电缆接续、电缆成端、箱盒安装、箱盒配线等。

（2）信号光电缆施工流程如图 7.4-1 所示。

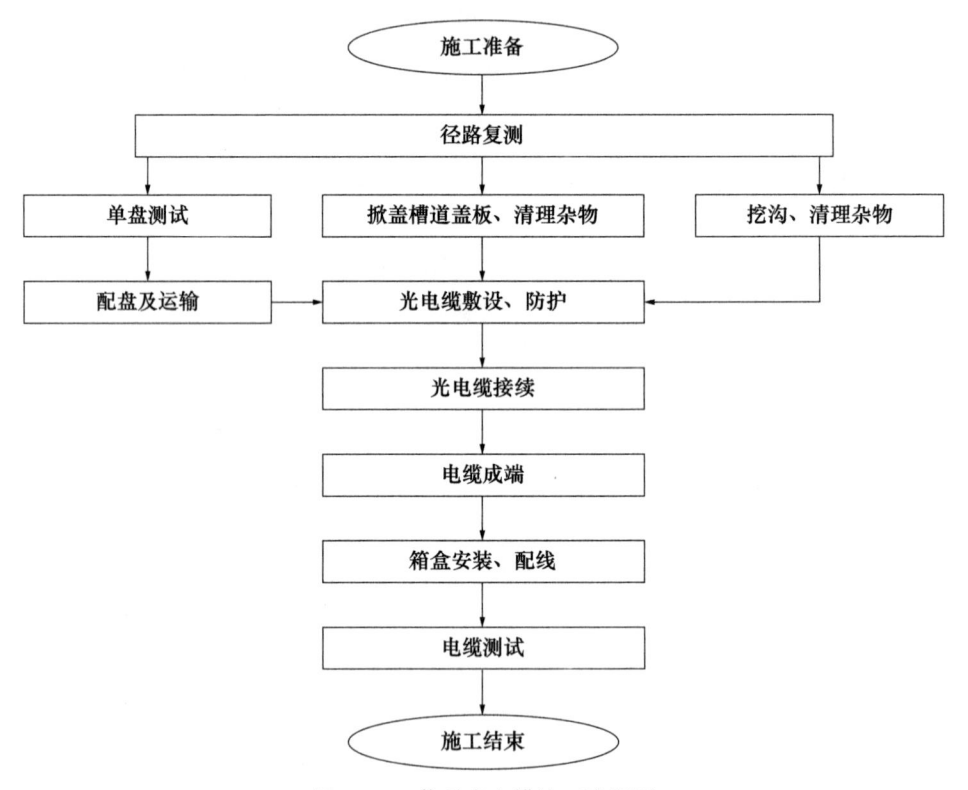

图 7.4-1　信号光电缆施工流程图

（3）信号光电缆敷设前应进行单盘测试，接续前、后应进行电气测试，室内外设备连接前应进行全程测试，并应做好测试记录。

（4）站房和其他人员密集的建筑、地下室、信号设备房屋、长及特长隧道等场所内的电线、电缆、光缆及其防护材料应采用阻燃性或采取阻燃防护措施。其中，综合站房和其他人员密集的建筑、地下室的光电缆还应具有低烟无卤性能。

2. 光电缆径路复测控制要点

光电缆径路复测应按施工设计图进行，并包括下列内容：

(1) 实地测量光电缆总长度（包括各种余留长度）。

(2) 调查线路电缆槽道贯通情况。

(3) 调查设备安装位置。

(4) 调查直埋线路径路情况、地下管线状况。

(5) 确定穿越轨道、桥梁、隧道、河流及有关建筑等需要防护的处所和防护方式。

(6) 电缆径路复测完毕后，及时绘制径路复测台账，并确定单盘电缆长度。

(7) 光电缆径路复测完毕后，如发现实际与设计不符，应按规定程序变更。

3. 光电缆单盘测试及运输

(1) 光电缆到货后，应根据到货清单，核对光电缆的盘号、型号、规格、盘长、端别、数量，检查包装无破损，缆线无损坏、压扁等情况，并填写信号光电缆进场验证记录。

(2) 信号光电缆单盘测试前应在使用单位、监理单位的共同见证下进行，测试完毕后填写电缆单盘测试记录表，其主要控制点如下：

① 开盘检验电缆端面，确定 A、B 端。

② 电缆单盘测试主要电气性能（20℃）应符合表 7.4-1 要求。

表 7.4-1 电缆单盘测试主要电气性能表（20℃）

分类	项目	单位	指标	换算公式
综合护套、铝护套信号电缆	导体直流电阻（芯线直径 1.0mm）	Ω/km	≤23	L/1000
	绝缘电阻率（芯线间，芯线对金属护套间）	MΩ·km	≥3000	1000/L
铁路内屏蔽数字信号电缆	导体直流电阻（芯线直径 1.0mm）	Ω/km	22.5±1	L/1000
	工作线对导体电阻不平衡	%	1	—
	绝缘电阻率（芯线间，芯线对屏蔽层及金属护套间）	MΩ·km	≥10000	1000/L
	工作电容（0.8~1.0kHz）	nF/km	28±2	L/1000
应答器数据传输电缆	导体直流电阻（芯线直径 1.53mm）	Ω/km	≤9.9	L/1000
	绝缘电阻率（芯线间，芯线对屏蔽层及金属护套间）	MΩ·km	≥10000	1000/L
	工作电容（0.8~1.0kHz）	nF/km	≤43.2	L/1000

注：表中 L 为电缆长度。

③ 测试用仪表：高阻计、直流电桥、电容测试仪、万用表、温度计等。

④ 电缆电阻测试时需考虑周围环境温度变化，应将测试值换算成 20℃时电阻值。换算公式如下所示。

温度 20℃时每公里长度芯线直流电阻值（R_{20}）换算公式：

$$R_{20} = \frac{R_x}{1 + a_{20}(t-20)} \cdot \frac{1000}{L} \tag{7.4-1}$$

式中 R_{20}——20℃时每公里长度电阻值（Ω/km）；

L——电缆长度（m）；

t——测量时的环境温度（℃）；

a_{20}——电阻温度系数 [1/℃（0.00393）]；

R_x——实测电阻值。

⑤ 电缆单盘测试完成后应在电缆盘外侧明显位置处做出自编盘号、电缆长度、芯数、电缆外端端别。

⑥ 电缆单盘测试完成后应对测试后的电缆端头采用热缩端帽封端进行密封处理。

4. 光电缆敷设主要控制要点

（1）光电缆敷设前，土建等相关工程施工的接口、作业面应验收交接，并检查是否符合下列进场条件：

① 桥、隧、路基地段，同一区间的电缆槽及衔接部分的槽道已同步建成并贯通。

② 同一区间预留的手孔（井）已完成，过轨管道与手孔（井）之间已连通，并预留钢丝保持管道畅通。

③ 桥、隧、路基地段，经过手孔、水沟、路堑、边坡到设备房电缆井的电缆槽、管道应贯通，并在路基、护坡形成前已完成。

④ 站台电缆槽及出口与相关通道同步建成并贯通；车站站台电缆槽至机械室电缆间的引入槽道（或防护钢管）已同步形成。

⑤ 中继站电缆井、电缆槽已完成，排水良好。

⑥ 桥梁上预留的锯齿孔、电缆槽用爬架滑道齐全。

⑦ 信号设备房屋楼层间电缆爬架已完成。

（2）信号电缆敷设时应符合下列要求：

① 信号电缆与通信电缆同槽敷设时，信号电缆应敷设在靠线路一侧。

② 电缆敷设前，应再次确认电缆端别。敷设时引入室内侧为 B 端，室外设备侧为 A 端，电缆按 A、B 端相接进行敷设。

③ 非耐寒电缆在环境温度低于 -5℃、耐寒护套电缆在环境温度低于 -10℃ 敷设时，应采取加温措施。

④ 敷设前应清除沟、槽内杂物。

⑤ 掀开盖板，并码放整齐、稳固，严禁侵入铁路建筑限界。

⑥ 槽内同时敷设多条线缆时应互不交叉。

⑦ 电缆敷设时，不得出现背扣、急弯现象。

⑧ 防护管为钢管时，管口处应打磨光滑，并采用橡胶管（套）防护，防止电缆穿越时损伤电缆外护套。

⑨ 电缆敷设时应将缆盘升起离地 100~200mm 后进行布放，有条件时应采用专门放缆车进行布放。

⑩ 槽道内电缆敷设完毕后，应采用砂袋对电缆进行防护，及时将槽道盖板封盖。

⑪ 在手孔、人井内的信号电缆与电力电缆应进行物理隔离。

⑫ 电缆敷设完毕后应及时填写电缆工程检查记录表。

（3）信号电缆敷设的弯曲半径应符合下列要求：

① 综合护套信号电缆弯曲半径不得小于电缆外径的 15 倍。

② 内屏蔽数字电缆弯曲半径不得小于电缆外径的 20 倍。

③应答器数据传输电缆弯曲半径不得小于电缆外径的 20 倍。

④应答器尾缆弯曲半径不得小于电缆外径的 10 倍。

（4）电缆余留量应符合下列要求：

① 室外主干电缆采用直埋方式时每端余留量不得小于 2m，采用电缆槽道敷设方式时，留足一次做头余留量。50m 以下的分支电缆长度可不做余留。

② 室外电缆进入室内的余留量不得小于 5m。

③ 电缆地下接续时，接续点每端电缆留足一次接续的余留量。

④ 桥隧两端及线路两侧的手孔、人井处不留余留量。

⑤ 室外电缆余留应成"∽"形布放，轨道电路用数字电缆和应答器电缆严禁盘成闭合圈。

⑥ 电缆与室内、外设备未连接前，应对其线间绝缘、芯线对地绝缘进行全程测试，并填写测试记录，其测试结果不应小于 20MΩ·km。当测试结果不符合要求时，应分段检查并处理。

⑦ 电缆敷设、电缆沟（槽）回填、盖板回盖前，应及时通知监理工程师进行检查，合格后方可回填。

5. 信号电缆接续

信号电缆接续应符合下列要求：

（1）电缆穿越铁路、公路及道口时，在距铁路钢轨、公路和道口的边缘 2000mm 内的地方不得进行地下接续。

（2）电缆接续盒应水平放置，接头两端各 300mm 内不得弯曲。埋设于地下的接续盒应用电缆槽防护，防护长度不应小于 1000mm。

（3）同径路上的相邻电缆接续盒的距离不宜小于 1000mm。

（4）电缆接续处应设"电缆接续"标识，路基地段应标在电缆槽盖板上，桥梁及隧道地段应标在防护墙或隧道壁上。直埋地段设电缆接续标识桩。竣工图应有接续地点标志。

7.4.2 转辙装置及道岔融雪装置安装

1. 转辙机的分类

转辙机分为电空转辙机和电动转辙机。电空转辙机属于快动型转辙机，主要用于驼峰场。电动转辙机是目前铁路线路普遍使用的线路转辙设备。电动转辙机类型较多，有直流电动转辙机、单相交流转辙机、三相交流转辙机以及电动液压转辙机等。

2. 转辙装置施工

转辙装置施工主要包括安装装置、外锁闭装置、转辙机、密贴检查装置、锁闭检查器等安装。

3. 转辙装置安装施工流程

转辙装置安装施工流程有：配合轨道施工确认安装条件，外锁闭装置及安装装置安装，转辙机及杆件安装，密贴检查器、锁闭检查器安装，单机机械调整试验，电气试验。转辙装置安装施工流程如图 7.4-2 所示。

```
        ┌─────────────┐
        │  准备调试   │
        └──────┬──────┘
               │
    ┌──────────┴──────────┐
    │ 配合轨道施工确认安装条件 │
    └──────────┬──────────┘
               │
    ┌──────────┴──────────┐
    │ 外锁闭装置及安装装置安装 │
    └──────────┬──────────┘
               │
    ┌──────────┴──────────┐
    │  转辙机及杆件安装    │
    └──────────┬──────────┘
               │
    ┌──────────┴──────────┐
    │ 密贴检查器、锁闭检查器安装 │
    └──────────┬──────────┘
               │
    ┌──────────┴──────────┐
    │   单机机械调整试验   │
    └──────────┬──────────┘
               │
        ┌──────┴──────┐
        │   电气试验  │
        └──────┬──────┘
               │
        ┌──────┴──────┐
        │  施工结束   │
        └─────────────┘
```

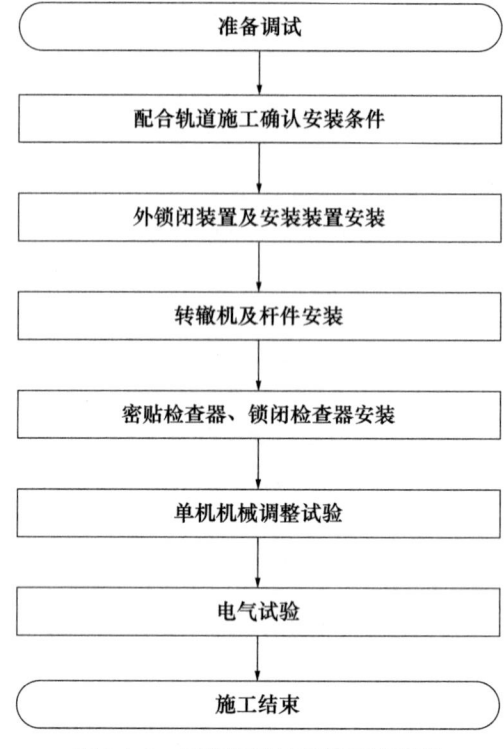

图 7.4-2　转辙装置安装施工流程图

4. 转辙设备安装检查条件

（1）尖轨与基本轨、心轨与翼轨应达到静态宏观密贴，尖轨与基本轨、心轨与翼轨间在牵引点中心处允许有不大于 0.5mm 的间隙。

（2）外锁闭道岔尖轨开口（动程）误差±3mm。

（3）道岔每侧每个牵引点前后滑床台至少有一块与尖轨、心轨接触，另一块允许有不大于 0.5mm 的间隙；应严格控制滚轮高出滑床台高度，不得超出标准范围。

（4）牵引点位置岔枕应方正，偏差不大于 3mm。

（5）两侧基本轨和翼轨的相对位置（沿线路方向）、两侧尖轨的相对位置（沿线路方向）、各轨件相对岔枕位置，偏差不超过 2mm。

（6）混凝土岔枕道岔及无砟道岔应预留转辙机和密贴检查器安装托板连接孔及杆件安装空间。

（7）混凝土岔枕道岔及无砟道岔预置的用于固定转换设备的螺母应符合相关技术要求，并与岔枕及道岔板内钢筋绝缘。

5. 转辙机的安装调整技术条件和规定

1）ZD6 系列电动转辙机

（1）减速器的输入轴及输出轴在减速器中的轴向窜动量不应大于 1.5mm，动作灵活，通电转动时无异常或明显噪声。

（2）摩擦联结器：

① 道岔在正常转动时，摩擦联结器不空转；道岔转换终了时，电动机应稍有空转；道岔尖轨因故不能转换到位时，摩擦联结器应空转。

② 在规定摩擦电流条件下,摩擦联结器弹簧有效圈的相邻圈最小间隙不小于1.5mm;弹簧不得与夹板圆弧部分触碰。

③ 摩擦带与内齿轮伸出部分,应经常保持清洁,不得锈蚀或沾油。

(3) 自动开闭器:

① 绝缘座安装牢固、完整、无裂纹。

② 动接点在静接点组内的接触深度不小于4mm,用手扳动动接点,ZD6系列其摆动量不应大于3.5mm;动接点与静接点座间隙不小于3mm;接点接触压力不应小于4N。

③ 动作杆、表示杆正常伸出或拉入过程中,拉簧的弹力适当,作用良好,使动接点迅速转接,并带动检查柱上升和下落。

④ 表示杆内检查块的上平面应低于表示杆或锁闭表示杆的上平面0.2~0.8mm;ZD6-J型机,检查柱落入检查块缺口内两侧间隙不大于7mm,其他机型为1.5±0.5mm。

2) ZY(J)7型电液转辙机

(1) 电机组和油泵组的电机、油泵间联轴器配合良好,转动时无卡阻、别劲现象。

(2) 油路系统的油缸、动作杆动作平稳,无颤抖。油路系统各接头部分无泄漏。

(3) 油缸连续往复动作20次后,活塞杆两端油膜不成滴。

(4) 溢流阀安装调整:

① 调节阀调节灵活,作用良好。

② 溢流阀调整灵活,溢流压力应调整为额定转换压力的1.1~1.3倍。

③ 在道岔正常转换时,保证液压系统有足够压力。

④ 道岔因故不能正常转换到底时,溢流阀应溢流。

⑤ 胶管总成外露部分及与槽钢进出口处防护设施应齐全,转角处弯曲半径不应小于150mm,进出口端应留有足够余量以避免列车振动受力,新设胶管总成外层应无龟裂。

(5) 接点组安装:

① 动、静接点安装牢固,接点片不歪斜,无伤痕。

② 动接点打入静接点时,动接点在静接点组内接触深度不应小于4mm,用手扳动动接点,其摆动量不应大于1mm;动接点打入静接点时,与静接点座应保持3mm以上间隙;接点接触压力不小于4N。

③ 当锁闭(检查)柱因故落在锁闭(表示)杆上平面时,动接点环的断电距离不应小于2.5mm,与另一侧接点距离不应小于2.0mm。

(6) 在动作杆、表示杆、锁闭杆正常伸出或拉入过程中,拉簧弹力适当,作用良好。

(7) 遮断器的常闭接点应接触良好,在插入手摇把时,常闭接点应能可靠断开。手摇把取出后,非经人工恢复不得接通常闭接点。

(8) 挤岔时,表示接点动接点环的断电距离不应小于1.5mm,挤岔恢复后,应使调整螺母恢复到原位。

3) S700K型交流电动转辙机

(1) 转辙机的电源开关锁,其通、断电源性能应良好。通电时,摇把挡板能有效阻挡摇把插入摇把齿轮；当切断电源时，摇把能顺利插入摇把齿轮。

（2）道岔正常转换时，滚珠丝杠动作平稳，无异常噪声，摩擦联结器作用良好。

（3）速动开关通、断电作用良好。

（4）转辙机内滚珠丝杠、动作杆、检测杆、齿轮组、锁闭块、操纵杆等均应保持润滑，润滑材料应采用规定的油脂。

（5）转辙机检测杆缺口调整为指示标对准检测杆缺口中央，距两侧的尺寸为：用于尖轨、心轨第一牵引点的转辙机为 1.5 ± 0.5mm；其余各牵引点的转辙机为 2.0 ± 0.5mm。

4）ZD（J）9型交流电动转辙机

（1）转辙机在供给额定电源电压、输出额定转换力条件下，滚珠丝杠应转动灵活，回珠无卡阻，丝杠母两端密封应良好。

（2）自动开闭器安装：

① 绝缘座安装牢固、完整、无裂纹。

② 动接点打入静接点时，动接点在接点组内的接触深度不应小于4mm，用手扳动动接点，其摆动量不应大于1mm；动接点与静接点座间隙不小于3mm；接点接触压力不小于4N。

③ 当锁闭（检查）柱因故落在锁闭（表示）杆上平面时，动接点环的断电距离不应小于2.5mm，与另一侧接点距离不应小于2.0mm。

（3）遮断器的常闭接点应接触良好，在插入手摇把时，常闭接点应能可靠断开。

（4）转辙机内滚珠丝杠、动作杆、表示杆、齿轮组、锁闭铁等均应保持润滑，润滑材料应采用规定的油脂润滑。

6. 道岔融雪装置

1）道岔融雪装置的组成

主要设备包括室内控制终端、气象站设备、融雪控制柜、隔离变压器、道岔加热条等。

2）道岔融雪装置的作用

当铁路线路发生降雪时，道岔融雪系统可自动或人工启动电加热融雪电路，融化道岔开口处的积雪，以保证道岔动作正常。

3）道岔融雪装置的设置原则

在我国零度等温线（秦岭－淮河）以北的地区，且20年年平均降雪日在10d及以上区域的车站及动车段（所）接、发车动车组列车进路上的道岔应设置道岔融雪系统。

4）道岔融雪装置施工流程

道岔融雪装置施工流程如图7.4-3所示。

5）道岔融雪设备安装前接口检查条件

预留的电缆槽、过轨管道符合电缆施工要求，预留的道岔融雪控制柜、隔离变压器基础符合限界要求，基础螺栓的间距、露出基础的高度符合设备安装要求。

6）电加热元件安装要求

（1）电加热原件安装和配线前应用500V兆欧表进行冷态绝缘测试，电加热原件中心电热材料和金属外壳间绝缘电阻不应小于25MΩ。

（2）电加热元件、电加热板安装前，应对安装部位的油污、异物及锈蚀层进行清理。

（3）电加热原件直把手过渡段用专用卡具应固定在轨腰上，距尖轨尖端距离应不小于100mm。

```
                        施工准备
                           │
   ┌──────────┬──────────┼──────────┬──────────┐
   ▼          ▼          ▼          ▼          ▼
室内控制终端   气象站设备  融雪控制柜  隔离变压器  道岔加热条
  设备安装      安装        安装        安装        安装
   │          │          │          │          │
   └──────────┴────┬─────┴──────────┴──────────┘
                   ▼
               室外单送电试验
                   │
                   ▼
                控制试验
                   │
                   ▼
                施工结束
```

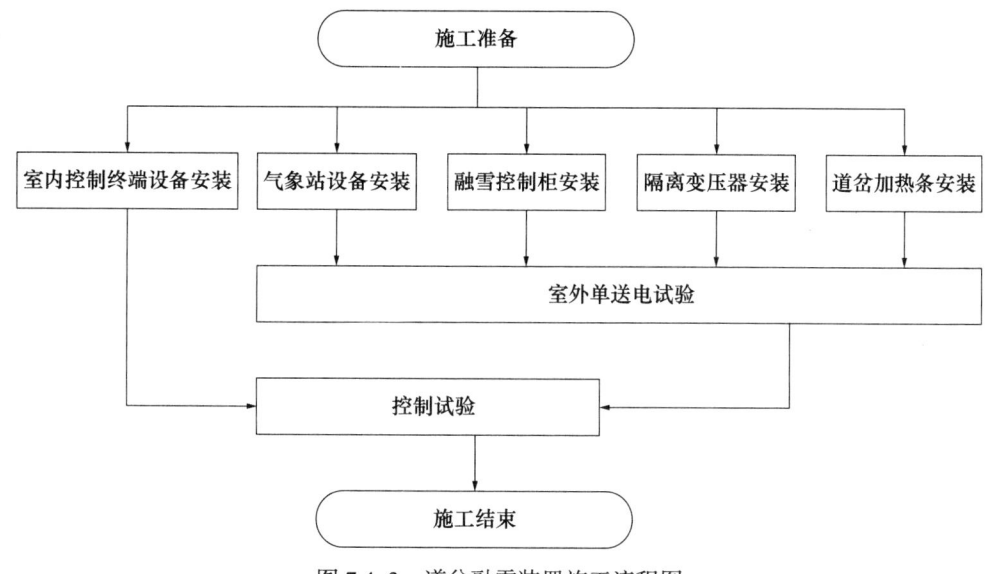

图 7.4-3　道岔融雪装置施工流程图

（4）电加热元件应安装在基本轨（翼轨）内侧轨腰，两根平行的电加热元件间隙不应小于20mm。同一钢轨上纵向同侧安装的相邻电加热原件的间隙不应小于100mm，并保证道岔滑床板处钢轨上有加热原件。

（5）电加热元件安装不得影响道岔正常转换。

7.4.3　轨道电路施工

1. 轨道电路在铁路信号系统中的作用

以铁路的两条钢轨作为导体，在一定区段的钢轨两端，以钢轨绝缘为界限，这样构成的电气回路称为轨道电路。轨道电路的作用是检查列车是否占用线路，检查和监督轨道区段是否完好或被占用，锁闭占用道岔区段的道岔，绝对保证道岔区段被占用时该道岔不能转动。通过钢轨传递的列车运行前方轨道电路占用信息，使信号机根据所防护区段及前方邻近区段被占用情况的变化而自动变换信号显示，给后续运行列车发出明确信号指示，确保行车安全。

2. 轨道电路的分类以及各类别的主要设备

轨道电路种类、制式很多，现在常用的有高压脉冲轨道电路、97型25Hz相敏轨道电路、ZPW-2000系列无绝缘轨道电路等。

1）高压脉冲轨道电路

高压脉冲轨道电路分室内、室外两部分，室内部分主要由高压脉冲轨道柜、高压脉冲发码器、高压脉冲隔离盒、高压脉冲译码器、二元差动继电器等组成。室外部分主要由送受电轨道箱及送受电轨道变压器、电阻器、扼流变压器、道岔跳线、箱盒及钢轨连接线等组成。其中，高压脉冲发码器、隔离盒室内外均可以安装，目前常规安装在室内高压脉冲轨道柜中。

2）97型25Hz相敏轨道电路

97型25Hz相敏轨道电路分室内、室外两部分，室内部分主要由25Hz轨道柜、二元二位继电器及防护盒组成。室外部分主要由送受电轨道变压器、电阻器、扼流变压器、道岔跳线、箱盒及钢轨连接线等组成。

3）ZPW-2000系列无绝缘轨道电路

（1）ZPW-2000系列轨道电路按照系统结构分为区间和站内轨道电路。

（2）区间轨道电路通过调谐区利用载频筛选的方式形成电气绝缘节，实现两相邻轨道电路间的电气隔离。主要设备分为室内、室外两部分，室内主要设备由无绝缘移频轨道电路机柜、无绝缘移频轨道电路接口柜、发送器、接收器、衰耗器、防雷模拟网络盘、发送冗余控制器等组成，室外设备主要由空芯线圈、调谐匹配单元、轨道电路防雷单元、单双体盒、扼流变压器、补偿电容、钢轨连接线等组成。

（3）站内轨道电路通过机械绝缘节实现两相邻轨道电路间的电气隔离。主要设备分为室内、室外两部分，室内主要设备由无绝缘移频轨道电路机柜、无绝缘移频轨道电路接口柜、发送器、接收器、衰耗器、防雷模拟网络盘、发送冗余控制器等组成，室外设备主要由匹配变压器、轨道电路防雷单元、单双体盒、扼流适配变压器、补偿电容、钢轨连接线等组成。

（4）ZPW-2000系列轨道电路基准载频频率分为1700Hz、2000Hz、2300Hz、2600Hz四种。

（5）ZPW-2000系列轨道电路载频类型分为1700-1、1700-2、2000-1、2000-2、2300-1、2300-2、2600-1、2600-2八种。

（6）轨道电路频率布置应遵循以下原则：

① 区间、站内轨道电路的载频统筹设置。

② 闭塞分区分界点两侧的轨道电路采用不同的载频。

③ 区间下行线的载频按1700Hz/2300Hz交替设置，区间上行线的载频按2000Hz/2600Hz交替设置。

④ 车站下行线及下行侧到发线宜采用1700Hz/2300Hz载频，车站上行线及上行侧到发线宜采用2000Hz/2600Hz载频；有多个发车方向的车站，载频的设置应符合列车运行的需求。

⑤ ZPW-2000系列轨道区段相邻的站内其他制式的轨道电路区段，以ZPW-2000系列移频设备实现电码化时，发码设备的载频应与相邻ZPW-2000系列轨道区段的载频不同。

⑥ ZPW-2000系列轨道电路电缆使用时，相同载频的发送线对和接收线对不应使用同一根电缆。相同载频的发送线对或接收线对不应使用同一四线组。

⑦ 有护轮轨的区域内不宜设置电气绝缘节，当电气绝缘节设置在护轮轨内，调谐区内的护轮轨长度大于25m时每根护轮轨两端应加装两组钢轨绝缘，且护轮轨与基本轨间及左右护轮轨间不得有电气连接。

⑧ 当护轮轨长度超过200m时，每200m应加装钢轨绝缘一对；不足200m时应在护轮轨区域内对角接缝处加装一对钢轨绝缘。

3.轨道电路设备安装施工流程

轨道电路设备安装施工流程如图7.4-4所示。

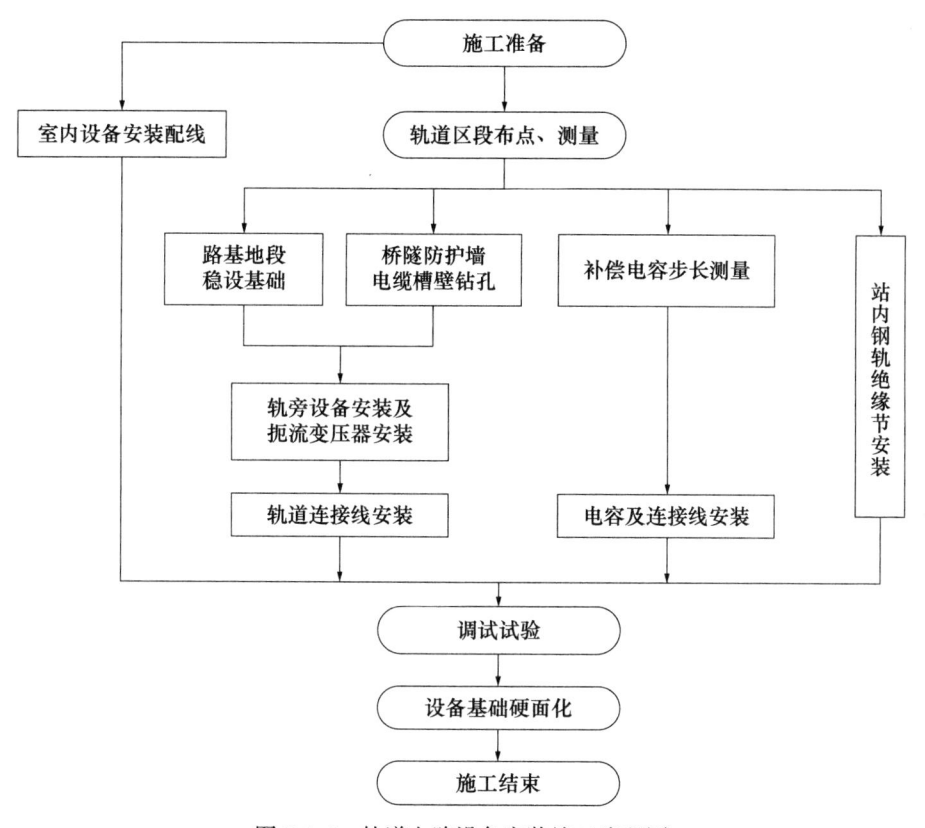

图7.4-4 轨道电路设备安装施工流程图

4.轨道区段长度

铁路信号工程设计应根据标准分路电阻、钢轨参数、道砟电阻率、股道有效长度、轨道电路类型等参数确定站内轨道区段单元的工程设计长度。区间轨道区段长度应根据标准分路电阻、钢轨参数、道砟电阻率、线路坡度曲线等特性参数、牵引机车车辆特性参数、追踪间隔时分要求、轨道电路类型参数等经牵引计算确定。

5.机械绝缘节的设置规定

1)绝缘节配置

绝缘节的两个钢轨绝缘应对齐设置；不能对齐时，两个钢轨绝缘错开的距离不宜大于2.5m。

2)异型钢轨接头

异型钢轨接头处不得设置钢轨绝缘。

3)胶接接头

站内正线的绝缘节宜采用胶接绝缘接头，并应符合胶接或配轨的要求。

4)距警冲标距离

除设置于双动道岔渡线的绝缘节外，其他与警冲标相关的、用于分割相邻轨道区段的绝缘节应设置于警冲标内方；绝缘节与警冲标沿线路方向的距离无动车组运行时不得小于 3.5m，有动车组运行时不得小于 5m。

5）交叉渡线

电气化区段交叉渡线处须增加一对绝缘节，防止牵引回流对轨道电路造成的影响。

6. 信号机与绝缘节设置规定

接近信号机、进站信号机、进路信号机、出站信号机、通过信号机以及调车信号机处的机械绝缘节应与信号机并列设置，无法并列时应符合下列规定：

（1）接近信号机、进站信号机、接车进路信号机、接发车进路信号机、线路所通过信号机以及自动闭塞区间并置的通过信号机处，绝缘节可设置于信号机前方 1m 至后方 1m 的范围内。

（2）发车进路信号机、出站兼发车进路信号机、出站信号机以及自动闭塞区间单置的通过信号机处绝缘节可设置于信号机前方 1m 至后方 6.5m 的范围内。

（3）调车信号机处的绝缘节可设置于信号机前方至后方 1m 的范围内。

7.4.4 应答器及室外地面电子单元施工

1. 应答器设置要求

应答器按功能划分可分为无源应答器及有源应答器两种。应答器组包括区间应答器组、进站应答器组、出站应答器组、中继站应答器组、调车应答器组、定位应答器组、大号码道岔应答器组、分相区应答器组、CTCS 级间转换应答器组等，同一区域不同功能的应答器组宜合并使用。

2. 应答器安装要求

（1）应答器在普通窄型混凝土枕上安装时，采用不锈钢或热镀锌安装装置。

（2）应答器在宽型混凝土枕、轨道板、道床板安装时，采用化学锚栓安装装置。

（3）应答器在框架式轨道板的中空地段安装时，下部增加连接支架安装装置。

（4）应答器平行于长边的中心线两侧无金属体距离不应小于 315mm，应答器平行于短边中心线两侧无金属体距离不应小于 410mm。应答器基准标记点至下部无金属体距离，正常情况下不应小于 210mm，特殊情况下不小于 140mm。

（5）当应答器安装在护轮轨处时，应答器中心至护轮轨轨基之间的横向无金属距离可缩小为 320mm，沿线路方向在基准点 ±300mm 的范围内的每根护轮轨断开至少 20mm 的间距，并安装绝缘节，以减少护轮轨对应答器传输的影响。

3. 应答器及室外地面电子单元施工流程

（1）应答器在普通轨枕安装的主要施工流程：位置定测→清理安装位置→支架安装→应答器安装、尾缆连接固定→数据写入和读写确认等。

（2）应答器在混凝土枕、轨道板、道床板位置安装的主要施工流程：位置定测→清理安装位置→化学锚栓植入→应答器安装、尾缆连接固定→数据写入和读写确认等。

（3）室外地面电子单元施工流程：位置测量→地面电子单元固定基础螺栓→设备箱安装→光电缆引入→尾缆连接固定→数据写入调试。应答器及室外地面电子单元施工流程如图 7.4-5 所示。

```
                    ┌──────────┐
                    │ 施工准备 │
                    └────┬─────┘
                    ┌────┴─────┐
                    │ 位置测量 │
                    └────┬─────┘
        ┌────────────────┼────────────────┐
   ┌────┴────┐    ┌──────┴──────┐   ┌─────┴──────┐
   │ 清理石砟 │    │制作轨枕板用模具│   │室外地面电子单元│
   │         │    │             │   │ 固定基础螺栓 │
   └────┬────┘    └──────┬──────┘   └─────┬──────┘
   ┌────┴────┐    ┌──────┴──────┐   ┌─────┴──────┐
   │支架安装固定│   │钢筋探测、定位钻孔│  │室外地面电子单元│
   │         │    │             │   │  设备箱安装 │
   └────┬────┘    └──────┬──────┘   └─────┬──────┘
                   ┌─────┴──────┐   ┌─────┴──────┐
                   │ 化学锚栓植入│   │室外地面电子单元│
                   │            │   │  光电缆引入 │
                   └─────┬──────┘   └─────┬──────┘
                   ┌─────┴─────────────────┴──────┐
                   │   应答器安装、尾缆连接        │
                   └──────────────┬───────────────┘
                           ┌──────┴────────┐
                           │数据写入和读取确认│
                           └──────┬────────┘
                           ┌──────┴────────┐
                           │   施工结束    │
                           └───────────────┘
```

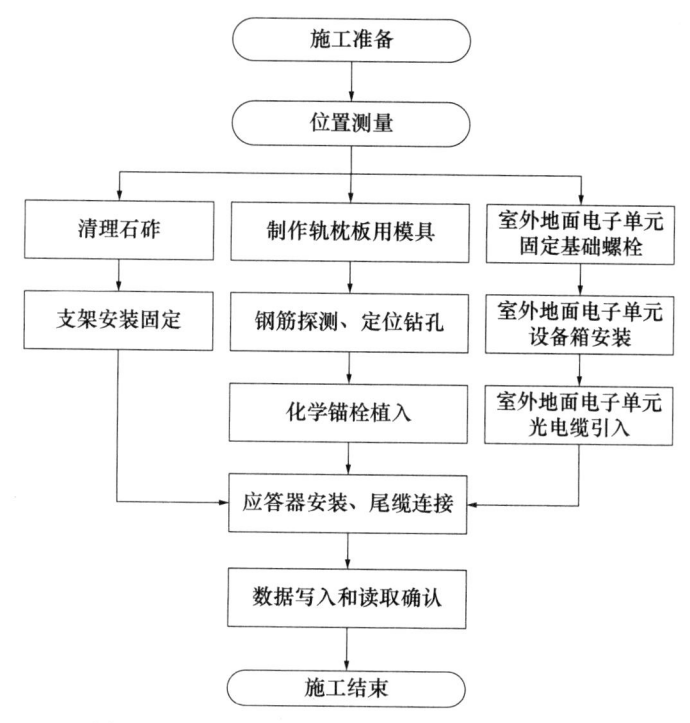

图 7.4-5　应答器及室外地面电子单元施工流程图

7.4.5 信号机施工

1. 信号机的分类

（1）信号机按类型分为色灯信号机、臂板信号机和机车信号机。

（2）信号机按用途分为进站、出站、通过、进路、预告、接近、遮断、驼峰、驼峰辅助、复示、调车信号机等。

2. 信号机及表示器显示距离要求

（1）进站、通过、接近、遮断信号机，不得小于1000m。

（2）高柱出站、高柱进路信号机，不得小于800m。

（3）预告、驼峰、驼峰辅助信号机，不得小于400m。

（4）调车、矮型出站、矮型进路、复示信号机，容许、引导信号及各种表示器，不得小于200m。

（5）在地形、地物影响视线的地方，进站、通过、接近、预告、遮断信号机的显示距离，在最坏的条件下，不得小于200m。

3. 高速铁路信号标志牌

高速铁路信号标志牌包括区间信号标志牌及号码牌、预告标志牌、级间转换标志牌、中继站标志牌、调谐区标志牌。标志牌应采用方形反光标志牌。

4. 信号机和信号标志牌的设置原则

信号机与轨道电路绝缘节的相对位置应符合下列要求：

（1）电气绝缘节处信号机或区间信号标志牌，应安装在距列车正向运行方向发送调谐匹配单元盒中心1000±200mm处。

（2）机械绝缘节安装应与信号机对齐，当设置位置安装困难时，可在下列范围内调整：进站、接车进路信号机、调车信号机可装在机械绝缘节前方1m或后方1m的范围内；出站信号机可装在机械绝缘节前方1m或后方6.5m的范围内。

（3）进站信号机设置于进站最外方对向道岔尖轨尖端外方或顺向道岔警冲标内方沿线路方向不小于50m处。

（4）发车线发车方向末端为顺向道岔时，出站信号机设置于顺向道岔警冲标内方。无动车组运行时设置于距警冲标沿线路方向不小于3.5m处；有动车组运行时设置于距警冲标沿线路方向不小于5m处。

（5）设计速度120km/h及以下的线路，有人看守的桥梁、隧道建（构）筑物及可能危及行车安全的塌方落石地点，可设置遮断信号机；遮断信号机距防护地点不得小于50m，并按司机能清晰瞭望防护地点的原则就近设置。

（6）区间信号标志牌及号码牌距调谐区外方发送端的调谐匹配单元盒中心1000±200mm。

（7）调谐区标志牌安装在调谐区两端，调谐区标志牌与调谐匹配单元（PT）纵向距离为1000±200mm。"Ⅰ型"（白底）标志牌设于信号点调谐区的另一端，与区间信号标志牌背对背安装。"Ⅲ型"（蓝底）标志牌设于分割点调谐区两端，两个"Ⅲ型"标志牌背对背安装。

（8）预告标分别为一、二、三条黑斜杠的白底标志牌，三个预告标应安装在进站信号机外方900m、1000m、1100m处就近接触网支柱上。

（9）通过信号机和区间信号标志牌应设在闭塞分区或所间区间的分界处，不应设在牵引供电分相的处所。高速铁路闭塞分区的划分，应满足动车组列控车载设备按照目标距离模式控车和未装备列控车载设备的列车按四显示自动闭塞行车的要求。

5. 地面固定信号及标志牌施工

地面固定信号及标志牌施工流程如图7.4-6所示。

7.4.6 设备安装及调试

1. 铁路信号定义及概述

信号是指示列车运行及调车作业的命令，有关行车人员必须严格执行。铁路信号是铁路上用的信号、联锁、闭塞等设备的总称，是保证行车安全，提高区间、车站的通过能力以及编组站的解编能力的自动控制和远程控制技术的总称，是铁路运输基本设备之一，是列车运行的眼睛和大脑。为确保行车安全，信号系统设备必须做到"故障－安全"。

2. 铁路行车基本闭塞法

铁路行车基本采用半自动闭塞、自动站间闭塞、自动闭塞三种闭塞方式。电话闭塞法是基本闭塞法不能使用时所采用的代用闭塞法。

3. 高速铁路信号主要系统

高速铁路信号系统主要设备包括无线闭塞中心（RBC）、列车运行控制系统、分散自律调度集中系统（CTC）、计算机联锁系统（CBI）、信号集中监测系统（CSM）、电源系统等。

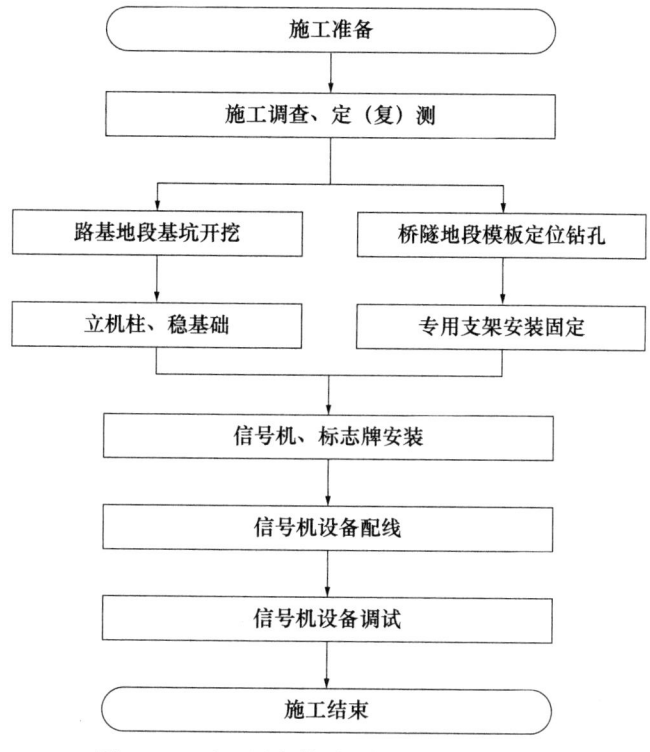

```
┌─────────────────┐
│   施工准备       │
└────────┬────────┘
         │
┌────────┴────────┐
│ 施工调查、定（复）测 │
└────┬────────┬───┘
     │        │
┌────┴───┐ ┌──┴──────────┐
│路基地段 │ │桥隧地段模板  │
│基坑开挖 │ │定位钻孔      │
└────┬───┘ └──┬──────────┘
     │        │
┌────┴───┐ ┌──┴──────────┐
│立机柱、 │ │专用支架安装  │
│稳基础   │ │固定          │
└────┬───┘ └──┬──────────┘
     │        │
     └────┬───┘
  ┌───────┴────────┐
  │信号机、标志牌安装│
  └───────┬────────┘
  ┌───────┴────────┐
  │ 信号机设备配线   │
  └───────┬────────┘
  ┌───────┴────────┐
  │ 信号机设备调试   │
  └───────┬────────┘
  ┌───────┴────────┐
  │   施工结束       │
  └────────────────┘
```

图 7.4-6 地面固定信号及标志牌施工流程图

1）无线闭塞中心（RBC）

无线闭塞中心是根据联锁、临时限速服务器、相邻无线闭塞中心、调度集中系统和车载设备提供的信息，生成列车行车许可等控制信息，并通过无线通信方式，发送给车载设备，以控制列车的安全追踪运行。无线闭塞中心在 CTCS-3 级及以上的线路中使用。

2）列车运行控制系统

列车运行控制系统简称"列控系统"，是保证列车安全、快速运行的系统。其主要功能包括轨道电路状态判断、轨道电路编码、轨道电路发码方向控制、区间改变运行方向、区间通过信号机点灯、区间占用逻辑检查、有源应答器实时编码、发送应答器报文、异物侵线及地震预警防护、站台门控制、维护诊断、异常处理等。

3）系统等级划分

中国铁路信号列车运行控制系统按功能划分共配置为 5 级（CTCS-0、CTCS-1、CTCS-2、CTCS-3、CTCS-4）：

（1）CTCS-0 级由通用机车信号和运行监控记录装置构成。

（2）CTCS-1 级面向 160km/h 以下的区段，在既有设备基础上强化改造，达到机车信号主体化要求，增加点式设备，实现列车运行安全监控功能。

① 由分散自律调度集中系统（CTC）、车载主体化机车信号、车站联锁、区间自闭/自动站间闭塞、信号机、应答器等构成。

② 应答器既用于上传列车定位绝对坐标，又用于上传线路数据信息及地面信号变化信息。

（3）CTCS-2级是基于轨道传输控制信息的列车运行控制系统。利用GSM-R网络传输列车运行信息，利用信标进行列车绝对位置校正：

① CTCS-2级面向提速干线和高速新线，采用车-地一体化设计，适用于各种限速区段，地面可不设通过信号机，机车乘务员凭车载信号行车。

② CTCS-2级由分散自律调度集中系统（CTC）、计算机联锁系统（CBI）、区间自闭ZPW2000系列轨道电路、信号机、应答器、无线网络GSM-R、临时限速服务器等构成。

③ 应答器既用于上传列车定位绝对坐标、运行方向、等级切换信息，又用于上传线路数据信息及地面信号变化等信息。GSM-R主要用于传递列车运营信息及故障信息。

（4）CTCS-3级是基于无线传输信息并采用轨道电路等方式检查列车占用的列车运行控制系统，并利用信标进行列车绝对位置校正：

① CTCS-3级面向提速干线、高速新线或特殊线路，基于无线通信的固定闭塞或虚拟自动闭塞。

② CTCS-3级适用于各种限速区段，地面可不设通过信号机，机车乘务员凭车载信号行车。CTCS-3级由分散自律调度集中系统（CTC）、计算机联锁系统（CBI）、区间自闭ZPW2000系列轨道电路、应答器、GSM-R无线网络、无线闭塞中心（RBC）、临时限速服务器等构成。

③ 应答器主要用于提供列车绝对位置校正、运行方向、等级切换信息。GSM-R用于传递列车控制信息及运营管理等信息。

（5）CTCS-4级是基于无线传输信息的列车运行控制系统。利用测速电机结合电子地图进行列车定位，采用信标进行列车绝对位置校正。CTCS-4级面向高速新线或特殊线路，基于无线通信传输平台，可实现虚拟闭塞或移动闭塞。

4）分散自律调度集中系统（CTC）

分散自律调度集中系统是综合了计算机技术、网络通信技术和现代控制技术，采用智能化分散自律设计原则，以列车运行调整计划控制为中心，兼顾列车与调车作业的高度自动化的调度指挥系统。

5）计算机联锁系统（CBI）

计算机联锁系统是以计算机为主要技术手段实现车站联锁控制的信号系统。满足各种车站、车场和运输作业的需要，保证行车安全，提高运输效率，改善劳动条件，并具备大信息量和联网能力。

6）信号集中监测系统（CSM）

信号集中监测系统是监测信号设备状态、发现信号设备隐患、分析诊断信号设备故障、实现信号子系统接口信息安全监督、辅助和指导现场维修及故障处理、提高电务系统设备运用质量和维护水平的重要设备。

7）信号电源系统

信号电源系统主要由电源屏、不间断电源（UPS）两部分组成，其主要作用是为信号设备提供稳定可靠的工作电源，并具备一定的备用供电时间，通常有人值守站后备时间为30min，无人值守站后备时间为2h。

4. 普速铁路信号主要系统

普速铁路信号室内主要设备包括列车调度指挥系统（TDCS）、计算机联锁系统（CBI）、信号集中监测系统（CSM）、电源系统等。

（1）列车调度指挥系统（TDCS）是实时自动采集列车运行及现场信号设备状态信息，完成列车运行实时追踪、无线车次号校核、自动报点、阶段计划和自动调整、调度命令及行车计划下达等功能，实现列车调度指挥的系统。

（2）计算机联锁系统（CBI）、信号集中监测系统（CSM）、电源系统与高速铁路信号系统的定义及功能基本一致。

5. 信号施工调试

1）信号施工调试内容

信号施工调试包括设备单项调试、子系统调试、系统接口调试。

（1）设备单项调试包括信号机、轨道电路、转辙装置、电源屏、车站联锁、列控中心、应答器、无线闭塞中心、临时限速服务器、调度中心等设备安装完成后，与其他设备未连接前的调试。

（2）室内模拟试验包括制作模拟盘、室内设备送电测试、室内联锁功能测试等内容。

（3）子系统调试包括车站联锁子系统、列控子系统、调度集中子系统、信号集中监测子系统调试。

（4）系统接口调试包括联锁、列控、调度集中、信号集中监测等各子系统之间的调试。

（5）子系统联合调试是指在信号各子系统单独调试完毕后，信号各子系统间联动调试试验。

（6）信号系统调试试验完毕后，即可参与各大系统联调联试。

2）信号施工调试流程

信号施工调试流程如图7.4-7所示。

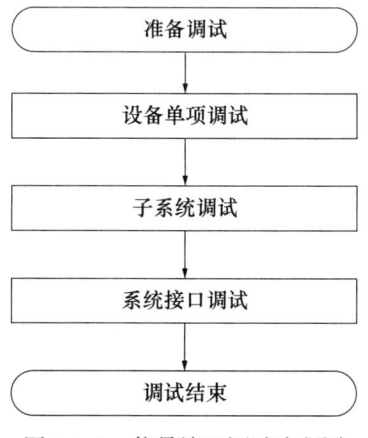

图7.4-7 信号施工调试流程图

（1）设备调试之前应检查正式电源稳定可靠，各设备接地良好，温度、湿度等机房环境应符合设备正常运行要求，通信通道稳定可靠。

（2）单项设备调试之前，各设备安装和配线应完成，并符合设计要求和相关技术标准的规定。

（3）子系统调试前，各单项设备调试应完成，并完成室内模拟试验，各项参数符合设计要求和相关技术标准的规定。

（4）系统接口调试前，各子系统调试应完成，并符合设计要求和相关技术标准的规定。

（5）各子系统的软件版本应统一编号管理。

（6）各子系统时钟应与 CTC 相同步。

3）信号机单项调试

（1）信号机单项调试流程如图 7.4-8 所示。

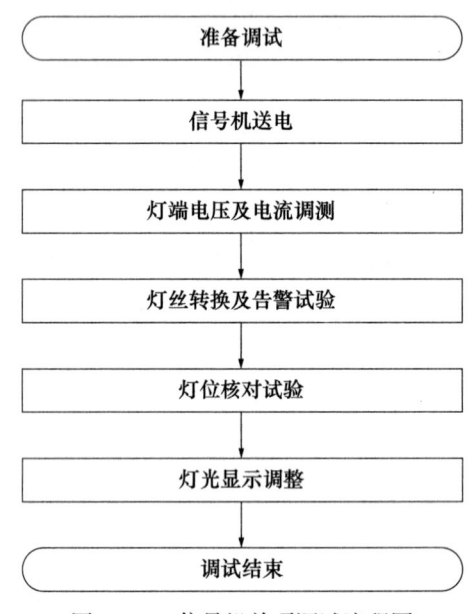

准备调试 → 信号机送电 → 灯端电压及电流调测 → 灯丝转换及告警试验 → 灯位核对试验 → 灯光显示调整 → 调试结束

图 7.4-8　信号机单项调试流程图

（2）信号机灯光调试良好、显示正确，同架信号机两个同一颜色的灯光色谱应接近一致，同一机柱同方向安装的各个机构灯位中心应在同一垂直线上。

（3）信号机正常点灯时应点亮主灯丝；当主灯丝断丝后，能自动转至副丝，并有断丝报警信号。

（4）调整信号机点灯远程变压器、信号点灯单元，使信号机灯端电压为额定值的 85%～95%，调车信号为额定值的 75%～95%；使灯丝继电器电流应在最小可靠工作值的 120%～140% 范围内；室外灭灯时，相应灯丝继电器落下。

4）轨道电路单项调试

（1）轨道电路单项调试流程如图 7.4-9 所示。

（2）确认送、受电端通道正确，按轨道电路调整表进行配线。室外设备侧接收或发送端电压符合要求。

（3）25Hz 相敏轨道电路调试时应进行极性交叉检查。

（4）在轨道电路任一处轨面用标准分路线进行分路时（电气绝缘节区域死区段除

外），进行电压和电流测试。ZPW2000系列轨道接收器的限入残压不应大于153mV，轨道继电器残压不应大于5V，并可靠落下。

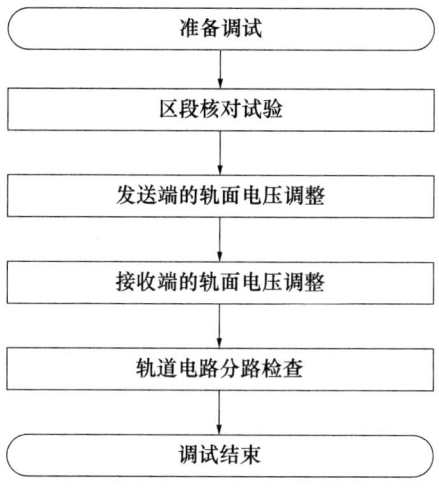

图 7.4-9 轨道电路单项调试流程图

5）转辙装置单项调试

（1）转辙装置单项调试包括电缆通道、道岔密贴、道岔转换、道岔开向室内外一致性、切断表示核对检查，转辙装置单项调试流程如图 7.4-10 所示。

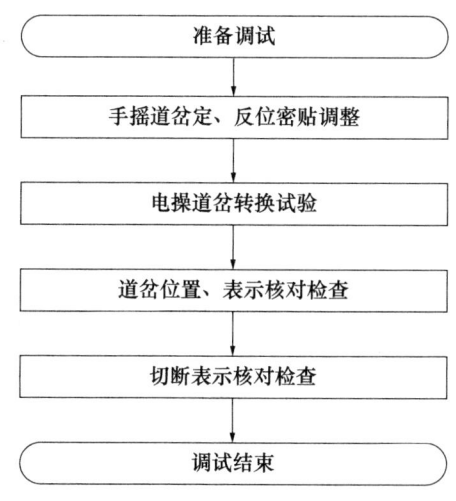

图 7.4-10 转辙装置单项调试流程图

（2）检查确认组合到分线盘、分线盘至转辙机电缆通道正确。

（3）道岔密贴检查：

① 道岔在定位和反位时，密贴段各牵引点的尖轨与基本轨、心轨与翼轨间有4mm及以上间隙时，道岔不得锁闭和接通道岔表示。

② 两牵引点之间有5mm及以上间隙时不得接通道岔表示电路。

（4）道岔转换检查：

① S700K 交流电动转辙机在正常转动时，摩擦联接器作用良好，转辙机动作电流

不应大于2A；道岔因故不能转换到位时，摩擦联接器应空转，电流不应大于3A。

② ZDJ9型转辙机在正常转动时，摩擦联接器不空转，作用良好；道岔因故不能转换到位时，摩擦联接器应空转。摩擦转换力调整应符合产品技术要求。

③ ZYJ7型电液转辙机在正常转换时，液压系统有足够的压力，溢流阀溢流压力应调整为额定转换压力的1.1～1.3倍；道岔因故不能转换到底时，溢流阀应溢流。

④ 道岔位置室内外一致性检查，通过室内操纵道岔转换，核对启动继电器（2DQJ）与操纵意图一致，道岔实际开向应与室内操纵意图一致，定反位表示继电器与道岔实际开向一致。

⑤ 切断表示核对检查，断开转辙机和密贴检查器中任意一组表示接点时，必须切断表示电路。

6）联锁模拟试验单项调试

（1）信号机械室内通常采用制作模拟盘替代轨道、道岔、信号机及相关接口条件，进行联锁模拟试验。

（2）室内模拟试验流程如图7.4-11所示。

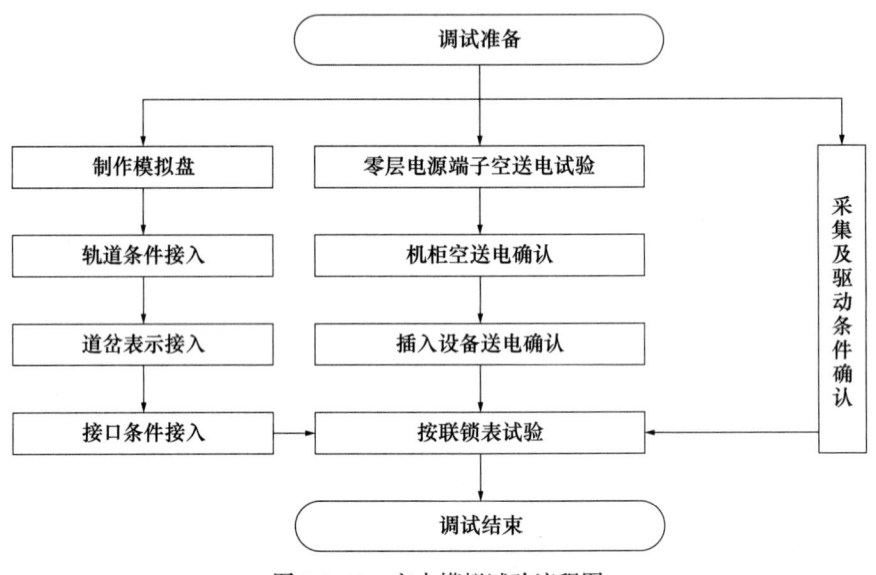

图7.4-11 室内模拟试验流程图

（3）室内室外设备在防雷分线柜处断开，室内制作带有轨道、道岔及与联锁相关接口条件的模拟盘，模拟条件应与室外设备相对应，能满足联锁试验的要求。

（4）模拟试验前，应对机柜（架）零层电源端子、侧面端子进行空送电试验，设备插入后送电试验，并无混电现象。

（5）联锁机设备调试：

① 核对设计文件和设备供应商提供的接口采集、驱动表相一致。

② 运行联锁设备测试程序，核对联锁设备的采集、驱动单元与相对应的采集对象、执行器件的状态相一致。

③ 联锁设备所显示站场图形与施工设计中的站场平面图相一致。

④ 各单机应处于正常工作状态，不应出现脱机或倒机现象，主机和备机转换试验

正常。

⑤具备自诊断、现场操作与信号设备动作记忆、查询、再现、打印等功能。

⑥控制显示分机具备信息采集、站场显示、报警音响处理等功能。

（6）按照联锁表对下列项目进行模拟试验，使联锁关系符合设计要求和相关技术标准的规定。

①进路排列时信号机的开放、关闭及取消。

②进路排列时道岔的锁闭、解锁及开通状态。

③轨道区段的占用与空闲。

④进路的开通、解锁及取消。

⑤敌对进路的照查关系。

⑥站（场）间联系及与其他接口的联系。

7）信号系统接口调试

信号系统接口调试分为信号系统内部接口调试和信号系统外部接口调试。

（1）信号系统内部接口调试

信号系统内部接口主要是指分散自律调度集中系统（CTC）与计算机联锁系统（CBI）、调度中心与临时限速服务器、调度中心与无线闭塞中心（RBC）、无线闭塞中心（RBC）与车载信号主机、计算机联锁系统（CBI）与有源应答器、应答器与车载信号主机、计算机联锁系统（CBI）与微机监测等信号设备之间的接口功能调试试验。

（2）信号系统外部接口调试

信号系统外部接口是指信号与通信通道、时钟、站场广播、旅客信息、电力等接口功能调试试验。

7.4.7 防雷、接地施工

1. 防雷及接地一般规定

对信号设备采用分级、分区、分设备的综合防护方法叫作综合防雷系统，是通过"均压（均衡系统电位，即在雷击时系统相关部位局部等电位）、分流（外部防护、内部防护及防雷保安器结合分别泄放雷电流）、屏蔽（建筑物或机房）、接地（规范的接地系统）"的手段防护与外线或与钢轨连接的含电子器件的信号设备和所有进入室内的电源线和信号传输线。综合接地系统是综合防雷系统的一个重要组成部分。

2. 防雷及接地施工流程

信号防雷及接地施工流程如图7.4-12所示。

3. 综合接地系统施工要求

1）设备防雷

（1）防雷元件安装前应对防雷元件的规格、型号、外观、数量、合格证等质量证明文件进行检查。

（2）防雷元件的安装位置、方式应符合设计要求。

（3）信号设备的防雷元件与被防护设备之间的导线应采用阻燃线，并联型防雷保安器与被保护设备端子连接线截面积不小于1.5mm^2，连接线长度不宜超过500mm，受条件限制时可适当延长，但严禁超过 1500mm。采用凯文接线法时，防雷保安器接地线长度不应大于 1000mm。

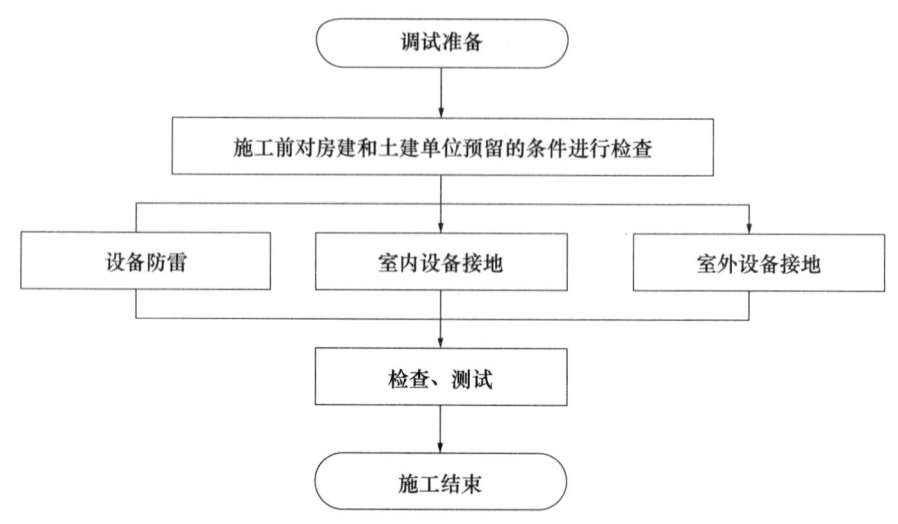

图 7.4-12 信号防雷及接地施工流程图

（4）电源防雷施工时，单相稳定电流小于 100A 的机房，电源线与防雷箱的连接线长度不宜大于 500mm，受条件限制连接线长度在 500～1000mm 时，应采用凯文接线法连接。防雷箱接地线与电源保护地线（PE）连接，并就近与接地汇集线连接。连接线应采用阻燃外护套多芯铜线，第Ⅰ级连接线截面积不小于 10mm²、第Ⅱ级连接线截面积不小于 6mm²、第Ⅲ级连接线截面积不小于 2.5mm²。

2）信号传输线防雷

（1）电缆金属护套和屏蔽层应与分线盘接地汇集线连接，使用中的电缆芯线经防雷保安器接地端子与接地汇集线连接，电缆备用芯线直接与接地汇集线连接。

（2）信号传输线上设置的防雷保安器接地线必须与被保护设备金属外壳连接，连接线采用标称截面积不小于 1.5mm² 多股铜芯塑料绝缘软线，长度不大于 200mm，并就近与接地汇接线连接。

（3）室外的信号设备防雷保安器接地端子应就近与接地体可靠连接，连接线采用标称截面积不小于 1.5mm² 多股铜芯塑料绝缘软线。

（4）接地线采用截面积不小于 1.5mm² 黄绿色多股铜芯塑料绝缘线。

3）室内设备接地汇集线施工要求

（1）室内设备接地汇集线可相互连接，但不得构成闭合回路。

（2）电源防雷箱（电源引入处）和防雷分线柜处的接地汇集线宜单独设置，分别与环形接地装置单点冗余连接，其余接地汇集线应采用截面积不小于 2×25mm² 带绝缘外护套的多股铜芯线或 30mm×3mm 的铜排相互连接后与环形接地装置单点冗余连接。

（3）当房屋面积较大时，宜设置与地网单点冗余连接的总接地汇集线。运转室、继电器室、电源室、设备机房的接地汇集线应分别与总接地汇接线单点连接；当信号设备房屋分布在几个楼层时，各楼层应分别设置总接地汇集线，总接地汇集线间应采用不小于 50mm² 的带绝缘外护套的多股铜芯线栓接。

（4）接地汇集线及接地汇集线之间的连接导体、接地汇集线与地网之间的连接线必须与墙体绝缘。接地汇集线应在距地面200～300mm处设置；有防静电地板的机房，接地汇集线可在地板下方距地面30～50mm处设置，距墙面宜为100～150mm。接地汇集线上每隔1000～1500mm应预留接地螺栓供连接使用。

（5）接地汇集线与地网的连接线应采用不小于 $2\times25mm^2$ 的带绝缘外护套的多股铜芯线。电源室防雷箱处（电源引入处）接地汇集线在环形接地装置上的连接点与分线柜处接地汇集线在环形接地装置上的连接点之间，以及与其余接地汇集线在环形接地装置上的连接点之间距离宜大于5000mm。

4）室内信号设备的接地施工要求

（1）电源屏、控制台、各种机柜、控显设备等所有室内设备应与墙体绝缘，其安全地线、防雷地线、工作地线等应以最短距离分别就近与接地汇集线连接。

（2）金属机柜（架）采用截面积不小于 $10mm^2$ 多股铜导线与本机柜（架）下的等电位铜排栓接，等电位铜排采用截面积不小于 $50mm^2$ 带绝缘外护套的多股铜芯线或 $30mm\times3mm$ 铜排就近与接地汇集线连接。

（3）设备门体、槽道与机柜（架）主体部分应进行等电位连接。

5）电源引入防雷接地施工要求

（1）电源引入防雷箱外壳与防雷箱内接地端子间采用截面积不小于 $6mm^2$ 铜导线连接。

（2）电源引入防雷箱内接地端子可直接就近与综合接地端子或环形接地装置单点冗余连接，连接线应采用截面积不小于 $50mm^2$ 铜导线。

（3）当室内设有电源引入防雷接地汇集线时，电源引入防雷箱内接地端子可直接与电源引入防雷接地汇集线连接，连接线应采用截面积不小于 $50mm^2$ 铜导线。

6）电源屏、防雷分线柜接地施工要求

（1）电源屏外壳与屏内接地端子之间采用截面积不小于 $6mm^2$ 铜导线连接；屏内接地端子就近与接地汇集线采用截面积不小于 $50mm^2$ 铜导线连接。

（2）信号设备防雷采用截面积不小于 $6mm^2$ 铜导线连接到防雷分线柜内的接地汇集板。

（3）电缆钢带、铝护套及四芯组屏蔽层环连后与防雷分线柜内接地汇集板间采用截面积不小于 $6mm^2$ 铜导线连接。引入设备房的电缆长度大于5m时，应在电缆引入口处，将电缆钢带剥开，用连接线截面不小于 $25mm^2$ 的绝缘电线或多股电缆就近与综合接地端子连接。

（4）防雷分线柜内接地汇集板应就近与综合接地端子或专用接地汇集线相连接，连接线应采用截面积不小于 $50mm^2$ 铜导线。

7）机柜（架）等电位连接施工要求

（1）机柜（架）外壳、各种屏蔽线的屏蔽网、ZPW-2000模拟网络接地等应共用一个接地汇集线，并采用栓接方式连接。

（2）屏蔽线应采用单端接地，屏蔽层宜从横向出线处剖开。同架屏蔽线间采用截面积不小于 $0.75mm^2$ 铜导线连接后接至零层接地端子，每架零层接地端子分别与接地汇集线单独连接。

（3）接地汇集线应就近与综合接地端子相连接，连接线应采用截面积不小于 50mm² 铜导线。

8）室外信号设备接地

（1）信号设备的金属外缘距接触网带电部分的距离应大于 2m，距接触网带电部分 5m 范围内的信号设备的金属结构件必须接地。其金属外壳应采用截面积为 50mm² 铜质接地线与接地端子连接。

（2）室外设备接地均采用并联连接方式，设备集中处宜设置分支接地引接线。接地引接线与贯通地线连接，有预留端子时可采用栓接方式连接，与分支接地引接线连接可采用 T 型压接方式连接。

9）室外电缆的屏蔽和接地施工要求

（1）室外电缆钢带、铝护套、内屏蔽护套应采用分段单端接地方式。单端接地的电缆长度不得超过 1000m。

（2）箱盒引入电缆的钢带、铝护套层采用 U 形卡加固牢固，环连后用两根 7×0.52mm 铜芯绝缘软线接至方向盒内接地端子，内屏蔽层用 1.5mm² 扁平铜网环连后接至方向盒内接地端子。

（3）设备接地端子应就近与综合接地端子或贯通地线连接，连接线应采用截面积 50mm² 铜导线。

10）信号机及梯子的接地施工要求

（1）矮型信号机的金属基础，采用截面积不小于 50mm² 软铜缆连接后，应就近与综合接地端子或贯通地线连接。

（2）高柱信号机必须进行安全接地防护，采用截面积不小于 50mm² 软铜缆将各机构分别与信号机梯子、信号机构连接后应就近与综合接地端子或贯通地线连接。

11）转辙机外壳接地连接

转辙装置的转辙机、密贴检查器、下拉装置的金属外壳应采用截面积 50mm² 铜导线就近与综合接地端子或贯通地线连接。

12）ZPW-2000 轨道电路防雷接地施工要求

（1）在简单横向连接或不设横向连接时，在空芯线圈中点与地线间串接防雷单元。防雷单元与空芯线圈中点连接线采用截面积 10mm² 铜导线，防雷单元就近与综合接地端子或贯通地线连接应采用截面积 50mm² 铜导线。

（2）空芯线圈完全横向连接时，不设防雷单元，空芯线圈中点直接就近与综合接地端子或贯通地线连接。

（3）在 ZPW-2000 轨道电路调谐匹配单元的 V1、V2 端子上，用截面积 10mm² 铜导线并接一个调谐匹配防雷单元，且不应接地。

（4）完全横向连接时，空扼流变压器或空芯线圈的中点用截面积 50mm² 铜导线分别连接到上下行就近的综合接地端子或贯通地线上。

13）室外接地电阻

室外设备地线连接后，应进行接地电阻测试，接地电阻不得大于 1Ω。

14）电力牵引区段接地规定

电力牵引区段，轨道电路的钢轨、扼流变压器与电力牵引供电设备、建筑物地线的连接应符合下列规定：

（1）接触网支柱的地线、桥梁等建筑物的地线，不得与扼流变压器中点或钢轨相连。

（2）由接触网供电作为车站电源的25kV变压器接地端回流不得与钢轨相连。

（3）吸上线或保护线（PW线）应接至扼流变压器中点；ZPW2000系列轨道电路区段牵引电流符合空芯线圈容量要求时，可接至空芯线圈中点。

（4）相邻吸上线的设置间距不得小于轨道电路规定的间距要求。

（5）电力牵引区段经由轨道电路返回牵引变电所的总回流点应通过扼流变压器中点接地。

第 2 篇　铁路工程相关法规与标准

第 8 章　相 关 法 规

8.1　相关法律法规规章

8.1.1　铁路法相关规定

《中华人民共和国铁路法》(1990 年 9 月 7 日第七届全国人民代表大会常务委员会第十五次会议通过，根据 2015 年 4 月 24 日第十二届全国人民代表大会常务委员会第十四次会议《关于修改〈中华人民共和国义务教育法〉等五部法律的决定》第二次修正)所称铁路，包括国家铁路、地方铁路、专用铁路和铁路专用线。国家铁路是指由国务院铁路主管部门管理的铁路。地方铁路是指由地方人民政府管理的铁路。专用铁路是指由企业或者其他单位管理，专为本企业或者本单位内部提供运输服务的铁路。铁路专用线是指由企业或者其他单位管理的与国家铁路或者其他铁路线路接轨的岔线。

1. 铁路建设

铁路发展规划应当依据国民经济和社会发展以及国防建设的需要制定，并与其他方式的交通运输发展规划相协调。

地方铁路、专用铁路、铁路专用线的建设计划必须符合全国铁路发展规划，并征得国务院铁路主管部门或者国务院铁路主管部门授权的机构的同意。

在城市规划区范围内，铁路的线路、车站、枢纽以及其他有关设施的规划，应当纳入所在城市的总体规划。

铁路建设用地规划，应当纳入土地利用总体规划。为远期扩建、新建铁路需要的土地，由县级以上人民政府在土地利用总体规划中安排。铁路建设用地，依照有关法律、行政法规的规定办理。有关地方人民政府应当支持铁路建设，协助铁路运输企业做好铁路建设征收土地工作和拆迁安置工作。已经取得使用权的铁路建设用地，应当依照批准的用途使用，不得擅自改作他用；其他单位或者个人不得侵占。侵占铁路建设用地的，由县级以上地方人民政府土地管理部门责令停止侵占、赔偿损失。

新建和改建铁路的其他技术要求应当符合现行国家标准或者行业标准。铁路建成后，必须依照国家基本建设程序的规定，经验收合格，方能交付正式运行。

铁路与道路交叉处，应当优先考虑设置立体交叉；未设置立体交叉的，可以根据国家有关规定设置平交道口或者人行过道。在城市规划区内设置平交道口或者人行过道，由铁路运输企业或者建有专用铁路、铁路专用线的企业或者其他单位和城市规划主管部门共同决定。拆除已经设置的平交道口或者人行过道，由铁路运输企业或者建有专用铁路、铁路专用线的企业或者其他单位和当地人民政府商定。

修建跨越河流的铁路桥梁，应当符合国家规定的防洪、通航和水流的要求。

2. 铁路安全与保护

铁路线路两侧地界以外的山坡地由当地人民政府作为水土保持的重点进行整治。铁路隧道顶上的山坡地由铁路运输企业协助当地人民政府进行整治。铁路地界以内的山坡地由铁路运输企业进行整治。

在铁路线路和铁路桥梁、涵洞两侧一定距离内，修建山塘、水库、堤坝，开挖河道、干渠，采石挖砂，打井取水，影响铁路路基稳定或者危害铁路桥梁、涵洞安全的，由县级以上地方人民政府责令停止建设或者采挖、打井等活动，限期恢复原状或者责令采取必要的安全防护措施。

在铁路线路上架设电力、通信线路，埋置电缆、管道设施，穿凿通过铁路路基的地下坑道，必须经铁路运输企业同意，并采取安全防护措施。

禁止擅自在铁路线路上铺设平交道口和人行过道。平交道口和人行过道必须按照规定设置必要的标志和防护设施。行人和车辆通过铁路平交道口和人行过道时，必须遵守有关通行的规定。违章通过平交道口或者人行过道，或者在铁路线路上行走、坐卧造成的人身伤亡，属于受害人自身的原因造成的人身伤亡。

8.1.2 铁路安全管理条例相关规定

为了加强铁路安全管理，保障铁路运输安全和畅通，保护人身安全和财产安全，制定《铁路安全管理条例》（2013年8月17日中华人民共和国国务院令第639号）。铁路安全管理坚持安全第一、预防为主、综合治理的方针。

从事铁路建设、运输、设备制造维修的单位应当加强安全管理，建立健全安全生产管理制度，落实企业安全生产主体责任，设置安全管理机构或者配备安全管理人员，执行保障生产安全和产品质量安全的国家标准、行业标准，加强对从业人员的安全教育培训，保证安全生产所必需的资金投入。

铁路建设、运输、设备制造维修单位的工作人员应当严格执行规章制度，实行标准化作业，保证铁路安全。

1. 铁路建设质量安全

铁路建设工程的勘察、设计、施工、监理以及建设物资、设备的采购，应当依法进行招标。

从事铁路建设工程勘察、设计、施工、监理活动的单位应当依法取得相应资质，并在其资质等级许可的范围内从事铁路工程建设活动。

铁路建设单位应当选择具备相应资质等级的勘察、设计、施工、监理单位进行工程建设，并对建设工程的质量安全进行监督检查，制作检查记录留存备查。

铁路建设工程的勘察、设计、施工、监理应当遵守法律、行政法规关于建设工程质量和安全管理的规定，执行国家标准、行业标准和技术规范。

铁路建设工程的勘察、设计、施工单位依法对勘察、设计、施工的质量负责，监理单位依法对施工质量承担监理责任。

高速铁路和地质构造复杂的铁路建设工程实行工程地质勘察监理制度。

铁路建设工程的安全设施应当与主体工程同时设计、同时施工、同时投入使用。

安全设施投资应当纳入建设项目概算。

铁路建设工程使用的材料、构件、设备等产品，应当符合有关产品质量的强制性国家标准、行业标准。

铁路建设工程的建设工期，应当根据工程地质条件、技术复杂程度等因素，按照国家标准、行业标准和技术规范合理确定、调整。

铁路建设工程竣工，应当按照国家有关规定组织验收，并由铁路运输企业进行运营安全评估。经验收、评估合格，符合运营安全要求的，方可投入运营。

在铁路线路及其邻近区域进行铁路建设工程施工，应当执行铁路营业线施工安全管理规定。铁路建设单位应当会同相关铁路运输企业和工程设计、施工单位制定安全施工方案，按照方案进行施工。施工完毕应当及时清理现场，不得影响铁路运营安全。

2. 铁路专用设备质量安全

铁路机车车辆的制造、维修、使用单位应当遵守有关产品质量的法律、行政法规以及国家其他有关规定，确保投入使用的机车车辆符合安全运营要求。

生产铁路道岔及其转辙设备、铁路信号控制软件和控制设备、铁路通信设备、铁路牵引供电设备的企业，应当符合下列条件并经国务院铁路行业监督管理部门依法审查批准：（1）有按照国家标准、行业标准检测、检验合格的专业生产设备；（2）有相应的专业技术人员；（3）有完善的产品质量保证体系和安全管理制度；（4）法律、行政法规规定的其他条件。

铁路机车车辆以外的直接影响铁路运输安全的铁路专用设备，依法应当进行产品认证的，经认证合格方可出厂、销售、进口、使用。

铁路机车车辆以及其他铁路专用设备存在缺陷，即由于设计、制造、标识等原因导致同一批次、型号或者类别的铁路专用设备普遍存在不符合保障人身、财产安全的国家标准、行业标准的情形或者其他危及人身、财产安全的不合理危险的，应当立即停止生产、销售、进口、使用；设备制造者应当召回缺陷产品，采取措施消除缺陷。

3. 铁路线路安全

铁路线路两侧应当设立铁路线路安全保护区。铁路线路安全保护区的范围，从铁路线路路堤坡脚、路堑坡顶或者铁路桥梁（含铁路、道路两用桥，下同）外侧起向外的距离分别为：（1）城市市区高速铁路为10m，其他铁路为8m；（2）城市郊区居民居住区高速铁路为12m，其他铁路为10m；（3）村镇居民居住区高速铁路为15m，其他铁路为12m；（4）其他地区高速铁路为20m，其他铁路为15m。

在铁路线路安全保护区内建造建筑物、构筑物等设施，取土、挖砂、挖沟、采空作业或者堆放、悬挂物品，应当征得铁路运输企业同意并签订安全协议，遵守保证铁路安全的国家标准、行业标准和施工安全规范，采取措施防止影响铁路运输安全。

在铁路线路两侧从事采矿、采石或者爆破作业，应当遵守有关采矿和民用爆破的法律法规，符合国家标准、行业标准和铁路安全保护要求。

在铁路线路路堤坡脚、路堑坡顶、铁路桥梁外侧起向外各1000m范围内，以及在铁路隧道上方中心线两侧各1000m范围内，确需从事露天采矿、采石或者爆破作业的，应当与铁路运输企业协商一致，依照有关法律法规的规定报县级以上地方人民政府有关部门批准，采取安全防护措施后方可进行。

高速铁路线路路堤坡脚、路堑坡顶或者铁路桥梁外侧起向外各 200m 范围内禁止抽取地下水。

禁止在铁路桥梁跨越处河道上下游的下列范围内采砂、淘金：（1）跨河桥长 500m 以上的铁路桥梁，河道上游 500m、下游 3000m；（2）跨河桥长 100m 以上不足 500m 的铁路桥梁，河道上游 500m、下游 2000m；（3）跨河桥长不足 100m 的铁路桥梁，河道上游 500m、下游 1000m。

铁路线路安全保护区内的道路和铁路线路路堑上的道路、跨越铁路线路的道路桥梁，应当按照国家有关规定设置防止车辆以及其他物体进入、坠入铁路线路的安全防护设施和警示标志，并由道路管理部门或者道路经营企业维护、管理。

架设、铺设铁路信号和通信线路、杆塔应当符合现行国家和行业标准及铁路安全防护要求。

禁止毁坏铁路线路、站台等设施设备和铁路路基、护坡、排水沟、防护林木、护坡草坪、铁路线路封闭网及其他铁路防护设施。

禁止实施下列危及铁路通信、信号设施安全的行为：（1）在埋有地下光（电）缆设施的地面上方进行钻探，堆放重物、垃圾，焚烧物品，倾倒腐蚀性物质；（2）在地下光（电）缆两侧各 1m 的范围内建造、搭建建筑物、构筑物等设施；（3）在地下光（电）缆两侧各 1m 的范围内挖砂、取土；（4）在过河光（电）缆两侧各 100m 的范围内挖砂、抛锚或者进行其他危及光（电）缆安全的作业。

禁止实施下列危害电气化铁路设施的行为：（1）向电气化铁路接触网抛掷物品；（2）在铁路电力线路导线两侧各 500m 的范围内升放风筝、气球等低空飘浮物体；（3）攀登铁路电力线路杆塔或者在杆塔上架设、安装其他设施设备；（4）在铁路电力线路杆塔、拉线周围 20m 范围内取土、打桩、钻探或者倾倒有害化学物品；（5）触碰电气化铁路接触网。

8.1.3 铁路交通事故应急救援和调查处理条例相关规定

为了加强铁路交通事故的应急救援工作，规范铁路交通事故调查处理，减少人员伤亡和财产损失，保障铁路运输安全和畅通，根据《中华人民共和国铁路法》和其他有关法律的规定，制定《铁路交通事故应急救援和调查处理条例》（2007 年 7 月 11 日中华人民共和国国务院令第 501 号公布，根据 2012 年 11 月 9 日《国务院关于修改和废止部分行政法规的决定》修订）。

1. 事故等级

根据事故造成的人员伤亡、直接经济损失、列车脱轨辆数、中断铁路行车时间等情形，事故等级分为特别重大事故、重大事故、较大事故和一般事故。

有下列情形之一的，为特别重大事故：（1）造成 30 人以上死亡，或者 100 人以上重伤（包括急性工业中毒，下同），或者 1 亿元以上直接经济损失的；（2）繁忙干线客运列车脱轨 18 辆以上并中断铁路行车 48 小时以上的；（3）繁忙干线货运列车脱轨 60 辆以上并中断铁路行车 48 小时以上的。

有下列情形之一的，为重大事故：（1）造成 10 人以上 30 人以下死亡，或者 50 人以上 100 人以下重伤，或者 5000 万元以上 1 亿元以下直接经济损失的；（2）客运列车脱轨 18 辆以上的；（3）货运列车脱轨 60 辆以上的；（4）客运列车脱轨 2 辆以上 18 辆以下，并中断繁忙干线铁路行车 24 小时以上或者中断其他线路铁路行车 48 小时以上的；（5）货运列车脱轨 6 辆以上 60 辆以下，并中断繁忙干线铁路行车 24 小时以上或者中断其他线路铁路行车 48 小时以上的。

有下列情形之一的，为较大事故：（1）造成 3 人以上 10 人以下死亡，或者 10 人以上 50 人以下重伤，或者 1000 万元以上 5000 万元以下直接经济损失的；（2）客运列车脱轨 2 辆以上 18 辆以下的；（3）货运列车脱轨 6 辆以上 60 辆以下的；（4）中断繁忙干线铁路行车 6 小时以上的；（5）中断其他线路铁路行车 10 小时以上的。

造成 3 人以下死亡，或者 10 人以下重伤，或者 1000 万元以下直接经济损失的，为一般事故。

上述所称的"以上"包括本数，所称的"以下"不包括本数。

2. 事故报告

事故发生后，事故现场的铁路运输企业工作人员或者其他人员应当立即报告邻近铁路车站、列车调度员或者公安机关。有关单位和人员接到报告后，应当立即将事故情况报告事故发生地铁路管理机构。

事故报告应当包括下列内容：（1）事故发生的时间、地点、区间（线名、公里、米）、事故相关单位和人员；（2）发生事故的列车种类、车次、部位、计长、机车型号、牵引辆数、吨数；（3）承运旅客人数或者货物品名、装载情况；（4）人员伤亡情况，机车车辆、线路设施、道路车辆的损坏情况，对铁路行车的影响情况；（5）事故原因的初步判断；（6）事故发生后采取的措施及事故控制情况；（7）具体救援请求。

事故报告后出现新情况的，应当及时补报。

8.1.4　铁路建设工程招标投标管理相关规定

为了规范铁路工程建设项目招标投标活动，保护国家利益、社会公共利益和招标投标活动当事人的合法权益，根据《中华人民共和国招标投标法》《中华人民共和国招标投标法实施条例》等法律、行政法规，制定《铁路工程建设项目招标投标管理办法》（中华人民共和国交通运输部令 2018 年第 13 号）。

铁路工程建设项目是指铁路工程以及与铁路工程建设有关的货物、服务。依法必须进行招标的铁路工程建设项目的招标投标，应当依照《公共资源交易平台管理暂行办法》等国家规定纳入公共资源交易平台。依法必须进行招标的铁路工程建设项目的具体范围和规模标准，依照《中华人民共和国招标投标法》《中华人民共和国招标投标法实施条例》《必须招标的工程项目规定》等确定。

国家铁路局负责全国铁路工程建设项目招标投标活动的监督管理工作。地区铁路监督管理局负责辖区内铁路工程建设项目招标投标活动的监督管理工作。国家铁路局、地区铁路监督管理局以下统称铁路工程建设项目招标投标行政监管部门。

铁路工程建设项目的招标人和交易场所应当按照国家有关规定推行电子招标投标。

国家铁路局建立铁路工程建设行政监督平台，对铁路工程建设项目招标投标活动实行信息化监督管理。

1. 招标

铁路工程建设项目的招标人是指提出招标项目、进行招标的法人或者其他组织。

招标人组织开展的铁路工程建设项目招标活动,应当具备《中华人民共和国招标投标法》《中华人民共和国招标投标法实施条例》《工程建设项目勘察设计招标投标办法》《工程建设项目施工招标投标办法》《工程建设项目货物招标投标办法》等规定的有关条件。

招标人委托招标代理机构进行招标的,应当与被委托的招标代理机构签订书面委托合同。招标人授权项目管理机构进行招标或者由项目代建人承担招标工作的,招标人或者代建项目的委托人应当出具包括委托授权招标范围、招标工作权限等内容的委托授权书。多个招标人就相同或者类似的招标项目进行联合招标的,可以委托招标代理机构或者其中一个招标人牵头组织招标工作。

依法必须进行招标的铁路工程建设项目,招标人应当根据国务院发展改革部门会同有关行政监督部门制定的《标准施工招标资格预审文件》《标准施工招标文件》《标准设备采购招标文件》《标准材料采购招标文件》《标准勘察招标文件》《标准设计招标文件》《标准监理招标文件》等标准文本以及铁路行业补充文本,结合招标项目具体特点和实际需要,编制资格预审文件和招标文件。

采用公开招标方式的铁路工程建设项目,招标人应当依法发布资格预审公告或者招标公告。

依法必须进行招标的铁路工程建设项目的资格预审公告或者招标公告应当至少载明下列内容:(1)招标项目名称、内容、范围、规模、资金来源;(2)投标资格能力要求,以及是否接受联合体投标;(3)获取资格预审文件或者招标文件的时间、方式;(4)递交资格预审文件或者投标文件的截止时间、方式;(5)招标人及其招标代理机构的名称、地址、联系人及联系方式;(6)采用电子招标投标方式的,潜在投标人访问电子招标投标交易平台的网址和方法;(7)对具有行贿犯罪记录、失信被执行人等失信情形潜在投标人的依法限制要求;(8)其他依法应当载明的内容。

采用邀请招标方式的铁路工程建设项目,招标人应当向3家以上具备相应资质能力、资信良好的特定的法人或其他组织发出投标邀请书。

依法必须进行招标的铁路工程建设项目,招标人应当在发布资格预审公告或者招标公告前7个工作日内向铁路工程建设项目招标投标行政监管部门备案。鼓励采用电子方式进行备案。

资格预审应当按照资格预审文件载明的标准和方法进行。

国有资金占控股或者主导地位的依法必须进行招标的铁路工程建设项目资格预审结束后,资格审查委员会应当编制资格审查报告。资格审查报告应当载明下列内容,如果有评分情况,在资格审查报告中一并列明:(1)招标项目基本情况;(2)资格审查委员会成员名单;(3)资格预审申请文件递交情况;(4)通过资格审查的申请人名单;(5)未通过资格审查的申请人名单,以及未通过审查的具体理由、依据(应当指明不符合资格预审文件的具体条款序号);(6)澄清、说明事项;(7)需要说明的其他事项。

资格审查委员会所有成员应当在资格审查报告上签字。对审查结果有不同意见的资格审查委员会成员应当以书面形式说明其不同意见和理由,资格审查报告应当注明该不同意见。资格审查委员会成员拒绝在资格审查报告上签字又不书面说明其不同意见和理由的，视为同意资格审查结果。

招标人应当及时向资格预审合格的潜在投标人发出资格预审合格通知书或者投标邀请书，告知获取招标文件的时间、地点和方法；同时向资格预审不合格的潜在投标人发出资格预审结果通知书，注明未通过资格预审的具体理由。

通过资格预审的申请人少于3个的，应当重新招标。

资格预审申请人对资格预审结果有异议的，可以自收到或者应当收到资格预审结果通知书后3日内提出。招标人应当自收到异议之日起3日内作出答复，异议答复应当列明事实和依据；作出答复前，应当暂停招标投标活动。

招标人应当依照国家有关法律法规规定，在招标文件中载明招标项目是否允许分包，以及允许分包或者不得分包的范围。

招标人应当在招标文件或者资格预审文件中集中载明评标办法、评审标准和否决情形。否决情形应当以醒目方式标注。资格审查委员会或者评标委员会不得以未集中载明的评审标准和否决情形限制、排斥潜在投标人或者否决投标。

招标人不得以不合理的条件限制或者排斥潜在投标人，不得对潜在投标人实行歧视待遇。

除《中华人民共和国招标投标法实施条例》第三十二条规定的情形外，招标人有下列行为之一的，视为以不合理的条件限制或者排斥潜在投标人：（1）对符合国家关于铁路建设市场开放规定的设计、施工、监理企业，不接受其参加有关招标项目的投标；（2）设定的企业资质、个人执业资格条件违反国家有关规定，或者与招标项目实际内容无关；（3）招标文件或者资格预审文件中设定的投标人资格要求高于招标公告载明的投标人资格要求；（4）对企业或者项目负责人的业绩指标要求，超出招标项目对应的工程实际需要。

招标人以暂估价形式包括在总承包范围内的工程、货物、服务属于依法必须进行招标的项目范围且达到国家规定规模标准的，应当依法进行招标。暂估价部分招标的实施主体应当在总承包项目的合同条款中约定。

招标人在发布招标公告、发出投标邀请书、售出招标文件或者资格预审文件后，除不可抗力、国家政策变化等原因外，不得擅自终止招标。

招标人终止招标的，应当及时发布公告，或者以书面形式通知被邀请的或者已经获取资格预审文件、招标文件的潜在投标人。已经发售资格预审文件、招标文件或者已经收取投标保证金的，招标人应当及时退还所收取的资格预审文件、招标文件的费用，以及所收取的投标保证金及银行同期存款利息。

2. 投标

铁路工程建设项目的投标人是指响应招标、参加投标竞争的法人或者其他组织。

投标人应当具备承担招标项目的能力，并具备招标文件规定和国家规定的资格条件。

投标人应当按照招标文件的要求编制投标文件。投标文件应当对招标文件提出的实质性要求和条件予以响应。

投标人可以银行保函方式提交投标保证金。招标人不得拒绝投标人以银行保函形式提交的投标保证金，评标委员会也不得以此理由否决其投标。

根据招标文件载明的项目实际情况和工程分包的有关规定，投标人应当在投标文件中载明中标后拟分包的工程内容等事项。

投标人在投标文件中填报的资质、业绩、主要人员资历和目前在岗情况、信用等信息，应当与其在铁路工程建设行政监督平台上填报、发布的一致。

投标人不得有下列行为：（1）串通投标；（2）向招标人、招标代理机构或者评标委员会成员行贿；（3）采取挂靠、转让、租借等方式从其他法人、组织获取资格或者资质证书进行投标，或者以其他方式弄虚作假进行投标；（4）排挤其他投标人公平竞争的行为。

3. 开标、评标和中标

招标人应当按照招标文件规定的时间、地点开标，并邀请所有投标人参加。

递交投标文件的投标人少于3个的标段或者包件，招标人不得开标，应当将相应标段或者包件的投标文件当场退还给投标人，并依法重新组织招标。

重新招标后投标人仍少于3个，属于按照国家规定需要政府审批、核准的铁路工程建设项目的，报经原审批、核准部门审批、核准后可以不再进行招标；其他铁路工程建设项目，招标人可以自行决定不再进行招标。

依照上述规定不再进行招标的，招标人可以邀请已提交资格预审申请文件的申请人或者已提交投标文件的投标人进行谈判，确定项目承担单位，并将谈判报告报对该项目具有招标监督职责的铁路工程建设项目招标投标行政监管部门备案。

招标人应当记录关于开标过程的下列内容并存档备查：（1）开标时间和地点；（2）投标文件密封检查情况；（3）投标人名称、投标价格和招标文件规定的其他主要内容；（4）投标人提出的异议及当场答复情况。

评标由招标人依法组建的评标委员会负责。评标委员会成员的确定和更换应当遵守《中华人民共和国招标投标法》《中华人民共和国招标投标法实施条例》《评标委员会和评标方法暂行规定》等规定。

依法必须进行招标的铁路工程建设项目的评标委员会中，除招标人代表外，招标人及与该工程建设项目有监督管理关系的人员不得以技术、经济专家身份等名义参加评审。

招标人应当向评标委员会提供评标所必需的信息和材料，但不得明示或者暗示其倾向或者排斥特定投标人。提供评标所必需的信息和材料主要包括招标文件、招标文件的澄清或者修改、开标记录、投标文件、资格预审相关文件、投标人信用信息等。

评标委员会设负责人的，评标委员会负责人应当由评标委员会成员推举产生或者由招标人确定。评标委员会负责人负责组织并与评标委员会成员一起开展评标工作，其与评标委员会的其他成员享有同等权利与义务。

评标委员会认为投标人的报价明显低于其他投标报价，有可能影响工程质量或者不能诚信履约的，可以要求其澄清、说明是否低于成本价投标，必要时应当要求其一并提交相关证明材料。投标人不能证明其报价合理性的，评标委员会应当认定其以低于成本价竞标，并否决其投标。

评标委员会经评审，否决投标的，应当在评标报告中列明否决投标人的原因及依据；认为所有投标都不符合招标文件要求，或者符合招标文件要求的投标人不足3家使得投标明显缺乏竞争性的，可以否决所有投标。评标委员会做出否决投标或者否决所有投标意见的，应当有三分之二及以上评标委员会成员同意。

评标委员会成员应当客观、公正地履行职务，恪守职业道德，对所提出的评审意见承担个人责任。

评标委员会成员不得私下接触投标人，不得收受投标人的财物或者其他好处，不得向招标人征询确定中标人的意向，不得接受任何单位或者个人明示或者暗示提出的倾向或者排斥特定投标人的要求。

评标委员会成员和参与评标的有关工作人员不得透露对投标文件的评审和比较、中标候选人的推荐情况以及与评标有关的其他情况。

评标完成后，评标委员会应当向招标人提交书面评标报告和中标候选人名单。中标候选人应当不超过3个，并标明排序。

评标报告应当如实记载下列内容：（1）基本情况和数据表；（2）评标委员会成员名单，评标委员会设有负责人的一并注明；（3）开标记录；（4）符合要求的投标人名单；（5）否决投标的情况说明，包括具体理由及招标文件中的相应否决条款；（6）评标标准、评标方法或者评标因素一览表；（7）经评审的价格或者评分比较一览表；（8）经评审的投标人排序；（9）推荐的中标候选人名单与签订合同前要处理的事宜；（10）澄清、说明、补正事项纪要。

评标报告应当由评标委员会全体成员签字；设立评标委员会负责人的，评标委员会负责人应当在评标报告上逐页签字。对评标结果有不同意见的评标委员会成员应当以书面形式说明其不同意见和理由，评标报告应当注明该不同意见。评标委员会成员拒绝在评标报告上签字又不书面说明其不同意见和理由的，视为同意评标结果。评标委员会提交的评标报告内容不符合上述要求的，应当补充完善。

依法必须进行招标的铁路工程建设项目的招标人，应当对评标委员会成员履职情况如实记录并按规定对铁路建设工程评标专家予以评价。

招标人根据评标委员会提出的书面评标报告和推荐的中标候选人确定中标人。招标人也可以授权评标委员会直接确定中标人。依法必须进行招标的铁路工程建设项目，招标人应当自收到评标报告之日起3日内在规定的媒介上公示中标候选人，公示期不得少于3日。

对中标候选人的公示信息应当包括：招标项目名称，标段或者包件编号，中标候选人排序、名称、投标报价、工期或者交货期承诺，评分或者经评审的投标报价情况，项目负责人姓名及其相关证书名称和编号，中标候选人在投标文件中填报的企业和项目负责人的工程业绩，异议受理部门及联系方式等。

依法必须进行招标的铁路工程建设项目的投标人或者其他利害关系人对评标结果有异议的，应当在中标候选人公示期间提出。招标人应当自收到异议之日起3日内作出答复，异议答复应当列明事实、依据；作出答复前，应当暂停招标投标活动。

招标人经核查发现异议成立并对中标结果产生实质性影响的，应当组织原评标委员会按照招标文件规定的标准和方法审查确认。若异议事项涉嫌弄虚作假等违法行为或者原评标委员会无法根据招标文件和投标文件审查确认的，以及招标人发现评标结果有明显错误的，招标人应当向铁路工程建设项目招标投标行政监管部门反映或者投诉。

中标候选人的经营、财务状况发生较大变化或者存在违法行为，招标人认为可能影响其履约能力的，应当在发出中标通知书前由原评标委员会按照招标文件规定的标准和方法审查确认。

中标人确定后，招标人应当向中标人发出中标通知书，并同时将中标结果通知所有未中标的投标人。依法必须进行招标项目的中标结果还应当按规定在有关媒介公示中标人名称。

所有投标均被否决的，招标人应当书面通知所有投标人，并说明具体原因。

依法必须进行招标的铁路工程建设项目，招标人应当自确定中标人之日起15日内，向铁路工程建设项目招标投标行政监管部门提交招标投标情况书面报告。鼓励采用电子方式报告。

招标投标情况书面报告应当包括下列主要内容：(1)招标范围；(2)招标方式和发布招标公告的媒介；(3)招标文件中投标人须知、技术条款、评标标准和方法、合同主要条款等内容；(4)评标委员会的组成、成员遵守评标纪律和履职情况，对评标专家的评价意见；(5)评标报告；(6)中标结果；(7)其他需提交的问题说明和资料。

招标人和中标人应当在投标有效期内并自中标通知书发出之日起30日内，按照招标文件和中标人的投标文件订立书面合同。招标人和中标人不得再行订立背离合同实质性内容的其他协议。

招标文件要求中标人提交履约保证金的，中标人应当提交。履约保证金可以银行保函、支票、现金等方式提交。

中标人提交履约保证金的，在工程项目竣工前，招标人不得再同时预留工程质量保证金。

中标人应当按照合同约定履行义务，完成中标项目。

招标人应当加强对合同履行的管理，建立对中标人合同履约的考核制度。依法必须进行招标的铁路工程建设项目，招标人、中标人应当按规定向铁路工程建设项目招标投标行政监管部门提交合同履约信息。

铁路工程建设项目的施工中标人对已包含在中标工程内的货物再次通过招标方式采购的，招标人应当依据承包合同约定对再次招标活动进行监督，对施工中标人再次招标选定的货物进场质量验收情况进行检查。

4. 监督管理

铁路工程建设项目招标投标行政监管部门应当依法加强对铁路工程建设项目招标投标活动的监督管理。国家铁路局组建、管理铁路建设工程评标专家库，指导、协调地区铁路监督管理局开展铁路工程建设项目招标投标监督管理工作。地区铁路监督管理局应当按规定通报或者报告辖区内的铁路工程建设项目招标投标违法违规行为和相关监督管理信息，分析铁路工程建设项目招标投标相关情况。

铁路工程建设项目招标投标监督管理方式主要包括监督抽查、投诉处理、办理备案、接收书面报告、行政处罚、记录公告等方式。

投标人或者其他利害关系人（以下简称"投诉人"）认为铁路工程建设项目招标投标活动不符合法律、行政法规规定的，可以自知道或者应当知道之日起10日内向铁路工程建设项目招标投标行政监管部门投诉。

投诉人投诉时，应当提交投诉书。投诉书应当包括下列内容：（1）投诉人的名称、地址及有效联系方式；（2）被投诉人的名称、地址及有效联系方式；（3）投诉事项的基本事实；（4）相关请求及主张；（5）有效线索和相关证明材料。

对按规定应当先向招标人提出异议的事项进行投诉的，还应当提交已提出异议的证明文件。如果已向有关行政监督部门投诉的，应当一并说明。投诉人是法人的，投诉书必须由其法定代表人或者授权代表签字并盖章；其他组织或者自然人投诉的，投诉书必须由其主要负责人或者投诉人本人签字，并附有效身份证明复印件。投诉书有关材料是外文的，投诉人应当同时提供其中文译本。

有下列情形之一的投诉，铁路工程建设项目招标投标行政监管部门不予受理：（1）投诉人不是所投诉招标投标活动的参与者，或者与投诉项目无任何利害关系。（2）投诉事项不具体，且未提供有效线索，难以查证的。（3）投诉书未署具投诉人真实姓名、签字和有效联系方式的；以法人名义投诉的，投诉书未经法定代表人或者授权代表签字并加盖公章的。（4）超过投诉时效的。（5）已经做出处理决定，并且投诉人没有提出新的证据的。（6）投诉事项应当先提出异议没有提出异议的，或者已进入行政复议或者行政诉讼程序的。

铁路工程建设项目招标投标行政监管部门受理投诉后，应当调取、查阅有关文件，调查、核实有关情况，根据调查和取证情况，对投诉事项进行审查，按照下列规定做出处理决定：（1）投诉缺乏事实根据或者法律依据的，驳回投诉；（2）投诉情况属实，招标投标活动确实存在违法行为的，依照《中华人民共和国招标投标法》及其他有关法规、规章进行处理。

铁路工程建设项目招标投标行政监管部门积极推进铁路建设工程招标投标信用体系建设，建立健全守信激励和失信惩戒机制，维护公平公正的市场竞争秩序。鼓励和支持招标人优先选择信用良好的从业企业。招标人可以对信用良好的投标人或者中标人，减免投标保证金，减少履约保证金或者质量保证金。招标人采用相关信用优惠措施的，应当在招标文件中载明。

铁路工程建设项目招标投标行政监管部门对招标人、招标代理机构、投标人以及评标委员会成员等的违法违规行为依法做出行政处理决定的，应当按规定予以公告，并记入相应当事人的不良行为记录。对于列入不良行为记录、行贿犯罪档案、失信被执行人名录的市场主体，依法按规定在招标投标活动中对其予以限制。

铁路工程建设项目招标投标行政监管部门履行监督管理职责过程中，有权查阅、复制招标投标活动的有关文件、资料和数据；在投诉调查处理中，发现有违反法律、法规、规章规定的，应当要求相关当事人整改，必要时可以责令暂停招标投标活动。招标投标活动交易服务机构及市场主体应当如实提供相关情况和材料。

铁路工程建设项目招标投标行政监管部门的工作人员对监督过程中知悉的国家秘密、商业秘密，应当依法予以保密。

8.1.5　铁路建设工程勘察设计管理相关规定

为规范铁路建设工程勘察设计活动，保证铁路建设工程勘察设计质量，提高铁路勘察设计水平，保护人民生命和财产安全，根据国家有关法律法规，制定《铁路建设工程勘察设计管理办法》(2006年铁道部令第26号)。

铁路建设工程勘察设计,是指推荐建设方案,查明、分析、评价地质地理环境特征和工程地质条件,对技术、经济、环境、土地利用等方面进行综合分析、论证,编制设计文件,以及现场配合的活动。

1. 工程勘察

勘察工作是设计工作的依据,是保证建设质量的基础,铁路建设必须重视勘察工作。铁路工程勘察主要包括初测、定测。工程地质条件复杂的地段和工点,应在相应阶段加深地质勘察工作。初测主要查明线路通过地区的地形、地貌、地物、区域地质条件、推荐方案和主要比较方案的地质条件。初测资料是可行性研究的依据。定测主要核实方案通过地区的地形、地貌、地物,详细查明方案的地质条件,为各类建筑物提供地质资料。定测成果是初步设计的依据。铁路工程地质勘察实行综合勘探,通过加强地质测绘工作,采用新技术、新方法,应用多种地质勘探方法,相互验证和综合分析,提高和保证工程勘察质量。铁路勘察实行勘察大纲审查制度。勘察单位应依据项目建议书或可行性研究报告批复意见、规程规范编制勘察大纲,业主或建设管理单位应对勘察大纲组织审查。审查后的勘察大纲为工程勘察合同的组成部分。铁路勘察实行监理(或咨询)和勘察成果验收制度。业主或建设管理单位应委托具有相应资质的工程勘察单位依照批准的勘察大纲对勘察进行监理(或咨询),应组织对勘察资料和勘察报告进行验收,对实际完成的勘察工作量进行审核。勘察监理工作必须与勘察工作同时进行。勘察单位应加强管理,科学合理地编制勘察大纲,严格按操作规程和勘测细则作业,加强过程管理,接受工程勘察监理(或咨询)的检查,保证勘察工作达到规定的深度,勘察成果真实、准确,满足设计要求。业主或建设管理单位应按照工程勘察合同约定解决勘察工作的外部环境问题,协调解决勘察工作中存在的问题,为勘察工作提供条件,同时对勘察工作进行监督、检查。勘察单位要加强对经业主或建设管理单位批准分包的勘察工作的管理,对分包勘察业务质量负责。

2. 设计文件编制

铁路建设工程设计文件应当依据下列要求编制:(1)铁路路网规划;(2)项目批准文件;(3)设计阶段对应的勘察成果;(4)铁路主要技术政策;(5)工程建设强制性标准;(6)铁路设计规程规范;(7)铁路工程建设设计文件编制规定;(8)设计合同。

铁路建设工程设计必须做好经济和社会调查,掌握区域运输需求、区域交通运输结构现状和规划、铁路运输需求,在征求铁路运输企业意见的基础上,提出建设项目的近、远期客货运量和运输组织方案的推荐建议。铁路建设工程设计必须根据铁路路网规划和综合交通规划,采用先进的运输管理模式,综合考虑近期与远期、相关线路技术条件、路网运输能力、运输质量、运营成本和工程投资,在充分论证的基础上,推荐先进适用的主要技术标准。铁路建设工程设计必须应用系统工程理论,优化点与点、线与线、点与线、固定设备与移动设备以及装备能力的匹配,正确处理建设与运输、建设与维修、新建工程与既有设备的关系,通过经济技术比较,选择技术适用、经济合理的建设方案。铁路建设工程设计必须加强工程技术经济工作,保护环境和基本农田,节约土地,进行合理充分的方案比选,完善优化设计;采用科学先进的施工工艺和工程措施,提出实用经济的施工组织设计；准确计算工程、材料、设备和征地拆迁数量，采用合理的定额和单价，按照建设、运营费用最合理的原则确定工程建设投资。铁路建设工程设计必须依据经验收的勘察资料进行，达到规定的深度，满足项目决策和工程实施的要求。工程设计选用的材料、设备，应当注明其规格、性能等技术指标，其质量必须符合国家有关规定。除特殊要求的建筑材料、专用设备外，设计单位不得指定生产厂、供应商。铁路建设工程勘察设计应在严格执行工程建设强制性标准的前提下，将正确执行铁路勘察设计规程规范和技术创新结合起来，提高铁路勘察设计水平。铁路建设工程勘察设计应积极推广使用信息技术，完善勘察设计一体化；设计文件格式应符合铁路建设信息化要求，设计单位应及时将设计文件输入信息系统。

3. 设计文件审查

铁路建设工程项目的设计文件实行审查制度。业主或建设管理单位应根据项目批准文件、设计文件编制规定，对勘察设计单位提交的勘察设计文件进行审查；项目建议书和可行性研究报告按规定程序审查，需要上报的，按国家规定程序上报。铁路建设项目的初步设计文件实行审查制度，审查重点包括涉及公共利益、公众安全、工程建设强制性标准等内容。铁路建设项目的施工图实行审核制度，由建设管理单位组织审核。未经审核或审核不合格的施工图，不得交付施工。业主和建设管理单位不得明示或暗示勘察设计单位违反法律、法规、规章和工程建设强制性标准进行勘察设计。勘察设计单位应拒绝业主、建设管理单位和其他单位提出的违反法律、法规、规章，以及违反工程建设强制性标准的要求。批准的项目建议书、可行性研究报告和初步设计文件是开展下一步工作和审查的依据，除原批准单位或其上级单位外，其他单位不得修改或变更。施工图设计中，对初步设计批准的设计内容需要做较大修改的，经建设管理单位报原初步设计审批单位批准后方可修改。

4. 设计文件实施

勘察设计单位应当根据勘察设计合同约定，向业主或建设管理单位提交勘察设计文件，说明设计意图。勘察设计单位应在建设项目开工前，按审核后的施工图，向施工、监理单位说明设计意图，提出建设、监理和施工注意事项。建设项目开工后，勘察设计单位应设立现场设计代表机构，选派主持或参与该项目施工图设计的主要技术人员常驻现场，完善和优化勘察设计，及时解决施工中出现的勘察设计问题，按变更设计管理规定修改设计。勘察设计单位应及时对建设管理、咨询、监理单位提出的勘察设计文件中存在的问题进行研究，提出处理意见和实施方案。勘察设计文件一般由原勘察设计单位修改。经原勘察设计单位书面同意，建设管理单位可以委托其他具有相应资质的勘察设计单位修改设计文件。修改勘察设计文件的单位对修改的勘察设计文件承担相应责任，原勘察设计单位仍对设计文件的总体性负责。批准的初步设计概算为铁路建设工程项目总投资的控制数，一般不得调整。因政策和特殊原因需要调整的，按规定程序报批。勘察设计单位有权督促施工单位按审核后的施工图文件施工，对发现不按施工图文件施工的，应及时通知建设管理单位和监理单位。勘察设计单位应在建设项目正式交付运营后，针对勘察设计质量进行回访，及时协助解决因勘察设计原因出现的问题。

8.1.6 铁路建设工程安全管理相关规定

为加强铁路建设项目安全生产管理，明确安全生产责任，预防生产安全事故，保障人民群众生命和财产安全，依据《中华人民共和国安全生产法》《中华人民共和国建筑法》《建设工程安全生产管理条例》《铁路安全管理条例》等有关法律、法规，制定《铁路建设项目安全生产管理办法》（铁总建设〔2014〕168号）。

施工单位应重点做好以下安全管理工作：

施工单位应根据铁路建设项目特点，建立安全管理制度、组织和责任体系，实施安全风险管理和标准化管理，落实安全生产责任制，完善事故责任追究和安全生产考核奖惩制度，按法律法规规定和承包合同约定履行安全职责。

施工单位应制定铁路建设项目安全生产费用的使用计划，专款专用，不得克扣截留或挪作他用。其他应由施工单位承担的安全费用，应落实到位。

施工单位项目负责人应具备相应执业资格，对铁路建设项目的生产安全负责。负责落实安全生产责任制度、安全生产规章制度和操作规程，根据工程特点组织制定安全施工措施，开展安全生产教育培训和安全生产标准化建设，消除安全事故隐患，并组织制定项目安全事故应急救援预案，及时、如实报告安全事故，组织事故抢救等。

施工单位应在铁路施工现场设置安全生产管理部门，配备与其生产规模相适应的专职安全生产管理人员。专职安全生产管理人员应督促和指导其他部门和人员认真执行相关安全管理规定，落实生产安全职责，组织实施现场生产安全检查，及时制止并纠正违规行为，发现安全事故隐患应及时向项目负责人和安全生产管理机构报告。施工单位项目负责人、技术负责人、安全负责人和专职安全生产管理人员应取得相应的安全资格证书。

施工单位负责施工现场的安全管理。铁路建设工程实行施工（工程）总承包的，由总承包单位对施工现场的安全生产负总责。总承包单位依法将建设工程分包给其他单位的，分包合同中应当明确各自的安全生产权利、义务，分包单位应按照分包合同的约定对其分包工程的安全生产向总承包单位负责。总承包单位和分包单位对分包工程的安全生产承担连带责任。

分包单位应当服从总承包单位的安全生产管理，分包单位不服从管理导致生产安全事故的，由分包单位承担主要责任。

施工单位应制定安全生产培训计划，按照规定对管理人员和作业人员进行安全生产培训。未经安全生产培训或培训考核不合格的人员，不得上岗。开工前应组织全员安全培训，新上岗及转岗人员应进行岗前安全培训，专职安全生产管理人员应参加从业人员岗前培训。营业线施工及新建工程联调联试前，应组织有关人员参加营业线施工安全培训。采用新技术、新工艺、新设备、新材料时，应对生产管理、安全管理、技术及作业人员进行相应的安全生产专题教育培训。特种作业人员必须经过专门的安全作业培训，在取得特种作业操作资格证书后，方可上岗作业。

施工单位应按照规定对高风险工点实施安全风险管理，编制专项施工方案，进行相关安全检算，经施工单位技术负责人签字、总监理工程师审核，报建设单位批准后方可实施，施工单位专职安全生产管理人员进行现场监督，必要时应组织专家论证。施工单位应建立高风险工点带班作业制度。极高风险工点由项目部负责人包保，项目班子成员轮流带班作业；高度风险工点由项目部班子成员或部门领导、干部带班作业，高风险隧道还应执行技术和安全管理人员跟班作业制度。

施工单位应将安全生产、风险管理等作为实施性施工组织设计的内容，对重大、复杂、高风险工点或分部、分项工程编制作业指导书，明确作业程序、标准、方法和注意事项。任何人不得擅自改变施工方法、简化作业环节、降低安全标准，不得压缩保证安全生产所必需的合理工序和生产周期。暂停施工时，应做好现场安全防护。

施工单位在铁路营业线及其邻近区域施工时，应执行铁路营业线施工安全管理规定，根据批准的施工组织设计，科学制定施工方案，建立完善的安全施工责任制，落实施工安全措施和责任。

施工单位应严格按照批准的施工方案组织施工，选择与营业线施工相适应、保证营业线运输安全的机械设备。施工完毕应及时清理现场，不得影响铁路运营安全。

施工单位应推进标准化工地建设，重视工程施工现场安全文明管理，在施工现场入口处和施工起重机械、临时用电设施、脚手架、桥梁口、隧道口、基坑边沿、铁路营业线施工区周边等危险部位，设置明显的安全警示标志，明示安全责任人。安全警示标志必须符合国家、行业标准。

施工单位应规范劳务用工安全管理，积极推行架子队管理模式，对劳务人员与企业职工实行统一管理、统一培训，按规定提供劳动保护和安全生产条件。

施工前，施工单位负责本项目的技术、安全管理人员应就有关安全施工的技术要求和措施向作业班组、作业人员进行交底，如实说明作业场所和工作岗位存在的危险因素、注意事项、防范措施以及事故应急措施，交底记录由交底人员和作业人员共同签字确认，交底及确认资料纳入工程档案管理。

作业人员有权对施工现场作业条件、作业程序、作业方式中存在的安全问题进行质疑、检举和控告，有权拒绝违章指挥和冒险作业。

施工单位应向作业人员提供安全防护用具和安全防护服装。施工作业人员应正确佩戴和使用个人安全防护用品、用具、机具设备等，严格按照程序、标准作业。发生危及人身安全的紧急情况时，作业人员有权立即停止作业，或在采取必要的应急措施后撤离危险区域，并及时报告。

施工单位采购、租赁的安全防护用具、机械设备、施工机具及配件，应具有生产（制造）许可证、产品合格证和安全操作说明，其中特种劳动防护用品、用具还应具有安全鉴定证书，在进入施工现场前应经专人查验。

施工现场的安全防护用具、机械设备、施工机具及配件必须由专人管理，定期检查、维修和保养，建立相应的资料档案，并按国家规定及时报废。严禁使用不合格的安全防护用具、机械设备、施工机具及配件等。

施工单位在使用施工起重机械和整体提升脚手架、模板等自升式架设设施前，应委托具有相应资质的检验检测机构进行验收；使用承租的机械设备和施工机具及配件的，由施工单位、出租单位和安装单位共同检查验收，验收合格后方可投入使用。

施工现场搭建的临时建筑物，其选址和结构等应符合安全要求，施工现场使用的装配式活动房屋应具有产品合格证。施工单位应按规定配置驻地消防设施，加强对员工膳食、饮水、宿舍的管理，保证符合国家卫生标准。

施工便道应满足运输安全要求。组织工程线施工运输和新线开行工程列车时，应比照营业线运输管理规定建立安全管理制度，完善行车调度指挥系统，规范运输组织管理，加强运输机车车辆的检查、保养和维修，保证工程线运输安全。

8.1.7 铁路建设工程质量管理相关规定

为加强铁路建设工程质量监督管理，保证铁路建设工程质量，保护人民生命和财产安全，依据《铁路安全管理条例》《建设工程质量管理条例》《建设工程勘察设计管理条例》等行政法规，制定《铁路建设工程质量监督管理规定》（中华人民共和国交通运输部令2015年第2号）。

施工单位质量责任和义务如下：

施工单位应当在其资质等级许可的范围内承揽铁路建设工程。

施工单位不得超越本单位资质许可的业务范围或者以其他施工单位的名义承揽铁路建设工程，不得允许其他单位或者个人以本单位的名义承揽铁路建设工程，不得转包或者违法分包铁路建设工程。

实行总承包的，总承包单位应当对全部建设工程质量负责。总承包单位依法将工程分包给其他单位的，分包单位应当按照分包合同的约定对其分包工程质量向总承包单位负责，总承包单位与分包单位对分包工程质量承担连带责任。以联合体形式承包的，联合体各方应按合同约定及共同投标协议，就承包工程质量承担连带责任。

施工单位应当建立质量责任制，建立健全质量管理体系和管理制度，明确项目经理、技术负责人的质量责任，配备与项目相适应的专职工程质量管理人员，落实质量责任。

施工单位必须严格按照审查合格的施工图设计文件和有关规程、规范、标准施工，不得擅自修改工程设计，不得偷工减料。施工单位在施工过程中发现设计差错或者与现场实际情况不符的，应及时向监理、设计和建设单位书面提出。

施工单位应按规定对进场的建筑材料、建筑构配件、设备和混凝土进行试验、检测；试验、检测应当有书面记录和专人签字。对涉及结构安全的试件、试块和建筑材料，必须按规定在建设单位或者工程监理单位监督下现场取样，并送具有相应资质的质量检测机构进行检测。施工单位设立的工地试验室应符合有关规定标准，在许可的范围内开展试验、检测，出具的试验、检测结果必须真实、准确，并按规定做好试验、检测资料的签认和保存工作。

施工单位必须建立健全技术交底制度，采用新技术、新材料、新工艺、新设备的工程应进行专项技术交底；严格工序管理，强化质量自控，实行自检、互检和交接检制度，按规定通知监理单位对隐蔽工程进行检查、记录并签认，未经质量验收合格不得进入下道工序。

施工单位应当建立健全员工教育培训制度，未经教育培训或者教育培训考核不合格的人员，不得上岗作业，特种作业人员必须持证上岗。培训范围、培训内容等应符合法律法规、相关行业规章规定。

施工单位在向建设单位提交工程竣工验收申请时，应向建设单位出具工程质量保修书。在保修范围和保修期限内，施工单位应按规定履行保修义务。在正常使用条件下，铁路建设工程的最低保修期限应满足国家及行业标准和设计文件的要求，保修期自竣工验收合格之日起计算。

8.1.8 铁路竣工验收相关规定

1. 竣工验收

《国家铁路局关于原铁道部规范性文件第十批清理结果的通知》（国铁科法〔2018〕20号）中明确《铁路建设项目竣工验收交接办法》（铁建设〔2008〕23号）、《高速铁路竣工验收办法》（铁建设〔2012〕107号）继续有效。

2. 竣工验收监督

为加强铁路工程建设项目竣工验收监督管理工作，国家铁路局下发《关于印发〈铁路工程建设项目竣工验收监管指导意见〉的通知》（国铁工程监〔2020〕28号）。该指导意见适用于国家铁路局、地区铁路监督管理局（含北京铁路督察室和工程质量监督中心，下同）对新建、改建铁路工程建设项目竣工验收（包括静态验收、动态验收、初步验收，下同）依法实施监督管理。

国家铁路局负责全国铁路工程建设项目竣工验收行业监督管理，指导、协调地区铁路监督管理局开展铁路工程建设项目竣工验收监督工作，对地方铁路工程建设项目竣工验收监督管理工作予以行业指导。

地区铁路监督管理局负责辖区内铁路工程建设项目竣工验收行业监督管理，对国务院投资主管部门审批（核准）和国家授权的铁路投资机构自行决定的铁路工程建设项目竣工验收进行监督，对辖区内地方铁路工程建设项目竣工验收监督管理工作予以指导。

铁路工程建设项目竣工验收监督具体工作可由受委托的工程质量安全监督机构负责实施。

竣工验收监督应以各阶段验收程序监督为重点，并抽查竣工验收资料和工程实体质量。铁路建设项目竣工验收监管主要采取专项监督检查、查看验收资料、监督验收会议、接收验收备案等方式。

1）静态验收监督重点内容

（1）验收组织。主要包括验收机构及人员组成、验收申请及验收方案情况等。

（2）验收条件。主要包括验收机构是否对验收条件核查确认，并同意进行验收。必要时可对以下情况进行抽查：① 主体工程及其配套工程、辅助工程按设计文件建成情况；② 环境保护设施、水土保持设施以及劳动、安全、卫生及消防设施与主体工程同步建成情况；③ 建设单位组织完成单位工程施工质量验收情况；④ 精测网复测资料情况，复测成果移交（高速铁路）情况；⑤ 竣工文件编制情况。

（3）验收过程。包括建设单位审查验收条件情况、专业验收组的验收和复查情况、专业间接口验收情况，以及历次质量监督检查发现问题整改情况、本阶段验收发现问题整改情况等。

（4）验收结论。包括静态验收报告内容是否完整，结论是否明确，签字是否完整有效等。

2）动态验收监督重点内容

（1）验收组织。包括验收组织机构及人员组成情况等。

（2）验收条件。主要包括验收机构是否对验收条件核查确认，并同意进行验收。必要时可对以下情况进行抽查：① 静态验收存在的问题整改及验收结论情况；② 工机具、常备材料、交通工具已按设计文件配备到位情况；③ 联调联试、动态检测和运行试验大纲批准情况。

（3）验收过程。包括动态验收期间行车和施工作业管理规则制定和执行情况，联调联试、动态检测等过程中发现问题的整改和复查情况等。

（4）验收结论。包括动态验收报告内容是否完整，结论是否明确，签字是否完整有效等。

3）初步验收监督重点内容

（1）验收组织。包括初步验收机构及人员组成情况、验收申请及验收方案情况等。

（2）验收条件。主要包括验收机构是否对验收条件核查确认，并同意进行验收。必要时可对以下情况进行抽查：① 静态、动态验收结论情况；② 环境保护设施、水土保持设施按照有关规定完成验收或相关部门检查评估通过情况；③ 劳动、安全、卫生及消防设施按照有关规定完成验收或相关部门检查评估通过情况；④ 辅助工程（含公路立交桥）按规定移交完毕情况；⑤ 安全保护区划定工作情况，安保区内临时设施清理和土地复垦工作完成情况；⑥ 竣工文件按规定编制完成，达到档案验收标准情况。

（3）验收过程。包括初步验收委员会组织资料检查和现场确认情况，发现的影响运营安全问题解决的情况等。

（4）验收结论。包括初步验收报告内容是否完整，结论是否明确，签字是否完整有效等。

8.2 相关规范性文件

8.2.1 铁路工程建设领域信用体系建设相关规定

1.《铁路建设项目施工企业信用评价办法》相关规定

为完善铁路建设市场诚信机制，激励施工企业加强管理，提高现场管理水平，保证工程质量和施工安全，制定《铁路建设项目施工企业信用评价办法》（铁总建设〔2018〕124号文）。

施工企业信用评价（以下简称"信用评价"）是指中国国家铁路集团有限公司（以下简称"国铁集团"）对施工企业合同履约情况的综合评价。

信用评价结果分 A、B、C 三个等级。评价得分排名前 10 名的施工企业信用评价等级为 A 级，评价得分排名最后 3 名和存在重大不良行为的施工企业信用评价等级为 C 级，评价得分排名为其他名次的施工企业信用评价等级为 B 级。

信用评价综合考虑施工企业在铁路建设中的质量、安全、工期、投资、环保、稳定、标准化管理等合同履约情况，以及参加抢险救灾、特殊项目施工、科技创新、高铁开通达标评定等因素，根据对施工企业的日常检查情况和不良行为记录情况，在建设项目、建设单位信用评价得分基础上，加上营业线抢险、新线抢险、特殊建设项目、应急工程、科技创新和鲁班奖、詹天佑奖等加分，减去营业线质量问题等扣分后形成评价总分，并按评价总分由高到低进行排名。

建设单位日常检查中每项检查扣分必须有两名及以上检查人员签字，并经施工企业现场主管人员签字认可；施工企业现场主管人员拒签的检查结果，应由检查负责人签字并注明原因。

施工联合体承包的项目存在问题的，按扣分标准分别对联合体牵头方和责任方进行扣分，其中属于联合体牵头方责任的，仅对联合体牵头方扣分；属于联合体参与方责任的，对责任方予以扣分，同时对联合体牵头方按责任方扣分的20%扣分，联合体其他参与方不予扣分。

专业分包工程存在问题的，建设单位应要求总承包单位组织整改，并对总承包单位进行扣分。

建设项目招标时，建设单位应对施工企业拟进场主要人员进行查询，发现有在其他建设项目任职或处在不良行为公布期限内的，应不予通过资格审查或否决其投标。

施工企业及相关责任人在不良行为公布后拒不整改或整改不力的，建设单位应延长公布期限，并将问题纳入下一期信用评价。

信用评价结果与招标投标挂钩。A级施工企业在下一评价期内，对新开标的项目给予1次投标加分。一年内连续两次评为A级的企业，增加1次投标加分，但只能在次年第一个评价期内使用。投标加分由A级施工企业自行选择标段申请使用。

施工考核费用结合具体承包模式纳入总承包风险费或在合同中单独计列。

建设单位应将施工企业信用评价和激励约束考核费用的有关事宜纳入工程合同，并建立信用评价档案。《铁路建设项目施工企业信用评价办法》相关检查及评价表格见表8.2-1~表8.2-11。

表8.2-1 现场质量安全问题扣分表

编号	项目	内容	扣分标准
1	原材料、设备、构配件	进场厂制成品、半成品材料、设备器材无出厂合格证或质量证明文件	每批（台）次扣2分
		进场厂制成品、半成品材料、设备器材质量证明文件检验指标不全或不满足验标、设计文件要求	每种类扣1分
		进场原材料、设备构配件、设备器材检验频次不足，检验指标不全；或"四电"设备器材进场环境条件不满足规定的	每批（台）次扣2分
		原材料、构配件、设备器材未按规定存储；或因存储、安装不当造成设备器材损坏或性能指标降低的	每处扣1分
2	混凝土	更换料源时未重新选定配合比	每项扣2分
		混凝土拌制前未测定砂石含水率并调整施工配合比	每项扣1分
		混凝土拌和时间不满足要求	每项扣1分
		钢筋连接方式不按设计或工艺要求施工	每项扣2分
		钢筋连接试验检验频次不足	每项扣1分
		大体积混凝土不按设计要求或专项方案施工	每项扣1分
		混凝土冬季施工未编制专项施工方案或未按施工方案实施	每项扣2分

续表

编号	项目	内容	扣分标准
2	混凝土	未按要求进行养护	每项扣1分
		混凝土强度未达到设计、验标要求拆除模板；拆除顺序与施工方案不符	每项扣2分
		混凝土（含喷射混凝土）试件制作数量不足、规格类型与工程实际不符，或养护条件不满足规定要求的	每项扣2分
3	路基	地基处理、路基填筑未按规定进行相关工艺性试验并报批确认即进行正式施工	每项扣2分
		地基处理、路基填筑未按工艺试验确定的参数施工	每项扣1分
		地基处理未按设计、验标要求进行承载力检验	每项扣1分
		路基过渡段未按设计要求填筑，结构物两侧未对称填筑	每项扣1分
		路基挡护工程未按设计结构类型施工或泄水孔、反滤层等不满足设计要求	每项扣2分
4	桥涵	桩头、桩顶钢筋伸入承台长度不满足设计要求；无专项方案擅自接长桩体	每项扣1分
		深基坑未按设计要求、施工方案进行防护	每项扣2分
		模板连接固定不符合要求	每项扣2分
		现浇桥梁张拉控制应力未经设计单位确认	每项扣1分
		预应力筋的控制张拉应力与设计不符，孔道压浆不饱满	每项扣2分
		交叉跨越安全防护措施不落实	每项扣2分
		预应力张拉条件、设备、顺序不符合设计、验标要求	每项扣1分
		支座安装型号错误或未按要求设置预偏的	每项扣2分
		人行道钢支架、墩台吊围栏、步板未按设计要求安装	每项扣2分
		梁体混凝土存在质量问题的	每项扣2分
5	隧道	进洞前，边仰坡未及时施作截、排水沟	每项扣1分
		边仰坡刷坡坡度或边坡防护不满足设计要求	每项扣2分
		未按钻爆设计参数施工或未根据围岩变化调整钻爆设计参数	每项扣1分
		初支施作不及时，拱架加工质量及接头连接不符合设计要求	每项扣1分
		隧道初支背后空洞未经检查合格或拆模后未对二衬混凝土浇筑质量进行全面自检敲击确认就进行下一道工序施工或隧道初支背后存在空洞的（无遮挡）	每项扣3分
		初支喷射混凝土未按规定采用湿喷工艺	每项扣2分
		防水板铺设基面存在突出物，已铺设防水板张挂固定不满足要求	每项扣1分
		防水板搭接宽度不满足要求，未对连接质量进行试验检测	每项扣1分
		排水盲管安装位置、角度等不符合设计要求	每项扣1分
		隧道衬砌存在施工冷缝或防水板切割二衬的	每项扣2分
		施工缝防水施作质量不满足要求	每项扣1分

续表

编号	项目	内容	扣分标准
5	隧道	二衬钢筋接头连接方式不符合设计要求	每项扣1分
		二衬、仰拱混凝土浇筑工装、工艺不符合要求或对缺陷无专项方案擅自修补的	每项扣2分
		隧道未按要求进行拱顶注浆就进行下一板二衬混凝土施工的	每项扣1分
6	轨道	轨枕板在场内、现场存放及运输过程中防护不满足要求	每项扣1分
		钢轨接头生产检验频次不足	每项扣1分
		工地钢轨焊头质量不符合要求	每项扣1分
		无缝线路应力放散和锁定时，未设置位移观测桩或设置位置不符合要求	每项扣1分
		施工方法不当造成钢轨机械性伤损的	每项扣1分
		轨道整理作业后，与设计中线或高程偏差不满足验收标准要求	每项扣2分
7	四电	杆、柱、塔、架未进行现场核对测试	每项扣1分
		杆、柱、塔、架埋深和建筑限界不够	每项扣2分
		线缆、配件、器材、设备、通信铁塔未按要求进行检测检验	每项扣2分
		联锁、列控、CTC、通信承载网、GSM-R等关键子系统功能未按规定完成试验，即交付运营维护单位进行下一道工序的	每项扣2分
		施工组织不当造成光电缆成品损坏或性能不达标	每项扣2分
		光电缆未按规程、标准敷设、设置沟槽及强弱电隔离措施的	每项扣1分
		设备未按要求接地或接地性能不达标的	每项扣1分
		站前、站房预留"四电"接口设施（设备机房、槽道、接地等），未经建设单位组织检查确认就进行下一道工序施工	每项扣2分
		接触网预配件未采用专业的预制平台和器具，以及未使用力矩扳手等专用工具进行设备安装	每项扣1分
		在电力牵引供电区段施工，无隔离防护措施，与牵引供电设备带电部分的距离不足2m	每项扣1分
		设备设施安装距离牵引供电带电部分距离不足2m，距离回流线带电部分的距离不足1m	每项扣1分
8	站房工程	站房工程采用自行深化施工图未经设计确认就施工的（含装饰装修工程制作安装详图）	每项扣2分
		主体结构未按照设计要求留置后浇带，或未按照设计要求留置时间浇筑后浇带	每项扣1分
		未按要求进行钢结构焊接工艺评定；未按规定对焊缝进行探伤检测	每项扣2分
		钢结构制作和安装未进行高强度螺栓连接摩擦面的抗滑移系数试验和复验	每项扣2分
		钢结构除锈和涂装不符合设计要求	每项扣2分
		钢结构高强度螺栓连接孔采用气焊割孔	每项扣2分

续表

编号	项目	内容	扣分标准
8	站房工程	饰面砖（板）、幕墙工程后置埋件（锚栓）未进行拉拔试验	每项扣1分
		砌体结构洞口过梁缺失或未按照设计要求设置圈梁、构造柱	每项扣2分

注：建设单位应结合项目特点，对"现场质量安全问题扣分表"进行补充、细化，明确扣分标准。

表 8.2-2 施工管理扣分表

检查内容		扣分上限	扣分说明
合同管理	主要人员、设备履约情况	20分	—
	重点工程进度		
	专业分包及劳务管理		
质量管理	质量保证体系（机构、人员、制度和责任落实）	20分	—
	技术交底、变更设计等技术管理		
	作业标准、作业指导书		
	过程验收情况（含竣工文件编制）		
	问题闭合管理情况		
安全管理	安全保证体系（机构、人员、制度和责任落实）	20分	—
	风险工点专项施工方案及措施落实情况		
	大型起重、吊运、机械检验验收情况		
	安全生产费使用情况		
生态环境	保护环水保措施	20分	—
	工地布置及场地硬化		
	施工降噪		
	取弃土场		
稳定施工	稳定	10分	—
其他	（建设单位补充）	10分	
合计扣分（b）			

注：1. 建设单位应结合项目特点，在上述检查项目的基础上制定《施工管理检查实施细则》，补充增加检查内容及子项目，明确检查方法及相关扣分标准，并与本办法有关扣分标准保持一致。
2. 对各施工单位检查频次应基本均衡；检查子项目的扣分不得超过该子项目的扣分上限。

表 8.2-3 铁路工程管理平台自动采集问题扣分表

序号	项目	内容	扣分标准	备注
1	施工组织（本项最高扣5分）	标段重难点工程形象进度计划版本非最新批复版	每处扣1分，最高扣5分	人工核查
2		标段重难点工程形象进度与实际进度不符	每处扣0.5分（不足3天不扣分），最高扣5分	人工核查

续表

序号	项目	内容	扣分标准	备注
3	拌和站（本项最高扣5分）	未安装拌和站信息采集系统，或故意损坏、停用信息系统	每一台扣5分	人工核查
4		查询对比生产台账与采集汇总数量，检查当期（统计期不少于1个月）各机组实际生产方量与系统采集总方量的一致性	每少10%扣0.5分（不足10%不扣分），最高扣2分	人工核查
5		当期（统计期不少于1个月）高级报警处置情况（查询7天前报警处置情况）	未处置每次扣0.5分，最高扣2分	自动
6		当期（统计期不少于1个月）其他报警处置情况（查询统计3天前报警处置情况）	每少5%扣0.5分（不足5%不扣分），最高扣2分	自动
7	试验室（本项最高扣5分）	未安装试验室信息采集系统，或故意损坏、停用信息系统	每一台扣5分	人工核查
8		当期（统计期不少于1个月）应采集的试验数据未上传（查询3天前上传记录）	每组扣0.5分，最高扣2分	人工核查
9		当期（统计期不少于1个月）报警处置情况（查询7天前处置情况）	未处置每次扣0.5分，最高扣2分	自动
10	隧道围岩监控量测（本项最高扣5分）	未安装信息化系统，或故意损坏、停用信息系统	须（设计要求）量测的掌子面无数据时每个扣5分	人工核查
11		各掌子面量测频次	每少5%扣0.5分（不足5%不扣分），最高扣2分	自动
12		红色报警处置情况（查询统计3天前报警处置情况）	未处置每次扣0.5分，最高扣3分	自动
13		黄色报警处置情况（查询统计3天前报警处置情况）	每少5%扣0.5分（不足5%不扣分），最高扣2分	自动
14	沉降观测（本项最高扣5分）	应纳入而未纳入信息化系统	每5个测点扣0.5分（不足5个不扣分），最高扣5分	人工核查
15		信息化系统中测点状态、观测阶段填写与现场实际不符	每10处扣0.5分（不足10处不扣分），最高扣2分	人工核查
16		当期沉降观测总完成率不足，单一测点逾期未测天数过长	总完成率≥90%不扣分，<90%每少5%扣0.5分。逾期未测天数7~14天（含本数）、15~29天（含本数）、≥30天分别每30、15、5个测点扣0.5分（每月5日、15日、25日统计，取平均测点数）。总完成率、逾期未测扣分相加，最高扣3分	自动

续表

序号	项目	内容	扣分标准	备注
17	沉降观测（本项最高扣5分）	数据异常提醒中，"重点关注"断面处置率不足	处置率≥95%不扣分，<95%每少10%扣0.5分。最高扣1.5分。提醒个数少于20个时，未处置个数大于5个，扣0.5分（每月5日、15日、25日统计，取平均测点数）	自动
18		数据异常提醒中，"加强关注""关注"断面处置率不足	两项合计处置率≥95%不扣分，<95%每少10%扣0.5分。最高扣1.5分。两项合计提醒个数少于20个时，合计未处置个数大于5个，扣0.5分（每月5日、15日、25日统计，取平均测点数）	自动
19	电子施工日志系统（本项最高扣5分）	系统工点状态与实际不符	每一处扣1分	人工核查
20		当期填报比例	每缺报0.5%扣0.5分（不足0.5%不扣分），最高扣3分	自动
21		当期日志审核比例	未审核每5%扣0.2分（不足5%不扣分），最高扣2分	自动

注："人工核查"是指由人工调查现场实际信息并与平台提供信息进行对比统计。"自动"是指系统根据该模块的平台数据自动计算。

表 8.2-4 质量监督检测中心抽检不合格项目及扣分表（单位：分）

专业	抽检项目（内容）	扣分值（每处/批准次）
路基工程	土工格栅	5
	压实系数	3
	地基系数 K_{30}	3
	动态变形模量 E_{vd}	3
	基桩完整性	6
隧道工程	防水板	6
	止水带	5
	透水盲管	5
	隧道初支背后空洞（无遮挡）	3
	隧道填充、仰拱厚度	5
	仰拱及填充混凝土强度	5
	隧底质量	5
	隧道衬砌背后空洞	5
桥梁工程	防水涂料	5
	防水卷材	5

续表

专业	抽检项目（内容）	扣分值（每处/批准次）
轨道工程	道砟、橡胶垫板、扣件系统	5
站房工程	高强度螺栓	6
	防腐材料	5
	保温材料	5
	防火材料	5
	钢结构焊缝	5
	螺栓终拧扭矩	5
混凝土工程	水泥	6
	粉煤灰	5
	减水剂、速凝剂	6
	粗骨料	6
	细骨料	6
	钢筋	6
	钢筋连接用套筒	5

注：对表中未列项目抽检达到本办法规定的不良行为认定条件的，按相应扣分标准进行扣分。

表 8.2-5　一般不良行为认定及扣分标准

编号	一般不良行为认定标准	扣分标准
1	检验批质量验收记录与工程实体不符或分项工程中检验批不合格的	每项扣 2~5 分
2	隐蔽工程未经检验合格而进入下一道工序的	每项扣 5 分
3	未编制安全专项方案、重难点和高风险工程专项施工方案，或方案未经评审的	每处扣 2 分
4	项目经理、专职安全生产管理人员未经安全教育培训或经考核不合格的	每人次扣 2 分
5	特种作业人员或其他关键岗位作业人员无证上岗作业的	每人次扣 2 分
6	未编或编制的作业指导书不符合要求	每起扣 2~5 分
7	隐蔽工程未留存影像资料的	每次扣 2 分
8	未按规定进行施工技术交底，或技术交底未形成书面记录、签字不全，或交底内容缺乏针对性和可操作性	每起扣 2~5 分
9	现场支架、施工作业通道未按施工方案搭设存在安全隐患的	每起扣 2 分
10	未按投标承诺和合同约定配备安全负责人、试验检测负责人、测量负责人、拌和站负责人等主要技术人员或主要进场机械设备的	每起扣 2~3 分
11	建设项目提前介入、静态验收、动态验收中发现的工程实体质量方面影响行车的问题	每项扣 2~3 分
12	初步验收和安全评估中发现的工程实体质量方面影响行车的问题（含提前介入、静态验收、动态验收中发现的问题未完成整改的）	每项扣 2~5 分

续表

编号	一般不良行为认定标准	扣分标准
13	建设项目完成实物工作量不满足施工组织设计要求,施工企业负有一定及较大责任的;或建设项目未完成投资计划任务,施工企业负有一定责任的;或在建项目重点控制工程进度滞后,施工企业负有一定责任的	1个评价期扣2~5分
14	因施工原因发生一般D类铁路交通事故,施工企业负有全部、主要责任的	每起扣3分
15	其他一般违约行为(由建设单位补充)	每起扣2~5分

注:具体扣分由建设单位在规定幅度范围内细化并公布。

表8.2-6 较大不良行为认定、扣分标准及公布期限

编号	较大不良行为认定标准	企业公布期限及扣分标准		个人公布期限	
		公布期限	扣分标准	公布人员	公布期限
1	施工中偷工减料的: (1)隧道超挖后故意遮挡形成空洞的; (2)路基地基处理桩长不足或换填深度不够的; (3)土工格栅铺设层数不满足设计要求的; (4)型钢、钢筋的强度、数量不满足设计要求的	3个月	每起扣10分	项目负责人	6个月
2	内业资料弄虚作假的: (1)人为修改拌和站数据的; (2)监控量测、沉降观测数据作假的; (3)出具混凝土强度检验假报告的; (4)隐蔽工程验收资料作假的	3个月	每起扣10分	分管负责人 直接责任人	6个月
3	(1)转包或违法分包工程、使用包工队; (2)施工总承包单位存在"以包代管"行为,或分包工程管理混乱,或故意拖欠分包工程款的	3个月	每起扣10分	项目负责人 分管负责人	6个月
4	隧道初支、衬砌厚度和混凝土强度不足: (1)初支、衬砌厚度实测值不满足验标要求的; (2)初支、衬砌混凝土强度不合格的	2个月	每起扣6分	分管负责人 直接责任人	6个月
5	隧道不按规定的方法和安全步距开挖: (1)开挖方法、参数不按设计和批准的施工方案实施,擅自改变开挖工法的; (2)Ⅳ、Ⅴ、Ⅵ级围岩初支封闭位置距掌子面距离超标的; (3)Ⅳ、Ⅴ、Ⅵ级围岩二衬距掌子面距离超标的(隧道采用特殊设计且设计文件有明确规定的,按设计文件处理); (4)Ⅳ、Ⅴ、Ⅵ级围岩单次开挖进尺超标的; (5)Ⅳ、Ⅴ、Ⅵ级围岩隧道仰拱每循环开挖进尺大于3m的	2个月	每起扣6分	分管负责人 直接责任人	6个月
6	隧道监控量测、超前地质预报、有害气体监测不符合要求: (1)监控量测不按设计和批准的专项方案实施或擅自改变、简化或取消的; (2)超前地质预报不按设计和批准的专项方案实施或擅自改变、简化或取消的; (3)有毒有害气体不按设计和专项方案开展监测的	2个月	每起扣8分	分管负责人 直接责任人	6个月

续表

编号	较大不良行为认定标准	企业公布期限及扣分标准		个人公布期限	
		公布期限	扣分标准	公布人员	公布期限
7	路基填料、地基处理、边坡锚索施工不符合设计要求： （1）路基填料种类或级配不符合设计要求的； （2）路基地基处理检验检测结果不满足设计要求的； （3）边坡防护预应力锚索不按设计要求施工的	2个月	每起扣6分	分管负责人 直接责任人	6个月
8	桥梁桩基质量和钢筋笼长度、站房钢结构、电缆质量不合格： （1）桥梁桩基检测发现存在Ⅲ、Ⅳ类桩的； （2）桥梁桩基检查或检测发现钢筋笼长度不足的； （3）站房钢结构构配件质量不合格的； （4）使用不合格电缆的	2个月	每起扣8分	分管负责人 直接责任人	6个月
9	现浇梁支架、连续梁挂篮施工不符合要求： （1）现浇梁满堂支架无专项设计或不按批准的方案实施的； （2）连续梁挂篮施工无专项设计方案或不按批准的方案实施的	2个月	每起扣8分	分管负责人 直接责任人	6个月
10	使用不合格原材料、构配件的	2个月	每起扣6分	分管负责人 直接责任人	6个月
11	隐蔽工程弄虚作假的	2个月	每起扣8分	分管负责人 直接责任人	6个月
12	未经批准擅自开工的： （1）单位及以上工程未经批准擅自开工的； （2）高风险工点安全专项方案未经批准擅自开工的； （3）铺设条件不符合要求，就进行无砟轨道施工的； （4）营业线施工方案未经批准，规定程序未履行，擅自开工的； （5）未经检查验收签认擅自复工的	2个月	每起扣8分	项目负责人	6个月
13	擅自改变施工图设计或不按图施工的、擅自改变工程材料的	2个月	每起扣8分	分管负责人 直接责任人	6个月
14	擅自更换项目经理或总工程师的	3个月	每起扣10分	企业负责人	1个月
15	混凝土拌和站： （1）拌和设备计量系统未按规定程序检验的； （2）拌和站未按规定纳入建设单位统一管理的； （3）配合比选定未按规定程序审批的	2个月	每起扣6分	分管负责人 直接责任人	3个月
16	营业线（邻近营业线）施工安全防范措施不落实，或无计划、超施工计划范围施工的	2个月	每起扣6分	分管负责人 直接责任人	3个月
17	隧道接触网后植锚栓锚固抗拔力未进行检验或检验结果不符合设计要求，已安装设备的	2个月	每起扣6分	分管负责人 直接责任人	3个月
18	不按规定使用和保管爆破器材的	3个月	每起扣10分	分管负责人 直接责任人	3个月
19	一般安全事故	2个月	每起扣8分	分管负责人	2个月
20	较大安全事故	3个月	每起扣12分	分管负责人 直接责任人	3个月

续表

编号	较大不良行为认定标准	企业公布期限及扣分标准		个人公布期限	
		公布期限	扣分标准	公布人员	公布期限
21	一般质量事故负全部、主要、重要责任	2个月	每起扣12、10、8分	分管负责人 直接责任人	2个月
22	较大质量事故负重要、次要责任	3个月	每起扣15、10分	分管负责人 直接责任人	3个月
23	因施工原因发生一般A、B、C类铁路交通事故（不含造成旅客死亡的旅客列车冲突、脱轨、火灾、爆炸的一般铁路交通事故），施工企业负有重要及以上责任的	3个月	每起扣15、10、6分	分管负责人 直接责任人	3个月
24	发生污染或破坏环境事件的	2个月	每起扣6分	分管负责人 直接责任人	2个月
25	验工计价、变更设计弄虚作假的	3个月	每起扣10分	项目负责人 直接责任人	6个月
26	违规使用大额资金、归集资金及私设小金库、使用假发票等违反财经纪律的	3个月	私设小金库每起扣10分；其他每300万元扣1分	项目负责人 分管负责人	6个月

表8.2-7 重大不良行为认定标准及公布期限

编号	重大不良行为认定标准		企业公布期限		个人公布期限			
					公布人员	公布期限		
1	单位工程不合格的		1年		项目负责人 分管负责人 直接责任人	1年		
2	严重污染或破坏环境的		1年		项目负责人 分管负责人 直接责任人	1年		
3	行贿受贿等违反廉政纪律的行为		1年		项目负责人 分管负责人	1年		
4	发生重大及以上安全事故（含工程原因引起的铁路交通事故，隐瞒不报的加重一级处理，不含不可抗力引起的事故）	特别重大	3年		企业负责人 项目负责人 分管负责人 直接责任人	3年		
		重大	2年			2年		
5	因工程原因引起较大铁路交通事故的，或造成旅客死亡的旅客列车冲突、脱轨、火灾、爆炸的一般铁路交通事故		1年6个月		企业负责人 项目负责人 分管负责人 直接责任人	1年6个月		
6	发生较大及以上工程质量事故（隐瞒不报的按事故等级加重一级处理）	责任类型	全部	主要	重要	次要	企业负责人 项目负责人 分管负责人 直接责任人（依据事故性质确定）	全部	主要	重要	次要
		特别重大	3年		1年			3年	2年	1年	6月
		重大	2年		6月			2年	1年	6月	
		较大	1年	6月	—	—		1年	6月	—	—

续表

编号	重大不良行为认定标准	企业公布期限	个人公布期限	
			公布人员	公布期限
7	施工企业对建设项目未完成投资计划任务或在建项目重点控制工程进度滞后负有主要责任的	1年	项目负责人	1年
8	发生严重恶意扰民、破坏文物、打架斗殴、群体上访事件且影响恶劣等的	1年	项目负责人	1年

注：1. 第1项以质量监督和管理部门通报为依据；
  2. 第2项以媒体公布并经核实或部省一级业务主管部门通报为依据；
  3. 第3项以司法机关或有关纪检部门认定的事实和处理结果作为依据。

表 8.2-8　信用评价抢险加分标准（单位：分）

序号	投入的抢险力量	建议加分值 A			
		抢险时间 24h 以内	抢险时间 24~48h	抢险时间 48~72h	抢险时间 72h 以上
1	投入抢险的人数在 100 人及以上，且投入抢险的大型机械设备在 6 台及以上	$0.6 \leq A < 0.9$	$0.9 \leq A < 1.2$	$1.2 \leq A < 1.5$	$1.5 \leq A \leq 2$
2	投入抢险的人数在 100 人及以上，且投入抢险的大型机械设备为 6 台以下，或投入抢险的人数为 100 人以下，且投入抢险的大型机械设备在 6 台及以上	$0.3 \leq A < 0.6$	$0.6 \leq A < 0.9$	$0.9 \leq A < 1.2$	$1.2 \leq A \leq 1.5$
3	投入抢险的人数为 100 人以下，且投入抢险的大型机械设备为 6 台以下	$0.2 \leq A < 0.4$	$0.3 \leq A < 0.6$	$0.6 \leq A < 0.9$	$0.9 \leq A < 1.2$
4	投入抢险的人数为 50 人及以上	$0.1 \leq A < 0.3$	$0.2 \leq A < 0.4$	$0.3 \leq A < 0.6$	$0.6 \leq A \leq 0.9$
5	投入抢险的人数在 50 人以下	0.1	0.2	0.3	0.4

注：1. 抢险加分申请项目须符合下列条件之一：
  ① 山体滑坡 1 万 m³ 及以上；
  ② 路堤、路堑边坡溜坍 1 千 m³ 及以上；
  ③ 隧道衬砌严重开裂、变形、垮塌；
  ④ 桥梁墩台倾斜超限、冲倒；
  ⑤ 涵洞冲毁；
  ⑥ 路堤冲空；
  ⑦ 中断行车时间 6h 及以上（以行车调度命令为准）；
  ⑧ 限速慢行 24h 及以上（以行车调度命令为准）。
  2. 铁路局集团公司根据施工企业实际投入抢险的人员、大型机械设备以及抢险时间情况、灾害规模和复杂程度，合理提出加分建议值。干线抢险取同档中较大值，支线抢险取同档中较小值。抢险时间 12h 以内的取同档下限，96h 以上的取同档上限。
  3. 新线抢险涉及隧道被困人员救援抢险的，可取同档高限。
  4. 抢险加分以项目为单位，不得将多个项目捆起来加分。
  5. 多个施工企业共同参与一个项目抢险的，应根据发挥的作用加分，非主要施工企业加分值不超过发挥主要作用的施工企业加分值的 70%。
  6. 大型机械是指挖掘机、装载机、推土机等在抢险中实际使用的机械，轨道车、汽车等交通工具不计。

表 8.2-9　科学技术奖加分标准表（单位：分）

奖项等级	第一完成单位	参与单位
国家科技进步特等奖	4	2
国家科技进步一等奖	2.5	1.3
国家科技进步二等奖	1.5	0.8
铁道科技特等奖	1	0.5
铁道科技一等奖	0.6	0.3
铁道科技二等奖	0.4	0.2
铁道科技三等奖	0.2	0.1

注：1. 获奖单位为参与信用评价的施工企业。
　　2. 获奖项目为在国铁集团管理的铁路建设项目上取得的科技成果。

表 8.2-10　鲁班奖和詹天佑奖加分标准表（单位：分）

奖项等级	第一获奖单位	其他获奖单位
鲁班奖	1	0.5
詹天佑奖	1	0.5

注：1. 获奖单位为参与信用评价的施工企业。
　　2. 获奖项目为国铁集团管理的铁路建设项目。

表 8.2-11　营业线因工程质量原因影响行车或造成事故扣分标准（单位：分）

序号	类别	事故等级	责任	扣分值
1	因工程质量原因引起铁路交通事故	较大及以上等级铁路交通事故，或造成旅客死亡的旅客列车冲突、脱轨、火灾、爆炸的一般铁路交通事故	施工企业负有责任的	直接列为 C 级
		一般 A 类	全部	5
			主要	4
			重要	3
		一般 B 类	全部	4
			主要	2
			重要	1
		一般 C 类	全部	1.2
			主要	0.8
			重要	0.5
		一般 D 类	全部	0.8
			主要	0.5
			重要	0.3

续表

序号	类别	事故等级	责任	扣分值
2	发生工程质量事故的	较大及以上等级质量事故	施工企业负有责任的	直接列为C级
		一般	全部	4
			主要	3
			重要	2
			次要	1
3	因工程质量原因造成限速点的		全部	3
			主要	2
			重要	1.5
4	因工程质量问题对运营安全造成影响的		施工企业负有责任的	0.5~2

2.《铁路工程建设失信行为认定记录公布管理办法》相关规定

为推进铁路工程建设领域信用体系建设，促进从业单位和从业人员守法诚信，维护公平竞争、规范有序的铁路工程建设市场秩序，制定《铁路工程建设失信行为认定记录公布管理办法》（国铁工程监〔2018〕76号）。

国家铁路局及地区铁路监督管理局（含北京铁路督察室，以下统称铁路监管部门）依法履职，认定记录公布铁路工程建设失信行为。

铁路工程建设失信行为（以下简称"失信行为"），是指参与铁路工程建设活动的建设、勘察设计、施工、监理、材料设备供应、工程试验检测等从业单位和从业人员，违背诚实守信公平竞争原则，不履行铁路工程建设相关法律、行政法规、规章等规定的义务达到一定程度的行为。失信当事人是指对铁路工程建设失信行为负有主要责任和直接责任的单位或个人。确定具体失信当事人时，以有关工程合同的签订主体和个人任职（聘用）文件及事实为准。

失信行为根据行为性质、危害后果和影响程度，分为一般失信行为和严重失信行为两类。

符合下列情形之一的，认定记录为一般失信行为：（1）发生较大铁路建设工程生产安全责任事故的，或1年内累计发生3起及以上造成人员死亡的铁路建设工程一般生产安全责任事故的；（2）发生较大铁路建设工程质量事故的，或1年内累计发生3起及以上铁路建设工程一般质量事故的；（3）因铁路建设工程质量缺陷造成较大铁路交通事故的；（4）不支付或拖欠农民工工资的；（5）项目经理、总监理工程师不具备铁路建设工程注册执业资格、允许他人以自己名义从事执业活动等不按有关注册执业管理规定履行职责的；（6）未办理铁路建设工程项目开工手续擅自施工的，或未组织竣工验收或者验收不合格擅自交付使用的；（7）铁路建设工程施工图设计文件未经审查（审核）批准擅自使用的，或铁路建设工程施工图设计文件内容做出重大修改未报经原审批单位批准的；（8）不履行铁路监管部门依法做出的行政处理决定的；（9）捏造事实、伪造材料或者以非法手段取得证明材料向铁路监管部门投诉举报的。

符合下列情形之一的，认定记录为严重失信行为：（1）发生重特大铁路建设工程生产安全责任事故的，或1年内累计发生2起及以上较大铁路建设工程生产安全责任事故的；（2）发生重特大铁路建设工程质量事故的，或1年内累计发生2起及以上较大铁路建设工程质量事故的；（3）因铁路建设工程质量缺陷造成重特大铁路交通事故的；（4）向铁路监管部门瞒报、谎报铁路建设工程生产安全事故、质量事故的；（5）因拖欠农民工工资引发群体性事件、极端事件的；（6）建设单位或者工程总承包单位将铁路建设工程发包给不具有相应资质等级的勘察设计、施工、监理单位的；（7）超越资质、无资质或允许他人以本单位名义承揽铁路工程建设项目勘察设计、施工、监理业务的；（8）串通投标、以行贿谋取中标或弄虚作假骗取中标的；（9）将中标项目转让给他人的，将中标项目肢解后分别转让给他人的，违反法律规定将中标项目的部分主体、关键性工作分包给他人的，或者分包人再次分包的；（10）在铁路工程建设活动中弄虚作假，编制或者出具虚假技术资料和试验、检验、检测结果的；（11）1年内累计发生3次及以上相同类型的一般失信行为的。

下列严重失信行为的责任主体纳入"黑名单"管理：（1）存在严重违法违规行为，发生重特大铁路建设工程生产安全责任事故的主要责任单位和负主要责任、直接责任的人员；（2）存在严重违法违规行为，发生重特大铁路建设工程质量事故的主要责任单位和负主要责任、直接责任的人员；（3）存在严重违法违规行为，发生因铁路建设工程质量缺陷造成重特大铁路交通事故的主要责任单位和负主要责任、直接责任的人员；（4）向铁路监管部门瞒报、谎报较大及以上等级铁路建设工程生产安全事故、质量事故的主要责任单位和负主要责任、直接责任的人员；（5）因拖欠农民工工资违法行为引发群体性事件、极端事件造成严重不良社会影响的铁路建设工程主要责任单位；（6）串通投标、以行贿谋取中标或弄虚作假骗取中标情节严重的投标人；（7）以不合格产品冒充合格产品情节严重的主要责任单位，或在铁路工程建设活动中弄虚作假，编制或者出具虚假技术资料和试验、检验、检测结果的主要责任和直接责任人员；（8）1年内被记录严重失信行为达到3次的单位；（9）2年内被记录严重失信行为达到3次的人员。

认定记录公布的失信行为信息是铁路工程建设市场准入、招标评标、信用评价、工程担保与保险、监督检查、工程评优等的重要参考依据。在铁路工程建设活动中，铁路监管部门和有关市场主体可按照下列方式对严重失信行为和纳入"黑名单"管理的当事人予以约束或惩戒：（1）加大行政监管力度。在失信行为公布期内，铁路监管部门在开展监督检查时，应提高2倍的随机抽查权重；对纳入"黑名单"管理的单位，认定记录该单位的铁路监管部门应约谈其负责人，并对其在本监管辖区内各在建项目开展不少于1次的监督检查，其他铁路监管部门应按不少于50%的比率抽查其在本监管辖区内的在建项目；对纳入"黑名单"管理的单位和个人，再次实施行政处罚的，按该处罚档次的上限实施。（2）建议不予资质资格许可。在失信行为公布期内，对有关施工、勘察设计单位，分别按照《建筑业企业资质管理规定》第二十三条、《建设工程勘察设计资质管理规定》第十九条规定，建议不予批准其铁路工程资质升级或增项申请；对存在有关失信行为的注册建造师，按照《注册建造师管理规定》第十五条规定，建议不予批准其铁路工程专业注册申请。（3）不予评授铁路优质工程（勘察设计）奖。除《铁路优质工程（勘察设计）奖评选办法》明确规定不允许申报奖项的情形外，项目建设期间被记录有严重失信行为的，取消失信行为涉及工程参加铁路优质工程（勘察设计）奖的评选资格；在失信行为公布期内，被列入"黑名单"的单位和个人不予授奖。(4)依法限制参与铁路工程建设项目招标投标。依法必须招标的铁路工程建设项目，招标人应当在资格预审公告、招标公告、投标邀请书及资格预审文件、招标文件中明确规定对失信当事人的处理方法和评标标准，扣减一定信用分值或提高一定数额的评审报价，对属于失信当事人的投标活动依法予以限制；对纳入"黑名单"管理的单位，可不接受其投标。(5)纳入信用评价（评估）指标。在失信行为公布期内，铁路工程建设市场各方主体或有关社会中介机构，可将有关失信行为作为其对有关合作方开展的信用评价、评估或评级指标。(6)纳入工程担保和保险考量指标。在失信行为公布期内，有关金融担保机构和工程保险机构，在对失信行为当事人进行授信、担保或保险时，可将有关失信行为作为其开展铁路工程担保、工程保险业务的考量指标。(7)按照有关联合惩戒机制，铁路监管部门向有关单位推送在失信行为公布期内的严重失信行为信息，与其共同对失信当事人实施惩戒。(8)法律法规规章规定的其他惩戒措施。

8.2.2 铁路建设工程施工管理相关规定

为加强铁路建设管理，规范铁路建设行为，提高铁路建设水平，根据《中华人民共和国铁路法》《中华人民共和国招标投标法》《建设工程质量管理条例》《建设工程勘察设计管理条例》等有关法律、法规，制定《铁路建设管理办法》（2003年铁道部令第11号）。《铁路建设管理办法》施工管理相关规定如下：

承担铁路建设项目的工程施工承包企业必须执行国家有关质量、安全、环境保护等法律、法规，接受相关部门依法进行的监督、检查。

工程施工承包企业必须履行合同，按照合同约定，组建现场管理机构，配备相应的工程技术人员、施工力量和机械设备。

工程施工承包企业必须详细核对设计文件，依据施工图和施工组织设计施工。对设计文件存在的问题以及施工中发现的勘察设计问题，必须及时以书面形式通知设计、监理和建设管理单位。

工程施工承包企业必须建立质量责任制，强化质量、安全管理，建立健全质量、安全保证体系，开展文明施工，推行标准化工地建设。

工程施工承包企业对工程施工的关键岗位、关键工种，必须严格执行先培训后上岗的制度。

工程施工承包企业必须对建筑材料、混凝土、构配件、设备等按规定进行检查和检验，严禁使用不合格的材料、产品和设备。

工程施工承包企业不得转包和违法分包工程。确需分包的工程，应在投标文件中载明，并在签订合同中约定。工程施工承包企业对分包工程的质量、安全负责。

工程施工承包企业在工程施工中应准确填写各种检验表格，按规定编制竣工文件。

8.2.3 铁路建设项目施工分包管理相关规定

为全面落实铁路高质量发展要求，依法合规推进铁路建设，确保铁路工程质量与施工安全，根据《中华人民共和国建筑法》《建设工程质量管理条例》等国家法律、法规，制定《铁路建设项目施工专业分包管理办法》（铁建设〔2019〕16号）。

该办法适用于国铁集团管理的铁路基本建设项目。

铁路建设项目施工分包包括专业工程分包和劳务作业分包。专业工程分包是指施工总承包合同（含施工单价合同、工程总承包合同，下同）约定或经建设单位同意，施工总承包单位将其承包工程中的部分专业工程依法分包给具有相应资质或能力的专业施工企业完成的活动。劳务作业分包是指施工总承包单位或者专业工程分包单位将其承包工程中的劳务作业发包给劳务企业完成的活动。

专业工程是指按照铁路工程施工质量验收标准划分的适合专业化分包的分部、分项工程。

铁路建设项目倡导专业工程由专业化队伍承担，施工总承包单位可以将专业工程依法择优分包给具有相应资质或能力的专业施工企业。

铁路建设项目严禁转包和违法分包。建设单位不得为施工总承包单位指定或推荐专业工程分包单位和劳务作业分包单位。

该办法所称主要建筑材料是指钢材、钢绞线、钢筋、水泥、道砟、外加剂、粉煤灰、土工格栅等构成工程实体，对工程质量影响较大、占工程造价比重较高的材料。

周转材料是指大型模板、脚手架、挂篮、移动模架、便梁、仰拱栈桥等。

大中型机械设备是指工程施工中的大中型起重设备、旋挖钻、张拉设备、轨道车等，混凝土工程施工中的大中型拌和、破碎、运输设备等，土石方工程施工中的大中型挖掘设备、运输车辆、碾压机械等，隧道施工中的凿岩台车、衬砌台车等。

该办法中施工总承包单位系指直接承接建设单位发包的工程的单位；专业工程分包单位是指承接施工总承包或专业承包企业分包专业工程的单位；承包单位包括施工总承包单位、专业承包单位和专业工程分包单位。

建设单位应及时将该办法相关内容纳入施工总承包合同和监理合同的补充条款。

1. 专业工程分包条件和范围

建设单位应在招标文件和施工总承包合同中明确专业工程分包单位应具备的基本条件。主要包括以下条件：（1）具有经工商登记的法人资格，具有独立签订合同的权利和履行合同的资质与能力。（2）具有与分包的专业工程内容与范围相适应的企业资质和有效的安全生产许可证。其中，对于《建筑业企业资质标准》（建市〔2014〕159号）中取消的土石方、混凝土预制构件、电梯安装、金属门窗等专业承包资质，以及没有对应专业承包资质的专业工程，施工总承包企业进行专业工程分包时，不作资质要求；对于按照国家有关规定，不需要申领建筑施工企业安全生产许可证的，不作安全许可证要求。（3）具有从事类似工程管理经验的技术人员以及相关业绩。（4）具有（自有或者租赁）分包的专业工程所需的施工设备。（5）拟任项目负责人、技术负责人，质量、安全等主要管理人员具有合法的劳动关系证明。（6）符合信用管理规定，无严重失信行为记录。

铁路建设项目中，下列工程不得进行专业工程分包：

（1）路基。滑坡、顺层、岩体破碎及20m以上深路堑等的支挡结构。

（2）桥梁：

① 钻孔灌注桩的钢筋笼制作及混凝土拌制；
② 浇筑高度≥60m 墩台等桥梁下部混凝土结构；
③ 斜拉桥、悬索桥、拱桥等上部混凝土结构，单跨跨径＞64m 的现浇连续梁；
④ 斜拉桥、悬索桥索塔及其辅助墩、过渡墩，锚碇等混凝土工程；
⑤ 箱梁和 T 梁预制（不含价购 T 梁）。
（3）隧道：
① 高风险隧道和长度超过 10km 的隧道开挖、初期支护与二次衬砌；
② 采用 TBM 或盾构法施工的隧道。
（4）轨道。无砟轨道板（块）现场预制与铺设。
（5）铺架工程（不含长钢轨打磨与精调、大机捣固）。
（6）通信、信号、电力、电气化、信息、防灾安全监控工程（不含迁改工程，以及有特殊资质要求的工程）。
（7）工地试验室，混凝土、级配碎石、改良土拌和站，钢筋（刚构）加工场的作业。

此外，施工总承包单位不得低于成本价将专业工程进行分包，同一标段专业工程分包的合同额累计不超过标段合同额的 1/3（不计迁改工程）。

铁路站房等房屋建筑工程允许进行专业工程分包的范围执行国家及住房和城乡建设部相关规定。

当出现以下特殊情况时，施工总承包单位在征得建设单位同意后，可不受本办法上述要求的限制进行专业工程分包：（1）由于重大变更设计导致施工方案重大变化，致使施工总承包单位不具备相应施工能力的；（2）由于施工工期提前或延误，施工总承包单位无力在合同规定的期限内完成合同任务的；（3）由于采用"四新技术"、特殊专用设备或特殊技术、专利或行政许可，致使施工总承包单位不具备相应施工能力的；（4）由于不可抗力因素导致施工条件发生重大变化，致使施工总承包单位不具备相应施工能力的。

建设单位应根据项目实际情况，在招标文件中明确不得进行专业工程分包的类别和范围，以及对分包人的资格条件等要求；不得进行专业工程分包的类别和范围可不限于本办法上述所列范围。其中涉及营业线施工的，专业工程范围由建设单位根据项目实际情况确定。

施工总承包单位在投标过程中可以根据项目特点及自身实际情况，对施工过程中拟分包的工程类别、规模、分包人的选择方式等，在投标文件中予以明确。

2. 分包程序

除在施工总承包合同中明确允许分包的专业工程外，施工总承包单位拟对其所承包工程范围内的专业工程进行分包的，应事先经过建设单位书面同意。建设单位应重点审查以下内容：（1）拟分包范围是否属于专业工程；（2）拟分包的专业工程是否属于招标文件中明确不能分包的工程范围；（3）实施分包对工程质量、工程进度、工程的整体性的影响；（4）拟承担分包任务单位的资格条件等是否满足要求。

施工总承包合同中明确要分包的专业工程和经建设单位同意分包的专业工程，施工总承包单位应依法择优选择专业工程分包单位。在选定专业工程分包单位后，应将分包单位基本情况和拟签订的合同报建设单位审核。审核的主要内容包括：（1）分包单位是否具有有效的法人营业执照;(2)分包单位的资质证书是否与承担的专业分包工程相适应(涉及已取消资质要求和没有相应资质要求的专业工程,不作要求);(3)分包单位是否具有有效的安全生产许可证(涉及已取消资质要求和没有相应资质的专业工程,应符合国家、行业相关规定);(4)分包单位的履约能力能否满足要求,是否具有类似工程业绩,拟上场的管理、技术人员和机械设备是否与承担的分包工程相适应;(5)分包工程价格是否低于成本价;(6)拟签订的专业工程分包合同。

建设单位应在收到施工总承包单位相关材料7日内,向施工总承包单位出具书面审核意见。审核同意的,应要求施工总承包单位在分包合同签订之日起5日内,将分包合同向建设单位及监理单位备案。

工程实施过程中,专业工程分包合同的工程范围等主要条款拟发生变更的,建设单位应要求施工总承包单位按照上述规定的程序重新办理审核、备案手续。

劳务作业分包由施工总承包单位或专业工程分包单位与劳务作业承包单位依法签订劳务合同,劳务作业承包单位必须自行完成所承包的任务。劳务作业分包合同送建设单位及监理单位备案。

3. 分包管理

建设单位应在招标文件中明确,禁止施工总承包单位将承包的铁路工程进行转包。有下列情形之一的,认定为转包:(1)承包单位将其承包的全部工程转给其他单位(包括母公司承接建筑工程后将所承接工程交由具有独立法人资格的子公司实施的情形)或个人施工的;(2)承包单位将其承包的全部工程肢解以后,以分包的名义分别转给其他单位或个人施工的;(3)施工总承包单位或专业承包单位未派驻项目负责人、技术负责人、质量管理负责人、安全管理负责人等主要管理人员,或派驻的项目负责人、技术负责人、质量管理负责人、安全管理负责人中1人及以上与施工单位没有订立劳动合同且没有建立劳动工资和社会养老保险关系,或派驻的项目负责人未对该工程的施工活动进行组织管理,又不能进行合理解释并提供相应证明的;(4)合同约定由承包单位负责采购的主要建筑材料、构配件及工程设备或租赁的施工机械设备,由其他单位或个人采购、租赁,或者施工单位不能提供有关采购、租赁合同及发票等证明,又不能进行合理解释并提供相应证明的;(5)劳务作业承包人承包的范围是承包单位承包的全部工程,劳务作业承包人计取的是除上缴给承包单位"管理费"之外的全部工程价款的;(6)承包单位通过采取合作、联营、个人承包等形式或名义,直接或变相地将其承包的全部工程转给其他单位或个人施工的;(7)专业工程的发包单位不是该工程的施工总承包或专业承包单位的,但建设单位依约作为发包单位的除外;(8)劳务作业的发包单位不是该工程承包单位的;(9)施工合同主体之间没有工程款收付关系,或者承包单位收到款项后又将款项转拨给其他单位和个人,又不能进行合理解释并提供材料证明的。

两个以上的单位组成联合体承包工程,在联合体分工协议中约定或者在项目实际实施过程中,联合体一方不进行施工也未对施工活动进行组织管理的,并且向联合体其他方收取管理费或者其他类似费用的,视为联合体一方将承包的工程转包给联合体其他方。

建设单位应在招标文件中明确,禁止施工总承包单位将承包的铁路工程进行违法分包。有下列情形之一的,认定为违法分包:(1)承包单位将其承包的工程分包给个人的;(2)施工总承包单位或专业承包单位将工程分包给不具备相应资质单位的;(3)施工总承包单位将施工总承包合同范围内工程主体结构的施工分包给其他单位的(钢结构工程除外);(4)专业工程分包单位将其承包的专业工程中非劳务作业部分再分包的;(5)劳务作业承包人将其承包的劳务再分包的;(6)劳务作业承包人除计取劳务作业费用外,还计取主要建筑材料款和大中型施工机械设备、主要周转材料费用的。

建设单位要切实承担起依法依规管理项目分包行为的责任,建立健全分包管理制度,加强对分包行为的管理,对分包工程的质量安全管理、验工计价等活动进行监督检查,及时制止并惩处转包和违法分包行为。

建设单位应使用铁路工程管理平台对分包进行管理,将分包管理资料、备案的专业工程分包合同等相关材料整理归档,留存备查。

建设单位应督促施工总承包单位做好分包管理工作,主要包括建立健全相关分包管理制度和台账,按规定程序和条件选择分包单位,培训分包单位人员,并指派人员参与分包工程技术和现场管理工作,对分包工程的质量、安全、进度、环保和分包单位的行为等实施全过程管理,对分包工程的质量、安全和进度等实施有效控制,按照合同约定对分包工程的实施向建设单位负责,并承担连带责任。钢材、水泥等主要建筑材料应由施工总承包单位负责采购,不得由分包单位采购。分包合同不免除施工总承包合同中规定的施工总承包单位的责任或者义务。

建设单位应督促监理单位做好分包管理工作,主要包括检查专业工程分包单位进场人员、设备等是否满足分包合同要求;核实施工总承包单位与分包单位人员身份;依据合同约定,对分包工程的施工进行监理。建设单位应要求监理单位发现施工总承包单位违法分包的,及时制止并报建设单位处理。监理单位对分包工程未能履行相关职责的,建设单位应依据合同追究其责任,并将问题纳入监理企业信用评价。

4. 处罚规定

施工总承包单位、分包单位存在转包和违法分包行为的,国铁集团依据《铁路建设项目质量安全红线管理规定》进行处理,同时将转包和违法分包相关情况移交纪检部门。

国铁集团组织推进铁路建设项目分包诚信体系建设,记录并公布施工总承包单位不良行为,建立专业工程分包单位及其项目负责人、相关责任人黑名单制度。

分包的专业工程发生质量安全事故(问题)或其他问题的,建设单位应将其纳入施工总承包单位信用评价处理。

分包单位有下列行为之一的,建设单位应要求施工总承包单位将其清除出施工现场,并将相关情况报送国铁集团工程监督局,同时提出限制分包单位及其项目负责人、相关责任人进入国铁集团铁路建设市场的期限建议。

(1)分包单位借用其他企业资质证书和安全生产许可证,或伪造资质证书和安全生产许可证,或以其他欺骗手段承揽分包工程的;

(2)分包单位将其承包的专业工程中非劳务作业部分再分包的;

(3)分包单位存在偷工减料、内业资料弄虚作假等行为的;

(4)分包工程发生质量事故,或存在质量安全红线管理问题的;

(5)分包单位拖欠农民工工资的;

（6）存在其他重大违约行为的。

国铁集团工程监督局负责牵头审核建设单位上报的限制分包单位及其项目负责人、相关责任人进入国铁集团铁路建设市场期限的建议，审核结果经国铁集团同意后，在铁路建设工程网公布。建设单位、监理单位在审核分包单位时，发现分包单位或项目负责人、相关责任人在限制进入国铁集团铁路建设市场期限内的，应要求施工总承包单位予以更换。

8.2.4 铁路建设项目变更设计管理相关规定

为规范铁路建设项目变更设计管理工作，保证工程质量、施工安全，合理控制工程投资，依据《建设工程质量管理条例》《建设工程勘察设计管理条例》《铁路建设工程勘察设计管理办法》及有关规定，制定《铁路建设项目变更设计管理办法》（铁建设〔2012〕253号）。

该办法所称变更设计，是指铁路工程建设项目施工图审核合格后至工程初步验收合格后半年以内变更设计的活动。施工图阶段需要对初步设计批复的重大内容调整的，包括施工图预算超出初步设计批复总概算的，比照Ⅰ类变更设计程序报初步设计审查部门批准。

变更设计必须坚持"先批准、后实施，先设计、后施工"的原则，严格依法按程序进行变更设计，严禁违规进行变更设计。

1. 变更设计分类

铁路建设项目变更设计分为Ⅰ类、Ⅱ类。

对初步设计审批内容进行变更且符合下列条件之一者为Ⅰ类变更设计。

（1）变更批准的建设规模、主要技术标准、重大方案、重大工程措施：建设规模是指工程范围，车站（段、所）规模；主要技术标准是指铁路等级、正线数目、设计行车速度、线间距、最小曲线半径、限制坡度或最大坡度、牵引种类、机车类型或动车组类型、牵引质量、到发线有效长度、闭塞类型或行车指挥方式与旅客列车运行控制方式、建筑限界；重大方案及重大工程措施是指批复的线路、站位、重点桥渡、站房建筑方案、重要环水保措施等。

（2）变更初步设计批复主要专业设计原则的。

（3）调整初步设计批准总工期的。

（4）建设项目投资超出初步设计批准总概算的。

（5）国家、铁路主管部门相关规范、规定重大调整的。

除Ⅰ类变更设计外的其他变更设计为Ⅱ类变更设计。

Ⅰ类变更设计以变更设计原因划分，一项变更设计原因为一个变更设计。

Ⅱ类变更设计以工点划分，同一工点或同一病害引起的不可分割的一次性变更为一个变更设计。同一工点中的不同变更内容、同一病害类型的不同工点、同一变更内容的不同段落应分别划分为不同的变更设计，严禁合并或拆分变更设计。

2. Ⅰ类变更设计程序

Ⅰ类变更设计程序分为提出变更设计建议、会审变更设计方案、编制变更设计文件、初审变更设计文件、批准变更设计文件、审核下发变更施工图等几个步骤。

1) 提出变更设计建议

施工图审核合格并交付后，建设、施工、监理以及勘察设计单位均可就设计文件中符合Ⅰ类变更设计条件的内容向建设单位提出变更设计建议，变更设计建议应在变更内容实施前提出，并填写《变更设计建议书》。

2) 会审变更设计方案

建设单位应就Ⅰ类变更设计建议组织勘察设计、施工、监理等单位进行现场勘察、研究会审，详细分析变更设计原因，研究提出变更设计类别及变更设计方案，确定责任单位及费用处理意见，形成由参审人员签字的《变更设计会审纪要》。

建设单位应履行内部程序，对《变更设计会审纪要》的主要内容进行确认，需要履行董事会决策程序的应履行决策程序。

建设项目在实施过程中发生危及安全需要立即处理的变更设计，建设单位组织勘察设计、施工、监理等单位提出方案，并进行应急处理，属于Ⅰ类变更设计的同时按规定向国铁集团有关部门报告；重大的或必要的，由鉴定中心、工管中心现场确定变更设计方案，建设单位先按确定的方案进行施工准备和应急处理。

3) 编制变更设计文件

勘察设计单位应严格按照国铁集团相关规定和《变更设计会审纪要》以及确定的安全应急方案编制变更设计文件，Ⅰ类变更设计文件应包括变更设计原因、变更设计方案及工程数量和概（预）算，原设计方案及工程数量和概算，有关原设计文件和变更设计图纸，经济技术比较资料和分析说明；Ⅰ类变更设计的设计深度为初步设计深度，其中工点按初步设计阶段的重点桥渡、重点隧道等设计要求进行设计。

Ⅰ类变更设计文件一般应在会审纪要下发后30日内完成，特殊情况下Ⅰ类变更设计文件完成时间由建设单位商勘察设计单位确定。

4) 初审变更设计文件

建设单位应对Ⅰ类变更设计文件进行初审，涉及环水保的重大问题的变更设计，应先向国铁集团环水保主管部门报告，经同意后，再形成初审意见连同Ⅰ类变更设计文件一并报送国铁集团。

5) 批准变更设计文件

初步设计审查部门收到Ⅰ类变更设计文件后，应尽快组织现场核实，提出明确要求。对符合审批条件的，一般在30个工作日内完成批复；需要补充资料的部分，应及时提出补充要求，并在资料补充后20个工作日内另行批复。

6) 审核下发变更施工图

建设单位根据Ⅰ类变更设计批复组织勘察设计单位完成施工图并组织对施工图进行审核，将审核合格的施工图随同《变更设计通知单》下发施工及监理单位，并就非施工单位责任的部分与施工单位签订施工补充协议。

3. Ⅱ类变更设计程序

Ⅱ类变更设计程序分为提出变更设计建议、进行现场核实、确定变更设计方案、审核下发变更施工图设计文件等步骤。

1) 提出变更设计建议

施工图审核合格并交付使用后需进行Ⅱ类变更设计的，建设、施工、监理以及勘察设计单位等均可提出变更设计建议,填写《变更设计建议书》,并详细说明Ⅱ类变更设计理由。

2）进行现场核实

建设单位收到《变更设计建议书》后,应组织现场核实确认,对现场现状进行照相摄影,对照变更设计建议客观提出核实确认意见,确认人在确认意见上签名。签名后的确认意见和影像资料纳入变更设计档案保管。

3）确定变更设计方案

建设单位应组织勘察设计、施工、监理等单位对变更设计建议及现场确认结果进行会审,详细分析变更设计原因,研究确定变更设计方案并确认变更设计分类,确定责任单位及费用处理意见,形成由参审人员签字的《变更设计会审纪要》。

建设单位应履行内部程序,对《变更设计会审纪要》的内容进行确认,主管领导或主要领导签署后实施。

危及安全的Ⅱ类变更设计,建设单位应在现场组织确定变更设计方案,按确定的方案先进行施工准备和应急处理。

4）审核下发变更施工图

建设单位组织勘察设计单位按确定的变更设计方案编制施工图。勘察设计单位一般应在《变更设计会审纪要》下发后10日内完成施工图。

建设单位应组织对施工图进行审核,并将审核合格后的施工图文件随同《变更设计通知单》下发施工及监理单位。

4. 变更设计费用

Ⅰ类变更设计概算由勘察设计单位按初步设计批复的概算编制原则编制,并对工程数量和费用进行增减对照,按规定报送铁路主管部门审批。

Ⅱ类变更设计引起的工程费用由勘察设计单位按变更设计的工程数量、施工承包合同约定和初步设计批复的概算编制原则编制,建设单位组织审定。由建设单位承担的费用在预备费中列支。

因责任原因引起的变更设计,属于施工单位责任的,施工单位按规定承担变更设计造成的损失;属于勘察设计单位责任的,由勘察设计单位无偿承担变更设计的勘察设计工作费用并按规定承担变更设计造成的损失;属于建设方责任的,由建设单位承担变更设计造成的损失。

非责任原因的变更设计,属于不可抗力的,按合同约定处理;属于风险包干范围的,按风险包干相关规定处理;其他变更设计增减工程费用,除相关规定外,由建设单位承担,相关事宜在合同中明确。

非责任原因引起的Ⅰ类变更设计,勘察设计费按变更设计批复支付;责任原因引起的Ⅰ类变更设计,勘察设计费由责任单位承担。

Ⅱ类变更设计不另计取勘察设计费。

对变更设计中节约投资的单位及个人,按照国家和行业相关规定予以奖励。

变更设计履行审批程序并经批准的,其费用方可纳入项目概算;未履行审批程序并经批准的,其费用不得纳入项目概算。

5. 变更设计管理

初步设计审查部门负责Ⅰ类变更设计审查工作，按规定时限完成Ⅰ类变更设计审查；对Ⅰ类变更设计情况进行检查、统计、分析，提出改进勘察设计管理的意见建议。

工管中心应加强对建设单位变更设计管理工作的监督检查，检查结果纳入建设单位考核内容，对变更设计违规行为提出处罚建议。

建设单位必须加强对变更设计工作的组织管理，制定变更设计管理制度，明确内部管理程序和工作标准，落实主管领导、主管部门、协管部门、责任人员，建立考核制度并实施考核。定期对Ⅱ类变更设计及预备费使用情况进行统计、分析，分年度报鉴定中心，抄计划部门、建设部门和工管中心。

勘察设计单位应完善内部勘察设计及变更设计管理制度，提高初步设计和施工图质量，避免Ⅰ类变更设计，减少Ⅱ类变更设计。应合理、系统、及时进行变更，减少工程损失和工期延误，同时要防止因工作失误再次造成变更设计。不得在变更设计过程中弄虚作假或与其他单位相互串通弄虚作假。

施工单位应做好施工图现场核对和施工过程中地质资料确认工作，发现问题应及时向监理人员和建设单位提出；积极参与变更设计方案研究，严格按照变更设计文件施工图组织施工；不得在变更设计过程中弄虚作假或未经批准擅自施工。

监理单位应认真核对设计文件，将发现的勘察设计问题以及施工单位提出的问题及时通知勘察设计单位和建设单位；积极参与变更设计方案研究，按照变更设计文件施工图实施监理，严禁未经批准擅自同意变更施工。

建设、勘察设计单位应分别建立变更设计管理台账，定期分析研究，查找存在问题，改进勘察设计管理，做好变更设计资料归档工作。变更设计归档资料包括：（1）变更设计建议书；（2）现场确认意见和影像资料；（3）变更设计会审纪要；（4）变更设计文件；（5）变更设计初审意见；（6）变更设计批复；（7）变更设计通知单及变更设计施工图。

6. 责任追究的规定

对在变更设计管理中存在违法、违规行为的行政人员及相关工作人员，依据国家和行业相关规定追究责任。

因建设单位原因发生Ⅰ类变更设计，以及建设单位在变更设计管理中的违规行为，依据《铁路建设单位管理人员责任追究暂行办法》追究建设单位领导及有关人员的责任，并纳入建设单位考核。

建设单位应将参建单位责任追究的相关事宜纳入合同，通过合同对参建单位在变更设计中的违规行为进行责任追究，记录为不良行为，纳入信用评价或施工图考核，并督促参建方对违规人员进行责任追究。对于违规情节严重的，提请中国国家铁路集团有限公司按相关规定进行处理；对直接责任人员，可向有关部门提议中止相关执业资格等处罚。

任何单位和个人均有权对变更设计中的违规行为向中国国家铁路集团有限公司建设管理部、监察局举报或投诉。

中国国家铁路集团有限公司依据相关规定组成调查组对变更设计中的违规行为、举报投诉进行调查，认定责任并进行处罚。

建设项目实行代建制的，Ⅰ类、Ⅱ类变更设计的建设单位内部管理事宜在代建协议中约定。

实行工程总承包和单价承包的建设项目，变更设计文件程序及审查按本办法规定办理，变更设计费用执行相应规定。

在建项目已签合同中非责任事故、问题的Ⅱ类变更设计，增减工程费用在300万元以内的，纳入风险包干费；增减工程费用在300万元及以上的，由建设单位在基本预备费中列支并相应调整施工合同额；在初步设计基础上招标的，施工图量差按已签施工合同约定执行。

第9章 相关标准

9.1 技术标准

9.1.1 铁路工程设计规范相关规定

1. 铁路路基设计规范

《铁路路基设计规范》TB 10001—2016 根据构建铁路工程建设标准体系的要求,总结了近年来我国高速、城际、客货共线和重载铁路路基建设、运营的实践经验和科研成果,借鉴了国内外有关标准的规定。

该规范主要内容包括：设计荷载、工程材料、基床、路堤、路堑、过渡段、地基处理、支挡结构、路基防护、路基防排水、改建既有线与增建第二线铁路路基、取(弃)土场及土石方调配、路基接口设计等。

2. 铁路桥涵设计规范

《铁路桥涵设计规范》TB 10002—2017 根据构建铁路工程建设标准体系要求,全面总结了我国高速铁路、城际铁路、客货共线铁路和重载铁路桥涵建设、运营的实践经验和科研成果,结合我国国情、经济社会发展水平、环境条件等因素,合理确定了不同运输性质类型、不同速度等级铁路桥梁的主要设计标准,进一步提升了规范的科学性和技术经济合理性。

该规范主要内容包括：桥涵布置、设计荷载、桥涵设计等。

3. 铁路隧道设计规范

《铁路隧道设计规范》TB 10003—2016 根据构建铁路工程建设标准体系的要求,总结了近年来我国高速、城际、客货共线和重载铁路隧道建设、运营的实践经验和科研成果,结合我国国情、经济社会发展水平、环境条件等因素,合理确定了不同运输性质类型、不同速度等级铁路隧道的主要设计标准,进一步提升了规范的科学性和技术经济合理性。

该规范主要内容包括：总体设计、隧道勘察、设计荷载、建筑材料、隧道洞口、隧道衬砌、洞内附属构筑物及轨道、防水与排水、通风与照明、特殊岩土和不良地质隧道、辅助坑道、施工方法及主要措施、隧道改建、环境保护等。

4. 铁路轨道设计规范

《铁路轨道设计规范》TB 10082—2017 根据铁路工程建设标准体系要求,全面总结了近年来我国高速铁路、城际铁路、客货共线铁路和重载铁路轨道设计、施工、运营方面的实践经验和科研成果,结合我国国情、经济社会发展水平、运输需求和环境条件等因素,合理确定了铁路轨道设计的基本原则和主要技术标准,进一步提升了规范的科学性和技术经济合理性。

该规范主要内容包括：钢轨及配件、正线有砟轨道、无砟轨道、站线轨道、无缝线路、有缝线路和轨道附属设施及常备材料等。

5. 铁路通信设计规范

《铁路通信设计规范》TB 10006—2016 认真总结了铁路通信工程建设、使用管理、设备维护经验，借鉴了国内外有关标准，吸收了近年来的新技术。

该规范主要内容包括：通信线路、传输、接入网、电话交换、数据通信网、有线调度通信、移动通信、会议电视、电报、综合视频监控、专用应急通信、时钟同步、时间同步、综合布线、电源设备、电源及设备房屋环境监控、综合网络管理、设备防雷及接地、运行环境等。

6. 铁路信号设计规范

《铁路信号设计规范》TB 10007—2017 全面总结了近年来我国铁路信号工程建设、使用管理和设备维护经验，充分吸纳了有关科研成果。

该规范主要内容包括：地面固定信号、轨道占用检查装置、道岔转辙装置、联锁、闭塞、列车运行控制、电码化、列车调度指挥及调度集中、信号集中监测、驼峰信号及编组站自动化、道口信号、无线调车机车信号和监控、道岔融雪装置、电源设备、光电缆线路、运行环境、接口设计等。

7. 铁路电力设计规范

《铁路电力设计规范》TB 10008—2015 全面总结和吸收了我国铁路电力工程建设、运营的实践经验和科研成果，借鉴了国内外有关标准的规定。

该规范主要内容包括：供配电系统，变、配电所，电力远动系统，架空电力线路，电缆线路，低压配电，电气照明，铁路专用设施及特殊场所供电，机电设备监控系统，电力装置防雷及接地，电气节能与环保，接口设计等。

8. 铁路电力牵引供电设计规范

《铁路电力牵引供电设计规范》TB 10009—2016 总结吸纳了近年来铁路电力牵引供电工程建设、运营管理的实践经验和科研成果，借鉴了国内外相关设计标准。

该规范主要内容包括：牵引供电、牵引变电所、接触网、牵引供电调度和远动系统、供电检修等。

9. 高速铁路设计规范

《高速铁路设计规范》TB 10621—2014 全面总结了我国高速铁路建设、运营的实践经验和科研成果，结合我国国情、经济社会发展水平、运输需求和环境条件等因素，合理优化速度匹配、设备配套和各专业主要设计参数，并一步提升了规范的科学性和技术经济合理性。

该规范主要内容包括：总体设计、运输组织、线路、路基、桥涵、隧道、轨道、站场、电力牵引供电、电力、通信、信号、信息、灾害监测、动车组设备、维修设施、给水排水、房屋建筑、综合接地、环境保护等。

9.1.2 铁路工程施工技术规程相关规定

1. 铁路路基工程施工技术规程

1）高速铁路路基工程施工技术规程

《高速铁路路基工程施工技术规程》Q/CR 9602—2015 根据构建铁路工程建设标准体系要求，总结了高速铁路路基工程建设和运营中的实践经验，为铁路工程建设施工质量和安全提供技术支撑。

该规程主要内容包括：施工准备、施工测量、地基处理、路堤、路堑、过渡段、路基变形观测及评估、支挡结构、边坡防护、路基防排水、路基相关工程及设施、特殊环境施工、环境保护及竣工验收等。

2）客货共线铁路路基工程施工技术规程

《客货共线铁路路基工程施工技术规程》Q/CR 9651—2017 根据铁路工程建设标准体系的要求，全面总结了我国铁路路基工程建设和运营过程中的实践经验，吸收了铁路路基工程施工的新技术和新方法。

该规程主要内容包括：施工准备、地基处理、填料制备、路堤、路堑、过渡段、特殊路基、路基变形观测、支挡结构、路基边坡防护、路基防排水、路基相关工程及设施、环境保护等。

2. 铁路桥涵工程施工技术规程

1）高速铁路桥涵工程施工技术规程

《高速铁路桥涵工程施工技术规程》Q/CR 9603—2015 根据构建铁路工程建设标准体系要求，总结高速铁路桥涵工程建设和运营中的实践经验，为铁路工程建设施工质量和安全提供技术支撑。

该规程主要内容包括：施工准备，施工测量，明挖基础，桩基础，沉井基础，墩台，预应力混凝土简支箱梁预制及架设，预应力混凝土简支 T 梁预制及架设，预应力混凝土简支梁桥位制梁，混凝土连续梁、连续刚构，拱桥，钢桁梁架设，结合梁，斜拉桥，涵洞，防水层及保护层，桥梁支座，桥面附属设施，环境保护和水土保持，工程验收等。

2）客货共线铁路桥涵工程施工技术规程

《客货共线铁路桥涵工程施工技术规程》Q/CR 9652—2017 根据铁路工程建设标准体系要求，认真总结了我国客货共线铁路桥涵工程建设实践经验。

该规程主要内容包括：施工准备，施工测量，明挖基础，桩基础，沉井基础，墩台，预应力混凝土简支 T 梁预制及架设，预应力混凝土简支箱梁预制及架设，预应力混凝土简支梁桥位制梁，预应力混凝土连续梁、连续刚构，钢桁梁架设，结合梁，拱桥，斜拉桥，刚架桥，框架桥，涵洞，桥涵顶进，防水层及保护层，桥梁支座，桥面附属设施，环境保护和水土保持等。

3. 铁路隧道工程施工技术规程

1）高速铁路隧道工程施工技术规程

《高速铁路隧道工程施工技术规程》Q/CR 9604—2015 根据构建铁路工程建设标准体系要求，总结了高速铁路隧道工程建设和运营中的实践经验，为铁路工程建设施工质量和安全提供技术支撑。

该规程主要内容包括：施工准备，施工机械，测量，洞口工程，超前地质预报，施工方法，开挖，装、运及弃渣，支护，衬砌与基底处理，监控量测，防排水，附属构筑物，辅助坑道，明挖隧道，施工通风与防尘，施工风水电供应，运营设施安装，特殊岩土和不良地质施工，盾构施工，掘进机施工，环境保护，工程验收等。

2）客货共线铁路隧道工程施工技术规程

《客货共线铁路隧道工程施工技术规程》Q/CR 9653—2017 根据构建铁路工程建设标准体系要求，总结了铁路隧道工程建设和运营实践经验。

该规程主要内容包括：施工准备，施工机械，测量，洞口工程，超前地质预报，施工方法，开挖，出渣及弃渣，支护、衬砌与基底处理，监控量测，防排水，附属构筑物，辅助坑道，施工通风与降尘，施工风水电供应，明挖隧道，运营设施安装，特殊岩土和不良地质施工，隧道改建及增建二线，环境保护等。

4. 铁路轨道工程施工技术规程

1）高速铁路轨道工程施工技术规程

《高速铁路轨道工程施工技术规程》Q/CR 9605—2017根据构建铁路工程建设标准体系要求，总结已运营高速铁路工程实践经验和无砟轨道建设经验。

该规程主要内容包括：施工准备、施工控制网测设、CRTS Ⅰ型板式无砟道床施工、CRTS Ⅱ型板式无砟道床施工、CRTS Ⅲ型板式无砟道床施工、CRTS双块式无砟道床施工、道岔区轨枕埋入式无砟轨道施工、道岔区板式无砟轨道施工、有砟道床施工、有砟道岔铺设、钢轨伸缩调节器铺设、轨道过渡段施工、线间及两侧封闭层施工、无缝线路施工、轨道精调整理、钢轨预打磨、标志及标识设置等。

2）客货共线铁路轨道工程施工技术规程

《客货共线铁路轨道工程施工技术规程》Q/CR 9654—2017根据构建铁路工程建设标准体系要求，总结了客货共线铁路建设和运营中的实践经验，为铁路工程建设施工质量和安全提供技术支撑。

该规程主要内容包括：施工准备、轨道施工测量、双块式无砟道床施工、弹性支撑块式无砟道床施工、有砟轨道铺轨前铺砟、无缝线路施工、有缝线路施工、有砟道岔及钢轨伸缩调节器铺设、轨道整理、钢轨预打磨、轨道附属设施和常备材料等。

5. 铁路通信工程施工技术规程

1）高速铁路通信工程施工技术规程

《高速铁路通信工程施工技术规程》Q/CR 9606—2015根据构建铁路工程建设标准体系要求，总结了高速铁路通信工程建设和运营中的实践经验，为铁路工程建设施工质量和安全提供技术支撑。

该规程主要内容包括：施工准备、通信线路、室内设备和箱式机房、传输系统、接入网、数据通信系统、电话交换系统、有线调度通信系统、数字移动通信系统（GSM-R）、会议电视系统、综合视频监控系统、应急通信系统、综合布线、时钟同步及时间同步系统、综合网络管理系统、电源及环境监控系统、电源设备、防雷及接地、工程验收等。

2）客货共线铁路通信工程施工技术规程

《客货共线铁路通信工程施工技术规程》Q/CR 9655—2015根据构建铁路工程建设标准体系要求，总结了客货共线铁路通信工程建设和运营中的实践经验，为铁路工程建设施工质量和安全提供技术支撑。

该规程主要内容包括：施工准备、通信线路、室内设备和箱式机房、传输系统、接入网、数据通信系统、电话交换系统、有线调度通信系统、数字移动通信系统（GSM-R）、450MHz列车无线调度通信系统、会议电视系统、综合视频监控系统、应急通信系统、综合布线、时钟同步及时间同步系统、综合网络管理系统、电源及环境监控系统、电源设备、防雷及接地等。

6. 铁路信号工程施工技术规程

1）高速铁路信号工程施工技术规程

《高速铁路信号工程施工技术规程》Q/CR 9607—2015 根据构建铁路工程建设标准体系要求，总结了高速铁路信号工程建设和运营中的实践经验，为铁路工程建设施工质量和安全提供技术支撑。

该规程主要内容包括：施工准备、光电缆线路、地面固定信号及标志牌、转辙装置及道岔融雪装置、轨道电路、应答器及室外地面电子单元、车载地面监测设备、室内设备及箱式机房、防雷及接地、施工调试、工程验收等。

2）客货共线铁路信号工程施工技术规程

《客货共线铁路信号工程施工技术规程》Q/CR 9656—2017 根据构建铁路工程建设标准体系要求，认真总结了铁路信号工程建设、使用管理和设备维护经验。

该规程主要内容包括：施工准备、光电缆线路、地面固定信号、转辙装置、道岔融雪装置、轨道电路、应答器及室外地面电子单元、室内设备、驼峰信号设备、其他设备安装、防雷及接地、单项调试、子系统调试、系统接口调试等。

7. 铁路电力工程施工技术规程

1）高速铁路电力工程施工技术规程

《高速铁路电力工程施工技术规程》Q/CR 9608—2015 根据构建铁路工程建设标准体系要求，总结了高速铁路电力工程建设和运营中的实践经验，为铁路工程建设施工质量和安全提供技术支撑。

该规程主要内容包括：施工准备、变配电所、电缆线路、35kV 及以下架空线路、低压配电、电气照明、电力远动、机电设备监控、防雷接地、系统调试、工程验收等。

2）客货共线铁路电力工程施工技术规程

《客货共线铁路电力工程施工技术规程》Q/CR 9657—2015 根据构建铁路工程建设标准体系要求，总结了铁路电力工程建设和运营中的实践经验，为铁路工程建设施工质量和安全提供技术支撑。

本规程主要内容包括：施工准备、变配电所、电力远动系统、35kV 及以下架空电线路、电缆线路、低压配电、电气照明、机电设备监控及防雷、接地及安全等。

8. 铁路电力牵引供电工程施工技术规程

1）高速铁路电力牵引供电工程施工技术规程

《高速铁路电力牵引供电工程施工技术规程》Q/CR 9609—2015 根据构建铁路工程建设标准体系要求，总结了高速铁路电力牵引供电工程建设和运营中的实践经验，为铁路工程建设施工质量和安全提供技术支撑。

该规程主要内容包括：施工准备、施工测量、牵引变电所、接触网、供电调度系统、工程验收等。

2）客货共线铁路电力牵引供电工程施工技术规程

《客货共线铁路电力牵引供电工程施工技术规程》Q/CR 9658—2017 根据构建铁路工程建设标准体系要求，认真总结了铁路电力牵引供电工程建设、使用管理和设备维护经验。

该规程主要内容包括：施工准备、牵引变电所、接触网、牵引供电远动系统等。

9.1.3 铁路工程施工安全技术规程相关规定

1. 铁路工程基本作业施工安全技术规程

《铁路工程基本作业施工安全技术规程》TB 10301—2020 系统分析了铁路工程施工安全管理现状，全面总结了铁路工程基本作业施工现场实践经验，充分借鉴了国内外相关标准，在《铁路工程基本作业施工安全技术规程》TB 10301—2009 的基础上修订而成。

该规程主要内容包括：材料存储、运输与使用，施工机械，特种设备，施工用电，施工消防，混凝土与砌体工程，高处作业，起重吊装作业，爆破作业，拆除作业，特殊环境作业，季节性与特殊天气施工，高原、多年冻土地区施工，临时工程与过渡工程，营业线及邻近营业线施工，职业安全卫生等。

2. 铁路路基工程施工安全技术规程

《铁路路基工程施工安全技术规程》TB 10302—2020 系统分析了铁路路基工程施工安全管理现状，全面总结了铁路路基工程施工现场实践经验，充分借鉴了国内外相关标准。

该规程主要内容包括：地基处理工程、填料制备、路基填筑工程、路堑开挖工程、特殊路基工程、支挡工程、边坡防护工程、防排水工程、相关工程、营业线及邻近营业线路基工程等。

3. 铁路桥涵工程施工安全技术规程

《铁路桥涵工程施工安全技术规程》TB 10303—2020 系统分析了铁路桥涵工程施工安全管理现状，全面总结了铁路桥涵工程施工现场实践经验，充分借鉴了国内外相关标准。

该规程主要内容包括：地基与基础、墩台、预应力混凝土简支箱梁预制及运架、预应力混凝土简支T梁预制及运架、预应力混凝土简支梁桥位制梁、预应力混凝土连续梁（刚构）、支座安装、钢梁架设、拱桥、斜拉桥、涵洞、桥面系及附属工程、水上及跨越道路施工、营业线桥涵施工等。

4. 铁路隧道工程施工安全技术规程

《铁路隧道工程施工安全技术规程》TB 10304—2020 系统分析了铁路隧道工程施工安全管理现状，全面总结了铁路隧道工程施工现场实践经验，充分借鉴了国内外相关标准。

该规程主要内容包括：洞口工程，超前地质预报，洞身开挖，装渣、弃渣与运输，支护与加固，衬砌，监控量测，施工风水电与防尘、照明，不良地质和特殊岩土隧道，辅助坑道，全断面隧道掘进机（TBM）施工，盾构施工，应急管理等。

5. 铁路轨道工程施工安全技术规程

《铁路轨道工程施工安全技术规程》TB 10305—2020 系统分析了铁路轨道工程施工安全管理现状，全面总结了铁路轨道工程作业施工现场实践经验，充分借鉴了国内外相关标准。

该规程主要内容包括：轨道板（枕）制造，轨道材料的装卸、运输和存放，有砟道床施工，无砟道床施工，无缝线路铺设，有缝线路铺设，道岔和钢轨伸缩调节器铺设，轨道精调整理，钢轨预打磨，工程运输，营业线轨道施工，相关工程等。

6. 铁路通信、信号、信息工程施工安全技术规程

《铁路通信、信号、信息工程施工安全技术规程》TB 10307—2020 系统分析了铁路通信、信号、信息工程施工安全管理现状，全面总结了铁路通信、信号、信息工程施工现场实践经验，充分借鉴了国内外相关标准。

该规程主要内容包括：通用要求、通信、信号、信息等。

7. 铁路电力、电力牵引供电工程施工安全技术规程

《铁路电力、电力牵引供电工程施工安全技术规程》TB 10308—2020 系统分析了铁路电力、电力牵引供电工程施工安全管理现状，全面总结了铁路电力、电力牵引供电工程施工现场实践经验，充分借鉴了国内外相关标准。

该规程主要内容包括：通用要求、电力、电力牵引供电等。

9.1.4 铁路工程施工质量验收标准相关规定

在铁路建设工程施工质量验收标准体系的组成上，目前划分为新建和改建设计速度为 200km/h 及以下铁路和新建高速铁路两个系列标准。主要包括：

1. 适用于新建和改建设计速度为200km/h及以下铁路工程质量验收标准

1）铁路路基工程施工质量验收标准

《铁路路基工程施工质量验收标准》TB 10414—2018 根据国家铁路局构建铁路工程建设标准体系的要求，为满足铁路建设和发展需要，统一铁路路基工程施工质量验收标准，提高铁路路基工程的施工水平，保障铁路路基工程质量，总结了我国铁路路基建设、运营经验和科研成果，借鉴了国内外先进标准。

该标准主要内容包括：工程材料、地基处理、基床以下路堤、基床表层以下过渡段、路堑、基床、路基支挡工程、路基防护、路基防排水、路基相关工程及设施、变形观测与评估、路基单位工程综合质量等。

2）铁路桥涵工程施工质量验收标准

《铁路桥涵工程施工质量验收标准》TB 10415—2018 根据构建铁路工程建设标准体系的要求，认真总结了高速铁路桥涵工程质量验收经验，借鉴了国内外有关标准。

该标准主要内容包括：明挖基础、桩基础、沉井基础、墩台、预应力混凝土简支T梁、预应力混凝土简支箱梁、预应力混凝土连续梁和连续刚构、结合梁、钢桁梁、拱桥、斜拉桥、钢筋混凝土刚构（架）和框架桥、支座、桥梁附属设施、涵洞、桥涵单位工程综合质量评定等。

3）铁路隧道工程施工质量验收标准

《铁路隧道工程施工质量验收标准》TB 10417—2018 充分吸纳新建铁路的建设、运营经验，总结了铁路隧道工程质量验收经验，借鉴了国内外有关标准及工程验收通行做法。

该标准主要内容包括：原材料，构配件和半成品，加固处理，洞口及明洞（棚洞）工程，洞身开挖，支护，衬砌，防水和排水，辅助坑道，附属设施，明挖隧道，盾构（TBM）隧道，隧道单位工程质量综合验收等。

4）铁路轨道工程施工质量验收标准

《铁路轨道工程施工质量验收标准》TB 10413—2018 根据构建铁路工程建设标准体系的要求，为适应铁路轨道工程技术的发展，满足当前铁路建设和发展的需要，总结了铁路轨道施工的科研成果和已运营的铁路工程建设经验。

该标准主要内容包括：原材料及轨道主要部件进场验收、CRTS 双块式无砟道床、弹性支撑块式无砟道床、长枕埋入式无砟道床、有砟轨道铺轨前铺砟、无缝线路、有缝线路、有砟道岔、钢轨伸缩调节器、轨道结构过渡段、钢轨预打磨、轨道附属设施、单位工程综合质量评定等。

5）铁路运输通信工程施工质量验收标准

《铁路运输通信工程施工质量验收标准》TB 10418—2018 根据构建铁路工程建设标准体系的要求，总结了铁路通信工程建设、运营维护管理的实践经验和科研成果，借鉴了国内外有关标准。

该标准主要内容包括：室内设备、通信线路、传输、接入网、电话交换、数据通信网、有线调度通信、移动通信、会议电视、电报、综合视频监控、专用应急通信、时钟同步、时间同步、综合布线、电源设备、电源及设备房屋环境监控、综合网络管理等。

6）铁路信号工程施工质量验收标准

《铁路信号工程施工质量验收标准》TB 10419—2018 吸纳了铁路信号工程建设、运行维护管理的实践经验和科研成果，借鉴了国内外有关标准。

该标准主要内容包括：室内设备、光电缆线路、地面固定信号、轨道占用检查装置、道岔转辙装置、道岔融雪装置、应答器及室外地面电子单元（LEU）、车载信号的地面检测设备、道口信号设备、无线调车机车信号和监控（STP）系统、驼峰信号、电源设备检验、计算机联锁（CBI）系统检验、列车运行控制系统（CTCS）检验、列车调度指挥系统（TDCS）/调度集中（CTC）系统检验、信号监测系统检验、动车段（所）控制集中系统检验、闭塞检验等。

7）铁路电力工程施工质量验收标准

《铁路电力工程施工质量验收标准》TB 10420—2018 总结吸纳了铁路电力工程建设、运营管理的实践经验和科研成果，借鉴了国内外相关验收标准。

该标准主要内容包括：基础、构支架及遮拦、栅栏，电气装置，电缆线路，35kV 及以下架空电力线路，低压配电，电气照明，电力远动系统，柴油发电机组，光伏发电系统，机电设备监控系统，防雷与接地等。

8）铁路电力牵引供电工程施工质量验收标准

《铁路电力牵引供电工程施工质量验收标准》TB 10421—2018 总结吸纳了铁路电力牵引供电工程建设、运营管理的实践经验和科研成果，借鉴了国内外相关验收标准。

该标准主要内容包括：牵引变电所、接触网、供电调度及远东系统等。

2. 适用于高速铁路工程质量验收标准

1）高速铁路路基工程施工质量验收标准

《高速铁路路基工程施工质量验收标准》TB 10751—2018 根据国家铁路局构建铁路工程建设标准的要求，为满足铁路建设和发展需要，统一高速铁路路基工程施工质量验收标准，提高铁路路基工程的施工水平，保障铁路路基安全与质量，总结了我国高速铁路路基建设、运营的实践经验和科研成果，借鉴了国内外有关标准的规定。

该标准主要内容包括：工程材料、地基处理、基床以下路堤、基床表层以下过渡段、路堑、基床、路基支挡工程、路基边坡防护、路基防排水、路基相关工程及设施、变形观测、路基单位工程质量综合验收等。

2）高速铁路桥涵工程施工质量验收标准

《高速铁路桥涵工程施工质量验收标准》TB 10752—2018 根据国家铁路局的要求，充分吸纳新建铁路的建设、运营经验，总结了高速铁路桥涵工程质量验收经验，借鉴了国内外有关标准。

该标准主要内容包括：明挖基础，桩基础，沉井基础，墩台，预应力混凝土简支箱梁，预应力混凝土简支 T 梁，预应力混凝土连续梁、连续刚构，结合梁，钢桁梁，拱桥，斜拉桥，钢筋混凝土刚构（架）和框架桥，支座，桥梁附属设施，涵洞，沉降变形观测，桥涵单位工程综合质量评定。

3）高速铁路隧道工程施工质量验收标准

《高速铁路隧道工程施工质量验收标准》TB 10753—2018 充分吸纳了高速铁路的建设、运营经验，总结了高速铁路隧道工程质量验收经验，借鉴了国内外有关标准。

该标准主要内容包括：原材料、构配件和半成品，加固处理，洞口、明洞（棚洞）及缓冲结构，洞身开挖，支护，衬砌，防水和排水，辅助坑道，附属设施，明挖工程，盾构（TBM）隧道工程，隧道单位工程质量综合验收等。

4）高速铁路轨道工程施工质量验收标准

《高速铁路轨道工程施工质量验收标准》TB 10754—2018 为适应高速铁路轨道工程技术的发展，满足当前铁路建设和发展的需要，充分总结了已运营的高度铁路工程实践经验和铁路 CRTS Ⅲ 型板式无砟轨道建设经验，吸纳了 CRTS Ⅲ 型板式无砟轨道的科研成果。

该标准主要内容包括：原材料及轨道主要部件进场验收、CRTS Ⅰ 型板式无砟道床、CRTS Ⅱ 型板式无砟道床、CRTS Ⅲ 型板式无砟道床、CRTS 双块式无砟道床、道岔区轨枕埋入式无砟轨道、道岔区板式无砟轨道、有砟道床、有砟道岔、钢轨伸缩调节器、轨道结构过渡段、线间及两侧封闭层、无缝线路、轨道精调整理、钢轨预打磨、线路标志及标记、单位工程综合质量评定等。

5）高速铁路通信工程施工质量验收标准

《高速铁路通信工程施工质量验收标准》TB 10755—2018 总结吸纳了高速铁路通信工程建设、运行维护管理的实践经验和科研成果，借鉴了国内外有关标准。

该标准主要内容包括：室内设备、通信线路、传输、接入网、电话交换、数据通信网、有线调度通信、移动通信、会议电视、电报、综合视频监控、专用应急通信、时钟同步、时间同步、综合布线、电源设备、电源及设备房屋环境监控、综合网络管理等。

6）高速铁路信号工程施工质量验收标准

《高速铁路信号工程施工质量验收标准》TB 10756—2018 总结吸纳了高速铁路信号工程建设、运营维护管理的实践经验和科研成果，借鉴了国内外有关标准。

该标准主要内容包括：室内设备、光电缆线路、地面固定信号、轨道占用检查装置、道岔转辙装置、道岔融雪装置、应答器及室外地面电子单元、车载信号的地面检测设备、电源设备检验、计算机联锁（CBI）系统检验、列车运行控制系统（CTCS）检验、调度集中（CTC）系统检验、信号监测系统检验、动车段（所）控制集中系统检验等。

7）高速铁路电力工程施工质量验收标准

《高速铁路电力工程施工质量验收标准》TB 10757—2018 总结吸纳了高速铁路电力工程建设、运营管理的实践经验和科研成果，借鉴了国内外相关验收标准。

该标准主要内容包括：基础、构支架及遮拦、栅栏，电气装置，电缆线路，35kV及以下架空电力线路，低压配电，电气照明，电力远动系统，柴油发电机组，光伏发电系统，机电设备监控系统，防雷与接地等。

8）高速铁路电力牵引供电工程施工质量验收标准

《高速铁路电力牵引供电工程施工质量验收标准》TB 10758—2018 总结吸纳了铁路电力牵引供电工程建设、运营管理的实践经验和科研成果，借鉴了国内外相关验收标准。

该标准主要内容包括：牵引变电所、接触网、供电调度系统等。

3. 适用于新建和改建铁路混凝土工程施工质量验收标准

《铁路混凝土工程施工质量验收标准》TB 10424—2018 根据国家铁路局《关于印发2014年铁路工程建设标准编制计划的通知》（国铁科法函〔2014〕175号）的要求，在《铁路混凝土工程施工质量验收标准》TB 10424—2010 的基础上，总结了铁路混凝土工程质量验收经验，借鉴了国内外有关标准，适当简化了验收程序，充分吸纳新建铁路的建设、运营经验后修编而成。

该标准主要内容包括：模板及支（拱）架分项工程、钢筋分项工程、混凝土分项工程、预应力分项工程、砌体分项工程、特殊混凝土、混凝土实体质量核查等。

9.2 造价标准

9.2.1 铁路基本建设工程设计概（预）算编制相关规定

为适应我国铁路基本建设的发展，规范铁路基本建设工程设计概（预）算的编制，根据国家有关规定，结合铁路基本建设工程的特点，制定《铁路基本建设工程设计概（预）算编制办法》TZJ 1001—2017。

1. 费用项目组成

概（预）算费用项目组成如图 9.2-1 所示。

2. 费用内容及计算方法

1）人工费

人工费指直接从事建筑安装工程施工的生产工人开支的各项费用。

$$人工费 = \sum 定额人工消耗量 \times 综合工费单价 \tag{9.2-1}$$

编制期人工费与基期人工费差额按人工费价差列。

综合工费的组成内容：（1）基本工资；（2）津贴和补贴；（3）生产工人辅助工资；（4）职工福利费；（5）生产工人劳动保护费。

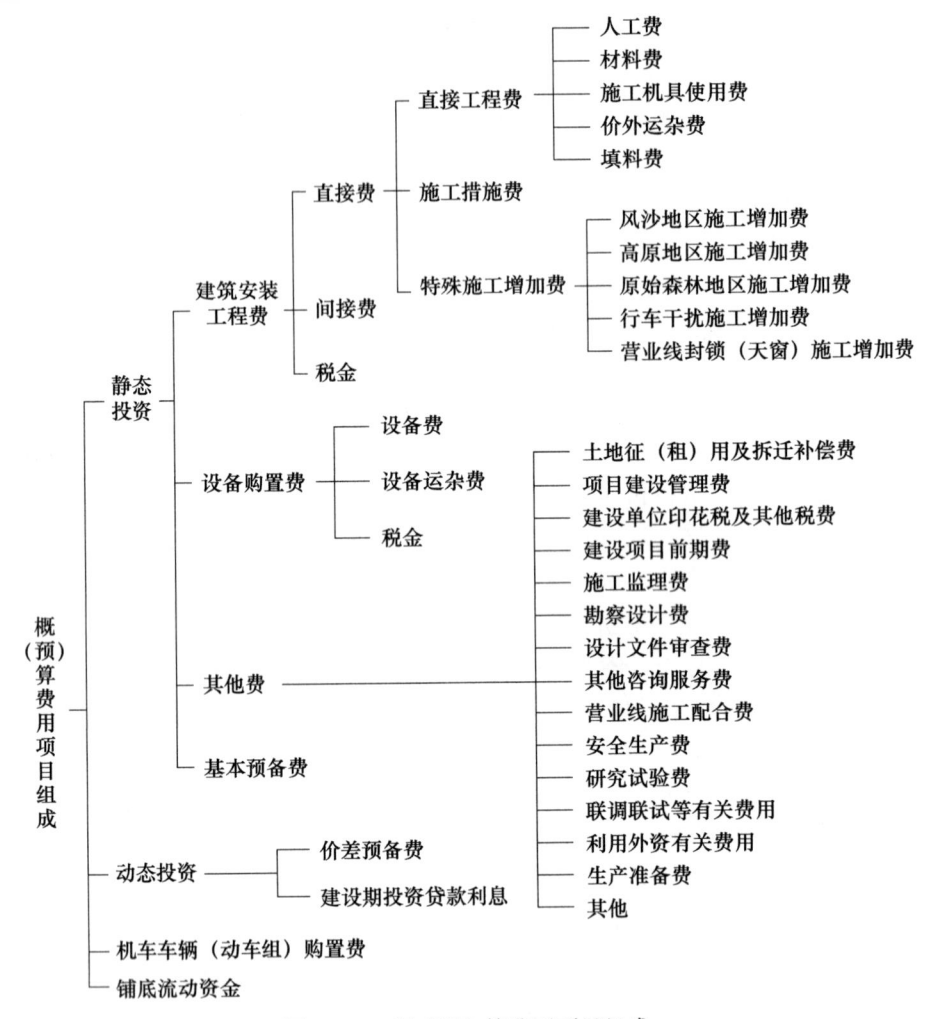

```
概（预）算费用项目组成
├── 静态投资
│   ├── 建筑安装工程费
│   │   ├── 直接费
│   │   │   ├── 直接工程费
│   │   │   │   ├── 人工费
│   │   │   │   ├── 材料费
│   │   │   │   ├── 施工机具使用费
│   │   │   │   ├── 价外运杂费
│   │   │   │   └── 填料费
│   │   │   ├── 施工措施费
│   │   │   └── 特殊施工增加费
│   │   │       ├── 风沙地区施工增加费
│   │   │       ├── 高原地区施工增加费
│   │   │       ├── 原始森林地区施工增加费
│   │   │       ├── 行车干扰施工增加费
│   │   │       └── 营业线封锁（天窗）施工增加费
│   │   ├── 间接费
│   │   └── 税金
│   ├── 设备购置费
│   │   ├── 设备费
│   │   ├── 设备运杂费
│   │   └── 税金
│   ├── 其他费
│   │   ├── 土地征（租）用及拆迁补偿费
│   │   ├── 项目建设管理费
│   │   ├── 建设单位印花税及其他税费
│   │   ├── 建设项目前期费
│   │   ├── 施工监理费
│   │   ├── 勘察设计费
│   │   ├── 设计文件审查费
│   │   ├── 其他咨询服务费
│   │   ├── 营业线施工配合费
│   │   ├── 安全生产费
│   │   ├── 研究试验费
│   │   ├── 联调联试等有关费用
│   │   ├── 利用外资有关费用
│   │   ├── 生产准备费
│   │   └── 其他
│   └── 基本预备费
├── 动态投资
│   ├── 价差预备费
│   └── 建设期投资贷款利息
├── 机车车辆（动车组）购置费
└── 铺底流动资金
```

图 9.2-1 概（预）算费用项目组成

综合工费单价按《费用定额》执行。

2）材料费

材料费指施工过程中耗费的构成工程实体的原材料、辅助材料、构配件、零件、半成品、成品的费用，以及不构成工程实体的一次性材料消耗费用和周转材料摊销费用等。

$$材料费 = \sum 定额材料消耗量 \times 材料预算价格 \qquad (9.2-2)$$

编制期材料费与基期材料费差额按材料费价差计列。

（1）材料预算价格的组成

材料预算价格由材料原价、价内运杂费、采购及保管费组成。

$$材料预算价格 = (材料原价 + 价内运杂费) \times (1 + 采购及保管费率) \qquad (9.2-3)$$

材料原价指材料的出厂价或指定交货地点价格。

价内运杂费指材料自来源地（生产厂或指定交货地点）运至工地所发生的计入材料费的有关费用，包括运输费、装卸费及其他有关运输费用。

采购及保管费指材料在采购、供应和保管过程中所发生的各项费用，包括采购费、仓储费、工地保管费、运输损耗费、仓储损耗费,以及办理托运所发生的费用(如由托运单位负担的包装、捆扎、支垫等的料具耗损费,从钢厂到焊轨基地的钢轨座架使用费,转向架租用费和托运签条)等,采购及保管费的费率按《费用定额》执行。

(2)材料预算价格的确定

材料预算价格的确定按《费用定额》执行。

3)施工机具使用费

施工机具使用费指施工作业所发生的施工机械、仪器仪表的使用费或其租赁费。

$$施工机具使用费=施工机械使用费+施工仪器仪表使用费 \quad (9.2-4)$$
$$施工机械使用费=\sum 定额施工机械台班消耗量 \times 施工机械台班单价 \quad (9.2-5)$$
$$施工仪器仪表使用费=\sum 定额施工仪器仪表台班消耗量 \times 施工仪器仪表台班单价$$
$$(9.2-6)$$

编制期施工机具使用费与基期施工机具使用费差额按施工机具使用费价差计列。

(1)施工机械台班费用的组成

施工机械台班费用由折旧费、检修费、维护费、安装拆卸费、人工费、燃料动力费、其他费组成。

折旧费:指施工机械在规定的耐用总台班内,陆续收回其预算价格的费用。

检修费:指施工机械在规定的耐用总台班内,按规定的检修间隔进行必要的检修,以恢复其正常功能所需的费用。

维护费:指施工机械在规定的耐用总台班内,按规定的维护间隔进行各级维护和临时故障排队所需的费用,包括为保障机械正常运转所需替换设备与随机配备工具附具的摊销费用、机械运转及日常维护所需润滑与擦拭的材料费用及机械停滞期间的维护费用等。

安装拆卸费:指施工机械在现场进行安装与拆卸所需的人工、材料、机械和试运转费用以及机械辅助设施的折旧、搭设、拆除等费用。

人工费:指机上司机(司炉)和其他操作人员的人工费。

燃料动力费:指施工机械在作业中所耗用的燃料及水、电等费用。

其他费:指施工机械按照国家规定应缴纳的车船税、保险费及检测费等。

(2)施工仪器仪表台班费用的组成

施工仪器仪表台班费用由折旧费、维护费、校验费、动力费组成。

折旧费:指施工仪器仪表在规定的耐用总台班内,陆续收回其预算价格的费用。

维护费:指施工仪器仪表各级维护、临时故障排除所需的费用及为保证仪器仪表正常使用所需备件(备品)的维护费用。

校验费:指施工仪器仪表按规定进行标定与检验的费用。

动力费:指施工仪器仪表在使用过程中所耗用的电费。

(3)施工机械台班单价及施工仪器仪表台班单价的确定

施工机械台班单价及施工仪器仪表台班单价的确定按《费用定额》执行。

4)工程用水、电单价

(1)工程用水单价

工程用水单价的确定按《费用定额》执行。

编制期用水单价与基期用水单价之差,按价差计列。属于材料消耗用水的,计入材料费价差中;属于施工机具消耗用水的,计入施工机具使用费价差中。

(2)工程用电单价

工程用电单价的确定按《费用定额》执行。

编制期用电单价与基期用电单价之差,按价差计列。属于材料消耗用电的,计入材料费价差中;属于施工机具消耗用电的,计入施工机具使用费价差中。

5)价外运杂费

价外运杂费指根据设计需要,在编制单项概(预)算时,需在材料费之外单独计列的材料运杂费,包括材料自指定交货地点运至工地所发生的运输费、装卸费、其他有关运输的费用,以及为简化概(预)算编制,以该运输费、装卸费、其他有关运输费用之和为基数计算的采购及保管费。

$$价外运杂费 = \sum(运输费 + 装卸费 + 其他有关运输的费用) \times (1 + 采购及保管费率)$$
(9.2-7)

(1)计算说明

运输费、装卸费、其他有关运输的费用根据施工组织设计的材料供应方案计算,运输单价、装卸单价、其他有关运输费用的确定及采购保管费率按《费用定额》执行。

(2)其他说明

单项材料价外运杂费单价的编制范围,原则上应与总概(预)算的编制单元相对应。单独编制单项概(预)算的桥隧工程等应按工点材料供应方案计算价外运杂费;其他桥隧工程可先按工点材料供应计算运距,然后按单项概(预)算的编制单元(同类型的结构)加权平均计算价外运杂费;路基、涵洞、轨道等工程(含站后工程),可按正线每公里用料量相等的供应方案求算各类材料的平均运距,计算价外运杂费。

运输方式和运输经路要经过调查、比选,综合分析确定。以经济合理,并且符合工程要求的材料来源地作为计算价外运杂费的起运点。

分析各单项材料价外运杂费单价,应按施工组织设计所拟定的材料供应计划,对不同的材料品类及不同的运输方法分别计算平均运距。

长钢轨供应有关费用,是特批在合理的施工组织和正常的施工条件下,单根长度200m及以上长钢轨从焊轨基地供应到铺轨基地所发生的部分费用,包含:长钢轨供应过程中的座架使用、维修维护费,座架倒装费,长钢轨装车费,取送车费,焊轨基地场内机车使用费,管理费等。

6)填料费

填料费指购买不作为材料对待的土方、石方、渗水料、矿物料等填筑用料所支出的费用。若设计为临时占地取填料,其发生的租用土地、青苗补偿、拆迁补偿、复垦及其他所有与土地有关的费用等纳入临时用地费项下。

$$填料费 = \sum 填料消耗量 \times 填料价格$$
(9.2-8)

填料价格的确定按《费用定额》执行。

7)施工措施费

施工措施费指为完成铁路建设工程施工,发生于该工程施工前和施工过程中的需综合计算的费用。

（1）费用内容

① 冬雨季施工增加费，指建设项目的某些工程需在冬季、雨季施工，为保证工程质量，按相关规范、规程中的冬雨季施工要求，需要采取的防寒、保温、防雨、防潮和防护等措施，不需改变技术作业过程的人工与机械的功效降低等，所需增加的有关费用。

② 夜间施工增加费，指必须在夜间连续施工或在隧道内铺砟、铺轨，敷设电线、电缆，架设接触网等工程，所发生的工作效率降低、夜班津贴，以及增设照明设施（包括所需照明设施的装拆、摊销、维修及油燃料、电）等增加的有关费用。

③ 小型临时设施费，指施工企业为进行建筑安装工程施工，所必须修建的生产和生活用的一般临时建筑物、构筑物和其他小型临时设施所发生的费用。

④ 工具、用具及仪器、仪表使用费，指施工生产所需不属于固定资产的生产工具、检验用具及仪器、仪表等的购置、摊销和维修费，以及支付给生产工人自备工具的补贴费。

⑤ 工程定位复测、工程点交、场地清理费。

⑥ 文明施工及施工环境保护费，指现场文明施工费用及防噪声、防粉尘、防振动干扰、生活垃圾清运排放等费用。

⑦ 已完工程及设备保护费，指竣工验收前，对已完工程及设备进行保护所需的费用。

（2）费用计算

施工措施费分不同工程类别按下式计算：

施工措施费＝（基期人工费＋基期施工机具使用费）×施工措施费费率　　（9.2-9）

施工措施费费率按《费用定额》执行。

8）特殊施工增加费

特殊施工增加费指在特殊地区及特殊施工环境下进行建筑安装工程施工时，所需增加的费用。

（1）风沙地区施工增加费指在非固定沙漠或戈壁地区，月（或连续30d）平均风力达到四级以上（平均风速＞5.5m/s）的风季，在相应的风沙区段进行室外建筑安装工程施工时，由于受风沙影响而增加的费用，内容包括防风、防沙的措施费，材料费，人工、机械降效增加的费用，风力预警预测设施费用，以及积沙、风蚀的清理修复等费用。

本项费用以风沙区段范围内室外建筑安装工程的编制期人工费与施工机具使用费之和为基数，乘以《费用定额》的相关费率计算。

大风高发月（或连续30d）平均风力达到四级以上（平均风速＞5.5m/s）且小时极大风速大于13.9m/s的风力累计85h以上的风沙、大风地区，可根据调查资料另行分析计算本项费用。

（2）高原地区施工增加费指在设计线路高程在海拔2000m以上的高原地区施工时，由于人工和机械受气候、气压的影响而降低工作效率，所增加的费用。

本项费用根据工程所处的不同海拔高度，按下列算法计列：

定额工天 × 编制期综合工费单价 × 高原地区工天定额增加幅度＋
定额机械（仪器仪表）台班量 × 编制期机械（仪器仪表）台班单价 ×
高原地区施工机具台班定额增加幅度

（9.2–10）

高原地区施工定额增加幅度按《费用定额》执行。

（3）原始森林地区施工增加费指在原始森林地区进行新建或增建二线铁路施工，由于受环境影响，其路基土方工程应增加的费用。

本项费用按下列算法计列：

（路基土方工程的定额工天 × 编制期综合工费单价＋
路基土方工程的定额机械台班量 × 编制期机械台班单价）× （9.2–11）
《费用定额》的相关费率

（4）行车干扰施工增加费指在不封锁的营业线上，在维持通车的情况下，或本线封锁施工，邻线维持通车的情况下，进行建筑安装工程施工时，由于受行车影响造成局部停工或妨碍施工而降低工作效率等所需增加的费用。

（5）营业线封锁（天窗）施工增加费指为确保营业线行车和施工安全，需封锁线路施工而造成的施工效率降低等所发生的费用。本项费用的计算按《费用定额》执行。

9）大型临时设施和过渡工程费

大型临时设施和过渡工程费指施工企业为进行建筑安装工程施工及维持既有线正常运营，根据施工组织设计确定所需的大型临时建筑物和过渡工程修建及拆除恢复所发生的费用。

（1）大型临时设施项目及费用内容

① 大型临时设施（以下简称"大临"）项目

a.铁路便线（含便桥、隧、涵），指通往临时场站、砂石（道砟）场的临时铁路线、架梁岔线及场内铁路便线、机车转向用的三角线等，独立特大桥的吊机走行线，以及重点桥隧等工程专设的铁路运料便线等。

b.汽车运输便道（含便桥、隧、涵），指汽车运输干线、沿线纵向运输便道及通往重点土石方工点、桥梁、隧道、站房、取弃土石场、砂石（道砟）场、区间牵引变电所及临时场站等的引入线。

c.运梁便道，指专为运架大型混凝土成品梁而修建的运输便道。

d.临时给水设施，指为解决工程用水而铺设的给水干管路（管径 100mm 及以上或长度 2km 以上）及隧道工程的水源点至山上蓄水池的给水管路、缺水地区临时贮水站、井深 50m 及以上的深水井等。

e.临时电力线（供电电压在 6kV 及以上），包括临时电力干线及通往隧道、特大桥、大桥和临时场站、砂石（道砟）场等的电力引入线。

f.集中电发站、集中变电站（包括升压站和降压站）。

g.临时通信基站，指在没有通信条件的边远山区、无人区等区域，设置的无线通信基站。

h.临时场站，指根据施工组织设计需要确定的大型临时场站，包括材料场、填料集中加工站、混凝土集中拌和站、独立设置的混凝土构配件预制场、制（存）梁场（含提梁站)、钢梁拼装场(含提梁站)、掘进机拼装场、盾构泥水处理场、管片预制场、仰拱预制场、轨节拼装场、长钢轨焊接(存放)基地、换装站、道砟存储场、轨枕预制场、轨道板预制场等。

i.隧道污水处理站,指根据特殊环保要求(如有水源保护区、高类别功能水域等保护要求)必须设置的隧道污水处理站。

j.渡口、码头、浮桥、吊桥、天桥、地道,指通行汽车为施工服务的设施。

② 大临费用内容

a.铁路便线,汽车运输便道,运梁便道,临时给水设施,临时电力线,临时通信基站,渡口、码头、浮桥、吊桥、天桥、地道等的工程费用及养护维修费用。

b.轨道板预制场、轨枕预制场、管片预制场的主体厂房工程费用。

c.临时场站,集中发电站、集中变电站,隧道污水处理站等的场地土石方、地基处理、生产区硬化面、圬工,吨位≥10t、长度≥100m 的龙门起重机走行线等的工程费用。

d.修建大临而发生的租用土地、青苗补偿、拆迁补偿、复垦及其他所有与土地有关的费用等。其中临时场站中应计列的所有与土地有关的费用列入临时用地费项下。

(2)过渡工程

过渡工程指由于改建既有线、增建第二线等工程施工,为了保持既有线(或车站)运营工作进行,尽可能地减少运输与施工之间的相互干扰和影响,从而对部分既有工程设施必须采取的施工过渡措施。

内容包括临时性便线、便桥、过渡性站场设施等及其相关的配套工程,以及由此引起的临时养护,租用土地、青苗补偿、拆迁补偿、复垦及其他所有与土地有关的费用等。

(3)费用计算

大型临时设施和过渡工程费的计算按《费用定额》执行。

10)间接费

间接费指施工企业为完成承包工程而组织施工生产和经营管理所发生的费用。

(1)费用内容

间接费包括企业管理费、规费和利润。

① 企业管理费

企业管理费指建筑安装企业组织施工生产和经营管理所需的费用。内容包括:

a.管理人员工资,指管理人员的基本工资、津贴和补贴、辅助工资、职工福利费、劳动保护费等。

b.办公费,指管理办公用的文具、纸张、账表、印刷、邮电、书报、宣传、通信、会议、水、电、煤(燃气)等费用。

c.差旅交通费,指职工因公出差、调动工作的差旅费,助勤补助费,市内交通费和误餐补助费,职工探亲路费,劳动力招募费,职工退休、退职一次性路费,工伤人员就医路费以及管理部门使用的交通工具的油料、燃料及牌照费。

d.固定资产使用费,指管理和试验部门及附属生产单位使用的属于固定资产的房屋、车辆、设备仪器等的折旧、大修、维修或租赁费。

e. 工具用具使用费，指管理使用的不属于固定资产的生产工具、器具、家具、交通工具和检验、试验、测绘、消防用具等的购置、维修和摊销费。

f. 检验试验费，指施工企业按照规范和施工质量验收标准的要求，对建筑安装的设备、材料、构件和建筑物进行一般鉴定、检查所发生的费用，包括自设试验室进行试验所耗用的材料和化学药品费用等，以及根据需要由施工单位委外检验试验的费用。不包括应由研究试验费和科技三项费用支出的新结构、新材料的试验费；不包括建设单位要求对具有出厂合格证明的材料进行试验，对构件破坏性试验及其他特殊要求检验试验的费用；不包括由建设单位委外检验试验的费用；不包括施工质量验收标准以外设计要求的检验试验费用。

g. 财产保险费，指施工管理用财产、车辆保险费用。

h. 税金，指企业交纳的房产税、车船税、土地使用税、印花税、城市维护建设税、教育费附加、地方教育附加等各项费用。

i. 施工单位进退场及工地转移费，指施工单位根据建设任务需要，派遣人员和机具设备从基地迁往工程所在地或从一个项目迁至另一个项目所发生的往返搬迁费用及施工队伍在同一建设项目内，因工程进展需要，在本建设项目内往返转移，以及劳动工人上、下路所发生的费用。包括：承担任务职工的调遣差旅费，调遣期间的工资，施工机械、工具、用具、周转性材料及其他施工装备的搬运费用；施工队伍在转移期间所需支付的职工工资、差旅费、交通费、转移津贴等；劳动工人上、下路所需的车船费、途中住宿补贴及行李运费等。

j. 劳动保险费，指由企业支付离退休职工的易地安家补助费、职工退职金、6个月以上病假人员的工资以及支付给离休干部的各项经费等。

k. 工会经费，指企业按照职工工资总额计提的工会经费。

l. 职工教育经费，指企业为职工学习先进技术和提高文化水平，按职工工资总额计提的费用。

m. 财务费用，指企业为筹集资金而发生的各种费用，包括企业经营期间发生的短期贷款利息净支出，金融机构手续费，提供费，以及其他财务费用。

n. 工程排污费，指施工现场按规定缴纳的工程排污费用。

o. 其他费用，包括技术转让费、技术开发费、业务执行费、绿化费、广告费、公证费、法律顾问费、审计费、咨询费、无形资产摊销费、投标费、企业定额测定费、企业信息化管理系统建设及使用费、工程验收配合费等。

② 规费

规费指按政府和有关部门规定必须缴纳的社会保障费用。内容主要包括：

a. 社会保险费，指企业按规定缴纳的基本养老保险费、失业保险费、基本医疗保险费、工伤保险费、生育保险费等。

b. 住房公积金，指企业按规定缴纳的住房公积金。

③ 利润

利润指施工企业完成所承包的工程应获得的盈利。

（2）费用计算

间接费根据不同工程类别按下式计算：

$$基期费=（基期人工费+基期施工机具使用费）×间接费费率 \quad (9.2-12)$$

间接费费率按《费用定额》执行。

11）设备购置费

设备购置费指购置的达到固定资产标准的设备、工器具、生产家具和虽低于固定资产标准，但属于设计明确列入设备清单的设备等所需的费用。购买计算机硬件设备时所附带的软件若不单独计价，其费用应随设备硬件一起列入设备购置费中。设备购置费包括设备费、设备运杂费和税金。

（1）设备费

设备费指根据设计确定的设备规格、型号、数量，按相应的设备原价计算的费用。

$$设备费=\sum 设备数量 \times 设备原价 \quad (9.2-13)$$

编制期设备费与基期设备费差额按设备费价差计列。

设备原价指标准设备的出厂价（含按专业标准要求的保证在运输过程中不受损失的一般包装费，及按产品设计规定配带的工具、附件和易损件的费用）或非标准设备的加工订货价（包括材料费、加工费及加工厂的管理费等）。

设备原价的确定按《费用定额》执行。

（2）设备运杂费

设备运杂费指设备自生产厂家（来源地）运至施工安装地点所发生的运输费、装卸费、手续费、采购及保管费等费用的总称。

$$设备运杂费=基期设备费 \times 设备运杂费费率 \quad (9.2-14)$$

设备运杂费费率按《费用定额》执行。

（3）税金

税金指按照设计概（预）算构成及国家税法等有关规定计算的增值税额。

① 建筑安装工程费税金

建筑安装工程费税金按下式计算：

$$\begin{aligned}税金=&（基期人工费+基期材料费+基期施工机具使用费+\\&价外运杂费+价差+填料费+施工措施费+特殊施工增加费+\\&间接费）\times 税率\end{aligned}$$

$$(9.2-15)$$

税率按《费用定额》执行。

② 设备购置费税金

设备购置费税金按下式计算：

$$税金=（基期设备费+设备运杂费+设备费价差）\times 税率 \quad (9.2-16)$$

税率按《费用定额》执行。

12）其他费

其他费指应由基本建设投资支付并列入建设项目投资内，除建筑安装工程费、设备购置费、基本预备费之外的有关静态投资费用。不包括政府有关部门对建设项目实施审批、核准或备案管理，委托专业服务机构等中介提供评估评审等服务所发生的费用。

（1）土地征（租）用及拆迁补偿费

土地征（租）用及拆迁补偿费指按照《中华人民共和国土地管理法》等规定，为进行铁路建设所需的土地征（租）用及拆迁补偿等费用。

（2）项目建设管理费

项目建设管理费指项目建设单位从项目筹建之日起至办理竣工财务决算之日止发生的管理性质开支。包括：不在原单位发工资的工作人员工资及相关费用、办公费、办公场地租用费、差旅交通费、劳动保护费、工具用具使用费、固定资产使用费、招募生产工人费、技术图书资料费（含软件）、业务招待费、施工现场津贴、竣工验收费和其他管理性质开支。

本项费用的计算按《费用定额》执行。

（3）建设单位印花税及其他税费

建设单位印花税及其他税费指项目建设单位发生的各类与建设相关的合同印花税、资本金印花税、房产税、车船税、契税及按规定缴纳的其他税费等。

（4）建设项目前期费

建设项目前期费指建设项目在预可行性研究及可行性研究阶段，由建设单位组织进行项目论证评估、立项批复、申报核准等工作所发生的有关费用。主要包括可行性研究费、建设项目选址报告编制费、社会稳定风险评估报告编制费、环境影响报告编制与评估费、水土保持方案报告编制与评估费、节能评估报告书编制与评审费、洪水影响评价报告编制费、职业病危害预评价费、地质灾害危险性评估费、地震安全性评估费、通航论证费、文物保护费等。

（5）施工监理费

施工监理费指由建设单位委托具有相应资质的单位，在铁路建设项目的施工阶段实施监理的费用。

（6）勘察、设计费

勘察费，指勘察人根据发包人的委托，收集已有资料、现场踏勘、制定勘察纲要，进行测绘、勘探、取样、试验、测试、检测、监测等勘察作业，以及编制工程勘察文件和岩土工程设计文件等收取的费用。

设计费，指设计人根据发包人的委托，提供编制建设项目初步设计文件、施工图设计文件等服务所收取的费用。

（7）设计文件审查费

设计文件审查费指为保证铁路工程勘察设计工作质量，由建设单位组织有关专家或委托有资质的单位，对设计单位提交的建设项目预可行性研究（项目建议书）、可行性研究、初步设计、Ⅰ类变更设计及调整概算文件进行审查（核）所需要的相关费用。

（8）其他咨询服务费

其他咨询服务费指由建设单位委托具有相应资质的单位，在铁路项目建设过程中实施咨询服务的相关费用。包括招标咨询费、勘察监理与咨询费、设备（材料）采购监造费、施工图审查（核）费、第三方审价费、环境保护专项监理费、水土保持监测费、无砟轨道铺设条件评估费、环境保护和水土保持设计验收报告编制费、职业病危害控制效果评价费、第三方检测费、计算机软件开发与购置费等。

（9）营业线施工配合费

营业线施工配合费指施工单位在营业线上或邻近营业线进行建筑安装工程施工时，

需要运营单位在施工期间参加配合工作所发生的费用（含运营单位安全监督检查费用）。

营业线施工配合费情况较复杂，编制设计概（预）算时，可按不同工程类别的计算范围，以编制期人工费与编制期施工机具使用费之和为基数，乘以《费用定额》的参考费率计列。

（10）安全生产费

安全生产费指施工企业按照规定标准提取在成本中列支，专门用于完善和改进施工企业安全生产条件的资金。

《国家铁路局关于铁路工程投资估算预估算 设计概（预）算执行〈企业安全生产费用提取和使用管理办法〉有关问题的通知》（国铁科法〔2023〕7号）中规定了新的安全生产费费率（由建筑安装工程费的2.0%调整为3.0%）及安全生产费使用范围。

（11）研究试验费

研究试验费指为建设项目提供或验证设计数据、资料等所进行的必要的研究试验，以及按照设计要求在施工中必须进行的试验、验证所需的费用。不包括：① 应由科技三项费用（即新产品试制费、中间试验费和重要科学研究补助费）开支的项目。② 应由检验试验费开支的施工企业对建筑材料、设备、构件和建筑物等进行一般鉴定、检查所发生的费用及技术革新的研究试验费。③ 应由勘察设计费开支的项目。

（12）联调联试等有关费用

联调联试等有关费用包括静态检测费、联调联试费、安全评估费、运行试验费及综合检测列车高级修费用等。本项费用按有关费用定额计算。

（13）利用外资有关费用

利用外资有关费用指铁路基本建设项目利用国外贷款（用于土建工程或采购材料和设备）时，发生的有关附加费用。工程实际发生的费用应按国家有关规定实行市场调节价。

① 附加支出费，指外资项目通过招标方式采购材料、设备，引进技术和服务，所需支出的有关费用。a.手续费，由于贷款方不同，所发生的手续费也不同。目前主要有国内代理银行手续费、建设期国外贷款转贷手续费、采购代理人手续费以及商检费。本项费用的计算按《费用定额》执行。b.港杂费，指进口材料和设备海（空）运到达我国指定的口岸起，至港口车站装车前止，所发生的既不属于海（空）运费，又不属于国内运杂费的有关费用。本项费用的计算按《费用定额》执行。c.国内运杂费，指由港口存货地点运往工地发生的运费、过路费、装卸费、工地保管费等。本项费用按国内采购材料设备运杂费的计算方法计列。d.汇兑损益，指因采用不同的汇率而产生的会计记账本位币金额的差异。项目利用外资完成后，本项费用按初验完成之日的汇率折算，与实际支付人民币差值计列。e.利用外资管理其他费，指对外资项目进行管理所发生的费用，内容包括：项目预评估与评估费、标书编译及评标费、竣工报告及后评价费等。本项费用的计算按《费用定额》执行。

② 利用外资可行性研究报告编译费，指编制、翻译和评估项目利用外资可行性研究报告所需的费用。本项费用的计算按《费用定额》执行。

③ 外资设计概（预）算编制费，指承担利用国外贷款项目设计任务的设计单位，完成各阶段外资概（预）算编制所发生的费用。本项费用的计算按《费用定额》执行。

④ 征地拆迁和移民安置实施计划编译费，指按照国外贷款机构的要求，对外资项目征地拆迁和移民安置进行社会调查、建立信息管理系统和实施计划编译等工作所发生的费用。本项费用的计算按《费用定额》执行。

⑤ 征地拆迁和移民安置监控费，指按照国外贷款机构的要求，对外资项目征地拆迁和移民安置进行监控所发生的费用。包括外部监控和内部监控。外部监控的内容包括：对移民安置总量5%的基底调查，每半年一次的现场调查，移民安置监控报告和后评估报告的编译，陪同国外贷款机构检查，参加谈判等。内部监控的内容包括：每半年编制一份工程进度和移民安置进展情况的报告，配合外部监控单位开展工作，配合国外贷款机构检查等。征地拆迁和移民安置监控费的计算按《费用定额》执行。

⑥ 环境监控费，指按照国外贷款机构的要求，在外资项目实施过程中对周围环境的影响进行监控所发生的费用。本项费用的计算按《费用定额》执行。

⑦ 环境影响评价报告编译费，指按照国外贷款机构的要求，对外资项目进行环境影响评价报告编译工作所发生的费用。本项费用的计算按《费用定额》执行。

⑧ 引进技术和进口设备项目的其他费用，指由于利用国外贷款，在执行贷款协议或贷款合同时所发生的有关费用。本项费用根据贷款协议或贷款合同的要求，分人民币支付和外币支付两部分计列。

⑨ 进口关税及增值税，指利用国外贷款采购的材料、设备，应交纳的进口关税及增值税。本项费用的计算按《费用定额》执行。

⑩ 国外贷款承诺费，指国外贷款协议生效后，其贷款余额部分（即未提取部分）必须按其要求支付贷款方一定数额的承诺费。当国外贷款机构有此要求时，本项费用根据评估报告的支付进度及建设期各年度贷款余额，按有关费率计列。

⑪ 国外贷款项目启动费，指国外贷款机构收取的项目启动费，一般从贷款本金中直接扣取。当国外贷款机构有此要求时，本项费用以利用外资贷款总额按现行汇率折合人民币后为计算基数，按有关费率计列。

⑫ 社会影响评估报告编译费，指根据国外贷款机构的规定，有关单位对外资项目进行社会影响评估报告编译工作所发生的费用。

⑬ 少数民族发展计划编译费，指根据国外贷款机构的规定，有关单位对外资项目进行少数民族发展计划编译工作所发生的费用。

⑭ 生物多样性研究报告编译费，指根据国外贷款机构的规定，有关单位对外资项目进行生物多样性研究报告编译工作所发生的费用。

（14）生产准备费

① 生产职工培训费，指新建和改扩建铁路工程，在交验投产以前对运营部门生产职工培训所必需的费用。内容包括：培训人员的工资、津贴和补贴、职工福利费、差旅交通费、劳动保护费、培训及教学实习费等。本项费用的计算按《费用定额》执行。

② 办公和生活家具购置费，指为保证新建、改扩建项目初期正常生产、使用和管理，所必须购置的办公和生活家具、用具的费用。范围包括：行政、生产部门的办公室、会议室、资料档案室、文娱室、食堂、浴室、单身宿舍、行车公寓等的家具用具。不包括应由企业管理费、奖励基金或行政开支的改扩建项目所需的办公和生活家具购置费。本项费用的计算按《费用定额》执行。

③ 工器具及生产家具购置费，指新建、改建项目和扩建项目的新建车间，验交后为满足初期正常运营必须购置的第一套不构成固定资产的设备、仪器、仪表、工卡模具、器具、工作台（框、架、柜）等的费用。不包括：构成固定资产的设备、工器具和备品、备件；已列入设备购置费中的专用工具和备品、备件。本项费用的计算按《费用定额》执行。

（15）其他

其他指以上费用之外，按国家、相关部委及工程所在省（自治区、直辖市）规定应纳入设计概（预）算的费用，或在设计阶段无法准确核定的特殊工程处理措施估算费用，以及铁路专利专有技术等知识产权使用费等。

13）基本预备费

基本预备费指为建设阶段各种不可预见因素的发生而预留的可能增加的费用。本项费用的计算按《费用定额》执行。

14）价差预备费

价差预备费指为正确反映铁路基本建设工程项目的概（预）算总额，在设计概（预）算编制年度到项目建设竣工的整个期限内，因形成工程造价诸因素的正常变动（如材料、设备、征地拆迁价格等的上涨，人工费及其他有关费用定额的调整等），导致必须对该建设项目所需的总投资额进行合理的核定和调整，而需预留的费用。本项费用的计算按《费用定额》执行。

15）建设期投资贷款利息

建设期投资贷款利息指建设项目中分年度使用国内外贷款，在建设期应归还的贷款利息。本项费用的计算按《费用定额》执行。

16）机车车辆（动车组）购置费

机车车辆（动车组）购置费指根据铁路机车、客车投资有偿占用有关办法的要求，在新建铁路、增建二线和电气化改造等基建大中型项目总概（预）算中根据需要计列的机车车辆（动车组）的购置费。本项费用的计算按《费用定额》执行。

17）铺底流动资金

铺底流动资金指为保证新建铁路项目投产初期正常运营所需流动资金有可靠来源，而计列的费用。主要用于购买原材料、燃料、动力，支付职工工资和其他有关费用。本项费用的计算按《费用定额》执行。

3. 其他编制说明

1）设计概（预）算价差调整有关说明

（1）设计概（预）算价差调整指基期至设计概（预）算编制期对价格所做的合理调整，由设计单位在编制概（预）算时，按本办法列出的价差调整方法计算，列入单项概（预）算。

（2）人工费、材料费、施工机具使用费、设备费等主要项目基期至设计概（预）算编制期价差调整方法。

① 人工费价差调整方法：按定额统计的人工消耗量（不包括施工机械台班中的人工）乘以编制期综合工费单价与基期综合工费单价的差额计算。

② 材料费价差调整方法：a. 水、电价差（不包括施工机具台班消耗的水、电），按

定额统计的消耗量乘以编制期价格与基期价格之间的差额计算。b. 水泥、木材、钢材、砖、瓦、砂、石、石灰、粉煤灰、风沙路基防护用稻草（芦苇）、黏土、花草苗木、土工材料、钢轨、道岔、轨枕、钢轨扣件（混凝土枕用）、钢梁、钢管拱、斜拉索、桥梁高强度螺栓、钢筋混凝土梁、铁路桥梁支座、桥梁防水卷材、桥梁防水涂料、钢筋混凝土预制桩、隧道防水板、火工品、电杆、铁塔、机柱、接触网支柱、接触网及电力线材、光电缆线、给水排水管材、钢制防护栅栏网片等材料的价差，按定额统计的消耗量乘以编制期价格与基期价格之差计算。c. 上述材料以外的辅助材料价差以基期辅助材料费（定额辅助材料消耗量乘以基期价格）为计算基数，按有关部门发布的辅助材料价差系数调整，调整公式如下：

$$辅助材料差价 = 基期辅助材料费 \times （辅助材料价差系数 - 1） \quad （9.2-17）$$

③ 施工机具使用费价差调整方法：按定额统计的施工机械台班及施工仪器仪表台班消耗量，乘以相对应的编制期台班单价与基期台班单价的差额计算。

④ 设备费价差调整方法：编制设计概（预）算时，以《铁路工程建设设备预算价格》中的设备原价作为基期设备原价。编制期设备原价由设计单位按照国家或主管部门发布的信息价和生产厂家的编制期出厂价分析确定。基期至编制期设备原价的差额，按价差处理，不计取设备运杂费。

2）利用外资概（预）算编制有关说明

（1）利用外资概（预）算，原则上应按照初步设计、施工图设计、建设实施三个阶段编制。

为简化概算编制，初步设计和施工图设计阶段，依据外资贷款评估报告、贷款协议等，在工程设计内资概（预）算中计列利用外资增加的有关附加费用，可不必单独编制外资概（预）算；在建设实施阶段，一般在竣工结算阶段，以实际发生的合同、协议等为基础，编制最终的建设项目外资清理概算，并报原初步设计审批部门审批，审批成立后作为利用外资建设项目投资的最终控制额度。

（2）外资概（预）算原则上可以一个建设项目的范围进行编制，而无须与原批准的内资概（预）算相一致。单项概（预）算编制单元按照不同的专业工程类别进行划分。

（3）外资概（预）算的编制层次原则上按本办法列出的章节执行，区分设备、材料、其他费等内容，概（预）算表格见附表。

（4）外资概（预）算由外资部分和内资部分组成，因其款源不同，在编制外资概（预）算时，应严格区分外资部分和内资部分。

① 外资部分

外资部分指利用外资采购的材料、设备费用，引进的技术和服务费用，以及随之发生的一些需由外币支付的有关费用。

材料费按以下公式计算：

$$外资部分材料费（人民币） = \sum 外资采购的材料数量 \times 材料单价（外币） \times 现行汇率 \quad （9.2-18）$$

式中　外资采购的材料数量——应根据外资贷款评估报告、贷款协议或贷款合同所列出的按外资采购的材料品种，按对应设计阶段的设计数量，另加概预算定额计取的损耗计算。

材料单价——设计阶段为外资评估报告所列的到岸价格，实施阶段为材料招标合同价格。

现行汇率——设计阶段为贷款协议生效当日收盘的中间价；实施阶段为实际发生的汇率。

设置购置费按以下公式计算：

外资部分设备购置费（人民币）= ∑ 外资采购的设备数量 × 设备单价（外币）× 现行汇率

（9.2-19）

式中 外资采购的设备数量——根据已批准的设计文件所推荐采用的设备清单中的设备品种、数量（包括备品、备件）确定。

设备单价——设计阶段为外资评估报告所列的到岸价格，实施阶段为引进设备招标合同价格。

现行汇率——同前式。

其他费用按本办法的有关要求计算。外资部分除按贷款方要求的币种编制外，还需将外币按现行汇率折合为人民币，再与内资部分汇编成整修建设项目的外资概（预）算。

② 内资部分

内资部分指因利用外资引起的由人民币支付的配套或附加费用，按本办法的有关要求计算。

（5）外资概（预）算编制完成后，尚需与对应的内资概（预）算进行对照分析，说明费用变化的情况。内资概（预）算指采用外资采购的材料、设备对应的内资概算费用。

9.2.2 铁路工程工程量清单规范相关规定

为规范铁路工程工程量清单编制行为，统一铁路工程工程量清单的编制原则和方法，制定《铁路工程工程量清单规范》TZJ 1006—2020。《铁路工程工程量清单规范》TZJ 1006—2020 由总则、术语、一般规定、工程量清单编制、工程量清单格式、工程量清单计量规则表组成。工程量清单编制说明如下：

1. 综合说明

1）工程量计算规则

（1）工程量计算规则是在各类工程界面划分明确的基础上对清单子目工程量的计算规定。

路基与桥梁工程界面划分：设置桥台过渡段时，桥台后过渡段为路基工程；未设置桥台过渡段时，桥台后缺口填筑为桥梁工程。

路基与隧道工程界面划分：设置斜切式洞门时，以洞门的斜切面与设计内轨顶面的交线同线路中线的交点为界，靠隧道一侧计入隧道工程，靠路基一侧计入路基工程。

隧道与桥梁工程界面划分：桥台进洞时，桥台基坑开挖、防护、回填等计入桥梁工程，隧道边坡、仰坡防护等计入隧道工程。

室内、室外界面划分：① 给水管道：设置入户水表井（或交汇井）时，以井为界，水表井（或交汇井）计入室外给水管道；未设置入户水表井（或交汇井）时，以建筑物外墙皮为界。② 排水管道：以出户第一个排水检查井（或化粪池）为界，检查井、化粪池均计入室外。③ 热网管道、工艺管道：以建筑物外墙皮为界。④ 电力、照明线路：以入户配电箱为界，入户配电箱计入室内。

清单子目的土方和石方：指单独挖填土石方的子目和无须砌筑的各种沟渠等的土石方。砌筑等工程的子目工程（工作）内容已包含土石方挖填的清单子目，土石方不单独计量。

（2）除另有规定及说明外，清单子目工程量应以设计图示的工程实体净值计算，不含施工中的各种损耗及因施工工艺需要所增加的工程量，相关损耗及工程量所发生费用计入综合单价。

非预应力钢筋重量按设计图示长度（应含架立钢筋、定位钢筋）乘以理论单位重量计算，不含搭接和焊接料、绑扎料、接头套筒、垫块等材料的重量。

预应力钢筋（钢丝、钢绞线）重量按设计下料长度乘以理论单位重量计算，不含锚具、管道、锚板及连接钢板、封锚、捆扎、焊接材料等的重量。

钢结构重量按设计图示尺寸计算，不含搭接和焊接料、下脚料、缠包料和垫衬物、涂装料等材料的重量。

砌体体积按设计图示尺寸以实体体积计算，除另有规定外，不扣除预留孔洞、预埋件的体积。勾缝、抹面按设计砌体表面勾缝、抹面的面积计算。

混凝土体积按混凝土设计尺寸以实体体积计算，除另有规定外，不扣除混凝土中钢筋（钢丝、钢绞线）、预埋件和预留压浆孔道等所占的体积。

桩基以体积计量时，其高度按设计图示中桩顶至桩底间长度计列，其截面积均按设计桩径断面积计列，不得将扩孔（扩散）因素或护壁圬工计入工程数量，房屋工程除外。如需试桩，按设计文件的要求计入工程数量。桩帽（筏板）混凝土按设计体积计算，桩帽（筏板）钢筋按设计重量计算。

工程量以面积计量时，其面积按设计图示尺寸计算，不扣除各类井和在 $1m^2$ 及以下的构筑物所占的面积，另有规定除外。

工程量以长度计量时，按设计图示中心线的长度计算，不扣除接头、检查井、人（手）孔坑、接头坑等所占的长度，另有规定除外。

（3）在新建铁路工程项目中，与路基、桥梁、隧道等工程同步施工的电缆沟、槽及光（电）缆防护、接触网滑道，应分别在路基、桥梁、隧道等工程的清单子目中计量。对既有线改造项目，应根据工程实际情况计列。

（4）所有室内工程的地基处理应在房屋工程相应清单子目中计量。

2) 工程（工作）内容

（1）工程（工作）内容是指完成该清单子目的具体工程（工作），除已列明的工程（工作）内容外，还包括场地平整、原地面挖台阶、原地面碾压、工程定位复测、测量、放样、工程点交、场地清理，材料（含成品、半成品、周转性材料）和各种填料的采备保管、运输装卸，小型临时设施，按照规范和施工质量验收标准的要求对建筑安装的设备、材料、构件和建筑物进行检验、试验、检测、观测，防寒、保温设施，防雨、防潮设施，照明设施，文明施工（施工标识、防尘、防噪声等）和环境保护、水土保持、防风防沙、卫生防疫措施，已完工程及设备保护措施、竣工文件编制等内容。

（2）对于改建工程的清单子目或距既有线（既有建筑物）较近工程的清单子目，除另有说明或单列清单子目外，还包括既有线（既有建筑物）的拆（凿）除（凿毛）、整修、改移、加固、防护、更换构件和与相关产权单位的协调、联络、封锁线路要点施工或行车干扰降效等内容。

（3）对于使用旧料修建的工程，还包括对旧料的整修、选配等内容。

（4）施工中引起的过渡费用应计入相应的清单子目，另有说明或单列清单子目除外。

（5）常用工程（工作）内容的表示方法：

基坑（工作坑、检查井孔）挖填：包括筑岛、围堰及拆除（桥梁工程除外），土石挖、装、运、弃，弃方整理，坑（孔）壁支护及拆除，降排水，修坡，修底，垫层铺设，回填（含原土回填和外运填料或圬工回填）、压实。

桩（井）孔开挖：包括桩（井）孔土石挖、运、弃，弃方整理，孔壁支护及拆除，通风，降排水，清孔。

沟槽挖填：包括管沟、排水沟、光（电）缆沟等的筑岛、围堰及拆除，土石挖、运、弃，弃方整理，沟壁支护及拆除，降排水，修坡，修底，地基一般处理（含换填、垫层铺设），回填（含原土回填和外运填料回填）、压实，标志埋设。

砌体（干砌和浆砌）砌筑：包括砂浆配料、拌制，石料或砌块选修，挂线，填塞，勾缝，抹面，养护。

混凝土浇筑：包括配料（含各种外加剂），拌制，运输，浇筑，振捣，养护。

钢筋及预埋件制作安装：包括调直、除锈、切割、钻孔、弯曲、捆束、堆放、焊接、套筒连接、绑扎、安放、定位、检查、校正、垫块。

模板制作安装拆除：包括制作、挂线放样、模板及配件安装，校正、紧固、涂刷脱模剂，拆除、整修、涂油、堆放。

（钢筋）混凝土预制构件制作安装：包括脚手架搭拆、钢筋及预埋件制作安装、预制场内模板制作安装拆除、混凝土浇筑、安砌（装）、勾缝、抹面、养护。

金属构件制作安装：包括放样、除锈、切割、钻孔、煨制、堆放、安装、连接、检查、校正、涂装。

管道铺（架）设：包括管道基础浇筑，支（吊）架、支墩制作安装，管道、管件制作安装，阀门、计量表安装，接口处理，防腐、保温处理，管道试验。

杆坑挖填：包括土石挖、运、弃，弃方整理，坑（孔）壁支护及拆除，降排水，修坡，修底，垫层铺设，回填（含原土回填和外运填料或圬工回填）、压实等。

立杆（电杆、信号机柱）：包括清坑、杆（柱）架立、整正，底盘、卡盘安装，撑杆、拉线、拉线桩（盘）制作安装，根部加固及防护（培土、砌筑等），接地连接，杆上附属装置制作安装，铭牌制作安装。

立杆（接触网支柱）：包括清坑、支杆、整正回填，接地连接，根部加固及防护（培土、砌筑等）。

光（电）缆敷设：包括检查，配盘、量裁，沿电缆沟、槽、管道敷设，架空敷设，盘留固定余缆，测试。分支地线敷设及连接，引接线端子排安装及连接，接地体制作安装。洞口封堵恢复，缠绕线环，线端核对，编绑整理。除管槽外的光（电）缆线路防护。

导线架设：包括横担组装，绝缘子、防振锤安装，导线架设，紧固，接续，端头处理，测试。

铁塔组立：包括构件组装，铁塔架立、固定，接地连接，防腐处理，警告牌制作安装，根部加固及防护（培土、砌筑等）。

防雷设施制作安装：包括坑、沟挖填，地线盘、地网、接地极、避雷线（针）、避雷器、消雷器、防雷器制作安装，加降阻剂，设标志，防腐处理，接地电阻试验。

设备安装、调试：包括开箱检验，机架（柜）、底座、支架、配件制作安装，模块、机盘安装，打孔洞，插件、插板安装，配线敷设，电气安装，相应软件的安装调试，单机测试。

2. 分章说明

1）迁改工程

（1）道路过渡工程是指为了不中断既有道路交通，确保施工、运营安全所修建的过渡工程。

（2）改河（沟渠）包括涵洞的上下游铺砌及顺沟、顺渠、顺路（仅为非等级公路）内容，指为保证涵洞两端上下游通畅，避免对环境产生不利影响而需向铁路用地界以外延伸部分的工程。

（3）管线路防护是指修建铁路时需对既有管线路进行的防护、加固，含电磁防护工程。

（4）青苗补偿费是指在铁路用地界以外修建正式工程发生的青苗补偿费用。

2）路基工程

（1）区间路基和站场土石方

利用隧道、路基、站场、桥涵弃土石方的运输距离界面划分：以设计确定的取料点为界，料源点至取料点的运输距离计入弃方工程中，取料点至填筑点（含运至填料拌和站）的运输距离计入填筑工程中。

挖方以设计开挖断面计算，为天然密实体积；填方以设计填筑断面计算，为压实后体积。

因设计要求清除表土后或原地面压实后回填至原地面标高所需的土石方按设计图示确定的数量计算，纳入路基填方数量内。

路堤填筑按照设计图示填筑线计算土石方数量，护道土石方、需要预留的沉降数量计入填方数量。

既有线改造工程所引起的既有路基落底、抬坡的土石方数量应按相应的土石方的清单子目计量。

（2）路基附属工程

路基加固防护与桥梁基坑防护的界面划分：以桥台台尾为界，路基范围以内的防护工程纳入路基工程。

路基（站场）排水沟与涵洞出入口沟渠的界面划分：涵洞边墙以外的排水系统纳入路基（站场）工程。

支挡结构：支挡结构包括抗滑桩、挡土墙、锚固结构等工程；桩板挡土墙分别按钢筋混凝土桩和钢筋混凝土板的清单子目计量；加筋土挡土墙分别按墙面板及基础和拉筋的清单子目计量；锚杆框架梁分别按锚杆及钢筋混凝土的清单子目计量。

路基地基处理中基底填筑（垫层）按清单子目单独计量；挡土墙、护墙等砌体圬工的基础、墙背所设垫层不单独计量，其工程内容含在相应的清单子目中。

土工合成材料：铺设土工材料数量按设计铺设面积计算，若特殊设计需要回折的，回折部分另行计算并计入工程数量，除土工网垫外，其下铺设的各种垫层或其上填筑的各种覆盖层等应采用地基处理的清单子目计量；支挡结构中的受力土工材料在支挡结构的清单子目中计量。

地下洞穴处理：仅适用于对地下洞穴进行直接处理的计量，对于通过挖开后回填处理，应采用地基处理的清单子目计量；地下洞穴处理的填筑清单子目，适用于通过地下巷道进入施工现场进行填筑的工程。

3）桥涵工程

（1）特大桥指桥长 500m 以上的桥梁；大桥指桥长 100m 以上至 500m（含）的桥梁；中桥指桥长 20m 以上至 100m（含）的桥梁；小桥指桥长 20m 及以下的桥梁。

（2）桥梁长度，梁式桥指桥台挡砟前墙之间的长度；拱桥指拱上侧墙与桥台侧墙间两伸缩缝外端之间的长度；框架式桥指框架顺跨度方向外侧间的长度。

（3）桥梁下部工程有"水上"字样的清单子目是指设计采用船舶等水上专用设备方可施工的子目。河滩、水中筑岛施工按"陆上"施工考虑。

（4）墩台子目按墩身高度细分为墩高≤30m、30m＜墩高≤70m、70m＜墩高≤140m。

（5）梁的运架清单子目包括运输、架设等工作内容。

（6）刚构连续梁与桥墩的分界：桥墩顶部变坡点（0号块底）以上属于梁部工程，以下属于墩台工程。

（7）附属工程包括台后及河床加固及河岸防护、锥体填筑、洞穴处理等，不含由于防洪需要所发生的相关工程。

（8）洞穴处理，钻孔、注浆、灌砂等清单子目，适用于通过钻孔进行的注浆、灌砂处理；填土、填袋装土、填石（片石）及填（片石）混凝土等清单子目，适用于对洞穴挖开后的填筑处理；钻孔填筑子目仅适用于对钻孔通过洞穴时，需对洞穴进行的填筑处理。

（9）施工辅助设施包括栈桥、缆索吊、施工猫道、基础施工辅助设施和其他设施。基础施工辅助设施包括筑堤、筑岛、围堰、工作平台、防护棚架等。其他设施包括现浇混凝土梁辅助设施、钢梁架设辅助设施、墩身辅助设施等。

4）隧道及明洞工程

（1）隧道长度指隧道进出口（含与隧道相连的明洞）洞门端墙墙面之间的距离，以端墙面或斜切式洞门的斜切面与设计内轨顶面的交线同线路中线的交点计算。双线隧道按下行线长度计算；位于车站上的隧道以正线长度计算；设有缓冲结构的隧道长度应从缓冲结构的起点计算。

（2）隧道长度大于 4000m 或有辅助坑道的单、双线隧道，多线隧道及地质复杂隧道分别编列。

（3）隧道正洞施工工区分为正洞进出口工区、通过辅助坑道施工正洞工区，正洞工区长度根据施工组织设计安排确定。

（4）正洞施工按不同工法分为"钻爆法施工""TBM法施工""盾构法施工"三类，不同工法按地质围岩分级设置清单子目。

（5）TBM法施工适用于采用敞开式隧道岩石掘进机设备进行开挖的隧道。为便于TBM步进、洞内拆解而采用钻爆法施工的正洞主体工程，应采用钻爆法施工相关清单子目计量。

（6）盾构法施工适用于采用土压平衡盾构及泥水平衡盾构设备进行开挖的隧道。如与盾构工作井相连的是封闭式路堑（U形槽）加雨棚结构，则相关土石方开挖、地基处理、基坑围护、主体结构、雨棚等可采用类似工程清单子目计量。

（7）平行导坑的横通道不单独计量，其工程内容计入平行导坑。

（8）竖井的井口及井底车场工程不单独计量，其工程内容计入竖井。

（9）隧道洞室防护门等与土建工程同步实施的站后相关工程均列于本章中。

5）轨道工程

（1）铺轨、铺岔和铺道床包括满足设计开通速度的全部工程（工作）内容。

（2）大型机械安拆与调试按单独清单子目计量。

（3）无砟道床施工包括轨道板（枕）预制、轨道板（枕）运输、道床现浇部分及轨道板（枕）安装及减振垫层铺设。

6）通信、信号、信息及灾害监测工程

（1）综合接地工程项目中贯通接地系统安装工程量列入信号专业，各专业需与接地端子相连接的工程项目如分支地线敷设及连接等的工程量列入相应专业，需单独接地的工程量列入相应专业。

（2）综合视频监控系统中，旅服视频监控系统采集点设备列入信息专业，通信机房、信号机房、电力配电所、电化所（亭）等采集点设备列入通信专业。

（3）旅客车站站房综合布线系统列入信息专业，其他生产生活房屋综合布线列入通信专业。

（4）灾害监测系统中公跨铁异物侵限监测系统桥梁预埋件列入桥梁专业。

7）电力及电力牵引供电工程

（1）供电线路施工引起的地上附着物及青苗补偿费，统一在迁改工程中计列。

（2）其他室外照明是指水塔、天桥、地道、雨棚等的照明和其他单列清单项目以外的室外照明，包括站区、庭院照明等。

（3）与路基工程同步施工的接触网支柱基础应在路基工程清单项目中计列，桥梁预埋的接触网支柱锚栓或预留的接触网支柱锚栓孔应在桥梁工程清单项目中计列，隧道预埋的槽道或螺栓孔应在隧道工程清单项目计列。

8）房屋工程

（1）除计量规则表所列的工程内容以外，列入房屋工程的室内工程还包括：库内线、检查坑、落轮坑、吊车轨道等。

（2）基础与墙身的分界：砖基础与砖墙（身）划分应以设计室内地坪为界（有地下室的按地下室室内设计地坪为界），以下为基础，以上为墙（柱）身；石基础、石勒脚、石墙的划分，基础与勒脚应以设计室外地坪为界，勒脚与墙身应以设计室内地坪为界；基础与墙身使用不同材料，位于设计地坪±0.3m以内时以不同材料为界，超过±0.3m，应以设计室内地坪为界。

（3）附属工程土石方是指为达到设计要求的标高，在原地面修建房屋及附属工程而必须进行的修建场地范围的土石方工程，不含已由线路、站场进行调配的土石方。修建房屋进行的平整场地（厚度±0.3m以内）和基础及道路、围墙、绿化、圬工防护等土石方，不单独计量，其工程内容计入房屋基础及附属工程的相应清单子目。

（4）除与其他运营生产设备及建筑物有关的围墙、栅栏、道路、排水沟渠、硬化面、挡墙、护坡、绿化和取弃土（石）场处理外，其余均列入房屋附属工程相应清单子目。

（5）铁路房屋分类及范围符合《铁路房屋建筑设计标准》TB 10097—2019 的规定。

（6）建筑面积计算符合《建筑工程建筑面积计算规范》GB/T 50353—2013 的规定。

9）其他运营生产设备及建筑物

（1）机务、车辆、动车段（所）按车间种类分别编列。

（2）本章范围内的围墙、栅栏、道路、硬化面、绿化和取弃土（石）场处理等均列入站场附属工程有关清单子目。

（3）本章范围内的地面水（雨水、融化雪水、客车上水时的漏水、无专用洗车机洗刷机车及车辆的废水等）的排水沟渠、管道列入站场附属工程，其余地下水、生产废水、生活污水的排水沟渠、管道列入排水工程。

（4）集装箱场地地面等垫层以下地基如需加固处理，应按地基处理相应的清单子目计量。

10）大型临时设施和过渡工程

大型临时设施和过渡工程指施工企业为进行建筑安装工程施工及维持既有线正常运营，根据施工组织设计确定所需的大型临时建筑物和过渡工程修建及拆除恢复工程。

（1）临时场站

临时场站指根据施工组织设计需要确定的大型临时场站，包括材料场、填料集中加工站、混凝土集中拌和站、混凝土构配件预制场、制（存）梁场、钢梁拼装场、TBM拼装场、盾构泥水处理场、管片预制场、仰拱块预制场、铺轨基地、长钢轨焊接基地、换装站、道砟存储场、轨道板（枕）预制场等。

（2）铁路便线（含便桥、隧、涵）

铁路便线指通往临时场站、砂石（道砟）场的临时铁路线、架梁岔线及场内铁路便线、机车转向用的三角线等，以及独立特大桥的吊机走行线和重点桥隧等工程专设的铁路运料便线等。

（3）汽车运输便道

汽车运输便道包括平原微丘类便道、山岭重丘类便道、盘曲山区类便道、深峡陡坡类便道、特殊类便道、汽车运输便桥，利用地方既有道路补偿（维护）。利用地方既有道路补偿（维护）指过路过桥费用，道路维护、环水保等。

（4）运梁便道

运梁便道指专为运架大型混凝土成品梁而修建的便道。

(5)过渡工程

过渡工程指由于改建既有线、增建第二线等工程施工,为了保持既有线(或车站)运营工作正常进行,尽可能地减少运输与施工之间的相互干扰和影响,从而对部分既有工程设施必须采取的施工过渡措施。

11)其他费

(1)安全生产费(费率计算部分)按国家有关规定计算,不得作为竞争性费用。

(2)营业线施工配合费指运营单位在施工期间参加配合工作所发生的费用,根据相关费率计算或合同约定计列。

第3篇 铁路工程项目管理实务

第10章 铁路工程企业资质与施工组织

10.1 铁路工程企业资质

10.1.1 设计企业资质

1. 设计资质的分类

铁道行业工程设计资质分为工程设计行业资质和工程设计专业资质。

2. 设计资质主要专业技术人员配备

铁道行业工程设计主要专业技术人员配备情况见表 10.1-1。

表 10.1-1 铁道行业工程设计主要专业技术人员配备表

工程设计资质	设计类型与等级		(1)经济	(2)行车	(3)线路 土木(铁路)	(4)路基 土木(铁路)	(5)桥梁 土木(铁路)	(6)隧道 土木(铁路)	(7)站场	(8)机务	(9)车辆	(10)电气化	(11)信号	(12)通信	(13)建筑 建筑(一级)	(14)结构 结构(一级)	(15)电力 电气	(16)设备 机械	(17)给水排水 公用设备(给水排水)	(18)地质 岩土	(19)施工组织	(20)工程经济 造价	总计
行业资质	甲（Ⅰ）级		5	5	10	10	10	10	10	6	6	10	10	6	5	8	8		6	10	8	8	151
	甲（Ⅱ）级		3	3	5	5	5	5	5	3	3	4	4	3	3	3	3		3	4	4	4	71
	乙级		1	1	2	2	2	2	2	1	1	2	2	2	1	1	2		1	2	2	2	30
专业资质	桥梁	甲级			2	2	10	1							1	2	1		2	6	2	2	35
	轨道	甲级			2	6	2	2							2	8				2	2	2	28
	隧道	甲级			2	2		10	1										1	2	2	2	37
	电气化	甲级			2	2		2				10					1	5		2	4	4	33
	通信信号	甲级			1								8	6	1	2	4			1	4	4	31

注：1. 专业设置中，行业资质的主导专业为：（1）～（11）、（18）～（20）的14个专业。

专业资质的主导专业，桥梁：（3）、（5）、（18）～（20）的5个专业；轨道：（3）、（4）、（14）、（19）、（20）的5个专业；隧道：（3）、（6）、（18）～（20）的5个专业；电气化：（10）、（15）、（19）、（20）的4个专业；通信信号：（11）、（12）、（19）、（20）的4个专业。

2. 行业资质中，甲（Ⅰ）级专业设置中配备的主要专业技术人员为主持过两项及以上特大型项目的专业技术人员；甲（Ⅱ）级专业设置中配备的主要专业技术人员为主持过两项及以上大型项目的技术人员；乙级其专业设置中配备的主要专业技术人员为主持过两项及以上中型项目的技术人员。

3. 申请行业资质时，企业和个人业绩需包括至少1项综合项目。

3. 铁路行业建设项目设计规模划分及承揽范围

铁路行业建设项目设计规模划分见表 10.1-2。

表 10.1-2 铁路行业建设项目设计规模划分表

序号	建设项目		单位	特大型	大型	中型	小型	备注
1	综合项目	新建铁路	km	普通铁路≥100，客运专线	100～50（含50）	50～10	≤10	
2		改建铁路	km	普通铁路≥200，客运专线	200～100（含100）	100～20	≤20	
3		枢纽	个	各种枢纽	区段站			
4	专业项目	桥梁	座	深水独立特大桥	特大桥			
5		轨道 新建铁路	km	普通铁路≥100，客运专线	100～50（含50）	50～10	≤10	
		轨道 改建铁路	km	普通铁路≥200，客运专线	200～100（含100）	100～20	≤20	
6		隧道	座	长度大于5km	大于2km			
7		电气化	km	≥400				
8		通信信号	km	≥400				

注：1. 甲（Ⅰ）级设计单位承担铁路设计任务不受限制。
  2. 甲（Ⅱ）级设计单位可承担时速 160km（含）以下的铁路勘察设计，不含长度 200km 以上的山区长大干线和铁路枢纽。
  3. 铁路行业乙级设计单位可承担时速 160km 以下、长度 50km 以下的新建铁路和 100km 以下既有铁路（不含区段站、特大桥）的勘察设计。
  4. 铁路专业设计单位承担专业工程的范围不受限制。

10.1.2 施工企业资质

铁路工程施工企业资质标准分为施工总承包资质标准和专业承包资质标准。

1. 铁路工程施工总承包资质

铁路工程施工总承包资质分为特级、一级、二级、三级。

1）特级资质标准及承包工程范围

（1）企业资信能力

① 企业注册资本金 3 亿元以上。

② 企业净资产 3.6 亿元以上。

③ 企业近三年上缴建筑业营业税均在 5000 万元以上。

④ 企业银行授信额度近三年均在 5 亿元以上。

（2）企业主要管理人员和专业技术人员要求

① 企业经理具有 10 年以上从事工程管理工作经历。

② 技术负责人具有 15 年以上从事工程技术管理工作经历，且具有工程序列高级职称及一级注册建造师或注册工程师执业资格；主持完成过两项及以上施工总承包一级资质要求的代表工程的技术工作或甲级设计资质要求的代表工程或合同额 2 亿元以上的工

程总承包项目。

③ 财务负责人具有高级会计师职称及注册会计师资格。

④ 企业具有注册一级建造师（一级项目经理）50人以上。

⑤ 企业具有本类别相关的行业工程设计甲级资质标准要求的专业技术人员。

（3）企业工程业绩

近10年承担一级铁路干线综合工程300km以上或铁路客运专线综合工程100km以上，并承担下列4项中的2项以上工程的工程总承包、施工总承包或主体工程承包，工程质量合格。

① 长度3000m以上隧道2座。

② 长度500m以上特大桥3座，或长度1000m以上特大桥1座。

③ 编组站1个。

④ 单项合同额5亿元以上铁路工程2个。

（4）施工总承包特级资质承包工程范围

可承担各类铁路综合工程及通信、信号、电力工程施工。

2）一级资质标准及承包工程范围

（1）企业资产

净资产1亿元以上。

（2）企业主要人员

① 铁路工程专业一级注册建造师不少于15人。

② 技术负责人具有10年以上从事铁路工程施工技术管理工作经历，且具有铁道工程（或桥梁工程或隧道工程）专业高级职称，铁道工程相关专业中级以上职称人员不少于75人。

③ 持有岗位证书的施工现场管理人员不少于50人，且施工员、测量员、质量员、安全员、试验员、材料员、标准员、机械员、劳务员、资料员齐全。

④ 经考核或培训合格的中级工以上技术工人不少于200人。

（3）企业工程业绩

近10年承担过下列5类中的3类工程的施工，其中至少有第1类所列工程，工程质量合格。

① 累计150km以上Ⅰ级铁路综合工程（不包括铁路电务、电气化和铺轨架梁工程）。

② 2座全长1000m以上铁路隧道。

③ 3座单跨32m且桥长100m以上的铁路桥梁。

④ 2个单项合同额5000万元以上新建或改建站场。

⑤ 2个单项合同额1亿元以上的总承包铁路综合工程（不包括铁路电务、电气化和铺轨架梁工程）。

（4）施工总承包一级资质承包工程范围

可承担新建、改建30km以下Ⅰ级铁路工程施工，以及Ⅱ、Ⅲ、Ⅳ级铁路工程施工（不包括钢板梁桥和单跨大于64m的桥梁、全长3000m以上的隧道，以及铁路电务、电气化和铺轨架梁工程专业承包资质范围内的工程）。

3）二级资质标准及承包工程范围

（1）企业资产

净资产 4000 万元以上。

（2）企业主要人员

① 铁路工程专业一级注册建造师不少于 8 人。

② 技术负责人具有 8 年以上从事铁路工程施工技术管理工作经历，且具有铁道工程（或桥梁工程或隧道工程）专业高级职称；铁道工程相关专业中级以上职称人员不少于 40 人。

③ 持有岗位证书的施工现场管理人员不少于 30 人，且施工员、测量员、质量员、安全员、试验员、材料员、标准员、机械员、劳务员、资料员等人员齐全。

④ 经考核或培训合格的中级工以上技术工人不少于 100 人。

（3）企业工程业绩

近 10 年承担过下列 5 类中的 3 类工程的施工，其中至少有第 1 类所列工程，工程质量合格。

① 累计 60km 以上铁路综合工程（不包括铁路电务、电气化和铺轨架梁工程）。

② 3 座全长 100m 以上铁路隧道。

③ 8 座单跨 24m 的铁路桥梁。

④ 3 座中间站。

⑤ 2 个单项合同额 2000 万元以上的总承包铁路综合工程（不包括铁路电务、电气化和铺轨架梁工程）。

（4）施工总承包二级资质承包工程范围

可承担新建、改建 15km 以下 I 级铁路工程、30km 以下 II、III、IV 级铁路工程施工（不包括钢桁梁、钢板梁桥及单跨大于 32m 的桥梁、全长 1200m 以上的隧道，以及铁路电务、电气化和铺轨架梁工程专业承包资质范围内的工程）。

4）三级资质标准及承包工程范围

（1）企业资产

净资产 800 万元以上。

（2）企业主要人员

① 铁路工程专业一级注册建造师不少于 3 人。

② 技术负责人具有 5 年以上从事铁路工程施工技术管理工作经历，且具有铁道工程（或桥梁工程或隧道工程）专业中级以上职称；铁道工程相关专业中级以上职称人员不少于 20 人。

③ 持有岗位证书的施工现场管理人员不少于 20 人，且施工员、测量员、质量员、安全员、试验员、材料员、标准员、机械员、劳务员、资料员等人员齐全。

④ 经考核或培训合格的中级工以上技术工人不少于 50 人。

⑤ 技术负责人（或注册建造师）主持完成过本类别资质二级以上标准要求的工程业绩不少于 2 项。

说明：以上提到的铁道工程相关专业职称，包括铁道工程、桥梁工程、隧道工程以及铁路线路、站场、路基、轨道等专业职称。

（3）施工总承包三级资质承包工程范围

可承担新建、改建15km以下Ⅲ、Ⅳ级铁路综合工程的施工（不包括钢桁梁、钢板梁桥及单跨大于24m的桥梁、全长200m以上的隧道，以及铁路电务、电气化和铺轨架梁工程专业承包资质范围内的工程）。

2. 铁路工程专业承包资质

铁路工程专业承包资质包括：铁路电务工程专业承包资质、铁路铺轨架梁工程专业承包资质和铁路电气化工程专业承包资质。

1）铁路电务工程专业承包资质

铁路电务工程专业承包资质分为一级、二级、三级。电务工程专业承包资质承包工程范围为：

（1）一级资质

可承担各类铁路通信、信号及电力工程施工。

（2）二级资质

可承担100km以下Ⅰ、Ⅱ、Ⅲ、Ⅳ级铁路通信、信号及电力工程施工。

（3）三级资质

可承担50km以下Ⅱ、Ⅲ、Ⅳ级铁路通信、信号及电力工程施工。

2）铁路铺轨架梁工程专业承包资质

铁路铺轨架梁工程专业承包资质分为一级、二级。铺轨架梁工程专业资质承包工程范围为：

（1）一级资质

可承担各类大中型铁路铺轨架梁工程施工。

（2）二级资质

可承担50km以下Ⅰ级铁路、100km以下既有线改造以及Ⅱ、Ⅲ、Ⅳ级铁路铺轨架梁工程施工。

3）铁路电气化工程专业承包资质

铁路电气化工程专业承包资质分为一级、二级、三级。电气化工程专业资质承包工程范围为：

（1）一级资质

可承担各类铁路电气化工程的施工。

（2）二级资质

可承担100km以下Ⅰ级铁路和Ⅱ、Ⅲ、Ⅳ级铁路电气化工程施工。

（3）三级资质

可承担铁路站线改造和50km以下Ⅱ、Ⅲ、Ⅳ级铁路电气化工程施工。

10.1.3 监理企业资质

工程监理企业资质分为综合资质、专业资质和事务所资质。其中，专业资质按照工程性质和技术特点划分为若干工程类别。

综合资质、事务所资质不分级别。

铁路工程专业资质分为甲级、乙级。

1. 工程监理企业的资质等级标准

1）综合资质标准

（1）具有独立法人资格且注册资本不少于600万元。

（2）企业技术负责人应为注册监理工程师，并具有15年以上从事工程建设工作的经历或者具有工程类高级职称。

（3）具有5个以上工程类别的专业甲级工程监理资质。

（4）注册监理工程师不少于60人，注册造价工程师不少于5人，一级注册建造师、一级注册建筑师、一级注册结构工程师或者其他勘察设计注册工程师合计不少于15人次。

（5）企业具有完善的组织结构和质量管理体系，有健全的技术、档案等管理制度。

（6）企业具有必要的工程试验检测设备。

（7）申请工程监理资质之日前一年内没有因本企业监理责任造成重大质量事故。

（8）申请工程监理资质之日前一年内没有因本企业监理责任发生三级以上工程建设重大安全事故或者发生两起以上四级工程建设安全事故。

2）专业资质标准

（1）甲级

① 具有独立法人资格且注册资本不少于300万元。

② 企业技术负责人应为注册监理工程师，并具有15年以上从事工程建设工作的经历或者具有工程类高级职称。

③ 注册监理工程师、注册造价工程师、一级注册建造师、一级注册建筑师、一级注册结构工程师或者其他勘察设计注册工程师合计不少于25人次；其中，铁路工程专业注册监理工程师不少于23人，注册造价工程师不少于2人。

④ 企业近2年内独立监理过3个以上相应专业的二级工程项目，但是，具有甲级设计资质或一级及以上施工总承包资质的企业申请本专业工程类别甲级资质的除外。

⑤ 企业具有完善的组织结构和质量管理体系，有健全的技术、档案等管理制度。

⑥ 企业具有必要的工程试验检测设备。

⑦ 申请工程监理资质之日前一年内没有因本企业监理责任造成重大质量事故。

⑧ 申请工程监理资质之日前一年内没有因本企业监理责任发生三级以上工程建设重大安全事故或者发生两起以上四级工程建设安全事故。

（2）乙级

① 具有独立法人资格且注册资本不少于100万元。

② 企业技术负责人应为注册监理工程师，并具有10年以上从事工程建设工作的经历。

③ 注册监理工程师、注册造价工程师、一级注册建造师、一级注册建筑师、一级注册结构工程师或者其他勘察设计注册工程师合计不少于15人次。其中，铁路工程专业注册监理工程师不少于14人，注册造价工程师不少于1人。

④ 有较完善的组织结构和质量管理体系，有技术、档案等管理制度。

⑤ 有必要的工程试验检测设备。

⑥ 申请工程监理资质之日前一年内没有因本企业监理责任造成重大质量事故。

⑦ 申请工程监理资质之日前一年内没有因本企业监理责任发生三级以上工程建设重大安全事故或者发生两起以上四级工程建设安全事故。

3）事务所资质标准

（1）取得合伙企业营业执照，具有书面合作协议书。

（2）合伙人中有3名以上注册监理工程师，合伙人均有5年以上从事建设工程监理的工作经历。

（3）有固定的工作场所。

（4）有必要的质量管理体系和规章制度。

（5）有必要的工程试验检测设备。

2. 工程监理企业资质相应许可的业务范围

1）综合资质

可以承担所有专业工程类别建设工程项目的工程监理业务。

2）铁路工程专业资质

（1）铁路专业甲级资质

可承担的相应专业工程类别及相应的工程监理业务范围见表10.1-3。

（2）铁路专业乙级资质

可承担相应专业工程类别二级以下（含二级）建设工程项目的工程监理业务范围见表10.1-3。

表10.1-3 铁路专业工程类别及相应的工程监理业务范围

工程类别	一级	二级
铁路综合工程	新建、改建一级干线；单线铁路40km以上；双线30km以上及枢纽	单线铁路40km以下；双线30km以下；二级干线及站线；专用线、专用铁路
铁路桥梁工程	桥长500m以上	桥长500m以下
铁路隧道工程	单线3000m以上；双线1500m以上	单线3000m以下；双线1500m以下
铁路通信、信号、电力电气化工程	新建、改建铁路（含枢纽，配、变电所，分区亭）单双线200km及以上	新建、改建铁路（不含枢纽，配、变电所，分区亭）单双线200km以下

10.2 施工区段划分与项目组织机构设置

10.2.1 施工区段划分

1. 施工区段划分的作用

铁路工程项目大多是线状建筑物，适合纵向分段，施工前要根据工程的规模、特点、工期要求等将所承担的工程任务纵向划分成若干段落，再将各区段的施工任务按工程类别分解成施工工区。其作用如下：

1）便于进行项目分部的任务划分和施工队伍的配置

区段是设置项目分部的基础，通过区段的划分，确定项目需要设置项目分部的数量，确定专业施工队伍及工作区域，界定各施工队伍之间的分工关系。

2）便于组织施工

施工区段划分后，可以对各施工段制定更加具体和有针对性的施工组织方案。通过对各施工段实施有效性的控制，确保整个工程项目的顺利组织和实施。

3）便于施工进度的编制与控制

根据任务分解，编制详细的施工进度计划，以便在施工中根据工程进展情况，对工程进度进行适时调整和动态控制，通过对分解的单位工程施工进度的控制与调整，满足整个工程项目的施工进度要求。

4）便于施工资源的优化配置

通过施工区段的划分，进一步进行任务分解后，施工任务更加详细和具体，可根据工程内容和工程特点，依照"配置合理，满足需要"的原则，细化、优化施工资源的配置。

2. 施工区段划分的基本要求

（1）按照施工组织高效、施工任务均衡、资源配置合理的原则划分区段。根据区段内工程项目所包含的不同类别工程，继续分解为不同的施工工区，按照路基、桥涵、隧道、轨道、四电、附属工程等类别分别进行分解，然后进行施工队伍配备。同一施工区段内施工宜采用流水作业的组织方法，不同施工区段内可采用平行作业组织方式。

（2）考虑当前施工企业的管理水平和施工机械化程度以及沿线工程量分布情况，按规模适中的原则设置。

（3）施工区段的划分，要基于项目工程实际情况，考虑结构物的特点、施工工期、大型临时设施和过渡工程的设置情况及铺架范围以及资源配置等因素，便于施工管理、均衡生产及施工的全面展开。

（4）考虑行政区划、设计分界、工程量分布、土石方调配、材料运输组织、控制工程的位置等因素。

（5）考虑大型站房、特长隧道、特大桥梁、四电等专业化施工的因素。

（6）考虑分段施工、分段投产的可能性。

（7）有利于工程质量、施工安全和进度的控制。

3. 施工区段划分的方法

（1）按照质量、安全、工期、投资、环保、技术创新"六位一体"的要求，合理确定区段的数量和分界点，实现项目实施效果最优。

（2）充分考虑施工单位技术管理、队伍、工装（包括制运架梁、铺轨等重要施工机械）和构件经济运距等资源配置优势，发挥规模效益，确保铁路工程建设顺利展开。

（3）结合施工组织设计的工期安排、工程特点，兼顾行政区域、设计分界里程、土石方调配、材料运输组织，以及大型临时设施、过渡工程和辅助工程施工组织，促进资源合理配置和均衡利用，确保工程质量、施工安全和工程进度。

（4）充分考虑铁路营业线施工特点，尽量将营业线施工中风险较大的区段划给长期从事营业线施工的单位，发挥经验优势，确保营业线施工安全。

（5）分段要考虑有利于线下工程分段施工、分期移交，尽早为铺架工程提供作业面。

（6）区段的划分要坚持专业优先。充分考虑大型站房、特长隧道、特大桥梁、四电集成等专业特点，积极推进专业化施工，促进铁路工程施工技术水平的提高。

（7）施工区段的数量要根据造价的多少，以及本单位计划上场的分部数量进行确定，区段划分的长度要满足合理组织流水施工的要求。

10.2.2 项目组织机构设置

项目组织机构是为完成工程项目而组建的专门管理组织，是有工作目标和工作制度的组织体系，组织机构内既有分工又相互协作。

1. 设置原则

为保证工程项目的管理、全面履行合同、控制建设投资，确保工程建设工期、质量、安全、投资、环保、稳定，全面实现建设目标，施工企业要针对工程特点，根据工程实际和招标文件要求，结合单位实际情况，组建项目经理部。项目组织机构各部门应有明确的工作分工和职责。

2. 组织机构设置

大型铁路工程项目组织机构的设置一般有以下三个层次：项目管理层、分部管理层、施工架子队（劳务作业层）。

当工程任务较小时，分部管理层的设置要简单，也可以不设。项目管理层与分部管理层设置主要管理人员。施工队的设置根据分部数量和工程类别设置。实施性施工组织设计要对施工队伍的工班组成作进一步的设置。

施工队伍配置是编制施工组织机构、劳动力计划的前提，是确定施工单位数量、明确工程任务划分的一项重要工作。

项目组织机构成立后，应编制各种项目管理制度。

3. 项目主要管理人员及部门设置

施工企业应该根据工程内容、规模和工程特点为项目经理部配备足够的主要管理人员和职能部门，各部门配备关键技术人员。

【例 10.2-1】

某铁路工程主要工程内容有：路基、桥梁、隧道等，工程划分为三个工区，下设路基、桥梁、隧道等专业化架子队。施工单位根据工程特点组建了项目管理机构。项目组织机构示例如图 10.2-1 所示。

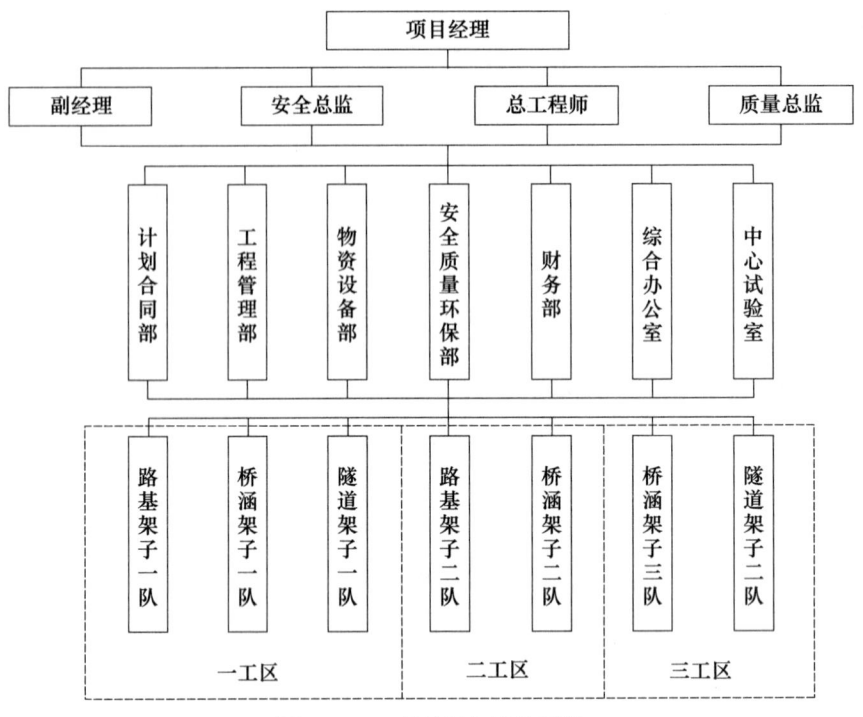

图 10.2-1 项目组织机构示例

4. 架子队的组建及人员配置

根据工程内容、区段和工区的划分选择专业施工队伍，根据工程数量和工期确定施工队伍的配备数量。施工队伍的配备既要便于劳动组织，也要满足工期的要求。目前，铁路工程推行架子队管理模式。

1）架子队的概念

架子队是铁路工程建设项目施工现场的基层施工作业队伍，是以施工企业管理、技术人员和生产骨干为施工作业管理与监控层，以劳务企业的劳务人员和与施工企业签订劳动合同的其他社会劳动者（统称劳务作业人员）为主要作业人员的工程队。

2）架子队组建

（1）架子队组建原则

管理有效、监控有力、运作高效，服务并满足于工程项目管理和现场作业需要的原则；固定建制与临时性建制相结合，人员弹性编制、动态化管理的原则；施工管理、技术、监督等主要组成人员立足企业自培配备的原则；劳务工以成建制的合法劳务承包企业和劳务派遣公司的劳务人员为主、零散劳务工为辅的原则；充分体现专业化的原则。

（2）架子队人员组成

架子队由管理监控人员和作业人员组成。管理监控人员由专职队长、技术负责人及技术（含测量、内业等）、质量、安全、试验、材料、领工员、工班长等管理、技术人员组成。作业人员由员工及劳务工组成，设置若干作业班组，工班长由公司员工担任，也可由经项目经理部审定的具有丰富操作经验的劳务工担任，不得直接使用劳务派遣公司的管理人员和包工头。

(3) 架子队作业人员组织形式

① 混编型：作业人员由公司员工和劳务工组成。

② 纯劳务型：由劳务派遣公司的劳务派遣人员和零散劳务工组成作业班组（工班长一般应由公司员工担任）。

③ 劳务承包型：把具有相应的专业技能，自带部分常规机具设备的劳务承包企业的劳务人员编成劳务承包的作业班组。

(4) 架子队组建程序

公司根据中标工程任务、施工组织设计以及项目经理部组建情况，确定架子队数量及人员规模。

公司与劳务承包企业依法签订劳务承包合同。公司与劳务派遣公司协商确定劳务工需求并依法签订劳务用工协议（或授权委托项目经理部签订）。零散劳务工由项目经理部经授权后代表公司与其依法签订以一定工作任务为期限的劳动合同。

项目经理部在工程开工之前应明确架子队内部机构设置和具体管理、技术人员，将员工和劳务工编入架子队。

架子队根据项目经理部指定的施工作业任务合理设置作业班组。

【案例 10.2-1】

1. 背景

某施工单位承担某段铁路线下工程，主要工程数量为：路基土石方 22.8 万 m^3；特大桥 2 座 /1797.32m；中桥 1 座 /81.2m；隧道 1 座 /949m；铺底砟 7032m^3。

项目经理部配备的关键人员有：项目经理、副经理、安全总监、质量总监、各职能部门负责人、试验工程师、安全工程师、轨道工程师、隧道工程师、桥梁工程师、机械工程师、爆破工程师、工程队长。监理工程师认为项目经理部缺少关键人员，要求补充。

2. 问题

（1）根据背景资料，应配备哪些专业施工队？

（2）补充项目经理部缺少的关键人员。

3. 分析与答案

（1）应配备路基施工架子队、桥梁施工架子队、隧道施工架子队、轨道施工架子队、综合施工队。

（分析：包含路基、桥梁、隧道、铺砟以及其他小型附属工程内容）

（2）缺少项目总工程师（或技术负责人）、路基工程师、质检工程师、测量工程师、地质工程师。

10.3 施工组织设计

施工组织设计应满足铁路建设"管理制度标准化、人员配备标准化、现场管理标准化、过程控制标准化"的标准化管理要求，提高"机械化、工厂化、专业化、信息化"水平；按"统一规划、统一标准、统一平台"的原则，开展信息化建设，推广 BIM 技术应用。

施工组织设计应以保证工程质量和安全为前提，以优化工期、资源配置和投资效益为目标，结合工程实际，对工程建设进行"全项目、全过程、全要素、全目标"规划与组织。

施工组织设计按不同阶段分为概略施工组织方案意见、施工组织方案意见、施工组织设计意见、指导性施工组织设计和实施性施工组织设计。施工组织设计分类见表10.3-1。

表10.3-1 施工组织设计分类

编制阶段		内容名称
决策阶段	预可行性研究	概略施工组织方案意见
	可行性研究	施工组织方案意见
设计阶段	初步设计	施工组织设计意见
	施工图设计	指导性施工组织设计
实施阶段		指导性施工组织设计
		实施性施工组织设计

根据铁路工程建设特点，施工单位主要负责编制实施性施工组织设计，但在编制实施性施工组织设计时，要以指导性施工组织设计为基础。

以下主要介绍实施性施工组织设计的内容，同时简要描述指导性施工组织设计的内容。

10.3.1 施工组织设计内容

施工组织设计应根据建设项目特点，通过技术经济比选，选择施工方案，确定施工进度，设置临时工程，并对项目在人力和物力、时间和空间、技术和组织等方面做出全面科学合理的安排，确保高效地完成建设任务。

施工组织设计包括的主要内容有：

（1）施工方案：包括施工区段划分、施工方法确定、施工装备选择、施工顺序安排以及流水施工组织等。

（2）施工进度计划：包括总工期安排、关键线路安排、主要阶段工期安排及专业工期安排、各工程接口关系等。

（3）施工现场布置：包括各项临时工程设置规模、方案、位置和布局等。

（4）资源配置：包括材料设备采购供应方案、分年度主要材料设备采购供应计划、关键施工装备的数量及进场计划、劳动力计划、投资计划等。

（5）管理措施：包括标准化管理措施、质量管理措施、安全管理措施、工期控制措施、投资控制措施、环境保护措施、水土保持措施、职业健康安全保障措施、路基桥梁沉降控制及观测措施、预警机制和应急预案、信息化管理措施等。

1. 实施阶段施工组织设计文件组成内容

实施阶段施工组织设计包括指导性施工组织设计和实施性施工组织设计。实施阶段施工组织设计文件组成内容见表10.3-2。

表 10.3-2　实施阶段施工组织设计文件组成内容表

编号	主要内容	指导性施工组织设计	实施性施工组织设计	备注
一	编制依据、编制范围及设计概况	√	√	
（一）	编制依据	√	√	
（二）	编制范围	√	√	
（三）	设计概况	√	√	
二	工程概况	√	√	
（一）	线路概况（附地理位置图）	√	√	
（二）	主要技术标准	√	√	
（三）	营业线改建或增建二线概况	√	√	
（四）	主要工程内容和数量	√	√	
（五）	征地拆迁数量、类别，特殊拆迁项目情况	√	√	
（六）	工程特点	√	√	
（七）	控制工程及重难点工程	√	√	
（八）	环水保主要工程内容	√	√	
三	建设项目所在地区特征	√	√	
（一）	自然特征（地形地貌、地质、水文、气象等）	√	√	
（二）	交通运输情况	√	√	
（三）	沿线水源、电源、燃料等可资利用的情况	√	√	
（四）	当地建筑材料的分布情况	√	√	
（五）	其他与施工有关的情况（卫生防疫、地区性疾病、民俗等）	√	√	
四	施工组织安排	√	√	
（一）	建设总体目标（安全、质量、工期、环保等）	√	√	
（二）	建设组织机构和任务划分	√		
	施工组织机构、队伍部署和任务划分		√	
（三）	总体施工安排和主要阶段工期	√	√	
（四）	施工准备和建设协调方案	√	√	
（五）	关键线路及各专业工程施工工期	√		
	分项工程施工进度计划		√	
（六）	工程接口及配合	√	√	
（七）	提前介入	√		
（八）	联调联试及运行试验	√	√	
（九）	施工总平面布置示意图（含线路纵断面缩图）、总体形象进度图、横道图、网络图	√	√	
五	大型临时工程、过渡工程及取弃土场设置方案	√		
	临时工程、过渡工程及取弃土场设置方案		√	

续表

编号	主要内容	指导性施工组织设计	实施性施工组织设计	备注
（一）	大型临时设施	√	√	
1	铺轨基地（存砟场）	√	√	
2	制（存）梁场	√	√	
3	轨道板（轨枕）预制场	√	√	
4	材料场	√	√	
5	铁路便线	√	√	
6	混凝土集中拌和站	√	√	
7	填料集中加工站	√	√	
8	混凝土构配件预制场	√	√	
9	汽车运输便道（含运梁便道）	√	√	
10	临时通信基站	√	√	
11	临时供电	√	√	
12	临时给水设施	√	√	
13	隧道污水处理站	√	√	
14	钢梁拼装场	√	√	
15	管片预制场	√	√	
16	临时渡口、码头	√	√	
17	其他	√	√	
（二）	过渡工程	√	√	
（三）	小型临时工程		√	
1	驻地及营房		√	
2	钢结构加工场		√	
3	接触网预配场		√	
（四）	取弃土场	√	√	
六	控制工程和重难点工程（包括高风险工程）施工方案	√	√	可单独成册
（一）	××××重点土石方	√	√	
（二）	××××桥梁	√	√	
（三）	××××隧道	√	√	
（四）	××××站房	√	√	
	……			
七	施工方案	√	√	
（一）	施工准备	√	√	
（二）	路基工程	√	√	

续表

编号	主要内容	指导性施工组织设计	实施性施工组织设计	备注
（三）	桥涵工程	√	√	
（四）	隧道工程	√	√	
（五）	枢纽和站场工程	√	√	
（六）	轨道工程	√	√	
（七）	通信工程	√	√	
（八）	信号工程	√	√	
（九）	信息工程	√	√	
（十）	电力工程	√	√	
（十一）	电力牵引工程	√	√	
（十二）	灾害监测工程	√	√	
（十三）	房屋工程	√	√	
（十四）	其他站后工程	√	√	
（十五）	改移道路工程	√	√	
（十六）	重点过渡工程	√	√	
（十七）	联调联试	√	√	
（十八）	运行试验	√	√	
（十九）	环水保工程	√	√	
（二十）	其他			
八	资源配置方案	√	√	
（一）	主要工程材料设备采购供应方案	√	√	
（二）	分年度主要材料设备计划	√	√	
（三）	关键施工装备的数量及进场计划	√	√	
（四）	劳动力计划	√	√	
（五）	资金使用计划	√	√	
（六）	临时用地与施工用电计划	√	√	
九	信息化	√	√	
（一）	信息化总体方案	√		
（二）	信息化实施方案		√	
（三）	BIM技术应用总体方案	√		
（四）	BIM技术应用实施方案		√	
十	管理措施	√	√	
（一）	标准化管理	√	√	
（二）	质量管理措施	√	√	
（三）	安全生产保障措施	√	√	

续表

编号	主要内容	指导性施工组织设计	实施性施工组织设计	备注
（四）	营业线施工安全管理措施	√	√	
（五）	工期控制措施	√	√	
（六）	投资控制措施	√	√	
（七）	环境保护措施	√	√	
（八）	水土保持措施	√	√	
（九）	职业健康安全保障措施	√	√	
（十）	文物保护措施	√	√	
（十一）	文明施工措施	√	√	
（十二）	节约用地措施	√	√	
（十三）	冬季施工措施	√	√	
（十四）	夏季施工措施	√	√	
（十五）	雨季施工措施	√	√	
（十六）	路基、桥梁沉降控制及观测措施	√	√	
（十七）	营业线监控措施	√	√	
（十八）	预警机制和应急预案	√	√	
（十九）	信息化管理措施	√	√	
（二十）	技术创新计划	√	√	
（二十一）	其他	√	√	
十一	进一步研究解决的问题及建议		√	
十二	施工组织图表	√	√	
（一）	附表	√	√	
（二）	附图	√	√	
（三）	附件	√	√	

2. 指导性施工组织设计主要内容

指导性施工组织设计主要内容与实施性施工组织设计内容基本相同。具体内容遵照《铁路工程施工组织设计规范》Q/CR 9004—2018。

3. 实施性施工组织设计主要内容

实施性施工组织设计应以施工合同和指导性施工组织设计为基础，结合现场施工具体情况，制定切实可行的施工方案和各项保障措施，全面响应指导性施工组织设计的各项要求。营业线及邻近营业线施工组织除突出安全管理措施外，还应细化过程管理措施。

实施性施工组织设计主要包括的内容如下：

（1）编制依据、编制范围及设计概况。

（2）工程概况。包括线路概况、主要技术标准、主要工程项目及数量、工程特点、控制和重难点工程的分析和对策、其他有关情况。

（3）建设项目所在地区特征。包括自然特征、交通运输情况，沿线水源、电源、燃料等可资利用的情况，当地建筑材料的分布情况，其他有关情况等。

（4）总体施工组织安排。包括施工总体目标，施工组织机构及职责分工、队伍部署和任务划分，开竣工日期及总工期，总体施工顺序及主要阶段工期安排，施工准备、征地拆迁和建设协调方案，主要进度指标及分项工程施工进度计划，工程的接口及配合，关键线路及施工总平面布置示意图、施工组织形象进度图、施工进度计划横道图、网络图等图表。

（5）临时工程、过渡工程及取弃土场设置方案。包括大型临时设施和过渡工程及驻地与营房、钢结构加工场等小型临时设施设置的具体方案、标准、规模、能力、主要工程数量和主要设备数量，并附施工总平面布置图等。

（6）控制工程及重难点工程（包括高风险工程、环水保工程）的施工方案。包括工程概况，施工方法，施工装备，施工顺序和作业空间规划，劳动及作业组织方式，关键工序、施工工艺及质量控制，施工难点和应注意的问题等。高风险工程应制定风险管理预案，按设计及规范要求提出相应的施工措施，并进行风险跟踪管理。

（7）施工方案。包括确定施工方法、选择施工装备、制定施工顺序和作业组织方式。各专业工程按施工顺序分别制定施工方案和技术措施，并突出质量控制、检测方法和手段、沉降变形的观测与评估。

（8）资源配置。包括主要工程材料设备采购供应方案、分年度主要材料设备计划、关键施工装备的数量及进场计划、劳动力计划、资金使用计划等。

（9）信息化。包括信息化实施方案及BIM技术应用实施方案。

信息化实施方案：包括工作内容计划安排、工作组织、人员设备模块配置数量及功能等。

BIM技术应用实施方案：包括BIM技术应用的具体工点、关键技术、计划安排、组织机构等。

（10）管理措施。包括标准化管理措施、质量管理措施、安全生产保障措施、营业线施工安全管理措施、工期控制措施、投资控制措施、环境保护措施、水土保持措施、文物保护措施、文明施工措施、节约用地措施、冬季施工措施、夏季施工措施、雨季施工措施、路基桥梁沉降控制及观测措施、营业线监控措施、预警机制和应急预案、信息化管理措施、技术创新计划等。

（11）进一步研究要解决的问题及相关建议。

（12）施工组织图表：包括附表、附图、附件。

10.3.2 施工组织设计编制方法

施工组织设计应根据工程分布和数量，选择和优化施工方案，合理划分施工区段和组织流水作业，拟定施工进度并计算各种资源的需要量，按照均衡施工的原则对拟定进度计划进行修正，提出大型临时工程和过渡工程的设置意见，完成施工总平面布置等。施工组织设计中各主要环节的编制应根据其控制因素展开。

1. 施工组织设计编制要求

（1）施工组织设计应符合相关规范、规程、施工工艺等技术要求，合理安排施工顺序，注重与专业设计的结合、站前站后及专业工程间的接口与配合。

（2）施工组织设计应在施工组织调查的基础上开展编制工作。

（3）施工组织设计应突出铺架工程和联调联试及运行试验两条主线。铺架工程线是统筹安排各站前工程的控制线，站前工程中重点要保证路基、桥梁、隧道的工期不能碰铺架线；联调联试及运行试验线是统筹安排站后配套工程及各子系统调试的控制线，站后工程中重点要保证四电、房建、站场设施工期不能碰联调联试线。

（4）施工组织设计中总工期由关键线路确定，各节点工期可通过网络计划技术来安排。在满足总工期和均衡生产的要求下，优化各节点的施工进度计划。

（5）施工进度计划应突出关键线路上的工程和重难点工程。明确征地拆迁、架梁、无砟道床、铺轨、四电设备用房、站房（含站台、雨棚）、动车所、四电、验收（含联调联试）等重要节点的开竣工日期。

（6）施工进度计划应关注征地拆迁、管线路迁改、跨河跨路评估评价工作和相关协议签订、物资采购供应、环境保护及水土保持、图纸供应、质量检验与评估等制约工程顺利推进的因素；关注各项专项验收安排以及安全环境整治安排。

（7）施工组织设计应以技术复杂桥梁，特长、地质复杂的隧道，大型复杂站房及枢纽改造、无砟轨道路基及软土路基、邻近营业线特别是高速铁路等控制工程为重点。

（8）施工组织设计应针对建设过程中不确定因素（自然灾害、高风险隧道、深水桥、不良地质、突发事件、环境保护要求等），建立预警机制并制定相应的预案。

（9）施工组织设计应大力推广机械化、工厂化、专业化、信息化。

（10）施工组织设计应积极采用先进成熟的施工技术，科学确定施工方案。对下列工程的施工方案应做重点研究：控制工期的工程；需采取特殊施工安全或质量措施的工程；施工难度大或采用新技术的工程；与既有铁路接轨的过渡工程；冬季、夏季、雨季、潮汐、台风、风沙等特殊气候及环境条件下施工的工程；其他需要重点研究的工程。

（11）施工方案的选择应遵循的原则包括：确保工程质量和施工安全；应满足先进、成熟、经济、适用、可靠的要求，对选用的新技术应通过生产性试验或鉴定；利于先后作业之间、建筑工程与安装工程之间、各道工序之间的协调均衡，减少交叉干扰；施工强度和施工装备、材料、劳动力等资源需求均衡；满足劳动保护、环境保护及水土保持等方面的要求。

（12）大型临时设施和过渡工程应根据工期要求，结合工程量、供料情况、运输条件、地形条件等因素，经技术经济比选后确定配置方案、建设标准和规模等。

（13）施工组织设计在实施过程中应及时跟踪检查，针对实际进度偏离计划进度的情况，分析其影响工期和后续工作的范围，拟定改进措施或修改方案，以实现施工组织设计的目标。

2. 施工组织设计编制步骤

1）指导性施工组织设计编制步骤

指导性施工组织设计是根据建设单位与地方政府达成的相关协议及现场的调查资

料，在批复初步设计阶段施工组织设计意见的基础上，结合建设项目的特点，从均衡分配劳动力、物资、施工装备、资金的投入等方面进行技术经济比较后编制的。指导性施工组织设计主要编制步骤如图10.3-1所示。

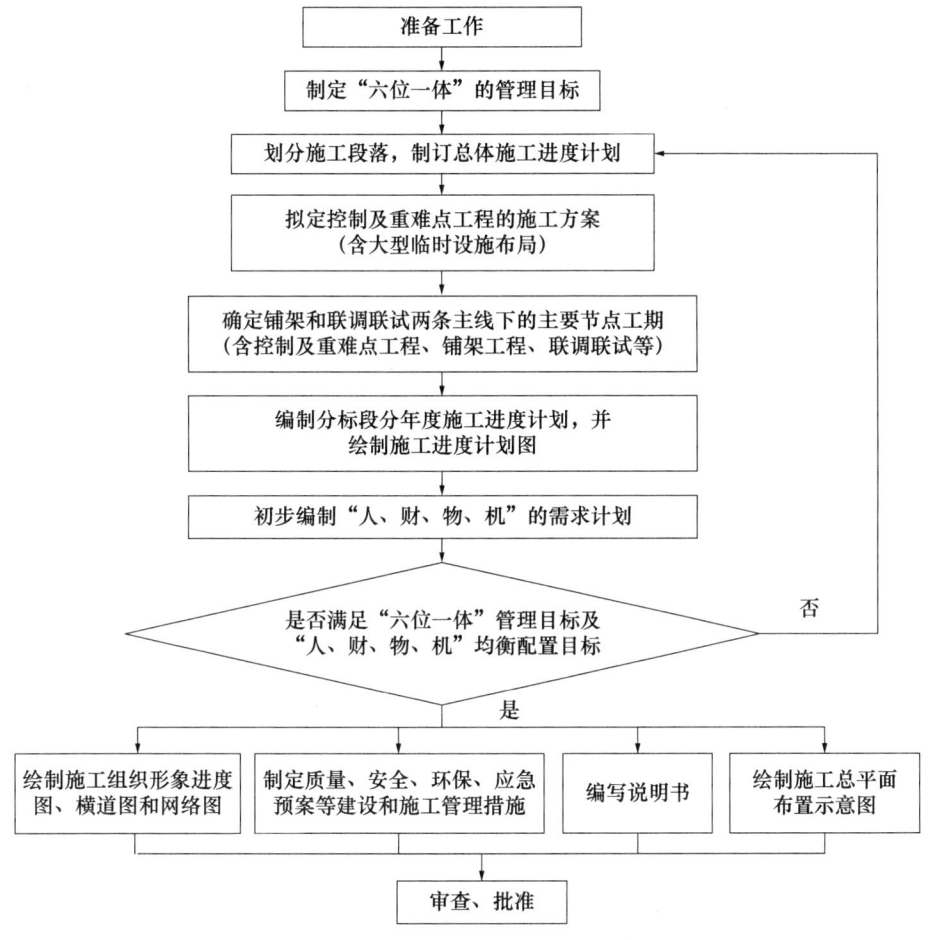

图10.3-1 指导性施工组织设计主要编制步骤

2）实施性施工组织设计编制步骤

实施性施工组织设计是以标段工程、单位工程、地段、工点为编制单元，根据指导性施工组织设计的要求，结合施工单位具体条件进行编制，是具体指导现场施工与编制作业计划的依据，其编制的主要步骤有：

（1）编制前的准备工作（包括熟悉设计文件、指导性施工组织设计及合同等，开展施工组织调查并提出调查报告）。

（2）结合具体工程条件，贯彻并细化"六位一体"的管理目标。

（3）根据设计文件或图纸资料等计算工程数量，选择并确定施工方案。

（4）确定铺架工程和联调联试两条主线下的控制工程的施工方法（含施工装备选择）、顺序、进度、作业组织方式（含流水段的划分），并说明施工风险情况及应急预案。

（5）组织其他工程流水作业，排定施工进度。根据工期要求、工作面的情况、工程结构对分层分段的影响以及其他因素,组织流水作业,计算劳动力和装备的需要量以及各工序的作业时间,编制网络计划,确定施工进度。

(6)根据工程量、施工进度及有关定额,计算并确定"人、财、物、机"的需要量和供应计划。

(7)平衡"人、财、物、机"的需要量并修正进度计划。根据对劳动力和材料物资的计算便可绘制相应的曲线,如果出现过大的高峰和低谷,应对不在关键线路上的进度计划进行适当的调整与修改,以达到均衡资源配置的目的。

(8)绘制施工总平面布置图、总体施工组织形象进度图、施工进度计划横道图、网络图,确定各项临时工程的布置。

(9)制定质量、安全、环保、应急预案等管理措施。

(10)编制完成实施性施工组织设计,报上级主管部门审定。

实施性施工组织设计主要编制步骤如图10.3-2所示。

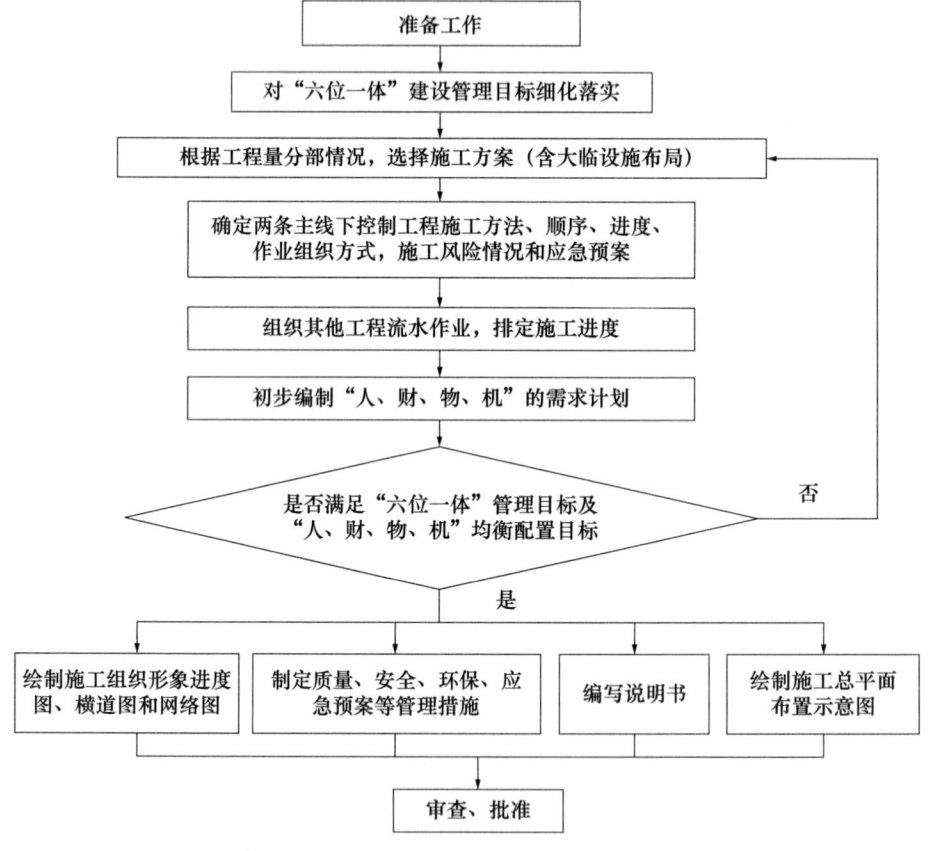

图10.3-2 实施性施工组织设计主要编制步骤

10.3.3 施工资源的配置

资源配置应与施工方案相匹配,按照拟订的施工方案和进度安排,计算主要材料、设备、关键施工装备的数量及分阶段消耗量,确定分阶段的进料时间、储存及供应数量。

1. 施工资源的配置原则

（1）大型机械配置应按照经济、高效原则进行配套的机械组合。运架设备、铺轨与大型养路设备、掘进机、盾构机等大型机械的配置应考虑：机械设备的进场时间要满足项目节点工期安排要求；机械设备的选用顺序依次为自有设备、租用设备、购置设备，租用设备应签订租用协议；机械设备的组合应进行效率与费用的综合技术经济比较。

（2）物资材料的配置应满足生产需要、降低成本的要求。按照甲供、自购材料的规格、数量、供应时间节点要求，制定相应的物资、设备招标采购计划。对于钢轨、道岔等特殊物资，应提供较准确的供应计划，如有变化提前通知生产厂家及时调整，确保按时供货。

（3）人力资源的配置应按照工程规模、进度安排、专业类别等要求，以及"专业化、合理跨度、责权利相结合"的原则，编制人力资源需求和使用计划。在满足施工任务与成本管理的基础上，按照"架子队"模式进行组建和管理，实现人力资源的精干高效。

（4）资金的配置应按照工程规模、进度计划、合同价款及支付条件制定管理目标和计划，编制资金流计划和财务用款计划，对资金的运作实行严格的监控，提高资金的预测水平、使用水平及风险防范水平，降低资金使用成本。

2. 劳动力配置计划

1）施工队伍（架子队）的技术工种人员配置

施工队伍的技术工种人员配置是在施工队伍的工程任务划分、施工方案和工期进度计划比较明确的情况下进行的，根据类似工程的实际统计经验，对每个作业工班需要的工种数量进行配置，达到满足完成工程任务各方面目标计划的需要。施工队技术工种人员配置同施工队的机械化程度相一致，同技术工人的操作水平相一致，要体现施工队伍（架子队）的生产能力。

施工队（架子队）技术工种人员配置见表10.3-3。

表10.3-3　技术工种人员配置表

序号	施工队（架子队）	工班	工班人数	钢筋工	混凝土工	安装工	电焊工	爆破工	……
1	一队（××人）	一工班							
2		二工班							
3	二队（××人）	一工班							
4		二工班							
	合计								

2）劳动工日总需要量

劳动工日总需要量是编制劳动力计划的依据之一，计算过程是根据各项工程量，查相应定额，同时根据本企业的内部定额（相关工程项目的经验数据）进行调整，得到各个分项工程的劳动工日数量，汇总后得到劳动工日总需要量。

3）劳动力计划编制

劳动力计划即劳动力综合需要量计划，它是确定和组织劳动力进场的依据。它必须反映出各施工队（架子队）在各个施工阶段的劳动力需求情况，具有动态性和指导性。它是预测施工成本的重要数据。

（1）编制劳动力计划前，应先编制工程项目的总进度计划，明确各个分项工程的开始和完成时间。

（2）编制劳动力计划，要充分结合施工队伍（架子队）的技术工种人数配置。

（3）统计计算各个分项（或单位）工程的相应施工期的平均人数，参照劳动定额的计算和技术工种人数的配置，根据工程项目实际情况进行调整。

（4）对施工进度计划表中的各分项工程输入日平均劳动力数量，然后叠加计算，得到劳动力计划表。

4）劳动力动态图编制

劳动力动态图能够形象反映施工前对劳动力资源需求情况，一般根据劳动力计划表，采用 Excel 软件编绘劳动力动态分布直方图。

【例 10.3-1】

某铁路工程劳动力配置计划见表 10.3-4；劳动力动态分布如图 10.3-3 所示。

表 10.3-4 劳动力配置计划表（单位：人）

时间	普工	电工	钢筋工	木工	司机	机械工	混凝土工	模板工	张拉工	电焊工	养护工	装修工	管道工	安装工	泥瓦工	防水工	吊装工	架子工	维修工	测量工	试验工	环保工	管理人员	合计	其中自有产业工人
2022年一季度	300	30	100	46	100	84	66	60	0	55	50	5	15	25	45	15	30	65	15	45	50	20	150	1371	42
2022年二季度	300	30	100	100	100	100	150	68	15	55	50	15	35	25	85	15	30	85	35	50	55	20	150	1668	51
2022年三季度	300	70	120	100	120	100	205	120	55	55	50	25	35	25	85	15	45	85	35	50	55	20	150	1920	58
2022年四季度	55	45	50	25	88	45	25	60	35	30	40	15	15	20	25	5	25	25	15	25	25	20	150	863	26
2023年一季度	55	45	50	25	90	45	25	55	35	30	35	15	15	20	100	5	25	30	15	25	25	30	80	875	27
2023年二季度	400	95	150	120	130	110	225	160	80	70	50	60	55	55	100	20	55	85	35	50	55	30	100	2290	69
2023年三季度	300	90	150	120	120	100	219	160	80	70	50	60	40	55	55	25	55	85	35	50	55	30	80	2084	63
2023年四季度	180	75	80	78	86	92	35	45	40	55	35	10	15	35	10	5	15	45	15	25	30	50	1131	34
2024年一季度	45	20	35	32	80	92	40	35	10	10	5	25	5	15	35	10	35	15	10	20	25	15	20	685	21
2024年二季度	45	10	15	78	105	88	174	132	0	10	2	5	5	15	20	5	10	10	5	10	10	15	20	789	24

续表

时间	普工	电工	钢筋工	木工	司机	机械工	混凝土工	模板工	张拉工	电焊工	养护工	装修工	管道工	安装工	泥瓦工	防水工	吊装工	架子工	维修工	测量工	试验工	环保工	管理人员	合计	其中自有产业工人
2024年三季度	45	5	15	78	102	85	174	132	0	2	2	5	0	5	20	5	10	5	5	10	10	15	20	750	23
2024年四季度	15	5	15	25	24	10	80	98	0	2	2	5	0	5	10	5	5	5	10	10	10	15	20	371	12
2025年一季度	15	5	5	25	12	10	78	52	0	2	2	0	0	5	10	5	0	5	10	10	10	15	20	291	9
2025年二季度	15	5	5	25	8	10	45	28	0	0	0	0	0	5	0	0	0	10	10	10	10	5	20	205	7
2025年三季度	25	5	5	5	8	6	9	12	0	5	0	0	0	0	0	0	0	0	2	25	5	5	20	157	5
2025年四季度	5	1	1	10	8	6	8	4	0	0	0	0	0	0	0	0	0	1	5	3	5	0	10	67	3

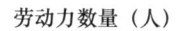

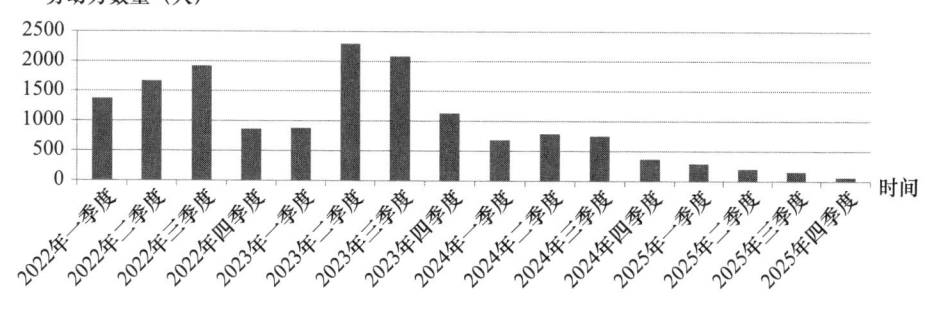

图 10.3-3 劳动力动态分布图

3. 材料供应计划

材料的供应是各项工程施工的前提，因而准确地编制材料供应计划，对保证施工任务顺利完成具有重大作用；材料费用占工程主体费用较大的比重，因而准确合理地编制材料供应计划，对降低工程造价具有重大作用。在编制材料供应计划时，必须根据材料场设置位置、当地料源和分布情况，全面计划，综合考虑，妥善安排，提出经济合理、切实可行的运输方法和运距，以便利施工，避免停工待料、材料倒流等现象。

1）材料供应主要方案

（1）拟定材料供应的料源点：根据调查资料，分别按铁路专用材料、主要建筑材料和当地料三大类，拟定料源点，如果其储量、产量不满足设计要求时，应扩大调查范围。

（2）拟定运输方法和运输距离：运输方法应综合比较后确定，铺轨后应尽可能由工程列车运输。如有水运条件，应注意通航季节、运输能力、船只来源、修建码头的费用等因素，与陆地运输条件比较后选择。改建铁路，有条件的应尽可能考虑以火车、轨道车运输。

（3）运输方案比选，根据不同的运输方法、运距、运价，并全面考虑不同运输方案所引起的修建临时设施的费用，不同产地材料价格的差别、安全可靠性等因素，选择合理的运输方案。

2）材料供应计划的编制

采购供应计划根据年度、季度、月施工进度计划对材料的需求分别编制，材料的供应计划在考虑施工进度计划的同时还应该考虑季节性材料的储备，保证缺料季节工程施工的正常进行。材料采购供应计划主要有年度采购供应计划、季度采购供应计划、月采购供应计划；如果计划期内有任务变化，还应该编制变更计划。材料采购供应计划、变更计划既要保证计划性，更要保证准确性。

（1）材料需求数量的确定

材料消耗定额是单位工程量所消耗材料的数量。

需求量计算主要是根据施工进度计划、工程数量和消耗定额理论计算确定，并考虑一定的损耗；为了更加准确地确定材料用量，施工中还采取现场技术测定法、试验室试验法、现场统计等方法对材料用量计划进行校核。

（2）材料供应计划的类型

一般分为总体材料计划、单项材料计划；按时间分为年度采购供应计划、季度采购供应计划、月采购供应计划。

3）材料的料源与运输计划

完整的实施性施工组织设计还需要编制料源的详细分布图和详细的运输计划，料源分布图要注明材料的种类、特点、料源的供料时间与储量，运输计划要包含运输方式与运输距离。

4）材料供应计划表

【例10.3-2】

某铁路线下工程的材料供应根据施工进度计划编制的主要材料供应计划见表10.3-5。

表10.3-5 主要材料供应计划

时间		主要材料					备注
年	季度	水泥（t）	碎石（m³）	砂（m³）	粉煤灰（t）	钢筋（t）	
2022	一季度	75469	689057	395916	20818	13967	
	二季度	79243	723510	415711	21859	14665	
	三季度	79243	723510	415711	21859	14665	
	四季度	45282	413434	237549	12491	8380	
2023	一季度	41508	378981	217754	11450	7682	
	二季度	30188	275623	158366	8327	5587	
	三季度	18867	172264	98979	5205	3492	
	四季度	7547	68906	39592	2082	1397	

续表

时间		主要材料					备注
年	季度	水泥（t）	碎石（m³）	砂（m³）	粉煤灰（t）	钢筋（t）	
2024	一季度	0	0	0	0	0	此阶段主要进行施工配合（配合铺轨、站后及联调联试）
	二季度	0	0	0	0	0	
	三季度	0	0	0	0	0	
	四季度	0	0	0	0	0	
2025	一季度	0	0	0	0	0	
	二季度	0	0	0	0	0	
	三季度	0	0	0	0	0	
	四季度	0	0	0	0	0	
合计		377346	3445286	1979578	104092	69834	

4. 施工机械设备配置计划的编制

1）施工机械设备配置的原则

（1）适应工程所在地施工条件和结构特点，符合设计要求，生产能力满足施工强度。

（2）机械设备通用性强，能在工程项目中持续使用。

（3）机械设备性能机动、灵活、高效、低耗，运行安全可靠，符合环境保护要求。

（4）应按各单项工程工作面、施工强度、施工方法进行机械设备配套选择，力求经济。

（5）机械设备购置及运行费用经济，易于获得零配件，便于维修、保养、管理和调度。

（6）新型施工机械设备应成套应用于工程，单一施工设备应用时，应与现有施工设备生产率相适应。

（7）施工机械设备的选择应从施工条件考虑机械设备类型与之相符合。一般来说，为了保证施工进度和提高经济效益，工程量大应采用先进的、高效率的大型机械设备；工程量小则应采用适用的中、小型机械设备。

（8）施工机械设备的选择应考虑固定资产损耗费与运行费是否经济。固定资产损耗费与施工机械设备的投资成正比。固定资产损耗费在机械设备选择中是重点考虑的因素，也是选择机械设备的一项原则。施工机械的经济选择基础是施工单价，所以必须权衡机械设备费和工程量的关系。如采用大型机械设备，虽然投资大，但它可以分摊到较大的工程量中去，所以对工程成本影响很小。

（9）施工机械设备的选择要考虑各种机械设备的合理组合，这是关系到施工机械设备能否发挥效率的重要问题。合理组合一方面是指主机与辅助机械设备在台数和生产能力的相互适应；另一方面是指作业线上的各种机械设备互相配套的组合。

2）施工机械设备的配置方法

在施工前根据工程施工任务、施工方案和工期要求，将选择的各种施工机械设备和数量配置到各个施工架子队（作业面）。

3）施工机械设备的配置计划

施工机械设备配置计划根据施工机械设备配置表确定机械设备的规格型号、产地、数量和现状等,并根据施工进度确定机械设备的进场时间和退场时间。

【例 10.3-3】

某铁路工程根据工程内容、工期、工程数量配置了施工设备,主要施工机械设备见表 10.3-6。

表 10.3-6 主要施工机械设备

序号	设备名称	规格型号	数量	备注
一、专用施工机械设备				
1	运梁车	900t	1台	桥梁工程
2	架桥机	900t	1台	桥梁工程
3	搬梁机	900t	1台	桥梁工程
4	无砟轨道工装	—	5套	轨道工程
5	悬灌梁挂篮设备	—	10对	桥梁工程
6	混凝土湿喷机械手	$20m^3/h$ 以上	3台	隧道工程
7	管棚钻机	MKD-5B	3台	隧道工程
8	自行式仰拱移动栈桥	≥12m	3台	隧道工程
9	防水板作业台车	9m长	3台	隧道工程
10	二次衬砌养护台车	—	3台	隧道工程
11	新型衬砌台车	12m长	3台	隧道工程
二、各专业施工机械设备(略)				
……	……	……	……	……

5. 检测仪器配置计划的编制

铁路工程施工测量、试验仪器配置计划应根据工程内容、工程数量和质量检验项目等要求以及项目中心试验室的规模等情况进行配置,并确定所需的检测仪器的名称、规格型号、产地、现状和数量等。配置时按检测类别以及检验项目分类列表,避免遗漏。

【案例 10.3-1】

1. 背景

某桥梁上部结构为(48+80+48)m 连续梁,跨越山谷,两个主墩高度均为 75m,上部结构为悬臂浇筑连续箱梁,施工队针对两个主墩配置的施工机械设备有:钢筋加工机械、混凝土施工机械,监理工程师认为还缺少主要施工机械设备。

2. 问题

补充两个主墩缺少的主要施工机械设备名称。

3. 分析与答案

补充的主要机械设备有:爬模(或翻模)、施工电梯、塔式起重机。

（分析：由于两个主墩均为高墩，跨越山谷，应采用爬模或翻模施工，且要配备施工电梯）

10.4 施工现场平面布置
10.4.1 总平面布置

施工总平面布置是体现施工组织设计总体规划的一个重要方面，是施工组织设计中的一项主要工作。

1. 布置原则

（1）尽量减少施工用地，少占农田，使用平面布置紧凑合理。

（2）合理组织运输，减少运输费用，保证运输方便畅通。

（3）施工区域划分和场地的确定，应符合施工流程的要求，尽量减少专业工种和各工程之间的干扰。

（4）充分利用各种永久性建筑物和原有设施为施工服务，降低临时设施的费用。

（5）各种生产生活设施应便于工人的生产和生活。

（6）满足安全防火和劳动保护的要求。

2. 总平面布置内容

1）总体要求

（1）施工总平面布置示意图主要包括以下内容：

① 线路平面缩图及主要村镇、河流位置、省界（新建铁路）、铁路局集团公司界（改建铁路）。

② 重点桥隧等工程的位置及其中心里程、长度、孔跨，以及重点取（弃）土场位置。

③ 车站位置及其中心里程。

④ 砂、石、道砟场的位置和储量，砖瓦、石灰厂、粉煤灰产地等的位置（包括既有和新建）。

⑤ 大型临时设施的位置。

⑥ 既有道路和拟建或改建汽车运输便道的位置。

⑦ 改建铁路，应注明设计线与营业线的关系。

⑧ 图例、附注。

（2）复杂的展线地段及站场改造，可附放大的平面示意图。

（3）施工特别复杂地段，由于工点密集，必要时，可另绘放大的局部示意图。枢纽项目，可分站、分片或分几个部分按顺序排列连接绘制。

2）主要布置内容

（1）既有公路、铁路、主要标志物的位置

既有和新建公路、铁路线路方向和位置里程及与施工项目的关系。

征地界内及附近已有的地上、地下建筑物及其他地面设施的位置和尺寸。

（2）拟建的建筑物位置和里程

新建线路中线位置及里程，桥涵、隧道等结构物的位置及里程，因施工需要临时改移公路的位置。

征地界内及附近拟建的地上、地下建筑物及其他地面设施的位置和尺寸。

（3）需要拆迁的建筑物、取（弃）土场位置

需要拆迁的建筑物，需要改移的公路、道路。

取土和弃土场位置：当取土和弃土场离施工现场很远，在平面布置上无法标注时，可用箭头指向取土或弃土场方向并加以说明。

（4）临时施工场地、驻地位置

临时生产房屋位置，包括：办公用房，机械站、车库位置，加工场（厂）、制备场（厂）及各种建筑材料、半成品、构件的仓库和生产工艺设备场所。

主要加工场区位置：混凝土成品预制场（厂），混凝土拌和楼、站。

各种材料、半成品、成品等仓库或堆栈的位置。

大堆料的堆放地点及机械设备的设置地点，如砂、石料堆放处等。

（5）临时施工道路及管线位置

① 各种运输道路及临时便桥、过渡工程设施的位置。

② 水源、电源、配电房、变压器位置，临时给水排水管线和供电、动力设施。标出既有高压线位置、水源位置（既有的水井）、既有的河流位置及河道改移位置。

③ 临时供电线（变电站）、蒸汽、压缩空气站及其管线和临时通信线路位置等。

风动机械需要钢管输送高压风作动力，大型高压风站靠近电源和施工场地固定布置，高压风管一般沿运输道路布置，不影响交通，这种布置方式适用于铁路隧道的施工，压风机房布置在隧道洞口附近；小型压风机随工作区的变化进行移动布置，它适用于桥梁基础施工用风。

④ 临时用水管线布置。

当有可利用的自然水源时，可直接修建高位水池，接入溪水、泉水，铺设管线至各工点，供施工用。无自然水源利用时，可利用当地居民的自来水或农田灌溉用水。当无法利用现地表水源时，应在工地中心或附近打井取水，确保工程施工用水。

临时用水构筑物的布置：水池结构一般采用坑槽式石砌，砂浆抹面防渗。水池的标高，应根据配水点的标高及水压要求确定，其容量一般可按日用水量的 $1/8\sim1/6$ 考虑。也可采用铁质水箱架高成临时水塔代替水池蓄水。

隧道用水布置：隧道集中地段，一般采用管道铺通、逐点供水的布置形式。越岭隧道进出口，一般采用进出口分别供水的形式。傍山隧道则视水源情况，采用系统供水或分别供水的形式。高位水池的布置，要满足水压要求，且靠近水源和洞口。

桥涵、路基用水布置：桥涵施工用水一般采用建蓄水池，由水源抽水至水池，再由水池水泵向作业面供水。路基用水一般采用洒水车从水源运水至工地。沿河线路及严寒地区，一般采用按工点分别供水的形式。

机车用水布置：区段站、折返段所在地，施工时采用临时水塔供应机车用水。临时水塔一般采用架高的钢水罐，其容量根据机车的耗水量确定，机车上水时，可采用临时水罐。

临时用水管路、排水布置：水源至施工点、场地可采取铺设固定水管的方法供水，

并设置供水点；供水点至作业面，施工工点采用临时水管供水，即插即用；施工工点、场地采用挖沟排水，必要时设暗沟排水和泵站排水，隧道内反坡排水要采取管道排水。供水管道的管径、排水沟的断面可根据有关计算式得到，并结合施工经验确定。管道一般沿运输道路布置，场地内的管道根据场地内各作业区的功能进行布置。

⑤ 施工场地排水系统位置。

（6）通信线路布置

通信线路沿运输道路明线布置，尽量做到不影响交通。

横跨道路的地方可考虑暗线布置，隧道内的通信线路采取贴壁布置。

（7）重要临时设施的位置

重要临时设施要标示现场安全及防火设施等。

（8）施工队伍部署

标出施工队伍的驻地、生活区及项目经理部的位置。

标出划分的施工区段。当一个施工区段有两个以上施工单位时，要标出各自的施工范围。

3. 总平面图的布置方法

在一定比例的线路平面图（或地形图）上进行各种临时设施、场地的布置。

施工组织设计总平面图的布置步骤一般为：

（1）标明场外道路的引入（场外道路指已建的公路或乡村道路）。

（2）确定施工场地、生活场地。

（3）场内主干道路。

（4）临时房屋。

（5）水、电、动力、通信管线及其他动力设施。

（6）任务划分区域。

（7）绘制施工场地总平面图。

施工总平面布置示意图按《铁路工程图形符号标准》TB/T 10059—2015 的要求绘制。

施工场地平面布置图的文字、图表说明：采用文字说明、图例、表格等对平面图进行必要的补充。

10.4.2 临时设施布置

1. 大型临时设施和过渡工程

1) 大型临时设施的内容

（1）铁路便线（含便桥、隧、涵）。

（2）汽车运输便道（含便桥、隧、涵）。

（3）运梁便道。

（4）临时给水设施。

（5）临时电力线（供电电压在 6kV 及以上）。

（6）集中发电站、集中变电站（包括升压站和降压站）。

（7）临时通信基站。

（8）临时场站，包括材料场、填料集中加工站、混凝土集中拌和站、独立设置的混凝土构配件预制场、制（存）梁场（含提梁站）、钢梁拼装场（含提梁站）、掘进机拼装场、盾构泥水处理场、管片预制场、仰拱预制场、轨节拼装场、长钢轨焊接（存放）基地、换装站、道砟存储场、轨枕预制场、轨道板预制场等。

（9）隧道污水处理站。

（10）渡口、码头、浮桥、吊桥、天桥、地道。

2）大型临时设施和过渡工程的布置

（1）汽车运输便道，根据沿线交通情况和工程量分布情况，结合材料供应计划，拟定新建和改建运输便道的地点、长度、标准、路面类型、占地面积，估算工程数量。对于地方有偿使用的道路，应根据运量、施工工期的要求，与新建运输便道进行比较后确定；在有可能的情况下，运输便道的修建要与当地的交通规划相结合，兼顾当地居民利益，尽量永临结合。

（2）铁路便线、便桥，根据其用途和修建地点及使用期限，拟定标准、长度、占地面积，估算工程数量。

（3）临时渡口、码头等，根据运输方案的具体情况，拟定需新建或改建的临时渡口、码头、天桥、地道等的地点和建设规模，估算工程数量。

（4）临时通信基站，应优先利用沿线既有通信资源，困难时可设置临时通信系统。根据沿线的地形条件，临时通信系统可选择采用有线通信或无线通信方式，其标准根据工程的具体情况确定，估算工程数量。

（5）临时电力，根据沿线电力资源可资利用情况，拟定供电方案。当采用地方电源时，应根据工程分布情况，计算用电量，选定采用临时电力线的标准，估算工程数量，同时要配备一定的自发电设施，以备不测。当采用自发电时，根据具体情况，选定采用集中发电或分散发电。

（6）临时给水设施，根据沿线水资源情况，拟定施工供水方案，对距水源较远的工点或工程较集中的地段，可考虑修建给水干管路，根据用水量选定给水管路的标准，估算工程数量。

（7）铺轨基地，根据沿线与营业线的连接情况及其供应范围、铺架作业量、地形地质和交通运输条件、材料供应等因素，拟定铺轨基地的设置方案及其位置、规模，估算工程数量。

基地平面布置应根据地形地质条件、车列出入便捷、调车作业顺畅等因素确定，并应工艺流程合理、结构紧凑。基地内股道间距和建筑限界应满足大型机械和机车车辆的作业停放、进出及检修要求。

铺轨基地根据有缝线路和无缝线路的不同，分别设置不同的功能区域。

（8）制（存）梁场，根据建设项目的总工期、生产能力、存储能力、工程量和桥梁分布等因素，拟定其设置方案及位置、规模，估算工程数量。其中"T梁"应做采购成品梁与现场制梁的综合技术经济比选。

高速铁路整孔箱梁制（存）梁场，规划时应根据预制梁的数量、工期、线路位置、地形条件、地质条件、工艺要求、设备选型、交通情况等因素综合考虑选址和设置台座数量。其具体要求如下：

① 桥群集中：全面考虑桥跨与梁型布置、工期、架桥机类型、地质状况及桥跨两

端路基工程等因素进行梁场选址,一般选择在桥群重心或两端附近。

② 临时工程量小:高速铁路箱梁重量大,对制梁台座、存梁台座和提梁机轨道基础的承载能力和不均匀沉降提出了很高的要求。因此,制梁场的位置应尽量选在地质条件好的地方,减少土石方工程和基础加固工程量,尽量降低大型临时工程费用。

③ 交通方便:梁场的位置应尽量与既有公路或施工便道相连,利于大型制梁设备运输进场。

④ 运梁距离:箱梁的运输和架设是施工组织的一个关键工序,供应半径应根据工程情况、运架能力和外部条件等因素,经技术经济比选后确定。

⑤ 征地拆迁少:高速铁路大部分集中于人口密集、经济发达的区域,因此宜尽量减少征地面积,在制梁场的位置满足制梁工期和存梁的前提下,少占用耕地,减少拆迁量。

⑥ 考虑防洪排涝,确保雨季施工安全:在梁场选址上不宜布置在地势较低的区域,特别是山区,以防止洪水浸漫。

⑦ 地材和水源方便:在一些特殊的区域,应合理考虑地材和水源因素,防止因地材和用水短缺发生制梁进度受阻的情况发生。

⑧ 利于环保:制梁场宜远离居民生活区,防止噪声污染、产生各种纠纷。

对于采用铁路架桥机及轨行平车运架梁的T梁,梁场与铺轨基地合建,便于T梁的运输和架设。对于采用公铁两用架桥机及轮胎式运梁车运架的T梁,其梁场选址布置参考箱梁预制场,供应半径比整孔箱梁要大,但不宜超过40km。

(9)轨道板(轨枕)预制场,根据轨道板(轨枕)需求量、预存量、铺设施工组织、施工条件等因素,拟定其设置方案及位置、规模,估算工程数量;轨道板(轨枕)预制场的位置及规模应根据需求量、预存量、铺设施工组织、施工条件等因素,经技术经济比选后确定。

(10)混凝土集中拌和站、填料集中加工站,根据场地、运输和工期要求以及供应强度、拌和物使用时间技术要求等,拟定其设置方案及位置、规模,估算工程数量。

(11)隧道污水处理站,在现场按环保要求,设置化粪池、沉淀池、厕所、垃圾处理场等公共卫生设施及污水处理设施,工程完工后拆除相关设施,恢复现场原有面貌。隧道污水处理站根据排出洞口的废水量确定临时施工污水处理站规模,废水经处理站处理达到污水综合排放标准后,引排至敏感水体外排放。

(12)其他大型临时设施,根据现场情况拟定其设置地点及规模,估算工程数量。

(13)有条件时,对大型临时设施设计宜研究考虑临时工程与正式工程相结合的方案,提前修建正式工程,满足施工需要,降低投资。

(14)过渡工程,根据设计工程内容,结合既有设施产权与维护管理部门的意见,拟定安全、可靠的施工过渡方案及其规模、标准,估算工程数量。

过渡工程主要为满足营业线或车站改、扩建和维持营业线或车站正常运营需要而修建的便线、过渡性站场设施及其相关的配套工程。过渡工程必须确保行车及人身安全,减少施工对运营的干扰。

过渡工程宜设在既有和新增工程用地界内,并宜永临结合,减少废弃工程。

过渡工程应在考虑信号、接触网、桥涵等设备和建筑物与线路站场改造相配合的基础上，提出安全、适用、经济、可操作性强的施工过渡方案，并经运营部门确认。

2. 其他临时设施布置

1）生产、生活房屋

（1）项目经理部一般设置在交通便利之处，有条件的尽量租赁房屋，利于各种会议的召开，利于与业主、政府等部门的沟通和协调，同时尽量靠近施工现场，既做到便于对外沟通协调，同时便于靠前指挥。

（2）各分部驻地房屋一般采用新建方式，布置在施工现场附近，便于现场管理。

（3）选择生产、生活房屋位置的原则：满足防洪要求，排水便利；交通便利；尽量使用空闲地，少占或尽量不占耕地，达到节约用地的目的；尽量避开居民区，减少对周围居民的干扰；充分了解施工场地及周围的地质环境，避开软基、落石区、滑坡体等不良地质环境。

（4）生产用房靠近各工点布置，生活房屋采用便于安拆、利于环保的活动板房。在主要工点附近设置设备维修间，进行各种机械设备的日常维修保养工作，保证各种机械的正常运转，保障施工生产的正常进行。

（5）生产、生活房屋布置要满足文明施工的需要。

2）试验室

为确保工程检测数据准确有效，一般在项目经理部或附近设中心试验室，配备试验检测仪器设备应用于工程。

试验室对工程使用的材料（如水泥、骨料、粉煤灰、外加剂、钢材以及工程指定的其他材料等）进行取样检验，同时对现场施工质量进行检测。试验室主要布置混凝土室、骨料室、土工室、养护室、力学室、办公室、资料室等。

若项目线路长，可增设工地试验室，对中心试验室开展辅助性工作。

3）钢筋加工场

钢筋加工宜采用集中加工，一般需要设置钢筋加工场，有条件时钢筋加工场可与混凝土拌和站分区合建。钢筋加工场采用工厂式生产流程，封闭式集中加工，集中管理，统一配送。

钢筋加工场设原材堆放区、原材切割下料区、钢筋焊接加工区等不同功能区，地面需要硬化，四周做好独立完整的排水系统。

4）火工品库

火工品主要在隧道及路基石方开挖时使用，根据地方公安部门要求，火工品应在远离居民区和施工生产生活区域设置，主要设置在无人居住的隐蔽区域。火工品库包括雷管库、炸药库和看守房，火工品库应严格按照公安部门管理要求和安全标准建设，设专人看守，并报经当地公安部门核准。

【案例10.4-1】

1. 背景

本铁路工程轨道结构为有砟轨道，无缝线路。铺架范围内的T梁在铺架基地内预制；轨道无缝线路采用换铺法施工；铺架基地内设置的生产区有：长钢轨存放、工具轨存放区、轨枕存放区、机修区、主材、地材等各种原材料存放区，混凝土生产区。

2. 问题

根据背景资料,补充铺架基地内缺少的主要生产区。

3. 分析与答案

缺少的主要生产区有:制梁区、存梁区、轨排生产区。

(分析:T 梁设在铺架基地内,需有相关生产区;轨排生产要设有生产区)

第 11 章 工程招标投标与合同管理

11.1 工程招标投标

11.1.1 招标管理

对于施工单位，招标管理的内容主要为施工设备物资招标采购。设备物资招标采购的目的是规范项目实施中设备物资的采购行为，保障设备物资的供应，降低采购成本，提升企业创效能力。

设备物资的招标采购要根据国家有关法律法规有关规定，结合施工企业的实际进行招标采购，实行规范化、标准化和制度化管理。

1. 物资采购分类

工程物资按照采购组织权限分为甲供物资、集采物资、项目自购物资三类。物资招标采购主要指集采物资。

（1）甲供物资是指在工程招标文件或合同中约定，由建设单位（甲方）采购供应的物资。对于甲供物资的招标采购，项目经理部应主动与业主沟通、积极参与、及时掌握招标信息，力争得到最好的资源和服务。

（2）集采物资是指由项目上级单位组织集中采购的物资。集采物资主要有：除甲供物资以外的钢材、水泥、柴油、沥青、铁路线上料（钢轨、道岔、扣配件等）、民用爆炸物品、外加剂、土工材料、防水材料、锚具、桥梁支座、伸缩缝、周转材料等。以下描述的物资采购主要指集采物资。

（3）项目自购物资指甲供物资、集采物资以外，经审批由项目经理部组织采购的物资。

2. 设备物资采购方式

（1）设备物资采购主要采用招标采购、竞争性谈判、单一来源采购、询价等方式，结合战略采购、框架协议采购等采购方式开展设备物资采购活动。施工企业应坚持"依法合规，公开透明，先进高效"的原则，充分调查市场，科学选择采购方式。

（2）招标采购分为公开招标和邀请招标方式。国有资金占控股或者主导地位且单项合同估算价在 200 万元人民币以上的设备物资采购应当依法公开招标。有下列情形之一的，按设备物资采购权限，经审批后可以邀请招标：

① 技术复杂、有特殊要求或者受自然环境限制，只有少量潜在投标人可供选择。

② 采用公开招标方式的费用占项目合同金额的比例过大。

（3）竞争性谈判采购适用于重新招标未成立的、技术复杂或性质特殊的、不能规定详细规格或者具体要求的、采用招标所需时间不能满足用户紧急需要的、不能事先计算出价格总额的设备物资采购。

（4）单一来源采购适用于只能从唯一供应商处采购的、需要采用不可替代的专利或者专有技术的、发生了不可预见的紧急情况不能从其他供应商处采购的、必须保证原有采购项目一致性或者服务配套的要求而需要继续从原供应商处添购的、合同中业主或买方已经明确指定供应商的、项目所在国家或地区政府有明确规定的采购。

（5）询价采购适用于工程项目采用招标和竞争性谈判都不能满足要求，且采购的设备物资种类单一、需求差异性大、价格变化幅度小、货源充足的设备物资采购。

（6）战略采购适用于企业战略发展需要，对生产经营有重大影响的大宗、通用、重要或市场稀缺设备物资的采购。

（7）框架协议采购指组织单位集中内部需求，通过招标、竞争性谈判等方式确定有质量、价格和服务优势的供应商，签订采购框架协议，各需求单位根据框架协议签订采购合同、实施采购的一种采购方式。框架协议采购适用于技术要求相对统一、采购频次高、能形成一定采购批量且供应市场相对稳定的采购。

3. 采购业务流程

（1）编报采购计划。需用单位根据设备物资总需求计划编制采购计划。

（2）采购计划的申报与审批。采购计划上报上级单位后，施工企业的相关管理部门审核采购计划的正确性、合理性、逻辑性、完整性。

（3）发布采购公告或邀请。公开采购时，在公开媒体发布采购公告信息。邀请采购时，选择三家及以上供应商发出邀请函。公告与邀请的内容应包括：采购单位名称和地址、采购设备物资的名称、规格型号或性质、数量、实施或使用地点以及获取采购文件的方式等事项。

（4）发放采购文件。按照公告或邀请函约定的时间和方式向潜在投标人发放采购文件。

（5）澄清补遗。

（6）采购会议。按照采购文件规定的时间、地点等要求，接收投标文件，召开采购会议。

（7）评审委员会组成。在评标专家库中抽取相关经济、技术评标专家，组建评审委员会。

（8）评审。招标采购中，评审委员会根据采购文件规定的评标办法，对资格、商务、技术和重大偏差进行评审；竞争性谈判采购中，评审委员会分别与各报价人进行谈判，并进行书面确认；询价采购和单一来源采购应由采购单位集体决议并形成评定会议纪要。评审结束后，评审委员会撰写评审报告并签字。

（9）合规调查。采购组织部门对中标候选人进行尽职调查，排除或控制采购风险。

（10）确定中标供应商。根据采购文件规定，采购组织单位在发布采购公告的媒体公示中标候选人。相关各方无异议后发放中标通知书。

11.1.2 投标管理

1. 一般要求

（1）施工单位要根据企业的实际，建立系统、合理的投标经营管理体系，以适应铁路市场的要求，规范铁路工程经营投标工作，推进经营工作管理的制度化、精细化，提升铁路经营水平和经营能力。

（2）经营投标工作主要指通过市场调查、项目筛选、精心筹谋和投标组织等活动，获取项目合同，建立并维护企业与市场间关系的相关工作。

（3）铁路工程经营投标工作必须强化法制意识和风险防范意识，坚持依法经营，合规经营，缜密管理，积极防控，不断提高法纪、风险防控能力和危机处理能力，确保良好的市场生态环境。

（4）铁路经营工作以开拓市场、维护客户、创造效益为宗旨，全过程、各环节贯彻客户至上的经营理念。

（5）要做到以现场保市场，加强在建铁路工程的管理。项目经理部要搞好在建铁路工程的建设，积极参与突发的铁路抢险救灾工作，取得好的铁路信用评价排名。

2. 项目信息管理

要建立和拓展可靠、正规的信息来源渠道，确保信息的真实性、准确性、全面性和完整性。同时要进行项目信息跟踪管理，适时掌握项目进展情况。

3. 铁路工程标书编制管理

（1）做好标前策划和评审工作。为提高铁路项目经营质量，控制经营风险，应根据企业的实际情况，对照拟投标的铁路工程的类别、工程内容、工程技术难度、施工难度、成本情况等进行标前策划和评审。正常情况下不得以低于本企业施工成本的价格投出标书。

（2）投标组织。大型铁路项目一般由企业（集团）总部组织投标，负责标书编制的组织、协调工作。

（3）现场踏勘。铁路招标投标业主一般不组织现场踏勘，必要时施工单位可自行组织人员进行现场踏勘，为技术标、报价标的编制提供依据。

（4）认真编制投标文件，合理决策投标报价。在进行现场探勘和研究招标文件的基础上，按招标文件的要求认真编制技术、商务和报价投标文件。对于报价，应充分研究评标办法、计量规则、设计图纸、施工组织方案等，根据本企业的施工水平合理进行成本测算，结合评标办法进行投标报价。

（5）标后交底。铁路项目中标后，一般由投标阶段的编标人员向项目实施的有关人员进行交底。交底内容主要为技术、报价和商务部分的投标书；招标文件、图纸、补遗答疑等各种招标文件；标书编制中的思路、想法和对工程的认识。

（6）做好投标协调工作。相关的项目经理部或区域经营机构要与业主建立好良好的工作关系，取得业主的信任，积极收集和跟踪将要招标的铁路项目信息，为投标工作创造良好的条件。要加强标书编制过程中技术标、报价标和商务标各专业之间的协调配合，互相提供和研究各专业间关联的数据和要求，如施工方案和报价的关系，商务人员和业绩的要求与施工组织机构设置的关系等。

4. 铁路工程投标文件组成内容

包括商务标、技术标和报价标。铁路工程投标文件组成内容见表11.1-1。

表11.1-1 铁路工程投标文件组成内容

序号	内容	备注
一	投标函及投标函附录	商务标
二	法定代表人身份证明或授权委托书	商务标
三	联合体协议书	商务标
四	投标保证金	商务标

续表

序号	内容	备注
五	已标价工程量清单	标价标
六	施工组织设计	技术标
七	项目组织机构	商务标
7-1	项目组织机构图	
7-2	项目组织机构人员及自有产业工人组成情况表	
7-3	项目经理、技术负责人简历表	
八	拟分包项目情况	商务标
九	资格审查资料	商务标
9-1	投标人基本情况表	
9-2	投标人关联组织情况说明	
9-3	投标人年营业收入及营运资金表	
9-4	投标人财务状况表	
9-5	银行信贷证明	
9-6	近年完成的类似项目情况表	
9-7	正在施工和新承接的项目情况表（采用综合评分法的可不做此要求）	
9-8	信誉情况表	
9-9	近年违法及质量、安全重大责任事故情况表	
十	其他材料	商务标
10-1	保密承诺书	
10-2	质量安全红线管理承诺书	
10-3	投标人承诺书	

11.2 工程合同管理

11.2.1 合同管理要求

（1）铁路建设项目的合同管理工作所称合同是指项目管理机构与平等主体的自然人、法人、其他组织之间设立、变更、终止民事权利义务关系的协议，具体包括建设工程合同、委托合同、采购合同、借款合同、保险合同以及其他各类民事合同（或协议）等。

（2）铁路工程项目合同管理是项目经理部依据企业法定代表人的授权，按照企业已经签订的施工承包合同，认真履行合同中规定的权利和义务，兑现投标承诺。

（3）签订和履行合同应遵守国家法律法规和铁路行政主管部门有关文件要求，尊重社会公德，不得扰乱社会经济秩序和损害社会公共利益，坚持平等、自愿、公平和诚实信用的原则，严格按照合同约定行使权利、履行义务。

（4）项目管理机构是合同管理主体，项目管理机构的合同归口管理部门为计划合同部，项目管理机构各业务部门是合同承办部门，根据其职责职能具体承办相关合同业务。

（5）合同签订一律采用书面形式，严禁口头协议和非正式书面协议，有关修改合同的文书、图表、传真件等均为合同的组成部分。国家规定采用标准合同文本的必须采用标准合同文本。工程承包合同的签订必须根据《中华人民共和国招标投标法》和《中华人民共和国政府采购法》，采用招标投标等要约承诺方式签订。

（6）合同的签订应当由当事人各方的法定代表人或其授权代理人签字，并加盖当事各方单位的合同专用章（或法人公章），同时需提供法定代表人身份证明书；授权代理人签字的，还应提供授权委托书。

（7）正式签署的合同按照合同分类进行编码，并与合同审查记录及合同文本、电子文件及附件等一起归档保存。

（8）依法成立的合同应全面履行，不得随意变更或解除。如合同不能履行应当及时采取补救措施减少损失。因不可抗力因素影响合同履行的应当及时通知对方当事人，同时采取积极措施减少损失，并注意保存有关证据。

（9）合同变更是指合同标的、数量、质量、价款或者报酬、履行期限、履行地点和方式、违约责任和解决争议方法等的改变。

（10）合同生效后任何一方当事人不得单方面变更或者解除合同。确需变更或解除的，应当经各方当事人协商一致并签订书面协议。

（11）合同终止时，承办部门做好终止记录，收集履行合同过程中所有与合同有关的文件，做好经济往来和结算工作，办理解除合同的手续，并将资料交计划合同部保存。

（12）合同的纠纷处理优先采用和解或调解方式处理，和解或调解不成的，可选择仲裁或诉讼。选择仲裁作为解决合同纠纷方式的，应当在合同中约定仲裁条款或者单独签订仲裁协议，明确约定仲裁事项和仲裁机构。

（13）合同管理应当接受上级主管部门的检查和监督。

（14）合同履行完毕，合同承办部门向计划合同部提交备案合同和合同履行的工作报告，经计划合同部审查后，及时将所有合同档案资料装订成册，移交档案部门存档。

11.2.2 合同管理方法

施工合同包括建设工程承包合同、劳务合同等。

1. 铁路建设工程承包合同

铁路建设工程承包合同文件的组成：合同协议书；中标通知书；投标函及投标函附录；铁路工程专用合同条款；通用合同条款；技术标准和要求；图纸；已标价工程量清单。

其他合同文件：包括工程质量保修协议书、安全生产协议书、廉政协议书，以及合同履行中发包人、承包人有关工程的洽商、变更等书面协议或文件。

上述合同文件应能互相补充、互相解释，如合同文件中有不明确或不一致之处时，以合同约定次序在先者为准。

目前，铁路建设工程按计价方式不同分为：施工总价承包合同和施工单价承包合同。

施工总价承包合同是指招标人根据经审核合格的施工图设计及施工图预算提出招

标项目工程量清单，由投标人按照施工图纸与工程量清单进行报价，报价中包含一定额度的总承包风险费。在合同实施过程中，除根据合同约定可调的费用外，合同总价保持不变。

施工单价承包合同是指招标人根据审核后的施工图及施工图预算提出招标项目工程量清单，由投标人按照工程量清单及相关图纸进行报价；合同实施过程中，在规定的工程量变化幅度范围内，合同单价保持不变，施工单位只承担价格风险，不承担工程数量风险，建设单位承担工程数量风险。

1）铁路工程施工总价承包合同

（1）发包人义务

① 发包人应按铁路主管部门有关规定提出建设项目推行标准化管理总体规划，明确承包人标准化管理标准，对承包人推进标准化管理情况进行检查考核。

② 发包人应提出"架子队"管理的具体要求，对承包人实施"架子队"情况进行检查。

③ 发包人应向承包人提供铁路建设项目管理信息系统需要的资料目录及格式并提供接口。

④ 发包人应及时提供大临工程和过渡工程设计文件，并组织进行技术交底。大临设施具体要求在项目专用合同条款中约定。

⑤ 发包人应按照国家有关规定支付安全生产费用，组织或委托监理人对承包人的安全生产设施情况进行检查，督促承包人完善安全生产措施，满足安全生产需要。

⑥ 发包人按照铁路主管部门现行铁路建设项目考核办法对承包人实行考核，考核分为平时考核和项目考核。

⑦ 发包人在项目实施过程中按铁路主管部门现行规定开展信用评价活动。

⑧ 工程初验后发包人应按铁路主管部门规定向承包人提出竣工决算时间和内容要求。

⑨ 项目专用合同条款约定的其他义务。

（2）承包人义务

① 承包人应按照建设项目标准化管理总体规划，推行标准化管理，接受发包人的检查。

② 承包人应组建和管理"架子队"，设置劳务管理机构和人员，培训使用劳务作业人员，接受发包人的监督与考核。

③ 承包人应设立农民工工资保证金银行专项账户，预存农民工工资保证金，账户开立情况向发包人备案；农民工工资保证金银行专项账户资金余额在项目专用合同条款中约定。

④ 承包人应依据设计文件和指导性施工组织设计要求，利用本线预留工程、站坪、维修基地（所）及站前广场用地、地方政府规划建设用地等设置大临设施，及时做好临时用地复垦工作。

⑤ 当承包人在查阅、核对合同文件或在本合同工程实施过程中，发现有关的工程勘察、设计、标准和规范、图纸或其他资料中的任何差错、遗漏或缺陷后，应及时书面通知监理人和发包人。

⑥ 承包人应接受发包人按照铁路主管部门现行铁路建设项目考核办法对承包人实行考核，从总承包风险费中扣减考核费用。

⑦ 对风险工程按规定进行安全风险控制，项目经理部负责人按规定包保或带班作业。

⑧ 承包人应按照规定使用安全生产费用，并接受发包人或监理人对安全生产设施情况进行的检查，按检查意见完善安全生产措施，保证安全生产。

⑨ 承包人应主动防范自然灾害。

⑩ 承包人应严格按照国家劳动、卫生等有关规定，为劳务人员提供符合卫生、安全要求的生活条件和生活设施。

⑪ 按国家及铁路主管部门现行规定提供完整的竣工文件及资料，工程初验后一年内要完成工程总结。

⑫ 初期运营期间，在发包人组织下配合运营单位做好设备维修和应急处理工作，相关事宜另行签订合同。

⑬ 项目专用合同条款约定的其他义务。

（3）合同约定的安全条款

① 承包人应在施工现场配备与其生产规模相适应的专职安全生产管理人员，监督检查现场安全生产。

② 承包人应严格执行铁路营业线施工安全管理规定和施工要求，根据批准的施工计划和施工方案组织实施。

③ 承包人的垂直运输机械作业人员、安装拆卸工、电气焊（割）作业人员、爆破作业人员、起重信号工、登高架设及水上（下）作业等特种作业人员，必须经过专门的安全作业培训，在取得特种作业操作资格证书后，方可上岗作业。

④ 为了保护工程免遭损坏，或为了保证现场附近和过往人员的安全，在确有必要的时间和位置，或监理人或发包人要求时，承包人应提供照明、警卫、护栅、警告等安全防护设施。

（4）合同约定的质量条款

① 合同履行过程中，发生工程质量事故的，根据事故调查组认定的事故责任，由责任方承担相应的经济损失。

② 在铁路工程验收合格并交付运营后的合理使用期限内，因工程质量原因引起营业线发生重大及以下行车事故造成经济损失的，按照铁路主管部门关于引起铁路行车事故的工程质量责任调查及经济损失赔偿的有关规定认定事故责任，根据事故调查组认定的事故责任，承包人应按其所承担的责任对事故造成的直接经济损失进行赔偿。

③ 承包人应对具体负责本合同的管理、技术、作业人员进行质量责任登记，承包人及其人员对工程质量终身负责。

④ 发包人应对工程质量、安全和环境保护、水土保持等建设全过程进行管理，对检查中发现的技术、质量和其他问题，应责令承包人返工或整改；对存在的隐患，有权责令承包人予以解决。

⑤ 发包人对存在质量问题或质量隐患的工程有权直接发布或授权驻地监理机构发布停工令、复工令。

(5) 合同价格调整的原则

实行总价承包的项目，合同签订后任何一方不得擅自调整合同价格，但有下列情形之一的可作调整：

① 发包人对建设方案、建设标准、建设规模和建设工期的调整以及非承包人原因引起的Ⅰ类变更设计。

② 按国家和铁路主管部门有关政策需要调整的费用。

③ 项目专用合同条款约定额度以上由发包人承担的非承包人原因引起的Ⅱ类变更设计。

(6) 总承包风险费支付的内容

总承包风险费是指由总承包单位为支付风险费用计列的金额，风险费用包括但不限于以下内容：

① 非不可抗力造成的损失及对其采取的预防措施费用。

② 非发包人供应的材料、设备除政策调整以外的价差。

③ 实施性施工组织设计调整造成的损失和增加的措施费。

④ 工程保险费。

⑤ 由于变更施工方法、施工工艺所引起的费用增加。

⑥ 施工安全、工程质量、建设工期、投资控制、环境保护和维护稳定考核费用。

⑦ 项目专用合同条款约定额度内由承包人承担的Ⅱ类变更设计费用。

2）铁路工程施工单价合同

铁路建设项目实施单价承包时，合同双方必须清楚合同履行过程中各自所担负的风险和权责，相关事项必须提前在招标文件和合同中予以明确。

(1) 评标办法

实施单价承包的铁路建设项目在招标时，原则上采用经评审的最低投标价法。招标人应综合考虑施工组织设计、投标报价、综合单价以及其不均衡性等因素，在招标文件中明确相应的具体评审标准和指标，评标委员会按此评审后，择优确定中标人。

(2) 计量规则

工程量清单是施工招标文件的组成部分，是发包人依据《铁路工程工程量清单计价指南》编制、格式统一、拟发包工程的明细清单。清单子目中特征为"综合"的是最低一级的清单子目，与其相关的工程内容属于子细目，不单独计量，费用计入该清单子目。新建铁路工程项目中，与路基、桥梁、隧道等工程同步施工的电缆沟、槽及光（电）缆防护、接触网滑道等站后接口工程的数量，计入路基、桥梁、隧道等工程的清单子目，站后工程不再重复计列。

(3) 验工计价

按施工图（含变更设计图）的实际完成工程量进行验工计价是单价承包的核心。建设单位组织监理工程师对工程质量检验合格的工程，按照计量规则进行现场计量，确保验工数量真实可靠，并依据合同约定的综合单价进行计价，按规定程序审核后拨付工程款；凡是超过施工图（含变更设计图）所示的长度、面积或体积等工程数量，均不予计量与支付。符合规定的单价调整引起的费用增减以及工程数量变化引起的费用增减在合同暂列金中计列；合同的暂列金从预备费中划出。

(4)变更设计

变更设计管理是单价承包实施过程中工程数量及投资控制的关键,通过提高勘察设计质量避免和减少变更设计,同时严格变更设计管理。确需变更设计时,应严格按规定履行变更设计程序。首先要界定和追究变更设计责任,公正准确确定变更设计的原因、责任单位、技术方案、费用、费用承担单位及分摊比例。施工单位引起的变更设计费用增加由施工单位承担;优化设计及非责任原因的变更设计费用由建设单位承担。因非施工单位原因变更设计导致工程数量变化且全部符合下列四项条件:数量变化超过原施工图数量的10%、数量变化与该项工作的合同综合单价乘积超出中标合同金额的0.01%、直接改变该项工作的单位成本超过1%、合同没有约定为固定费率的项目,由甲、乙双方按合同约定通过监理对超出部分协商确定单价,并签订补充协议。

(5)价差调整

承包单位应自主报价,在投标报价中充分考虑物价波动因素。合同工期不足2年的工程不进行价格调整;合同工期超过2年的工程超过2年的部分,以及合同工期虽不足2年但因建设单位原因导致合同实际履行超过2年的部分,按照国家发展和改革委员会等9部委联合颁布的《标准施工招标文件》中通用合同条款"采用造价信息调整价格差额"调整物价波动引起的材料价差。价差调整的,验工计价时仍按合同约定的单价进行,价差调整按程序单独计价,费用在合同暂列金额中支付。

2. 铁路建设工程劳务合同

1)劳务合同的签订

(1)架子队引入劳务承包企业的人员应依法签订劳务承包合同。合同签订的主体为公司(可委托项目经理部)和提供劳务的劳务承包企业。合同中必须明确双方的责任、权利、义务等。由劳务承包企业与劳务人员签订劳动合同。

(2)架子队引入劳务派遣公司的人员应签订劳务用工协议。协议签订的主体为公司(可委托项目经理部)和提供劳务的劳务派遣公司。劳务价格应市场化。劳务协议中必须明确双方的责任、权利、义务等。由劳务派遣公司与劳务人员签订劳动合同。

(3)零散劳务人员应签订以一定工作任务为期限的劳动合同。合同签订的主体为公司(可委托项目经理部)和劳务人员。

2)劳务合同的管理

(1)项目经理部应配备专(兼)职劳务管理人员,负责劳务企业用工主体资格、劳务人员劳动关系建立及工资发放等监管,并对劳务作业人员登记造册,记录其身份证号、职业资格证书号、特种作业人员证书号、劳动合同编号等情况,按有关规定报上级和相关单位备案。

(2)公司和项目经理部在引入劳务承包企业与劳务派遣公司时,应检查验证劳务承包企业和劳务派遣公司与劳务人员签订的劳动合同。杜绝未签订劳动合同的劳务人员进入施工现场从事劳务作业活动。

(3)公司和项目经理部应监管劳务承包企业与劳务派遣公司的资质证照,确认其在履约期间始终具备合法、有效的用工主体资格,杜绝非法用工。

(4)项目经理部应建立、健全劳务人员工资支付保障制度。可由项目经理部(或代劳务企业)直接以现金方式发放到劳务人员手中,也可通过银行打入其工资卡中,以保证按时、足额发放劳务人员工资。劳务人员工资分配表应经本人签认并保存两年以上备查。

（5）项目经理部和架子队要落实劳务人员工伤和人身意外伤害保险，督促劳务承包企业、劳务派遣公司为劳务人员缴纳社会保险。

（6）公司和项目经理部要严格核查劳务承包企业和劳务派遣公司的资质、证照及其与劳务工签订的劳动合同，以及劳务人员名单、身份证等；公司和项目经理部与零散劳务工签订的劳动合同须符合《中华人民共和国劳动法》的规定。

11.2.3 变更设计与索赔管理

铁路建设工程规模大，涵盖的专业多，专业性强。在施工过程中不可避免地存在变更设计和索赔问题。加强铁路工程项目变更索赔（含概算清理）工作，是铁路建设项目管理的重要环节。

变更设计与索赔是紧密联系的，变更设计一般要涉及索赔。

1. 变更设计管理

1）基本要求

铁路工程变更设计程序要严格按铁路建设项目变更设计管理相关规定执行。

变更设计必须科学合理，实事求是，在确保工程安全、质量和使用功能的同时，严格按照国家和中国国家铁路集团有限公司的建设、投资管理规定控制工程投资。

变更设计建议应包含变更设计范围、原设计情况、变更设计原因、费用增减估算及组成情况等主要内容。

施工单位应做好施工图现场核对和施工过程中地质资料确认工作，发现问题应及时向建设单位、监理单位提出；积极参与变更设计方案研究，严格按照变更设计文件施工图组织施工；不得在变更设计过程中弄虚作假或未经批准擅自施工。

施工单位应加强对变更设计文件的管理，明确管理部门和管理岗位，建立变更设计文件台账和收发登记制度，认真及时做好变更设计文件更换和作废图纸的处理，防止错用图纸造成事故。

2）变更估价

（1）除专用合同条款对期限另有约定外，承包人应在收到变更指示或变更意向书后，在合同约定时间内，向监理人提交变更报价书，报价内容应根据合同约定的估价原则，详细开列变更工作的价格组成及其依据，并附必要的施工方法说明和有关图纸。

（2）变更工作影响工期的，承包人应提出调整工期的具体细节。监理人认为有必要时，可要求承包人提交要求提前或延长工期的施工进度计划及相应施工措施等详细资料。

（3）监理人收到承包人变更报价书后，应在规定的时间内，根据约定的估价原则，商定或确定变更价格。

3）变更的估价原则

除专用合同条款另有约定外，因变更引起的价格调整按照以下处理。

（1）已标价工程量清单中有适用于变更工作的子目的，采用该子目的单价。

（2）已标价工程量清单中无适用于变更工作的子目，但有类似子目的，可在合理范围内参照类似子目的单价，按合同要求商定或确定变更工作的单价。

（3）已标价工程量清单中无适用或类似子目的单价，可按照成本加利润的原则，按合同要求商定或确定变更工作的单价。

4）承包人的合理化建议

（1）在履行合同过程中，承包人对发包人提供的图纸、技术要求以及其他方面提出的合理化建议，均应以书面形式提交监理人。合理化建议书的内容应包括建议工作的详细说明、进度计划和效益以及与其他工作的协调等，并附必要的设计文件。监理人应与发包人协商是否采纳建议。建议被采纳并构成变更的，应按规定向承包人发出变更指示。

（2）承包人提出的合理化建议降低了合同价格、缩短了工期或者提高了工程经济效益的，发包人可按国家有关规定在专用合同条款中约定给予奖励。

5）计日工

（1）发包人认为有必要时，由监理人通知承包人以计日工方式实施变更的零星工作。其价款按列入已标价工程量清单中的计日工计价子目及其单价进行计算。

（2）采用计日工计价的任何一项变更工作，应从暂列金额中支付，承包人应在该项变更的实施过程中，每天提交以下报表和有关凭证报送监理人审批：

① 工作名称、内容和数量。

② 投入该工作所有人员的姓名、工种、级别和耗用工时。

③ 投入该工作的材料类别和数量。

④ 投入该工作的施工设备型号、台数和耗用台时。

⑤ 监理人要求提交的其他资料和凭证。

（3）计日工由承包人汇总后，按合同要求列入进度付款申请单，由监理人复核并经发包人同意后列入进度付款。

6）暂估价

（1）发包人在工程量清单中给定暂估价的材料、工程设备和专业工程属于依法必须招标的范围并达到规定的规模标准的，由发包人和承包人以招标的方式选择供应商或分包人。发包人和承包人的权利义务关系在专用合同条款中约定。中标金额与工程量清单中所列的暂估价的金额差以及相应的税金等其他费用列入合同价格。

（2）发包人在工程量清单中给定暂估价的材料和工程设备不属于依法必须招标的范围或未达到规定的规模标准的，应由承包人按合同的约定提供。经监理人确认的材料、工程设备的价格与工程量清单中所列的暂估价的金额差以及相应的税金等其他费用列入合同价格。

（3）发包人在工程量清单中给定暂估价的专业工程不属于依法必须招标的范围或未达到规定的规模标准的，由监理人按照合同条款要求进行估价，但专用合同条款另有约定的除外。经估价的专业工程与工程量清单中所列的暂估价的金额差以及相应的税金等其他费用列入合同价格。

2. 索赔管理

索赔主要指施工单位在合同实施过程中依据相关法律、政策文件和合同规定等，对合同外实际发生的项目、合同内数量或价格不足的项目和非施工单位责任所造成的各种损失，凭相关证据提出索赔的经济活动。索赔管理是合同管理的重要内容，是项目经济管理的重要工作，要贯穿于企业生产经营管理的全过程。索赔工作必须强化法制意识和风险防范意识，确保能经得起审计、财政审查和各类执法检查。

1）索赔依据

项目索赔依据，主要包括法律、政策法规、规范标准、合同文件、设计文件、现场技术资料及数据、工程造价资料、地方政府及当地群众要求等。

（1）法律

《中华人民共和国民法典》；

《中华人民共和国招标投标法》；

《中华人民共和国建筑法》；

《中华人民共和国安全生产法》；

《中华人民共和国环境保护法》；

《中华人民共和国文物保护法》；

其他相关法律。

（2）政策法规

《关于铁路建设项目实施阶段材料价差调整的指导意见》（铁建设〔2009〕46号）；

《关于补充铁路建设项目实施阶段材料价差调整目录的通知》（铁建设〔2012〕230号）；

《关于切实做好铁路建设维护社会稳定有关工作的通知》（铁建设〔2011〕27号）；

《关于铁路建设实施阶段维护稳定工作的指导意见》（铁总建设〔2015〕197号）；

《铁路建设项目变更设计管理办法》（铁建设〔2012〕253号）；

《关于加强铁路建设项目征地拆迁工作的指导意见》（铁总计统〔2014〕97号）；

《铁路建设项目验工计价办法》（铁总建设〔2014〕298号）；

《国家铁路局关于铁路工程投资估算预估算 设计概（预）算执行〈企业安全生产费用提取和使用管理办法〉有关问题的通知》（国铁科法〔2023〕7号）；

其他相关政策法规。

（3）规范标准

国家、行业的强制性标准和推荐性标准。根据《中华人民共和国标准化法》规定，"强制性标准必须执行，违反强制性标准将受到法律的制裁"。

（4）合同文件

合同协议书与合同附件（承诺函、纪要及合同补充协议）；中标通知书；招标投标文件及附录（补遗书、答疑书，投标人澄清、补充的资料）；专用合同条款；通用合同条款；技术标准及要求；图纸；已标价工程量清单；施工单位有关人员、设备投入的承诺及投标文件中的施工组织设计；其他合同文件。

（5）设计文件

设计图（初步设计图、招标用施工设计图、施工设计图、补充或变更设计图）；设计概算（初步设计概算、招标设计概算、招标控制价概算）；招标工程量清单；会议纪要、变更通知单、标准、规范、规程；建设单位、设计单位的书面通知、指令、信件、信函、答复。

（6）现场技术资料及数据

① 施工组织设计文件及专项施工方案。

② 施工进度计划及与工期有关的文件。

③ 其他辅助资料：建设单位、监理单位签认的凭证；图片、文字记录、影像资料；工程文件、交接记录、图纸和各种资料交接记录；试验资料、施工日志、检查验收报告、技术鉴定报告、工程竣工质量验收报告。

④ 当地环境资料：地形、地貌、地质情况、气象资料、海拔高度、含氧量、水文资料。

（7）工程造价资料

① 各种造价管理机构发布的概预算定额、补充定额、定额说明、需参考的相关行业定额。

② 铁路行业及各地造价管理机构发布的造价信息、价格调整办法、文件。

③ 建筑材料和设备采购、订购、运输、进场、验收、使用方面的凭据（材料进场检验单、设备进场报审表、材料合同及发票、设备及周转材料租赁合同及发票）。

（8）地方政府及当地群众要求

征地拆迁费用；改沟、改路、改河；扬尘污染；新增桥梁、涵洞通道、灌溉工程；施工造成房屋振动受损；县级及以上道路、县级以下混凝土路面修复费用；施工造成居民农田、水利设施、水系损坏费用；其他环保、水保方面的费用。

2）索赔工作内容

索赔根据项目所处不同阶段，主要内容如下：

（1）索赔策划

索赔策划一般应包括项目基本情况、组织机构及职责、招标投标及概算资料分析、合同解读、索赔工作原则和工作重点、策划方案表等内容。由各级企业总部组织实施。

开工前结合经济数据对比，做好施工图方案优化；对比施工图与合同清单数量，对差错漏碰进行分析；做好征地拆迁、重要索赔、开口合同等策划工作，并布置实施。

做好准备工作：认真学习现行法律、政策法规、规范标准、合同和设计文件及有关规定；收集、学习索赔交底资料及相关编制办法、定额。

认真踏勘现场，详细了解当地交通、气候、水文、人文、地质条件等，掌握线路走向、主要构造物位置、施工优缺点和重难点。

详细了解征地拆迁、三电迁改、管线路迁改、交通导改和园林树木伐移；进行详细的市场调查，掌握当地工、料、机市场行情和供应情况；掌握各种建筑材料（周转材料）的分布、来源、出厂价格、运输途径、距离、装卸价格。

（2）施工阶段主要工作内容

在充分研究合同和现场调查的基础上，对清单项目进行技术、经济分析；收集、编制、整理、签认基础资料；及时反映索赔事件，形成索赔报告并落实；跟踪、落实各项变更索赔文件的编制、审批工作；及时进行索赔的分劈、计价工作；规范索赔业务工作，规避审计风险。

（3）竣工决算阶段主要工作内容

保持索赔人员相对固定，确保人、财、物等各项资料满足竣工决算工作的需要；对基础资料进行集中清理；做好竣工决算（清概）跟踪、协调工作；做好结算合同谈判、末次验工计价及竣工结算工作；迎接各种审计和各类执法检查。

3）索赔流程

索赔工作流程，主要包括施工图优化、变更设计、材料调差、索赔等。

（1）施工图优化

对清单项目进行技术、经济分析→列出亏损或盈利项目→对照施工图提出优化方案（从经济、进度、安全、质量、环保等方面综合考虑）→与设计院相关专册、总体、分管处沟通协调认可→报设计院审批→经设计、监理、建设单位同意→设计院调整施工图（维持正、负量差相对平衡）。

（2）变更设计

铁路Ⅰ类变更设计和Ⅱ类变更设计，均需按照《铁路建设项目变更设计管理办法》（铁建设〔2012〕253号）规定执行。

（3）材料调差

施工单位根据相关文件提出材料调差申请→建设单位组织设计院编制材料调差文件→建设单位初审并报送中国国家铁路集团有限公司→中国国家铁路集团有限公司鉴定中心审查并批复→建设单位分劈、签订补充协议并验工计价。

第 12 章　施工进度管理

12.1　施工组织进度计划的编制

12.1.1　施工顺序安排

1. 一般规定

（1）施工区段划分应考虑地形条件、工程量分布情况、控制工程的位置及项目总工期等因素。

（2）施工准备，应结合基本工程的先后顺序和施工要求，分段、分期安排。

（3）站前工程，为确保铺轨期限，应首先安排好控制工程和重点工程的施工顺序，然后再考虑一般工程的施工顺序；应充分考虑路基、桥涵、隧道等结构的沉降变形稳定时间。

（4）轨道工程，有砟轨道应着重考虑铺轨与铺砟的关系，若铺砟控制工期，须采取相应措施，优先安排铺砟进度。无砟轨道应重点考虑无砟道床与站前工程（特别是控制和重点工程）的关系。

（5）站后工程，应结合站前、站房工程及接口工程的施工进度，统筹安排，配套完成；其中接口工程明确各项接口工程交付的时间节点。

（6）对受季节影响大的工程，应避免安排在不利的季节施工，如因工期要求所限必须安排时，应提出有效的措施。

（7）改建铁路，应根据工程分布与运营需要的缓急，优先安排控制区间和工程量大、工期长的区间施工，以区间为施工单元，分先后间隔安排施工，逐步提高通过能力，并与既有设施产权与维护管理部门协商，拟定施工过渡方案。

（8）安排施工顺序，要综合考虑可利用因素，临时与永久结合的正式工程等应安排在前；站场改造时，安排车场及股道的施工顺序要尽量考虑利用既有设施过渡，以减少过渡工程。

2. 施工作业组织形式

施工作业组织形式是指对施工对象在空间时间上的组织安排方式。施工对象包括工区、单位工程、分项工程、工序等，作业施工组织形式有顺序作业法、平行作业法、流水作业法三种常用形式。一般几个工区按平行作业组织施工；工区内同一类型的单位工程按流水作业组织施工；单位工程内一个工作面上按顺序作业组织施工。

1）顺序作业法

顺序作业法是将整个工程项目分解成若干个单位工程，按照一定的施工顺序，前一单位工程完成后，后一个单位工程才开始施工。它是一种最基本的施工组织方式。适用于规模小、工作量有限、工期不太紧张的工程，其突出的问题在于没有充分利用工作面去争取时间，所以施工工期长；工作队不能实现专业化施工，不利于提高工人技术，不利于提高工程质量和劳动生产率；同时，由于工作面的影响，很可能造成部分工人窝工。

2）平行作业法

在工程项目任务十分紧迫、工作面允许以及资源保证供应的条件下，可以组织几个相同的施工队,在同一时间、不同的工区(或单位工程)上进行施工,这样的施工组织方式称为平行施工组织方式。采用平行施工组织方式,可以充分利用工作面,争取时间、缩短施工工期。但同时单位时间投入施工资源量成倍增长;现场临时设施也相应增加,施工现场组织、管理复杂;与顺序施工组织方式相同,平行施工组织方式工作队也不能实现专业化生产。

3)流水作业法

流水施工组织方式是将工程项目分解成若干个施工单元,各专业工作队按照一定的施工顺序依次投入到各施工单元进行施工,各专业施工架子队完成本段的施工任务后,转到下一施工段进行施工,各个施工段同时处在施工状态。流水施工综合了顺序施工和平行施工的优点,克服了它们的缺点,科学地利用工作面,争取了时间,工期比较合理;施工架子队及其工人实现了专业化施工,可使工人的操作技术熟练,更好地保证工程质量,提高劳动生产率;专业施工队及其工人能够连续作业,相邻的专业施工队之间实现了最大限度的合理搭接;单位时间投入的资源较为平衡,有利于资源供应的组织工作。

3. 确定施工作业顺序的依据

1)统筹考虑各工序之间的关系

在一个单位工程项目中,各分部分项工程之间,一方面由于施工工艺的要求而存在的时间先后关系,如桥梁施工,任何一个桥台、桥墩的施工,总是先基础后台、墩身,最后是架梁,这是任何桥梁工程都必须遵守的不变的施工顺序;另一方面也有些不受工艺的限制,有一定的灵活性,为了合理地安排资源,人为因素造成的时间先后关系,如两个小桥,一个施工架子队来完成,只能一先一后完成。

2)考虑施工方法和施工机械的要求

如桥梁工程钻孔灌注桩基础施工,同一基础的桩不能顺序施工,否则会发生塌孔。采用间隔施工时,合理安排桩基的施工顺序,就会使钻机移动的次数减少,节约因钻机移动拆卸、重新安装的时间,否则将增加施工时间。

3)考虑当地气候条件和水文要求

在南方施工时,安排施工顺序时应多考虑雨季对施工造成的影响,不能在雨季施工的项目应安排在雨季前或雨季后进行施工。如土方工程不能安排在雨季施工,而隧道工程即可。桥梁工程应特别注意水文资料,枯水季节宜先施工位于水中的基础等。在严寒地区施工时,应考虑冬季施工特点安排施工顺序。

4)安排施工顺序考虑经济和节约,降低工程成本

安排合理的施工顺序,加速周转材料的周转,可减少周转材料的配备数量,节约资源降低工程成本。如一座桥的墩、台、基础施工顺序统筹安排好,可加速模板的周转次数,在同样完成任务情况下可少配备一些周转材料,减少施工成本。

12.1.2 工期的计算

1. 施工进度计划编制原则

(1)遵守基本建设程序。

(2)前期设计应适当留有余地,以增强抵御建设风险的能力,指导性施工组织设计宜体现平均先进水平,实施性施工组织设计可根据企业管理水平和技术装备水平等合

理安排工期，鼓励采用先进工法、工艺、工装设备和材料。

（3）人力、物资、设备和资金等资源分配均衡。

（4）单项工程施工进度应与施工总进度相互协调，各施工工序前后兼顾、衔接合理、干扰少、施工均衡。

（5）在保证工程施工质量、总工期的前提下，充分发挥资金的时间价值和投资效益。

（6）安排施工进度计划时，必须满足首件评估、线下工程沉降、梁体收缩徐变、联调联试及运行试验、验收整改的必要时间，无缝线路锁定应选择在满足锁定轨温要求的气温条件下进行。

（7）铺轨后各工程占轨时间应有专项安排。

2. 总工期的确定

总工期计算模型一般可按如下公式计算，工程建设总工期 ＝ A ＋ X ＋ B ＋ Y ＋ C，其中，A 为施工准备，X 为站前工程施工，B 为铺轨（架）施工，Y 为"四电"工程施工，C 包括静态验收、联调联试和运行试验、初步验收以及安全评估，除 X、Y 为变量外，其余均为常量，X、Y 可通过网络计划图和公式计算确定。

详细分析和计算步骤如下：

（1）准备工作，包括收集、分析施工组织调查资料，了解项目的工程概况、地区特征，填写全线工点一览表（含路基、桥梁、隧道），并结合重大拆迁、迁改、环水保因素的影响，合理评估施工准备时间。

（2）初步确定控制性工程及重难点工程的施工方案和工期。

（3）初步确定铺轨基地的设置方案及铺轨方向。

（4）初步确定箱梁（T 梁）、轨道板（轨枕）预制场的设置方案及架梁方向。

（5）计算线下分段工程工期。

（6）优化控制性工程及重难点工程的施工方案、大型临时工程布局方案和工期。

（7）初步确定大型站房的方案和工期。

（8）初步确定铺架完成后的接触网、信号工程方案和工期。

（9）初步确定铺架完成后达到联调联试基本条件的其他站后工程方案和工期。

（10）初步确定联调联试及运行试验、初验及安全评估的工期。

（11）绘制施工组织形象进度图，在均衡配置"人、财、物、机"的基础上，对铺架工程和联调联试两条主线下的控制性工程及重难点工程的施工方案和工期，进行技术经济比较，提出总工期的意见。

3. 单位工程工期计算

计算单位工程工期，必须首先进行工序循环时间确定和分项工程施工进度的确定，然后计算分项工程工期，通过对分项工程工期的叠加计算得到单位工程工期，最终计算出项目总工期，得到项目总体进度计划。

1）工序循环时间

完成一个工序循环占用的时间等于若干个工艺作业时间、间歇时间和搭接时间的叠加之和。比如：

隧道掘进循环的时间＝钻孔时间＋放炮时间＋通风时间＋出渣时间＋锚喷支护时

间+间歇时间-搭接时间

钻孔桩成桩的时间=钻孔时间+清孔时间+下钢筋笼时间+浇筑时间+间歇时间-搭接时间

工序循环时间受现场管理水平、技术装备力量、工人的熟练程度、施工现场条件情况等方面的影响。工序的循环时间用 T 表示，其计算式为：

$$T=\sum T_1+\sum T_2-\sum T_3 \tag{12.1-1}$$

式中　T_1——作业时间；

　　　T_2——间歇时间；

　　　T_3——搭接时间。

2）分项工程的施工进度

分项工程的施工进度是指单位时间内所完成的工程量，单位时间可以是天、周、月，工程量单位可以是 m^3、t、片、个。比如隧道单口掘进进度：200m/月，钻孔桩成桩单机进度：3根/月。

施工进度用 S 表示，计算式为：

$$S=1/(T\cdot K) \tag{12.1-2}$$

式中　K——环境、经验修正系数。

3）分项工程的工期

分项工程的工期即完成该项工程的持续时间，根据工程量和施工进度来计算，还应考虑工作面数量。

其工期用 D 表示，计算式为：

$$D=Q/(N\cdot S) \tag{12.1-3}$$

式中　Q——工程量；

　　　N——施工作业面数量。

4）单位工程工期

单位工程工期计算是根据其分项工程工期叠加得到，计算式为：

$$D=\sum D_1+\sum D_2-\sum D_3 \tag{12.1-4}$$

式中　D_1——分项工程工期；

　　　D_2——分项工程的间歇时间；

　　　D_3——分项工程的搭接时间。

复杂的单位工程工期，用网络图软件计算。

【例 12.1-1】

某桥梁基础为钻孔桩基础，桩径 1.25m，平均桩长 43m，共 120 根。桩基通过地层为黏土、粉质黏土，拟安排 10 台回旋钻机进行施工，钢筋加工和混凝土供应均能确保桩基的施工需求。施工单位根据施工经验，计算出钻孔桩施工循环时间见表 12.1-1。

表 12.1-1　钻孔桩施工循环时间计算表

序号	施工项目	作业时间（h）	控制工期时间（d）	备注
1	钻机搬运就位	8	0.5	强化作业，每天按16h计
2	准备工作	4	0.25	强化作业，每天按16h计

续表

序号	施工项目	作业时间（h）	控制工期时间（d）	备注
3	钻孔	50	2.5	机械化操作，连续作业
4	清孔、提钻	6	0.25	机械化操作，连续作业
5	检孔	2	0.13	强化作业，每天按16h计
6	下钢筋笼	4	0.17	连续作业
7	下导管	2	0.08	连续作业
8	二次清孔	4	0.17	机械化操作，连续作业
9	浇筑混凝土	5	0.21	机械化操作，连续作业
10	不可预见因素	12	0.5	—
	合计	97	4.5	—

计算该桥需要的最少施工时间：由上表计算可知，单根桩的施工时间为4.5d，则该桥桩基工期最少需要 $120 \div 10 \times 4.5 = 54d$。

12.1.3 进度计划图表的编制

1. 关键线路及各专业工程施工工期

（1）网络图应明确项目的关键线路。

（2）应明确各专业工程的开竣工时间，包括：

① 路基土石方、桥梁下部、隧道工程。

② 梁部工程（预制梁架设、现浇梁等）。

③ 无砟道床。

④ 铺轨。

⑤ 整道、无缝线路锁定及精调。

⑥ 房建工程。

⑦ "四电"工程。

⑧ 信息及客服工程。

⑨ 静态验收、动态验收（联调联试）与运行试验、各专项验收（环保验收、水保验收、消防验收、竣工资料验收、职业卫生验收、电梯取证、立交移交、油气管线安全评估以及有关环境安全整治等）初验及安全评估。

（3）采用边架边铺法施工时，应编制铺轨架梁表，按照铺架顺序，说明每段路基、每座桥梁、每座隧道的铺架起止时间。

（4）采用先架后铺法施工时，应分别编制架梁进度表和铺轨进度表，铺轨进度表中应说明全线主要的路基工点、长隧道、连续梁等铺轨的起止时间、顺序等。

（5）铺设无砟道床的线路应编制无砟道床进度表，说明无砟道床铺设的起止时间及设备配置情况等。

（6）各节点时间安排应考虑路基、桥涵、隧道等结构的沉降变形稳定时间以及工程间和专业间的接口问题。

(7) 营业线改建或增建二线按照"分段推进、分段验收、分段开通"的原则,以铺架线为主线,以站场改造和线路拨接为节点,统筹安排线下工程施工顺序;以开通后线路为保证,统筹安排新增线路开通计划,保证物资运输;合理划分施工区段和施工单元,统筹安排要点计划和优化运输组织,保证施工时间。

(8) 各专业工序之间,上道工序按时完成各项内容后应及时与下道工序办理转序手续。

(9) 联调联试及运行试验:应明确进行联调联试基本条件,及联调联试及运行试验的开始结束时间,长大干线应考虑设置先导段。

2. 绘制相关图表

在一个工程项目(标段)的管理过程中,一般要编制总体施工进度计划图,对于重要的单位工程,例如特大桥、长大隧道、复杂的站场,还要编制单位工程进度计划图。铁路工程常见施工进度计划图表有三种:施工进度计划横道图、网络图和形象进度图。

(1) 横道图表达直观、简单、易懂。

(2) 网络图可清晰地反映各工序之间的逻辑关系。铁路工程常用的网络图类型是双代号时标网络图和单代号网络图。

(3) 形象进度图以时间为纵坐标、线路里程为横坐标,纵坐标上的时间宜以月或季度为单位。形象进度图由于按设计里程布置时间,比横道图更直观地表达了控制工程及各项目进度情况,能形象地表达工序的起止时间、施工方向以及各工序之间的交叉或平行的关系。

【案例 12.1-1】

1. 背景

某铁路工程的施工进度计划网络如图 12.1-1 所示,图中各项工作持续时间单位为周,合同工期为 46 周。

2. 问题

(1) 指出关键线路,计算本工程的计划工期。

(2) 绘制施工进度计划的早时标双代号网络图。

3. 分析与答案

(1) 通过计算,①→④→⑤→⑥→⑧ 的持续时间最长,所以为关键线路,关键线路持续时间为 45 周,所以本工程的计划工期为 45 周,比合同工期计划提前 1 周。

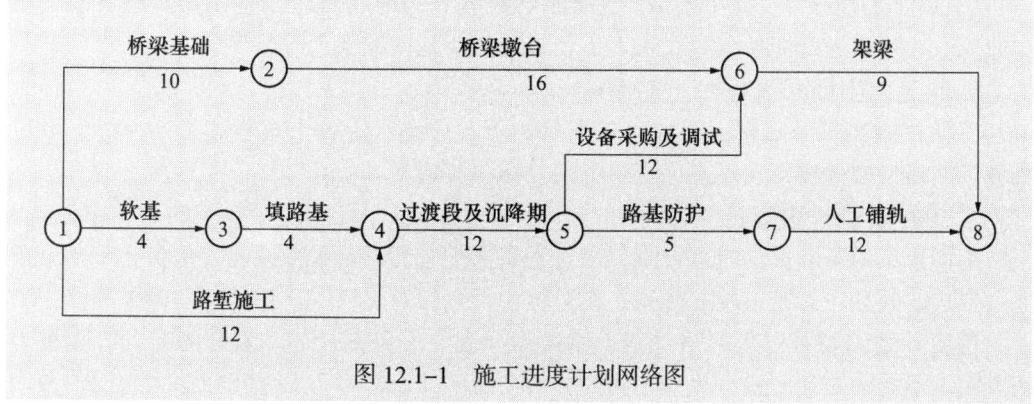

图 12.1-1 施工进度计划网络图

（分析：总时差最小的工作应为关键工作，自始至终全部由关键工作组成的线路或线路上总的工作持续时间最长的线路为关键线路。关键线路一般在网络图上用粗线、双线或彩色线标注）

（2）该工程的早时标双代号网络如图 12.1-2 所示。

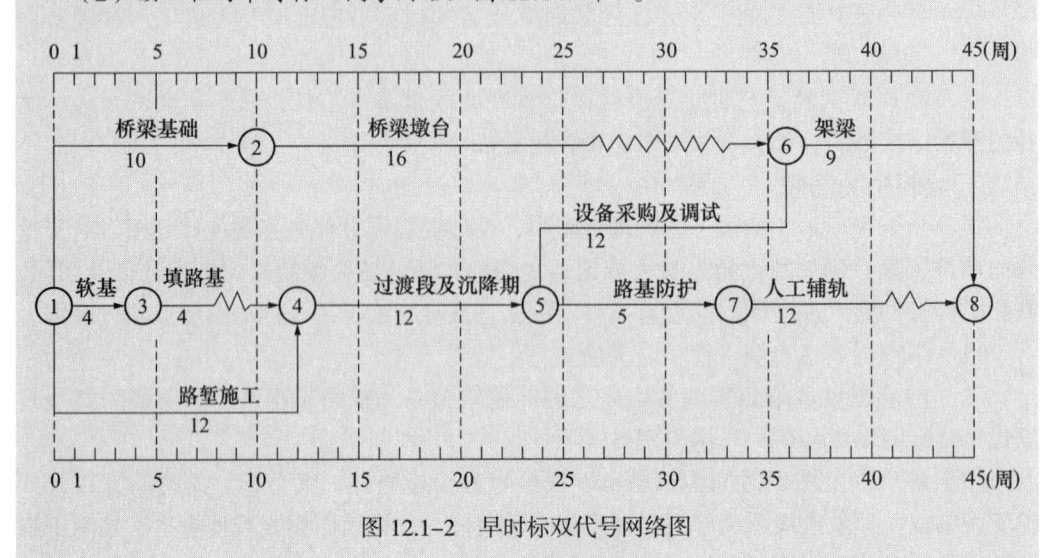

图 12.1-2　早时标双代号网络图

（分析：双代号时标网络图一般按最早开始时间编制，为此，在编制时标网络计划时应使每一个节点和每一项工作尽量向左靠，直至不出现从右向左的逆向箭线为止，自由时差通过波浪线表示）

12.2　施工进度管理方法及控制措施

12.2.1　施工进度管理方法

铁路工程项目施工分为站前和站后工程，站前工程又分为线下和线上工程，其施工进度应遵循先站前、后站后；先线下、后线上的施工顺序。铁路工程项目施工进度的关键节点包括线下完工时间、线上完工时间和站后竣工时间。

站前工程工期是以轨道工程铺通并能行车为目标的工期。线下工程工期包括钢轨（不含）以下的桥梁（不含机架梁）、隧道、路基、道砟工程施工的工期，只有线下工程完成后才可以进行铺架工程；线上工程工期主要是指铺架工程的工期。

1. 制定总工期和里程碑工期目标

工期控制离不开目标，要在总工期目标下，分解制定各个里程碑工期目标，以里程碑工期目标的落实与实现来保证总工期目标的实现。

2. 编制实施性进度计划

编制详细的可实施的进度计划，来指导资源配置和进行作业安排，是保证工期最重要的方法，并且在实施前反复优化，在过程中反复跟踪分析，进行适当的调整和修正。

进度计划编制可以用网络计划、横道图计划、形象图计划、斜率图计划等多种表达方式。不同的表达方式可表达不同的分析角度，综合多种方法才可以深入理解作业区间、作业工序、资源种类之间的错综复杂关系。复杂的进度计划的编制须依赖项目管理软件来完成。

3. 明确关键线路

通过编制网络计划,才能找到关键线路,控制最终工期的项目是关键线路上的作业项目。只有紧紧抓住这些项目才能控制住总工期。若关键线路不合理,要进行网络优化,使得关键线路可行可控。

4. 制定控制措施

工期控制要依靠人力资源、设备资源、材料资源、资金投入、技术方案优化等措施来实施控制。开工前就要规划好控制措施来保证工期。

5. 周期性检查、分析、调控进度

工程实施中要周期性地检查施工进展,收集数据进行进度分析,及时调控。

【案例 12.2-1】

1. 背景

某铁路工程项目的施工招标文件中表明该工程采用综合单价计价方式,工期为15个月。施工单位在投标书中编制的施工进度计划网络如图12.2-1所示。

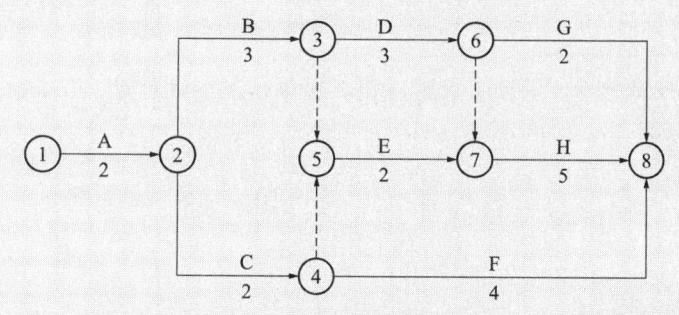

图 12.2-1 施工进度计划网络图

施工过程中发生了以下事件:

事件1:A、C两项工作为土石方工程,施工按计划进行4个月后,设计院以设计变更通知发布新增土方工程N的指示。该工作的性质和施工难度与A、C工作相同。N工作在B和C工作完成后开始施工,且为H和G的紧前工作,施工单位按计划用4个月完成N工作。

事件2:F工作因设计变更等待新图纸延误1个月。

事件3:G工作由于分包单位施工的工程质量不合格造成返工,实际3个月完成。

2. 问题

(1)请对以上施工过程中发生的3个事件进行合同责任分析。

(2)请计算投标时的计划工期,并在图中计算网络计划参数,标示关键线路。

(3)请重新绘制调整后的网络计划,确定调整后的工期并计算网络计划参数,标示关键线路。

3. 分析与答案

(1)合同责任分析:

① 事件 1 属于建设单位责任。
② 事件 2 属于建设单位责任。
③ 事件 3 属于承包单位责任。

（2）投标时的计划工期为 13 个月。网络计划计算参数如图 12.2-2 所示，粗线为关键线路。

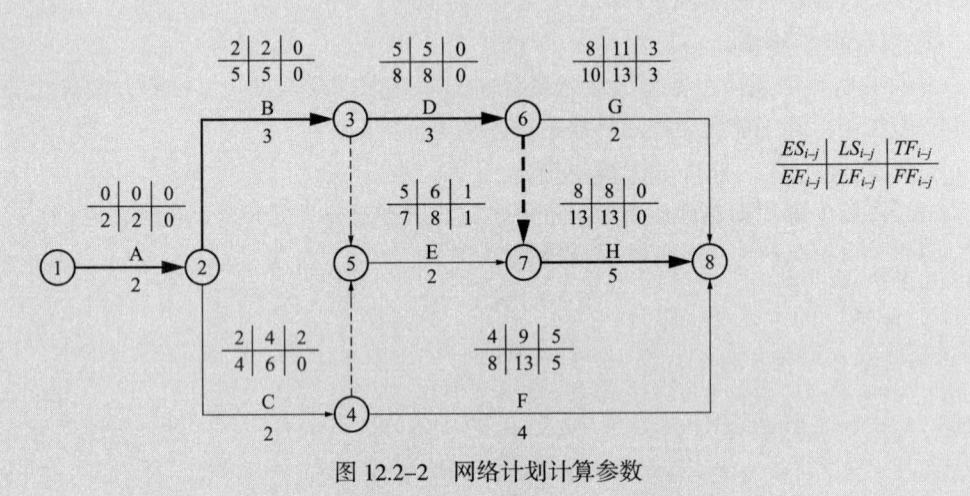

图 12.2-2　网络计划计算参数

（3）增加 N 工作后，调整后的网络图及网络计划参数如图 12.2-3 所示，粗线为关键线路，调整后的工期为 14 个月。

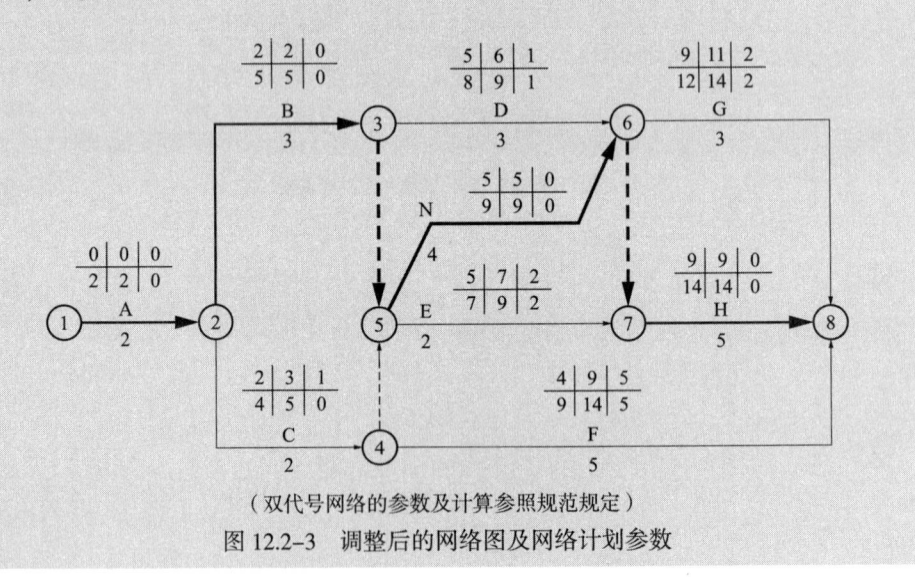

（双代号网络的参数及计算参照规范规定）
图 12.2-3　调整后的网络图及网络计划参数

12.2.2　施工进度控制措施

（1）加强动迁工作，尽快缩短施工准备时间，以便全线全面开工。积极与沿线地方政府合作，加快征地及民房、厂矿拆迁工作，各种管线路的改移、临时供电线路、临时便道工程尽快实施，缩短施工准备时间。

（2）科学制定施工方案，合理安排施工顺序，组织平行流水作业，缩短作业时间。

合理安排桥梁、隧道等线下工程的开工、完工时间。特殊梁跨的桥梁下部工程应尽早开工，并在铺架之前完成上部施工，不得影响架梁、铺轨。

（3）定期组织检查施工进度计划的落实情况，进行工期风险分析，及时调整进度计划，纠正进度偏差。

（4）土石方工程：土石方工程增加工作面，增加主要施工机械，尤其在轨道铺设起始端地段的路基需及时开工，并及时根据地基变形情况调整处理方法与填筑速度，满足路基的工后沉降要求。

（5）桥梁工程：控制工期的桥梁工程，特别在轨道铺设起始端、简支梁架梁起始端的部分桥梁，必须提前开工，增加作业面，压缩下部工期。对供应控制工期桥梁工程的制梁场需要提前建设。

（6）隧道工程：控制工期的隧道工程要提前安排施工，优化长隧道辅助坑道的位置，积极采用大型机械化配套等措施加快施工进度。

（7）轨道工程：在线下工程施工的同时，提前准备，确保铺轨基地建设、铺轨设备和轨道部件制造（订货）有足够的时间；铺轨前进行施工设备调试及试运转，配备相应的保养维修队伍，做好燃料储备及保养维修准备工作，确保铺轨设备的正常运转；对于无砟轨道可以在局部控制工点多投入设备，采用多工作面同时作业，减少控制时间。

（8）站后工程在线下工程施工的同时，提前准备，及时落实施工队伍和设备厂家，确定系统供应商，为软件的开发、设备的生产赢得时间。

（9）联合调试、试运行：联合调试、试运行的工期本身是不确定的，为此，联合调试在站后各系统的制式选择、系统开发、设备招标、设备生产、运输、安装、培训等各环节加强控制与管理。

（10）管理方面：科学组织，处理好站前和站后工程交叉作业的干扰时间。

（11）以指导性施工组织设计为纲，借鉴相关铁路建设经验，分解编制重点控制性工程实施性施工组织设计，贯彻重点先行的原则，强化关键线路的专业管理和过程控制。

（12）加大资源投入。以合同管理为手段，确保各种生产资源的有效投入，为保证工期提供物质基础。

（13）加强工序衔接，提升工序内作业效率，实现工序内效率提升。

（14）科学组织，站前和站后工程交叉作业的干扰问题及时报请协调处理。

（15）加强信息化管理，实现工程进度信息化管理。依靠科技，提高工效。

（16）施工中根据现场实际，不断进行工期优化，在满足工期目标的前提下，达到费用最低、工期最优。

【案例 12.2-2】
1. 背景
某铁路桥梁工程，为3~16m的简支T梁（预制），扩大基础。桥梁施工时间及费用见表12.2-1（本工程间接费用为1.0万元/d）。其双代号网络计划如图12.2-4所示。

表 12.2-1 桥梁施工时间及费用

名称	工作代号	正常时施工状态 持续时间	正常时施工状态 直接费用	应急时施工状态 持续时间	应急时施工状态 直接费用	增加直接费用
编号	(1)	(2)	(3)	(4)	(5)	(6)=[(5)−(3)]/[(2)−(4)]
施工准备	A	15	4.5	14	6	1.50
基础施工	B	60	62	55	66	0.80
墩台施工	C	45	38	40	41.5	0.70
台座施工	D	30	24.8	28	25	0.10
梁板预制	E	70	214	60	215.5	0.15
架桥设备准备	F	90	28	85	32	0.80
梁板安装	G	10	14.4	8	16.7	1.15
备注		直接费用单位：万元；增加直接费用单位：万元/d；时间单位：d					

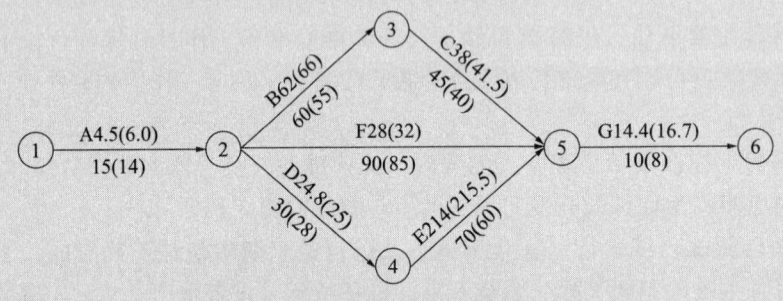

图 12.2-4 双代号网络计划图

图中数据含义：箭线下方括号外数字为正常时间，括号内为最短时间。箭线上方括号外数字为正常时间时消耗的直接费，括号内为最短时间时消耗的直接费。

2. 问题

请以初始的网络计划对工期和费用进行优化。

3. 分析与答案

（1）绘制初始网络计划

根据正常持续时间，用持续时间最长的线路为关键线路的方法确定关键线路，则 A→B→C→G 为关键线路（130d），图中用粗线表示，初始网络图的关键线路如图 12.2-5 所示。

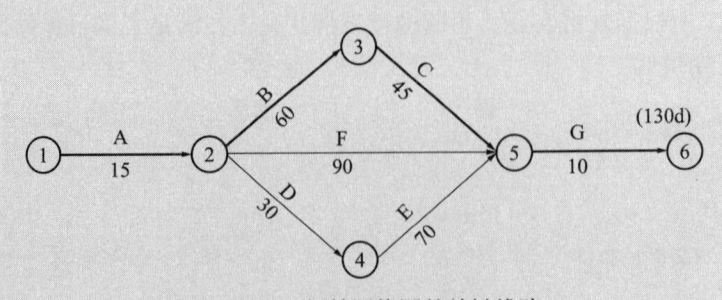

图 12.2-5 初始网络图的关键线路

(2) 第一次压缩

根据上图可知，压缩关键线路的时间，有四种方案：压缩 A；压缩 B；压缩 C 或压缩 G。

在 A、B、C、G 四项工作中，由于工作 C 的直接费用率最低，同时 C 增加的直接费用率 ΔC_z（0.7）< ΔC_j（工程固定间接费用 1.0 万元），说明 C 压缩可使总费用降低，故应选 C 作为压缩对象。所以将 C 的持续时间压缩到最短的 40d，即压缩 5d，第一次压缩后的网络图如图 12.2-6 所示。

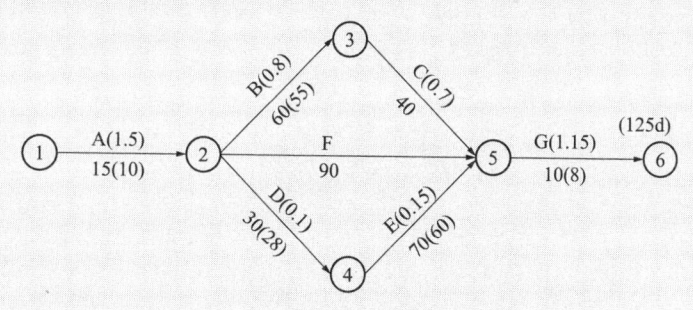

图 12.2-6 第一次压缩后的网络图

压缩后，工作 A→D→E→G 也成为关键线路，此时有两条关键线路。由于 C 被压缩到最短时间，不能再压缩。

图中数据含义：箭线下方括号外数字为正常时间或优化后的时间，括号内为最短时间。箭线上方括号内数字为增加的直接费用。

(3) 第二次压缩

根据图 12.2-6，要同时压缩两条关键线路，有四种方案：压缩 A；压缩 G；同时压缩 B 和 D；同时压缩 B 和 E（C 不能再压缩）。

压缩的四种方案中增加的直接费用分别为：A 为 1.5 万元；G 为 1.15 万元；B 和 D 的组合费用为 0.8+0.1=0.9 万元；B 和 E 的组合费用为 0.8+0.15=0.95 万元。四种方案中，由于 B 和 D 组合的直接费用最低，同时其组合增加直接费用 ΔC_z（0.9）< ΔC_j（工程固定间接费用 1.0 万元），说明同时压缩 B 和 D 可使总费用降低，故应选同时压缩 B 和 D 的压缩方案。

由图 12.2-6 可知，B 可以压缩 5d，D 可以压缩 2d，所以，选择同时将 B 和 D 的持续时间压缩 2d。第二次压缩后的网络图如图 12.2-7 所示。

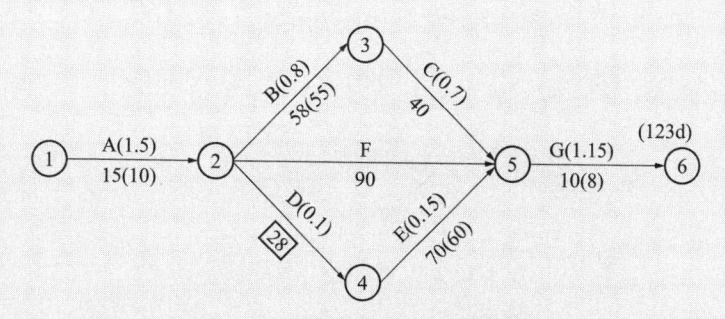

图 12.2-7 第二次压缩后的网络图

（4）第三次压缩

根据图 12.2-7 可知，工作 C、D 不能再压缩，压缩方案有三种：压缩 A；压缩 G；同时压缩 B 和 E。

压缩的三种方案中增加的直接费用分别为：A 为 1.5 万元；G 为 1.15 万元；B 和 E 的组合费用为 0.8 + 0.15 = 0.95 万元。其中，由于工作 B 和工作 E 组合增加的直接费用最低，同时其组合直接费用率 ΔC_z（0.95）< ΔC_j（工程固定间接费用 1.0 万元），说明同时压缩 B 和 E 可使总费用降低，故应选同时压缩 B 和 E 的压缩方案。

B 可以压缩 3d，E 可以压缩 10d，所以，选择同时将 B 和 E 的持续时间压缩 3d。

第三次压缩后的网络图如图 12.2-8 所示。

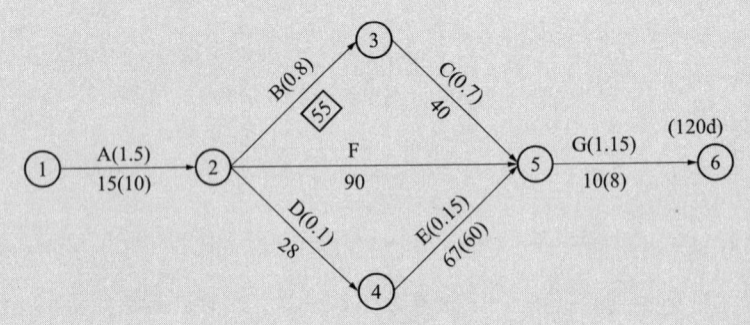

图 12.2-8　第三次压缩后的网络图

（5）第四次压缩

此时 B、C 和 D 不能再压缩，若要压缩 E，则关键线路 A→B→C→G 不能压缩，那么总工期不能缩短，间接费用不能降低，只能造成总费用的增加。因此，压缩方案只有两种：压缩 A；压缩 G。

压缩的两种方案中增加的直接费用分别为：A 为 1.5 万元，G 为 1.15 万元，均大于固定间接费用 1.0 万元。说明压缩后造成总费用增加，因此不能再压缩。

至此，费用优化的目的已经达到，优化后的网络图如图 12.2-9 所示。图中箭线上方括号内数字为该工作的直接费用。图中 E 工作由于压缩工期 3d，其直接费用 = 214（初始的直接费用）+ 3×0.15（增加直接费用）。其他工作根据图 12.2-4 和优化后的工期直接得出。

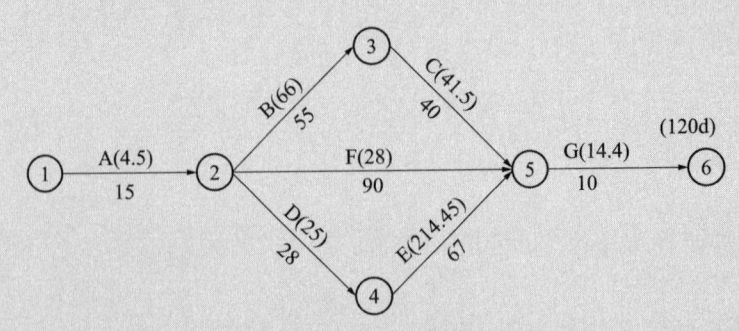

图 12.2-9　优化后的网络图

若需要进一步提前工期，需要靠增加总费用的方式来缩短工期。

（6）优化结果

初始时的直接费用为表 12.2-1 中第 4 列费用之和即 385.7 万元；间接费用＝工期 130d×1.0 万元/d＝130 万元；总费用＝直接费用＋间接费用＝515.7 万元。经过优化，工期和费用优化结果见表 12.2-2。

表 12.2-2 工期和费用优化结果表

压缩次数	压缩对象(1)	增加直接费用(2)	费用差(3)=(2)−1.0	缩短时间(4)	费用增值(5)=(3)×(4)	总工期(6)	总费用(7)
0	—	—	—	—	—	130	515.7
1	C	0.7	−0.3	5	−1.5	125	514.2
2	B、D	0.8+0.1=0.9	−0.1	2	−0.2	123	514.0
3	B、E	0.8+0.15=0.95	−0.05	3	−0.15	120	513.85
4	—	—	—	—	—	—	—
说明	费用单位：万元；时间和工期单位：d							

分析：工期和费用优化的步骤为：

（1）按工作的正常持续时间确定计算工期和关键线路及其直接费用。

（2）对关键线路的工作寻找缩短时间的最优途径。

（3）选定的压缩对象，先比较其直接费用（ΔC_z）与工程固定间接费用（ΔC_j）的大小：

① 如果被压缩对象的 $\Delta C_z > \Delta C_j$，说明压缩关键工作的持续时间会使工程总费用增加，此时停止压缩，在此之前的方案即为优化方案。

② 如果被压缩对象的 $\Delta C_z \leqslant \Delta C_j$，说明压缩关键工作的持续时间会使工程总费用减少或不会增加，此时可以压缩。

（4）压缩关键工作的持续时间，其缩短值不能小于其最短持续时间。

（5）重复以上步骤，直至计算工期满足要求工期或被压缩对象的 $\Delta C_z > \Delta C_j$。

【案例 12.2-3】

1. 背景

某段高速铁路工程（双线），有特大桥 3 座，均为预制架设 32m 简支整孔箱梁，共 640 孔，其中 1 号桥 210 孔，2 号桥 230 孔，3 号桥 200 孔。隧道 1 座，长 3200m，施工平面布置示意图如图 12.2-10 所示。

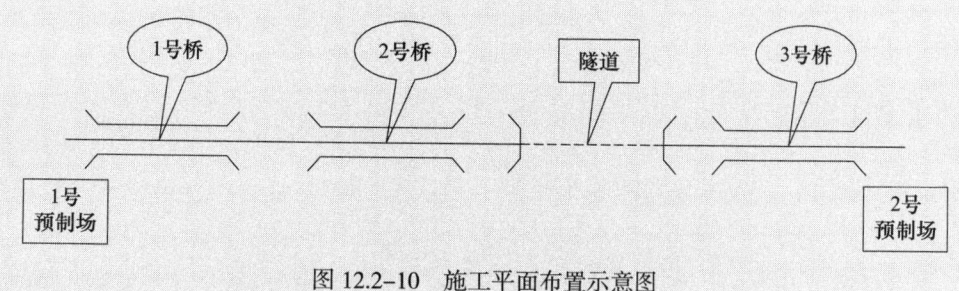

图 12.2-10 施工平面布置示意图

施工单位在实施中采用如下方案：配置一套900t箱梁的运输、架设设备；设2个箱梁预制场，先在2号预制场进行3号桥的箱梁架设，再转场到1号预制场架设1号、2号桥的箱梁。隧道在进、出口各设一作业面同时施工。

当整个架梁工期还剩下9个月时，发现由于前期架桥机进场晚导致架梁进度严重滞后，此时3号桥仅完成40孔箱梁架设，2号预制场的台座数量能满足架桥机的架设进度。1号预制场设置的5个预制台座和40个存梁台座（双层存梁）均全部完成，已完成预制箱梁45孔，1号预制场预留了扩建的条件。此时，隧道因不良地质原因工期拖后，还剩余1500m没有施工。

2. 问题

根据背景资料，应采取哪些措施加快箱梁的施工进度？

3. 分析与答案

（1）增加1套箱梁运架设备负责1号预制场的箱梁架设。

（2）在1号预制场增加制梁台座和存梁台座数量，加快预制和架设的进度。

第 13 章 施工质量管理

13.1 工程质量控制方法及措施

13.1.1 工程质量控制方法

铁路工程现场质量控制应贯彻国家和铁路行业的质量法规、规定和企业的质量方针，满足铁路工程技术标准和业主的要求。

1. 总体要求

（1）编制施工组织设计时，应结合项目特点确定项目建设的质量方针、质量目标；充分利用质量管理手段，全面分析项目的质量控制重点，制定相应可行的质量保障措施。

（2）按照设计和规范要求，对有时间要求的工序，包括结构物沉降、桥梁收缩徐变、无缝线路锁定温度、联调联试等，应设定观测时间。

（3）制定路基、桥梁、隧道、轨道、四电、客站等首件评估规划，对评估的对象、方法、时间等做出安排。

（4）建设单位应组织参建单位贯彻实施建设质量方针，全面落实质量终身制，制定质量培训计划，并纳入施工组织设计中。

（5）工程实施时必须落实质量"红线"制度。

① 结构物（路基、桥梁及部分隧道、涵洞）沉降评估不达标的不得进行后续施工。

② 桥梁收缩徐变不达标的不得进行后续施工。

③ 锁定轨温不达标的不得进行后续施工。

④ 联调联试不达标的不得进行后续工作。

⑤ 工序质量不达标的，即上一道工序未验收签认的不得进入下一道工序施工。

2. 确定质量目标

工程项目质量目标是指工程项目在质量方面所要达到的标准和要求，包括国家标准和铁路行政主管部门相关的铁路工程质量验收标准和要求，并提出创优目标及创优措施。

3. 编制质量计划

针对工程特点，引用本企业质量手册中与实施项目相关的内容和程序文件进行编制。编制时应注意以下几点：

（1）项目经理应主持编制。

（2）相关职能部门参加。

（3）以业主质量要求为重点。

（4）体现工序及过程控制。

（5）体现投入产出全过程。

4. 质量计划的主要内容

（1）编制依据。

（2）项目概况。

（3）质量目标。

（4）组织机构。

（5）质量控制及管理组织协调的系统描述。

（6）必要的质量控制手段，施工过程、服务、检验和试验程序等。

（7）确定关键工序和特殊过程及作业指导书。

（8）与施工阶段相适应的检验、试验、测量、验证要求。

（9）更改和完善质量计划的程序。

5. 质量计划的实施与验证

质量计划实施阶段，质量管理人员按照分工进行控制，按规定保存质量控制记录。当发生质量缺陷或事故时，应查找原因，采取措施，加以消除。

6. 质量控制分阶段的内容

（1）施工准备阶段：施工调查要全面、细致，调查资料要妥善保管；实施性施工组织设计要进行技术经济比较，择优选定；通过设计交底、图纸审核，发现、纠正和减少设计图纸的差、错、碰、漏；材料采购质量必须得到保证；临时工程设施的工程质量，特别是大型临时设施的质量要统筹考虑，永临结合。

（2）施工生产阶段：技术交底，工程测量，试验与检测，材料、机械设备，计量，工序，特殊过程，变更设计，质量事故处理，成品保护，环境保护等。

（3）竣工验收阶段：工程实体质量的最终检验和试验；技术资料的整理；竣工文件的编制和移交；施工质量缺陷的处理；质量保修书的签订；环保工程的完善；清理现场。

（4）保修阶段：定期进行质量回访，发现问题后负责保修。

13.1.2 工程质量控制措施

1. 健全质量管理组织机构和体系

建立健全质量管理组织机构和质量保证体系，按 ISO 9000 标准进行质量管理，对施工质量实行全过程控制。

1）质量管理组织机构

依据项目建设管理总目标及标准化管理要求，设置质量管理组织机构，建立以项目经理为质量管理领导小组组长，技术负责人、安全负责人、各部门负责人为具体质量管理实施、监控负责人，各施工队为质量管理实施主体的组织机构。

2）质量保证体系

项目经理部以贯彻 ISO 9001 标准进行质量管理，对施工质量实行全过程控制，并对工程施工质量负全责，建立本项目质量管理组织体系。

以保证和提高工程质量为目标，以强化责任和管理、施工过程控制为手段，建立包含工程技术、合同、质量、安全、环保、综合协调、物资设备采购、工程试验等质量控制的保证体系。

2. 质量控制组织措施

（1）建立健全质量管理制度，主要的质量管理制度包括：① 质量计划审批制度；② 施工图现场核查制度；③ 施工技术交底制度；④ 原材料检验制度；⑤ 质量检验制度；⑥ 工艺审查和试验测量制度；⑦ 质量责任追究制度；⑧ 质量事故报告及处理制度；⑨ 质量奖惩制度；⑩ 质量保证措施审批制度；⑪ 工程质量报告制度；⑫ 质量保证资料定期归档制度。

（2）根据工程具体情况和预定的质量目标，在工程的各个阶段，针对可能影响工程质量的主要因素和部位，按主要控制点、主要控制人、控制依据、技术标准和工作记录等要求制定详细的、便于操作的项目质量控制制度。

（3）加强对劳务用工的管理。依法合规地使用劳务工，以"架子队"模式管理劳务工，不得采用包工队形式以包代管。劳务工经培训合格后再行录用。

（4）严把原材料进场质量关。实行市场准入制度，在合格供应商（厂家）范围内进行招标，重要材料和半成品实行驻场（厂）监造。加强地材质量检验，杜绝不合格材料进入工地。

（5）每项工程正式施工前，通过首件工程施工试验，总结技术参数和工艺标准，推广经验，全面提升施工质量。

（6）加强施工质量的过程控制。严格执行工程质量"三检"制度（自检、互检、交接检），真实填写检查记录，及时报检，进行现场检查验收，杜绝不合格工程进入下道工序；在检查中发现的问题，均要做到有措施、有整改、有记录、有验证，保证每个问题的提出均得到闭合消项。过程检验和专项检验要相结合。强化工地试验室建设，试验室数量、仪器和人员配备满足现场施工常规检测需要。应按规定项目和频次进行原材料和工程质量的检测试验。

（7）加强施工工艺和质量控制方案的审查。应对主体工程的施工工艺设计、施工质量控制方案加强审查，对关键或重要工程的质量技术保证措施进行咨询。积极推广采用新技术、新工艺、新材料、新设备，以一流的工艺水平保证一流的工序质量。

3.各专业工程质量控制措施

（1）施工单位要根据工程特点，编制各专业的工程质量控制内容和技术措施，以先进的技术和设备保证先进的工艺，以先进的工艺保证施工质量。

（2）各专业工程采用的主要材料、构配件和设备，施工单位应对其外观、规格、型号和质量证明文件等进行验收，并经监理工程师检查认可。施工单位应对工程质量进行检验，监理单位按规定进行平行检验或见证取样检测。

（3）各工序应按施工技术标准进行质量控制，每道工序完成后，施工单位应进行检查，并形成记录。

（4）上道工序应满足下道工序的施工条件和技术要求。相关专业工序之间的交接检验应经监理工程师检查认可，未经检查或检查不合格的不得进行下道工序施工。

（5）各专业的分部工程、分项工程和检验批的划分以及检验批的检验内容按国家铁路局颁布的铁路各专业工程施工质量验收标准执行。

【案例 13.1-1】

1. 背景

某增建二线铁路工程，有一段路堤是在营业线旁帮宽，该段营业线的路堤为透水路堤。为保证路基质量，施工单位工程部门制定的填料方案为采用黏性土进行帮宽填筑，项目总工程师认为方案不妥，要求修改。

2. 问题

根据背景资料，正确给出加宽路堤采用的填料，并说明理由。

3. 分析与答案

应采用透水性材料。

因为：营业线的路堤是透水路堤，选用透水材料能避免影响新线及既有营业线路堤的排水，避免产生路基病害。

【案例 13.1-2】

1. 背景

某铁路桥梁上部结构为（48＋80＋48）m 的悬浇连续梁，普通重力式混凝土墩台，钻孔桩基础。桩基直径为 1.5m，桩长 25～30m，地质条件如下：原地面往下依次为黏土、砂砾石、石灰岩，桥梁施工架子队现有桩基成孔设备有冲抓钻和冲击钻；两个主墩承台为大体积混凝土。施工单位制定的部分施工方案包括：主墩承台混凝土施工参照常规墩柱混凝土进行施工控制；箱梁张拉时采用张拉的应力控制，监理工程师认为此方案不妥。

2. 问题

（1）根据背景资料，应选择何种钻机？
（2）针对施工单位制定方案中的不妥之处，给出正确做法。

3. 分析与答案

（1）根据地质情况及承包人现有的桩基成孔设备，应使用冲击钻。

（2）正确做法：

① 承台大体积混凝土的施工质量控制除遵照一般混凝土的要求外，还要补充以下质量控制措施：

水泥：选用水化热低、初凝时间长的矿山水泥，并控制水泥用量。

砂、石：砂选用中、粗砂，石子选用 0.5～3.2cm 的碎石或卵石。夏季砂、石料可设简易遮阳棚，必要时可向骨料喷水降温。

外加剂：选用复合型外加剂和粉煤灰以减少用水量和水泥用量，延缓凝结时间。

埋设冷却水管，对混凝土进行降温。

应分层浇筑，层间间隔时间为 5～14d。

② 预应力张拉采用"双控"指标进行控制，以应力控制为主，同时以伸长值作为校核。

【案例 13.1-3】

1. 背景

某高速铁路全线铺设 CRTS 双块式无砟道床，正线采用 60kg/m 的钢轨铺设无缝线路。施工单位制定的无砟道床施工方案为：（1）无砟轨道施工前，应选择具有代表性的地段作为试验段。工艺性试验段经监理单位组织检验合格，确定出合理的施工工艺及工装设备配套方案后，方可全面展开无砟轨道施工作业。（2）轨排组装用的工具轨采用 50kg/m 的钢轨，工具轨质量及状态应经常检查。（3）浇筑的道床板混凝土终凝后，应及时松开螺杆调整器、扣件和鱼尾板，释放钢轨温度应力。具体松螺杆调整器和扣件的时机需要根据施工环境温度提前进行试验确定。（4）钢轨焊接优先采用铝热焊。

2. 问题

针对施工单位制定的无砟道床施工方案的不妥之处，给出正确做法。

3. 分析与答案

正确做法为：

（1）工艺性试验段经建设单位组织检验合格。

（2）轨排组装用的工具轨应采用与正线轨型相同的 60kg/m 钢轨。

（3）浇筑的道床板混凝土初凝后，应及时松开螺杆调整器、扣件和鱼尾板，释放钢轨温度应力。

（4）应优先采用接触焊。

【案例 13.1-4】

1. 背景

某项目经理部在承建某新建铁路接触网工程时，在 H~D 区间架设接触线，接触网工区作业队编制的质量控制计划为：接触线架设前对上道工序"承力索架设"进行检查；对 H~D 区间到货的接触线规格、型号、质量和质量证明文件进行检查；计划对架设后的接触线是否有接头、终端锚固线夹安装是否合格和锚段关节处工作支是否位于非工作支下方进行检查。

2. 问题

根据背景资料，针对质量控制计划中的不妥之处，给出正确做法。

3. 分析与答案

针对不妥之处的正确做法：

（1）上道工序的检验应该向监理单位申请报验，申请监理单位共同对上道工序进行验收，做出验收结论。

（2）接触线材料的进场报验，应组织监理单位参加，共同组织验收，完善物资进场报验手续。

（3）质量控制计划里面缺少了接触线平直度检查的内容。

13.2 工程质量通病及事故处理

13.2.1 质量通病的类别及防治

铁路工程质量通病是指在工程建设中经常发生的、普遍存在的一些工程质量问题。产生质量通病的主要原因是施工过程中缺乏质量意识，不认真执行施工程序和操作规程。总结工程施工中的质量通病，积极采取防治措施，是提高施工质量的重要环节。施工中要重视质量通病，做好事前分析和预防，加强质量通病的过程控制。

主要控制措施包括：

（1）严格按图纸设计要求施工。

（2）严格按操作规程施工。

（3）严格检验材料的质量，所用材料要有质量合格证及进场的二次检验合格结论。

（4）要设专职人员在易出现问题的部位严格把关，质量责任落实到人头。

（5）选择有高素质的队伍和人员进行施工和管理。

（6）"三检"制度要严格执行，做到质量不达标不进行下道工序的施工。

质量通病广泛存在于工程施工中，以下为各专业常见的质量通病及防治措施。

1. 路基工程施工质量通病及防治措施

路基工程施工质量通病及防治措施见表13.2-1。

表13.2-1 路基工程施工质量通病及防治措施

名称	通病	防治措施
路基工程	边坡骨架护坡厚度、宽度等不足	加强技术质量培训和技术交底；采用挖槽、定型模板等工艺；严格过程管理和工序验收，按照浇筑段对挖槽、模板安装质量进行验收，未经验收不得浇筑或砌筑
	路堑边坡坡率不符合设计要求	加强技术交底，严格按设计标准施工；加强工序质量过程控制，边坡开挖完成后，防护结构施工前组织专项验收
	雨水冲毁三维生态护坡	加强图纸审核，确定是否设置排水设施或植草等防冲刷措施，若设计有相关措施，则按照设计施作；若设计无相关设施，与设计对接，确定实施方案，并按照实施方案施作
	拱形骨架护坡和实心六棱块锥体泄水管堵塞、倒坡	按照护坡厚度推算泄水管长度，防止泄水管长度不足导致堵塞；按照设计要求严格控制泄水管的坡度；加强技术交底及施工过程中泄水管的固定，确保混凝土振捣过程中泄水管不移位
	挡墙、护面墙泄水孔缺失或未按设计埋设	加强技术交底和过程管控，严格按照设计要求位置和数量留设泄水管；混凝土浇筑前对泄水管安装质量进行专项验收，未经验收不得浇筑或砌筑
	桥台、涵洞等处的排水沟未连接到既有水系形成断头水沟和排水方向不当，冲刷或积水严重	提前做好排水沟和地方水系的现场核查、核实排水设计图纸，发现通病与设计沟通确认，完善设计方案；护坡脚墙施工前，需划分段落对路基排水系统进行统筹谋划，根据现场实际地形、既有水系确定排水方向，计算脚墙标高、沟底的坡率；严格按设计施工
	浆砌片石厚度不足、勾缝脱落或勾假缝	加强技术培训和技术交底；严格砌筑、勾缝工艺；严格过程管理和工序验收，未经验收不得浇筑或砌筑
	浆砌片石平台局部下沉、开裂	路堑挡墙施工完后，墙背回填按设计分层回填，压实度要满足设计要求
	路基线间及两侧封闭层混凝土开裂，伸缩缝不贯通	路基线间及两侧封闭层混凝土强度、厚度严格按照设计要求施工，并且严格控制排水横坡，对于采用纤维混凝土封闭层时，控制好纤维混凝土的配合比；施工完成后采用土工布覆盖，洒水养护。严格控制横向、纵向伸缩假缝位置、间距、宽度、深度，确保伸缩缝质量，满足伸缩功能需要
	路基线间和集水井积水	路基线间封闭层横坡、集水井纵坡严格按照设计要求设置，并确保集水井排水系统通畅
	电缆井底部距离过轨管不足10cm	严格控制过轨管标高，过轨管施工完成后，根据过轨管位置及时调整电缆井底部标高，确保与过轨管的间距
	护坡沉降缝上下不对应	提前与设计单位沟通，适当改动二级边坡沉降缝或骨架沉降缝与脚墙基础、护肩沉降缝位置，使上下统一，保证上下沉降缝对应
	路堤沉降超限及不均匀沉降	严格按设计和规范要求认真做好基底处理；选择合理的软基处理方案和施工工艺；严格控制填料质量，做好工艺试验，确定最优碾压参数、确保压实度满足规范要求；严格控制过渡段的施工质量
	路基过渡段不均匀沉降	结构物的基坑回填材料以及过渡段填料严格按设计要求进行，并充分压实；过渡段与路基衔接部分要提前开挖台阶，严格控制填层厚度，保证碾压密实

2. 桥涵工程施工质量通病及防治措施

桥涵工程施工质量通病及防治措施见表 13.2-2。

表 13.2-2　桥涵工程施工质量通病及防治措施

名称	通病	防治措施
下部结构	桩基孔底沉渣过厚，清孔不干净	清孔完毕后及时测量泥浆密度、沉渣厚度；在灌注混凝土前进行二次清孔；在灌注混凝土时，增加首批混凝土方量和导管口高度，增加首批混凝土灌注压力
	基坑超挖、基底扰动	加强测量复核，设置高程控制桩，指派专人负责经常复测高程。机械挖方时要由专人指挥，至基地还剩30cm时，应由人工开挖修整
	桥梁承台外露	对于施工完成的承台及时进行回填，并使用小型夯机进行夯实；超出地面的承台应提前与设计沟通，变更增加防护设施
	墩身预埋钢筋未切除	墩身施工完成后及时将废弃预埋钢筋切除，切除后涂刷防锈剂进行防锈处理
	墩身蜂窝麻面、裂纹	墩身施工前应将模板清理干净，均匀喷涂脱模剂；加强混凝土质量控制，控制水化热；混凝土浇筑时加强振捣；混凝土浇筑完成后及时保湿覆盖养护，避免出现温度收缩裂纹
	墩身拉筋孔未封堵	拆模时应同步采用微膨胀砂浆进行拉筋孔封堵
	空心墩封口未封闭、墩身内爬梯未施作	模板及支架拆除前严格按设计要求施作封口及爬梯
	支承垫石底部漏浆	墩顶混凝土收面应平整；支承垫石施工前将垫石模板与墩顶接触面缝隙封堵严密
上部结构及桥面附属	连续梁（现浇梁）支座处混凝土不密实	施工时要考虑调整钢筋间距，预留下料孔和振捣孔；施工过程中保证混凝土振捣密实；支座安装平整
	支座偏压、钢板倾斜，支座与预埋钢板不密贴、梁底支座区域脱空	预埋钢板定位准确，连接牢固；混凝土浇筑时，加强振捣；支座安装定位调平后方可灌注支座灌浆料
	支座（方向、型号）安装错误	严格按图纸施工，做好技术交底；支座安装完成后，换手复核检查验收，确认无误后进行下道工序施工
	现浇梁支座未解除约束锁定	检查支座锁定，及时解除锁定，并拆除支座锁定螺栓
	梁缝宽度不足	严格控制梁端模板、梁体长度；架梁时验证复核，发现通病时，应先处理再落梁就位
	梁缝处相邻遮板、AB墙、防撞墙、栏杆间距不足	遮板安装到梁端时，应实测剩余梁部实际长度，当遮板长度超出实测长度时，应对遮板进行切割处理，而后安装，确保遮板端部与梁端平齐；AB墙施工时梁缝处端模安装牢固，保证其垂直度，与梁端平齐；栏杆安装前根据现场实测数据对栏杆进行调整
	防撞墙出现裂纹	严格控制顶层钢筋标高，确保钢筋保护层厚度；加强混凝土入模前检测，保证混凝土和易性；混凝土浇筑时振捣密实并及时进行保湿养护，避免出现裂纹
	桥面积水	施工前要核对施工图，提前与设计院对接，对桥面排水坡特别是桥梁下坡段的反坡排水设计进行复核，确保能正常排水；加强施工技术交底，严格按照设计进行排水坡施工。桥面防水混凝土保护层施工时严格按设计要求在泄水孔四周施作排水坡

续表

名称	通病	防治措施
上部结构及桥面附属	桥面聚氨酯防水涂层厚度不足，防水封边材料脱落	聚氨酯防水涂料施工严格按照交底、图纸、规范要求进行分次涂刷。聚氨酯防水封边时要确保混凝土表面干燥、无杂物，严禁在雨雪天施工
	伸缩缝止水带积水	止水带安装前，确保止水带泄水口位置通畅；安装时，确保排水坡度顺延至止水带泄水口处
	有砟轨道步行板支架等材料锈蚀	对进场步行板支架材料进行验收，不符合要求的严禁使用，存放场所应为避免易造成锈蚀的环境；加工完成后，应严格按照要求做防腐处理，安装前进行二次检查，不符合要求的严禁使用
	吊围栏步行板裂纹，两端与支架不密贴、晃动	步行板钢筋绑扎牢固；混凝土质量符合规范要求；浇筑过程中应振捣均匀，不过振或漏振；及时保湿养护；步行板运输中注意成品保护；安装前，检查支架跨度、宽度等尺寸是否符合设计要求；安装时，两端应于支架密贴、板底垫平，保证不晃动
涵洞工程	涵洞积水	做好现场调查，理解设计意图；复核现场地形，基础标高及涵洞出口排水设计是否满足排水需要；如设计与现场不符，提前与设计沟通变更方案，按变更后的方案施工
	涵洞铺砌未按设计施工	做好技术交底，严格按设计施工

3. 隧道工程施工质量通病及防治措施

隧道工程施工质量通病及防治措施见表 13.2-3。

表 13.2-3　隧道工程施工质量通病及防治措施

名称	通病	防治措施
隧道工程	隧道轮廓线超、欠挖	做好换手测量复核工作；精确计算爆破参数；采用光面爆破技术；地质条件变化时及时调整有关参数；钻孔过程中控制孔眼位置及其方向
	初期支护背后空洞	在喷射混凝土作业时，必须全程旁站，督促做到满喷或预留注浆管注浆；浇筑二次衬砌前，对初期支护进行无损检测或钻孔验证；对不同围岩的爆破工艺及预留沉降量进行分析总结，优化开挖爆破方案，这样既可以减少缺陷，也可以降低成本；对存在岩溶的部位，及时进行变更，技术人员盯控现场按照变更设计施工
	仰拱或仰拱填充不密实	试验室与拌和站把好混凝土生产质量关，确保混凝土的和易性；混凝土浇筑过程中全程盯控，确保混凝土振捣质量；混凝土浇筑时不易过快或过慢，且必须连续，不能中断
	二次衬砌厚度不足	二次衬砌施工前对初期支护断面进行量测验证，对侵限部位及时处理；防水板固定严格按照设计施作，固定节点焊接牢固，防止浇筑过程中脱落，同时适当控制防水板的松弛度；隧道二衬混凝土施工至拱顶时，做好冲顶工作，使拱顶混凝土尽量饱满不留缝隙；采用带模注浆工艺浆填补混凝土在收缩时形成的收缩缝，确保拱顶混凝土与防水板密实不会形成空洞

续表

名称	通病	防治措施
隧道工程	二次衬砌背后脱空、空洞	二次衬砌施工前检查验收初期支护混凝土平整度达到标准；防水板固定严格按照设计施作，固定节点焊接牢固，防止浇筑过程中脱落，同时适当控制防水板的松弛度；隧道二次衬砌混凝土施工至拱顶时，做好冲顶工作，使拱顶混凝土尽量饱满不留缝隙；采用智能衬砌台车、脱空自动监测报警装置等信息技术；采用带模注浆工艺填补混凝土在收缩时形成的收缩缝，确保拱顶混凝土与防水板密实，不会形成空洞
	二次衬砌混凝土不密实	采用智能衬砌台车；把好混凝土拌和质量关，确保混凝土的和易性；采用"对称、分层、逐窗、连续"浇筑工艺，附着振捣器和振捣棒人工振捣，保证混凝土密实；严格执行班组实名制和管理人员旁站制
	二次衬砌裂缝、裂纹	严把混凝土拌和质量，保证混凝土和易性；加强振捣；浇筑完后，及时进行喷水养护
	二次衬砌渗漏水	严把混凝土拌和质量，保证其和易性、抗渗性符合要求；防水板挂设前，对初期支护表面已出现的渗漏水点的水进行引排；严格防水板挂施工，挂点、焊缝接头方式符合工艺要求，质量符合设计要求，并在台车就位前检查防水板有无破损等情况；采用止水带定位工具；台车就位前检查上一环二次衬砌端部及矮边墙顶部止水带质量情况；端模安装前，检查端部止水带安装质量；混凝土浇筑过程中，加强振捣，保证混凝土振捣密实
	二次衬砌施工缝处混凝土开裂、松动、掉块或止水带外露	采用钢端模及夹具固定止水带，模板端头封堵密实，防止漏浆；施工缝处采用预留"V"形槽工艺，预防后期变形挤压开裂；台车就位前，将上一板衬砌端头清理干净；对错台及时打磨，禁止使用砂浆修补
	二次衬砌施工缝错台	台车进场前，要进行验算、验收，根据台车使用时间，确定衬砌台车刚度；施工时使用全站仪对二次衬砌台车进行精准定位，确保台车尾部与上一环二次衬砌密贴；台车要经常性地进行打磨、修整
	隧道水沟电缆槽及盖板混凝土破损	控制好拆模时间，避免过早或过晚拆模；加强成品保护
	洞口边仰坡坡率、防护结构、绿化形式不符合设计要求	根据现场实际地形情况提前与设计沟通进行设计变更，严格按照设计或设计变更施工，便于施工及后期验收

4. 轨道工程施工质量通病及防治措施

轨道工程施工质量通病及防治措施见表 13.2-4。

表 13.2-4 轨道工程施工质量通病及防治措施

名称	通病	防治措施
双块式无砟轨道	道床板破损掉块	控制好拆模强度；拆模过程中严禁硬撬；加强吊装和运输中的成品保护
	道床板、承轨台四角裂纹	混凝土浇筑前进行接触面润湿，加强混凝土原材料及性能控制，浇筑过程中避免过振及漏振，混凝土初凝后需及时拆除工装，避免温度应力，引起轨枕离缝和八字形裂纹。施工完成后加强混凝土养护，避免混凝土失水过快产生收缩裂纹

续表

名称	通病	防治措施
双块式无砟轨道	道床板间接地线无余量	道床板接地端子应按设计要求位置预埋焊接
	道床板表面浮浆、起皮脱落	严格控制混凝土和易性、初凝时间，避免高温作业；收面应在混凝土初凝前完成，严禁收面时洒水
	承轨台掉块	轨枕在运输及施工过程中加强成品保护，铺装前进行检查，严禁使用存在质量缺陷的轨枕
	工装孔未封堵或封堵不合格	施工完成后，及时清理工装孔，并采用强度不小于钻孔部位的材料（支座灌浆料）进行封堵，封堵完成后进行打磨处理
板式无砟轨道	底座混凝土边角破损	见双块式无砟轨道道床；采用塑料护角保护
	底座混凝土横向裂纹	底座板混凝土浇筑时，根据施工气候条件，适时调整施工配比，混凝土浇筑时加强振捣，严禁施工现场擅自加水；高温季节施工时，混凝土浇筑后及时覆盖湿润土工布＋高分子塑料薄膜＋防晒网进行保湿养护
	自密实混凝土厚度不足或超厚	按设计底座板顶标高控制，铺板前检查验收，对有通病的底座板进行处理；轨道板底部大多存在 3mm 毛边，在轨道板粗铺前采用砂轮机对轨道板底部进行打磨，消除毛边对自密实混凝土厚度的影响；轨道板精调后、自密实混凝土模板安装前，检查板底自密实混凝土预留厚度是否不足或超厚，发现通病，及时处理
	自密实混凝土边、角破损	控制拆模时间，避免表面因拆模过早形成的粘皮、掉块；透气土工布采用粘结胶紧贴模板，避免施工中土工布褶皱造成的内凹
	轨道板边角、承轨台挡肩破损和轨道板结构裂纹、板吊装口周边开裂缺陷	加强轨道板吊装、运输、存放保护措施，板间用高度不小于10cm方木隔离；吊具与轨道板接触面粘贴橡胶板，减缓冲击、挤压；吊装时，安装吊具应与轨道板密贴；自密实混凝土模板安装、拆卸不得直接丢放在轨道板上，因施工需要必须放轨道板上时，必须轻拿轻放
	连续梁梁缝处承轨台间距超过标准值或允许的最大值	无砟轨道施工前，核实无砟轨道底座板设计图纸是否有特殊处理措施，如设计无措施，与设计对接确定处理方案；做好技术交底；严格按照设计方案施工；加强过程控制，每道连续梁梁缝处底座混凝土浇筑和轨道板铺设精调前应现场验收
有砟轨道道床	道床缺砟、多砟	制订好上砟计划并严格按计划实施。根据每公里卸砟断面方及每车的道砟方量计算卸车距离，控制好铺轨前预铺道砟厚度。各车辆负责人对风动卸砟车（老K车）控制闸及各项性能定期排查检修，配备专职卸砟人员卸砟，确保按要求控制风动卸砟车（老K车）卸砟数量及卸砟质量。根据不同地段制定合理的卸砟计划，分4~6次卸砟，一次性卸砟不宜过多
	道床污染	从源头把控好进砟质量，严禁清洁度不达标的道砟进场；风动卸砟车（老K车）装车时严禁将砟堆底部泥土连同道砟一起装车上线；与线下及"四电"施工单位签订成品保护协议，杜绝各单位施工对道砟造成二次污染
	道砟粒径不符合规范要求	严把道砟进场检验关，控制道砟进场质量；调整水洗设备筛网，确保无粒径小于30mm道砟上线

续表

名称	通病	防治措施
有砟轨道道床	道床外观整理不达标	提前与验收单位沟通，确定道床外观整理标准；加强现场管理和技术管理，配备足量的施工人员，按设计断面要求做好技术交底和培训；做好沿线道床情况调查，提前匀砟，确保不因道床多砟、缺砟，影响道床外挂整理效率
	梁缝处挡砟板安装不规范，导致漏砟	摊铺底砟时注意挡砟板的成品保护，损坏后要及时恢复或者联系挡砟板施工单位更换补齐
钢轨及道岔	钢轨焊接接头平直度超标	严格按照作业指导书进行作业。长钢轨焊接后，应及时对钢轨焊接接头进行打磨，对于低接头切除重焊
	钢轨焊接接头损伤	钢轨焊接操作人员必须取得专业培训合格证；焊前所有材质钢轨焊接接头型式检验必须检验合格；严格按照焊接型式试验参数进行施工；打磨除锈范围内应除锈完全，铝热焊剂不能潮湿或夹带杂质
	钢轨焊接接头位置距承轨台边缘小于100mm，距梁端不满足要求	严格按照配轨表铺设钢轨；焊接前检查焊缝到梁端距离
	钢轨擦伤、掉块、腐蚀、机械划伤及硬弯	做好钢轨进场验收工作。存轨场的钢轨摆放顺直，消除局部不平顺；运输、铺设应重点做好钢轨保护及上道前的外观质量检查，防止伤轨上道。钢轨铺设、应力放散严禁使用金属锤敲击钢轨任何部位。现场施工机械确需通过钢轨时必须采取防护措施，如轮下加橡胶垫等
	机车打滑导致钢轨擦伤	大坡道行车时采用双机同步牵引；适时撒防滑砂，防止机车打滑
	胶接绝缘接头电阻测值超标	绝缘接头内打磨除锈，绝缘调和胶搅拌、涂抹均匀；夹板预装及预装前均进行电阻测量，确定电阻值符合要求后，方可安装；按要求更换接头轨距块、接头弹条
	胶结绝缘接头轨缝宽度超标	铺轨时，专人复核预留胶结绝缘位置及轨缝大小，宽度不符合的必须先调整到标准值；扣配件要紧固，达到设计扭矩要求
	扭矩过大，扣件弹条失效	熟悉设计标准，明确弹条扣压力范围和扭矩大小，掌握常阻力、小阻力扣件使用范围情况；标定内燃扭力扳手并进行现场核验；不同扣件地段及时调整内燃扳手的扭矩设定值

5. "四电"工程施工质量通病及防治措施

"四电"工程施工质量通病及防治措施见表 13.2-5。

表 13.2-5　"四电"工程施工质量通病及防治措施

名称	通病	防治措施
四电接口	桥梁梁缝处贯通地线余量不足	提前确定贯通地线敷设方法；贯通地线敷设时，在梁缝处将贯通地线弯起成Ω形，并做临时固定，保证在梁缝处余量满足要求
	桥梁电缆槽内贯通地线、接地端子裸露	贯通地线敷设时，间隔一定距离用线卡固定；严格控制电缆槽内防水混凝土保护层顶面标高
	桥梁电缆槽内积水	提前核对桥梁的纵坡，并根据泄水孔、接触网基础的位置，计算梁端、接触网基础处的防水混凝土保护层的反坡排水坡率；做好专项技术交底

续表

名称	通病	防治措施
四电接口	路基、桥梁接触网基础预埋地脚螺栓间距、外露长度超标或不竖直、弯曲或整体偏位	采用组合定位模具，固定地脚螺栓，在浇筑过程中注意保护，防止碰撞；做好完工后成品保护，防止碰撞弯曲破坏
	过轨管不通、漏埋或角度不对	熟悉设计文件，建立过轨管线位置清单，并做好专项技术交底；安装前做好管道口封闭保护，防止混凝土及杂物造成堵塞
接触网	基础预埋地脚螺栓间距、外露长度超标或不竖直，导致支柱组立不到位	制作和钢柱底座孔距1:1的模型板，浇筑前固定地脚螺栓上部，同时采用ϕ10mm×200mm钢筋桩将地脚螺栓根部和基坑底部固定，并在浇筑过程中时时调整螺栓以保证竖直
	接触线扭面	首先接触线应采用张力架设，其次在落锚后导线顺面应从中锚中心柱开始，分两组向两个下锚方向推进
	承力索互磨	在计算软横跨上部固定绳安装高度时，应考虑锚段节内非支的抬高和悬吊滑轮吊耳的长度，并且选用普通悬吊滑轮和加长型悬吊滑轮分别悬挂非支和工支；两支悬挂交叉下锚时，其中一支下锚底座安装高度应比另一支的略高
	带电体与接地体最小距离不足500mm（如雨棚区反定位管距离雨棚沿）	与站前专业确认雨棚沿距离邻近股道限界，计算反定位管与之距离，提前与设计沟通方案
通信	区间光电缆接头、机房光电缆成端接续衰减值不合格	施工前作业人员岗前培训考试合格，持证上岗；作业的仪器仪表（熔接机、OTDR）检测合格
	铁塔、杆塔基础施工回填不密实	基础回填过程中按工艺要求分层填筑、夯实；周边防水处理要到位
	铁塔、杆塔基础防雷接地不合格	单独设置接地体，采用截面积不小于40mm×4mm热镀锌扁钢与接地体连接；接地体距离贯通地线20m及以内时，宜就近与贯通地线等电位连接
	室内设备配线不符合规定	施工前与接收维管单位确定工艺标准；线位正确，线缆两端标识齐全，不得有扭绞损伤现象，应自然平直
信号	电缆外皮破损、损伤情况严重	加强成品保护，要求相关单位对不合格的电缆槽、电缆井进行更换修复，使用胶皮、油麻布配置在过轨管口、电缆槽或电缆井边缘进行防护；加强交叉施工的电缆保护，切忌把施工工具与施工材料堆在电缆槽中，电缆敷设完毕后同步埋设电缆桩、警示牌等；设置专门的巡视、巡查人员对电缆的敷设进行巡查，确保及时发现通病并处理和解决
	信号机安装位置与接触网安全距离不够	审核设计文件和设计图纸，会同设计、站段等相关单位进行现场定测；安装位置应当考虑工务大机捣固作业，机柱中心至所属线路中心不小于3100mm；接触网支柱位置定测时，信号专业提供高柱信号机里程，当位置冲突时，和设计沟通接触网提前或延后下锚以尽量避开信号机
	贯通地线接地值不达标，存在盗割丢失	路基地段敷设完贯通地线应当及时回填，不得敞口隔夜；桥梁地段贯通地线应尽量敷设在防水混凝土保护层下面，并及时紧固电缆槽盖板；对不符合设计要求以及存在破损、缺失的电缆、盖板，及时联系相关单位进行补齐更换
	室内断路器达不到"铁路信号维护规则"要求	提前审核设计图纸，确保XJZ220V电源独立使用和XJF0.5A液压断路器型号、规格满足"铁路信号维护规则"的要求，并严格按照完善后设计施工

续表

名称	通病	防治措施
电力	箱式变压器、端子箱、配电柜等户外柜体或设备安装后垂直度偏差超标	将同组预埋铁板整平在同一水平平面内；检查柜底，如有焊瘤，需进行打磨，保证平整度
	电缆敷设随意、杂乱无章；同一电缆槽、电缆保护管内敷设不同性质的电缆	提前优化设计并细化敷设方案，严格按方案和交底内容实施作业；不同性质电缆分槽敷设，若无法分槽需按要求增加相应的隔离保护
	铁塔接地电阻值超过规定值	严格按照设计图纸进行沟槽开挖和接地体敷设，完成后进行自检；确保连接螺栓的紧固
	变、配电所设备基础下沉、开裂	夯实地基，加强工序间的交接验收

13.2.2 质量事故的分类及处置

1. 质量事故的分类

铁路建设工程质量事故分为工程质量特别重大事故、重大事故、大事故、一般事故。

（1）具有下列情形之一者，属于工程质量特别重大事故：

① 直接经济损失 1000 万元及以上。

② 一次死亡 10 人及以上。

③ 直接导致运营线路发生行车安全特别重大事故或对运输生产和安全产生重大影响。

（2）具有下列情形之一者，属于工程质量重大事故：

① 直接经济损失 300 万元及以上，1000 万元以下。

② 死亡 3 人及以上，10 人以下。

③ 直接导致运营线路发生行车安全重大事故或对运输生产和安全产生很大影响。

（3）具有下列情形之一者，属于工程质量大事故：

① 直接经济损失 30 万元及以上，300 万元以下。

② 死亡 1 人及以上，3 人以下。

③ 直接导致运营线路发生行车安全大事故、险性事故或对运输生产和安全产生较大影响。

（4）具有下列情形之一者，属于工程质量一般事故：

① 直接经济损失 30 万元以下。

② 直接导致运营线路发生一般事故，或对运输生产和安全产生影响。

2. 质量事故的处置

1）事故报告

铁路建设实行工程质量事故报告制度。工程质量事故发生后，事故发生单位必须在 12h 之内向建设管理单位报告，并通知有关单位和质量监督机构。

工程质量事故书面报告内容包括：

（1）工程项目、时间、地点及建设相关单位。

（2）简要经过、伤亡人数、直接经济损失情况。

（3）原因初步分析。
（4）采取的应急措施及事故控制情况。
（5）处理方案及工作计划。
（6）事故报告单位。

2）事故现场处理和调查

（1）铁路建设工程质量事故发生后，施工单位现场负责人应立即采取有效措施，抢救人员，防止事故扩大，并保护事故现场。建设管理单位接到报告后应立即赴现场，领导组织事故抢险和调查处理。由于工程质量原因导致运营线路发生行车安全事故，由所在铁路局集团公司组织采取有效措施，抢救人员，尽快恢复通车，防止事故扩大，并保护事故现场。

（2）工程质量事故调查组的主要职责：查明事故发生的过程、人员伤亡、直接经济损失情况和原因；组织技术鉴定；查明事故性质、责任单位、责任人；提出工程处理方案；提出防止类似事故再次发生的要求；对事故责任单位、责任人提出处理建议；提出事故调查报告。

（3）工程处理方案必须经有关单位审定后，方可实施。事故处理需要进行变更设计的，按有关规定进行审批。工程质量事故处理完成后，必须经过验收合格后，方可投入使用。

13.3 工程质量检验与验收

13.3.1 质量检验与验收要求

铁路建设工程的质量检验与验收须严格执行铁路建设工程施工质量验收标准体系中相关专业的验收标准。

1. 总则

施工质量验收标准中，各专业都有各自的验收总则，其中共性的内容主要包括：

（1）铁路工程建设应执行国家法律法规及相关技术标准，严格按照设计文件进行施工，满足工程结构安全、耐久性能及使用功能要求。

（2）铁路工程建设各方应建立健全质量保证体系，对工程施工质量进行全过程控制，加强对进场检验、隐蔽工程及关键工序的验收，每道工序完成后应检查施工质量，并形成记录。

（3）铁路工程应采用先进、成熟、科学的检测手段进行实体检测，并按规定将检测结果纳入竣工文件。

（4）铁路工程的各类质量检测报告、检查验收记录和其他工程技术资料应按规定编制，并执行责任人签字确认制度。

（5）铁路工程涉及的环境保护、水土保持等工程应与主体工程同时设计、同时施工和同时验收，应合理利用资源，做好环境保护、水土保持、文物保护等工作。

（6）铁路工程施工中所采用的承包合同文件和工程技术文件等对施工质量的要求不应低于国家铁路局颁发的现行施工质量验收标准的规定。当高于国家铁路局颁发的现行施工质量验收标准的规定时，应按合同文件和设计要求进行验收。

（7）涉及新技术、新工艺、新设备、新材料的使用，其施工质量验收应符合设计要求和相关标准的规定。

（8）取（弃）土场使用前应依据设计文件组织现场调查与核对，确保满足工程使用要求，使用结束后的复垦或恢复应按设计要求执行。

（9）高速铁路轨道工程施工中采用的各种轨道部件及材料应符合设计要求和相关标准及技术条件的规定，并具有产品检验合格证。特定的轨道部件和材料应按有关规定执行行政许可等铁路产品准入制度，经鉴定合格后方可使用。

（10）高速铁路轨道工程及普速铁路无砟轨道施工前应按相关标准要求对线下构筑物沉降、变形进行系统观测与分析评估，线下工程质量验收合格、沉降评估满足要求后方可施工。

铁路工程各专业相关的接口工程施工质量应符合设计及相关标准的要求，相关单位应做好接口衔接配合工作。

（11）铁路"四电"工程室外设备安装位置和方式应符合铁路建筑限界的要求。

（12）各专业工程施工质量的验收应与铁路相关专业工程施工质量验收标准配套使用。

2. 一般规定

（1）施工现场质量管理应有相应的施工技术标准、健全的质量管理体系、施工质量检验制度和综合施工质量水平评定考核制度。

（2）施工质量控制应符合下列规定：

① 工程采用的原材料、构配件和设备，施工单位和监理单位应按验收标准的规定进行进场检验，并形成记录。不合格的不得用于工程施工。

② 各工序应按设计文件要求和施工技术标准进行质量控制。每道工序完成后，施工单位应进行测试或检查，并形成记录，相关专业接口工序的检验应经监理工程师检查认可。未经检查或经检查不合格的，不得进行下道工序施工。

③ 隐蔽工程覆盖前应按国家法律法规和相关标准要求检查并形成记录，经监理工程师检查签认后方可进行下道工序施工。

（3）铁路工程施工质量验收应符合下列规定：

① 工程质量验收均应在施工单位自检合格的基础上进行。

② 工程施工质量验收应包括实体质量检查、观感质量检查、质量控制资料检查等内容。

③ 涉及结构安全、环境保护或主要使用功能的试块、试件及材料，应按规定进行平行或见证检验。

④ 隐蔽工程在覆盖前应经监理单位验收，并按要求留存影像资料。

⑤ 单位工程以及涉及结构安全、环境保护或使用功能的重要分部工程在验收前应按规定进行抽样检验。

⑥ 工程观感质量应由验收人员现场检查，并共同确认。

（4）铁路工程施工质量控制资料应齐全、真实、系统、完整，并应包括下列主要内容：

① 所用原材料及制品、半成品和成品质量检验结果。

② 材料配合比、拌和过程检验和试验数据。
③ 隐蔽工程检查记录及规定的相关影像资料。
④ 各项质量控制指标的试验记录和质量检验汇总资料。
⑤ 施工过程中遇到的非正常情况记录及其对工程质量影响分析资料。
⑥ 施工过程中发生的质量缺陷，经处理后满足安全和使用功能要求的技术资料。
（5）铁路工程施工质量验收合格应符合下列规定：
① 符合工程设计文件的要求。
② 符合本专业验收标准、相关验收标准及相关补充验收细则的规定。

13.3.2 质量检验与验收方法

1. 质量检查管理

1）承包人的质量管理

（1）承包人应在施工场地设置专门的质量检查机构，配备专职质量检查人员，建立完善的质量检查制度。承包人应在合同约定的期限内，提交工程质量保证措施文件，包括质量检查机构的组织和岗位责任、质检人员的组成、质量检查程序和实施细则等，报送监理人审批。

（2）承包人应加强对施工人员的质量教育和技术培训，定期考核施工人员的劳动技能，严格执行规范和操作规程。

2）承包人的质量检查

承包人应按合同约定对材料、工程设备以及工程的所有部位及其施工工艺进行全过程的质量检查和检验，并做详细记录，编制工程质量报表，报送监理人审查。

3）监理人的质量检查

监理人有权对工程的所有部位及其施工工艺、材料和工程设备进行检查和检验。承包人应为监理人的检查和检验提供方便，包括监理人到施工场地，或制造、加工地点，或合同约定的其他地方进行察看和查阅施工原始记录。承包人还应按监理人指示，进行施工场地取样试验、工程复核测量和设备性能检测，提供试验样品、提交试验报告和测量成果以及监理人要求进行的其他工作。监理人的检查和检验，不免除承包人按合同约定应负的责任。

4）工程隐蔽部位覆盖前的检查

（1）通知监理人检查

经承包人自检确认的工程隐蔽部位具备覆盖条件后，承包人应通知监理人在约定的期限内检查。承包人的通知应附有自检记录和必要的检查资料。监理人应按时到场检查。经监理人检查确认质量符合隐蔽要求，并在检查记录上签字后，承包人才能进行覆盖。监理人检查确认质量不合格的，承包人应在监理人指示的时间内修整返工后，由监理人重新检查。

（2）监理人未到场检查

监理人未按约定的时间进行检查的，除监理人另有指示外，承包人可自行完成覆盖工作，并做相应记录报送监理人，监理人应签字确认。监理人事后对检查记录有疑问的，可按下列要求重新检查。

（3）监理人重新检查

承包人按上述要求覆盖工程隐蔽部位后，监理人对质量有疑问的，可要求承包人对已覆盖的部位进行钻孔探测或揭开重新检验，承包人应遵照执行，并在检验后重新覆盖恢复原状。经检验证明工程质量符合合同要求的，由发包人承担由此增加的费用和（或）工期延误，并支付承包人合理利润；经检验证明工程质量不符合合同要求的，由此增加的费用和（或）工期延误由承包人承担。

（4）承包人私自覆盖

承包人未通知监理人到场检查，私自将工程隐蔽部位覆盖的，监理人有权指示承包人钻孔探测或揭开检查，由此增加的费用和（或）工期延误由承包人承担。

5）清除不合格工程

（1）承包人使用不合格材料、工程设备，或采用不适当的施工工艺，或施工不当，造成工程不合格的，监理人可以随时发出指示，要求承包人立即采取措施进行补救，直至达到合同要求的质量标准，由此增加的费用和（或）工期延误由承包人承担。

（2）由于发包人提供的材料或工程设备不合格造成的工程不合格，需要承包人采取措施补救的，发包人应承担由此增加的费用和（或）工期延误，并支付承包人合理利润。

6）材料、工程设备和工程的试验和检验

（1）承包人应按合同约定进行材料、工程设备和工程的试验和检验，并为监理人对上述材料、工程设备和工程的质量检查提供必要的试验资料和原始记录。按合同约定应由监理人与承包人共同进行试验和检验的，由承包人负责提供必要的试验资料和原始记录。

（2）监理人未按合同约定派员参加试验和检验的，除监理人另有指示外，承包人可自行试验和检验，并应立即将试验和检验结果报送监理人，监理人应签字确认。

（3）监理人对承包人的试验和检验结果有疑问的，或为查清承包人试验和检验成果的可靠性要求承包人重新试验和检验的，可按合同约定由监理人与承包人共同进行。重新试验和检验的结果证明该项材料、工程设备或工程的质量不符合合同要求的，由此增加的费用和（或）工期延误由承包人承担；重新试验和检验结果证明该项材料、工程设备和工程符合合同要求，由发包人承担由此增加的费用和（或）工期延误，并支付承包人合理利润。

7）现场材料试验

（1）承包人根据合同约定或监理人指示进行的现场材料试验，应由承包人提供试验场所、试验人员、试验设备器材以及其他必要的试验条件。

（2）监理人在必要时可以使用承包人的试验场所、试验设备器材以及其他试验条件，进行以工程质量检查为目的的复核性材料试验，承包人应予以协助。

8）现场工艺试验

承包人应按合同约定或监理人指示进行现场工艺试验。对大型现场工艺进行试验，监理人认为必要时，应由承包人根据监理人提出的工艺试验要求，编制工艺试验措施计划，报送监理人审批。

2. 铁路工程项目施工质量验收程序

铁路工程施工质量验收从检验批到分项工程、分部工程、单位工程的顺序进行。分部工程、分项工程、检验批划分以及主控项目和一般项目的规定按铁路工程各专业施工质量验收标准执行。

1）检验批验收

检验批应由施工单位自检合格后报监理单位，由监理工程师组织施工单位专职质量检查员等进行验收，检验批质量验收记录按验收标准要求填写，并符合以下规定：

（1）施工单位应对全部主控项目和一般项目进行检查。

（2）监理单位应对全部主控项目进行检查，对一般项目的检查内容和数量可根据具体情况确定。

2）分项工程验收

分项工程应由监理工程师组织施工单位分项工程技术负责人等进行验收。重要分项工程验收时，勘察设计单位专业设计负责人应参加，如路基工程支挡结构基坑开挖、边坡防护、路基防排水等。

3）分部工程验收

分部工程应由总监理工程师组织施工单位项目负责人和技术、质量负责人等进行验收。重要分部工程验收时，建设单位、勘察设计单位项目负责人应参加。如路基工程地基处理、变形观测与评估、路堑开挖、支挡结构基坑开挖、边坡防护及路基防排水等。

4）单位工程验收

单位工程完工后，施工单位先自行组织有关人员进行检查评定，并向建设单位提交工程验收报告。建设单位收到工程验收报告后，由建设单位项目负责人组织监理、施工、勘察设计等单位项目负责人进行单位工程验收。

13.4 竣工验收

竣工验收是指铁路按设计要求建成后由验收机构对其进行检查评价的过程。下面以高速铁路验收程序进行说明［普速铁路由铁路局集团公司组织验收，验收程序类似，详见《铁路建设项目竣工验收交接办法》（铁建设〔2008〕23号）及相关规定和文件］。

13.4.1 竣工验收的阶段、依据和内容

1. 竣工验收的阶段

（1）静态验收，是对建设项目的工程按设计完成且质量合格、设备安装调试完毕且质量合格进行检查确认的过程。

（2）动态验收，是在静态验收合格后，通过联调联试、动态检测对列车运行状态下工程质量全面检查和确认，并通过运行试验对整体系统在正常和非正常运行条件下的行车组织、客运服务以及应急救援等进行检验的过程。

（3）初步验收，是在动态验收合格后，对工程建设情况以及静态验收、动态验收情况进行确认的过程。

（4）安全评估，是经初步验收合格后，且初步验收发现的影响运营安全的问题得到解决后，对安全管理、设备设施、规章制度、人员素质等是否具备开通安全运营条件进行检查评价的过程。

（5）正式验收，是在开通初期运营一年后开展正式验收，正式验收通过后投入正式运营。

建设项目基本符合竣工验收标准，且达到开通运营条件、确保运营安全的情况下，零星土建工程和少数非行车设备尚未按设计规定的内容全部建成，可进行静态、动态和初步验收，零星土建工程和少数非行车设备必须在正式验收前完成施工和安装。

2. 竣工验收依据

（1）国家有关法律、法规。
（2）经批准的可行性研究报告。
（3）经批准的初步设计（含变更设计）文件。
（4）审核合格的施工图。
（5）设备技术说明书。
（6）国家和中国国家铁路集团有限公司颁布的设计规范、工程施工质量验收标准。

3. 竣工验收主要内容

（1）检查工程是否按批准的设计文件建成，配套、辅助工程是否与主体工程同步建成。

（2）检查工程质量是否符合国家和行业现行相关设计规范及工程施工质量验收标准。

（3）检查工程设备配套及设备安装、调试情况，国外引进设备合同完成情况。

（4）检查概算执行情况及财务竣工决算编制情况。

（5）检查联调联试、动态检测、运行试验情况。

（6）检查环保、水保、劳动、安全、卫生、消防、防灾安全监控系统、安全防护、应急疏散通道、办公生产生活房屋等设施是否按批准的设计文件建成并合格，精测网复测是否完成、复测成果和相关资料是否移交设备管理单位，工机具、常备材料是否按设计配备到位，地质灾害整治及建筑抗震设防是否符合规定。

（7）检查工程竣工文件编制完成情况，竣工文件是否齐全、准确。

（8）检查建设用地权属来源是否合法，面积是否准确，界址是否清楚，手续是否齐备。

13.4.2 竣工验收的条件、程序和组织

1. 静态验收

1）静态验收条件

（1）主体工程及其配套工程、辅助工程已按设计文件建成。
（2）环境保护设施、水土保持设施与主体工程同步建成。
（3）劳动、安全、卫生及消防设施与主体工程同步建成。
（4）承包单位按有关规范、标准对工程质量和系统功能自检合格。
（5）精测网复测已经完成，复测资料完备，复测成果已移交。
（6）辅助工程（含公路立交桥）已经移交完毕。

（7）监理单位对工程质量评定合格。
（8）建设用地经依法批准。
（9）竣工文件已按规定的编制内容和标准基本完成。

2）静态验收程序

（1）施工单位按照施工图和合同约定完成除零星土建工程和少数非行车设备外的全部工程施工和设备安装、调试并经自检合格，经监理单位同意后，向建设单位申请验收，并报送"工程验收申请表"。

（2）静态验收领导小组审查达到验收条件后，铁路局集团公司和建设单位向中国国家铁路集团有限公司工管中心申请开展静态验收；申请报告内容包括项目完成情况、验收方案、验收组织（根据建设情况，可分段分专业安排验收），以及零星土建工程和少数非行车设备未完成施工情况等；工管中心审查后向建设单位下达开始静态验收通知。

（3）接到同意验收通知后，静态验收领导小组组织专业验收组按照有关规定进行验收。

（4）专业验收组应在确定的时间内完成检查，对检查发现的问题提出处理意见、整改期限、复检时间等，建设单位组织相关责任单位进行整改，专业验收组对整改问题进行复查，复查合格后填写专业工程验收记录。静态验收领导小组协调专业间接口验收。

（5）静态验收领导小组完成验收工作后编制静态验收报告。静态验收报告报中国国家铁路集团有限公司建设管理部，抄送中国国家铁路集团有限公司相关职能部门。

静态验收报告应包括静态验收过程、验收人员组成、验收程序、存在问题及整改情况、遗留的零星土建工程和少数非行车设备、验收结论等内容，并附相关数据和试验报告。

（6）中国国家铁路集团有限公司建设管理部将静态验收报告分送中国国家铁路集团有限公司验收专家组，验收专家组对静态验收情况及报告进行审查，审查意见送铁路局集团公司和建设单位，抄送建设管理部、工管中心。

（7）铁路局集团公司和建设单位按照审查意见进行整改。整改结束后，铁路局集团公司和建设单位编写整改报告，整改报告报建设管理部，抄送中国国家铁路集团有限公司相关职能部门。

2. 动态验收

1）动态验收条件

（1）静态验收存在的问题整改完毕，静态验收合格。
（2）联调联试、动态检测和运行试验大纲已经批准。
（3）工机具、常备材料、交通工具已按设计文件配备到位。

2）动态验收程序

（1）建设单位组织编写联调联试、动态检测和运行试验大纲，在静态验收完成30日前报铁路局集团公司；铁路局集团公司组织初审，初审后报工管中心；跨铁路局集团公司项目，工管中心要指定一个铁路局集团公司作为牵头单位，牵头铁路局集团公司会同其他铁路局集团公司对大纲联合初审后上报工管中心。

工管中心牵头、有关部门参加，对大纲进行集中审查，由中国国家铁路集团有限公司分管领导签发铁工管函批复。

（2）铁路局集团公司根据批准的大纲、营业线和高速铁路管理相关规定，组织编制动态验收期间的行车和施工作业管理细则。

跨铁路局集团公司的建设项目，由牵头铁路局集团公司组织编制。

（3）铁路局集团公司确认具备动态验收条件后，动态验收领导小组按照批准的大纲和管理细则启动动态验收。

跨铁路局集团公司的建设项目，各铁路局集团公司分别负责管内部分的动态验收工作，牵头铁路局集团公司负责组织全线拉通调试和运行试验等工作。

由工管中心牵头，相关部门参加，对动态验收工作进行协调指导。

（4）动态验收领导小组就动态检测中发现的问题进行研究，由建设单位组织整改；整改问题复查合格后，填写"动态验收记录表"，检测单位编制动态检测试验报告。

（5）动态验收完成后，铁路局集团公司和建设单位编制动态验收报告；动态验收报告报中国国家铁路集团有限公司建设管理部，抄送中国国家铁路集团有限公司相关职能部门。

动态验收报告应包括动态验收组织及人员、存在问题及整改情况、验收结论等内容，并附相关数据和检测试验报告。

（6）建设管理部将动态验收报告分送专业专家组正副组长单位，专业专家组对动态验收情况及报告进行审查，审查意见报铁路局集团公司和建设单位，抄送建设管理部、工管中心。

铁路局集团公司和建设单位按照审查意见进行整改，工管中心对整改工作进行监督；整改结束后，铁路局集团公司和建设单位编制整改报告，整改报告报中国国家铁路集团有限公司建设管理部，抄送中国国家铁路集团有限公司相关职能部门。

3. 初步验收及安全评估

1）初步验收条件

（1）静态验收、动态验收合格。

（2）环境保护设施、水土保持设施经主管部门检查认可。

（3）劳动、安全、卫生及消防设施经相关部门检查认可。

（4）竣工文件按规定编制达到档案验收标准。

2）初步验收程序

（1）动态验收合格并达到初步验收条件后，建设单位会同铁路局集团公司向建设管理部报送初步验收申请报告。

（2）工程质量监督机构向建设管理部提交《建设项目工程质量监督报告》。

（3）建设管理部组织中国国家铁路集团有限公司相关部门进行研究，认为达到初步验收条件的，向中国国家铁路集团有限公司提出初步验收建议及初步验收委员会组成建议。

（4）初步验收委员会组织检查资料和现场确认，召开初步验收会议，提出初步验收报告，明确验收结论。

3）安全评估

初步验收合格且初步验收发现的影响运营安全的问题得到解决后，按照中国国家铁路集团有限公司有关规定进行安全评估，形成安全评估报告。安全评估是项目开通初期运营前的最后一个主要环节。

安全评估办法由中国国家铁路集团有限公司安全监察部门组织制订。

安全评估通过后，按中国国家铁路集团有限公司规定开通初期运营。

4. 正式验收

1）正式验收条件

（1）初步验收合格且初期运营一年后。

（2）初期运营中发现的问题整改完毕，初期运营状态良好。

（3）"国有土地使用证"已经全部领取。

（4）环境保护、水土保持经相应行政主管部门验收合格。

（5）建设资金已全部到位，按合同与建设各方完成费用结算。

（6）竣工决算已经编制完成并上报主管部门审查。

（7）档案验收工作已完成。

2）正式验收程序

（1）具备正式验收条件后，建设单位会同铁路局集团公司向中国国家铁路集团有限公司上报正式验收申请报告。

（2）建设管理部组织相关部门进行研究，经确认符合正式验收条件的，向中国国家铁路集团有限公司报告申请正式验收。

（3）国家主管部门或中国国家铁路集团有限公司组建高速铁路项目正式验收委员会。

（4）高速铁路项目正式验收委员会检查资料和文件，组织现场检查，召开正式验收会议，对工程质量、初步验收结论以及初期运营情况进行整体评价，形成正式验收结论，出具"正式验收证书"。

5. 竣工验收组织

（1）竣工验收采用先期验收、专家检查、政府验收的组织方式。先期验收包括铁路局集团公司和建设单位组织的静态验收和动态验收；专家检查包括对静态验收、动态验收结果进行评审，为初步验收、正式验收提供专家意见；政府验收包括初步验收和正式验收。

（2）静态验收由铁路局集团公司组织，建设单位配合，在施工单位自检合格、监理单位确认的基础上进行。

铁路局集团公司牵头成立由铁路局集团公司负责人为组长，建设单位负责人为副组长，铁路局集团公司和建设单位处室（部门）负责人、监理、勘察设计、施工单位负责人参加的静态验收领导小组，负责静态验收工作。

静态验收领导小组下设工务、通信、信号、信息、电力、牵引供电、房建、客服设施、土地、环水保等专业验收组；专业验收组由铁路局集团公司处室负责人任组长，建设单位部门负责人为副组长，铁路局集团公司处室人员，以及勘察设计、施工、监理单位现场或专业负责人参加。

（3）动态验收由铁路局集团公司组织、建设单位配合，在静态验收合格后进行。

铁路局集团公司牵头成立由铁路局集团公司负责人为组长，建设单位、检测单位负责人为副组长，铁路局集团公司和建设单位处室（部门）负责人、检测单位部门负责人参加的动态验收领导小组,负责动态验收工作。

(4)初步验收由中国国家铁路集团有限公司初步验收委员会组织,在动态验收合格后进行。初步验收委员会由中国国家铁路集团有限公司领导、有关业务部门负责人、质量监督机构负责人、验收专家组及专业验收组正副组长,建设单位、运营单位负责人以及其他专家组成。

(5)安全评估在初步验收合格后进行,安全评估按中国国家铁路集团有限公司有关规定组织。

(6)正式验收由正式验收委员会组织,在初期运营一年后进行;正式验收委员会由国家主管部门或中国国家铁路集团有限公司按相关规定成立。

(7)建设项目跨越两个及以上铁路局的,各铁路局集团公司负责管内部分的静、动态验收工作,以及初步验收、正式验收的配合工作;中国国家铁路集团有限公司工程管理中心指定一个牵头铁路局集团公司,做好牵头工作。

中国国家铁路集团有限公司可以委托铁路局集团公司对建设项目的单位工程先行组织初步验收,初步验收报告报中国国家铁路集团有限公司备案。

(8)中国国家铁路集团有限公司成立由中国国家铁路集团有限公司总工程师为组长的高速铁路验收专家组;验收专家组下设工务工程、供电工程、电务工程、信息工程、房建工程、客服设施、环水保专业专家组。验收专家组对静态、动态验收情况及验收报告进行审查,对是否进行下一步工作提出意见。

(9)建设项目的勘察设计单位、施工单位、监理单位参加初步验收和正式验收。

13.5 工程保修期及缺陷责任期管理

13.5.1 工程保修期管理

工程质量保修是指自铁路建设工程初步验收合格之日起的保修期限内,承包人对保修范围内的工程在正常维修使用条件下出现的质量问题予以修复的活动。

合同当事人根据有关法律规定,在专用合同条款中约定工程质量保修范围、期限和责任。保修期自实际竣工日期起计算。在全部工程竣工验收前,已经发包人提前验收的单位工程,其保修期的起算日期相应提前。

保修期限应符合国家有关规定,工程保修具体事项在"工程质量保修协议书"中详细约定。

承包人在质量保修期内,按照有关法律、法规、规章规定和合同约定,承担工程质量保修责任。

工程质量保修期自工程初步验收合格之日起计算,各项工程的具体保修期限在协议书中约定,约定的保修期不低于《建设工程质量管理条例》规定的最低年限。

属于保修范围、内容的项目,承包人应当在接到保修通知之日起 7 天内派员保修。承包人不在约定期限内派员修补的,发包人可以委托他人修补。

发生紧急抢修事故的,承包人在接到事故通知后,应当立即到达事故现场抢修。

对于涉及结构安全的质量问题,应当按照铁路建设工程质量监督管理的有关规定,立即向当地铁路监管部门报告,采取安全防范措施;由原设计单位或者具有相应资质等级的设计单位提出保修方案，承包人实施保修。

保修工作完成后，由发包人组织验收。

保修费用由造成质量缺陷的责任方承担，给发包人造成损失的，责任方应承担赔偿责任。

13.5.2　缺陷责任期管理

缺陷责任期的起算时间：缺陷责任期自实际竣工日期起计算，在全部工程竣工验收前，已经发包人提前验收的单位工程，其缺陷责任期的起算日期相应提前。

承包人应在缺陷责任期内对已交付使用的工程承担缺陷责任。

缺陷责任期内，发包人对已接收使用的工程负责日常维护工作。发包人在使用过程中，发现已接收的工程存在新的缺陷或已修复的缺陷部位或部件又遭损坏的，承包人应负责修复，直至检验合格为止。

监理人和承包人应共同查清缺陷和（或）损坏的原因。经查明属于承包人原因造成的，应由承包人承担修复和查验的费用。经查验属于发包人原因造成的，发包人应承担修复和查验的费用，并支付承包人合理利润。

承包人不能在合理时间内修复缺陷的，发包人可自行修复或委托其他人修复，所需费用和利润的承担，按上述规定办理。

缺陷责任期的延长：由于承包人原因造成某项缺陷或损坏使某项工程或工程设备不能按原定目标使用而需要再次检查、检验和修复的，发包人有权要求承包人相应延长缺陷责任期，但缺陷责任期最长不超过2年。

进一步试验和试运行：任何一项缺陷或损坏修复后，经检查证明其影响了工程或工程设备的使用性能，承包人应重新进行合同约定的试验和试运行，试验和试运行的全部费用应由责任方承担。

承包人的进入权：缺陷责任期内承包人为缺陷修复工作需要，有权进入工程现场，但应遵守发包人的保安和保密规定。

缺陷责任期终止：在约定的缺陷责任期，包括延长的期限终止后14天内，由监理人向承包人出具经发包人签认的缺陷责任期终止证书，并退还剩余的质量保证金。

第 14 章　施工成本管理

成本管理是在保证满足工程质量、工期等合同要求的前提下，对项目实施过程中所发生的费用，通过计划、组织、控制和协调等活动实现预定的成本目标，并尽可能地降低成本费用的一种科学的管理活动，它主要通过技术（如施工方案的制定比选）、经济（如核算）和管理（如施工组织管理、各项规章制度等）活动达到预定目标，实现赢利的目的。成本管理的内容很广泛，贯穿于项目管理活动的全过程和每个方面，从项目中标签约开始到施工准备、现场施工直至竣工验收，每个环节都离不开成本管理工作。

14.1　工程成本管理要求

14.1.1　成本管理体系的建立

成本管理体系是指在成本方面指挥和控制组织的管理体系。对于铁路工程项目成本管理而言，应当建立和完善包括公司、项目经理部二级的成本管理体系，并明确各级职责和权限。公司作为成本管理层，负责全公司工程项目成本管理办法和其他相关措施的制定，确定项目经理部的上交指标，有计划地对各项目成本管理工作的开展情况进行检查指导，并及时地对项目实施考核兑现。项目经理部作为项目成本管理的执行层，负责落实与公司签订的工程项目内部经济责任承包合同，并按照公司的要求和项目的实际情况对工程项目成本进行进一步的细化、分解，建立项目成本责任控制体系。按照"谁负责管理，谁就负责成本控制，谁负责成本控制，谁就承担成本控制责任"的原则，在项目经理部建立一个将成本控制责任量化分解到具体责任人的管理体系。

14.1.2　成本管理的原则

1. 全面及动态的管理原则

全面管理包括全员、全过程、全方位、全环节的管理，就是项目经理部应对工程项目目标成本进行层层分解，层层签订责任成本风险责任书，实行责任目标成本风险抵押承包，实现全员参与、责任共担、利益共享。动态管理应按"事前""事中""事后"的管理原则建立，从投标决策到成本预算编制与执行，再到实施阶段的监测预警，直到最后综合效益评价，根据环境的实际变化实事求是地进行动态管理与控制。

2. 科学性、有效性的原则

项目成本管理的科学及合理性应体现在充分地运用目标管理办法、量本利分析法和价值工程法等科学的预测与决策方法，进行指标下达、措施制定，保证成本管理工作实际有效开展。项目成本管理的有效性应体现在成本管理过程中，应使各个管理层次的成本预算必须保证上一级利润指标的完成，且成本预算要根据不同层次承担的施工内容，编制详细的工料机消耗量和责任单价，要具有可操作性强、透明度高、便于核算等特点。

3. "责""权""利"相结合的原则

项目成本管理必须遵守"谁控制、谁负责、谁承担、谁受益"的责任分解原则及收益和成本挂钩、分配与上交款挂钩的控制监督机制；工程项目责任成本承包合同的签订，就是责任成本管理的开始，责任成本控制过程的实质就是合同的履约过程。公司应对项目经理部合同的履约、兑现，实行宏观管理，项目经理对合同进行微观管理与控制，建立以落实责任成本责任制为手段，以降低成本、提高效益为目的的成本分析与考核体系。

4. 统一领导、分级负责、归口管理的原则

项目成本管理应由项目经理部、上级机关统一领导工程项目成本管理。项目经理为成本管理第一责任人，代表项目经理部对工程项目实行全过程管理，做到成本控制、利润上缴、费用上缴等的分析测算及管理业绩、执行过程分析等工作实行统一归口管理。

14.2 工程项目成本管理方法

14.2.1 成本管理工作内容

1. 公司成本管理工作的主要内容

（1）投标测算：公司在投标时应按企业定额测算成本，做好标前成本控制。

（2）编制成本预算：中标后公司应及时开展成本策划工作，编制责任成本预算，签订责任合同，明确双方的责、权、利。

（3）动态监控：公司应对项目实行动态监控，监控的主要内容包括：劳务合同签订、材料和设备采购、效益工资发放、变更索赔管理、效益目标实现情况以及上交款交纳情况；并对亏损项目实行预警监控。

（4）成本分析：公司应定期依据成本管理报表对所有项目进行成本分析，及时动态掌握项目成本状况，发现问题及时解决，并形成分析报告。

（5）考核兑现：公司应对项目经理部实行年度考核兑现和项目结束最终考核兑现。

（6）竣工管理：项目竣工后，公司应及时进行审计和并账工作，确定项目成本目标完成情况。

2. 项目经理部成本管理工作的主要内容

（1）成本目标分解：项目经理部在公司编制的成本预算基础上，进一步开展项目管理策划和施工方案优化工作，按照责任主体和工程项目分别进行分解，编制分项成本预算，明确各责任主体成本目标，签订责任合同，定期考核兑现。

（2）施工方案优化：项目经理部应按照技术入手、经济结束的原则开展施工方案优化工作。

（3）工程数量管理：应按月对图纸数量、成本预算数量和实际完成数量进行对比分析，发现问题及时解决。

（4）劳务管理：落实劳务招标、工序分包管理制度，定期开展劳务成本分析工作。

（5）材料管理：项目经理部应对材料实行计划采购、规范招标，对作业层限额发料、日清月结，进行节超分析。

（6）机械设备管理：有效配置机械设备，实行单机单车核算，进行费用节超分析。

（7）间接费管理：落实责任目标，进行费用节超分析。

（8）变更索赔管理：落实责任，有效开展变更索赔工作。

（9）资金管理：加强资金管理，提高资金使用效率。

（10）工期、质量、安全、环保管理：认真履约，确保工期、质量、安全、环保受控。

14.2.2 成本预算的编制

1. 成本预算编制的依据

（1）与业主签订合同文件。

（2）按规定审批的施工组织方案和资源配置。

（3）按规定审批的施工技术方案和工程数量。

（4）按规定程序确定的工、料、机单价及项目经费标准。

（5）公司的有关文件、办法。

（6）现场调查的有关情况。

2. 成本预算的组成

项目经理部成本预算总额一般由工程直接费、项目经理部本级管理费、临时工程费、激励约束考核费、承包风险费、创效指标和税金等部分组成。工程直接费包含：人工费、材料费（含运杂费）、施工机械费；项目监理部本级管理费包含：管理人员工资、差旅费、办公费、招待费、车辆使用费等；临时工程费包含：大型临时设施、小型临时设施、临时用地费用等。

3. 成本预算编制方法

1）企业定额编制法

企业定额是公司按照先进合理的施工组织和资源配置，参考市场平均成本水平确定的，项目管理必须而且可以达到的成本消耗水平。企业定额编制法是以企业定额和相应的编制办法为依据编制成本预算的一种方法。

2）预算测定编制法

预算测定编制法是以项目相应的预算编制办法为基本编制框架，根据成本管理经验，按照体现市场和管理要求的原则，在预算定额和编制办法的基础上合理降低人工、材料和机械的定额幅度差或取费标准，对其中能准确测定的内容则按实计算的编制方法。

3）市场价格编制法

市场价格编制法是采用招标确定的劳务分包单价计算项目直接费和临时设施费，并按预算测定编制法核定现场管理费、其他费用和税金的成本预算编制方法。

4）现场实测编制法

现场实测编制法是对事前难以准确核算材料和设备消耗量或者实际消耗量变化幅度大的分部、分项工程，采取先估列成本，在实施过程中通过现场实测最终确定成本的编制方法。

4. 成本预算调整方法

在项目实施过程中，客观情况发生变化并对项目成本造成重大影响的，公司应区别情况对项目成本预算予以适当调整。所有调整都必须由项目经理部提出报告和相关资料并经公司批准。一般可以调整成本预算的情况包括：

（1）施工方案发生重大变化并经公司批复同意的。

（2）项目工程数量发生大幅变化。

（3）不可抗力的因素造成重大损失。

（4）项目发生重大变更设计或索赔补差。

（5）主要材料价格出现较大幅度波动。

（6）项目承包模式出现重大变化。

（7）成本预算中的遗漏和错误。

（8）公司认为应该调整的其他情况。

14.2.3 成本控制

成本控制就是对实际发生的成本费用，严格控制在计划成本范围内，随时揭示并及时反馈，解决施工生产过程中的损失浪费现象，随时发现、总结和推广施工生产过程中节约成本费用的先进技术、先进方法，扬长避短，使之最后达到计划成本的目标。

1. 成本控制工作的内容

（1）成本控制组织工作设计、组织机构的建立和成本控制制度的制定。

（2）按照一定的原则和方法，制订成本计划、标准和限额。

（3）施工成本的日常核算工作。

2. 公司施工成本控制的方法

公司应对项目全面实施"事前、事中、事后"控制。

（1）对所有新开工项目实施超前预控和全面策划。

（2）实事求是动态调整责任成本预算。

（3）对项目安全、质量、进度、信用评价、经济效益以及队伍管理等工作实施日常监管。

（4）完善对项目的考核激励机制。

3. 项目施工成本控制的方法

项目施工成本控制的方法较多，其有效方法可以从降低成本、增加收入两方面着手，确保项目施工成本目标的实现。

1）按照"量、价"分离原则，控制工程直接成本

工程直接成本主要是指在施工项目成本形成过程中直接构成工程实体和辅助施工形成的人工费、材料费、机械使用费及其他直接费。按照"量、价"分离原则，应从以下几个方面着手进行有效控制：

（1）人工费控制

提高生产工人的技术水平和班组的组织管理水平，合理进行劳动组织，减少和避免无效劳动，提高劳动效率。

（2）材料成本控制

包括材料用量控制和材料价格控制两方面。

材料用量控制：① 坚持按定额确定的材料消费量，实行限额领料制度，各班组只

能在规定限额内分期分批领用,如超出限额领料,要分析原因,及时采取纠正措施;② 改进施工技术,推广使用降低料耗的各种新技术、新工艺、新材料;③ 在对工程进行功能分析、对材料进行性能分析的基础上,力求用价格低的材料代替价格高的材料;④ 认真计量验收、坚持余料回收,降低料耗水平;⑤ 加强现场管理,合理堆放,减少搬运,降低堆放、仓储损耗。

材料价格控制:① 买价控制,通过市场行情的调查研究,在保质保量的前提下,货比三家,择优购料;② 运费控制,合理组织运输,就近购料,选用最经济的运输方法,以降低运输成本;③ 考虑资金、时间价值,减少资金占用,合理确定进货批量和批次,尽可能降低材料储备。

(3)机械费控制

充分利用现有机械设备,内部合理调度,力求提高主要机械的利用率,在设备选型配套中注意一机多用,减少设备维修养护人员的数量和设备零星配件的费用。

(4)工程数量控制

工程数量要实行逐级控制制度,分别由公司、项目经理部和现场作业层控制,并建立三级台账,公司的总工程师控制工程总量,项目经理部的总工程师控制项目的工程量,工点的技术人员控制单项工程数量。同时建立工程数量控制、激励和约束机制,明确工程数量三级控制体系所体现的经济利益。

2)精简项目机构,合理配置项目经理部成员,降低间接成本

项目机构的设置要根据工程规模大小和工程难易程度等因素,按照组织设计原则,因事设职,因职选人,各司其职,各负其责。选配一专多能的复合型人才,降低管理人员的费用。

3)加强安全、质量、工期成本管理

安全、质量、工期是工程项目管理的重要内容,也是项目成本管理的重要内容。

(1)安全成本管理

要贯彻安全成本观念,投入必要的安全成本,预防施工生产过程中发生人身伤害、设备损毁等事故,保证员工在施工中的安全与健康,最大限度地降低故障成本,提高经济效益。

(2)质量成本

工程质量是施工企业的市场信誉保证。要从质量成本管理中要效益,一是要避免片面追求经济效益而忽视质量现象的出现,这既增加了成本支出,又对企业信誉造成不良影响;二是在确保施工质量达到设计要求水平的前提下,尽可能降低工程成本。

(3)工期成本

工期成本管理的目标是正确处理工期与成本的关系,使工期成本的总和达到最低值。综合工期成本的各种因素,寻求一个工期成本最低的理想点。在确保工期达到合同条件的前提下,尽可能降低工期成本。

项目管理中,要把安全、质量、工期管理与责任成本控制有机结合起来,找到四者之间的最佳结合点。

4)加强合同管理

市场经济是诚信经济,也是合约经济,加强合同管理是项目管理的重要内容,是

有效控制因人为因素而造成的成本支出或经济损失的重要方面，在项目施工过程中，要仔细阅读合同条款，吃透合同精神，履行合同承诺。

5）抓好变更设计及索赔补差工作

在目前的环境下，变更索赔收益已成为施工企业增收的重要途径。加强变更索赔工作的关键在于建立完善的变更索赔制度，从机构、技术、方式方法、激励机制等方面入手来加强此项工作，为企业增收创造条件。

14.2.4 成本核算

1. 项目施工成本核算的要求

（1）应严格按照《施工企业会计制度》《施工、房地产开发企业财务制度》所规定的内容，逐月进行成本核算。

（2）应遵循权责发生制原则、收入与费用配比原则，真实、准确、及时地反映成本费用的开支情况，避免以暂估成本、计划成本或预算成本代替实际成本。

（3）应坚持实际形象进度、实际产值、实际成本"三同步"的原则，严格划清成本界限，划清已完工程成本与未完施工成本的界限，划清本期成本与下期成本的界限。

2. 项目施工成本核算的程序

（1）根据当月统计验工报量按照项目承包合同规定计算项目当月的收入及上交款，编制有关凭证。

（2）根据当月发生的人工费、材料费、机械使用费等原始凭证，归集各项成本费用，编制记账凭证。

（3）计算当月应分摊和计提的有关费用，编制相关凭证。

（4）结转已完工程实际成本。

（5）结转损益，计算工程结算利润。

（6）编制工程成本表。

3. 项目施工成本核算的主要方法

1）会计核算

会计核算方法是指会计对工程项目已经发生的经济活动进行连续、系统、全面反映和监督所采用的方法。会计核算方法主要通过设置会计科目及账户、复式记账、填制和审核凭证、登记账簿、成本计算、财产清查和编制财务会计报告等几种方法来记录工程项目的一切生产经营活动。

2）业务核算

业务核算是工程项目在开展自身业务活动时应当履行的各种手续，以及由此而产生的各种原始记录、台账，包括：产品验收记录、生产调度表、任务分派单、班组考勤记录表等。业务核算是反映监督单位内部经济活动的一种方法。

3）双轨制核算

双轨制核算方法一方面利用原始记录、台账开展业务核算，动态对成本费用实际发生进行过程控制；另一方面利用会计核算进行成本费用归集，做到业务核算的经营成果与会计核算中工程成本核算的口径一致。

双轨制核算的主要原理是：在项目内部明确划分责任主体，各责任主体及时正确登记各项成本费用，计算差异并进行成本费用的控制，考核成本预算的执行情况，并按规定实施奖罚。

14.2.5 成本分析与考核

1. 成本分析方法

项目成本分析，就是利用业务资料和会计核算资料，将目标责任成本（计划成本）与实施项目的实际成本进行比较，了解成本的变动情况，分析成本盈亏的原因，同时制定相应的对策，寻找降低施工项目施工成本的途径，减少消耗，达到降低项目施工成本的目的。

1）成本分析的内容

项目每次成本分析会应由项目经理主持，进行经营成果分析。主要以财务账面收支情况为基础，考虑已发生未入账的成本和应计未计的收入，进而分析出项目截止当期实际经营成果，并对项目责任预算总体执行情况进行分析。分析的主要内容包括：

（1）工程数量的控制情况（是否按要求实施对上对下验工计量，是否有工程数量的变更）和对上、对下计量量差分析。

（2）材料节超分析：重点分析当月每个单项工程（或作业队伍）已完工程材料节超。对材料节超进行分析，不但要关注异常超耗，也要关注异常节余，应从技术部门提供数量，物资部门采购、入库、保管、发料，作业队使用等环节进行详细核对，进行分析，找出原因，并制定相应整改预控措施。

（3）施工方案优化执行情况分析：优化的施工方案在实施过程中，每月应跟踪考核，对优化的施工方案实施阶段性经济技术分析，检验优化方案论证时的经济技术分析指标完成情况，分析影响方案、成本的各种因素，对优化方案进行改进及再优化。

（4）工程单价节超分析：具体包括投标单价与公司责任预算单价的差价分析、公司责任预算单价与作业队实际承包单价的差额分析等。

（5）项目管理费预算及执行情况分析：每月的管理费预算的分摊原则是将变动的管理费按工期分摊，再加上当月一次性发生的管理费成本作为各月当期责任预算，与当期实际费用进行比较，分析执行效果。

（6）资金计划执行情况分析：着重就本月资金计划执行、周转情况、使用效果进行分析，查明资金开支节超的原因，并安排编制下月资金计划。

（7）实现收益与上缴款差异性分析：主要分析对上应计未计的收入与对下应列未列的成本，分析项目阶段性实现的利润与完成上缴经营效益的差异原因、项目债权与债务是否平衡等。

（8）项目经理调节经费结余、使用情况分析。

（9）上期整改措施落实情况分析：着重对整改措施的落实程度进行分析，找出未落实整改目标的具体原因，制定相应的工作措施。

2）成本分析报告

月度责任成本分析工作完成以后，要写出书面的月度成本分析报告，上报公司领导和成本管理部门。作为今后改进成本管理的成本分析报告，其数据要准确、详实，原因分析要清楚、可靠。

成本分析报告的内容应与成本核算对象的划分和成本核算内容相一致。应包括以下内容：（1）人工费分析；（2）材料费分析；（3）周转性材料费用分析；（4）机械费分析；（5）分包成本分析；（6）现场经费分析；（7）安全设施费分析；（8）成本盈亏异常情况分析等。

2. 成本考核

工程项目的施工成本考核对于项目的成功实施和财务管理至关重要。

1) 成本考核的因素

工程项目施工成本考核的主要考虑因素，包括合理预算、成本控制、效率改进和质量保证。合理预算是工程项目施工成本考核的基础；成本控制是确保项目施工成本控制在可接受范围内的重要步骤；提高工程项目的施工效率是降低成本的关键因素之一；质量保证是工程项目施工成本考核的另一个重要方面。

2) 成本考核办法

（1）制定详细的成本计划：在项目启动阶段，需要制定详细的成本计划。成本计划应包括项目的预算、成本分配和成本控制措施等内容。通过明确的成本计划，可以对项目的成本目标有清晰的认识，并制定相应的管理策略。

（2）设立成本控制指标：制定合适的成本控制指标可以使项目经理部及时了解成本的情况并采取相应的措施。常见的成本控制指标包括成本偏差、成本效益比、成本分析等。通过监控和分析这些指标，可以及时发现成本偏差和问题，并采取纠正措施。

（3）实施严格的变更管理：在项目进行过程中，变更是不可避免的。然而，有些不合理的变更可能会导致成本的增加。因此，项目经理部应实施严格的变更管理制度，确保变更申请经过审批和评估，并对其影响进行成本评估。

（4）强化供应链管理：供应链管理对于控制成本至关重要。项目经理部应与供应商建立良好的合作关系，通过合理的采购和供应管理来降低成本。

（5）鼓励成本节约意识：建立并鼓励项目团队成员的成本节约意识是成本考核管理的重要环节。通过提供奖励机制或培训，激励团队成员积极参与成本控制和节约行动。定期组织成本意识培训和分享会，分享成本节约的最佳实践和经验。

（6）进行定期的成本审查和评估：定期进行成本审查和评估是成本管理的重要环节。项目经理部应定期审查项目的成本执行情况，并与预算进行比较分析。通过成本评估，可以发现潜在的问题和风险。

第 15 章 施工安全管理

15.1 施工生产安全管理

15.1.1 安全管理体系及制度建立

1. 安全管理体系

施工单位要贯彻"安全第一，预防为主，综合治理"的方针和"安全为了生产，生产必须安全"的原则，建立安全管理机构，健全安全管理体系，强化安全意识，编制安全预案，订立安全措施，实现安全目标。

1）安全生产管理机构

根据《建设工程安全生产管理条例》规定，施工单位应设立各级安全生产管理机构。配备专职安全生产管理人员。施工单位应配备与其经营规模相适应的，具有相关技术职称的专职安全生产管理人员，在相关部门设兼职安全生产管理人员，在班组设兼职安全员。

2）施工现场安全生产管理机构

项目经理部应依据工程特点，成立安全生产领导小组，项目经理任组长，是安全生产管理的第一责任人。项目副经理、安全负责人、技术负责人为副组长，职能部门和施工队负责人为组员，建立项目安全生产管理体系，配备规定数量的专职和兼职安全管理员，督促检查各类人员贯彻执行安全管理，共同推动安全管理工作。

【例 15.1-1】

某项目经理部安全生产组织管理体系如图 15.1-1 所示。

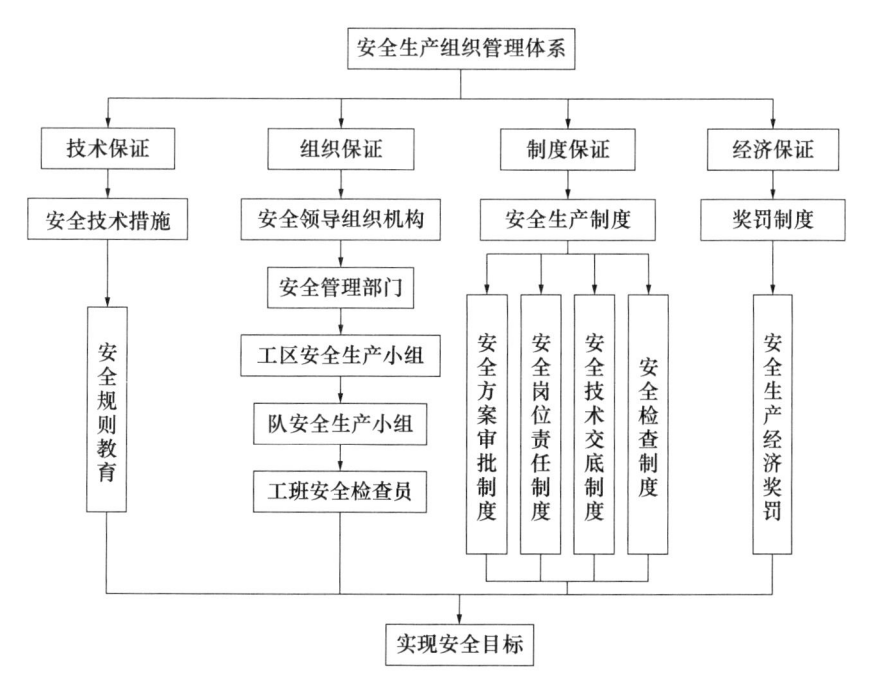

图 15.1-1 某项目经理部安全生产组织管理体系

2. 安全管理制度

1) 安全管理制度基本要求

企业及其所属公司应建立健全安全管理制度，设立安全生产委员会，各级项目经理部设立安全生产领导小组。由各单位党政主要负责人担任安全生产委员会主任或安全生产领导小组组长，其成员由党政工团及有关职能部门组成，安全生产委员会、安全生产领导小组是本单位安全生产工作的领导机构，负责本单位安全生产监督、管理、指导、协调等工作。

各单位党政主要负责人，是本单位安全生产第一责任人，是本单位安全生产第一责任人，对本单位安全生产工作全面负责。分管安全生产工作的领导、领导班子其他成员对分管范围内安全生产工作承担相应的领导责任。

各职能部门应当按照部门责任分工，将安全生产管理责任具体分解到相应岗位，对部门责任范围内的安全生产工作负有监督、管理和直接（间接）责任，部门负责人对本部门履行安全生产责任负总责。

2) 主要安全管理制度

铁路工程参加单位要建立健全各项安全管理制度，主要安全管理制度包括：安全生产许可证制度、安全生产教育培训制度、危险源评估管理制度、安全生产责任制度、安全风险管理制度、安全生产例会制度、特种作业持证上岗制度、作业安全须知书面告知制度、安全技术交底制度、专项安全技术方案审批制度、安全生产报告制度、安全生产检查制度、安全事故报告制度等，各参加单位应详细制定各项安全管理制度并予以落实。

（1）安全生产许可证制度

施工单位须依照国务院颁布的《安全生产许可证条例》有关规定，取得并持有安全生产许可证，具备安全生产保证能力。未取得安全生产许可证或许可证已经过期的，不得进场施工。

（2）安全生产教育培训制度

参建单位应按照《中华人民共和国安全生产法》规定，建立健全安全生产教育培训制度，制定年度安全生产培训计划，落实培训资金，分期分批分阶段开展参建员工安全教育培训，并对参加培训员工进行考核，考试合格后方可上岗。

（3）危险源评估管理制度

施工单位应按规定开展危险源辨识工作，建立危险源管理档案，完善各项安全技术措施，明确管理责任人；定期开展安全检查与风险评估，有效防范施工安全风险。

（4）安全生产责任制度

参建单位须建立健全安全管理体系，制定相关制度、措施，明确各级领导和部门的安全职责。依据安全生产管理目标，将项目安全生产责任层层分解细化，将安全责任落实到人。

（5）安全风险管理制度

根据国家相关法律法规、《铁路建设项目安全生产管理办法》《铁路建设工程风险管理技术规范》《铁路建设项目安全风险管理办法》等相关规定，结合工程特点，参建单位须制定安全风险管理制度，建立安全风险管理体系，完善安全风险管理机制，健全应急处置体系，完善应急预案。

（6）安全生产例会制度

参建单位项目管理机构应定期组织召开安全生产例会，认真总结、分析、评估生产安全状况，检查安全生产工作中存在的不足，及时处置问题隐患，落实岗位责任追究和奖惩考核，完善并落实现场安全技术保障措施，确保铁路建设安全风险持续可控。

（7）特种作业持证上岗制度

从事机动车驾驶、电气焊、起重、高空、爆破等特殊作业人员，必须参加由专业机构组织的安全技术培训，经考试合格后取得特种职业上岗证，并持证上岗。

（8）作业安全须知书面告知制度

参建单位应将本项目所从事工作的安全防护措施、安全操作规程、违章操作危害、紧急避险或逃生方法等内容书面告知作业人员。

（9）安全技术交底制度

工程开工前，参建单位各级技术负责人应逐级开展安全技术交底，交底内容应包括：工程概况、施工内容、施工方法、安全技术要求、可能危害、安全防护措施等，并履行签认手续。

（10）专项安全技术方案审批制度

对危险性较大的分部分项工程按规定编制安全专项施工方案；对超过一定规模的危险性较大的分部分项工程的专项施工方案必须组织专家进行论证、审查。

（11）安全生产报告制度

施工单位应定期进行安全生产报告，内容包括安全生产状况、安全风险防控及隐患排查治理情况、重大危险源防护监控情况、高风险工点情况、存在主要安全问题及整改情况、下阶段安全计划及主要工作重点等。

（12）安全生产检查制度

参建各方应建立安全生产检查考核制度，定期或不定期开展安全生产检查，及时发现并整改安全隐患。各单位应建立内部安全考核机制，对检查发现的安全问题要及时整改和对相关责任人进行相应的考核。

（13）安全事故报告制度

按国家相关规定执行安全事故报告。

15.1.2 安全风险分级管控与隐患排查治理

施工单位在铁路工程施工中，应立足从源头上管控安全风险，消除事故隐患，按照全面覆盖、分级管理、科学施策、动态实施的建设要求。

施工单位要对安全风险全面管控，对事故隐患治理实行闭环管理，保证安全生产。

1. 安全风险分级管控

铁路工程安全风险管理贯穿建设项目设计和施工全过程，遵循"安全第一、预防为主、动态管理、全过程分阶段实施"的原则。风险管理应采取有效措施进行风险控制，并高度重视突发性和灾难性风险。

安全风险是风险评估的首要目标，在保证安全的前提下，进行其他目标风险（质量、工期、投资、环境、稳定、第三方等）的评估。

风险评估应结合各阶段工作特点和内容，确定风险评估对象和目标，进行评估工作。

1）一般规定

（1）铁路建设工程风险管理应将铁路建设过程中可能发生的各类风险降低至合理、可接受的水平，为实现铁路建设工程的安全、稳定、质量、环境、工期、投资等目标提供技术保障。

（2）风险管理应根据工程推进和环境变化，综合应用风险管理技术，对风险实施有效的动态管理。

（3）风险管理工作应按四个阶段开展：包括可行性研究阶段风险管理、初步设计阶段风险管理、施工图阶段风险管理和施工阶段风险管理。

（4）风险管理应符合下列规定：

① 与铁路建设工程的工作目标相适应。
② 强化风险源头的控制。
③ 全员参与风险管理。
④ 贯穿于技术管理全过程。
⑤ 持续改进，闭环管理。

（5）铁路建设风险管理应由建设单位组实施，参建方均应完成相应的风险管理工作。

（6）铁路工程安全风险等级根据风险事件发生概率和后果，按照风险等级标准，分为极高、高度、中度、低度风险四个级别。铁路建设工程应根据其工程性质和环境条件，分阶段制定风险接受准则和风险控制原则。风险接受准则和控制原则见表 15.1-1。

表 15.1-1　风险接受准则和控制原则

风险等级	接受准则	风险控制原则
极高	不可接受	必须高度重视并规避，否则必须采取有效措施处理
高度	不期望	应重视并采取有效措施处理，加强风险监测
中度	可接受	宜采取有效措施处理，并进行风险监测
低度	接受	可不采取措施，但需关注，防止风险等级上升

2）风险管理基本流程

风险管理基本流程如图 15.1-2 所示。

3）风险评估

（1）风险辨识

① 风险辨识的方法：可采用核对表法、专家调查法、头脑风暴法和层次分析法等。

② 风险辨识流程：对项目的过程进行分解，构成风险辨识的主线→将关键环节分成若干关键部分→采用合适的风险辨识方法识别各部分的风险→列出各部分风险产生的原因、表现特点、预期后果→形成风险指标体系。

③ 风险辨识应提出的成果：风险指标体系；风险清单。

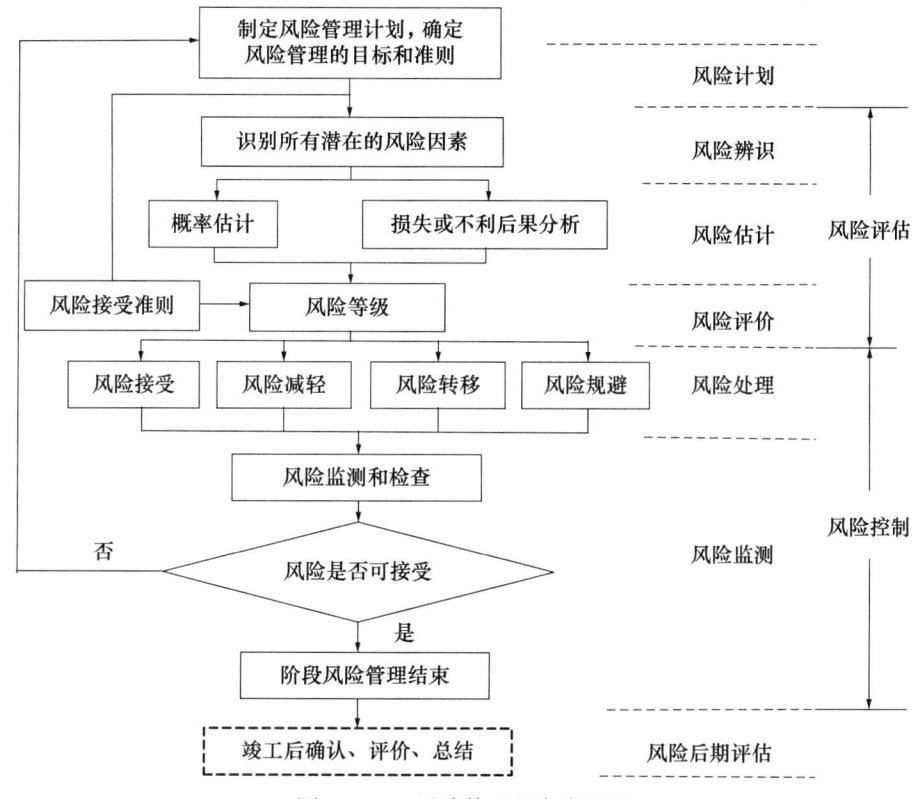

图 15.1-2 风险管理基本流程图

④ 全面辨识：全面辨识应分层次根据建设工程特点系统查找并辨识风险因素。全面辨识每年开展一次，采取安全绩效奖惩等有效措施，全方位、全过程辨识生产工艺、设备设施、作业环境、人员行为和管理体系等方面存在的风险。新建、改建铁路建设工程投入运营前，应当组织开展全面辨识。

⑤ 专项辨识：专项辨识根据需要开展，重点分析阶段性、临时性或者特定专业的风险动态辨识。

⑥ 遇有下列情况时，应开展专项风险辨识：

a. 法律法规规章、标准、管理制度等发生较大变化；

b. 新设备、新技术、新工艺、新材料等投入使用；

c. 技防措施、物防手段升级或变更；

d. Ⅲ级以上营业线施工，以及在建铁路工程中特殊结构、复杂地质等危险性较大工程施工或关键作业施工前；

e. 季节变化或恶劣气象条件前；

f. 重要节假日等铁路运输高峰期或者重大活动前；

g. 发生典型事故、严重故障或安全事件等；

h. 人员、设备、工作程序、环境发生较大变化或运输生产组织发生较大调整；

i. 新建、改建危险货物装卸、储存作业场所和设施，在既有作业场所增加办理危险货物品类，以及危险货物新品名、新包装和首次使用铁路罐车、集装箱、专用车辆装载危险货物的；

j. 其他需要开展风险动态研判的情况。

⑦ 铁路土木建筑工程可按工程类型、工程部位、施工方法、施工工序等途径开展风险辨识；铁路设备安装工程可按设备类型、设备安装、设备调试等途径开展风险辨识。

（2）风险估计

① 风险估计的方法可采用头脑风暴法、核对表法、专家调查法、蒙特卡罗法、层次分析法和风险矩阵法等。

② 风险估计可按以下流程进行：对初始风险进行估计，分别确定各风险因素对目标风险发生的概率和损失→分析各风险因素对目标风险的影响程度。

③ 可行性研究阶段可采用定性的风险估计方法对重点工程进行风险评估。

④ 初步设计和施工图阶段宜采用定量或定性与定量相结合的风险估计方法对项目进行全面的风险评估。

⑤ 施工阶段应对施工图阶段风险管理报告进行核实，并对施工过程中变化或新增的风险因素或风险事件进行评估。

（3）风险评价

① 铁路建设工程风险等级应以单位工程为基础，分专业进行评价。

② 风险评价应按以下流程进行：评价初始风险等级→根据评价结果制定相应的风险处理方案或措施→对风险进行再评价，提出残留风险。

4）风险控制

风险控制应包括风险处理、风险监测、建立和落实风险防控责任体系。

（1）风险处理规定：根据项目的风险评估结果，按照风险接受准则，提出风险处理措施；编制风险对策表，风险对策表的内容应包括初始风险、设计或施工应对措施、残留风险等；对风险处理结果实施动态管理，当残留风险与预期不相符时，应及时调整风险处理措施。

（2）风险处理措施包括风险规避、风险转移、风险减轻、风险接受。

（3）风险监测开展程序：制定风险监测计划、提出监测标准、跟踪计划实施、报告风险状态，并全过程动态实施。

（4）风险监测应明确监测对象、内容和方法，建立风险预警机制。

（5）风险控制责任体系应按照各单位、部门、管理岗位与作业环节逐级分解，把风险责任和风险控制措施落实到位。

（6）风险控制应根据工程风险特点制定风险应急预案。

5）风险后期评估

（1）铁路建设工程竣工后应开展风险后期评估。

（2）风险后期评估应对风险管理工作的效果进行确认和评价，全面总结风险管理过程中的经验教训，形成闭环管理。

6）施工单位风险管理工作内容

施工单位风险管理工作应包括下列内容：

（1）核实施工图阶段风险评估结果。

（2）制定施工阶段风险管理实施细则。

（3）开展施工阶段的风险管理，落实风险控制措施和风险防范工作要求。

（4）动态跟踪风险变化状态，根据风险监测及时调整风险控制措施。

（5）制定风险应急预案并组织实施。

（6）对施工人员进行风险交底和岗前培训，负责施工现场风险公告。

（7）完善用工管理制度，规范分包行为，加强文明施工。

（8）与地方建立协调沟通机制和预案，及时处理建设过程稳定风险。

（9）工程竣工后，编制施工阶段风险管理报告，开展风险后期评估工作。

7）施工阶段辨识风险因素

施工阶段除应辨识自然风险因素、社会风险因素、地质风险因素、技术风险因素外，应重点辨识下列工程施工的风险因素：

（1）深基坑支护与降水、基桩开挖、围堰、沉井工程。

（2）高陡边坡土石方开挖工程。

（3）高大型模板和脚手架工程。

（4）起重吊装工程和钢结构安装工程。

（5）拆除、爆破工程。

（6）高空、水上、潜水作业。

（7）高墩、大跨、深水和结构复杂的桥梁工程。

（8）长大隧道工程、不良地质及特殊岩土隧道工程。

（9）铺轨、架梁工程。

（10）邻近营业线工程。

（11）不良地质地段，生产、生活房屋及相关配套设施选址。

2. 安全事故隐患排查治理

铁路生产安全事故隐患（以下简称"隐患"）是指铁路单位违反国家和铁路相关安全生产法律、法规、规章、标准、规程和安全生产管理制度的规定，或因其他因素在生产经营活动中存在可能导致事故的物的危险状态、人的不安全行为、环境的不安全因素和管理上的缺陷。

（1）隐患分为重大隐患和一般隐患。重大隐患是指危害和治理难度大，应当全部或者局部停产停业，并经过一定时间整改治理方能消除的隐患，或者因外部因素影响致使铁路单位自身难以消除的隐患。一般隐患是指除重大隐患外，可能导致事故发生的隐患。

（2）施工单位应当建立健全并落实隐患排查治理和建档监控等制度，逐级建立并落实隐患排查治理和考核制度，推动全员自主开展隐患排查，做到责任、措施、资金、时限、预案"五到位"，实现隐患排查、登记、评估、报告、监控、治理、销号的全过程记录和闭环管理。

（3）施工单位应当建立隐患日常排查、定期排查和专项排查工作机制，结合本单位风险及防控情况，明确隐患排查的责任部门和人员、排查范围、程序、频次、统计分析、效果评价和评估改进等要求，组织安全生产管理人员、工程技术人员和其他人员排查本单位的隐患。隐患排查可与风险辨识统筹结合开展，针对排查出的隐患应当同步开展风险辨识与管控。

（4）遇到以下情况之一的，应当开展专项排查：

① 国家或行业监管部门工作部署，如阶段性安全大检查、重要节假日等铁路运输高峰期或者重大活动前等。

② 季节性、规律性安全生产条件变化，如防汛、防火、铁路设备检查鉴定、冬施、春融、开复工、重点或集中施工作业期间等。

③ 新设备、新技术、新工艺、新材料投入使用，或新建、改建铁路建设工程投入运营前，如关键设施设备更新改造等。

④ 发生典型事故、严重故障或安全事件。

⑤ 需开展专项排查的其他情况。

（5）施工单位对发现或排查出的隐患，应当如实记录隐患排查情况，主要包括排查对象或范围、时间、人员、安全技术状况、处理意见等内容，经排查有关责任人签认后形成隐患信息档案，通过隐患信息系统登记。

（6）施工单位按照相关隐患判定标准评估隐患等级。重大隐患应当依据铁路监管部门或相关部门制定的重大隐患判定标准，按照有关规定通过现场论证、综合判定等方式开展评估。

（7）施工单位应当指定专门机构负责本单位安全生产隐患治理的管理工作，根据生产经营特点，定期检查本单位的安全生产状况，及时组织排查隐患，提出改进安全生产管理的建议。

（8）安全生产管理人员应当对本单位安全生产状况进行经常性检查，对检查发现的一般隐患立即处理；对不能立即处理的一般隐患和检查发现的重大隐患，应当及时报告本单位有关负责人，有关负责人应当及时组织制定整改措施并督促落实整改销号。

（9）一般隐患由施工单位负责人或安全生产管理人员按照职责分工，采取技术、管理措施，及时组织治理消除，未治理消除前应当制定可靠的安全控制和防范措施。

（10）施工单位应当及时消除重大隐患，重大隐患治理方案应包括以下内容：

① 治理的目标和任务。

② 采取的方法和措施。

③ 经费和物资的落实。

④ 负责治理的机构和人员。

⑤ 治理的时限和要求。

⑥ 隐患未消除前的安全措施和应急预案。

（11）隐患治理过程中，施工单位应采取相应的安全防范措施，防范发生生产安全事故。隐患消除前或者消除过程中无法保证安全的，应当从危险区域内撤出作业人员，并疏散可能危及的其他人员，设置警戒标志、停止作业或停用有关设施设备、封锁线路或关闭车站等；对暂时难以有效实施停止作业或停用有关设施设备、封锁线路或关闭车站等措施的，应当加强监测预警，防止事故发生。

（12）一般隐患整改完成后，应当由施工单位负责人或其派出机构负责人、安全生产管理人员组织验收，出具整改验收结论，并由验收主要负责人签字确认。

（13）重大隐患治理完成后，施工单位应当成立隐患治理验收组进行专项验收。隐患治理验收组组长为施工单位主要负责人，成员由企业结合实际细化。治理验收应当根据隐患暴露出的问题全面评估，出具治理验收结论，并由组长签字确认。

委托第三方服务机构进行专项验收的，隐患治理验收组要对专项验收结论进行确认。

（14）重大隐患治理验收通过后，施工单位应当将验收结论向铁路监管部门报告，并申请销号。

（15）经排查判定为重大隐患后，施工单位应当及时向铁路监管部门、有关地方人民政府报告，涉及其他相关行业部门的，应当同时按照有关规定报告。

（16）重大隐患治理验收后，施工单位应当对重大隐患形成原因及治理工作进行分析评估，及时完善相关制度和措施，并开展有针对性的培训教育。

15.1.3　安全技术管理

（1）适用于新建和改建铁路工程施工的安全技术规程主要包括：
①《铁路工程基本作业施工安全技术规程》TB 10301—2020；
②《铁路路基工程施工安全技术规程》TB 10302—2020；
③《铁路桥涵工程施工安全技术规程》TB 10303—2020；
④《铁路隧道工程施工安全技术规程》TB 10304—2020；
⑤《铁路轨道工程施工安全技术规程》TB 10305—2020；
⑥《铁路通信、信号、信息工程施工安全技术规程》TB 10307—2020；
⑦《铁路电力、电力牵引供电工程施工安全技术规程》TB 10308—2020。

（2）各级单位应制定企业安全技术创新规划和年度安全科技攻坚计划，广泛开展安全技术创新、科技攻关、科技成果转移转化和小发明、小创造、小革新、小设计、小建议"五小"活动，积极申请专利、工法，提高施工安全科技水平。

（3）铁路工程应按设计文件进行施工，达到设计要求的安全使用功能。

（4）项目经理部须对建设单位提供的设计施工图进行认真会审，防止因设计不合理或设计文件有遗漏而导致施工生产安全事故发生。

（5）发现施工现场情况与设计文件不符，设计存在缺陷或对设计有疑问，并影响施工安全时，应及时向有关单位报告，并采取安全防范措施，确认无误后方可继续施工。

（6）施工单位应在危险源辨识评估的基础上，制定相应的安全技术措施，并纳入施工组织设计和专项施工方案。

（7）所有工程的施工技术方案，必须有单项的安全技术措施。

（8）根据工程实际，对危险性较大的分部分项工程编制安全专项施工方案；对超过一定规模的危险性较大的分部分项工程的专项施工方案必须组织专家进行论证、审查。

（9）相关技术部门负责对施工技术方案实施分级管理，安全技术措施和安全专项施工方案同步实施。

（10）在进行施工方案、工程技术交底的同时进行安全技术交底。

（11）安全技术措施及方案必须全面考虑施工现场实际、工程特点和作业环境，根据需要应有技术设计、校核计算、详细布置图和相关文字说明。凡施工过程中可能出现的危险因素及建（构）筑物周围环境等不利因素，都必须从技术方面制定全面、具体、有效的安全技术措施进行预防。

（12）铁路工程施工中应用新技术、新材料、新工艺、新设备时，应制定相应的安全技术措施，并对有关人员进行安全生产教育培训。

（13）在施工过程中，如发生与施工相关的设计变更或施工方案改变，必须及时变更或修订相应的安全技术措施及方案。

（14）施工企业应强化安全科技支撑作用，开展"机械化换人、自动化减人"等科技兴安行动，提高生产组织和生产过程的机械化、自动化、信息化、智能化水平。

（15）参与营业线施工及邻近营业线施工的人员，其安全生产教育培训应符合有关规定的要求。

15.1.4 现场安全管理

1. 新线路基施工安全控制措施

1）路堑施工安全

（1）路堑施工应保证开挖过程中及竣工后的排水畅通。

（2）路堑开挖应注意坡面的稳定。

（3）路堑开挖应自上而下，防止开挖不当造成坍塌，严禁掏底开挖。

（4）路堑开挖过程中，若出现岩层走向、倾角不利于边坡稳定及施工安全的地段应及时采取顺层开挖，不挖断岩层和减弱施工振动等措施。

（5）爆破开挖严禁放大炮，邻近坡面不得爆破开挖。

（6）开挖工作应与装、运作业面相互错开，严禁上下重叠作业。

2）路堤施工安全

（1）路堤应自下而上分层填筑，土石运、装与填筑压实工作面应错开进行，避免互相干扰。

（2）砌筑边坡应与填土中心大致保持在同一高度，以防止石头翻滚。

（3）路基填筑采用机械化作业，为确保机械运行安全，道路必须平顺，填土边缘必须设置安全标杆。

（4）在水中抛石填筑，必须先查明水深和流速，并制定打捞抢救措施。

（5）陡坡填筑或复线路基按规定帮宽填筑，并制定营业线旁施工安全措施。

3）路基附属结构物施工安全

（1）路基排水设施布置合理，排水系统良好，能迅速排泄最大降雨量时的地面水，并能排除影响路基稳定的地下水，避免破坏路基并渗入路基内部使土体软化形成病害，造成边坡坍塌、滑动。

（2）路基边坡防护设施应在稳定的基脚和坡体上施工。

（3）路基附属结构物施工前应对防护的坡体表面进行检查处理，以保证施工安全，防护设施与土石坡面应密贴严实。

4）路基支挡结构物施工安全

（1）挡土墙施工时，应注意观察上方的边坡稳定，及时做好临时支撑，预防坍塌，并做好墙后排水设施。

（2）喷射混凝土防护岩面时，应先清除坡面松动石块、浮土，对大裂缝、凹坑应先嵌补牢实，工作区域非工作人员不得入内，机械作业时，悬臂下严禁站人。

(3)坡面锚杆挂网前，应先射水冲洗锚杆孔，清除孔内泥渣，再放入锚杆，用水泥砂浆固定，施工时必须搭设脚手架，严禁攀登露头锚杆。

(4)挡护工程施工时，严禁上面砌筑、下面勾缝等上下重叠作业。

(5)片石改小工作，不得在脚手架上进行，护墙砌筑时，坡脚下严禁站人。

2. 新线桥涵施工安全控制措施

1)桥梁基础的施工安全

(1)扩大基础选择合适的基坑坑壁坡度。基坑坑壁坡率根据坡壁的土质结构、坡顶边缘有无荷载等情况确定，兼顾安全和经济两方面的需要，但要把安全放在首位。

(2)扩大基础选择合适的基坑形状。选择基坑的形状，一般应考虑施工安全、坑壁自然稳定时间、涌水量、节约挖方和回填工程数量等因素。

(3)基坑开挖前，要在基坑顶面边坡以外的四周开挖排水沟，并保持畅通，防止积水灌入基坑，引起坍塌。

(4)扩大基础必须快速施工。基坑暴露时间不超过边坡的自然稳定时间。如果基坑暴露时间过长，应把坑壁坡度放缓，以保证坑壁的稳定和施工的安全。

(5)开挖基坑时，要按照规定坡度，分层下挖到符合基坑承载力要求的设计标高为止，严禁采用局部开挖深坑，再由底层向四周掏土的方法施工。

(6)使用机械开挖基坑，要按照有关机械操作规程和规定信号，专人指挥操作。吊机扒杆和土斗下面严禁站人。

(7)在基坑施工中，如果发现坑壁坡顶开裂，应立即采取措施，撤出坑内施工人员，采用减载方法，挖除裂缝至坑壁顶缘部分土方，以确保施工安全。

(8)基坑顶面安放机械、堆放料具和弃土，均应在计算安全距离之外，引起地面振动的机械安全距离应严格控制。

(9)沉井的立模、绑扎钢筋、浇筑混凝土等，应按混凝土及砌体工程安全规则有关规定作业。

(10)沉井立模之前，应将地面压实，或在刃脚下密布承垫，以防沉井因地面下陷造成倾斜。

(11)在沉井钢筋绑扎、立模和浇筑混凝土之前，应搭好作业脚手架或作业平台，四周临空处应搭设栏杆和登高梯子。混凝土浇筑平台要铺满脚手板。减速漏斗应拴挂牢固，并设有保险绳，以防坠落伤人。

(12)沉井模板拆除及承垫。沉井混凝土达到规定强度后即可拆除内外模板及承垫，拆除模板要先拆螺栓拉杆及围箍，再按自上而下的顺序拆除模板、拆除垫土，要分区、依次、对称、同步进行，边拆边用碎石或卵石回填、夯实，避免刃脚悬空。

(13)沉井人工开挖，用吊车、活底斗出渣时，要定时检查起吊设备，防止吊臂失控、钢丝绳脱落、斗底张开等事故发生。

(14)沉井人工开挖下沉时，要在沉井内壁多设钢筋梯或绳梯，以便在沉井内发生"翻渣"等意外情况时，能使井下施工人员迅速撤离。

(15)用机械开挖下沉时，要设置吊车作业平台，平台基础要牢固，并与沉井隔开一定距离，防止吊车随土砂下沉而倾覆，乃至撞上沉井外壁造成事故。

(16)机械开挖下沉，要严格掌握对称、均匀开挖原则。配备开挖机械要均匀，单机作业时要经常调换开挖位置，以保持沉井均匀下沉。要注意潜水刃脚各部位的开挖程度，逐时调整开挖部位，以免沉井发生倾斜。

（17）钻孔位置如果土质比较松散，应夯实地面或铺设土排，保证钻架的稳定和安全，防止地面出现较大的沉陷，影响钻孔的垂直度。

（18）卷绕钢丝绳时，严禁工作人员在其上跨越，卷扬机卷筒上钢丝绳不得放完，应至少保留三卷，严禁人拉钢丝绳卷绕，钢丝绳断丝超过 5‰ 时应及时更换。

（19）人工挖孔桩，孔口要设置防护支撑，以防石块等物滚落井内伤人，孔外四周应挖排水沟，及时排出孔口外边积水。

（20）人工挖孔桩应设置混凝土护壁支撑，挖一段支护一段，孔内如有漏水、漏砂时，要采取有效措施治水、治砂。

（21）人工挖孔桩孔内爆破应控制药量并设安全防护。

（22）人工挖孔桩要及时检测洞内有无有害气体，并加强通风。

2）桥墩（台）施工安全

（1）模板内外均应安设稳固的支撑，落地处要加设垫木，并有防支点滑动措施。

（2）使用起重机吊装模板合缝时，模板底端用撬棍等工具拨移，不得徒手操作。

（3）拆除模板时，先拴牢吊具挂钩，再拆模板。利用起重机拆除模板时，要等模板与混凝土完全脱离后方能吊运，不可吊拉模板。

（4）脚手架除能够承受一定荷载外，还要求具有良好的稳定性、牢固性和可靠性，保证施工过程中不发生倒塌，确保工人安全作业。脚手架应是独立体系，不得与模板连接。

（5）脚手架经过大风大雨后，应进行安全检查，遇到倾斜、下沉、松扣等情况应及时修复。

（6）拆除脚手架大横杆、剪刀撑时，先拆中间扣，再拆两头扣，由中间操作人员往下顺拆。

（7）高空作业施工应挂好安全网和安全绳，上下信号指挥应灵通。

（8）安全网安装时，在每一个系结点上，边绳应与支撑物靠紧，并用一根独立的系绳连接，系结点沿网边均匀分布，连接要牢固而又容易解开，受力后不会散脱。

3）铁路架桥机架桥施工安全

（1）桥头压道。架桥机架桥前必须采取适当的方式进行压道，以检验路基的稳定性和消除险情隐患，确保架桥安全。压道次数不得少于三个往返，要压到路基无明显下沉。

（2）为确保桥梁换装安全，龙门架所在线路条件，其坡度不得大于 10‰ 的直线地段，在曲线地段其半径不小于 1200m。

（3）龙门架左右支脚的组立均应与线路中线的距离相等，两边支脚应组立在同一高度，支脚基面要整平夯实，严禁使用短跨度桥梁的吊距换装长跨度的桥梁。

（4）架桥机正确对位后，应立即采用可靠的制动措施，防止溜车。

（5）架桥机 0 号柱支垫在墩台顶面的泄水坡上，应首先使用硬质木板和木楔填平垫实，同时将木楔填紧，并将法兰螺栓再次拧紧，支垫 0 号柱时，严格要求前后左右垂直，不得偏斜。

（6）换装梁片前，对梁上的防水盖板、料具等进行整理，其高度不得超过梁片的挡砟墙顶，以保证梁片能安全通过架桥机1、2号柱。

（7）梁片落在2号车上时，应加设支撑，2号车拖梁小车与轨面应打楔制动，防止梁片窜动。

（8）2号车装好梁片后，运梁速度要根据线路条件严加控制，不得超速。

（9）当1号车正在落梁时，不得挂钩。

（10）当架完一孔桥梁，架桥机应先将吊梁小车和铺轨小车退到后端限制位置，再将机臂抬头以折起0号柱活动节，并将机臂摆直后方能缩回机臂，缩臂时1号车钩与0号柱间前后严禁站人。

【案例15.1-1】

1. 背景

在南方某新建铁路工程现场，项目经理在现场进行雨季施工的安全巡视，发现一桥梁的扩大基础正在施工，经现场技术人员介绍，该基础为砂质黏土，基坑开挖深度为3m，已通过计算确定边坡开挖的坡率，并能满足稳定的要求。施工现场情况如图15.1-3所示。

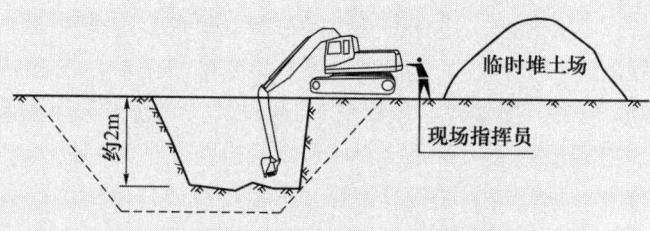

图15.1-3 施工现场情况

2. 问题

根据背景资料，补充该桥扩大基础施工安全的做法。

3. 分析与答案

在施工该桥扩大基础中，施工安全的做法不完善。补充如下：

（1）由于是雨季，基坑开挖前，要在基坑顶面边坡以外的四周开挖排水沟，并保持畅通，防止积水灌入基坑，引起坍塌。

（2）开挖基坑时，要分层下挖到符合基坑承载力要求的设计标高为止，严禁采用局部开挖深坑，再由底层向四周掏土的方法施工。

（3）使用机械开挖基坑，要按照有关机械操作规程和规定信号，专人指挥操作。臂杆和土斗下面严禁站人。

（4）基坑顶面安放机械、堆放料具和弃土，均应在计算安全距离之外，引起地面振动的机械安全距离应严格控制。

3. 新线隧道施工安全控制措施

1）隧道开挖安全

（1）隧道开挖要加强地质情况的观察，穿过节理发育、易于风化的岩层时要加强观测，合理开挖，防止塌方。

（2）隧道开挖方法要充分考虑地质、环境和安全等因素，多采用光面爆破和预裂爆破，以减少对围岩的扰动，尽量使隧道周边轮廓圆顺，避免棱角突变处应力集中。

（3）应由专人找顶找帮。对开挖面要经常检查，特别是爆破后的工作面及附近尤应加强检查，如可能产生险情时，应及时采取措施进行处理。

（4）工作人员到达工作面时，应首先检查工作面是否处于安全状态，并详细检查支护是否牢固，顶板和两帮是否稳定，如有松动石块或裂缝，应及时予以清除或支护。

（5）隧道双向开挖时，工作面相距小于5倍洞径时，应加强联系并统一指挥；工作面距离接近3倍洞径时，应采取一端掘进另一端停止作业并撤走人员和机具的措施，同时在安全距离处设置禁止入内的警示标志。平行小净距隧道开挖时，其同向开挖工作面应保持合理的纵向距离，并在钻爆设计、支护参数等方面采取措施，防止后行洞开挖对先行洞产生的不良影响。

（6）钻爆作业，应根据地质情况，开挖断面、炸药种类等条件进行钻爆设计，并经过试验确定爆破参数，如遇地质变化及时修改设计，设计确定后，严格按照设计进行钻孔、装药、接线和引爆。使用带支架的风钻钻眼时，应将支架安置稳妥，站在渣堆上操作时，应注意石渣是否稳定，防止操作时石渣坍滑伤人。

（7）洞内爆破作业必须统一指挥，并由经过专业培训持有爆破操作合格证的专职爆破工担任，进行爆破时，所有人员应撤到不受有害气体、振动和飞石损伤的地点，在两个开挖面相离200m内时，爆破时必须提前1h通报，以便另一头作业人员撤离危险区。

（8）爆破后，必须经过通风排烟，15min以后检查人员方可进入工作面检查。检查有无瞎炮或可疑现象，有无残余炸药或雷管，顶板及两帮有无松动石块，支护有无松动和变形。如发现瞎炮时，必须由原装炮人员按规定进行处理，当检查人员经过检查确认危险因素已排除后，才可撤除警戒，允许施工人员进入工作面工作。

2）隧道支护安全

（1）根据围岩特征采用不同支护类型和参数，及时施作密贴于围岩的柔性喷射混凝土和锚杆支护，以控制围岩的变形和松弛。

（2）在软弱破碎围岩地段，应使断面及时闭合，以有效地发挥支护体系的作用，保证隧道的稳定。

（3）洞口地段围岩一般不够稳定，容易坍塌，支护应特别加强，一般是在加设锚杆、钢筋网、护坡和喷射混凝土之后再开挖洞口段，当有坍塌可能时，可先安设长锚杆或钢管等，在其防护下开挖。

（4）支撑架立之前，应将工作面危石清除干净，以保证施工人员的安全。

（5）喷射混凝土作业前应先清除喷射地段的危石，用高压水冲洗岩面、清除岩粉，使喷射层与岩面密贴，脚手架平台应牢固可靠并设置防护栏杆，同时加强工作面的照明。

（6）向锚杆孔注浆，压力不宜过大，如发现压力过高，应立即停风，排除堵塞。注浆管喷嘴严禁对人放置，以防高压喷射物喷出伤人。

（7）加强围岩量测，当发现量测数据有不正确变化或突变，洞内或地表位移值等于或大于允许位移值，洞内或地面出现裂缝以及喷层出现异常裂缝，必须立即通知现场作业人员撤离现场，待制定处理措施后方可继续施工。

（8）衬砌使用的脚手架、工作平台、跳板、梯子等应安装牢固，不得有露头的钉子和突出尖角，靠近运输道一侧应有足够的净空，以保证车辆、行人安全通行，脚手架、工作平台上应搭设不低于1m的栏杆，底板应铺设严密，木板的端头必须搭在支点上，严禁出现探头板，不得以边墙架兼作脚手架。

3) 装渣与运输安全

（1）长隧道的出渣运输宜建立工程运输调度，统一指挥，以提高运输效率，确保作业安全。

（2）各种运输设备不得人料混装，各种摘挂作业，必须由专职人员负责。

（3）机械装渣，装渣机上电缆或高压胶管应由专人收放，装渣操作中，其回转范围内不得有行人，以避免机械伤害。

（4）机动车必须由受过专门训练的专职人员驾驶，司机必须严格遵守操作规程，坚守岗位，加强责任心，严禁非司机开车，避免发生事故。

【案例 15.1-2】
1. 背景

某新建单线铁路隧道长2200m，根据设计情况隧道有断层破碎带等不良地质，在施工前，隧道施工架子队向项目经理部呈报了有关该隧道的施工安全控制措施，内容包括：隧道开挖安全、隧道支护安全。本隧道采用两个工作面施工，从进出口同时进行，隧道中部的围岩为Ⅳ级，循环进尺2m。在施工中发生以下事件：

事件1：在施工爆破后，进行了通风排烟30min，然后汽车司机进入工作面检查，随后宣布撤除警戒，进行下道工序操作，在施工人员进入洞内进行出渣中，突然发生爆炸，导致1人死亡，同时在距离掌子面不远处发生顶板掉块，砸伤1人。

事件2：在两工作面相距6m时，两隧道施工架子队进行紧张的冲刺施工，以迎接项目经理部组织的贯通庆典活动。就在此时，在进口端掌子面钻孔的2名工人随着一声突如其来的爆炸而被炸死。

2. 问题

（1）该隧道的施工安全控制措施的内容是否全面？若不全面请补充。

（2）针对事件1，给出造成事故的原因。

（3）针对事件2，给出造成事故的原因。

3. 分析与答案

（1）该隧道的施工安全控制措施的内容不全面。应补充：装渣与运输安全。

（2）事件1事故的原因：

① 没有设专人找顶找帮，而是让汽车司机进入现场检查。应设专人对开挖面经常检查，特别是爆破后的工作面及附近要加强检查，如可能产生险情时，应及时采取措施进行处理。

② 对顶板和两帮及支护情况检查不细或处理不当。检查人员到达工作面时，应首先检查工作面是否处于安全状态，并详细检查支护是否牢固，顶板和两帮是否稳定，如有松动石块或裂缝，应及时予以清除或支护。

③对瞎炮和残余炸药或雷管检查不细或处理不当。爆破通风后，应仔细检查有无瞎炮或可疑现象，有无残余炸药或雷管，如发现瞎炮时，必须由原装炮人员按规定进行处理，当检查人员经过检查确认危险因素已排除后，才可撤除警戒，允许施工人员进入工作面工作。

（3）事件2事故的原因：

①两工作面接近贯通时没有按规定及时改由一个隧道施工架子队施工。当两端工作面间的开挖距离为8倍循环进尺，或接近15m时，应停止一端工作，将人员和机具撤走，并在安全距离以外设立警戒标志，防止人员误入危险区。

②没有按规定对两个隧道施工架子队加强联系，统一指挥。在接近贯通时，两端施工应加强联系，统一指挥，一端在实施爆破前要通知另一端的隧道施工架子队及时撤出，在爆破期间不得在另一掌子面同时进行施工。

4. 新线轨道施工安全控制措施

1）轨道材料的堆码、装卸和运输安全

（1）轨道材料具有超长、笨重等特点，在堆码、装卸、运输和铺设中，应有安全措施，并尽量采用机械化或半机械化施工。

（2）轨道材料堆码应按指定的场地堆码，稳固整齐，不得侵入建筑接近限界。

（3）滑道法装卸钢轨，滑道坡度要适当，安放要稳固，装卸12.5m长的钢轨，滑行轨应不小于2根，装卸25m长钢轨，滑行轨应不小于4根。

（4）机械装卸轨料要特别注意高压线的净空，防止翻车事故，两台吊车不得同吊一重物，禁止吊重行车。

（5）轨料的运输要捆绑加固，防止轨料在运输中发生移动、翻倒，保证运输安全。

2）铺轨安全

（1）喂送轨排时，运轨小车司机应准确操作，严禁按错走行电钮，以防送行伤人，同时，钮盒应拉到托架外操作，以保证安全。

（2）吊轨龙门式起重机铺轨排时，在起吊前应将挂钩挂稳系牢，待挂钩人员撤到安全地段后，才可起吊；轨排安全脱离支垫后才可向前走行。

（3）地面轨排连接工作尚未完毕，施工人员未撤离到线路两侧，吊起的铺轨排不得伸出铺轨机。

（4）吊车吊铺道岔，按照转辙器、连接部分、辙叉及护轨的顺序，依次吊铺正位，每吊铺一节即应连接接头夹板，拧紧4个螺栓，将搭接部位钉联后，吊车方可前进作业，轨行吊车不宜在一线吊铺另一线道岔。

3）线路整道安全

（1）新铺线路应及时进行拨正方向、顺平线路、方正轨枕、拧紧螺栓和补齐扣件、重点整道，以保证工程列车和其他车辆安全行驶。

（2）新铺线路应及时消除荒道、反超高和危及行车安全的三角坑，并由专人检查轨道状况。

（3）重点整道的同时，平交道应临时铺垫，并设立临时道口标志，整道后，应立即安排巡道人员和道口看守人员。

（4）经重点整道的线路应及时上砟整道，以提高行车速度，维护行车安全。

【案例 15.1-3】
1. 背景
某新建双线铁路，线间距 5m，在轨道工程施工前，轨道施工架子队提出轨道施工安全控制内容包括：（1）采用滑道法装卸钢轨，滑道坡度要适当，安放要稳固，装卸 12.5m 长的钢轨，滑行轨为 2 根，装卸 25m 长钢轨，滑行轨为 3 根。（2）机械装卸轨料要特别注意高压线的净空，防止翻车事故，采用两台起重机同时吊装一根轨料。项目总工程师认为轨道施工安全控制内容有不妥之处。

2. 问题
针对轨道施工安全控制内容的不妥之处，给出正确做法。

3. 分析与答案
正确做法：
（1）第（1）条中，装卸 25m 长钢轨，滑行轨不少于 4 根。
（2）第（2）条中，两台起重机不得同时吊装一根轨料，禁止吊重行车。

5. 新线电力施工安全控制措施

1) 变配电所施工安全

（1）当基坑靠近房屋、围墙时，应由施工技术人员调查后，提出具体的施工防护方案并组织实施，否则禁止开挖，避免由于坑壁不稳造成房倒墙塌，伤及人员。

（2）坑边不得放置重物和工具，弃土应距坑边 0.6m 以外，堆土高度不应超过 1.5m。

（3）基坑作业应在基坑周围设围栏、围挡等防护和警示标志，夜间设置红色警示照明标志。

（4）起重机组立架构或吊装设备前，必须检查起吊、运输工具的质量是否良好。钢丝绳接头处是否牢固，不符合要求的钢丝绳严禁使用；在起吊过程中，应设专人防护，吊臂、钢丝绳的周围、下方、内角侧和起吊物的下面，严禁有人逗留或通过。

（5）安装就位大型变压器时严禁在变压器长轴一侧的两端同时顶升变压器，在顶升过程中，随时在变压器下垫以坚实的木板，以防千斤顶故障时变压器倾斜侧倒。

（6）在电容补偿柜安装电容时，应对电容器进行充分放电，并将引线端子短接后进行安装。

2) 架空线路施工安全

（1）采用人工组立杆塔时，应使用滑板，地锚应牢固，并设专人看护。

（2）人工立杆时，人字抱杆的根部应保持在同一水平面上，并将根部连接牢固；抱杆支立在松软土质处时，其根部应有防沉措施；抱杆支立在坚硬或冰雪冻结的地面上时，其根部应有防滑措施；抱杆受力后发生不均匀沉陷时，应及时进行调整；电杆坑内有人时不得移动或转动电杆。

（3）不得使用线材或其他材料代替开口销或闭口销。

（4）导线架设时应设专人指挥，放线信号应明确，如发现异常及时停止放线；在市内、住宅区或跨越铁路、公路、电力线路时，必须设专人防护。

（5）不得在紧线的一侧、转角杆内侧或利用拉线上下电杆。

（6）跨越架的搭设应由施工技术部门提出搭设方案，并经审批后办理相关手续；施工人员应熟练掌握跨越施工方法并熟悉安全技术措施，经培训和安全技术交底后方可参加跨越施工；跨越架应设置防倾覆及排水措施。搭设或拆除跨越架应设安全监护人。跨越架应经验收合格后方可使用。强风、暴雨过后应对跨越架进行检查，确认合格后方可使用。

3）电缆线路施工安全

进入电缆井里放缆前应确认电缆井内无有害气体。电缆井内工作应采取防火、防水及防止高空落物等措施，井口应由专人看守。放电缆人员距井口距离不应小于1m，并扎好安全带。放缆时，上下人员应相互呼应。电缆头制作前，应对电缆芯线进行充分放电，电缆头应在通风良好并有防尘措施的场所制作。

4）防雷与接地施工安全

（1）遇有雷雨等恶劣天气不得进行避雷针组装、接地测试。避雷针组立后，应立即可靠接地。

（2）接地体（线）焊接时，焊接应牢固无虚焊，焊接部位应涂沥青或其他防腐材料。

5）铁路工程联调联试安全

（1）应编制有针对性的应急预案，建立联调联试抢修、巡视检查组织，并由专人负责，做好抢修人员、机械材料、工具的准备工作。

（2）铁路电力巡视检查人员在巡视检查期间应按联调联试方案规定的路线进行，不得进入铁路隔离栅栏内。

（3）联调联试时，不得进行影响联调联试的施工作业。

6. 新线电力牵引供电施工安全控制措施

1）支柱组立作业安全

（1）支柱堆放地点应平坦坚实，支柱堆放应整齐稳固，按规定位置设置垫木。

利用平板车装卸支柱或横卧板等混凝土制品时，应装载均匀，放置平稳、牢靠，并做好装载加固。安装支柱或撒料时，应根据载重情况均匀卸载，防止偏载。严禁向未封锁线路一侧撒料。

（2）待整正的支柱不得向线路侧倾斜，股道间支柱应顺线路倾斜。

（3）组立支柱时坑内不得有人。

（4）深水基坑、塌方基坑应先处理再立杆，立杆后不得倚靠坑壁和模板，并应及时整正。

2）变电所电气设备安装作业安全

（1）变压器安装作业安全

① 不得在变压器长轴一侧的两端同时顶升变压器。

② 用千斤顶顶升变压器时应保持平衡，每顶升一定高度后，应在变压器下部铺垫相应高度的坚实木板，以防止千斤顶发生故障时，变压器下坠倾斜翻倒。

③ 对充氮运输的变压器进行安装时，应采用由器身底部放油阀向器身内部充入新鲜空气的方式进行排氮操作。变压器器身内氧气密度未达到18%前，作业人员不得进入变压器器身内作业。进入变压器器身内作业时，通风及照明设施应良好且接地可靠，并由专人监护。充氮变压器注油时，任何人不得在排气孔处停留。

④ 对变压器进行热油循环干燥处理时，作业人员不得离开操作现场，并应随时监视及控制温度。操作现场不得存放易燃物品，并应配备消防灭火器材。

（2）断路器安装作业安全

① 调整弹簧操动机构、放松或拉紧开关的储能及自动释放弹簧时，应使用专用工具，不得徒手操作。

② 调整断路器应避开触头测量杆或管的行程范围。

③ 安装或连接断路器的水平传动杆及保护管时，不得在操动机构储能且未闭锁的情况下作业。

④ 对 SF_6 断路器进行充气或检修作业时，其容器及管道应干燥，作业人员应戴手套和防毒面具，作业完毕后应及时清洗。

⑤ 在断路器调整过程中，操动机构应由专人进行操作，每次合闸之后应将脱扣闭锁板直接锁住。

⑥ 不得在储能状态下拆装检查弹簧储能机构。

⑦ 测量检查断路器及其传动装置时，作业人员应避开断路器可动部分的动作空间。

3）支持结构装配作业安全

（1）腕臂装配作业安全

① 支柱未整正完成前，不得上杆作业。

② 吊装腕臂时，下方不得站人。

③ 零部件应按规定力矩要求紧固，不得在安装高处对主要零部件做临时固定。

（2）软横跨安装作业安全

① 在铁路线路上搬运时，不得将轨道电路短接。

② 起吊时，拉绳人员应均匀用力。

③ 紧固时，不得超过线材受力强度。

④ 在车站或行人较多的地方除设行车防护外，还应设行人防护，杆塔及软横跨下不得有人。

（3）硬横梁安装作业安全

① 安装抱箍式硬横梁时，应在两根支柱上部安装临时托架以防止硬横梁下滑。

② 在硬横梁吊装到位前，两支柱上的施工人员应站在低于横梁的位置。

③ 硬横梁在两支柱上紧固稳定后，起重机方可摘钩撤离。

（4）吊柱装配作业安全

① 吊柱堆放应整齐、稳固，按规定在层间隔设置垫木。

② 安装前，应检查埋入件灌注质量，埋入杆件有松动时，不得进行吊柱安装。

③ 人工吊装前，应检查绳子、吊装带完好。

④ 吊装过程中，不得将手伸入吊柱法兰底部。

⑤ 吊柱整正应使用具有防脱落功能的垫片。

4）承力索及接触线架设施工安全

（1）补偿装置作业安全

① 提升坠砣串时，连接件应牢固，下方及近旁不得有人。

② 线索架设完成后，应有防止坠砣串摆动的措施，防止侵入铁路建筑限界；安装

坠砣限制架，限制架导管应直立，补偿传动灵活，坠砣串无卡滞。

③ 补偿绳在滑轮上缠绕前应将扭力彻底释放，细绕时应顺着绞线方向，防止在放线后因内应力产生扭绞；不得使用有松股、断股、接头等缺陷的补偿绳。

④ 下锚时，连接线索与补偿装置的钢丝绳套应结实，连接部位正确，不应使补偿装置受力产生变形，紧线器安装应牢固。

⑤ 紧固 UT 型线夹时，应交替紧固螺母，并仔细观察螺栓和部件的外观状态。

（2）承力索及接触线架设作业安全

① 应对现场的架空电力、通信设施、低净空隧道、低净空跨线桥等施工干扰情况进行调查，制定相应安全措施。

② 放线区段内平交道口应设专人防护。

③ 架设前，应检查架线车及工器具状态。

④ 架线时，线索下方、坠砣下面及近旁不得有人。

⑤ 架线车应行驶平稳且速度不得超过 5km/h。

⑥ 架线过程中均应采用封口滑轮，并在曲线区段对滑轮加强固定。

⑦ 进入低净空桥、隧前应降低作业台，并设专人监护、注意瞭望、加强联络。

⑧ 接触线每跨内吊弦应不少于 3 根，在曲线外侧支柱定位环上应将放线滑轮临时固定。

⑨ 架设完成后，应及时安装中心锚结装置，两端进行临时接地。

⑩ 架设刚性接触网接触线时，应在第一个悬挂点两端固定汇流排，确保汇流排在放线时不滑动；架线小车被卡住时，应立即松开拉绳，解除对架线小车的拉力。

5）接触悬挂调整施工安全

（1）接触悬挂调整作业安全

① 作业人员不得位于线索受力方向的反侧，曲线上的作业人员应位于曲线外侧，应采用防止线索滑脱的措施。

② 作业时不得踩踏棒式绝缘子。

③ 调整刚性悬挂时，应注意观察狭小空间内的突出物。

（2）弹性吊索安装作业安全

① 使用拉力计时，应采取防止器具高空坠落的措施。

② 弹性吊索不得与其他支撑装置发生接触、碰撞和摩擦。

6）接触网设备安装作业安全

（1）分段绝缘器、分相绝缘器安装作业安全

① 紧线器应与线材规格匹配，不得以大代小或以小代大，并加装防滑线夹；手扳葫芦不得以小代大。

② 装卸及安装时，不得碰撞、挤压或踩踏分段、分相绝缘器。

③ 紧线时，应用力均匀，并检查受力器具受力良好。

④ 线索张力未完全释放不得断线；断线时线索下方不得有人。

⑤ 分段绝缘器、分相绝缘器应连接牢固，与接触线接头处应平滑，滑轨与轨面平行，受电弓通过时平滑，无打弓现象。

⑥ 调节吊线安装完成后，有多余长度时应放在分段绝缘器、分相绝缘器上方，并

盘圈绑扎。

⑦ 调整完成后，调节吊线调整螺栓防松螺母应锁紧，并安装开口销。

⑧ 连接线夹安装时，连接线夹轴应放入安装沟槽内，并将调整螺栓按规定力矩紧贴至辅助线。

⑨ 装卸及安装时，不得碰撞、挤压或踩踏分段绝缘器、分相绝缘器。

⑩ 安装完成后，应缓慢释放张力使分段绝缘器、分相绝缘器均衡受力。

（2）地面磁感应装置安装作业安全

① 地面磁感应装置在装卸及现场安装时，应采取防损伤措施。

② 在整体道床上安装时，应防止磁感应装置吸在近旁铁制品上伤人。

7）附加导线施工安全

（1）机械架设附加导线施工安全

① 展放过程中，应匀速牵引，现场负责人应与作业人员保持联系畅通。

② 悬挂时应停止牵引。

（2）人工架设附加导线施工安全

① 牵引人员应匀速牵引。

② 下坡、平交道口、跨沟渠和拐弯处应设防护人员。

③ 在附加导线支持结构上悬挂放线滑轮时，应停止线索的展放和紧线。不得利用安全带提拉附加导线。

（3）预绞式金具安装作业安全

① 预绞式金具不得重复使用。

② 预绞式耐张线夹不得作为牵拉工具使用。

③ 预绞式护线条应成套安装，相互之间不得互换。

④ 预绞式接头安装时层内导电砂应完好，每层缠绕应符合产品特性要求。

⑤ 附加导线两悬挂点的高差或转角较大时，应采取相应措施。

8）电力牵引供电工程调试及送电开通作业安全

（1）牵引变电所送电开通前安全检查内容

① 牵引变电工程已完成单体及整组试验，试验结果符合规定；牵引变电所内的各种警告标识全部建立完毕。

② 检查确认所有开关均应处于预定位置，在外部电源带电情况下进线隔离开关的内侧应加挂临时接地线，并锁闭该开关的操作回路，临时接地线截面不应小于$25mm^2$。

③ 变压器、电抗器应在指定挡位；断路器重合闸装置应退出运行，保护回路联片应连接良好；具有远动控制功能的变电所，所内的控制方式选择开关应根据开通方案的规定置于预定的控制位置。

④ 受电前，复测变压器、断路器的绝缘电阻应合格。

⑤ 核相仪及保护用其应齐备，并处于良好状态。

（2）接触网开通前安全检查内容

① 附加导线的弛度、相间及对地距离、交叉跨越距离、对建筑物及空气绝缘的距离应符合相关标准规定。

② 临时接地线和绝缘子绑扎物已拆除完毕，隔离开关处于预定分合位置。

③限界门、支柱号码等标志牌齐全。
④行人和车辆的通行道口、车站站台支柱及有关作业车辆上已悬挂警示牌。
⑤接触网已完成冷滑试验,并符合运行要求。
⑥接触网线路绝缘检查合格,线路沿线的绝缘距离应符合送电要求。
(3)牵引供电系统联调联试作业安全
①联调联试方案应明确保证安全的组织措施和技术措施。
②应建立可靠畅通的通信方式。
③试验负责人应熟知各专业间的关联关系,做到各专业间的安全衔接。
④接触网线路巡视检查人员应按联调联试方案规定的路线进行巡视检查,不得进入铁路隔离栅栏内。
⑤铁路供电调度应按联调联试方案规定的时间安排,提前与供电局联系,密切监视各相关设备的运行状态。
⑥除联调联试项目外,联调联试期间不得进行其他高压测试作业和施工作业。

9)轨行车辆作业安全
(1)轨行车辆分解作业,须提前明确每台车作业范围,以及作业完毕后停留车列和运行连挂车辆的位置。
(2)使用接触网作业车作业时,作业平台应由专人操作。
(3)在外轨超高≥125mm区段采用具有自动调平功能的作业平台作业时,应开启调平功能。作业平台等旋转作业机构不得转向邻线有电区域或未封锁线路。
(4)作业平台动作或作业车移动时不得上、下人员。作业车非作业运行时,作业平台上不得有人。

【案例15.1-4】
1. 背景
某项目经理部承建某新建铁路客运专线接触网工程,接触网工区作业队负责红岗—东陇—西陇区间接触网施工,接触网作业车在红岗站停放,作业车状况良好,红岗—西陇区段线路铺轨已经完成,线路行车临时调度中心设在红岗站。
2. 问题
如何确保接触网作业车运行安全?
3. 分析与答案
接触网工区作业队应提前申报日施工计划,接触网作业车按照批复的日施工计划进出区间进行施工;按照调度命令上的限速进行行驶;推动平板运行时,必须设行车引导员;平板车上的料具必须装载加固;运行期间,要加强瞭望;运行途中,作业台上不允许有人;区间作业车施工必须设现场防护员;施工负责人、驻站联络员、现场防护员之间的通信必须保持畅通。

7. 新线通信施工安全控制措施
1)通信工程
(1)光电缆人工抬放时,直线部分人员分布控制在10~15m为宜,遇有转弯或过障碍时,人员分布应适当加密。

（2）光缆敷设、接续或固定安装时的弯曲半径要求是：光缆不应小于光缆外径的20倍，困难地段不应小于光缆外径的10倍；铝护套电缆不应小于电缆外径的15倍，困难地段不应小于电缆外径的10倍；铅护套电缆不应小于电缆外径的15倍，困难地段不应小于电缆外径的7.5倍。

（3）光电缆敷设时，施工人员应服从指挥，步调一致，匀速向前。整个敷设区段通信联络应保持畅通。

（4）光缆敷设时的牵引力不应大于光缆允许张力的80%，瞬间最大牵引力不得大于光缆允许张力。

（5）电气化铁路区段在路肩上敷设光电缆时，宜在接触网支柱位置立起后进行，不宜交叉施工。

（6）同沟敷设两条以上光电缆时，在沟底平行排列，不得重叠交叉和扭绞。当光缆和电缆同沟敷设时，先敷设电缆，后敷设光缆。

（7）管道光缆敷设前应对敷设管孔进行疏通，对人孔进行清扫，清除管孔中的淤泥或异物；当管孔发生障碍时，应做修复处理。

（8）光电缆敷设经过的人孔均应设专人监管，转弯处应安装滑轮；当人孔两侧的管孔高度不一致时，应设专用工具或PE管予以引导。

（9）光电缆在人孔中有接头时，应采取措施予以固定保护。

（10）管孔内不得有接头，如在一个管孔内布放两条缆时，宜一次穿放完成。

（11）管道光缆完成敷设工作后应清扫现场，并将管孔进出口封堵严实。

（12）硅芯管道气吹光缆敷设施工前，应检查气路的密封性，保证吹缆过程连续不中断。

（13）槽道光电缆敷设时，应依次掀开盖板，并堆放整齐、稳固，不得影响列车运行安全；清除槽道内石块及其他杂物。

（14）光电缆过轨或过公路防护应采用顶进钢管安装；穿越铁路的防护管长度，必须大于轨道两侧轨枕头以外0.3m，穿越公路的防护管长度，应大于公路面两侧以外0.2m。

（15）顶管施工的脚手架应搭建牢固，严禁侵入铁路建筑限界。

2）铁塔基础施工

（1）铁塔基础开挖过程中发现地下管线且无法避让时，应采取保护措施。

（2）基坑开挖到设计深度后应核对地质资料并进行地基承载力试验，以便确认是否符合设计要求。

（3）铁塔基础浇筑前应埋设好防雷地线，防雷接地电阻应符合设计要求，根据需要也可在基础引出接地扁钢，接入防雷地线。

（4）根据铁塔塔靴固定螺栓孔的相对尺寸制作模板，将地脚螺栓用模板固定后，浇筑在基础里。

（5）自立式铁塔相互衔接的主材及其连接板在安装前需进行试装；每一个结构单元安装完毕应及时进行校正和固定；螺栓穿入方向应一致，螺母拧紧后，螺栓外露丝扣应不少于2扣。

（6）塔上作业应通信畅通、统一指挥，所有工具材料应使用滑轮吊装，禁止抛扔。

3）漏缆施工

（1）在隧道内进行打孔作业时，施工人员应佩戴防尘口罩、护目镜和穿防滑靴等防护用品。

（2）各类支架和漏泄电缆均应固定牢固，不得松动、脱落，漏泄电缆应按要求设置防火吊夹。

（3）漏泄电缆敷设过程中，严禁急转弯，漏泄同轴电缆最小弯曲半径应符合产品说明书要求。

4）高架线路施工

（1）在桥上运送货物和工具时，装卸应采用吊装方式，严禁抛扔。

（2）在桥护栏外和桥墩上施工时，应符合高空作业要求。

5）机房施工

（1）人工抬放设备，单人负重不得超过 50kg，通过窗口吊运设备时，应搭建装卸平台。

（2）设备安装应按设计文件要求进行布置，所有设备应按要求可靠接地。

（3）电气化区段电化引入架应做绝缘处理。

（4）机房综合布线作业开槽时应注意避开既有预埋管线。

（5）配线布放完毕应进行测试。

（6）设备加电后，人眼不得正对光设备的发光口，避免眼睛灼伤。

（7）通信电源设备启用前，应先检查负载状况，避免出现短路现象。

（8）严禁用手和金属物体直接接触带电设备电源端子。

8. 新线信号施工安全控制措施

（1）使用起重机等大型机械进行搬运、吊装等作业前，应核实机械设备状态正常并符合使用要求。搬运、吊装作业半径上空不得有电力线等不安全因素。使用人力进行搬运等作业时，必须配备足够的人力，同起同落，防止砸伤手脚。

（2）信号施工使用的新设备、新材料，应由建设单位组织设计单位、新设备新材料供应商，对施工单位、监理单位进行施工工艺方法培训及施工安全技术交底，并进行样板施工的安全监督指导。

（3）进行轨道钻孔作业时，必须使用专用钻孔设备。在电钻未停止转动之前手不能接触电钻转动部分，空气湿度大时一定要穿绝缘鞋。

（4）夜间信号工程施工应有良好的照明条件。使用电源时，要用专用配电箱和漏电保护设施，严禁私自乱拉电线。信号专业与其他专业进行交叉施工时，应由监理工程师进行统一协调，保证施工安全。

（5）电缆工程施工前，施工负责人应向维修管理单位了解电缆径路上的地下设施情况，对不能判定有无地下设施的地方采用地下探测设备或人工试挖进行探测，确定有地下设施后用白灰划线，确保施工中不损坏地下设施。使用锹、镐挖沟时，人员要有合理的间隔，防止碰伤。

（6）电缆盘上的防护板拆下后应放置在安全地点，电缆盘两侧作业人员不得将脚伸入电缆盘下。电缆盘应架设稳固，轴杠保持水平，方向正确。电缆盘架设距地面不应大于 0.1m，应设有制动装置。人工敷设电缆时，作业人员应戴防护手套。每人承担的重量不应大于35kg，敷设电缆时设专人统一指挥，扛电缆的作业人员均应站在电缆的同一侧，并保持适当间距，在拐弯处应站在拐弯外侧，上下坡、跨沟渠和拐弯处，应设防护人员；往电沟内摆放电缆时，应按先后顺序轻拿轻放。敷设较长电缆须过铁路或公路时，扛电缆作业人员必须排列成一条直线与铁路或公路平行，首尾同时起步跨越，严禁排成与铁路或公路垂直的队形通过。

（7）对已开挖的基坑如不能及时立杆和回填，应采取安全措施，并设置醒目的防护标志。人工立机柱时，应按每人承担50kg重量配备作业人员。作业时，应设专人指挥，明确分工。立机柱的拉绳和叉杆必须绑扎牢固。立、拆机柱应用专用工具，严禁将叉杆、支杆支在身体上，严禁拉绳缠绕胳膊或腰间。已经立起的机柱，必须回填夯实后，方可撤去叉杆及拉绳，机柱坑回填夯实前，严禁攀登。在信号机上作业时，必须使用安全带，严禁两人在同一机柱上、下同时作业，机柱上有人作业时，机柱下严禁有人逗留。在机柱上工作时，工具、材料应放在工具袋里，传递工具、材料应用绳索。安装信号机构时，严禁肩扛，应用滑车装置，机构吊起后，下方不得站人，滑车大绳使用前应进行检查。雷雨或暴风、雨天气时，严禁在信号机上作业。

（8）开挖石质地带沟、坑时，应严格执行有关爆破作业的规定，并应事先积极与当地公安部门取得联系，办理有关审批手续。雷管、炸药严禁同车运输，应按有关规定存放在安全地方，并设专人看管，严格发放手续，账目清楚，严防丢失。

（9）司机驾车要中速行驶，加强瞭望，作业人员乘车时要等车停稳后再上、下，要抓稳扶牢，严禁坐后车帮。运输和送工车辆出工以前，必须做好检查，严禁客货混装。

9. 营业线路基施工安全控制措施

1）路堤工程施工安全

（1）保证营业线路堤的稳定性。开工前应组织人员进行调查，了解营业线路堤有无滑动、沉落、坍塌等失稳情况，如有失稳情况，及时报告铁路局和建设管理单位，研究处理后，方可施工。施工中应与铁路局的工务部门保持联系，随时掌握营业线道床、路基的稳定情况，如发现道床不稳，路堤变形、开裂等，要立即停止施工，并采取巡守、加固措施。加设观测点，摸清道床不稳、路堤变形的规律，找出与新线路堤填筑的关系，以便采取加固措施，保证营业线的行车安全。

（2）路堤填料。在营业线旁修新线路堤的填料，如营业线为透水路堤，或部分选用透水性填料填筑的路堤，新线路堤应选用与营业线透水性相同或透水性更好的填料，避免新建路堤影响营业线路堤或营业线路堤影响新线路堤排水，导致路基病害产生。

（3）路堤填筑。为了防止挖断电缆，施工部门在开工前，要与电务维修部门联系，详细了解电缆线埋设情况，查明具体位置，埋深及走向，并向施工人员进行交底，做出记录后，方可施工。同时，平整填料、碾压路堤的人员、机具，要防止侵入营业线"限界"。

（4）施工期间两线间的排水。两线间距比较大时，营业线与新线间常会积水。如排水不畅，积水浸泡路堤，可导致路堤下沉、边坡溜坍，中断行车。因此，在施工期间以及新路基建成后都要保证两线排水畅通，不积水。

（5）施工临时边坡防护。施工期间必须采取有效措施对营业线进行临时防护，避免其失稳，影响营业线行车安全。

2）路堑工程施工安全

（1）石方路堑应采用控制爆破施工，维护路堑边坡的完整性、稳定性，控制破坏范围，保证营业线正常行车和施工安全。控制爆破应解决好控制爆破的作业时间、控制一次爆破石方数量、控制抛掷方向和飞石及地震波破坏三个问题。

（2）预防塌方落石。施工期间，路堑边坡处于临时不稳定状态，随时都有塌方落石的可能，故在营业线上开挖路堑，特别是石质路堑，应先做好边坡防护，稳固营业线，再进行新线的路堑开挖，并及时做好边坡防护，预防塌方落石。

（3）行车防护。采用控制爆破开挖石质路堑，应按爆破安全规定设置安全警戒，防止人员伤亡，还应按行车安全规定进行行车防护，不能危及行车安全。

【案例 15.1-5】

1. 背景

在某增建复线铁路工程施工中，新建线路有一段石方路堑邻近营业线，施工期间营业线正常运营，附近有电杆及通信信号设施。为保证营业线的安全，路基施工架子队提出如下安全控制方案：对路堑石方采取控制爆破，控制爆破应解决好控制爆破的作业时间、控制抛掷方向和飞石及地震波破坏等问题。

2. 问题

（1）施工单位提出的控制爆破应主要解决的问题是否全面？若不全面请补充。

（2）针对本工程的情况，请简述邻近营业线主要施工安全防护措施。

3. 分析与答案

（1）不全面，应补充：控制一次爆破石方数量。

（2）针对本工程的情况，邻近营业线主要施工安全防护措施如下：

① 在施工前，搭设单层或双层防护排架，隔离施工区和营业线运营区。

② 对营业线桥梁墩台与栏杆，通信信号的立柱、信号机等进行防护，采用绑扎废旧轮胎，防止飞石撞击。

③ 在对山体实施爆破时，需对爆破山体进行防护，防止飞石，在起爆山体的炮眼周边用编织袋装土进行覆盖。

10. 营业线桥涵施工安全控制措施

1）一般规定

（1）增建第二线与改建营业线前，应根据施工组织设计，落实机具、材料和人员，办好线路封锁或限速运行等手续后，方可施工。

（2）在营业线进行桥涵改建施工时，应按《铁路营业线施工安全管理办法》（国铁运输监〔2021〕31号）有关规定办理。

（3）对营业线的无缝线路区段进行加固施工作业时，应对线路进行锁定。否则应对施工范围内的无缝线路进行应力放散或临时换为普通钢轨，然后再进行加固。

（4）施工用的机械设备进入工地后，必须置于营业线建筑限界以外。

（5）桥涵主体工程施工时，应在桥涵上方的路基上设专人看守防护，以防落石伤人。

（6）营业线增建或改建桥涵工程完工后，应将线路及时恢复，经检查符合规定后，方可恢复正常运行。

（7）拆除营业线桥涵建筑物，应先对线路进行加固，施工前应制定切实可行的安全防护措施，施工方案报运营单位批准后，方可实施。

（8）新建铁路跨越营业线架梁、现浇梁等施工前，制定营业线安全防护方案及措施。架梁作业在封锁要点时间内完成；现浇梁施工搭设防护棚架，电气化铁路搭设防电绝缘棚架、棚架"要点"搭设、"要点"拆除。

2）营业线增建、改建、扩建、顶进桥涵施工安全

（1）在营业线上增建桥梁，采用扣轨架设便桥及加固线路时，应对其线路进行封锁要点，限速运行。

（2）便桥架设应保证列车通过的安全，架空的枕木应用短木头将枕木垫实；当连续3根枕木被挖空，必须用扣轨加固线路，方可施工。

（3）对营业线原有涵洞接长，原有小桥需要改成双线桥，施工时需要拆除现有涵洞的端翼墙、桥台护锥、开挖营业线路基时，应对原有设施进行回填加固，保证其建筑物的稳定性，不危及行车安全。

（4）顶进涵洞施工过程中要采取有效措施对线路进行加固，防止路基塌方和线路横向移动。

（5）顶进箱身应在列车运行间隙进行，严禁在列车通过线路时顶进。

（6）顶进现场应备有适当数量的道砟、枕木、草袋、木材、钢轨等料具，一旦线路变形时，应立即抢修，确保行车安全畅通。

（7）小间距架梁要采取有效措施，增大间距，保证不间断列车运行，保证营业线和行车安全。

【案例15.1-6】

1. 背景

在某铁路营业线上增建复线，同时由于铁路提速，对部分营业线的线形进行调整，施工期间营业线不得中断，要保持运营状态。其中一段的线路设计情况如图15.1-4所示，由于该段线形不满足提速的要求，所以设计时按照取直的方案，其中营业线DK5＋410～DK5＋900段（与增建二线的里程相对应）利用，但该范围既有桥梁需要改建，改建后的桥梁为双线桥梁（既有桥梁图中未示出），另外靠左端有一既有涵洞需要接长。

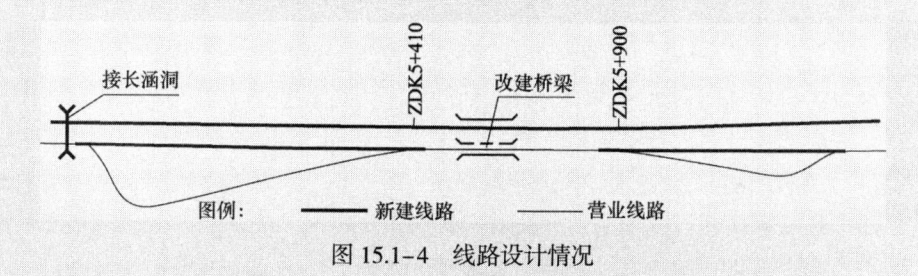

图15.1-4 线路设计情况

2. 问题

（1）为保证营业线的运营和行车安全，写出施工过渡方案。

（2）在本工程施工中，涉及营业线的安全，请简述营业线安全施工的"八不准"安全控制制度及要点拨接的"五必须"安全控制制度。

（3）写出接长涵洞施工安全控制要点。

3. 分析与答案

（1）施工过渡方案步骤为：

① 由于营业线的桥梁需要改建，为保证正常运营，需要修建临时铁路便线和便桥。

② 先施工与行车干扰无关的施工便线和便桥，利用行车天窗，拨接龙口，将既有正线引入施工便线，利用便线运行，再拆除既有桥梁，改建桥梁。

③ 施工完毕后，将龙口接回设计线，拆除施工便线和便桥。

④ 施工过渡方案如图15.1-5所示。

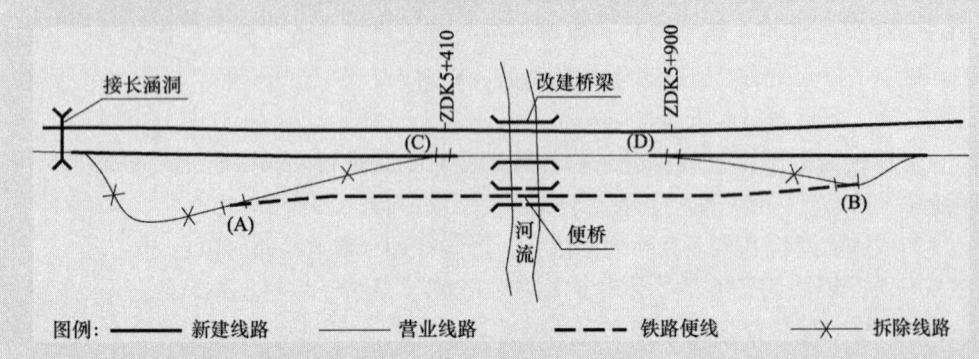

施工步骤：① 修建与行车无关的便线和便桥。
② 封锁营业线2h，拆除（A）、（B）龙口的营业线；将（A）、（B）龙口与临时便线接通并开通运营。
③ 施工改建桥梁，施工完成后，利用天窗时间将（C）和（D）龙口接回设计线路。
④ 拆除便线、便桥和无关线路。

图15.1-5 施工过渡方案

（2）安全控制制度如下：

① 营业线施工"八不准"安全控制制度：

a. 施工计划未经审批，不准施工。

b. 未按规定签订施工安全协议书，不准施工。

c. 没有合格的施工负责人不准施工。

d. 没有经过培训并考试合格的人员不准施工。

e. 没有准备好必需、充分的施工料具不准施工。

f. 不登记要点不准施工。

g. 配合单位人员不到位不准施工。

h. 没有制定安全应急措施不准施工。

② 要点拨接施工"五必须"安全控制制度：

a. 道岔拨接到位后，必须经主管技术人员确认。

b. 拆移电务设备，必须经过电务人员许可。

c. 拨接点的给点时间必须由车站发令给点后才能下令施工。

d. 拨接时各工序的起止时间必须由总指挥发令后才能进行。

e.拨接完毕必须经过总指挥、安全员、技术员、监理工程师以及运营单位的有关监督配合人员检查达到放行列车条件后才能向车站登记销点、开通。

（3）接长涵洞施工安全控制要点：

① 对营业线原有涵洞接长，施工时需要拆除现有涵洞的端翼墙、桥台护锥、开挖营业线路基时，应对原有设施进行回填加固，保证其建筑物的稳定性，不危及行车安全。

② 必要时采用扣轨或便梁加固线路，加固前对线路进行封锁要点，限速运行。

③ 便梁架设应保证列车通过的安全，架空的枕木应用短木头将枕木垫实；当连续3根枕木被挖空，必须用扣轨临时加固线路，方可施工。

11. 营业线隧道施工安全控制措施

1）营业线上隧道改建施工安全

（1）在营业线上进行隧道改建作业时，隧道两端洞口要设防护员，以便及时将行车信息通知现场施工人员。

（2）为防止列车超出车辆限界造成人身伤亡和设备损坏，应在改建的隧道两端停车站设置机车、车辆限界架，由专人负责检查并与车站值班员共同签认不超过规定界限后方可通行。

（3）隧道改建施工期间，洞内外的临时建筑设备和风、水、电管线以及所有机具材料不得侵入规定限界。

（4）列车到达前，洞内外应立即撤除所有障碍，所有施工人员必须撤至安全地点待避。

（5）拆除原有衬砌，应对原衬砌背后围岩进行压浆加固。

（6）拆除原有部分衬砌，宜采用预裂爆破，拆除后立即喷锚支护，以缩短围岩的暴露时间，减少围岩变形。

2）小间距并行隧道施工安全

（1）在新线隧道施工前，先对营业线隧道进行调查，并对其进行加固。

（2）新建隧道施工，应使用微振动控制爆破，以减少对营业线隧道的影响。

（3）新建隧道的弃土应弃至指定位置，避免引起滑坡或堵塞营业线隧道口，危及行车安全。新建隧道施工场地尽量远离营业线，防止材料机具侵入营业铁路限界。

【案例 15.1-7】

1. 背景

在某铁路营业线上增建复线，同时由于铁路提速，对部分营业线的线形进行调整，施工期间营业线保持运营。其中一段的线路设计如图 15.1-6 所示，原营业线上的隧道需要改建，同时在新建二线（右线）上增建一座隧道，新建隧道与既有隧道间距为 20m，属于小间距并行隧道施工。

2. 问题

（1）为保证在施工中营业线的正常运营及行车安全，给出改造隧道施工步骤。

（2）给出小间距并行隧道施工的安全控制内容。

图例： ——— 新建线路　——— 营业线路　—×— 拆除线路

图 15.1-6　线路设计图

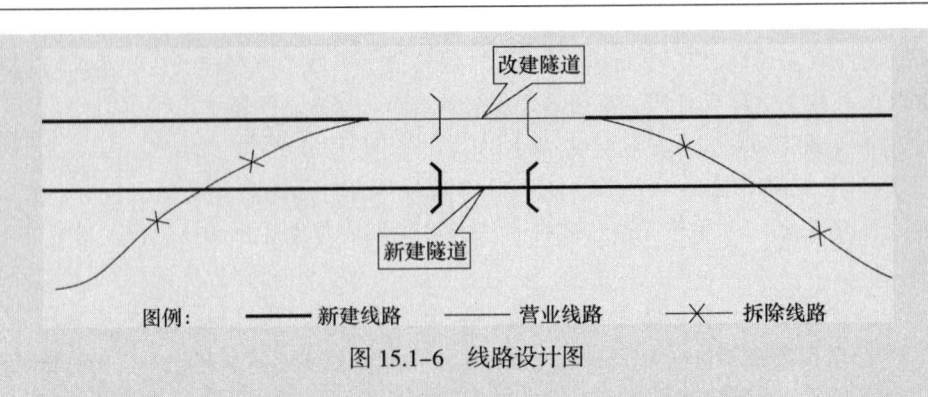

3. 分析与答案

（1）为保证在改造隧道施工中营业线的运营和行车安全，必须采取可靠的施工过渡方案，施工过渡方案如图 15.1-7 所示。施工步骤为：

① 修建与行车无干扰部分的新建隧道及线路，修建临时铁路便线，将（B）、（C）龙口与便线相接，列车在营业线上运营。

② 封锁正线 2h，同时拆除（A）、（D）龙口处的营业线，将施工便线与营业线连通，列车在设计右线通过新建隧道及营业线运营。

③ 进行隧道的改建施工。

④ 施工完成后，将（B）、（C）龙口接回设计右线，同时拆除营业线及便线。

（2）小间距并行隧道施工的安全控制内容为：

① 在新线隧道施工前，先对营业线隧道进行调查，并对其进行加固。

② 新建隧道施工，应使用微振动控制爆破，慎重选择开挖方法，尽量减少一次爆破用药量，以减少对营业线隧道的影响。

③ 新建隧道的弃土应堆到指定位置，避免引起滑坡或堵塞营业线隧道口，危及行车安全。材料机具堆放不得侵入营业线限界。

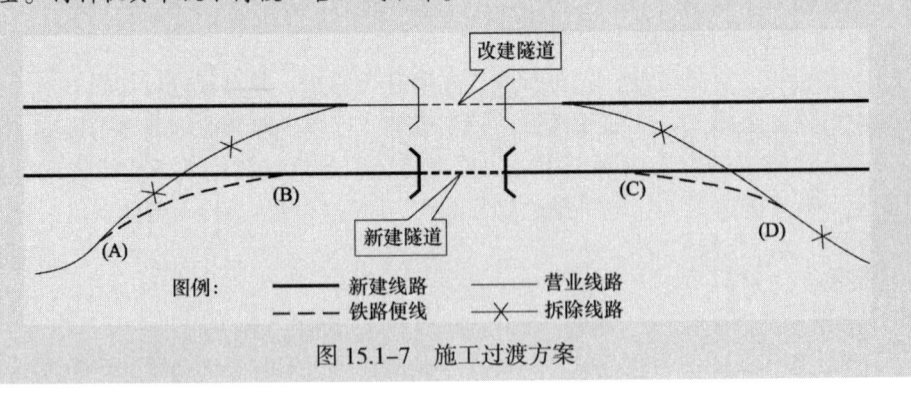

图例： ——— 新建线路　——— 营业线路　- - - 铁路便线　—×— 拆除线路

图 15.1-7　施工过渡方案

12. 营业线轨道施工安全控制措施

1）拨接施工安全

（1）封锁拨接施工前，施工单位应在要点站施工登记本上按施工方案确定的内容登记要点申请，车站值班员按施工单位的登记向列车调度提出要点申请，列车调度发布封锁命令后，施工单位必须根据调度命令确定的封锁地段和封锁时间安排好施工防护后方可进行施工。

（2）施工单位拨接施工完毕，经检查质量合格，并能确保行车安全后，方可登记销点，同时撤除施工防护，开通线路。

（3）如营业线钢轨、混凝土轨枕、轨道加强设备及防爬设备被损坏，应及时更换，同时，对轨距、水平、方向、高低进行量测，全部满足要求，列车方可通行。

（4）起道、拆铺道岔、拆铺线路和线路拨接合龙，施工完毕后，应坚持先压道，如不能先行压道，列车必须分次限速慢行，待验收合格，方可正常行驶。

（5）如铺设临时道岔和便线，开通前应进行压道，并做好压道记录，作为线路开通的依据。

2）铺轨施工安全

（1）在增建二线铺轨前，对线路进行调查，查明铺架线路、桥梁与营业线的关系、线间距的大小以及线下工程的质量情况。

（2）增建二线铺架要严格执行营业线施工安全的有关规定，严防侵限、掉道。

（3）增建二线铺轨要指定专人"一列一检制"，即每通过一车，坚持测量一次线间距的变化情况，防止反弹现象发生，危及行车安全。

【案例 15.1-8】

1. 背景

在某铁路电气化提速改造工程施工中，有一既有车站需要改移，由城镇内迁移至城镇外 DK38＋200 的双绕地段内，站场内的轨道和道岔的铺设按新建车站就位铺设的方法组织施工。车站轨道设计平面如图 15.1-8 所示（图中粗线为新建线路，细线为营业线路）。

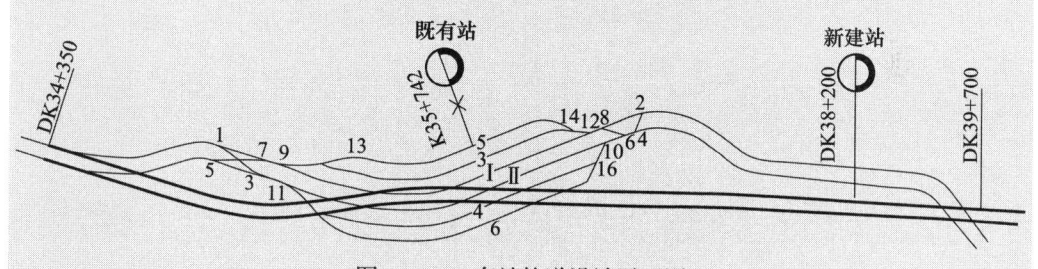

图 15.1-8　车站轨道设计平面图

2. 问题

（1）在车站改移施工中，为保证运营时的安全，请简述施工方案。

（2）请简述在增建二线铺轨施工中的安全控制内容。

3. 分析与答案

（1）在车站改移施工中，为保证运营时的安全，首先是要选择可行的施工过渡方案，其次要严格遵照有关营业线施工的安全控制制度。施工过渡方案如图 15.1-9 所示。

（2）在增建二线铺轨施工中的安全控制内容：

① 在增建二线铺轨前，对线路进行调查，查明铺架线路、桥梁与营业线的关系、线间距的大小以及线下工程的质量情况。

② 增建二线铺架要严格执行营业线施工安全的有关规定，严防侵限、掉道。

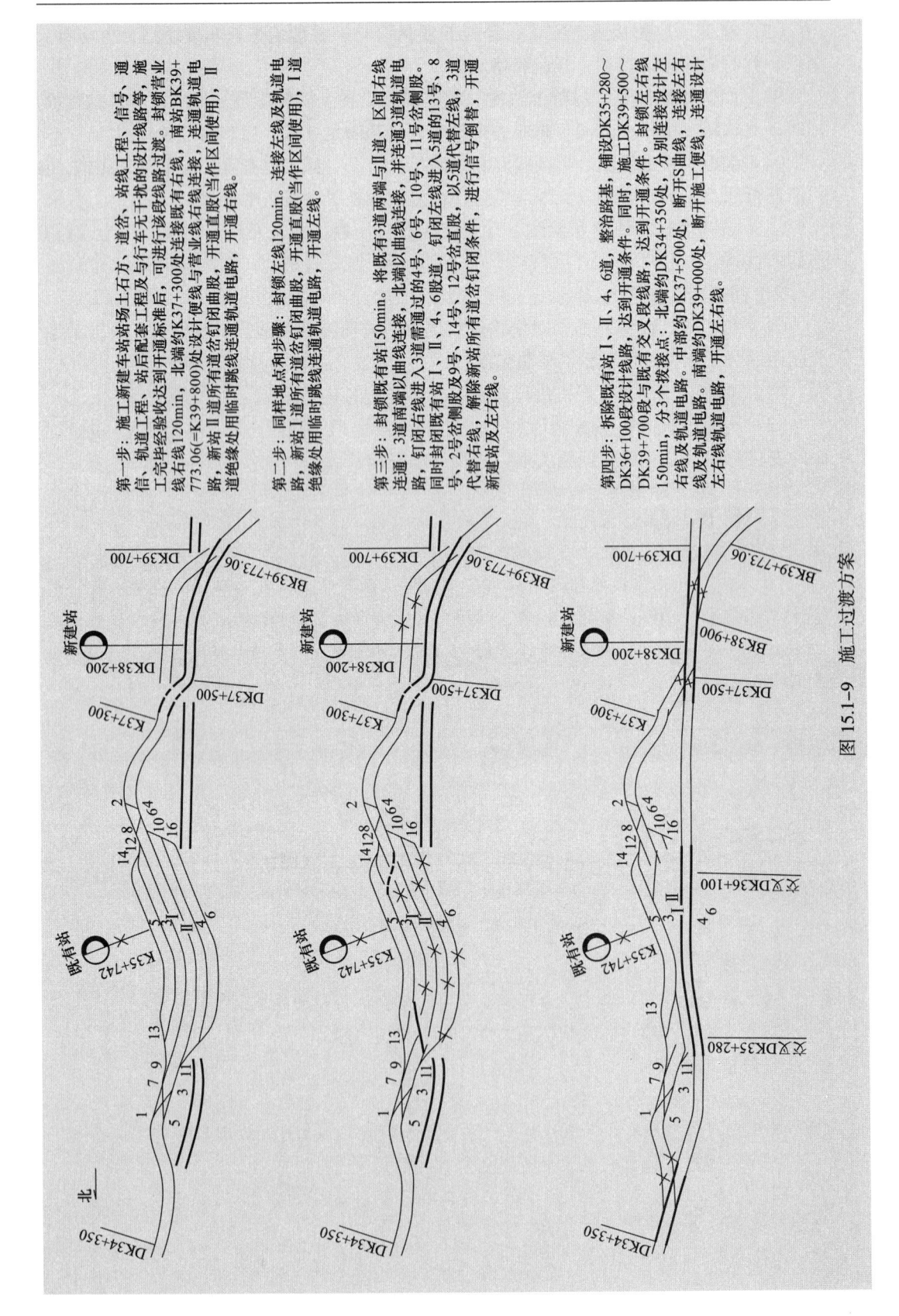

第一步：施工新建车站站场土石方、道岔、站线工程、信号、通信工程，站后配套工程及与行车无干扰地的设计线路等施工完毕经验收达到开通标准后，可进行该段线路过渡。封锁营业线右线120min，北端约K37+300处连接既有右线，南站BK39+773.06=K39+800处设计便线与营业线右线连接，连通轨道电路，新站Ⅱ道所有道岔钉闭便股当作区间使用，Ⅱ道绝缘处用临时跳线连通轨道电路，开通右线。

第二步：同样地点和步骤：封锁左线120min。连接左线反轨道电路，新站Ⅰ道所有道岔钉闭曲股，开通直股当作区间使用，Ⅰ道绝缘处用临时跳线连通轨道电路，开通左线。

第三步：封锁南站150min。将既有3道两端与Ⅱ道连通，3道南端以曲线连接，北端通过3道轨道电路，钉闭右线进入3道需通过的4号、6号、10号、11号岔侧股。同时封闭既有Ⅰ、Ⅱ、4、6股道，钉闭左线进入5道的13号、8号、2号岔侧股及9号、14号、12号岔直股，以5道代替右线，3道代替左线，解除新站所有道岔钉闭条件，进行信号倒营，开通新建站及反左右线。

第四步：拆除既有站Ⅰ、Ⅱ、4、6道，整治路基，铺设DK35+280～DK36+100段设计线路，达到开通条件，施工DK39+500～DK39+700段与既有交叉段线路，达到开通条件。北端约DK34+350处，分别连接设计左右线反轨道电路，北端约DK37+500处，断开S曲线，连接左右线反轨道电路。南端约DK39+000处，断开施工便线，连通左右线及右线。

图15.1-9 施工过渡方案

③增建二线铺轨要指定专人"一列一检制",即每通过一车,坚持测量一次线间距的变化情况,及时发现因路基变形而导致的线间距缩小,避免危及行车安全。

13. 营业线电力施工安全控制措施

(1)在带电线路杆塔上或带电设备附近作业时,作业人员的活动范围及其所携带的工具、材料等与带电体的距离小于表15.1-2规定的距离时应停电作业。

表15.1-2 在带电线路杆塔上或带电设备附近作业的安全距离

电压等级(kV)	安全距离(m)	电压等级(kV)	安全距离(m)
10及以下	0.7	220	3.0
20~35	1.0	330	4.0
60~110	1.5	—	—

(2)在邻近带电体进行吊装时,起重臂及吊件的任何部位与带电体间的最小安全距离应符合表15.1-3起重机械及吊件与带电体间的安全距离的规定。

表15.1-3 起重机械及吊件与带电体间的安全距离

电压等级(kV)	安全距离(m)	
	沿垂直方向	沿水平方向
≤10	3	1.5
20~40	4	2
60~110	5	4
220	6	5.5
330	7	6.5

(3)停电作业必须执行工作票制度,严禁随时停送电。

(4)停电作业时必须断开变压器、电压互感器等二次侧倒送电的开关,施工负责人接到已停电的通知后,应进行验电,验明无电后,在施工地段两端装设接地线。

(5)需要攀登接触网支柱的电力检修时,要由经过专门训练的人员进行作业。

(6)在隧道内悬挂的电缆上工作时,其两端须设置接地线。

(7)运行中的高压设备其中性点接地系统的中性点应视作带电体,在运行中必须进行中性点断开的工作时,应先建立有效的旁路接地后方可进行断开工作。

(8)高压设备发生接地时,室内不准接近故障点4m以内,室外不准接近故障点8m以内。

(9)保障停电作业安全的技术措施:停电、验电、接地、设置标识牌及防护物。

(10)在铁路沿线或穿越铁路挖沟(坑)时,挖出的土石和料具严禁侵入基本建筑限界,并应采取防止塌落的措施。穿越铁路挖沟时,宜采用顶管的方法。

(11)营业线和邻近营业线施工时应遵守:

①不得将金属器具搭接在钢轨上。

②开挖作业前,应进行光、电缆等地下设施的调查和探测。

③ 施工前，了解既有设备的带电状态，划分出施工作业区，将非作业区隔离，并设置醒目的警示标志。

④ 施工时，作业人员不得在非作业区走动，并保证安全距离；非作业人员不得进入工作区。

⑤ 应核查相序与施工前一致，恢复供电后应及时检查供电电压。

⑥ 新架设的导线与带电高压线路邻近或平行时应临时接地。

（12）新架设的导线与带电高压线路邻近或平行时应设置临时接地。

（13）拆除既有电力设备及电力设施，施工时应符合以下安全要求：

① 拆除作业由专人指挥，作业人员应密切配合。

② 确认被拆除的设备或设施不带电，并采取安全措施。

③ 不得破坏原有安全设施的完整性。

④ 拆除有张力的导线时应缓慢施放，防止因结构受力变化而发生破坏或倾倒；如遇转角杆，作业人员应站在杆塔转向角的背面。

⑤ 撤除跨越电力线路、铁路、公路、居民区和较大通航河道的线路时，应先撤除跨越部分。

⑥ 拆除杆塔时，杆塔倾倒方向不得有人。

⑦ 拆除旧电缆应核对电缆走向与图纸是否相符，确认电缆是否已退出运行，应用验电器或万用表验明无电后方可作业。

⑧ 拆除后的设备连接线用绳索绑扎后缓慢下放。

⑨ 拆除断路器、隔离开关、电流互感器、电压互感器等大型设备时，应缓慢起吊并在设备底部设置控制绳。

⑩ 拆除母线时，应有防止母线弹到邻近带电设备或其他母线上的措施。

⑪ 拆除盘、柜等设备时，应有防止设备倾倒伤人及损坏设备的措施。

14. 营业线电力牵引供电施工安全控制措施

1）营业线及邻近营业线施工安全

（1）应提前熟悉施工现场，对既有设备进行详细了解，必要时进行检测，明确各施工组的相互配合关系、施工顺序。

（2）停电作业前，施工工具、安全用具及通信工具应进行安全检查，符合要求方准使用。

（3）在轨道电路已开通的区段作业时，不得使长大金属物体将线路两根钢轨短接。

2）验电及接地作业安全

（1）作业前，应对验电器、接地线、绝缘手套、绝缘靴等防护用品进行检查。

（2）接地线作业由两人共同完成，一人操作，一人监护，操作人员应戴绝缘手套、穿绝缘靴。

（3）监护人员应与施工负责人保持通信畅通。

（4）接到施工负责人接地命令后，先验电，确定停电后，挂接接地线。

（5）接地线位置应处在停电范围之内、作业范围之外，并不得随意改变接地线位置。在停电作业的接触网附近有平行带电高压线路时，应增设接地线。

（6）检修关节式分相除在作业区两端装设接地线外，还应在中性区上增设接地线，并将断口进行可靠等电位短接。

（7）挂接地线时，人体不得触及接地引线。接地线应可靠安装，并有防风摆措施，不得侵入铁路建筑限界。

（8）站场应采用长杆地线，不得挂在上、下部固定绳上。

（9）有轨道电路的区段，接地线需跨接在钢轨绝缘两侧时，应封锁线路。地线穿越钢轨时，应采取绝缘措施。

（10）V形作业接地线设置：

① 两接地线间距离大于1000m时，应增设接地线。

② 在电分段、软横跨等处作业，中性区及一旦断开开关有可能成为中性区的停电设备上均应设置接地线。

③ 车站范围内施工，上、下行渡线电分段的无电侧应增设接地线。

④ 作业范围内的接触悬挂、附加导线及同杆架设的其他供电线路均应停电并接地。

3）天窗作业安全

（1）施工区段有轨行车辆、车梯等同时作业时，应做好相互的安全防护。

（2）应留出安全检查时间，并指定专人对线岔、锚段关节、电气绝缘距离等安全重点部位进行检查。

（3）距封锁时间结束30min、20min、10min前，驻站联络员应及时向施工现场通报。

（4）V形作业安全：

① 作业前，应撤出向相邻线供电的馈线开关保护重合闸，断开可能向作业线路送电的开关。

② 作业前，作业负责人应向作业人员指明停、带电设备的范围，加强监护，并提醒作业人员保持与带电部分的安全距离。

③ 遇有雨、雪、大雾、重度霾、风力五级及以上恶劣天气时，不应进行V形作业。遇有特殊情况需V形作业，应增设接地线，并在加强监护的情况下方准作业。

④ 施工作业车作业平台应锁死向未封锁线路侧的旋转功能。

⑤ 施工作业车的作业平台上应装设滑动接地线作为辅助保护。

⑥ 涉及腕臂、反定位管、双线路腕臂等长大金属材料的施工，应指定专人防护。

⑦ 在断开导电线索前，应事先采取旁路措施。更换长度超过5m的长大导体时，连接等电位线后方可接触，拆除时应先脱离接触再撤除等电位线。

⑧ 对吸上线、PW线、回流线、避雷线等附加导线进行作业时不得开路；更换附加导线使用不小于$25mm^2$铜质短接线短接后方可进行作业。

⑨ 对隔离开关、负荷开关、绝缘锚段关节、关节式分相和分段绝缘器等进行作业时，应先使用不小于$25mm^2$的等电位线连接后再进行作业。

⑩ 在线间距小于6.5m地段成锚段更换接触线、承力索作业，应申请邻线列车限速160km/h及以下运行，并按规定进行防护。

4）拆除既有牵引供电设施施工安全

（1）拆除软横跨不得在其带有张力时剪断，应在张力卸除后用绳索缓慢撤除，并有防止短接轨道电路的措施。

（2）拆除既有承力索、接触线时，线索未从定位点放出，吊弦、中锚未拆除不得释放张力，张力应缓慢释放，线索张力未完全释放不得断线；断线时线索下方不得有人。

（3）撤除坠砣时下方不得有人，应有防止损坏近旁设备的措施。

（4）拆除吊柱应有防止其坠落的措施。

（5）人工拆除支柱，应有防止支柱随意摆动损伤设备及人员的可靠措施。

【案例 15.1-9】

1. 背景

某营业线新建接触网工程，设计速度为120km/h，由某项目经理部接触网工区作业队负责德岗－陇梁（DK271＋300～DK283＋600）区间接触网下部基坑开挖施工。施工前，施工调查情况为：该区间均为填方路基，路基土质为填方硬土，无排水沟，施工季节为多风少雨的干旱气候，与设备管理单位的施工安全协议已经签订。工区制定的下部基坑开挖安全措施如下：①基坑开挖施工，所有现场人员不准随意穿越铁路，不准在线路上行走，只能在路肩上行走。坑内施工人员必须佩戴安全帽，并系好下颚带。②基坑边不得放置重物和工具，弃土应距坑边0.6m以外，堆土高度不超过1.5m。施工现场所有工机具不得侵入铁路建筑限界。③当开挖位置有地下电缆时，在距离地面1.2m范围应轻挖慢刨。出现裸露电缆时应采取防护措施，用木板或者PVC硬管进行防护，保证电缆不受力，上下基坑严禁在电缆上借力或踩踏。④基坑开挖作业时，每个基坑不少于2人，坑口必须有人防护。当有列车通过时，坑内人员停止作业。⑤驻站联络员、现场防护员、施工负责人通信保持畅通。

2. 问题

该工区制定的安全控制措施是否完善？如不完善，请补充。

3. 分析与答案

该工区制定的安全控制措施具有针对性，但是还有遗漏，缺少的内容有：①作业前施工负责人应向全体施工人员做现场施工安全技术交底，让所有参加施工的人员了解当日施工项目、施工地点、影响范围及安全注意事项，不得擅自改变作业地点，扩大影响范围。②设备管理单位应向施工单位现场划定地下埋设物的位置范围，填写《施工地段光电缆走向签认表》，并共同签认。施工当日，设备管理单位派人到现场进行监护和指导。③施工区段两端，应设置两端防护员，防护距离为800m。④基坑开挖后未安装支柱前，应在基坑作业周围设置围栏和警示标志，防止有人跌落坑内。⑤基坑开挖作业时必须保证路基的稳定。基坑开挖时应在坑口的线路侧设置挡砟板，防止道砟流失。

15. 营业线通信施工安全控制措施

（1）凡涉及营业铁路（含邻近和管内既有专用线）的工程施工，施工单位应编制专项施工方案。

（2）营业线施工时，施工单位的项目经理部主要管理人员和"三员一长"应根据《铁路营业线施工安全管理办法》的有关规定参加铁路局集团公司营业线施工安全培训，经考试合格后持证上岗。

（3）邻近营业线路基施工时，施工作业区域的临时建（构）筑物、材料、设备、机具等不得侵入营业线设备安全限界。

（4）高空作业人员应严格遵守有关高空作业章程，穿戴好防护用具，严防高空坠落和坠物事故的发生；风力达到4级及以上时严禁高空作业。

（5）雷雨天施工时，禁止触碰接触网支柱、下拉锚线、防雷箱、防雷计数器、通信杆塔及接地引下线等。

（6）基坑、管道沟、电缆沟开挖或顶管施工前，应调查各类地下设施并采取相应安全防护措施，减小对既有地下设施的影响。

（7）营业线施工作业应严格执行"三不动、三不离"（"三不动"是指未联系登记好不动；对设备性能、状态不清楚不动；正在使用中的设备不动。"三不离"是指工作完了，不彻底试验良好不离；影响正常使用的设备缺点未维修好前不离；发现设备有异状时，未查清原因不离）的规定。

（8）施工完毕后，及时清理施工机具、材料和垃圾，作业人员及时撤离现场，确认无人员且无物品遗留。

【案例 15.1-10】

1. 背景

某工程公司通过工程投标承建了某铁路局集团公司通信系统组网升级改造工程，施工单位在投标阶段承诺，该工程施工质量为优良。

2. 问题

项目经理部应针对哪些质量问题制定预防措施？

3. 分析与答案

（1）项目经理部应编制完善的施工组织设计文件，从抓好施工质量的角度出发，提高施工人员的质量意识，配备必要的施工机械设备和仪器仪表，保证各项指标能够按照规范要求进行检测和试验，保证检测质量。

（2）在设备安装阶段项目经理部应根据监理工程师批复的施工组织设计和开工报告，做好关键工序工艺宣贯和施工技能演练，同时做好营业线施工的安全技术教育，保证各参建人员对本工程的施工质量要求牢记在心。在工艺讲解上应有针对性，诸如机架安装、编把配线等应严格按照规范要求进行控制。施工过程中应加强过程自检、互检和交接检查，严把各道工序，使安装配线阶段工艺规范、布局美观，观感质量符合规范和业主要求。对多站点可以推广的工艺项目，应按照工艺达标和工艺提升要求，先进行样板工程建设，确保全线施工工艺标准化。

（3）在设备加电调试阶段，应制定严格的加电工作程序，特别是既有机房，应严格按照"三不动、三不离"原则，在运维单位的配合下，推闸上电。设备加电前，应先对新装设备电源端子内外侧进行电阻测试，避免出现存在短路隐患上电现象。在系统调试中，应严格按照各系统要求，对照验标检验项目进行全面检验和试验，确保各项性能指标和设备功能符合规范和设计要求。

16. 营业线信号施工安全控制措施

（1）信号施工时不得将材料、工具物品放置在道岔、钢轨上，防止材料、工具将轨道电路短路。信号设备材料不得侵入铁路建筑限界，以免影响行车。

（2）在营业线进行信号设备拆卸、安装、更换、测试、移动设备作业施工时，应严格执行"三不动、三不离"的规定。

（3）营业线信号设备运输影响行车时，必须"要点"进行。使用起重机等大型机械进行搬运、吊装等作业时作业半径不得侵入铁路建筑限界。

（4）营业线信号工程施工前，施工单位应与设备管理单位共同核查设备情况，共同落实地下管线、既有电缆的准确位置，确定防护措施和防护范围。对不能判定有无电缆的地方采用电缆地下探测仪进行探测。

（5）进行轨道钻孔作业时，钻孔设备电源应采用发电机电源，不得借用既有信号设备的电缆、电源。发电机应放置在线路外侧2m以外。电源线横过线路钢轨时，应从钢轨底部穿过。如中间停止作业时，应设专人看守或即时收回。

（6）新增信号设备需接入既有电源屏时，设计单位应会同设备管理单位、施工单位共同核实确认电源屏容量。

（7）营业线上组立电杆和信号机柱时，应在天窗点内施工并设好安全防护，组立后不得侵入铁路建筑限界。列车通过时，不得在该线路两侧信号机上作业，并关好机构门。

（8）要点施工在没有接到施工命令时，严禁超前施工准备和擅自主开始施工。正确处理施工与行车安全的关系，严格遵循"安全第一"的原则。施工中要严格按施工技术交底施工，所有施工人员严格按照作业单仔细核对配线，严格执行技术标准、作业标准、工艺流程和卡控措施，严禁超范围作业，确保施工质量，严防"两违"发生。在施工结束后，对设备及焊配线进行详细的检查，确保没有临时封连线，没有安全隐患问题，经施工、设备管理单位检查达到放行列车条件，要按规定及时办理开通销记手续。

（9）参加施工的劳务人员必须是经过项目经理部安全培训并考试合格的人员方可上岗，劳务人员必须由具有带班资格的正式职工带领，穿着防护服装，严禁劳务人员单独上道作业。

（10）室内施工人员不得私拉乱扯电源线，电器插座应装设保险，施工完毕及时关闭电源，严防火灾事故发生。施工配线严格按施工交底进行，发现配线有问题时应及时向技术负责人反映，严禁私自改线或增加配线。在既有机架上焊线时，一人焊线，一人防护，并防止烙铁头部造成端子间短路或烫伤配线。

（11）施工地段设专人现场防护，现场防护员必须随时掌握施工现场和列车运行情况，加强现场瞭望，做好通过列车时的人身安全防护，发现异常要及时通知车站值班员和施工负责人。施工人员遇来车时按规定距离下道，并在路肩上避车，相邻股道来车也必须及时下道，严禁人员、设备在两线间或相邻股道避车。严禁坐卧钢轨，严禁钻车、跳车、扒车，严禁来车时抢道，人员横跨铁路做到"一站、二看、三通过"。

【案例 15.1-11】
1. 背景

营业线电气化改造施工，利用天窗点进行高柱信号机基坑开挖、立杆施工。施工中发生以下事件：

事件1：施工人员用钢卷尺进行施工测量时，不慎造成轨道电路短路、控制台出现红光带。

事件2：由于天窗点时间是在夜间，在利用天窗点进行高柱信号机基坑开挖、立杆作业中，施工小组负责人为了抢时间安排3个人同时从事开挖机柱基坑作业，照明设施为每人一个头灯，施工中1名作业人员手部受轻微伤。

2. 问题

（1）针对事件1，指出造成事故的原因并给出安全控制措施。

（2）事件2中的施工安排是否正确？如不正确请说明原因并给出改正措施。

3. 分析与答案

（1）在事件1中，主要原因是施工人员安全意识不够或经验不足，没有意识到钢卷尺是导体，是可以造成轨道电路短路的。安全控制措施：组织全员从新学习相关安全知识，加强安全教育。采用皮尺或在钢轨上垫绝缘物的方法避免造成钢轨短路。

（2）事件2的施工安排不正确。

原因：在作业面小的情况下不能安排多人同时施工；作业人员每人一个头灯，属于局部照明设备，违反了在一个工作场所内不能只设局部照明的要求。

改正措施：可采取轮流作业的办法进行施工；可在作业点另配备1~2台移动式夜间照明灯。

15.2 施工安全事故应急预案和调查处理

15.2.1 安全事故应急预案

1. 新线施工安全事故应急救援预案

铁路工程涉及路基、桥梁、隧道、轨道和"四电"工程，其安全包括工程本身的施工安全和人员安全，以及周围环境的安全。根据新线施工工程特点，应重点掌握可能发生的安全事故及主要应急处理措施。具体包括：

1）应急预案的指导思想

坚持"以人为本、安全第一、预防为主"的方针，以关爱生命为前提，最大限度地减少施工安全事故的发生，建立快速、有效的应急反应机制，确保国家财产和施工人员的生命财产不受损失，保证工程施工建设顺利实施。

针对施工过程中存在的重大危险源，通过强化日常安全管理，落实各项安全防范措施，查堵各种事故隐患，做到防患于未然。项目经理部和施工架子队要紧密结合各自施工的实际，制定和完善施工应急预案，做好相关应急准备工作，包括救援设备、器材等。

2）应急救援预案的制定

项目应急预案措施由总工程师负责组织制定，工程技术部、安全质量部、材料物资部参加，由工程技术部负责编制，其他相关部门会签，项目经理审批。应急预案实行动态管理，根据施工进度、客观环境及时进行修订、补充和完善。

3）应急救援指挥机构

为保证生产安全事故应急救援工作顺利实施，避免事故施救过程中的盲目性，使应急救援工作有组织、有领导，项目经理部成立应急救援指挥机构，在指挥机构的统一指挥下，安全、救护、质检等部门密切配合，协同作战，迅速、有效地组织和实施应急救援，尽可能地避免和减少损失。

4）施工中可能发生的安全事故及其处理措施

以隧道工程为例，其可能发生的安全事故及对策如下：

（1）隧道塌方：分析确定被困及伤害人员位置、状况→分析塌方情况，确定是否有再次塌方的危险→如有被困人员要迅速修复通风设施，保障洞内送风畅通→如为石质围岩，要清除危石至围岩稳定→对塌方段进行支撑加固，并进行沉降观测→清除塌方，抢救伤员和被困人员→制定塌方段通过方案，报业主、设计、监理等单位批复后组织实施。

（2）隧道瓦斯突出和爆炸：杜绝一切可能产生的火源、断电→在需要时启动备用电源，恢复和加强通风，将瓦斯和毒气烟尘排出洞外，同时加强瓦斯浓度的检测→在喷瓦斯的裂隙较小、瓦斯量较少时，也可用黄泥或其他材料封堵裂隙，阻止瓦斯的喷出。

（3）突泥涌水：对涌水及开挖面进行喷射混凝土封闭，注浆封堵、引排水，对隧道结构进行强化支撑→溶洞揭露后对相应地段加强支护及衬砌→制定整治方案报业主、设计、监理等单位批复后组织实施。

（4）隧道施工引起地表沉降、地上构筑物沉降倾斜倒塌：对渗水、塌方段进行支撑加固→对涌水及开挖面封闭，进行注浆封堵，对地上构筑物进行支撑加固并进行沉降观测→制定整治方案，报业主、设计、监理等单位批复后组织实施。

2. 营业线施工安全事故应急救援预案

为确保施工安全，一旦出现险情，能够做到及时、迅速、有效抢险，将险情控制在最小范围，将损失减小到最低限度，需要针对营业线的特点，制定安全事故应急救援预案。应掌握如下内容：

1）应急救援预案的指导思想

坚持"安全第一、预防为主"的方针。保证铁路正常安全运营和施工人员人身安全；保证各种应急资源处于良好的备战状态；指导应急行动按计划有序进行；防止因应急行动组织不力或现场救援工作的无序和混乱而延误事故的应急救援；有效避免或降低人员伤亡、行车事故和财产损失。

2）安全管理组织机构

项目经理部需要成立应急领导小组和应急抢险队，领导小组组长由项目经理担任，抢险队只有现场指挥组有权调动，其他任何人不得随意调动抢险队。

3）营业线施工的相关规定

（1）铁路营业线施工严格执行《铁路营业线施工安全管理办法》和施工所在铁路局集团公司的相关文件要求。施工前，必须向铁路局集团公司设备主管部门申报、审批施工方案，严格报批《营业线施工审批表》。

（2）施工前必须与铁路各设备单位签订施工安全协议、施工配合协议、施工监护协议。

（3）严格按照设计文件、批准的施工方案和监护单位的具体要求组织施工，编制有针对性的安全技术措施，及时进行交底，确保施工安全。

（4）在营业线上或紧靠营业线施工必须按照《铁路技术管理规程》有关规定设好施工防护，未设好施工防护不得进行施工作业。即使是只有一个人的施工作业，包括营业线上施工测量，也必须设好防护。在营业线上施工，相邻车站必须派驻站员与施工现场联系，应有手机和无线对讲机两套通信方式，保持通信联系畅通。

（5）防护员必须由正式员工担任。必须经过铁路运营部门防护员知识培训考试合格，并取得合格证后方可上岗作业。防护员上岗要统一穿黄色防护服，佩戴上岗证，带齐防护用品。

（6）严格执行设备监护制度，在扰动既有铁路设备前，必须请各设备单位人员到现场确认、指导、监护。没有监护人员到场，不准破坏和改变营业线线路、电务设备使用条件。

（7）在铁路保护区内的所有动土施工，应与有关设备管理部门签订安全协议。电缆径路两侧5m内严禁动用机械设备施工。要加强对电缆及其他管线的防护。施工前必须有设备单位监护人员到场，必须先挖探坑，确认电缆、管线设备数量、走向，在开工前采取撒白灰、设置警戒标、插彩旗等有效防护措施，确定保护区后，才能施工。

4）根据工程特点明确可能发生的安全事故及应急处理措施

以营业线桥涵顶进施工为例，其可能发生的安全事故及对策如下：

（1）前掌子面出现坍塌

当前掌子面出现坍塌时，如果不超出安全距离，立即顶进；如果超出安全距离时，要立即顶进，达到安全距离。如果有列车通过，又无抢修时间，严重影响列车通行安全时，宁可拦车，不可放车，且应及时组织人员抢修线路，在确认具备列车通行条件时方可放车。

（2）刃角两侧出现坍塌

当刃角两侧出现坍塌时，如果出现以下两种坍塌情况，要采取不同的处理方法。第一，如果侧面上部土不坍塌，下部土出现坍塌，类似于空洞，这时要抓紧时间将桥体向前顶进，顶过坍塌部位时，戳穿上部土，埋上注浆管立即回填，待桥体顶进就位后注浆处理。第二，上部及下部都坍塌，如果在危急行车安全时，要抓紧抢修，用准备好装满土的草袋子或编织袋回填，如果有列车通过时，在未抢修好的情况下，决不能放列车通行。

15.2.2 安全事故报告和调查处理

生产安全事故报告和调查处理应按《生产安全事故报告和调查处理条例》（国务院令第493号）以及国家铁路局、中国国家铁路集团有限公司的有关规定执行。

1. 生产安全事故等级

根据生产安全事故（以下简称"事故"）造成的人员伤亡或者直接经济损失，事故一般分为以下等级：

（1）特别重大事故，是指造成30人以上死亡，或者100人以上重伤（包括急性工业中毒，下同），或者1亿元以上直接经济损失的事故。

（2）重大事故，是指造成10人以上30人以下死亡，或者50人以上100人以下重伤，或者5000万元以上1亿元以下直接经济损失的事故。

（3）较大事故，是指造成3人以上10人以下死亡，或者10人以上50人以下重伤，或者1000万元以上5000万元以下直接经济损失的事故。

（4）一般事故，是指造成3人以下死亡，或者10人以下重伤，或者1000万元以下直接经济损失的事故。

本条所称的"以上"包括本数，所称的"以下"不包括本数。

2. 安全事故报告

（1）事故发生后，事故现场有关人员应当立即向本单位负责人报告；单位负责人接到报告后，应当于1小时内向事故发生地县级以上人民政府安全生产监督管理部门和负有安全生产监督管理职责的有关部门报告。

情况紧急时，事故现场有关人员可以直接向事故发生地县级以上人民政府安全生产监督管理部门和负有安全生产监督管理职责的有关部门报告。

（2）安全生产监督管理部门和负有安全生产监督管理职责的有关部门接到事故报告后，应当依照下列规定上报事故情况，并通知公安机关、劳动保障行政部门、工会和人民检察院：

① 特别重大事故、重大事故逐级上报至国务院安全生产监督管理部门和负有安全生产监督管理职责的有关部门。

② 较大事故逐级上报至省、自治区、直辖市人民政府安全生产监督管理部门和负有安全生产监督管理职责的有关部门。

③ 一般事故上报至设区的市级人民政府安全生产监督管理部门和负有安全生产监督管理职责的有关部门。

安全生产监督管理部门和负有安全生产监督管理职责的有关部门依照前款规定上报事故情况，应当同时报告本级人民政府。国务院安全生产监督管理部门和负有安全生产监督管理职责的有关部门以及省级人民政府接到发生特别重大事故、重大事故的报告后，应当立即报告国务院。

必要时，安全生产监督管理部门和负有安全生产监督管理职责的有关部门可以越级上报事故情况。

（3）安全生产监督管理部门和负有安全生产监督管理职责的有关部门逐级上报事故情况，每级上报的时间不得超过2小时。

（4）报告事故应当包括下列内容：

① 事故发生单位概况。

② 事故发生的时间、地点以及事故现场情况。

③ 事故的简要经过。

④ 事故已经造成或者可能造成的伤亡人数（包括下落不明的人数）和初步估计的直接经济损失。

⑤ 已经采取的措施。

⑥ 其他应当报告的情况。

（5）事故报告后出现新情况的，应当及时补报。

3. 安全事故调查处理

安全生产伤亡事故的调查处理必须坚持实事求是、尊重科学的原则，及时、准确地查清事故经过、事故原因和事故损失，查明事故性质，认定事故责任，总结事故教训，提出整改防范措施，并对事故责任者依法追究责任。

（1）事故发生单位负责人接到事故报告后，应当立即启动事故相应应急预案，或者采取有效措施，组织抢救，防止事故扩大，减少人员伤亡和财产损失。

（2）事故发生地有关地方人民政府、安全生产监督管理部门和负有安全生产监督管理职责的有关部门接到事故报告后，其负责人应当立即赶赴事故现场，组织事故救援。

（3）事故发生后，有关单位和人员应当妥善保护事故现场以及相关证据，任何单位和个人不得破坏事故现场、毁灭相关证据。

（4）因抢救人员、防止事故扩大以及疏通交通等原因，需要移动事故现场物件的，应当做出标志，绘制现场简图并做出书面记录，妥善保存现场重要痕迹、物证。

（5）特别重大事故、重大事故、较大事故、一般事故由各级人民政府负责调查。在事故调查过程中，事故发生单位必须做好配合工作。

对未造成人员伤亡的一般事故，经县级人民政府委托由事故发生单位组织事故调查组进行调查的，事故发生单位要成立事故调查组。

（6）事故调查组履行下列职责：

① 查明事故发生的经过、原因、人员伤亡情况及直接经济损失。

② 认定事故的性质和事故责任。

③ 提出对事故责任者的处理建议。

④ 总结事故教训，提出防范和整改措施。

⑤ 提交事故调查报告。

（7）事故调查报告应当包括下列内容：

① 事故发生单位概况。

② 事故发生经过和事故救援情况。

③ 事故造成的人员伤亡和直接经济损失。

④ 事故发生的原因和事故性质。

⑤ 事故责任的认定以及对事故责任者的处理建议。

⑥ 事故防范和整改措施。

事故调查报告应当附具有关证据材料。事故调查组成员应当在事故调查报告上签名。

（8）事故调查报告报送负责事故调查的人民政府后，事故调查工作即告结束。事故调查的有关资料应当归档保存。

（9）事故的报告和调查处理，有关法律、行政法规另有规定的，依照其规定。

（10）铁路行车事故按《铁路交通事故调查处理规则》（铁道部令第 30 号）执行。

第 16 章　绿色建造及施工现场环境管理

16.1　绿色建造管理

随着社会的发展，绿色建造已成为工程建设的重要方向。铁路工程作为交通基础设施的重要组成部分，应积极践行绿色建造理念。

16.1.1　绿色建造基本要求

绿色建造是在项目全寿命周期内，最大限度地节约资源，做到节能、节地、节水、节材，保护环境和减少污染，为人们提供健康、适用和高效的使用空间，与自然和谐共生。

在工程设计和施工过程中，绿色建造的基本要求：

（1）节能，要求减少各种资源的浪费，如采用高效节能的材料，减少能耗，这是绿色建造最基本的要求之一。

（2）环境保护，要求减少对环境的污染和破坏，如减少噪声、控制扬尘、进行污水处理、防止土壤侵蚀等。

（3）健康，确保工人和施工现场的安全，提供良好的工作环境，要求保障建筑或设施使用者的健康，如保证车站内的空气质量。

（4）舒适，要求提高建筑或设施使用者的舒适度，如高速铁路的平顺性。

16.1.2　绿色施工管理内容

1. 绿色施工管理的一般规定

（1）贯彻落实节地、节能、节水、节材和保护环境的政策，在保证工程质量、施工安全等基本要求的前提下，节约资源和能源，减少施工活动对环境造成的不利影响。

（2）应结合施工现场及周边环境、工程实际情况等进行影响因素分析和环境风险评估，并依据分析和评估结果进行绿色施工策划。

（3）对生态环境保护、资源节约与循环利用、碳排放降低、人力资源节约及职业健康安全等进行总体分析，策划适宜的绿色施工技术路径与措施。

（4）采用先进的技术措施和管理手段，最大限度地节约资源，提高能源利用率。

（5）施工单位应在施工组织设计中编制绿色施工技术措施或专项施工方案。

（6）项目经理部应建立绿色施工管理体系，成立绿色施工管理小组，负责绿色施工的全面管理工作，全面监督绿色施工措施或方案的执行情况，制定绿色施工管理责任制度。

（7）项目经理部要定期组织绿色施工教育培训，增强施工人员绿色施工意识；定期对施工现场绿色施工实施情况进行检查。特别注重对环境影响大的岗位操作人员的培训。

（8）在施工现场的办公区和生活区设置明显的节水、节能、节材等警示标识。

（9）施工中应遵守相关的法律、法规、规范、标准以及地方政府的绿色施工要求。

2. 绿色施工的管理措施

（1）临时设施尽量少占用耕地、林地，尽量利用荒地。施工现场的临时设施建设采用环保型建筑材料。

（2）优先使用国家、行业推荐的节能、高效、环保的施工设备、材料和机具。

（3）积极采用工厂化、智能化建造方式，实现工程建设低消耗、低排放、高质量和高效益。如梁的预制、钢筋加工、混凝土构配件集中预制等，尽量采用工厂化施工。

（4）冬季取暖和夏季室内空调温度设置合理，空调运行期间应关闭门窗。

（5）合理安排工序和设备组合，提高各种机械的使用率。

（6）实行用电计量管理，严格控制施工阶段的用电量。

（7）严格施工机械设备管理，实行用电、用油计量制度，及时做好维修保养工作，使机械设备保持低耗、高效的状态。

（8）实行用水计量管理，严格控制施工阶段的用水量。

（9）施工现场设置废水回收和处理设施，对废水进行回收后循环利用。

（10）严格控制材料管理，提高施工材料的节材率。

（11）施工现场应建立可回收再利用物资清单，制定并实施可回收废料的回收管理办法。

（12）推广使用新型模架体系，提高施工临时设施和周转材料的工业化程度和周转次数，加强对周转材料的管理，进行保养维护。

（13）加强环境保护和水土保持工作，加强职业健康与安全管理。

16.2 施工现场环境保护

16.2.1 环境保护管理要求

铁路环境保护工作，必须贯彻"全面规划、合理布局、预防为主、综合治理、强化管理"的方针和"谁污染谁治理、谁破坏谁恢复"的原则。环境保护管理工作应贯穿铁路建设项目的全过程，确保环保工程与主体工程同时设计、同时施工、同时投入生产和使用。

（1）各级铁路环境保护主管部门对所属单位的环境保护工作实施监督管理。各级主管部门要鼓励、支持发展铁路环境保护产业，促进铁路环境保护产业的形成。

（2）环境保护要纳入铁路发展的中长期规划和年度计划，确定环境保护目标、任务和措施，使环境保护与铁路建设、运输同步发展。企业的环境保护工作由企业经营责任者负责，实行部门分工和专业机构协调监督相结合的原则。铁路各级管理部门分工负责本系统的环境保护工作。

（3）铁路一切单位和职工都有保护和改善环境的责任和义务，并有权对污染、破坏环境的单位和个人进行检举和控告。

（4）污染、破坏环境的建设项目，必须执行环境影响评价制度。对建设项目产生的污染和对环境的影响做出评价，其环境影响报告书（表）应依照规定的程序报审。

（5）国家铁路环保主管部门管理全路环境监测工作，制定铁路环境监测制度和技术规定，组织铁路环境监测网工作。铁路各级环境监测站承担辖区内的环境监测工作，业务上受同级环境保护主管部门的领导。

（6）实行环境保护监察制度。国家铁路行政主管部门统一组织领导全路环境保护监察工作，对铁路运输、生产和建设过程中的环境保护工作实施监督检查。

16.2.2 环境保护管理措施

在工程项目的实施过程中，应根据国家和项目所在地地方政府的法律、法规，结合工程项目的特点，按照 ISO 14001 环境管理标准，建立环境保护组织，健全环境保护体系，落实环境保护措施，使工程所在地的环境免受污染，同时做好水土保持工作。

1. 环境保护的措施

1）保护大气环境的措施

大气环境保护的目的是防止粉尘、有害气体等对大气环境的污染。主要措施一般包括：防止运输道路的扬尘、减少工程爆破氮氧化物的产生、减少燃煤二氧化硫的产生、降低机械车辆的废气排放量和禁止燃烧垃圾等人为因素造成的大气污染。

2）保护水质的措施

保护水质是防止工程项目的实施对工程所在地的水资源造成污染。主要措施一般包括：生活废水的处理措施、工程废水的处理措施、防止机械设备油品泄漏的措施和防止工程垃圾污染水源的措施。

3）保护生活环境的措施

保护生活环境的目的是尽量保证施工区域的居民及施工人员必要的生活环境，其主要措施一般包括以下几个方面：工程弃土（渣）及废弃物的处理措施；控制施工噪声的措施；防粉尘污染的措施；施工区域的绿化、美化措施；临时设施与自然景观协调的措施；临时工程规划美化的措施；取、弃土场的绿化措施。

4）保护生态的措施

生态保护的目的是指保护当地耕地、维持当地的汇水状态、维持动植物生态平衡的措施。

基本措施包括以下几个方面：保护耕地的措施；保护动植物的措施；保持原汇水状态的措施和维持既有生态平衡的措施。

2. 水土保持的措施

铁路水土保持工作的范围为建设项目的影响范围，主要包括主体工程、临时工程的施工场地、施工营地、施工便道、取弃土场、砂石料场及储存场、施工机械营地、轨排基地和制梁场及其邻近受影响的范围。

水土保持管理工作应贯穿铁路建设项目的全过程，坚持"预防为主，全面规划，综合防治，因地制宜，加强管理，注重效益"的水土保持方针。建设项目水土保持设施实行"三同时"制度。

水土保持的常用措施有：

1）保护植被措施

植被破坏是导致水土流失的重要原因，施工现场只有保持植被的完好，才能避免因植被破坏而造成水土流失。包括以下内容：

（1）对施工区内及周围的树木和植被不得随意砍伐和损害。

（2）确因工程施工需要，植被受损害，应采取有效措施及时恢复。
（3）施工临时设施尽量不占或少占耕地，并对上下边坡进行植被防护。
（4）取、弃土场要进行绿化。
（5）实施水土保持法规的宣传教育。
2）防止水土流失环保防护工程措施

裸露的路基水沟和临时工程的弃土、弃渣是造成水土流失的重要场所，只有做好防护工程，才能有效防止施工造成水土流失，铁路施工中一般采取的防护工程有：
（1）路基的防护工程。
（2）取（弃）土场和弃渣场的永久防护工程。
（3）临时开挖的基础等工程的防护。
（4）排水系统的防护。

16.3 施工现场文明施工

16.3.1 文明施工管理要求

施工单位负责铁路建设工程施工现场管理工作，应结合施工环境、条件，按照批准的施工组织设计，认真进行施工现场文明形象管理的总体策划、设计、布置、使用和管理，做到布局合理、文明施工、安全有序、整洁卫生、不扰民、不损害公众利益。

16.3.2 文明施工管理措施

（1）施工现场宜采用封闭式管理，非工程相关人员严禁入内。城区内的施工现场和有特殊要求的库房必须实施封闭式管理。
（2）施工现场布置应符合施工平面规划的总体布置和物料器具定位管理标准化的要求。
（3）施工现场应设置工程概况牌、管理人员名单及监督电话牌、安全生产牌、消防保卫牌、文明施工牌和施工现场平面图。
（4）施工现场应按照《工作场所职业病危害警示标识》GBZ 158—2003 设置禁止标识、警告标识、指令标识、提示标识，并配以相应的警示语句。
（5）施工道路施工应符合以下要求：
① 便道宜利用已有道路或永久性道路；避开拟建工程和地下管道等地方；主干便道应平整坚实，排水通畅；满足材料、构件等的运输要求；距离仓库及堆场的装卸区较近。
② 主干便道入口处应设置明显标识。各施工便道从起点起依序编号，设便道标识牌于路口处，标明便道序号、陡弯段里程、养护责任人、注意安全驾驶等内容。
③ 便道急弯、陡坡地段应设置安全护栏和醒目的安全警示标志，岔路口设置方向指示牌。
④ 便桥应满足排洪要求，桥面应设置防护栏杆和超限标牌。
⑤ 施工期间应指定专人负责对施工道路进行日常检查、保养和维修，做到雨天清沟排水，晴天洒水除尘。

（6）现场的消防出入口、紧急疏散通道等应符合消防的要求，设置明显标志。有通行高度限制的地点应设限高标志。

（7）施工现场原材料、半成品、成品堆码整齐，标识清晰。

（8）生产区应设置安全生产、文明施工、环境保护、文物保护的宣传教育标牌、标语及宣传栏（橱窗）。现场各种安全标识牌应按照《安全标志及其使用导则》GB 2894—2008统一制作，悬挂于工地醒目位置。

（9）非施工人员和非施工车辆禁止进入施工生产区。

（10）施工现场水泥库内外散落灰必须及时清理，搅拌站、搅拌机四周及现场内无废弃砂浆和混凝土。施工现场的各种材料应按照施工平面图指定的位置布置就位，要根据不同材料的特点和性质，规范布置方式与要求。

（11）施工生活区必须满足安全、消防、卫生防疫、环境保护、防汛、防洪等要求，不得存放易燃、易爆、剧毒、放射源等化学危险物品。施工生活区宿舍内应有必要的生活设施和必要的生活空间，设置可开启式窗户，保持整洁和通风。宿舍夏季应有防暑降温和灭蚊蝇措施，冬季应有取暖和防煤气中毒措施。

（12）施工现场设置的临时食堂必须建立食品卫生管理制度，严格执行食品卫生有关管理规定，应有必要的通风排风设施、清洗消毒设施和杜绝传染疾病的措施，食堂要指定专人管理。施工现场的垃圾应存放在封闭式容器内，定期灭蝇，及时清运；厕所应经常清扫，定期消毒。施工现场应配备安全有效的防护用品和常用药品及急救器材。

（13）现场各类机械设备停放应合理规划，分区布置，摆放整齐。

（14）施工中需要停水、停电、封路时，应经有关部门批准，事先告示。在行人、车辆通过的地方施工，应当设置沟、井、坎、洞覆盖物和标志。重要位置应安排专人值守或指挥。

（15）施工过程发现地下管线、文物、古迹、爆炸物、电缆等情况时，严格按照国家、地方相关规定进行处理。

（16）不随意损坏或影响市政公共设施，如电线、电缆、各种管道、雨污水管、垃圾装置、路灯、公用电话和广告牌等。

（17）不随意占用或破坏与施工现场周围相邻的土地、道路、绿地以及各种公共设施场所。

（18）定期对现场人员进行培训教育，提高其文明意识和素质，树立良好形象。现场人员应做到语言文明、行为规范，如不说脏话、不乱扔废弃物等。

第 17 章 技术管理与技术创新

17.1 施工技术管理

技术管理的基本任务是：贯彻执行国家各项政策、法规和铁路行政主管部门制定的有关技术规范；科学有序地组织各项工作，建立正常生产秩序；适时总结积累设计、施工经验，不断推进技术进步；确保工程质量和施工安全，缩短施工工期，降低建设成本；为工程建成后正常运营创造有利条件，保证技术管理的连续性。

技术管理工作由项目管理机构总工程师全面负责，工程管理部门具体负责日常管理，做好工程测量、设计文件审核、施工技术调查、技术交底、施工作业指导书、技术资料管理、工程试验和检验、工程施工技术总结及竣工验收、编制竣工文件等工作。

17.1.1 施工技术准备

（1）全面熟悉设计标准、技术条件及要求，施工图到位后对施工图进行咨询、审核，符合要求后方可用于施工。

（2）进行交接桩及桩点复测工作。交接桩包括与桩点相关的设计技术资料交底和现场桩位点交接，交接桩按规定办理书面交接手续。桩点复测做好复测记录，并根据复测成果形成复测报告，将复测成果报建设单位。

（3）按试验及检测要求设置工地试验室，试验室必须认证合格，检测仪器设备满足质量检测项目的要求，提前开展路基填料复查和试验；对各项原材料、半成品进行检验，评定其质量标准和使用条件。按照混凝土耐久性要求，选定混凝土施工配合比。

（4）进行施工技术调查，由项目管理机构总工程师牵头，各专业工程师参加组成调查组进行施工技术调查，各专业工程师重点调查相应专业的有关资料，了解工程施工条件，进行施工布局。

施工调查主要内容有：

① 施工范围内的水文、地质、气象情况。

② 沿线地形、地貌、水系及工程附近居民、建筑物、交通、水、电与通信设施分布情况。

③ 当地材料和半成品的品种、质量、价格和供应能力。

④ 当地生活供应、医疗、卫生、防疫和民俗。

⑤ 各类大型临时设施的位置及设置条件。

（5）做好人员的培训，对相关施工管理、作业人员进行集中岗前技术培训工作，特殊工种必须持证上岗。

（6）结合项目特点，进一步制定适宜本项目的质量、安全管理制度及具体措施。

（7）办理用地手续和征地拆迁、环水保有关手续。

（8）编制新技术、新工艺、新材料、新设备实施方案。

17.1.2 施工图审查及图纸会审

1. 施工图设计文件审查

施工图设计文件审查，是指铁路建设工程施工图设计文件交付施工前，由建设单位委托施工图设计文件审查机构（以下简称"审查机构"），按照有关法律法规、技术标准与规范及本办法规定，对施工图设计文件中涉及公共利益、公众安全、工程建设强制性标准的内容进行的审查。审查合格的施工图设计文件是工程实施、竣工验收和质量安全监督等的重要依据。施工图设计文件未经审查或审查不合格的，不得使用。施工图审查按国家铁路局颁布的《铁路建设工程施工图设计文件审查管理办法》执行。

（1）建设单位对送交审查机构的审查资料真实性负责，并组织设计单位配合做好施工图设计文件审查工作。

（2）审查机构对审查工作质量负责，依法承担审查责任。施工图设计文件审查不免除设计单位依法承担的质量责任。

（3）审查机构应当具备与该铁路建设工程相适应的设计资质或施工图设计文件审查能力。与铁路建设工程相适应的施工图设计文件审查能力是指可以从事审查工作人员的专业、数量、资格、业绩等能够满足相应铁路行业设计资质标准有关主导专业人员的要求。

（4）审查机构不得与所审查项目的设计单位有隶属关系或者其他利害关系，不得转让审查业务。

（5）建设单位应及时将下列审查资料交付审查机构。

① 满足审查工作需要的施工图设计文件。
② 初步设计批复意见。
③ 地质勘察报告。
④ 施工图设计计算书。
⑤ 其他应当提交的有关材料和文件。

（6）审查机构应按照法律法规要求审查以下内容并按照约定开展审查工作。

① 土建工程的地基基础、主体结构和防护工程结构的稳定性、安全性审查。
② 轨道结构、通信信号系统、牵引供电系统等是否满足列车运营安全与正常运行要求。
③ 是否符合现行国家或行业工程建设强制性标准。
④ 是否按照经批准的初步设计文件进行施工图设计。
⑤ 是否达到规定的设计深度要求。
⑥ 设计单位、注册执业人员和相关人员是否按规定在施工图设计文件上加盖相应的图章或签字。
⑦ 按照法律法规规章规定，应当审查的环保、防雷、抗震、消防等其他内容。

2. 图纸会审

（1）对设计单位分批提供的施工文件，施工单位要及时登记造册、清理建档，并由专人管理。设计文件审核均要留有核对记录。

（2）收到图纸后，项目经理部应先组织自审。图纸自审由项目经理部技术负责人负责组织。图纸经自审后，各相关部门将发现的问题以及有关建议做好记录，统一上交至技术负责人处进行汇总，待图纸会审时提交讨论解决。

（3）在工程施工过程中，根据实际情况（如图纸的出图时间、设计变更等），进行分阶段会审。

（4）施工图现场核对：施工单位施工图核对由施工单位项目总工程师组织实施。重点检查设计文件是否齐全，有无差错漏项；与现场核对，确认设计文件是否符合实际情况。对施工图纸中存在的差错、设计不明确问题和与现场不符之处，及时与设计单位协商优化设计，使其更加完善合理，以便更好地组织施工。

（5）施工图现场核查的内容主要有：施工图内容是否有遗漏，是否符合国家相关法规、技术标准、规范（规程）；设计方案、技术措施能否满足质量要求，对设计推荐的施工方案进行充分讨论，补充完善；图纸及说明是否齐全、清楚、明确，审核图纸中结构尺寸、坐标、标高等状况；沿线水文、工程地质、气象、地形、地貌等环境条件；地材的分布、数量、质量、运距、交通等状况；工程与当地农田水利、公路、各种管线相互干扰情况及处理措施等。

17.1.3 施工方案管理

施工方案由项目总工程师组织并主持编制，编制人员应充分领会设计意图、熟悉设计文件，在对现场进行充分调查的基础上，结合现有技术、设备能力，编制切实可行的施工方案。

1. 分级管理

施工方案一般进行分级管理，施工方案分级管理是按工程项目的技术难度和安全技术风险等因素将施工方案进行分级并管理。各单位应根据各自实际情况制定施工方案分级管理的办法，明确各级的管理职责。

2. 编制内容

收集和熟悉编制施工方案所需的有关资料和图纸；进行项目自然条件、工程特点、施工条件的调查研究；识别技术风险；拟定（比选）施工方案。

施工方案的编制内容应充分体现针对性和可操作性，包括进行技术经济论证、关键施工工艺选择、大临设施规划等；确定施工进度计划；编制施工工艺；编制资源配置计划；编制施工安全、质量、环水保、文明施工等保证措施；编制必要计算书及附图、附表。

3. 评审内容

对施工方案按照分级管理要求进行评审。评审主要内容有：

（1）施工方案和关键技术的技术经济性。

（2）关键工序的施工方法和施工工艺。

（3）新技术、新工艺、新材料、新设备的工艺方法，控制措施。

（4）主要临时工程及施工场地布置。

（5）施工计划进度。

（6）劳动力、物资和机械设备使用计划。

（7）质量、安全、工期、文明施工、职业健康和环境保护等内容。

4. 审批

施工方案评审后，对提出的意见和建议，要及时补充、修改和完善，形成反馈书。将完善后的内容报评审部门备案，现场严格按批准后的施工方案实施。

未能通过评审的施工方案需重新编制，并重新进行评审。

5. 动态管理

当发生重大设计变更、工期有特殊要求、施工方案技术风险升级、管控不到位及经济成本发生重大变化等情况时，对施工方案分级实施动态调整。

施工方案在执行过程中实行动态管理。在环境条件、建设规模发生较大变化及重大设计变更或业主、监理工程师另有要求时，应申请调整或优化施工方案。

6. 工程施工技术总结

工程施工技术总结要求自开工、施工至竣工的全过程，应及时注意收集整理资料，指定专人负责此项工作，在工程竣工后规定的期限内完成编写。

17.1.4 施工技术交底

（1）施工技术交底由项目总工程师主持。施工单位应做好对施工工点和施工操作人员的技术交底工作，凡下发的各种技术交底资料，交接双方必须认真履行签字手续，必须对资料登记编号。

（2）施工技术交底应分级进行。施工单位项目总工程师对项目经理部各部室及技术人员进行技术交底；技术主管人员对项目分部技术负责人进行技术交底；项目分部技术负责人对班组长及全体作业人员进行技术交底。

（3）施工技术交底应细致全面，讲求实效，不能流于形式，要交到基层施工班组、作业人员。

（4）施工技术交底后应形成技术交底记录，并附必要的图表。参加技术交底人员应签字确认。

（5）施工技术交底记录应分别编号，装订成册，由技术管理部门负责保存，工程竣工时纳入工程档案。

（6）各分部工程、分项工程、关键工序、专项施工方案实施前，相应的技术交底工作必须完成；施工单位项目经理部技术部门应对交底后的实施情况进行检查验收。

（7）未经过施工技术交底的工程不得开工。

17.1.5 施工测量管理

施工阶段的测量工作由施工单位分级管理，专人负责；监理单位进行复核、抽查工作，同时应指派专人负责对重点工程和铺轨架梁工程中的测量工作进行复核、抽查和协调。

1. 执行标准和规范

《高速铁路工程测量规范》TB 10601—2009

《铁路工程测量规范》TB 10101—2018

《铁路工程卫星定位测量规范》TB 10054—2010

《全球定位系统（GPS）测量规范》GB/T 18314—2009

《国家一、二等水准测量规范》GB/T 12897—2006
《铁路工程沉降变形观测与评估技术规程》Q/CR 9230—2016
《精密工程测量规范》GB/T 15314—1994
《建筑变形测量规范》JGJ 8—2016

2. 基本工作内容

（1）平面高程控制网测量（交桩、交桩点复测等）。
（2）工程测量（控制测量、放样测量、检测）。
（3）构筑物变形测量及区域沉降观测。
（4）基桩测量。
（5）轨道工程施工测量。
（6）安装工程测量。
（7）竣工测量。

3. 管理职责

（1）项目经理部总工程师分管测量工作，项目经理部应设置测量队，测量队全面负责本项目的测量管理工作。

（2）施工单位应根据现场各类控制桩橛的分布和工程实际，合理组织安排各项测量工作。

① 负责接收设计单位移交的平面控制网和高程控制网并进行定期复测与维护，工程施工测量、沉降变形观测，以及轨道控制网（CPⅢ）的建立、维护和复测，轨道板安装测量等相关测量工作。

② 规范统一测量内外业资料，分类管理测量资料，建立测量资料档案。

③ 制定测量标志的保护和检查制度，明确责任人，并制定各类测量标志的恢复方案。

④ 配合和接受测量监理工作，按监理要求提交相关测量资料，配合第三方测量机构进行建设过程中对工程进行测量验收、抽检、复核、误差/错误争议的核查，对重要工点和重点工程进行的监测和观测。

⑤ 负责竣工测量和参加竣工交接工作。

17.1.6　现场试验管理

1. 铁路工程项目现场试验管理要求

（1）各施工单位必须按要求配足人员和必要的设备，认真做好工程试验工作。

（2）试验机构必须通过国家技术监督部门的认证，取得合法资格后，方可参与项目的检验工作。现场试验室建成后，必须经监理机构验收合格，项目管理机构批准后，方可投入使用。

（3）工程试验必须遵照有关标准规范、规则进行，试验数据和结论要公正、准确，施工单位和试验机构不得弄虚作假。

（4）工程试验和检验工作的管理和监督由项目管理机构安全质量部负责，经上级主管部门批准后，可设立中心试验室或委托第三方试验、检测机构进行检验试验。

（5）部分试验要求：

① 对工程材料必须坚持先检验后使用的原则，金属、水泥、道砟和防水材料等应具有出厂合格证书，经试验确认材料合格后方可使用。

② 当地材料（砂、石料及路基用填料等）应先取样试验合格后方可使用。

③ 施工中主要做好混凝土试件、砂浆试件、钢筋焊接、路基填土含水量、密实度试验工作，对施工质量进行控制。

④ 桥梁钻孔桩均应进行无损检测。

⑤ 试验原始资料和试验报告是分析工程质量的技术依据，是工程竣工文件重要组成部分，具有法律效力，必须实事求是，认真填写。

2. 铁路工程项目现场试验管理方法

1）建立工地试验室

根据工程规模、工程类别和实际情况，建立工地试验室。工地试验室应按规定取得技术监督部门的相应资质。

2）明确工地试验室的主要试验项目

试验管理首先要明确试验室所要进行的试验项目。

（1）铁路工程常用材料的检测和试验：如水泥、钢材、混凝土粗骨料、细骨料、轻骨料、混合材料、外加剂、混凝土拌合物性能、力学性能、砌筑用石料、砂浆、石灰、砖、沥青、卷材、涂料、道砟和硫磺锚固剂十八大类。

（2）试配，提供混凝土、砂浆理论配合比和施工配合比，检测混凝土拌合物性能，制作混凝土检查试件，测定力学性能。

（3）高性能混凝土配合比应同科研单位经共同研究试验提出，并通过评审。

（4）路基填土压实度检测。

（5）施工用水及环境水取样送检。

3）试验管理标准与制度

按照质量管理体系标准，对现场试验工作进行管理，并建立相关制度。主要包括：

（1）材料、设备进场检验制度。

（2）施工过程中的检测、试验制度。

（3）竣工验收中的检验、试验制度。

17.1.7 施工技术档案管理

（1）技术资料是设计、施工、科研等各项工作的劳动成果。完整、准确的技术资料是组织施工、指导施工，进行质量追溯，编制竣工文件和施工技术总结的重要依据。

（2）技术资料由项目管理机构专职人员进行管理，各职能部室指定人员负责本部门技术资料的管理工作。各施工单位要建立技术资料管理责任制，保证技术资料的完整性、准确性和连续性。

（3）技术资料管理应建立受控文件和资料、有效文件和资料、作废文件和资料档案，所有施工图纸、标准设计图及各类资料，均应分专业、分项立卷存档。编制总目录及卷内目录。补充资料要与原资料配套，变更设计要在原图上标识，签署标识人姓名、时间，并合并存放。

（4）技术资料的形成、收集和整理：

技术资料的收集和整理工作，根据《铁路建设项目资料管理规程》TB 10443—2010对资料的形成和收集要求执行，保证技术资料的形成、收集和整理与工程进度同步进行，确保工程竣工验收时资料齐全、完备。

施工单位技术资料由项目经理部各级资料员负责收集、整理与管理；各种检查表的填写、报送、签认均由各工区完成。

有保密要求的资料在形成后由形成单位标示密级等保密要求。保密资料收集单位应严格按照资料保密要求进行保管。

（5）对所有技术管理资料，应建立文件资料清单目录，并分别建立受控文件、有效文件、作废文件目录，并在文件上进行标识。图纸和标准图等应分专业存放。

（6）每个文件盒的正面、侧面应标明资料名称及档案盒号。每个文件盒内均应建立卷内台账，应反映目录及资料的份数，记录存放时间、存放档案盒号、归档部门、文件内容、表明是否有效、借阅时间和借阅人及退还时间，对文件进行动态管理。

（7）编制竣工文件：

铁路项目的竣工文件是工程建设的真实记录，也是铁路工程的历史档案和技术资料。

项目管理机构和各单位成立竣工文件编制领导小组，由项目总工程师任组长。项目管理机构工程管理部门负责各单位竣工文件材料的审核汇总工作。

所有竣工文件的具体编写内容，必须符合业主对竣工文件的各项要求。竣工文件应随施工过程的进行及时收集编写，工程完工后及时整理，并按规定进行整理和组卷。

（8）工程竣工后，按照国家和中国国家铁路集团有限公司相关规范及文件要求进行竣工文件的移交和归档。

17.2 科技创新与智能建造

17.2.1 科技创新

铁路建设科技创新工作的主要任务就是以建设项目为平台，通过组织参建单位积极开展科技创新工作提升建设项目工程质量、消除安全隐患、优化施工方案、提高工程施工效率，更好地实现各种建设目标。

施工单位应把科技创新作为引领企业高质量发展的动力，提升科技创新效能，打造科技竞争优势。科技创新管理要点如下：

（1）建立健全科技创新体系。施工单位要建立和完善科技创新体系，规范科技创新项目管理，提升企业科技创新水平，完善创新评价制度。各单位应成立科技创新评审委员会，负责科技创新项目立项评审、结题验收等。

（2）确定课题和研究方向。施工单位在项目进场后组织专题调研，对工程建设中可能出现的技术难题、安全质量控制的关键性问题以及提高企业核心竞争力需要攻克的关键问题进行分析研究，确定研究课题和研究方向。

（3）制定科技创新规划。要按照本企业发展理念，结合建设项目特点以及科技人员状况，围绕实现企业核心竞争力，制定切实可行的科技创新规划。确定科技创新项目、各项目主要研究内容、研究方法和预期研究成果；确定专业攻关小组组建方案；确定推进计划；确定所需资源配置、资源供应方案及经费预算等。

（4）对于本企业级别的科研创新项目，按本企业的有关规定进行申报立项，管理流程为：策划→申请→评审→批准→经费管理→过程管理→结题验收管理。

（5）向地方政府主管部门或行业协会申报的科研项目，要遵照其规定要求按时申报立项。

（6）加强科技研发项目管理。做好企业科研项目的过程检查、经费管理、项目推进等工作；定期组织重点科技研发项目推进会；按照项目进展情况，组织开展科技研发项目专家评审会；做好企业科研项目的拨款、结题验收工作。

（7）做好国家级、省部级等重大专项课题实施管理和成果总结管理，确保按合同履约，及时组织成果评价，申报奖项。

（8）积极组织科技创新成果推广应用。对通过鉴定的科技创新成果，要积极组织推广使用，促进成果转化，尽快转化为生产力。

17.2.2 智能建造

智能建造是以 BIM + GIS 技术为核心，综合应用物联网、云计算、移动互联网、大数据等新一代信息技术，与工程建造技术相融合，通过自动感知、智能诊断、协同互动、主动学习、智能决策等手段，进行工程设计及仿真、精密测控、自动化安装、动态监测，构建勘察、设计、施工、验收、运营全寿命的闭环管理体系，实现建设过程中进度、质量、安全、投资的精细化和智能化管理，推动铁路建设从信息化、数字化走向智能化。在铁路工程实施阶段，建设单位应引导鼓励参建单位发挥特长、创新思维、优化工法，积极开发和采用自动化的工装设备，推进智能建造。

1. 智能建造技术手段

铁路工程智能建造主要依据物联网、云计算、大数据分析、人工智能和各类物联设备等技术手段来实现。

（1）物联网：通过物联设备、传感器、智能机器人等实现对建造全过程的数据采集、处理和分析，提高工程建设过程的可控性和可视化效果。

（2）云计算：通过远程计算和云端存储，快速实现工程建造方案的优化、预算、材料应用等方面的优化。

（3）大数据分析：通过大数据的深度分析、机器学习等技术，实现工程建造过程的优化和管理，提高施工效率和安全性。

（4）人工智能：通过人工智能的深度学习和分析，进行模式匹配和预测，优化工程建造流程和施工效率。

2. 铁路工程积极推广应用的"四新"技术

目前，在铁路工程项目建设阶段，要积极推广应用的智能化新技术包括：

（1）路基成套技术。长螺旋钻机灌注 CFG 桩技术、智能连续压实技术、边坡及排水沟成槽专用机械等。

（2）桥梁成套技术。包括预制箱梁自动张拉技术、预制桥梁自动喷淋技术、桥梁静载试验自动监控系统、连续梁多孔振捣工艺、预应力管道与锚垫板定位工艺、连续梁线形监控信息化技术等。

（3）隧道衬砌施工成套技术。包括衬砌台车、径向预埋 RPC 注浆管与拱顶带模注浆技术及注制浆一体机、二次衬砌定型组合钢端模、仰拱轻便弧形腹膜与定型组合钢端模、矮边墙纵向止水带卡具及热熔焊机、防水板铺设台车与超声波焊机、二次衬砌喷淋养护台车与雾炮、水沟电缆槽移动模架等。

3. 智能建造技术的其他应用

（1）基于 BIM 的三维技术，建立三维可视化场景，将大型临时设施、施工便道设计成果以三维模型的形式展示，并建立信息查询目录，方便设计成果的查看。利用三维 GIS 的分析计算功能，结合施工组织设计，辅助开展大型临时设施、施工便道选址设计等，进行弃土场、梁场等大型临时设施选址。

（2）利用 BIM + GIS 技术，综合三维设计信息、周边环境信息和工程现场施工数据，汇总形成项目管理综合数据库，为建设管理提供指导。

（3）"四电"工程接口管理在线协同。基于 BIM 的"四电"工程接口管理系统，进行站前和站后单位的业务协同；利用 BIM 模型建立接口工程的三维虚拟样板，进行模拟检查；施工完成后，依据 BIM 模型指导施工和监理单位检查验收，发现问题立即整改。

（4）建立冬季施工温度监测系统，如对混凝土拌和料仓温度、出料口温度的监测，对保温棚进行实时温度监测与预警，大体积混凝土自动温控系统等。

（5）打造基于 BIM 的智能梁场管理。集成拌和站生产过程管理、试验室管理、自动张拉、自动压浆、自动静载试验、自动喷淋、视频监控等系统相关数据。

17.3 信息化管理

铁路工程应积极采用信息化手段开展工程施工管理，根据中国国家铁路集团有限公司铁路工程信息化的有关要求，积极应用信息化手段开展进度、质量、安全、投资、环保等数据采集和展示，逐步实现铁路工程建设信息化管理。

各级参建单位应配备信息化管理人员，并接受信息化培训，考核合格后，从事相应铁路项目信息化实施工作。

17.3.1 BIM 技术应用

1. 铁路工程信息化管理内容

（1）BIM 技术属于信息化技术管理范畴，铁路施工组织设计信息化管理内容应结合工程实际特点，按表 17.3-1 选用。

表 17.3-1　铁路施工组织设计信息化管理内容

专业名称	质量管理	安全管理	进度管理	投资管理	资源配置	环水保
大临工程	●	●	●	◎	○	◎
路基工程	●	●	●	◎	○	◎
桥涵工程	●	●	●	◎	○	◎

续表

专业名称	质量管理	安全管理	进度管理	投资管理	资源配置	环水保
隧道工程	●	●	●	◎	○	◎
枢纽和站场工程	●	●	●	◎	○	◎
轨道工程	●	●	●	◎	○	◎
通信工程	●	●	●	◎	○	◎
信号工程	●	●	●	◎	○	◎
信息工程	●	●	●	◎	○	◎
电力工程	●	●	●	◎	○	◎
电力牵引供电工程	●	●	●	◎	○	◎
房屋工程	●	●	●	◎	○	◎
其他站后工程	○	○	○	○	○	○
联调联试及运行试验	○	○	○	○	○	○

注：●为应做；◎为宜做；○为选做。

（2）积极运用信息化管理手段通过信息的及时传递和作业现场的实时监控，实现施工组织设计的优化调整。构建项目信息管理系统，将质量、安全、进度、投资等工作内容集成到统一的工作平台，包括但不限于以下内容：

① 质量管理方面。应用物料验收，生成材料进场、使用台账，通过试验室信息系统监控原材料和半成品试验，通过拌和站系统进行混凝土生产过程监控，严把质量控制源头。应用桩基施工管理、路基连续压实、预制梁预应力自动张拉和静载试验、连续梁线形监控、沉降变形监控等信息系统，实现施工过程数据的数字化采集和监控，加强对关键工序工程质量的控制。通过收集隐蔽工程的影像文件，检验批、施工日志、试验报告数字化，实现自动电子归档，生成竣工文件。

② 安全管理方面。通过隧道超前地质预报、围岩量测、视频监控和人员定位等信息系统应用，对安全管理关键风险点实时监控，提升施工安全防范能力。

③ 进度管理方面。通过进度信息的采集，自动生成格式化进度报表，管理工程实体，实现工程进度的跟踪和预警。采用远程视频监控、无人机航拍技术等信息化手段，监控施工进展情况。

④ 投资（成本）控制方面。通过验工计价等信息系统应用，提高管理效率、强化投资（成本）控制。

⑤ 资源配置管理方面。通过物资设备、人员诚信等信息系统，掌握现场劳动力、材料、机械设备等资源配置情况，确保资源配置满足施工进度要求。

2. 铁路工程BIM技术应用

（1）在项目勘察、设计、施工阶段，宜积极采用BIM技术开展质量、安全、进度、投资管理，实现基于BIM标准的信息传递和信息共享。

（2）在项目勘察、设计阶段，宜利用BIM应用软件和建模技术，构建BIM模型。通过BIM模型对设计方案进行优化，最大限度地减少错、漏、碰、缺等设计质量通病，提高设计精度和效率；利用BIM模型进行工程量及造价的精确计算，加强投资控制。

（3）在项目施工阶段，积极采用BIM技术对施工进度、人力、材料、设备、质量、安全、场地布置等信息进行动态管理，实现施工过程的可视化模拟和施工方案的不断优化，切实提升工程质量和综合效益。

（4）建设项目管理宜采用BIM技术，通过建立全线结构物模型，关联施工进度计划，利用BIM模型开展施工模拟，优化施工组织进度。综合应用数字监控、移动通信和物联网技术，建立BIM与现场监测数据的融合机制，实现对施工质量、安全、进度、投资的动态监管，进一步提高项目标准化、精细化管理水平。

17.3.2 智慧工地建设

智慧工地管理技术是指利用先进的信息技术和物联网技术对建筑工地进行全方位、智能化的管理和监控。通过传感器、无线通信、云计算等技术手段，实现对工地施工过程、设备状态、人员安全等方面的实时监测和数据分析，以提高工地管理的效率和安全性。

1. 智慧工地的技术特点

（1）实时监测和数据分析：智慧工地管理技术通过传感器和监测设备实时获取工地各项数据，并通过数据分析算法对数据进行处理和预测，提供决策支持和预警机制。

（2）信息共享和协同办公：智慧工地管理技术将工地各个部门和相关人员的信息集中管理，实现信息共享和协同办公，提高工地各方之间的沟通和协作效率。

（3）自动化和智能化操作：智慧工地管理技术通过自动化设备和智能化系统实现工地各项操作的自动化和智能化，减少人为操作的错误和风险。

（4）安全监控和预警机制：智慧工地管理技术通过视频监控、人员定位等手段实现对工地安全状态的实时监控，并能够及时预警和处理安全事故。

2. 智慧工地建设应用领域

1）工地安全管理

智慧工地管理技术在工地安全管理中发挥着重要作用。通过视频监控、人员定位、安全感知设备等手段，可以实时监测工地的安全状态，并能够对危险行为和事故进行预警和处理。此外，智慧工地管理技术还可以通过虚拟现实技术提供安全培训和模拟演练，帮助工人熟悉安全操作规程和应对突发事件的能力。通过智慧工地管理技术的应用，可以大大提升工地的安全管理水平，降低事故风险。

2）施工进度管理

可以实时监测施工进度，提供准确的数据分析和预测。传感器和监测设备能够实时记录施工过程中的各项数据，如材料使用量、施工工序完成情况等。结合云计算和大数据分析，可以生成实时的施工进度报告和预测模型，帮助项目管理者做出决策和调整计划，提高施工效率。

3）资源管理

可以实现对工地资源的智能管理。通过物联网技术和传感器，可以实时监测和管理工地的设备、材料和人力资源。例如，通过RFID技术可以追踪和管理施工设备和材料的使用情况，避免浪费和丢失；通过人员定位系统可以实时掌握工人的位置和工作状态，提高协同作业效率。智慧工地管理技术的应用可以帮助优化资源配置，提高资源利用效率。

4）环境监测和节能减排

可以监测工地的环境指标，如噪声、空气质量、能源消耗等，并提供相应的控制措施。通过传感器和数据分析，可以实现对工地环境的实时监测和预警，及时采取措施保障环境质量。此外，智慧工地管理技术还可以通过能源管理系统实现能源消耗的监测和优化，实现节能减排的目标。

一、全国一级建造师执业资格考试说明

为了帮助广大应考人员了解和熟悉一级建造师执业资格考试内容和要求，现对考试有关问题说明如下：

（一）考试目的

建造师是以专业技术为依托、以工程项目管理为主的懂管理、懂技术、懂经济、懂法规，综合素质较高的专业人才。一级建造师既要具备一定的理论水平，也要有一定的实践经验和组织管理能力。一级建造师执业资格考试是为了检验工程总承包及施工管理岗位人员的知识和能力是否达到以上要求。

（二）考试性质

建造师执业资格考试属于《国家职业资格目录》中的准入类考试。通过全国统一考试，成绩合格者，由人力资源和社会保障部颁发统一印制人力资源和社会保障部、住房和城乡建设部共同用印的《中华人民共和国一级建造师执业资格证书》，经注册后，可以建造师的名义担任建设工程总承包或施工管理的项目经理，可从事其他施工活动的管理，也可从事法律、行政法规或国务院建设行政主管部门规定的其他业务。

（三）考试组织与考试时间

一级建造师执业资格考试实行统一大纲、统一命题、统一组织的考试制度，由人力资源和社会保障部、住房和城乡建设部共同组织实施，原则上每年举行一次考试。

全国一级建造师执业资格考试时间一般设定在每年9月，考试时间分为4个半天，以纸笔作答方式进行。详细安排如下表所示：

序号	科目名称	考试时长	
1	建设工程经济	2小时	9:00-11:00
2	建设工程法规及相关知识	3小时	14:00-17:00
3	建设工程项目管理	3小时	9:00-12:00
4	专业工程管理与实务	4小时	14:00-18:00

二、考试题型、评分标准与合格条件

（一）各科目考试题型

一级建造师执业资格考试分综合考试和专业考试。综合考试包括《建设工程经济》《建设工程项目管理》《建设工程法规及相关知识》三个统考科目。专业考试为《专业工程管理与实务》，该科目分建筑工程、公路工程、铁路工程、民航机场工程、港口与航道工程、水利水电工程、矿业工程、机电工程、市政公用工程、通信与广电工程10个专业，考生在报名时根据工作需要和自身条件选择一个专业进行考试。

各科目的考试题型与分值如下表所示：

序号	科目名称	考试题型	满分
1	建设工程经济	单项选择题60道　共计60分 多项选择题20道　共计40分	100
2	建设工程法规及相关知识	单项选择题70道　共计70分 多项选择题30道　共计60分	130
3	建设工程项目管理	单项选择题70道　共计70分 多项选择题30道　共计60分	130
4	专业工程管理与实务	单项选择题20道　共计20分 多项选择题10道　共计20分 实务操作与案例分析题5道　共计120分	160

（二）评分规则

（1）单项选择题：每题1分。每题的备选项中，只有1个最符合题意，选择正确则得分。

（2）多项选择题：每题2分。每题的备选项中，有2个或2个以上符合题意，至少有1个错项。在选项中，如果有错选，则本题不得分；如果少选，所选的每个选项得0.5分。

（3）案例题：每题20~30分。每题通常有4~5个提问，每个提问中会涉及几个需回答的子项，总分会分摊到每个需回答的子项中。

（三）合格标准

一般情况下，每科目达到该科目总分值的60%即可通过该科目考试。考试成绩实行周期为2年的滚动管理，参加4个科目考试的人员必须在连续2个考试年度内通过4个应试科目，方能获得《中华人民共和国一级建造师执业资格证书》。

三、全国一级建造师执业资格报考条件

凡遵守国家法律、法规，具备下列条件之一者，可以申请参加一级建造师执业资格考试：

（一）取得工程类或工程经济类专业大学专科学历，从事建设工程项目施工管理工作满 4 年。

（二）取得工学门类、管理科学与工程类专业大学本科学历，从事建设工程项目施工管理工作满 3 年。

（三）取得工学门类、管理科学与工程类专业硕士学位，从事建设工程项目施工管理工作满 2 年。

（四）取得工学门类、管理科学与工程类专业博士学位，从事建设工程项目施工管理工作满 1 年。

哪些专业可以报考？

大专学历：工程类或工程经济类共有 18 类 45 个专业，而这些专业也各自有不同的叫法，范围其实比想象的要广，详细内容可以在"建工社微课程"公众号上查看《备考指导附件——专业对照表》或咨询"建工社微课程"公众号上的客服或老师。

本科学历及以上：在 2021 年及以前，本科学历及以上也只有工程类或工程经济类专业可以报考，但自 2022 年 2 月 21 日人力资源和社会保障部发布《关于降低或取消部分准入类职业资格考试工作年限要求有关事项的通知》之后，即 2022 年一级建造师职业资格考试开始，本科及以上学历的可报考专业扩大为"工学门类、管理科学与工程类"。

对于不了解自己是否符合报考条件和对考试有疑问的考生，可以扫描下方二维码关注公众号，点击弹出的"1V1 咨询通道"与审核老师进行单独咨询。

人工 1V1 通道

[报考条件审核]
[考试信息咨询]
[课程免费兑换]
[在线解答疑问]

四、历年考试情况分析

自 2004 年举行第一次全国一级建造师执业资格考试以来，全国一级建造师考试共进行了 10 余次。全国一级建造师实行全国统一大纲、统一考试用书。

一级建造师考试大纲一般 4~6 年修订一次，2024 年大纲已全新改版并于 2024 年 1 月 1 日起执行。新大纲编码启用了新体系，更加清晰实用；内容上各科目均充实了工程项目目标管理理论方法；增加了无障碍环境建设、抗震管理相关法律法规；充分体现了建筑业向绿色化、信息化、数字化、智能化的发展趋势。在后续备考中，考生应重点对 2024 版大纲进行分析学习，以便能够更快、更好地把握应试方向。

2024 版考试用书严格按照 2024 版考试大纲进行编写，保证考试用书与考试大纲完全一致；严格按照新颁布或新修订的法律法规、标准规范相关的内容进行编写，保证考试用书内容的权威、可靠；2024 版考试用书重新构建知识体系，大幅调整内容，更加贴合实际工程的内在逻辑，建议读者以新出版的 2024 年版考试用书为准。

五、往年各科目重难点分布及学习方法

（一）《建设工程法规及相关知识》科目往年章节重难点分布

《建设工程法规及相关知识》作为一级建造师必考公共科目，分析近三年考察内容，各章节分值及重难点分布如下表：

章	近三年考察平均分值	学习难度	考试重要性
第一章 建设工程基本法律知识	27	★★★★★	★★★★★
第二章 施工许可法律制度	9	★	★
第三章 建设工程发承包法律制度	13	★★	★★
第四章 建设工程合同和劳动合同法律制度	19	★★★★★	★★★★★

(续表)

章	近三年考察平均分值	学习难度	考试重要性
第五章　建设工程施工环境保护、节约能源和文物保护法律制度	8	★	★
第六章　建设工程安全生产法律制度	20	★★★	★★★★★
第七章　建设工程质量法律制度	18	★★★	★★★★★
第八章　解决建设工程纠纷法律制度	16	★★★★★	★★★★

【注意】由于2024年考试大纲变化较大，以上《建设工程法规及相关知识》科目往年章节重难点分布表仅供参考。与2024年最新大纲相对应的科目章节重难点分布情况，可通过**扫描教材封面二维码**兑换建工社官方增值服务包，并**查看《2024版科目重难点手册》**获得。

(二)《建设工程项目管理》科目往年章节重难点分布

《建设工程项目管理》作为一级建造师考试必考公共科目，分析近三年考察内容，各章节分值及重难点分布如下表：

章	近三年考察平均分值	学习难度	考试重要性
第一章　建设工程项目的组织与管理	23	★★	★★★
第二章　建设工程项目成本管理	18	★★	★★
第三章　建设工程项目进度控制	19	★★	★★★
第四章　建设工程项目质量控制	25	★★	★★
第五章　建设工程职业健康安全与环境管理	17	★★	★★
第六章　建设工程合同与合同管理	25	★★★	★★★
第七章　建设工程项目信息管理	3	★★	★

【注意】由于2024年考试大纲变化较大，以上《建设工程项目管理》科目往年章节重难点分布表仅供参考。与2024年最新大纲相对应的科目章节重难点分布情况，可通过**扫描教材封面二维码**兑换建工社官方增值服务包，并**查看《2024版科目重难点手册》**获得。

（三）《建设工程经济》科目往年章节重难点分布

《建设工程经济》作为一级建造师必考公共科目，分析近三年考察内容，各章节分值及重难点分布如下表：

章	近三年考察平均分值	学习难度	考试重要性
第一章 工程经济	24	★★★★★	★★
第二章 工程财务	27	★★★★	★★
第三章 建设工程估价	49	★★★	★★★★★

【注意】 由于 2024 年考试大纲变化较大，以上《建设工程经济》科目往年章节重难点分布表仅供参考。与 2024 年最新大纲相对应的科目章节重难点分布情况，可通过**扫描教材封面二维码兑换建工社官方增值服务包，并查看《2024版科目重难点手册》**获得。

（四）《专业工程管理与实务》科目章节重难点分布

由于《专业工程管理与实务》分为建筑工程、公路工程、铁路工程、民航机场工程、港口与航道工程、水利水电工程、矿业工程、机电工程、市政公用工程、通信与广电工程 10 个专业，每个专业的重难点分布情况与学习建议皆不相同，因此，在此无法一一列举。

大家可以通过兑换《考试用书》封面上的增值服务包，或者扫描下方二维码联系客服老师获取各专业工程管理与实务科目的《科目重难点与学习规划手册》。

注意
第一步：微信关注公众号
第二步：刮开教材封面兑换码
第三步：免费兑换【导学课】、【精讲课】、【科目重难点与学习规划手册】

六、样题、练习方式与答题技巧

练题效果取决于质量而不是数量。

观察一级建造师考试历年考试的方式,已不是过去以背为主、强调死记硬背的时代。法规科目近些年来越来越细节化,出题老师尤其喜欢在关键字词上下功夫,本来这道题考查的知识点我会,但是没有注意到有些主体的变化和关键词的变动而导致选错,最终没能通过考试。考后再翻书时,发现考点就是基础知识,如此的简单,虽然自己会,但没有注意到关键字词的变化。

因此,大家一定要在认真学习同时,多利用各类试题进行训练。训练过程中需要着重注意每个选项的表述,把握细节字词的变化及陷阱,顺利通过考试。

【样题】

一、单项选择题(每题1分。每题的备选项中,只有1个最符合题意)

1. 关于建设用地使用权流转的说法,正确的是(   )。

A. 建设用地使用权的流转方式不包括出资、赠与或者抵押

B. 建设用地使用权流转时,当事人应当采取书面式订立合同

C. 流转后的使用期限不能由当事人约定

D. 建设用地使用权流转时,附着于该土地上的构筑物不随之处分

【答案】B

【解析】A选项错误。建设用地使用权人有权将建设用地使用权转让、互换、出资、赠与或者抵押。B选项正确。当事人应当采取书面形式订立相应的合同。C选项错误。使用期限由当事人约定,但不得超过建设用地使用权的剩余期限。D选项错误。附着于该土地上的建筑物、构筑物及其附属设施一并处分。另有规定的除外。

2. 在建设项目实施过程中发生索赔项目或者承包商有索赔机会时,承包商首先应提交的文件是(   )。

A. 索赔意向通知

B. 索赔初步意见

C. 索赔报告

D. 索赔款项计算

【答案】A

【解析】索赔意向通知在工程实施过程中发生索赔事件以后，或者承包人发现索赔机会，首先要提出索赔意向，即在合同规定时间内将索赔意向用书面形式及时通知发包人或者工程师，向对方表明索赔愿望、要求或者声明保留索赔权利，这是索赔工作程序的第一步。

3. 关于资金时间价值的说法，正确的是（　　）。
A. 资金周转速度的加快，对提升资金的时间价值有利
B. 资金的时间价值与资金的使用时间长短无关
C. 资金的时间价值与资金的数量无关
D. 资金总额一定，前期投入越多，资金的正效益越大

【答案】A

【解析】影响资金时间价值的因素很多，其中主要有以下几点：（1）资金的使用时间。资金使用时间越长，则资金的时间价值越大；使用时间越短，则资金的时间价值越小。（2）资金数量的多少。资金数量越多，资金的时间价值就越多。（3）资金投入和回收的特点。在总资金一定的情况下，前期投入的资金越多，资金的负效益越大；反之，后期投入的资金越多，资金的负效益越小。而在资金回收额一定的情况下，离现在越近的时间回收的资金越多，资金的时间价值就越多；反之，离现在越远的时间回收的资金越多，资金的时间价值就越少。（4）资金周转的速度。资金周转越快，资金的时间价值越多。

二、多项选择题（每题 2 分。每题的备选项中，有 2 个或 2 个以上符合题意，至少有 1 个错项。错选，本题不得分；少选，所选的每个选项得 0.5 分）

1. 关于合同解除的说法，正确的有（　　）。
A. 以持续履行的债务为内容的不定期合同，当事人可以随时解除合同，但是应当在合理期限之前通知对方
B. 当事人一方迟延履行主要债务，对方可以解除合同
C. 对方对解除合同有异议的，主张解除的当事人无权请求人民法院或者仲裁机构确认解除行为的效力
D. 当事人一方依法主张解除合同，应通知对方的合同自通知到达对方时解除
E. 当事人方未通知对方，直接以提起诉讼方式主张解除合同并被人民法院

确认的，合同自起诉状副本送达对方时解除

【答案】ADE

【解析】B错误，当事人一方迟延履行主要债务，经催告后在合理期限内仍未履行，另一方有权解除合同。C错误，《民法典》规定，对方对解除合同有异议的，任何一方当事人均可以请求人民法院或者仲裁机构确认解除行为的效力。

2.项目管理机构进行成本控制的依据有（　　）。

A.质量检查记录

B.合同文件

C.成本计划

D.进度报告

E.工程变更资料

【答案】BCDE

【解析】项目管理机构实施成本控制的依据包括：合同文件；成本计划；进度报告；工程变更与索赔资料；各种资源的市场信息。

3.下列技术方案经济效果评价指标中,属于盈利能力分析的动态指标的有（　　）。

A. 资本金净利润率

B. 财务内部收益率

C. 财务净现值

D. 速动比率

E. 利息备付率

【答案】BC

【解析】盈利能力分析动态指标包括财务净现值和财务内部收益率。

三、实务操作和案例分析题（每题20~30分。（一）（二）（三）题，每题20分，（四）（五）题，每题30分。每题通常有4~5个提问，每个提问中会涉及几个需回答的子项，总分会分摊到每个需回答的子项中）

【案例背景】

某安装公司承包一商务楼（地上20层，地下2层，地上1~5层为商场）的变配电安装工程。工程主要设备：三相干式电力变压器（10/0.4kV）、配电柜（开关柜）设备由业主采购，已运抵施工现场。其他设备、材料由安装公司采购。因1~5层的商场要提前开业，变配电工程需配合送电。

安装公司项目部进场后，依据合同、施工图纸及施工总进度计划，编制了变配电工程的施工方案、施工进度计划（见图 4-1），报建设单位审批时被否定，要求优化进度计划，缩短工期，并承诺赶工费由建设单位承担。

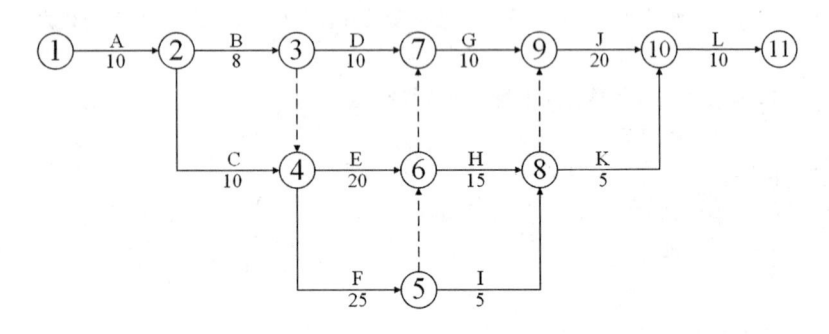

图 4-1 施工进度计划

项目部依据公司及项目所在地的资源情况，优化施工资源配置，列出进度计划可压缩时间及费用增加表（见表 4-1）。

表 4-1 进度计划可压缩时间及费用增加表

代号	工作内容	持续时间（天）	可压缩时间（天）	压缩单位时间增加费用（万元／天）
A	施工准备	10	—	—
B	基础框架安装	8	3	0.5
C	接地干线安装	10	4	0.5
D	桥架安装	10	3	1
E	变压器安装	20	4	1.5
F	开关柜配电柜安装	25	6	1.5
G	电缆敷设	10	4	2
H	母线安装	15	5	1
I	二次线路敷设	5	—	—
J	试验调整	20	5	1
K	计量仪表安装	5	—	—
L	检查验收	10	4	1

项目部施工准备充分，落实资源配置，依据施工方案要求向作业人员进行技术交底，明确变压器、配电柜等主要分项工程的施工程序，明确各工序之间的逻辑关系、技术要求、操作要点和质量标准；变压器施工中的某工序示意图（见图4-2）。

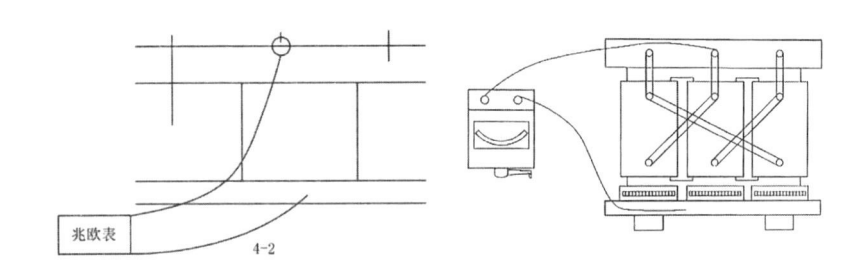

图 4-2 某工序示意图

变配电工程完工后，供电部门检查合格送电，经过验电、校相无误。分别合高、低压开关，空载运行24h，无异常，办理验收手续，交建设单位使用；同时整理技术资料，准备在商务楼竣工验收时归档。

【问题】

1. 项目部编制的施工进度计划（图4-1）的工期为多少天？最多可压缩工期多少天？需增加多少费用？

2. 作业人员优化配置的依据是什么？项目部应根据哪些内容的变化对劳动力进行动态管理？

3. 项目部的施工准备包括哪几个方面的准备？应落实哪些资源配置？

4. 图4-2是变压器施工程序中的哪个工序？图中的兆欧表电压等级应选择多少伏？各工序之间的逻辑关系主要有哪几个？

5. 变压器装置空载运行时间是否满足验收要求？项目部整理的技术资料应包含哪些内容？

【参考答案】

1. 项目部编制的施工进度计划（图4-1）的工期为多少天？最多可压缩工期多少天？需增加多少费用？

（1）工期为90天。

关键线路：A→C→F→H→J→L。工期=10+10+25+15+20+10=90天。

（2）可压缩工期24天。

按调整的原则，调整的对象：A、C、F、H、J、L。非关键工作B（自由时差2天），E（自由时差5天）。关键工作C压缩4天，同时B也需压缩2天；F压缩6天，同时E也需压缩1天。

可压缩工期=4+6+5+5+4=24天。

(3)压缩费用=（4×0.5+2×0.5）+（6×1.5+1×1.5）+5×1+5×1+4×1=27.5万元。

2. 作业人员优化配置的依据是什么？项目部应根据哪些内容的变化对劳动力进行动态管理？

（1）劳动力的种类及数量；项目的进度计划；项目的劳动力资源供应环境。

（2）根据生产任务和施工条件的变化进行动态控制。

3. 项目部的施工准备包括哪几个方面的准备？应落实哪些资源配置？

（1）技术准备，现场准备，资金准备。

（2）应落实劳动力、物资资源配置。

4. 图4-2是变压器施工程序中的哪个工序？图中的兆欧表电压等级应选择多少伏？各工序之间的逻辑关系主要有哪几个？

（1）变压器绕组连同套管的绝缘电阻测量。

（2）高压绕组连同套管的绝缘电阻采用2500V兆欧表，如果测低压绕组用500V的兆欧表。

（3）工序之间的逻辑关系有顺序、平行、交叉。

5. 变配电装置空载运行时间是否满足验收要求？项目部整理的技术资料应包含哪些内容？

（1）满足要求。

（2）技术资料包括：施工图纸、施工记录、产品合格证说明书、试验报告单。

七、合理的学习方法

由于 2024 年将会使用新版《一级建造师执业资格考试大纲》，教材章节、考试内容、学习侧重点都与往年有所不同。2024 年有规划、有节奏地学习会更有利于快速掌握，消化吸收。我们通过深度研究，发现将建造师分为 4 个阶段进行分层次学习会更加高效。

三轮复习，四个阶段

阶段一：夯实基础阶段（即日起 至 2024 年 4 月 30 日）

学习方式：第一遍对教材进行精读，记忆式学习，若遇上难点可以跳过，留待后续学习。

考试常见的习题中，有五成以上都是可以用记忆完成学习的，基础强弱及知识点掌握程度直接影响应对考试时的难易程度。因此第一个阶段，首先建议复习《考试用书》，同时结合《复习题集》进行章节训练。

由于学习时间不一定连续，可以各章节分开学习。建议考生先结合精讲视频课程把考试用书各章节过一遍，对该章节考试用书上涉及的知识点进行基础学习。不要尝试去记住考试用书上的原话，一来太浪费时间和脑力，再者这句话会不会考查也是无法确定的，死记硬背是效率最低的方式。

在复习考试用书时，建议配合建工社的【精讲课程】和【基础直播课】学习，能够帮助大家系统梳理知识框架，挑出重要知识点，学习效果将会事半功倍。

推荐课程：【精讲课程】和【基础直播课】。

【精讲课程】：将陆续上线，正版教材可免费兑换，购视频课程系列亦可赠送。兑换方式：关注"建工社微课程"公众号，点击【我的服务】-【兑换增值服务】，输入正版教材封面上的条形码进行兑换。

【基础直播课】：正在开课，全程 70 小时，内容包括 55 小时教材精析解读视频 +15 小时习题课。

阶段二：难点突破阶段（5 月 1 日~6 月 15 日）

学习方式：第二遍对教材进行重难点突破，着重学习第一轮学习过程中未能理解的部分，同时使用真题等各类试题进行训练，检验实战能力。

考试常见的习题中，有三成的题目需要考生对题目提供的信息进行理解，题目的答案需要通过理解、计算、判断等各种方式得出。此阶段我们以题代点，着重练习。在做题时，一定要开卷。每道题所考核的知识点一定会在考试用书上有所对应（案例题至少有一问来自考试用书所在章节的知识点），在解题的过程中一定要搞清楚该题考的是书上哪一个知识点。因为有第一阶段打基础，对照着考试用书，就能迅速做好标记。凡是有标记的地方，也就证明这句话是关键考查点。随着做题速度的加快，针对部分知识点还可以怎么出题，你也会有一定的体会。

同时，一定要注意练习真题，真题的意义非常重大，当年的考点往往在之前的 5 年真题内都会多次体现。而且历年真题的命题水平要比其他模拟试题高，在此阶段，可通过【五年真题课程】及【专题专练课程】与【案例专项突破课程】进行学习，举一反三，一举多得。

推荐课程：【五年真题课程】、【专题专练课程】、【案例专项突破课程】。

【五年真题课程】：已上线，通过五年真题解析，带你了解考试，剖析考点。

【专题专练课程】：2024 年 5 月上线，课程旨在 6 小时内对公共科目进行重难点突破。通过复盘数千道习题精选而出的经典，以题带点，非常适用于公共课《经济》《管理》与《法规》的重难点学习。

【案例专项突破课】：2024 年 5 月上线，6 小时案例突破，突破攻克实务案例难点。用于考试拦路虎《实务》科目的案例题型训练讲解。

阶段三：冲刺提升阶段（6 月 16 日~8 月 20 日）

学习方式：第三遍对教材进行冲刺学习，将所有知识点再过一遍强化记忆，已经学会的部分就跳过，重点在于查漏补缺，为考试做准备。

任何知识点都应该展现在考题上才算真正掌握。很多考生做模拟试卷或历年真题时，直接翻到后面的"答案及解析"部分，每道题看起来都是如此的浅显易懂，但一合上书就头脑一片空白。这种情况下到考场，肯定是无从下笔，因为没有理清楚分析的思路，也就不会有成熟的答题方法。因此，在冲刺阶段可以全盘回顾知识点，仔细研究解题思路、答题方式、知识点考核标准，并对未理解的知识点进行强化学习，大家可以选择多做几套试卷，并通过【高频知识点透析】、【冲刺课程】与【金题解析直播课】进行冲刺学习。

推荐课程：【高频知识点透析】、【冲刺课程】、【金题解析直播课】。

【高频知识点透析】：2024 年 6 月下旬上线，通过分析近 10 年真题，找出每年大概率考察的高频考点，精准高效。

【冲刺课程】：预计 2024 年 7 月下旬上线，6 小时冲刺重难点，归纳总结，快速拔高。

【金题解析直播课】：预计 2024 年 7 月起，以月考模式进行直播，4 次月考共计 10 小时，习题精讲，强化冲刺。

阶段四：临考强化阶段（8 月 20 日~9 月考试前）

学习方式：将老师总结的重难点再看一遍，记忆一下，并且做几套模拟题培养一下题感，找一下考场状态，准备应对考试。

离考试不过一周时间，此时再去进行基础学习已无大用。对考试方向的把握、考试技巧的掌握、针对性专项提升与准备才是最重要的。建议大家根据之前的学习，找出自己的弱项，有针对性地查漏补缺。重点看考试用书上相应章节和自己标识的知识点。当然，考前一周，我们还会有两次课程，帮助大家把全书标识的重要知识点过一遍，并传授大家相应的答题技巧，这样一来大家通过考试肯定更有信心。

推荐课程：【考前集中直播课】、【考前摸底课】、【突破点睛课程】。

【考前集中直播课】：考前一周开课，精细化梳理考点，强化突击。每科目一天，进行 6 小时集中复习，学练测立体结合，临考加油站，就在这里。

【考前摸底课】：配合考前小灶卷进行考前摸底测试，三张试卷，三套精华，三次摸底，考前突击。

【突破点睛课程】：考前一周开课，仅 2 小时，总结教材重要考点，传授解题思路，考前一周为大家进行一次助力，帮助大家更高效的提升。

结语

至此，相信大家也应该对考试有了一定了解。《荀子·劝学》中有云："吾尝终日而思矣，不如须臾之所学也；吾尝跂而望矣，不如登高之博见也。登高而招，臂非加长也，而见者远；顺风而呼，声非加疾也，而闻者彰。假舆马者，非利足也，而致千里；假舟楫者，非能水也，而绝江河。君子生非异也，善假于物也。"

听视频课程学习远比埋头自学速度更快，效果更好。大家一定要记得兑换正版《考试用书》封面上的增值服务包，听配套赠送的【导学课程】、【精讲课程】进行学习。

另外，再次推荐大家关注"建工社微课程"公众号，我们还在公众号上准备了多份题库、资料、模拟卷供大家使用，并每月开设免费直播课，帮助大家更快地进行学习，备考事半功倍。

［建工社微课程］
建工社官方
建造师知识服务平台

如果对考试还有疑问，也欢迎大家随时在公众号左下角小键盘打字提问，或致电 4008188688 进行咨询。

希望 2024 年，大家都能在建工社多位课程讲师的带领下轻松学习，顺利通过考试。